Per Holderberg I Christian Seipel (Hrsg.)
Der wissenschaftliche Mittelbau – Arbeit, Hochschule, Demokratie

Per Holderberg | Christian Seipel (Hrsg.)

Der wissenschaftliche Mittelbau – Arbeit, Hochschule, Demokratie

Dieses Buch ist erhältlich als:
ISBN 978-3-7799-6262-5 Print
ISBN 978-3-7799-5563-4 E-Book (PDF)

1. Auflage 2021

© 2021 Beltz Juventa
in der Verlagsgruppe Beltz · Weinheim Basel
Werderstraße 10, 69469 Weinheim
Alle Rechte vorbehalten

Herstellung: Ulrike Poppel
Satz: text plus form, Dresden
Druck und Bindung: Beltz Grafische Betriebe, Bad Langensalza
Printed in Germany

Weitere Informationen zu unseren Autor_innen und Titeln finden Sie unter: www.beltz.de

Inhalt

Einleitung

Die prekäre Beschäftigungs- und Karrieresituation
des wissenschaftlichen Mittelbaus in Deutschland
Per Holderberg und Christian Seipel   8

Arbeitswelt Hochschule im Wandel

Kapital und Arbeit im akademischen Shareholder-Kapitalismus.
Fatale Allianzen auf dem deutschen Sonderweg
zur wissenschaftlichen Exzellenz
Richard Münch   36

Prestigekonkurrenz und akademischer Neofeudalismus
Tilman Reitz   61

Hochschulgovernance in Deutschland.
Historische Entwicklungen und aktuelle Herausforderungen
Axel Oberschelp   82

Prekäre Beschäftigungs- und Studienverhältnisse
durch leistungsorientierte Mittelvergabe.
Wertewandel durch Kennziffer-Steuerung an deutschen Hochschulen
am niedersächsischen Beispiel
Yoshiro Nakamura   104

Der Bolognaprozess und seine Folgen
für die Lehr- und Studienorganisation:
Forschen, Lernen und Lehren an der Hochschule
Nicola Hericks   126

Arbeitsbedingungen an Hochschulen

Zur Arbeitssituation des wissenschaftlichen Mittelbaus
in Deutschland
Jens Ambrasat   150

Universitäre Personal- und Karrierestrukturen.
Deutschland im internationalen Vergleich
Karin Zimmermann 177

Wissenschaftliche Lebensführung.
Zwischen kulturellem Eigensinn und fremdgeführter Lebenspraxis
Maria Keil 199

Der Ausnahme- als Normalzustand.
Was bedeutet die Corona-Krise für Wissenschaftsarbeiter:innen?
Peter-Paul Bänziger und Florian Kappeler 221

Demokratie an Hochschulen

Auf dem Weg zum Traumjob Wissenschaft.
Perspektiven einer Reform von Karrierewegen
und Beschäftigungsbedingungen am Arbeitsplatz
Hochschule und Forschung
Andreas Keller 242

Den prekären Mittelbau organisieren
Organisierungskontext, Ansatz und Praxis
des Netzwerks für Gute Arbeit in der Wissenschaft
Peter Ullrich 260

Mitbestimmung des wissenschaftlichen Mittelbaus
an der gemanagten Hochschule.
Geschichte, Problemfelder und Perspektiven
demokratischer Beteiligung
Christian Seipel und Per Holderberg 285

Gesundheitsrisiko befristeter Vertrag.
Herausforderung an den Arbeitsschutz
Rüdiger Helm und Peter Müßig 318

Die Politisierung der Wissenschaft.
Plädoyer für eine erneuerte Idee der Universität
David Salomon 339

Verzeichnis der Autorinnen und Autoren 354

Einleitung

Die prekäre Beschäftigungs- und Karrieresituation des wissenschaftlichen Mittelbaus in Deutschland

Per Holderberg und Christian Seipel

Im Universitätsbetrieb sind Klagen über die Arbeitsbedingungen und beruflichen Entwicklungsperspektiven von Wissenschaftler:innen eher die Regel als die Ausnahme (Keller 2000). In seiner am 07.11.1917 gehaltenen Rede „Wissenschaft als Beruf" hat Max Weber die Lebensführung der Wissenschaft und das Streben nach einer wissenschaftlichen Karriere mit dem Ziel der Professur als *Hasard* bezeichnet (Weber 1919, S. 4; Schmeiser 1994). Für junge Gelehrte sei die akademische Laufbahn an Hochschulen „außerordentlich gewagt" (Weber 1919, S. 4) und von Jahren der materiellen Entbehrung sowie Unsicherheit geprägt. Die Chance jemals eine feste Anstellung zu erhalten, sei neben der Befähigung und Tüchtigkeit, sowohl von plutokratischen Spielregeln „des kapitalistischen Betriebs" (Weber 1919, S. 6) als auch autobiografisch betrachtet, in hohem Maße von der Herrschaft des „Zufalls" abhängig (Weber 1919, S. 7). Diese Zustandsbeschreibung, die Weber durch einen Vergleich der wissenschaftlichen Rekrutierungspraxis in den USA und Deutschland entwickelt hat, gilt auch heute noch für die Herausforderungen, vor denen junge Wissenschaftler:innen stehen, wenn sie eine wissenschaftliche Karriere anstreben.

Studien zu Arbeits- und Karrierebedingungen zeigen fortwährend auf, wie elitär (Graf 2015), geschlechtsspezifisch[1], sozial-selektiv[2] und prekär (Dörre/

---

[1] Gleichstellungsbeauftragte stehen vor der Herausforderung die „leaky pipeline" (Leemann/ Dubach/Boes 2002) an der Hochschule zu flicken, da auf dem Weg zur Professur Wissenschaftlerinnen besonders in der Postdoc-Phase kontinuierlich „verloren" gehen (Riegraf/ Weber 2013). Der Dropout von Frauen verstärkt sich mit jedem Schritt auf der wissenschaftlichen Karriereleiter nach oben (Metz-Göckel/Selent/Schürmann 2010, S. 11) und weist auf ein strukturelles Problem eines historisch männlich dominierten Beschäftigungsfeldes hin. Zur „leaky pipeline" nicht nur in Bezug auf Geschlecht, sondern v. a. in Bezug auf vergeschlechtlichte Tätigkeiten siehe Schmid/Ullrich (2018).

Die Vereinbarkeit von Beruf, Karriere, Promotion und Familie stellt überdies auch subjektiv in der entscheidenden Karrierephase insbesondere bei Frauen eine andauernde Herausforderung dar (Holderberg 2020, S. 61 f.). Aus der Lebensverlaufsperspektive bzw. von den Beschäftigten wünschenswerte private Tätigkeiten (Familienplanung, Kinderwunsch, Eigentumserwerb, ausgewogene Work-Life-Balance usw.), werden vor dem Hintergrund unsicherer Beschäftigungsverhältnisse (im Branchenvergleich überdurchschnittlich häufig befristete Verträge, hohe Teilzeitquoten, kurze Vertragslaufzeiten usw.), von Frauen noch stärker als von Männern zurückgestellt (vgl. Zimmer/Krimmer/Stallmann 2006, S. 51; Briedis et al. 2014, S. 39; Gassmann et al. 2020, S. 425).

Rackwitz 2018) das wissenschaftliche Feld strukturiert ist (Enders 1996; BMBF 2008; Kreckel 2008; Grühn et al. 2009; Jaksztat/Schindler/Briedis 2010; Münch 2011; BuWiN 2013; Lange-Vester/Teiwes-Kügler 2013; Briedis et al. 2014; Möller 2015; Rogge 2015a; Rogge 2015b; Aulenbacher et al. 2016; Johann/Neufeld 2016; BuWiN 2017; Gassmann 2018; Johann/Neufeld 2018; Ambrasat 2019; Keil 2019; Ambrasat/Heger 2020; Beadle et al. 2020; Gassmann/Groß/Benkel 2020; Holderberg 2020; Reuter et al. 2020; Wegner 2020). Die Beschäftigungsverhältnisse unterhalb der Professur im deutschen Hochschulsystem – von amtlicher Seite (despektierlich) als „wissenschaftlicher Nachwuchs" (Burckhardt 2008, S. 35) oder in der Selbstbeschreibung häufiger als *akademischer bzw. wissenschaftlicher Mittelbau* zusammengefasst[3] – zeichnen sich im internationalen Vergleich durch eine hohe Arbeitsplatzunsicherheit aus und bieten kaum Möglichkeiten für eine unbefristete Beschäftigung (vgl. Kreckel/Zimmermann 2014). Boltanski und Chiapello (2003) oder auch Boes und Kämpf (2012) sprechen trotz Kontinuitäten in Bezug auf Webers Zeitdiagnose explizit von einem neuen Transformationsprozess, von dem Unternehmen aber auch Wissenschaftsbetriebe, spätestens seit den 1990er Jahren erfasst wurden. Angehende Wissensarbeiter:innen sind zwar wie bei Weber weiterhin einer „permanenten Bewährungsprobe" ausgesetzt, um eine sichere Anstellung zu erhalten, allerdings ist die Arbeit an sich von einer viel stärkeren individuellen Selbstvermarktung (vgl. Flink/Simon 2014) und unternehmerischen Projektförmigkeit der sozialen Arbeitsstrukturen (Lenger 2015; Peter 2017; van Dyk/Reitz 2017) im Sog einer beschleunigten Ökonomisierung gekennzeichnet.

2 Die Imboden-Kommission zur Evaluation der Exzellenzinitiative kam 2016 bereits zur Schlussfolgerung, dass die kontinuierlich steigende Anzahl befristeter Beschäftigungsverhältnisse (2000 = 75 %; 2018 = 82 %, vgl. Gassmann/Groß/Benkel 2020, S. 53) systemisch ein Prekariat produziert. Der außerordentlich hohe Befristungsanteil liegt auch in außeruniversitären Forschungsbereich vor (vgl. exemplarisch in der Max-Planck-Gesellschaft bei Leendertz 2020). Diese Entwicklung wird häufig auch als „Flaschenhalsproblematik" bezeichnet, da erstens „einer hohen Zahl qualifizierter und befristet angestellter Nachwuchswissenschaftler*innen eine geringe Zahl von Professuren bzw. sonstiger Dauerstellen gegenübersteht" (IEKE 2016, S. 27). Zweitens werden die Wege in eine Dauerbeschäftigung auch in Bezug auf die soziale Mobilität immer enger und differenzieren sich nach der sozialen Herkunft aus. Der Bildungserfolg allgemein, aber im speziellen der Weg zum Bildungsstatus der Professur, sind von einer sozialen Selektivität geprägt, welche sich in einem extrem niedrigen Anteil von Personen aus Nicht-Akademiker:innen-Haushalten, mit Migrationshintergrund oder Frauen auf ordentlichen Professuren in Deutschland niederschlägt (Möller 2015).

3 Und selbst das Etikett „Mittelbau" wird von Kritiker:innen des Begriffs „wissenschaftlicher Nachwuchs" mit Akademischen Ratsstellen und weniger mit projektförmigen und in acht von zehn Fällen befristeten Beschäftigungsverhältnissen der Personengruppe unterhalb der Professur assoziiert – siehe zur Schwierigkeit einer adäquaten Selbstbeschreibung Döring (2017). Als Herausgeber haben wir uns bewusst gegen den Begriff „Nachwuchs" ausgesprochen und verwenden aufgrund der Einsicht in die Notwendigkeit eines Sammelbegriffs, die weitverbreite Selbstbeschreibung „wissenschaftlicher Mittelbau". Autor:innen dieses Sam-

Zwei zentrale Entwicklungen für die Beschäftigungssituation in deutschen Wissenschaftseinrichtungen sind auszumachen. Einerseits die rechtlichen Rahmenbedingungen für den Abschluss von Arbeitsverträgen in Form des Sonderbefristungsrechts (Wissenschaftszeitvertragsgesetz, kurz WissZeitVG) und zweitens die sich in den letzten Jahrzehnten stark veränderte Finanzierung der deutschen Hochschullandschaft.

Das WissZeitVG, welches mit der Einführung 2007 den Zweck verfolgte einen sicheren rechtlichen Rahmen für die Qualifikationsbedingungen und der Befristung von Arbeitsverträgen für das Personal unterhalb der Professur zu schaffen, hat sein Ziel deutlich verfehlt (Gassmann/Groß/Benkel 2020, S. 55). Die Zahl der Mitarbeiter:innen an Universitäten ist von 2007 bis 2018 um 50 % angestiegen, während die Anzahl der Promotionen stagnierte und die der Habilitationen sogar um 25 % zurückging (Gassmann/Groß/Benkel 2020, S. 45 f.). Die Befristungsquote innerhalb des stetig anwachsenden Personals des wissenschaftlichen Mittelbaus ist im gleichen Zeitraum für das hauptberufliche wissenschaftliche Personal ohne Professor:innen an Universitäten und vergleichbaren Hochschulen von 78 % auf 82 % angestiegen (Gassmann/Groß/Benkel 2020, S. 53). Das Sonderbefristungsrecht (WissZeitVG) wirkt im Hinblick auf die genannten Indikatoren wie ein Katalysator für prekäre Beschäftigungsverhältnisse. Die Novellierung des WissZeitVG hat 2016 keinen Einfluss auf die Befristungsanteile ausgeübt, eher neue Schlupflöcher durch einen weichen, unbestimmten Qualifizierungsbegriff für Hochschulen bereitgestellt. Im Hinblick auf die Erhöhung von Vertragslaufzeiten und bei der Verlängerung von Zeitverträgen zur familialen Vereinbarkeit oder der Berücksichtigung von Menschen mit Behinderung sind Verbesserungen erkennbar (vgl. Keller in diesem Sammelband).

Im gleichen Zeitraum verringert sich die Grundfinanzierung der Hochschulen und die drittmittelfinanzierte Forschung verzeichnet einen steigenden Anteil am Gesamthaushalt (vgl. Kreiß 2017; Dörre/Rackwitz 2018, S. 196). In Folge verändert sich die Logik des wissenschaftlichen Arbeitens auf allen Ebenen. Der zunehmende monetäre Druck von außen auf das Wissenschaftssystem erzeugt eine Rationalität der Wertschöpfung und Kommodifizierung der Denk- und Handlungsweisen der Akteur:innen. Auf der *Mikroebene* wird z. B. der:die einzelne Beschäftigte im Mittelbau dazu angehalten, selbstständig und verantwortungsvoll die Mittel für die eigene Stelle bzw. Weiterbeschäftigung durch Projektanträge einzuwerben. Zunehmend entsteht eine Vermarktung der eigenen Person als Arbeitskraft und des produzierten immateriellen Guts von Wissen, bei der sodann

---

melbandes verwenden häufig synonym dazu „akademischer Mittelbau", um das wissenschaftliche Personal an deutschen Hochschulen und Forschungseinrichtungen unterhalb der Professur zu benennen.

Stellenbesetzungen[4] von einem intransparenten, kompetitiven Prozess zwischen antragstellender und finanzierender Institution abhängen. Eine peer to peer basierte Prestige- und Positionskonkurrenz auf dem wissenschaftlichen Arbeitsmarkt, vermittelt durch „metrifizierte Medien" (z. B. Publikationen), ersetzt in Teilen die alten Loyalitätsbeziehungen und verändert die Ansehensordnung der Universität (vgl. Reitz in diesem Sammelband). Der Publikationsoutput an deutschen Universitäten hat sich Drohmen und Wrobel (2018, S. 47 f.) zufolge zwischen 2001 und 2014 um 70 % erhöht.[5] Die zahlenmäßig erfassbare Abbildung von Erfolgen, die „Quantifizierung von Qualität" gilt als Richtschnur zur Bewertung produktiver, respektive von Erfolg gekrönter Wissenschaftler:innen (Schneijderberg/Götze 2020, S. 9). Wissensarbeiter:innen gelten demnach im wissenschaftlichen Feld als qualitativ erfolgreich, wenn ein Publikationsbeitrag eine hohe Zitationsanzahl aufweist.[6] Wer zudem in großem Umfang Forschungsgelder (z. B. durch Drittmittelakquise) einwirbt, konstituiert sodann aus der messbaren Höhe des metrifizierten wissenschaftlichen Erfolgs einen Status als Wissenschaftler:in mit exzellentem Ruf und hoher Reputation. Sogleich setzt jedoch in dieser Bewertungslogik ein Verstärkereffekt ein, so dass Schneijderberg und Götze (2020, S. 9) auf das Matthäusprinzip rekurrieren: „wer hat, dem wird

---

4   Schnell, sichtbar und medial präsent in etablierten und neuen Medien (Twitter-Academics), in Online-Wissenschafts-Netzwerken (Academics, Researchgate) und Personalportalen (LinkedIn, Xing) sich als Arbeitskraft zu präsentieren, darzustellen und anzubieten, sind die neuen Kriterien, die erfolgreiche Wissensarbeiter:innen nutzen müssen, um bei dem Stellenerwerb vorne dabei zu sein.

5   Fanelli und Larivière (2016) halten in einer internationalen Untersuchung dagegen und betonen die Zunahme an Co-Autorenschaftspraktiken als Erklärung für die durchschnittliche Zunahme an Publikationen. In einer Analyse der Publikationsmuster von über 40 000 Forscher:innen, die zwischen 1900 und 2013 zwei oder mehr Arbeiten innerhalb von 15 Jahren in einer der vom Portal Web of Science abgedeckten Disziplinen veröffentlicht haben, zeigen die Autoren, dass der weit verbreitete Glaube, dass der Druck zur Veröffentlichung dazu führt, dass die wissenschaftliche Literatur mit in Salamitaktik, duplizierten, plagiierten oder falschen Ergebnissen überflutet wird, wohl übertrieben ist. Erst-Autorenschaften sind nicht angestiegen, dagegen jedoch die Anzahl der Co-Autorenschaften (Fanelli/Larivière 2016; S. 8).

6   Belohnt wird in dieser von numerischer und monetärer Reduktion geprägten wissenschaftlichen Praxis der:diejenige, welche:r wissenschaftliche Leistung erbringt, die quantifizierbar ist (vgl. Schneijderberg/Götze 2020, S. 44). Hohe Volumen bei Drittmitteleinwerbungen und eine messbare Anzahl an Publikationen vorzuweisen, führt dazu, dass z. B. traditionelle Publikationstypen wie die Monografie einer Publikationsstrategie in Fachzeitschriften, oder Sammelbänden unterliegen. „Publish or perish", also publizieren oder untergehen ist die Losung, der bereits mehr als eine ganze Wissenschaftsgeneration folgt. „The natural sciences metrification paradigm of peer-reviewed publications in indexed journals is the most salient example of how auto-metrification norms and status (reputation) security are constructing the academic identity in a socio-calculative valuation, evaluation and valorization environment" (Schneijderberg/Müller/Götze 2020, S. 42). Dass für die meisten Wissenschaftler:innen aufgrund fehlender Arbeitsmarktperspektiven innerhalb des Wissenschaftssektors die Devise heute auf die Karrierevorteile wohl „publish and perish" heißen muss, zeigen Schmid/Ullrich (2018).

gegeben". „[…] Metrifizierung und Exzellenz [sind] mit (im-)materieller wissenschaftlicher Reputation untrennbar verbunden, sei es bei Drittmitteleinwerbung [oder] Zitationen" (Schneijderberg/Götze 2020, S. 9). Die quantifizierte Gesellschaft und deren technologisch eingebettete Bewertungssysteme aus Evaluation, Ranking, Scoring, Likes und Networking sind auch im Wissenschaftssystem Bestandteil eines neuen Mechanismus der Zuweisung von Status, Aufstiegsperspektiven und Karrierechancen (vgl. Mau 2017).[7] Das Problem besteht darin, das für die wachsende Anzahl an Beschäftigten keine erkennbaren Karriereziele auf sicheren Arbeitsplätzen im Wissenschaftssektor vorhanden sind. Der Abschluss von Drittmittel- oder Qualifikationsverträgen im Rahmen des WissZeitVG und der fehlenden finanziellen Mittel in Zeiten von „ständig knappen Kassen" legitimiert dauerhaft – fernab der eigentlichen wissenschaftlicher Qualität – die Aufstiegs- und Karriereperspektiven für einige Wenige und das Nichtvorhandensein für die Vielen.

Ein neues Selbstverständnis des Berufs der Wissenschaftler:innen erhält Konturen, das als Unternehmertum der Wissensarbeiter:innen bezeichnet werden kann. Münch (2011) spricht als *Makro-Diagnose* von einem akademischen Kapitalismus, der im Zuge der Neoliberalisierung und auf europäischer Ebene mit von den Bildungsminister:innen initiierten Prozess der Bologna Reformen (vgl. Winter 2018) eine neue Form von Konkurrenz- und Wettbewerbsmechanismen auch auf der *Meso-Ebene* zwischen Hochschulen etabliert hat (z. B. die Exzellenzinitiative).[8] Diese politischen Entscheidungen und Steuerungsversuche erzeugen neue Formen der Exklusion und Prekarisierung von wissenschaftlichen Beschäftigungsverhältnissen (vgl. Riegraf 2018, S. 242).

Verändert haben sich also im Vergleich zu Webers Zeitdiagnose ein Jahrhundert später die gesellschaftlichen und strukturellen Bedingungen, in welche die Karrierechancen in Hochschulen eingebunden sind. Die Diagnose einer neoliberalen Landnahme verschiedenster Funktionsbereiche der Gesellschaft ist auch im Wissenschaftssystem und am Arbeitsplatz der Hochschulen sichtbar (Dörre/Rackwitz 2018). Im akademischen Kapitalismus verschieben sich national wie international die Teilsysteme der ursprünglichen staatlichen Steuerung bzw. der autonomen Gestaltungsspielräume der Hochschulen zugunsten der Einflussnahme

---

7   Steffen Mau (2017) hat neben dem Beispiel des Hochschulrankings treffend bereits für große Teile der sozialen Beziehungen in unterschiedlichen gesellschaftlichen Teilsystemen diese Metrifizierungslogik ausgemacht – im Gesundheitssektor, der Quantified-Self-Bewegung, in Online-Bewertungsportalen von Dienstleitungen oder Onlineshops, Social-Media-Plattformen, großen Teilen der Kredit- und Versicherungswirtschaft uvm.

8   Dörre und Rackwitz (2018, S. 252) schlussfolgern für die deutsche Hochschullandschaft: „Da die Mittel für die Grundausstattung der Universitäten und anderen Hochschulen in Relation zu den Studierendenzahlen real tendenziell verknappt werden, konkurrieren die Wissenschaftseinrichtungen auf Quasi-Märkten um Ressourcen zur Absicherung von Forschung und Lehre."

des privaten Sektors (Slaughter/Leslie 1997; Rhoades/Slaughter 2004; Münch 2011). Eine Kombination aus staatlicher Regulation, projektförmiger Bürokratie über Forschungsgemeinschaften und drittmittelbasierter (privatwirtschaftlicher) Finanzierung erzeugt die Expansion von prekären Arbeitsverhältnissen, die den Marktteilnehmer:innen die Logik der Konkurrenz auf Quasi-Märkten aufzwingen (vgl. Münch 2011; Rogge 2015b).[9] Im Gegensatz zu angelsächsischen Nationen ist in Deutschland der Prozess der Finanzialisierung von Steuerungsprozessen in einer „autonomen Hochschule" aufzufinden, der viel stärker vermittelt über antragsgebundene Zuweisungen von Geldern aus der öffentlichen Hand funktioniert, um die die Akteure im Wissenschaftssystem konkurrieren.[10] In den sich grundsätzlich als kompetitiv verstehenden Wissenschaftseinrichtungen entstehen markgerechte neue Formen der konsumentenorientierten Lehr-, Lern- und Forschungssysteme. Die Einführung des Neuen Steuerungsmodells (New Public Management) in die öffentliche Verwaltung hat den Impuls gegeben, auch die Universitäten in ihrer internen und externen Steuerung zu verändern. Betriebswirtschaftliche Modelle haben den Bereich des Controllings in den Hochschulen zu einer zentralen Instanz werden lassen. Die Steuerung über Drittmitteleinwerbungen, Publikationen und Promotionen sowie die Abbruchquote von Studierenden, den Anteil von Langzeitstudierenden – um nur einige Kennzahlen der leistungsorientierten Mittelvergabe (LOM) zu nennen – werden sowohl innerhalb der Universität wie im Verhältnis der Universitäten untereinander mit den jeweiligen Bildung- und Kultusministerien der Länder zur Vergabe von Mitteln eingesetzt (vgl. Dohmen 2015). In der autonomen Hochschulsteuerung fungieren Ministerien im Neuen Steuerungsmodell als staatliche Aufsichtsanstalten, welche darüber wachen, dass die zwischen Professor:innen und Hochschulen und zwischen Ministerien und Hochschulen geschlossenen Zielvereinbarungen eingehalten werden. Eine ständige Evaluationserwartung an die quasi-autonome Professorenschaft erzwingt eine Berichterstattung, die regelmäßig über den wissenschaftlichen Output, als Ergebniskontrolle, Rechenschaft ablegen muss (vgl. Schneijderberg/Götze 2020, S. 8). Kaum verwunderlich weisen aktuelle Daten daraufhin, dass neben der massiven Mehrarbeit für den wissenschaftlichen Mittelbau auch die Statusgruppe der Professor:innen von einer hohen Überstundenquote betroffen ist. Das Zeitbudget für die Forschung wird immer geringer, je höher die Statusgruppenzugehörigkeit ist (von Nicht-Promoviert, über Promoviert zur Professur). Zugleich steigt der Zeitaufwand für die

---

9   Der deutsche Arbeitsmarkt vergrößert sich zwar tendenziell – gemessen an dem seit 1995 stark ausgeprägten wissenschaftlichen Personalwachstum (vgl. Drohmen/Wrobel 2018, S. 62) –, ist dieser Aufwuchs jedoch auf den Anstieg prekärer Qualifikations- und Projektmittelstellen zurückzuführen (vgl. Seipel/Holderberg in diesem Sammelband).

10 „Der Löwenanteil der Drittmittel kommt mit über 70 Prozent nicht etwa von privaten Stiftungen oder aus der Industrie, sondern aus der öffentlichen Hand." (Kreiß 2017, S. 92)

Drittmittelakquise, Management, Gremien- und Begutachtungsarbeiten unaufhörlich an (vgl. Ambrasat 2019; vgl. auch Ambrasat in diesem Sammelband).

Die Analyse dieser Verschiebung, die seit Beginn des neuen Jahrhunderts in ersten begrifflichen Annäherungen Bezeichnungen wie „unternehmerische Universität" (Matthies 2005) bzw. wie bereits angeführt „akademischer Kapitalismus" (Slaughter/Leslie 1997; Rhoades/Slaughter 2004; Münch 2011) erhalten haben, soll im Mittelpunkt des vorliegenden Sammelbandes stehen. Die Hochschulforschung in Deutschland hat in zahlreichen Studien (vgl. exemplarisch Wissenschaftsrat 2014), die sich dem wissenschaftlichen Mittelbau, den Promovierenden oder allgemein den Beschäftigten im wissenschaftlichen Sektor als Untersuchungsgegenstand annehmen, aufgezeigt, dass die Karrieremöglichkeiten unter diesen Veränderungen mit beruflicher Ungewissheit, Perspektivlosigkeit, Arbeitsplatzunsicherheit und damit zu steigender Unvereinbarkeit von Gesundheit, Familie und Entgrenzung des Privatlebens, einhergehen (vgl. Metz-Göckel/ Möller/Auferkorte-Michaelis 2009; Steinhardt/Schneijderberg 2014). Der Ausbau der Forschungsbemühungen in diesem Feld mit vielfältigen Datenerhebungen (vgl. für eine Übersicht Tabelle 1) steht im Missverhältnis zu der umgesetzten Politik. Es wird viel geforscht, aber trotz eindeutiger Befunde wenig gehandelt. Die Empfehlung des Wissenschaftsrates (2014), eine Schaffung von Dauerstellen für wissenschaftliche Mitarbeiter:innen als oberstes Gebot zu verfolgen, ist bislang von der Politik nicht umgesetzt worden.

Eine dezidierte Perspektive auf den wissenschaftlichen Mittelbau hat die Bundesregierung erstmals 2008 mit der Einführung des alle fünf Jahre erscheinenden „Bundesbericht Wissenschaftlicher Nachwuchs" eingenommen (BMBF 2008; BuWiN 2013; BuWiN 2017). Wie eingangs beschrieben und in der Übersicht in Tabelle 1 ersichtlich wird, hat dies einen Impuls in der Hochschulforschung nach sich gezogen, empirische Daten zur Arbeits- und Promotionssituation des „wissenschaftlichen Nachwuchses" zu generieren. Die von der damaligen Bundesministerin für Bildung und Forschung, Annette Schavan, gestartete Initiative hatte vor dem Hintergrund einer immer stärker werdenden internationalen Ausrichtung und Konkurrenz auf dem wissenschaftlichen Arbeitsmarkt das Ziel „[…] ein transparentes, effizientes und aufeinander abgestimmtes System der Förderung des wissenschaftlichen Nachwuchses in Deutschland zu etablieren" (BMBF 2008, S. 4).

Trotz der häufigen Ankündigungen, die Personalstrukturen für den wissenschaftlichen Mittelbau zu verbessern, hat sich an der prekären strukturellen Situation des Mittelbaus nichts geändert. Im Gegenteil: so gibt es gewichtige Akteur:innen in den Hochschulen, die diese Beschäftigungspolitik auch weiterhin favorisieren. Die Vereinigung der Kanzlerinnen und Kanzler der Universitäten Deutschlands (2019), hat sich in ihrer Bayreuther Erklärung explizit für eine flexible Personalpolitik ausgesprochen. Die Bayreuther Erklärung steht für eine Verteidigung des bisherigen Systems des an den Hochschulen praktizierten

Tabelle 1: Zugängliche und geplante Datenbestände zum wissenschaftlichen Mittelbau

Name der Studie	Kurzbeschreibung	Datenverfügbarkeit	Zielgruppe
DZHW-Absolventenstudien	Längsschnittstudien zu Hochschulabsolvent:innen unterschiedlicher Prüfungsjahrgänge (1989, 1993, 1997, 2001, 2005, 2009, 2013, 2017) (DZHW 2020)	Forschungsdatenzentrum des DZHW	Hochschulabsolvent:innen, im Verlauf Promovierende und Promovierte
Startkohorte 5 – Studierende des „Nationalen Bildungspanel" (NEPS)	Längsschnittstudie (Brachem et al. 2019)	Forschungsdatenzentrum des LIfBi	Studierende, im Verlauf Promovierende und Promovierte, wissenschaftliche Mitarbeiter:innen
Promovierendenpanel (ProFile)	Längsschnittstudie zu Promovierenden und Promovierten (Lange et al. 2017)	Projekt „Research Infrastructure for Research and Innovation Policy Studies" (RISIS)	Promovierende und Promovierte
„National Academics Panel Study" (Nacaps)	Längsschnittstudie zu Promovierenden und Promovierten in Deutschland (Briedis et al. 2020)	Forschungsdatenzentrum des DZHW	Promovierende und Promovierte
„Karrieren Promovierter" (ProPan)/ Promoviertenpanel	Längsschnittstudie zu Promovierten des Prüfungsjahrgangs 2014 (Brandt et al. 2018; Vietgen et al. 2020)	Forschungsdatenzentrum des DZHW	Promovierte
„Online-Panel für den wissenschaftlichen Nachwuchs in Deutschland" (WiNbus)	Trendstudie zu Nachwuchswissenschaftler:innen (Besirović et al. 2019)	Forschungsdatenzentrum des DZHW	Wissenschaftler:innen
Wissenschaftlerbefragung	Trendstudie zu Wissenschaftler:innen an Universitäten und Hochschulen (Neufeld/Johann 2016)	Forschungsdatenzentrum des DZHW	Wissenschaftler:innen und Professor:innen
„Academic Profession in Knowledge Society" (APIKS)	Trendstudie zu Wissenschaftler:innen an Universitäten und Hochschulen (Schneijderberg/Götze 2020)	GESIS – Leibnizinstitut für Sozialwissenschaften (ab Mitte 2021 verfügbar)	Wissenschaftler:innen und Professor:innen
Das Wissenschaftszeitvertragsgesetz – Eine erste Evaluation der Novellierung von 2016	Querschnittsstudie, qualitative Experteninterviews, Auswertung Stellenanzeigen an Universitäten und Hochschulen, Hochschulstatistik der Länder (Gassmann/Groß/Benkel 2020)	auf Anfrage bei den Autor:innen	Wissenschaftler:innen
Alternative Evaluation des Wissenschaftszeitvertragsgesetzes	Querschnittsstudie zu Wissenschaftler:innen und Begehung an Universitäten und Hochschulen, zudem Dokumentenanalyse der Parlamentsanfragen (Reitz/Kuhnt/Wöhrle 2020)	in Durchführung ab Herbst 2020	Wissenschaftler:innen

Anmerkung: DZHW = Deutsches Zentrum für Hochschul- und Wissenschaftsforschung; LIfBi = Leibniz Institut für Bildungsforschung. Die Tabelle enthält in erster Linie quantitative Studien aus dem letzten Jahrzehnt, bei der die Daten frei zugänglich sind.
Quelle: Schwabe/Jungbauer-Gans 2020, S. 8 und eigene Recherche.

Umfangs befristeter Beschäftigung im Rahmen des Sonderbefristungsrechts WissZeitVG.[11] Dieser wissenschafts- und beschäftigungspolitische Standpunkt hat bei Angehörigen des wissenschaftlichen Mittelbaus vielfältige Kritik hervorgerufen (vgl. z. B. NGAwiss 2019). Die Erklärung sieht in den Hochschulen Qualifizierungssysteme, die darauf abzielen „auf eine berufliche Karriere außerhalb des Wissenschaftssystems" vorzubereiten. Wenngleich diese Einschätzung durchaus auf die Praedocs zutreffen könnte, die tatsächlich nicht alle in der Wissenschaft verbeiben möchten (vgl. Ambrasat in diesem Band), so übersieht die Bayreuther Erklärung die Postdocs, deren Berufsziel auf eine Laufbahn in der Wissenschaft ausgerichtet ist.

In diesem Sammelband[12] werden die Ursachen und die Auswirkungen des Befristungswahnsinns sowie die außerordentlichen Leistungen des wissenschaftlichen Mittelbaus an den Hochschulen Deutschlands – ohne deren Einsatz und Motivation Hochschulen ihre Aufgaben gar nicht erfüllen könnten – herausgestellt. Das bedeutet nicht, dass sich für die anderen Statusgruppen in den Hochschulen durch den oben skizzierten gesellschaftlichen Umbau die Arbeitsbedingungen nicht verändert hätten – Studierende[13], Promovierende[14], Mit-

---

11 Die sich stetig verschlechternde Haushaltslage der Hochschulen, lässt den Schluss zu, dass die Kanzler:innen bei möglicher Sympathie zur allgemeinen Verbesserung von Arbeitsbedingungen, schlicht in der Marklogik knapper Kassen keine Handlungsalternativen als denk- bzw. umsetzbar ansehen.

12 Wir als Herausgeber haben in den Rollen als Wissenschaftler, Mitglieder in Personalräten, Gewerkschaften und Mittelbauinitiativen Veranstaltungen organisiert, um das Thema der Arbeitsbedingungen einer breiteren Öffentlichkeit zugänglich zu machen. Wir befinden uns mit der Herausgeberschaft des vorliegenden Sammelbandes in einer schwierigen Situation. Der Untersuchungsgegenstand stellt das eigene Professionsfeld, die eigene subjektive Lebens- und Arbeitsrealität dar, welches die gebotene Distanz sowie die Umsetzung des Postulats einer Werturteilsfreiheit erschwert. Der Sammelband ist zugleich aber auch als Produkt unserer ehrenamtlichen Arbeit anzusehen, welches sich in ein Publikationsprojekt transformiert, das dem metrischen Wissenschaftler:innendasein im akademischen Kapitalismus als kulturelles Kapital zu Gute kommt.

13 Die Exklusion der studentischen Hilfskräfte aus Tarifsystemen und Personalräten stellt ein großes Problem dar. Die tarifliche Einbindung der studentischen Hilfskräfte an Hochschulen in Berlin gilt hierbei der GEW als Vorbild, um bessere Arbeits- und Lohnbedingungen auszuhandeln. Die Bemühungen organisierter Studierender sind „bislang bei den Ländern und den Hochschulleitungen auf starken Widerstand gestoßen" (GEW 2018, S. 11).

14 Die Junge Akademie hat in einem Positionspapier einen Tarifvertrag Promotion gefordert, um die Bezahlung und die Arbeitsbedingungen für Promovierende zu vereinheitlichen (vgl. Junge Akademie 2020). Die Gruppe „The Leibniz PhD Network" dokumentiert in einer Untersuchung die Arbeits-, Promotions-, Gesundheits- und Vereinbarkeitsbedingungen der Promovierenden der 96 Standorte der Leibniz Gemeinschaft. Stellvertretend für weitere außeruniversitäre Forschungseinrichtungen (z. B. Max-Planck-Gesellschaft, Helmholtz-Gemeinschaft Deutscher Forschungszentren) zeigen die Auswertungen der Gruppe ähnliche prekäre Lagen, wie bei den an Hochschulen beschäftigten Wissenschaftler:innen unterhalb der Professur. Es werden gezielt Vorschläge ausgearbeitet, die einzelne Defizite mit Personal- und Arbeitsschutzmaßnahmen zu verbessern (Beadle et al. 2020).

arbeiter:innen von Verwaltung und Technik[15] sowie Professor:innen (wie bereits erwähnt) sind durch die Veränderungen ebenfalls stark belastet.

Das Wachstum der studentischen und wissenschaftlichen Hilfskräfte im Zeitverlauf stellt ebenso wie das der Lehrbeauftragen (vgl. Seipel/Holderberg in diesem Band) ein billiges Reservoir von Arbeitskräften zur Verfügung. Im Fall der studentischen und wissenschaftlichen Hilfskräfte, die weder tariflich eingebunden sind, schlecht bezahlt werden und von einer hohen Abhängigkeit in der Arbeitsbeziehung zu Vorgesetzten geprägt sind, stellt dieser erste Berührungspunkt mit der Wissenschaft, der als Rekrutierungsreservoir der Beschäftigten gilt (Briedis et al. 2014), zudem eine systemisch angelegte Sozialisationsphase der Prekarität auf dem Sprungbrett zu einer wissenschaftlichen Laufbahn dar. Diese bereits zu Beginn der wissenschaftlichen Karrierephase negativen Konditionierungseffekte stehen im Widerspruch zu einer guten Wissenschaft mit fairen Beschäftigungsbedingungen und sicheren Karriereperspektiven (GEW 2010; 2012; 2013). Aus der Perspektive eines Umbaus der bestehenden Hochschulgovernance wäre es deshalb erforderlich, Allianzen zwischen den Statusgruppen zu schmieden. Vor diesem Hintergrund handelt es sich bei dem hier vorgelegten Sammelband um einen weiteren Impuls, die prekäre Situation des wissenschaftlichen Mittelbaus theoretisch zu erfassen und empirisch zu analysieren, um auszuloten, wie es allgemein um die Attraktivität des Arbeitsplatzes Hochschule bestellt ist. Dass sich viele Mitglieder des Mittelbaus mit der derzeitigen Lage und der Entwicklung an den Hochschulen nicht abfinden wollen, zeigt sich auch in dem Widerstand und der Kritik dieser Statusgruppe an den bestehenden Verhältnissen: die „academic workforce" (Dörre/Rackwitz 2018; Keller im Sammelband; Ulrich im Sammelband, Graf/Keil/Ullrich 2020) organisiert sich zunehmend lokal (Mittelbauinitiativen, vgl. Ullrich 2016), national in Gewerkschaften und Dachorganisationen (GEW, ver.di, NGAWiss), international auf Kongressen (vgl. NGAwiss 2020) sowie fachlich durch Repräsentanz (Mitsprache in Fachgesellschaften).[16]

---

15 Und auch hier regt sich Widerstand: So hat die Bundeskonferenz der Frauen- und Gleichstellungsbeauftragten an Hochschulen – unterstützt von zahlreichen geschlechter- und wissenschaftspolitischen Organisationen – am 15.09.2020 ein Positionspapier veröffentlicht, in dem sie im Namen der Hochschulsekretär:innen eine Aktualisierung des Berufsbildes wie auch eine tarifliche Höherbewertung im Rahmen der Kampagne „Fairnetzt Euch" fordert (vgl. bukof 2020). Ferner fordert der Deutsche Hochschulverband die Entfristungsdebatte aus dem wissenschaftlichen Mittelbau ernst zu nehmen und regt eine grundsätzliche Reform des WissZeitVG an, bei der sich dafür ausgesprochen wird, „das Nebeneinander und die Verschränkung des Teilzeit- und Befristungsgesetzes (TzBfG) und des WissZeitVG aufzuheben. Befristungen im wissenschaftlichen Bereich sollten ausschließlich nach Maßgabe des WissZeitVG als lex specialis geregelt werden. Dabei sollte das WissZeitVG auch für die Befristung von nichtwissenschaftlichen Mitarbeiterinnen und Mitarbeitern Rechtsgrundlage sein, sofern sie in der Wissenschaft beschäftigt sind." (DHV 2020)

16 In der Deutschen Gesellschaft für Soziologie (DGS) und der Deutschen Vereinigung für Politikwissenschaft (DVPW) sind nach Satzungsreformen als politischer Teilerfolg neuerdings Vertreter:innen des Mittelbaus als Statusgruppe im Vorstand zu repräsentieren. Und auch

Die „Politiken des Mittelbaus" (Bünger/Jergus/Schenk 2017) artikulieren den Unmut, der dazu führte, dass das Thema der prekären Beschäftigungssituation auf der Tagesordnung steht. Aber die neue Welle der Mobilisierung der Wissenschaftler:innen hat erst begonnen. Die Diskussion um die Ursachen und Wirkungen der strukturellen Bedingungen und des Umbaus der Hochschulen müssen intensiviert und in politische Handlungen überführt werden, die zu einer Verbesserung der Beschäftigungsbedingungen führen. Mit den hier vorgelegten theoretischen Deutungsangeboten und den empirisch überprüfbaren Aussagen über die Arbeits- und Karrierebedingungen an den Hochschulen will dieser Sammelband dazu einen Beitrag leisten. Zur besseren inhaltlichen Übersicht werden die thematischen Schwerpunkte der Einzelbeiträge nachfolgend kurz dargestellt.

Beiträge des Sammelbandes

Das Buch gliedert sich in drei Bereiche. **Im ersten Teil** des Sammelbandes – *Arbeitswelt Hochschule im Wandel* – nehmen die Autoren und Autorinnen makrostrukturelle Veränderungen in den Blick.

Richard Münch ist ausgewiesener Experte und Kritiker der Entwicklungen des deutschen Hochschulsystems, der im deutschsprachigen Raum den Begriff des „akademischen Kapitalismus" prägte (Münch 2011). In seinem Beitrag *Kapital und Arbeit im akademischen Shareholder-Kapitalismus. Fatale Allianzen auf dem deutschen Sonderweg zur wissenschaftlichen Exzellenz* zeigt Münch auf, das die deutsche Sonderstellung der feudalen Lehrstuhlstrukturen, in Kombination mit dem kapitalistischen Modell der USA, weder für die eigene Leistungsfähigkeit im internationalen Wettbewerb um Spitzen-Forschung und kluge Köpfe, noch in Bezug auf die Arbeitsbedingungen des „akademischen Proletariats" vorteilhaft sind. Die neuerliche Ausrichtung in Deutschland auf Exzellenz-Förderung erzeuge eine Konzentration von Ressourcen und Wissen an wenigen Standorten („brain gain"), die in der Fläche eine Ausdünnung von Qualität und Kapazität bedeuten („brain drain"). Das Narrativ einer ständigen Knappheit öffentlicher Finanzen, über deren Verwendung Rechenschaft abgelegt werden muss, herrsche in der Forschungs- und Hochschulpolitik in selbstreferenziellen politischen Kreisen vor. Die Nachahmung dieses globalen Trends habe zur Folge, dass in Deutschland eine falsch verstandene Orientierung an den USA umgesetzt wird. Zwar habe diese Ausrichtung zur Schaffung von Graduiertenschulen geführt, aber dabei sei das oligarchische System der Lehrstühle nicht dem Department-

der Beirat des Wissenschaftlichen Nachwuchses (GI-WiN) der Gesellschaft für Informatik (GI) fordert und empfiehlt Maßnahmen zur Verbesserung der Lage von Promovierenden sowie Postdoktoranden und Postdoktorandinnen in der Informatik und anderen Technikwissenschaften (vgl. Lenk et al. 2020).

system der USA gewichen und blockiere so die für neue wissenschaftliche Erkenntnisse förderliche Autonomie, ebenso wie den Ausbau attraktiver Karriereziele beim wissenschaftlichen Mittelbau.

Tilman Reitz analysiert in seinem Beitrag *Prestigekonkurrenz und akademischer Neofeudalismus* die Machtverhältnisse in der wissenschaftlichen Arbeitswelt der Gegenwart. Analytisch knüpft Reitz dabei an eine Unterscheidung von Richard Münch an, der vorschlägt, den in der Wissenschaft herrschenden Wettbewerb um neue Erkenntnisse und um das damit verbundene Ansehen von der Konkurrenz um künstlich verknappte Mittel zu unterscheiden. Dieser Vorschlag wird durch die Differenzierung zwischen monetär strukturierter und nichtmonetärer akademischer Konkurrenz von Reitz ergänzt. Der Beitrag verfolgt dabei die These, dass die Inhaber:innen von Machtpositionen, wie auch die Anwärter:innen auf diese, sich tendenziell vom Prinzip der Gefolgschaft auf das Prinzip des Ansehenswettbewerbs umstellen müssen. Zur Erläuterung dieser These greift Reitz auf die Analyse der höfischen Vergesellschaftung von Norbert Elias zurück, in der die Prestigekonkurrenz entfaltet wird. Die Übertragung dieser historischen Parallele erfolgt dann über eine Analyse des Ordinariensystems in dem solange teilformale, asymmetrische und persönlich geprägte Loyalitäten vorherrschen konnten, bis die schiere Anzahl von Personen an den Hochschulen dieses Modell an seine Grenzen brachte. Zur Bewältigung des drohenden Ordnungszerfalls wird das Konkurrenzsystem nun auf metrifizierte Prestigewettbewerbe umgestellt, bei denen neue distributive Medien (z. B. Publikationen, Forschungsmittel und -preise) ausschlaggebend sind und in Folge die persönlichen Bindungen durch persönliches Ansehen ergänzt oder ersetzt. Abschließend werden die ökonomischen Funktionen der Prestigekonkurrenz erläutert, die dazu führen, dass im Neofeudalismus aus dem öffentlichen Gut Wissen privater Gewinn generiert wird.

Die Analyse der Hochschulgovernance ist für ein Verständnis der heutigen Bedingungen an Hochschulen unabdingbar. **Axel Oberschelp** untersucht in seinem Beitrag *Hochschulgovernance in Deutschland. Historische Entwicklungen und aktuelle Herausforderungen* die Entwicklungen der Hochschulgovernance in den letzten 20 Jahren und bezieht dabei auch historische Vergleiche ein. Er legt dazu fünf zentrale Governance-Mechanismen zugrunde und stellt die Entwicklungsetappen der Ordinarien-, der Gruppenuniversität und der Universität unter dem Paradigma des neuen Steuerungsmodells vor. Als Ergänzung zur klassischen Periodisierung für Westdeutschland werden wichtige Aspekte der Hochschulentwicklung in der DDR thematisiert. Neben der staatlichen Steuerung und der akademischen Selbstverwaltung und dem Wettbewerb zwischen den Universitäten werden die Wirkungen von Ziel- und Leistungsvereinbarungen und von Rankings dargestellt. Die Auswirkungen neuer Personalkonzepte – wie dem Tenure-Track-Programm und der Einführung des Modells der Juniorprofessur als Ersatz für die klassische Habilitation – werden für den Mittelbau diskutiert. Ein Departmentstrukturmodell könnte zudem die internationale Anschlussfähigkeit des deutschen Hochschulsystems verbessern. Abschließend gibt Oberschelp Hinweise auf alternative Konzepte zum neuen Steuerungsmodell. Dabei wird angeregt darüber nachzudenken, ob Kooperation statt Wettbewerb (Vertrauen, Legitimität und sozio-ökonomische Zielvorstellungen statt Effizienzorientierung und Leistungsdruck) als zentraler Governance-Mechanismus etabliert werden könnte.

Das New Public Management ist Oberschelp folgend im globalen Trend der Standardisierung im akademischen Kapitalismus als neues Steuerungsmodell auf dem Vormarsch und etabliert im Management der Hochschulgovernance neue Anreizmechanismen für die Akteur:innen im Wissenschaftssystem. **Yoshiro Nakamura** analysiert in seinem Beitrag *Prekäre Beschäftigungs- und Studienverhältnisse durch leistungsorientierte Mittelvergabe. Wertewandel durch Kennziffer-Steuerung an deutschen Hochschulen am niedersächsischen Beispiel* konkret die Leistungsorientierte Mittelvergabe (LOM) in Niedersachsen hinsichtlich ihrer Wirkungen auf die Beschäftigungs- und Studiensituation. Er zeigt auf, wieso die appellativen Interventionen von Parteien in Parlamentsdebatten und Wissenschaftsausschüssen sowie die Empfehlungen der gemeinsamen Wissenschaftskonferenz zwischen Bund und Ländern ihre Zielsetzung, den Ausbau von unbefristeten Beschäftigungsverhältnissen, verfehlen. Ein detaillierter Blick auf die Allokationskriterien der LOM offenbart, dass Hochschulen bedingt durch die algorithmisierte formelgebundene Zuweisung von Mitteln aus monetärem Interesse u. a. eine zwanghafte Ausrichtung auf die Steigerung des Einwerbens von Drittmitteln, den Aufwuchs von Studienanfänger:innen, der rigiden Einhaltung der Regelstudienzeit und einer Prekarisierung der Beschäftigungsverhältnisse von Promovierenden durch den Wunsch hoher Absolvent:innenquoten betreiben. Dies habe weitere Auswirkungen auf die Ausgestaltung von Lehre und Forschung (z. B. Normierung des individuellen Studierverhaltens, Bevorzugung von wettbewerbsgeeigneten Forschungsthemen, Prozessen und Orientierungen zuungunsten von Originalität und Innovation) und erzeugt zwischen den Hochschulen eine finanzielle Umverteilung, die langfristig nachteilig für alle Akteur:innen ist:

„Die Gewinne der überdurchschnittlichen Hochschulen werden nicht durch zusätzliche Mittel, sondern durch Verluste der unterdurchschnittlichen Hochschulen finanziert. Aus einem Anreizsystem, das eine Verhaltensförderung oder Intensivierung motivieren soll, wird so ein Umverteilungssystem, das zwangsläufig Verlierer:innen produziert und damit zu einer Stratifikation der beteiligten Hochschulen führt, selbst dann, wenn alle sich eigentlich gegenüber den vorausgehenden Messzeitpunkten steigern." (Nakamura im Sammelband)

Der angesprochene Wandel der Lehr- und Studienorganisation stellt **Nicola Hericks** aus der Perspektive von Lehrenden und Studierenden in ihrem Beitrag

Der Bolognaprozess und seine Folgen für die Lehr- und Studienorganisation. Forschen, Lernen und Lehren an der Hochschule in den Mittelpunkt. Kritiker:innen der Bologna-Reform verweisen darauf, dass die intendierten Ziele, wie z. B. Verringerung der Studiendauer und Abbruchquoten, Förderung der Mobilität, Erhöhung der Transparenz der Hochschulstrukturen sowie die Internationalisierung des Hochschulstudiums zu einer stärkeren Standardisierung, Verschulung und Strukturierung des Studiums führt. Eine engere Prüfungsdichte und die Etablierung von Anwesenheitspflichten ist eine häufig beklagte Folge, die sowohl von Studierende als auch von den diese Prüfungsleistung korrigierenden Lehrenden, die zu Meister:innen der Modularisierung von Wissen geworden sind, geteilt wird. Weiterhin stellt Hericks auf Basis von eigenen qualitativen Befragungen eindrücklich fest, dass auch neue Lehr-Lern-Formate (Projektlernen, Forschendes Lernen, Service-Learning, Onlineangebote) für die Rolle der Lehrenden, die sich zunehmend eher als Lernbegleiter:in bzw. Mentor:in denn als Wissensvermittler:in verstehen sollen, neue Herausforderungen in Bezug auf didaktische Kompetenzen bedeuten. Diese neue Situation, in der auch Studierende sich von ihrer passiv-rezeptiven Rolle lösen müssen, biete der Autorin zu Folge auch ein Testfeld für weniger formalisierte Wissens- und Erfahrungsansätze, die im Austausch mit Kolleg:innen in der Lehre erprobt werden können.

Im zweiten Teil des Sammelbandes werden die *Arbeitsbedingungen an Hochschulen* in den Blick genommen und dabei im zweiten Schritt Veränderungen auf der Mikroebene berücksichtigt. Hier ist zu fragen, welche Spuren die makrostrukturellen Veränderungen auf Seiten der Mitarbeiter:innen in den Hochschulen hinterlassen, die die Arbeitssituation und das Karrierefortkommen strukturieren sowie gegebenenfalls Anpassungsleistungen in Form von selbstauferlegten Lebensführungsmodellen nach sich ziehen.

Jens Ambrasat stellt in seinem Beitrag *Zur Arbeitssituation des wissenschaftlichen Mittelbaus in Deutschland* mit den Daten des Wissenschaftsbarometers von 2019 die Lage des Mittelbaus dar. Herausgearbeitet wird die strukturelle Lohnzurückhaltung auf Seiten der Universitäten als Arbeitgeber. Ferner wird die Mehrarbeit und Mehrarbeitsquote und die erzwungene Teilzeit herausgestellt sowie die Beteiligung an der Lehre ohne Lehrverpflichtung. Bei der Anzahl der Publikationen stehen die Professor:innen an der Spitze der Veröffentlichungspyramide, was u. a. mit der Institution von Co-Autorenschaftspraktiken zu tun hat. Dabei wird darauf verwiesen, dass die wichtigste Determinante des Publikationsoutputs bei Professor:innen die Zahl der Mitarbeitenden ist. Es wird diskutiert, ob es angesichts der geschilderten Arbeitsbedingungen bei den bisher zu beobachteten Nachfragemärkten (mehr Nachfragende als Arbeitsplätze in den Hochschulen) bleiben wird. Ambrasat arbeitet in seinem Beitrag wichtige Unterschiede in der Beurteilung der Arbeitsbedingungen zwischen Prä- und Postdocs heraus. So dominiert in der Prädoc-Phase ein Qualifikationsmotiv, in der Postdoc-Phase jedoch ein Berufsmotiv. Die berufliche und finanzielle Zufriedenheit ist bei den

Prädocs höher als bei den Postdocs, da die Postdocs die eigene berufliche Perspektive eher negativ sehen. Wie bereits Weber (1919/1995) vor einem Jahrhundert in seinem Vergleich zwischen dem deutschen und US-amerikanischen Wissenschaftssystem feststellte, sind die Risiken und Chancen auf eine sichere akademische Laufbahn zwischen den Ländern unterschiedlich ausgeprägt. **Karin Zimmermann** stellt in ihrem Beitrag *Universitäre Personal- und Karrierestrukturen. Deutschland im internationalen Vergleich* auf Basis einer ländervergleichenden Analyse im Anschluss an Weber die Frage, „wie Breitenausbildung mit Spitzenforschung und beides mit der Ausbildung der künftigen Wissenschaftler:innen-Generation zu leisten ist?" In der Ist-Analyse zeigt Zimmermann auf, dass eine Heterogenität bei den Karriereperspektiven besteht, in der Deutschland mit seinem spezifischen Habilitations-Modell eine Sonderstellung zu vergleichbaren Wissenschaftsnationen wie Frankreich (gemischtes Habilitations- und Tenure-Modell) oder England und den USA (Tenure-Modell) einnimmt. Die deutschen Versuche sich mit der Einführung der Juniorprofessur (2002) oder der Tenure-Track-Professur (2017) den genannten Ländern anzugleichen, hat bisher die Besonderheit eines prozentual geringen Anteils an selbstständig forschenden und in sicheren Arbeitsverhältnis stehenden Wissenschaftler:innen unterhalb der Professur nicht erhöht. Im internationalen Vergleich hat Deutschland den niedrigsten Anteil des sogenannten Senior- und Junior Academic Staff, welches sich in einer geringen Quote an Professuren und unbefristeten Stellen im wissenschaftlichen Mittelbau ausdrückt. Die sogenannte „Flaschenhals-Problematik" zeige sich auch darin, dass mit dem Anteil von einem Prozent Juniorprofessuren, die Kategorie des Junior Academic-Staff im akademischen System der Qualifizierung und Rekrutierung nahezu komplett fehlt und daher eine „Karriere ohne Karrierecharakter" (Schmeiser 2013, S. 54) der Alltag an deutschen Hochschulen ist. Zimmermann erklärt die verfehlten Versuche der Verbesserung dieser Situation aus historisch tradierten Pfadabhängigkeiten und diskutiert kritisch die Privilegien der Professor:innenschaft als Bremse für die Ausrichtung einer zukunftsgerechten Personal- und Karrierestruktur in Deutschland.

Die bisher im Sammelband geschilderten und analysierten Veränderungen der Hochschulen führt **Maria Keil** in ihrem Beitrag *Wissenschaftliche Lebensführung. Zwischen kulturellem Eigensinn und fremdgeführter Lebenspraxis* zu der Frage, ob Wissenschaft als Form der Lebensführung verstanden werden kann. Ausgehend von einer an Weber orientierten Begriffsbestimmung und ihrer Weiterentwicklung werden die Konzepte der abhängigen und unabhängigen Lebensführung vorgestellt. Es werden Bedingungen erläutert, die notwendig sind, um Personen in die Lage zu versetzen, ein Leben selbst zu führen und eigensinnige Handlungsorientierungen herauszubilden. Dabei wird der Vorschlag unterbreitet, die Dichotomie zwischen Struktur und Kultur durch einen relationalen Lebensführungsbegriff zu überwinden. Der Beitrag beantwortet die Frage, ob die Wissenschaft mit ihrer Eigenlogik die Lebensführung von Wissenschaftler:innen strukturiert und ob sie sämtliche Bereiche des Lebens durchdringt. Im Rahmen einer qualitativen Untersuchung von Wissenschaftler:innen in den Sozialwissenschaften werden vier verschiedene Lebensführungsmodelle herausgearbeitet – Wissenschaft als asketische Lebensführung, Vereinbarkeit von Familie und Beruf als Hochleistungsmanagement, Familienorientierung zulasten der Karriere, das Modell Exit als Chance –, die die Ambivalenzen des kulturellen Eigenwerts wissenschaftlicher Lebensführung und ihrer Umsetzung in der alltäglichen Lebensführung hervorheben.

Die SARS-CoV-2-Pandemie hat alle Funktionssysteme unserer Gesellschaft vor große Herausforderungen gestellt. Diese Pandemie hat auch in den Hochschulen deutliche Spuren hinterlassen. **Peter-Paul Bänziger** und **Florian Kappeler** untersuchen in ihrem Beitrag *Der Ausnahme- als Normalzustand. Was bedeutet die Corona-Krise für Wissenschaftsarbeiter:innen?* die Auswirkungen der Pandemie auf die Arbeitsbedingungen des wissenschaftlichen Mittelbaus. Fehlende Betreuungsmöglichkeiten von Kindern durch den Shutdown am 13. März 2020 oder die Umstellung von Präsenz- auf digitale Lehre lässt danach fragen, wer eigentlich die Produktionsmittel für die Lehr- und Forschungstätigkeit zur Verfügung stellen sollte. Sind nicht die Hochschulen Profiteurinnen dieser Entwicklung dadurch, dass die zumeist befristet beschäftigten Arbeitnehmer:innen Laptops, Drucker, Mikrophone, Internetanschlüsse und selbst bezahlten Wohnraum, der nun als Arbeitsraum genutzt wird, den Hochschulen zur Verfügung stellen (müssen)? Vor diesem Hintergrund interpretieren die Autoren die akademische Heimarbeit als ein weiteres Instrument zum Umbau der Hochschule zuungunsten des wissenschaftlichen Mittelbaus. Es wird herausgearbeitet, dass unbezahlte Mehrarbeit und Arbeitsüberlastung unter den Bedingungen von Heimarbeit zu einer massiven Verschlechterung der Arbeitsbedingungen geführt haben und der Entgrenzung von Arbeit und Freizeit weiteren Vorschub leisten. Schließlich werden Vorschläge für eine Neugestaltung der Arbeitsverhältnisse entwickelt, die die Interessen der Beschäftigten berücksichtigt. So könnten die Arbeitenden durch Open-Access-Publikationen, offene Soft- und Hardware, Forschungskostenpauschalen und ähnliches autonom über ihre Produktionsmittel verfügen.

Einen letzten Schwerpunkt bildet der Abschnitt *Demokratie an Hochschulen*. Es geht sowohl um die gewerkschaftliche Vertretung von Arbeitnehmer:innen sowie die Personal- und Betriebsratsarbeit von Wissenschaftler:innen als auch um neuere Entwicklung wie die Gründung des Netzwerks für gute Arbeit in der Wissenschaft (NGAWiss). Die Ausgestaltung des Arbeitsrechts (WissZeitVG, Arbeits- und Gesundheitsschutz) sowie die politischen Möglichkeiten der Mitbestimmung an Hochschulen stehen hierbei im Fokus.

Bildungsgewerkschaften wie die Vereinte Dienstleistungsgewerkschaft (ver.di) (Grühn et al. 2009) oder die Gewerkschaft Erziehung und Wissenschaft (GEW) versuchen durch Organizing-Kampagnen die Handlungsfähigkeit der sehr individualisierten Wissensarbeiter:innen zu stärken und Einfluss auf die strukturelle Ausrichtung der Hochschulpolitik zu nehmen. Die GEW hat 2010 mit der Mobilisierungs- und Organizing Kampagne „Traumjob Wissenschaft" und dem dazugehörigen Templiner Manifest (GEW 2010) unter dem Stichwort „Gute Arbeit in der Wissenschaft" Reformforderungen an das Wissenschaftssystem aufgestellt und Leitlinien für bessere Beschäftigungsbedingungen erarbeitet (GEW 2012; 2013). **Andreas Keller** resümiert im Beitrag *Auf dem Weg zum Traumjob Wissenschaft. Perspektive einer Reform von Karrierewegen und Beschäftigungsbedingungen am Arbeitsplatz Hochschule und Forschung* die gewerkschaftlichen Aktivitäten aus Sicht der GEW und Standpunkte des Arbeitskampfes bis zur Corona-Pandemie im Spätsommer 2020 („Corona-Komponente"). Das für die hohe Befristungsquote verantwortliche Wissenschaftszeitvertragsgesetz (WissZeitVG) und die parlamentarischen sowie gewerkschaftlichen Auseinandersetzungen um die Novellierung als auch Evaluierung werden nachgezeichnet. Wie Keller schreibt, hat in einer eigenen Evaluation die GEW 2020 erst festgestellt, dass der „Anteil der befristeten Beschäftigungsverhältnisse am gesamten wissenschaftlichen Personal ohne Professorinnen und Professoren 2015, im Jahr vor der Novelle, 83 % (…) [und] 2018 mit 82 % nur einen Prozentpunkt darunter" liegt. So erzeuge u. a. die breite Auslegung des Qualifizierungsbegriffs von Hochschulen weiterhin die Praxis der Kurzzeit- und Kettenverträge. Eine Novellierung in der jetzigen Wahlperiode wird von der GEW gefordert. Die Aushandlungen um die Folgefinanzierung der Förderprogramme für verlässliche Karrierewege und der Hochschulpaktmittel machen die Gemengelage zwischen Bund und Ländern sowie das strukturelle Defizit der Grundfinanzierung der Hochschulen sichtbar. Keller fordert in seinem Beitrag einen deutlichen Ausbau von unbefristeten Stellen für den wissenschaftlichen Mittelbau und skizziert abschließend die große Herausforderung, die Beschäftigten im Wissenschaftssektor zu mobilisieren, um „weiter Druck für wirksame Kodizes für gute Arbeit in der Wissenschaft zu machen", damit letztlich Karrierewege im Hinblick auf Chancengleichheit und Familienfreundlichkeit verlässlich ausgestaltet werden können.

Dass sich Widerstand unter den im Mittelbau Beschäftigen regt ist unübersehbar – und einige Beobachter:innen weisen darauf hin, dass die bereits erwähnte Bayreuther Erklärung eine Reaktion auf die Organisierung der Interessen des wissenschaftlichen Mittelbaus darstellt. **Peter Ulrich** analysiert in seinem Beitrag *Den prekären Mittelbau organisieren. Organisierungskontext, Ansatz und Praxis des Netzwerks für Gute Arbeit in der Wissenschaft* die Entstehungsbedingungen des im Jahr 2017 gegründeten Netzwerks für Gute Arbeit in der Wissenschaft (NGAWiss). Das Netzwerk sieht sich als gewerkschaftsnaher aber -unabhängiger Akteur, der sich die Aufgabe gestellt hat, die „Organisierung der schwer Organisierbaren" zu erreichen. Unter Bezug auf die Protest- und Bewegungsforschung wird herausgearbeitet, dass die Struktur der Beschäftigungsbedingungen selbst die kollektive Interessenartikulation erschwert und damit die Existenzweise des akademischen Proletariats maßgeblich die Mobilisierungschancen prägt. Der Beitrag schildert die Ziele des Netzwerks – die Auseinandersetzung mit prekären Beschäftigungsbedingungen und die radikale Demokratisierung von Hochschule – und zeigt auf, wie die interne Arbeitsstruktur aussieht. Das Netzwerk versteht sich als Bewegungsgedächtnis und als Träger sachlicher Expertise im hochschulpolitischen Feld. Dabei werden auch selbstkritisch mögliche Legitimationsdefizite durch die schwach ausgeprägte Formalstruktur diskutiert, die letztlich mit der analysierten Struktur dreifacher Prekarität in Zusammenhang gebracht wird. Zudem wird das Verhältnis zu den Gewerkschaften beleuchtet und das Protestrepertoire des Netzwerks dargestellt.

Die Lage des wissenschaftlichen Mittelbaus in Deutschland ist im Bildungsföderalismus und unter dem Eindruck der Hochschulautonomie im Neuen Steuerungsmodell ebenfalls von einer hochschulstandortspezifischen Situation der Beschäftigungs- und Arbeitsbedingungen geprägt. In ihrem Beitrag *Mitbestimmung des wissenschaftlichen Mittelbaus an der gemanagten Hochschule. Geschichte, Problemfelder und Perspektiven demokratischer Beteiligung* bestimmen **Christian Seipel** und **Per Holderberg** die Verfasstheit der Mitbestimmung des wissenschaftlichen Mittelbaus. Dabei wird einerseits die Entstehungsgeschichte des „Doppelcharakters" der Mitbestimmung in Form einer historischen Annäherung an die Genese des Personalvertretungsgesetz und des Wandels der Einbindung der Statusgruppe in der akademischen Selbstverwaltung der Hochschulen von der Ordinarien-, über die Gruppen-, zur gemanagten Universität beschrieben. Andererseits werden die verfassten Mitbestimmungswege in Form des Personalrats und der Senatszusammensetzung empirisch untersucht, indem demokratietheoretisch die Repräsentanz der Statusgruppe in Senaten kritisch diskutiert wird. Auf Basis einer empirischen Auswertung einer explorativen Befragung von Personalratsmitgliedern in Niedersachsen wird ferner die Sozial- und Beschäftigungsstruktur der Aktiven problematisiert. Der Befund stellt heraus, dass der überwiegende Teil der Mitbestimmung an Hochschulen nicht von der größten Gruppe, den tendenziell sehr jung und befristet Beschäftigten wahrgenommen wird. Die unsicheren Arbeitsbedingungen, kurze Vertragslaufzeiten, die geringe Vereinbarkeit von Beruf und Familie, sowie Abhängigkeiten bei der Betreuung von Qualifikationsarbeiten werden als Hemmnisse für eine Beteiligung identifiziert, um die geringe und selektive Aktivität in der verfassten Mitbestimmung zu erklären. Neben den Problemfeldern werden jedoch auch mit unverfassten Mitbestimmungsverfahren, illustriert am Best-Practice-Beispiel der Konferenz der wissenschaftlichen und künstlerischen Mitarbeiter:innen (KWM) an der Stiftung Universität Hildesheim und Reformvorschlägen (z. B. der Novellierung des WissZeitVG), Wege zu mehr Einflussnahme und demokratischer Partizipation im lokalen Kontext aufgezeigt.

Die rechtlichen Rahmenbedingungen des WissZeitVG, als auch die Betriebs- und Personalratsgesetzgebung sind Grundlagen für die Arbeitsverhältnisse der

Wissenschaftler:innen. **Peter Müßig** und **Rüdiger Helm** loten in ihrem Beitrag *Gesundheitsrisiko befristeter Vertrag. Herausforderung an den Arbeitsschutz* das Spannungsverhältnis zwischen Befristung und Arbeitsschutz aus. Die Ausgangsthese des Beitrags ist, dass Befristung für die Beschäftigten sowohl immanent negative gesundheitliche Folgen, als auch negative Folgen zur effektiven Ausübung ihrer wissenschaftlichen Tätigkeit aufweist. Die Wissenschaftsfreiheit sei durch Befristung bedroht. Aus der Perspektive der Arbeitsschutzgesetzgebung zeigen die Autoren mit dem Mittel der Gefährdungsbeurteilung Auswege aus der gesundheitsgefährdenden Situation der Befristungslage auf. Auf der Basis eines Fallbeispiels einer großen deutschen außeruniversitären Forschungseinrichtung wird die Auseinandersetzung zwischen Geschäftsführung und Betriebsrat um Maßnahmen zur Vermeidung oder Begrenzung der gesundheitsgefährdenden Umstände geschildert. Es bestehen diverse rechtliche Möglichkeiten für betriebliche Interessenvertretungen. Neben gewerkschaftlichen, politischen und tarifrechtlichen Handlungsmöglichkeiten können der Abschluss von Betriebsvereinbarungen oder die Anzeige einer psychischen Gefährdung am Arbeitsplatz eine Verbesserung der Arbeitssituation ermöglichen.

Kritik an der Verfasstheit der Hochschulen wird von unterschiedlichen gesellschaftlichen Akteur:innen formuliert und steht in der Tradition der intellektuellen Auseinandersetzung mit der Aufgabe und Rolle der Bildungsanstalten in der Moderne. Die Krise von Hochschulen wird unter anderem daran festgemacht, dass sich die Hochschule zu einer Massenveranstaltung verwandelt habe und die ursprüngliche Idee der Universität dadurch nicht mehr erfüllen könne. **David Salomon** setzt sich in seinem Beitrag *Die Politisierung der Wissenschaft. Plädoyer für eine erneuerte Idee der Universität* mit der Frage auseinander, was eigentlich diese Idee der Universität ausmacht. Er zeichnet dabei den historischen Wandel des Bedeutungsverständnisses nach: von den ersten Akademien der griechischen Antike, zur klassischen Trias von Medizin, Juristerei und Theologie zu technischen und ingenieurwissenschaftlichen Aspekten, die an Technischen Universitäten vermittelt wurden bis zur modernen (Massen-)Universität, die eng mit der Entwicklung des Kapitalismus verbunden ist. Die Bedingungen und Veränderungen der neoliberalen Hochschulreform werden erläutert und die vermeintliche Heilung dieser Zustände durch eine Rückverwandlung der Massenuniversität in eine elitäre Institution des Elfenbeinturms abgelehnt. Die derzeitige Allokationsfunktion des Hochschulsystems wird aus der Sicht Salomons dann zum Problem, wenn sie zum Selbstzweck wird und die eigentliche Aufgabe hochschulischer Bildung vernachlässigt oder ganz zurück drängt: die Möglichkeit kritische Reflexionsformen kennenzulernen und zu erproben. Dabei wird historisch – mit Bezug auf Humboldt, Kant und Engels – gezeigt, dass die Spannung zwischen Partikularem und Absolutem in der Universität selbst angelegt und in ihr nicht gelöst wurde. Daraus ergibt sich die Forderung nach einer neuen Universitätsidee, die sich in der Form einer Politisierung der Universität zeigt. Salomon führt dazu die Unterscheidung zwischen negativer und positiver Kritik ein (diese beiden Kritikformen werden mit Bezug auf Bertolt Brechts Drama „Leben des Galilei" erläutert). Dabei soll es bei einer kritischen Universitätsidee nicht um Einigung gehen, sondern der Konflikt um die gesellschaftlichen Aufgaben der Wissenschaft soll öffentlich geführt werden und im Mittelpunkt stehen, um Gestaltungsansprüche zurück zu gewinnen.

Danksagung

Wir danken allen Autor:innen für die professionelle Zusammenarbeit und die Bereitschaft einen Beitrag für diesen Sammelband zu leisten, sowie die (kritischen) Hinweise der Herausgeber wohlwollend zu prüfen und zu bearbeiten. Die produktive Phase der Arbeit an den Manuskripten der Autor:innen und Herausgeber an diesem Sammelband fand in überwiegenden Teilen unter dem Eindruck der Corona-Pandemie statt. Über die Krise der Arbeitsbedingungen im Wissenschaftssystem zu schreiben, während die heutige Wissens- und Arbeitsgesellschaft einen Spiegel ihrer Unzulänglichkeiten vorgehalten bekommt, hat unsere Intention für das Projekt nur gestärkt. Das Ausmaß der prekären Beschäftigungssituation für eine gute Lebensführung hat unter dem zeitgeschichtlichen Eindruck der Corona-Pandemie einen Verstärkereffekt erzeugt. Gleichzeitig schien diese Zeit ebenfalls wie eine Belebung zur politischen Mobilisierung zu wirken. Die Vereinbarkeit von guter Arbeit, Wissenschaft und privatem Glück muss keine Utopie bleiben.

Bedanken möchten wir uns auch bei Frank Engelhardt vom Verlag Beltz Juventa, der unsere Idee einen Sammelband zu den prekären Beschäftigungsbedingungen des Mittelbaus herauszugeben von Anfang an unterstützte. Zudem möchten wir uns bei Magdalena Herzog, ebenfalls von Beltz Juventa, bedanken, die uns wertvolle Hinweise im Rahmen des Lektorats dieses Sammelbandes gegeben hat, und bei Steffen Schröter für die Satzerstellung. Weitere Unterstützung beim Lektorat und kritische Anmerkungen erhielten wir dankenswerterweise von Arne Böker, Markus Germar, Stefanie Schröder und Peter Ullrich. Den größten praktischen Anteil an der Fertigstellung des Sammelbandes hat zweifelsohne unsere studentische Mitarbeiterin Svenja Warnecke geleistet. Sie hat das Projekt mit ihrer zuverlässigen und eigenständigen Art begleitet und für die Beiträge wichtige Korrekturvorschläge erarbeitet sowie die Manuskripte in eine einheitliche Form gebracht. Auch konnten wir in der Abteilung Soziologie am Institut für Sozialwissenschaften der Stiftung Universität Hildesheim auf die Unterstützung von Janna Teltemann und Michael Corsten vertrauen, die uns bei lokalem oder publizistischem Engagement zum Themenbereich stets den Freiraum gelassen haben, den wir selbst als gut gelebte Wissenschaftsfreiheit begreifen. Wir sind daher allen unseren Kolleginnen und Kollegen für den leidenschaftlichen Austausch, ihr persönliches Engagement, das Gespräch auf den Fluren, bei Veranstaltungen oder im Schriftverkehr zu großem Dank verpflichtet. Wissen und strukturelle Veränderungen sind immer das Produkt von Vielen und nicht von Einzelnen.

Literatur

Ambrasat, Jens (2019): Bezahlt oder unbezahlt? Überstunden im akademischen Mittelbau. In: Forschung & Lehre, 2, S. 152–154.

Ambrasat, Jens/Heger, Christophe (2020): Barometer der Wissenschaft. Ergebnisse der Wissenschaftsbefragung 2019/20. Hannover/Berlin: Report DZHW.

Aulenbacher, Brigitte/Binner, Kristina/Riegraf, Birgit/Weber, Lena (2016): Unternehmerische Universitäten im Wohlfahrtsstaat. Wissenschaftliches Arbeiten, prekäre Beschäftigung und Gleichstellung in Großbritannien, Schweden, Deutschland und Österreich. In: Baur, Nina/Besio, Christina/Norkus, Maria/Petschik, Grit (Hrsg.): Wissen – Organisation – Forschungspraxis. Der Makro-Meso-Mikro-Link in der Wissenschaft. Weinheim, Basel: Beltz Juventa, S. 122–154.

Beadle, Brian/Do, Stefanie/El Youssoufi, Dala/Felder, Daniel/Gorenflos López, J./Jahn, Anja/ Pérez-Bosch Quesada, Emilio/Rottleb, Tim/Rüter, Fabian/Schanze, Jan-Lucas/Stroppe, Anne-Kathrin/Thater, Sabine/Verrière, Antoine/Weltin, Meike (2020): „Being a Doctoral Researcher in the Leibniz Association: 2019 Leibniz PhD Network Survey Report". nbn-resolving.org/urn:nbn:de:0168-ssoar-69403-1 (Abfrage: 06.10.2020).

Besirović, Adisa/Sembritzki, Thorben/Thiele, L./İkiz-Akıncı, Dilek (2019): Wissenschaft und Familie. Daten- und Methodenbericht zur qualitativen Erhebung der DZHW-Studie WiNbus 2015. Version 1.0.1., Hannover.

Besio, Cristina/Norkus, Maria/Baur, Nina (2016): Projekte und Wissenschaft. Der Einfluss temporärer organisationaler Strukturen auf wissenschaftliche Karrieren, Organisationen und Wissensproduktion. In: Baur, Nina/Besio, Cristina/Norkus, Maria/Petschick, Grit (Hrsg.): Wissen – Organisation – Forschungspraxis. Der Makro-Meso-Mikro-Link in der Wissenschaft. Weinheim, Basel: Beltz Juventa, S. 341–370.

Boltanski, Luc/Chiapello Ève (2003): Der neue Geist des Kapitalismus, Konstanz: UVK Verlagsgesellschaft.

Boes, Andreas/Kämpf, Tobias (2012): Informatisierung als Produktivkraft: Der informatisierte Produktionsmodus als Basis einer neuen Phase des Kapitalismus. In: Dörre, Klaus/Sauer, Dieter/Wittke, Volker (Hrsg.): Kapitalismustheorie und Arbeit. Neue Ansätze soziologischer Kritik. Frankfurt am Main: Campus Verlag, S. 316–335.

Brachem, Julia-Carolin/Aschinger, Florian/Fehring, G./Grotheer, Michael/Herrmann, Sonja/ Kühn, Marie/Liebeskind, U./Ortenburger, Andreas/Schaeper, Hildegard (2019): Higher Education and the Transition to Work. In: Blossfeld, Hans-Peter/Roßbach, Hans-Günther (Hrsg.): Education as a Lifelong Process: The German National Educational Panel Study (NEPS). Wiesbaden, S. 297–323.

Brandt, Gesche/de Vogel, Susanne/Jaksztat, Steffen/Teichmann, Carola/Scheller, Percy/Vietgen, Sandra (2018): DZHW-Promoviertenpanel 2014. Methoden- und Datenbericht (Version 2.0.0), Hannover.

Briedis, Kolja/Jaksztat, Steffen/Preßler, Nora/Schürmann, Ramona/Schwarzer, Anke (2014): Berufswunsch Wissenschaft? Laufbahnentscheidungen für oder gegen eine wissenschaftliche Karriere. HIS: Forum Hochschule 8. Hannover.

Briedis, Kolja/Lietz, Almuth/Ruß, Uwe/Schwabe, Ulrike/Weber, Anne/Birkelbach, Robert/Hoffstätter, Ute (2020): Nacaps 2018. Daten- und Methodenbericht zur National Academics Panel Study 2018 (1. Befragungswelle – Promovierende). Hannover: DZHW.

bukof (2020): „Endlich Entgeldgerechtigkeit und faire Arbeitsbedingungen in Hochschulsekretariaten schaffen!" bukof.de/wp-conten/uploads/20-09-15-Positionspapier-Entgeldgerechtigkeit-und-faire-Arbeitbedingungen-in-Hochschulsekretariaten.pdf (Abfrage: 30.09.2020).

Bundesministerium für Bildung und Forschung (BMBF) (2008): „Bundesbericht zur Förderung des Wissenschaftlichen Nachwuchses (BuWiN)". www.buwin.de/dateien/2008/buwin_08.pdf (Abfrage: 23.09.2020).

Burkhardt, Anke (2008): Wagnis Wissenschaft. Akademische Karrierewege und das Fördersystem in Deutschland. Leipzig: Akademische Verlagsanstalt.

Bünger, Carsten/Jergus, Kerstin/Schenk, Sabrina (2017): Politiken des akademischen Mittelbaus. Einsatzpunkte einer Kritik im Medium der Wissenschaft. In: Berliner Debatte Initial 28, H. 1, S. 100–109.

Deutscher Hochschul Verband (DHV) (2020): „Zum Befristungsrecht in der Wissenschaft – Positionspapier des Deutschen Hochschulverbandes". www.hochschulverband.de/1685.html#_ (Abfrage: 08.10.2020).

Deutsches Zentrum für Hochschul- und Wissenschaftsforschung (2020): „DZHW-Absolventenpanel". www.dzhw.eu/forschung/projekt?pr_id=467 (Abfrage: 23.09.2020).

Dohmen, Dieter (2015): Anreize und Steuerung in Hochschulen – Welche Rolle spielt die leistungsbezogene Mittelzuweisung? In: FIBS-Forum 54, Berlin.

Dohmen, Dieter/Wrobel, Lena (2018): Entwicklung der Finanzierung von Hochschulen und Außeruniversitären Forschungseinrichtungen seit 1995. Endbericht einer Studie für Deutscher Hochschulverband. Zweite, ergänzte und erweiterte Fassung. Berlin: FiBs.

Döring, Karoline (2017): „Wollen wir wirklich BeStI(e)n sein? Ein Plädoyer an und gegen ‚den wissenschaftlichen Nachwuchs'. Hypotheses – Mittelalter". mittelalter.hypotheses.org/9774 (Abfrage: 07.10.2020).

Dörre, Klaus/Rackwitz, Hans (2018): Mit der Geduld am Ende? Die Prekarisierung der academic workforce in der unternehmerischen Universität. In: Laufenberg, Mike/Erlemann, Martina/Norkus, Maria/Petschick, Grit (Hrsg.): Prekäre Gleichstellung. Geschlechtergerechtigkeit, soziale Ungleichheit und unsichere Arbeitsverhältnisse in der Wissenschaft. Wiesbaden: Springer VS, S. 185–209.

Enders, Jürgen (1996): Die wissenschaftlichen Mitarbeiter. Ausbildung, Beschäftigung und Karriere der Nachwuchswissenschaftler und Mittelbauangehörigen an den Universitäten. Frankfurt a. M., New York: Campus.

Fanelli Daniele, Larivière Vincent (2016): Researchers' Individual Publication Rate Has Not Increased in a Century. PLOS ONE 11(3): e0149504. doi:10.1371/journal.pone.0149504.

Flink, Tim/Simon, Dagmar (2014): Erfolg in der Wissenschaft: Von der Ambivalenz klassischer Anerkennung und neuer Leistungsmessung. Leviathan, Sonderband 29, S. 123–144.

Gassmann, Freya (2018): Wissenschaft als Leidenschaft? Über die Arbeits- und Beschäftigungsbedingungen wissenschaftlicher Mitarbeiter. Frankfurt a. M., New York: Campus.

Gassmann, Freya/Groß, Jascha/Benkel, Cathrin (2020): „Befristete Beschäftigung von wissenschaftlichen Mitarbeiterinnen und Mitarbeitern an Hochschulen in Deutschland – Eine erste Evaluation der Novelle des Wissenschaftszeitvertragsgesetzes. Gewerkschaft Erziehung und Wissenschaft". www.gew.de/evaluationwisszeitvg (Abfrage: 07.04.2020).

Gewerkschaft Erziehung und Wissenschaft (GEW) (2010): „Templiner Manifest. Traumjob Wissenschaft. Für eine Reform von Personalstruktur und Berufswegen in Hochschule und Forschung". www.gew.de/index.php?eID=dumpFile&t=f&f=23383&token=2e177fc714c69

3d32ad55e70ee168af27d72b931&sdownload=&n=Templiner_Manifest_web.pdf (Abfrage: 02.09.2020).

Gewerkschaft Erziehung und Wissenschaft (GEW) (2012): „Herrschinger Kodex. Gute Arbeit in der Wissenschaft. Ein Leitfaden für Hochschulen und Forschungseinrichtungen". www. herrschinger-kodex.de (Abfrage: 02.09.2020).

Gewerkschaft Erziehung und Wissenschaft (GEW) (2013): „Köpenicker Appell. Jetzt die Weichen für den „Traumjob Wissenschaft" stellen! Vorschläge für ein 100-Tage-Programm der neuen Bundesregierung. Aufruf von Teilnehmerinnen und Teilnehmern der 7. GEW-Wissenschaftskonferenz vom 9. bis 12. Oktober 2013 am Müggelsee in Berlin-Köpenick". www. gew.de/Koepenicker_Appell.html (Abfrage: 02.09.2020).

Gewerkschaft Erziehung und Wissenschaft (GEW) (2013): „Studentische und wissenschaftliche Hilfskräfte an Hochschulen. Ein Ratgeber". www.gew.de/fileadmin/media/publikationen/ hv/Hochschule_und_Forschung/Broschueren_und_Ratgeber/RatgeberSHK-WHK_A5_ web.pdf (Abfrage: 08.10.2020).

Graf, Angela (2015): Die Wissenschaftselite Deutschlands. Sozialprofil und Werdegänge zwischen 1945 und 2013. Frankfurt am Main: Campus Verlag.

Graf, Angela/Keil, Maria/Ullrich, Peter (2020): Exit, Voice und Loyalty – (Un-)Möglichkeiten kollektiven Widerspruchs im akademischen Mittelbau in Deutschland. In: Leviathan 48, H. 2, S. 293–317.

Grühn, Dieter/Hecht, Heidemarie/Rubelt, Jürgen/Schmidt, Boris (2009): Der wissenschaftliche „Mittelbau" an deutschen Hochschulen. Zwischen Karriereaussichten und Abbruchtendenzen. Berlin: ver.di, Fachbereich Bildung, Wissenschaft und Forschung.

Holderberg, Per (2020): Zur Beschäftigungssituation des akademischen Mittelbaus. Ergebnisse der dritten Befragung der wissenschaftlichen und künstlerischen Mitarbeiter_innen der Stiftung Universität Hildesheim. Universitätsverlag Hildesheim.

IEKE (Internationale Expertenkommission Exzellenzinitiative) (2016): Internationale Expertenkommission zur Evaluation der Exzellenzinitiative. Endbericht. www.gwk-bonn.de/ fileadmin/Papers/Imboden-Bericht-2016.pdf (Abfrage: 10.10.2016).

Jaksztat, Steffen/Schindler, Nora/Briedis, Kolja (2010): Wissenschaftliche Karriere. Beschäftigungsbedingungen, berufliche Orientierungen und Kompetenzen des wissenschaftlichen Nachwuchses. Hannover: HIS Hochschul-Informations-System.

Johann, David/Neufeld, Jörg (2016): Nachwuchsprobleme. Situation und Berufsziele des wissenschaftlichen Nachwuchses. In: Forschung & Lehre, 9/2016, S. 790–791.

Johann, David/Neufeld, Jörg (2018): Zur Beurteilung der Bewerbungslage an deutschen Universitäten. Ergebnisse der DZHW-Wissenschaftlerbefragung. (DZHW Brief 1|2018). Hannover: DZHW.

Jongmanns, Georg (2011): Evaluation des Wissenschaftszeitvertragsgesetzes (WissZeitVG). Forum Hochschule, Hannover.

Junge Akademie (2020): „Tarifvertrag Promotion". www.diejungeakademie.de/presse/pressemitteilungen/details/article/pressemitteilung-plaedoyer-fuer-einen-tarifvertrag-promotion/ (Abfrage: 05.10.2020).

Konsortium Bundesbericht Wissenschaftlicher Nachwuchs (BuWiN) (2013): Bundesbericht wissenschaftlicher Nachwuchs 2013. Statistische Daten und Forschungsbefunde zu Promovierenden und Promovierten in Deutschland. Bielefeld: Bertelsmann.

Konsortium Bundesbericht Wissenschaftlicher Nachwuchs (BuWiN) (2017): Bundesbericht Wissenschaftlicher Nachwuchs 2017. Statistische Daten und Forschungsbefunde zu Promovierenden und Promovierten in Deutschland. Bielefeld: W. Bertelsmann Verlag.

Keil, Maria (2019): Zur Reproduktion sozialer Ungleichheit im Feld der Wissenschaft. In: Berliner Journal für Soziologie 28, S. 457–478.

Keller, Andreas (2000): Hochschulreform und Hochschulrevolte. Selbstverwaltung und Mitbestimmung in der Ordinarienuniversität, der Gruppenhochschule und der Hochschule des 21. Jahrhunderts. Marburg: BdWi-Verl.

Kreckel, Reinhard (2008): Zwischen Promotion und Professur. Das wissenschaftliche Personal in Deutschland im Vergleich mit Frankreich, Großbritannien, USA, Schweden, den Niederlanden, Österreich und der Schweiz. Leipzig: Akademische Verlagsanstalt.

Kreckel, Reinhard (2010): Zwischen Spitzenforschung und Breitenausbildung. Strukturelle Differenzierungen an deutschen Hochschulen im internationalen Vergleich. In: Krüger, H. H./Rabe-Kleberg, U./Kramer, R. T./Budde, J. (Hrsg.): Bildungsungleichheit revisited. Wiesbaden: VS-Verlag, S. 235–256.

Kreckel, Reinhard (2013): „It would be a good idea". Der US-amerikanische Tenure Track als Importmodell. In: Forschung & Lehre, H. 1, S. 10–12.

Kreckel, Reinhard (2016): Zur Lage des wissenschaftlichen Nachwuchses an Universitäten: Deutschland im Vergleich mit Frankreich, England, den USA und Österreich. In: Beiträge zur Hochschulforschung, H. 1/2, S. 12–40.

Kreckel, Reinhard/Zimmermann, Karin (2014): „Hasard oder Laufbahn. Akademische Karrierestrukturen im internationalen Vergleich. Leipzig: Akademische Verlagsanstalt". www.hof.uni-halle.de/web/dateien/pdf/Hasard-oder-Laufbahn.pdf (Abfrage: 25.09.2020).

Kreiß, Christian (2017): Wer zahlt, schafft an? Folgen der zunehmenden Drittmittelfinanzierung. In: Keller, Andreas/Staack, Sonja/Tschaut, Anna (2017): Von Pakt zu Pakt? Perspektiven der Hochschul- und Wissenschaftsfinanzierung. Bielefeld (GEW Materialien aus Hochschule und Forschung 123), S. 91–101.

Lange, Janine/Lietz, Almuth/Ambrasat, Jens/Tesch, Jakob/Wegner, Antje (2017): The German Doctoral Candidates and Doctorate Holders Study ProFile. In: Journal of Economics and Statistics 4, S. 349–363.

Lange-Vester, Andrea/Teiwes-Kügler, Christel (2013): Zwischen W3 und Hartz IV: Arbeitssituation und Perspektiven wissenschaftlicher Mitarbeiterinnen und Mitarbeiter, Opladen: Verlag Barbara Budrich.

Leemann, Regula J./Dubach, Philipp/Boes, Stefan (2002): The leaky pipeline in the Swiss university system: Identifying gender barriers in postgraduate education and networks using longitudinal data. In: Schweizerische Zeitschrift für Soziologie, 36, H. 2, S. 299–323.

Leendertz, Ariane (2020): Wissenschaftler auf Zeit: Die Durchsetzung der Personalpolitik der Befristung in der Max-Planck-Gesellschaft seit den 1970er-Jahren. Köln: Max-Planck-Institut für Gesellschaftsforschung. http://hdl.handle.net/21.11116/0000-0007-9E71-8 (Abfrage: 27.01.2021)

Lenger, Alexander (2015): Arbeitskraftunternehmertum und projektbasierter Kapitalismus im wissenschaftlichen Feld. In: Lessenich, Stephan (Hrsg.): Routinen der Krise – Krise der Routinen. Verhandlungen des 37. Kongresses der Deutschen Gesellschaft für Soziologie in Trier 2014, Online, S. 1–12.

Lenk, Kerstin/Gleirscher, Mario/Nestler, Simon/Rödiger, Stefan/Petersen, Tom/Loebel, Jens-Martin (2020): Lage und Zukunft des wissenschaftlichen Nachwuchses. Eine Stellungnahme des Beirats des Wissenschaftlichen Nachwuchses (WiN) der Gesellschaft für Informatik (GI e.V.). https://web.archive.org/web/20191218160523/https://mb.gi.de/stellungnahmezukunft/ (Abfrage: 25.01.2021)

Mau, Steffen (2017): Das metrische Wir: Über die Quantifizierung des Sozialen. Berlin: Suhrkamp.

Matthies, Hildegard (2005): „Entrepreneurshipping" in unvollkommenen Märkten – das Beispiel Wissenschaft. In: Lohr, Karin/Nickel, Hildegard M. (Hrsg.): Subjektivierung von Arbeit – Riskante Chancen. Münster: Westfälisches Dampfboot, S. 149–179.

Metz-Göckel, Sigrid/Möller, Christina/Auferkorte-Michaelis, Nicole (2009): Wissenschaft als Lebensform – Eltern unerwünscht? Kinderlosigkeit und Beschäftigungsverhältnisse des wissenschaftlichen Personals aller nordrhein-westfälischer Universitäten, Opladen: Verlag Barbara Budrich.

Metz-Göckel, Sigrid/Selent, Petra/Schürmann, Ramona (2010): Integration und Selektion. Dem Dropout von Wissenschaftlerinnen auf der Spur. In: Beiträge zur Hochschulforschung, 32, H. 1, S. 8–35.

Münch, Richard (2011): Akademischer Kapitalismus. Zur politischen Ökonomie der Hochschulreform. Berlin: Suhrkamp.

Möller, Christina (2015): Herkunft zählt (fast) immer. Soziale Ungleichheiten unter Universitätsprofessorinnen und -professoren. Weinheim, Basel: Beltz Juventa.

Neufeld, Jörg/Johann, David (2016): Wissenschaftlerbefragung 2016. Methodenbeschreibung und Fragebogen. Berlin.

NGAwiss (2019): „Die Bayreuther Bankrotterklärung". soziopolis.de/profil/netzwerk-fuer-gute-arbeit-in-der-wissenschaft/ (Abfrage: 05. 10. 2020).

NGAwiss (2020): „Online Discussion Forum Precarious International: Solidarity Networking Meeting June 25–July 1". mittelbau.net/online-discussion-forum-precarious-international-solidarity-network-meeting-june-25-july-1/ (Abfrage: 06. 10. 2020).

Peter, Tobias (2017): Akademische Entrepreneure. Der homo academicus zwischen Passion, Reputation und Projekt. In: Berliner Debatte Initial, 28, H. 1, S. 110–121.

Reitz, Tilman/Kuhnt, Mathias/Wöhrle, Patrick (2020): „Projektskizze – Alternative Evaluation des Wissenschaftszeitvertragsgesetzes". www.dropbox.com/s/7z84i65lld6vmha/20200828_Projektbeschreibung.odt?dl=0 (Abfrage: 23. 09. 2020).

Reuter, Julia/Gamper, Markus/Möller, Christina/Blome, Frerk (2020): Vom Arbeiterkind zur Professur Sozialer Aufstieg in der Wissenschaft. Autobiographische Notizen und soziobiographische Analysen. Bielefeld: transcript.

Rhoades, Gary/Slaughter, Sheila (2004): Academic Capitalism and the New Economy: Markets, State and Higher Education. Baltimore u. a.: Johns Hopkins University Press.

Riegraf, Birgit (2018): Zwischen Exzellenz und Prekarität. Über den Wettbewerb und die bedingte Öffnung der Universitäten für Wissenschaftlerinnen. In: Laufenberg, Mike/Erlemann, Martina/Norkus, Maria/Petschick, Grit (Hrsg.): Prekäre Gleichstellung. Wiesbaden: Springer VS.

Riegraf, Birgit/Weber, Lena (2013): Exzellenz und Geschlecht in der unternehmerischen Hochschule. In: Binner, Kristina/Kubicek, Bettina/Rozwandowicz, Anja/Weber, Lena (Hrsg.): Die unternehmerische Hochschule aus der Perspektive der Geschlechterforschung: Zwischen Aufbruch und Beharrung. Münster: Westfälisches Dampfboot, S. 67–85.

Rogge, Jan-Christoph (2015a): Soziale Bedingungen und Effekte der quantitativen Leistungsmessung. In: Soziale Welt 66, H. 2, S. 205–214.

Rogge, Jan-Christoph (2015b): The winner takes it all? Die Zukunftsperspektiven des wissenschaftlichen Mittelbaus auf dem akademischen Quasi-Markt. In: Kölner Zeitschrift für Soziologie und Sozialpsychologie 67, H. 4, S. 685–707.

Schmeiser, Martin (1994): Akademischer Hasard. Das Berufsschicksal des Professors und das Schicksal der deutschen Universität 1870–1920. Eine verstehend soziologische Untersuchung. Stuttgart: Klett-Cotta.

Schmeiser, Martin (2013): Wissenschaft als Beruf: Max Webers Beitrag zu einer Theorie professionellen Handelns. In: VSH-Bulletin, H. 3/4, S. 49–60.

Schmid, Antonia/Ullrich, Peter (2018): „Publish and Perish. Publikationszwänge, selbstunternehmerische Wissenschaftssubjekte und Geschlecht". In: Heitzer, Enrico/Schultze, Sven (Hrsg): Chimära mensura? Die Human-Animal Studies zwischen Schäferhund-Science-

Hoax, kritischer Geschichtswissenschaft und akademischem Trendsurfing. Berlin: Vergangenheitsverlag, S. 228–247.

Schneijderberg, Christian/Müller, Lars/Götze, Nicolai (2020): „Is the German Academic Profession on Metrification Autopilot? A Study of 25 Years of Publication Outputs." https://doi.org/10.31235/osf.io/mcs3g (Abfrage: 13.10.2020).

Schneijderberg, Christian/Götze, Nicolai (2020): Organisierte, metrifizierte und exzellente Wissenschaftler*innen. Veränderungen der Arbeits- und Beschäftigungsbedingungen an Fachhochschulen und Universitäten von 1992 über 2007 bis 2018. Kassel: INCHER Kassel 2020 (INCHER-Working Paper; 13).

Steinhardt, Isabel/Schneijderberg, Christian (2014): Hochschulforschung als Gemischtwarenladen. Karrieremöglichkeiten des wissenschaftlichen Nachwuchses in einem heterogenen Feld. In: die hochschule. Journal für wissenschaft und bildung 1/2014, S. 63–75.

Schwabe, Ulrike/Jungbauer-Gans, Monima (2020): Forschung zum wissenschaftlichen Nachwuchs in Deutschland: Implikationen für hochschulisches Qualitätsmanagement. In: Fuhrmann, Michaela/Güdler, Jürgen/Kohler, J./Pohlenz, Philipp/Schmidt, Uwe (Hrsg.): Handbuch Qualität in Studium, Lehre und Forschung (C2.21). Berlin.

Slaughter, Sheila/Leslie, Larry L. (1997): Academic Capitalism: Politics, Policies and the Entrepreneurial University. Baltimore u.a.: Johns Hopkins University Press.

Ullrich, Peter (2016): Prekäre Wissenarbeit im akademischen Kapitalismus. Strukturen, Subjektivitäten und Organisierungsansätze in Mittelbau und Fachgesellschaften. In: Soziologie 45, H. 4, S. 388–411.

van Dyk, Silke/Reitz, Tilman (2017): Projektförmige Polis und akademische Prekarität im universitären Feudalsystem. Zwei Diagnosen und eine Fünf-Jahres-Perspektive. In: Soziologie 46, H. 1, S. 62–73.

Vereinigung der Kanzlerinnen und Kanzler der Universitäten Deutschlands (2019): „Bayreuther Erklärung zu befristeten Beschäftigungsverhältnissen mit wissenschaftlichem und künstlerischem Personal in Universitäten. Bayreuth". www.uni-kanzler.de/fileadmin/user_upload/05_Publikationen/2017_-_2010/20190919_Bayreuther_Erklaerung_der_Universitaetskanzler_final.pdf (Abfrage: 09.10.2020).

Vietgen, Sandra/de Vogel, Susanne/Brandt, Gesche (2020): DZHW-Promoviertenpanel. In: Soziale Welt, im Erscheinen.

Weber, Max (1919/1995): Wissenschaft als Beruf, Stuttgart: Reclam.

Wegner, Anzje (2020): „Die Finanzierungs- und Beschäftigungssituation Promovierender: Aktuelle Ergebnisse der National Academics Panel Study". www.dzhw.eu/pdf/pub_brief/dzhw_brief_04_2020.pdf (Abfrage: 22.09.2020).

Winter, Martin (2018): Bologna – die ungeliebte Reform und ihre Folgen. In: Hericks, Nicola (Hrsg.): Hochschulen im Spannungsfeld der Bologna-Reform. Erfolge und ungewollte Nebenfolgen aus interdisziplinärer Perspektive. Wiesbaden: Springer VS, S. 279–293.

Wissenschaftsrat (2014): „Empfehlungen zur Gestaltung des Verhältnisses von beruflicher und akademischer Bildung. Erster Teil der Empfehlungen zur Qualifizierung von Fachkräften vor dem Hintergrund des demographischen Wandels". www.wissenschaftsrat.de/download/archiv/3818-14.pdf (Abfrage: 13.10.2020).

Zimmer, Annette/Krimmer, Holger/Stallmann, Freia (2007): Frauen an Hochschulen: Winners among Losers. Zur Feminisierung der deutschen Universitäten. Opladen, Farmington Hills: Budrich.

Arbeitswelt Hochschule im Wandel

Kapital und Arbeit im akademischen Shareholder-Kapitalismus[1]

Fatale Allianzen auf dem deutschen Sonderweg zur wissenschaftlichen Exzellenz

Richard Münch

Bund und Länder werden also die Exzellenzinitiative zur Förderung der Spitzenforschung an den deutschen Universitäten mit einer *Exzellenzstrategie* fortsetzen. Schon das aus dem Management-Sprech entlehnte Vokabular lässt unmissverständlich erkennen, dass es mehr um Marketingerfolge als um den tatsächlichen wissenschaftlichen Fortschritt geht. Die von Politiker:innen und Wissenschaftsfunktionär:innen meist gebrauchte Formel der Lobpreisung dieses Programms ist ja ganz auf dieser Linie die medial inszenierte Erhöhung der internationalen Sichtbarkeit der Forschung in Deutschland. Wer etwas von dem Geldfluss von jährlich 533 Millionen Euro abbekommt, kann sich freuen und in den Lobgesang der Forschungspolitik einstimmen. Es scheint ja auf der Hand zu liegen, dass 533 Millionen Euro mehr auch um genau diesen Betrag mehr neue Erkenntnisse pro Jahr hervorbringen werden.

Wer will sich ob dieser Großzügigkeit der Politik beklagen? So einfach ist es allerdings nicht. Die Exzellenzinitiative ist nämlich Teil einer globalen Entwicklung, die man als Transformation des Wissenschafts- und Hochschulsystems in einen akademischen Shareholder-Kapitalismus deuten kann. Am weitesten ist diese Entwicklung in den USA vorangeschritten. Deutschland hinkt ihr etwa 20 Jahre hinterher. Da die USA eine hegemoniale Stellung im globalen Feld der Wissenschaft einnehmen, sehen sich alle anderen Regionen und Länder der Welt gezwungen, ihre eigenen Systemstrukturen an das hegemoniale Modell anzugleichen, ohne dass dadurch eine Verbesserung der eigenen Leistungsfähigkeit und Stellung im globalen Feld garantiert ist. Es ist auch leicht möglich, dass nicht die Vorteile des globalen Modells mit den Vorteilen der eigenen Strukturen verbunden werden, sondern dessen Nachteile mit den Nachteilen des alten Systems eine fatale Allianz eingehen.

In Deutschland zeigen sich deutliche Merkmale einer solchen fatalen Allianz. In den USA sehen wir eine exorbitant gewachsene Stratifikation des Hochschul-

---

1 Anm. der Herausgeber: Es handelt sich bei diesem Beitrag um einen vom Autor genehmigten Wiederabdruck des Beitrags: Münch, Richard (2016): Kapital und Arbeit im akademischen Shareholder-Kapitalismus. Fatale Allianzen auf dem deutschen Sonderweg zur wissenschaftlichen Exzellenz. In: Soziologie, 45, H. 4, S. 412–440.

systems mit der Errichtung eines Oligopols der privaten Elite-Universitäten. Es zeigt sich ein verschärfter Gegensatz zwischen akademischem Kapital und akademischer Arbeit. Die Fakultäten mit ihren genuin wissenschaftlichen Kriterien guter Arbeit in Forschung und Lehre werden durch ein übermächtig gewordenes Hochschulmanagement entmachtet. Dieses Management überträgt die eigenen Kontrollbedürfnisse auf Forschung und Lehre und stellt die eigenen Karrierechancen über die akademische Freiheit der Wissenschaftlerinnen und Wissenschaftler. Diese in den USA weit fortgeschrittene Entwicklung verbindet sich jetzt in Deutschland mit der feudalen Tradition der Lehrstuhlstrukturen. Zugleich erodieren die Vorteile eines Hochschulsystems, das bewusst auf die Bildung einer sich fortlaufend selbst reproduzierenden, von der breiten Masse abgesetzten Elite verzichtet, horizontal breit ausdifferenziert ist und durch den föderalen Pluralismus ausgeprägt multipolar ohne Zentrum/Peripherie-Differenzierung strukturiert ist.

In der folgenden Analyse wird diese Tendenz zu einer fatalen Allianz neuer und alter Strukturen näher beleuchtet, indem die Entwicklung in den USA in den letzten 20 Jahren als Modell dient und reflektiert wird, was für Deutschland im Fahrwasser der Exzellenzstrategie zu erwarten ist. Dabei erweist sich das Milliardenspiel der Champions League im europäischen Fußball als hilfreiches Modell für die Analyse der globalen Champions League der Wissenschaft, die von internationalen Rankings wie dem Shanghai-Ranking und dem Times-Higher-Education-Ranking in die Welt gesetzt wurde. Vier Entwicklungstrends werden diskutiert:

1. *Brain gain* für wenige auf Kosten des *brain drains* für viele,
2. ein sich verschärfender Gegensatz von Kapital und Arbeit im akademischen Betrieb und das Entstehen eines neuen akademischen Proletariats,
3. Forschung und Lehre im Dienst der Profitmaximierung einer wuchernden universitären Administration,
4. Differenzierung in Eliten- und Massenbildung.

Zwei Faktoren erklären, warum diese Entwicklung trotz ihrer unübersehbaren negativen Konsequenzen für Wissenschaft und Gesellschaft von Politiker:innen und Wissenschaftsfunktionär:innen unbeirrt vorangetrieben wird:

1. die Narrative der erhöhten Ansprüche an *Accountability* und der Knappheit öffentlicher Finanzen,
2. Forschungs- und Hochschulpolitik im Zirkel politischer Selbstreferenz.

Abschließend wird gezeigt, dass die Orientierung an den USA die für die Entwicklung der Wissenschaft als globales System eher hinderliche Seite der Differenzierung in Elite und Masse zum Vorbild nimmt, dagegen genau diejenigen Strukturen, die deren Dynamik ausmachen, ignoriert.

1. Vier Entwicklungstrends

1.1 *Brain gain* für wenige, *brain drain* für viele. Wer hat den Nutzen davon?

Geld an sich bringt ja noch keine neuen Erkenntnisse hervor. Es kann ja einfach nur mehr vom Gleichen produziert werden. Dann sind die jährlich 533 Millionen Euro der Exzellenzstrategie für die Katz. Dass das nicht geschieht, soll genau dadurch erreicht werden, dass das frische Geld nicht nach dem *Gießkannen-Prinzip* verteilt wird, sondern nur an wenige Standorte fließt, wo schon genug Forschungspotenz vorhanden ist, die dann mit der Exzellenz-Förderung materiell und symbolisch aufgeladen wird. Das Modell dafür sind Harvard, Stanford & Co. Es sollen nur die „Besten" gefördert werden, auf dass sie noch besser werden, vor allem aber besser gesehen werden. Das ist dasselbe wie bei der europäischen Fußball-Champions-League. Die besten Teams haben inzwischen durch Fernseh-, Sponsoren-, Investoren- und Eintrittsgelder und entsprechende millionenschwere Aufrüstung ihres Personals einen so großen Abstand zum restlichen Fußballvolk geschaffen, dass der Wettbewerb de facto auf die letzten drei Spiele – zwei Halbfinalspiele und ein Finale – in den Monaten April und Mai beschränkt ist. Da nur einer gewinnen kann, war die Aufrüstung für die anderen am Ende nutzlos, siehe FC Bayern München in den letzten drei Jahren mit Pep Guardiola. Die Monate davor wird das sündhaft teure Personal nur zu Showzwecken benötigt, wenn sich die Spitzenteams auf Werbetour durch die Provinz befinden, ohne ernsthaft gefordert zu werden.

So wie sich der FC Barcelona einen Messi, einen Neymar und einen Suarez, Real Madrid einen Ronaldo, einen Bale und einen Benzema und Bayern München einen Lewandowski, einen Müller, einen Ribéry (und Costa) und einen Robben (und Coman) mit Ablösesummen bis zu 100 Millionen Euro und Gehältern bis zu 25 Millionen Euro pro Jahr im Sturm leisten können, so können auch Harvard, Stanford Co. jeden Spitzenwissenschaftler und jede Spitzenwissenschaftlerin einkaufen und damit sicherstellen, dass sie bei der Vergabe der Nobelpreise erfolgreicher als alle anderen Universitäten abschneiden. In diesem sehr einseitigen Sinn schießt Geld dann doch Tore, allerdings nur für diejenigen, die genug davon haben.

Der akademische Kapitalismus erzeugt einen *brain gain* an wenigen Standorten und an vielen anderen Standorten einen *brain drain,* ein Phänomen, das den Gewinn der Wenigen mit einem Verlust der Vielen erkauft und im Allgemeinen als unerwünscht gilt. Dem Überfluss der Wenigen steht eine intellektuelle Ödnis der restlichen Welt gegenüber. Es ist erstaunlich, wie wenig Sensibilität dafür im gegenwärtigen Hype der *Exzellenz-Förderung* aufgebracht wird. Dabei wäre es eigentlich völlig gleichgültig, wo in der Welt neue Erkenntnisse entstehen, solange wissenschaftliches Wissen noch als Kollektivgut gilt. Das ist allerdings im akademischen Kapitalismus zunehmend gefährdet, weil die Technologie-Transfer Offices darüber wachen, dass die Forscherinnen und Forscher erst einmal ihre Erkenntnisse in renditeträchtige Patente oder Lizenzen umsetzen, bevor sie der wissenschaftlichen Öffentlichkeit zugänglich gemacht werden (vgl. Slaughter/Rhoades 2004). Das führt de facto zu einer Verlangsamung der Wissensevolution, weil viel Zeit vergeht, bis eine neue Erkenntnis von anderen Forscherinnen und Forschern geprüft, reflektiert und weiterentwickelt werden kann (vgl. Ginsberg 2011, S. 187 f.).

Es zeigen sich deutlich die Züge eines akademischen Shareholder-Kapitalismus, für den symbolische Gewinne zur bestmöglichen Positionierung in Ratings und Rankings wichtiger sind als reale Fortschritte der Erkenntnis und der Persönlichkeitsbildung der Studierenden (vgl. Brown 2015a). Der Schein ist wichtiger als das Sein. Es kommt auf die richtige Fassade des Qualitätsmanagements an, um in diesem Spiel bestehen zu können. Die Finanzabteilungen der Universitäten werden ausgebaut, nehmen das Heft in die Hand und unterwerfen alle akademischen Tätigkeiten einer an der Steigerung des Shareholder-Value im Sinne der Ranking-Position der Universität orientierten strikten Kontrolle (vgl. Engelen/Fernadez/Hendrikse 2014).

Im akademischen Shareholder-Kapitalismus werden Wissenschaftler:innen, Manager:innen, Studierende und Geldgeber:innen zu Investoren, die insbesondere darauf setzen, dass der symbolische Wert ihrer Investitionen gesteigert wird, indem die Universität, das Department, das Forschungszentrum oder der Studiengang, in die sie investieren, symbolische Gewinne im Sinne der positiven Nennung in den Medien, der Bewertung durch Evaluatoren, durch Ratings und Rankings und durch andere Investierende erzielen. Mit ihrer Wirkung der Verstetigung von Rangplätzen übernehmen Rankings in diesem Spiel die Funktion, für die Investierende Sicherheit darüber zu gewähren, dass ihre aktuellen Investitionen auch in der weiteren Zukunft noch die erwartete Rendite abwerfen. Dafür sorgt die *Reaktivität* von Rankings: Alle orientieren sich daran, sodass sie sich im Sinne einer *self-fulfilling-prophecy* immer wieder selbst bestätigen (vgl. Espeland/Sauder 2007). Was sich hinter den symbolischen Gewinnen verbirgt und mit welchen Methoden sie erreicht werden, ist sekundär im Verhältnis zur primären virtuellen Realität der Symbolik. Dementsprechend sind alle Aktivitäten des Hochschulmanagements auf den Fassadenbau – „image polishing" (Ginsberg 2011, S. 52 ff.) – ausgerichtet, der für eine erfolgreiche Selbstdarstellung in der von den Medien beherrschten Öffentlichkeit notwendig ist, heutzutage natürlich einschließlich der Sammlung von ‚Likes' in den sozialen Medien (vgl. Goffman 1959/1971). Über den Erfolg im Wettbewerb entscheidet die zirkuläre Akkumulation von symbolischem und materiellem Kapital, dabei profitieren die Erfolgreichen vom *brain gain,* während die Erfolglosen durch *brain drain* noch weiter abgehängt werden.

Wer dieses Spiel gut findet, argumentiert, dass die Konzentration so vieler

Milliarden – bei Harvard waren es 37,6 Milliarden Dollar Stiftungsvermögen im Jahr 2015 – auf wenige, dadurch herausgehobene Standorte „funktional notwendig" ist, um überhaupt neue Erkenntnisse hervorbringen zu können. Das ist dasselbe, wie wenn man behaupten würde, dass es tatsächlich besser für den Fußball weltweit ist, wenn wenige Vereine ein unermesslich hohes Budget haben und alle anderen mit einem viel geringeren Budget auskommen müssen, die Weltklassespieler horten und die anderen mit dem Mittelmaß auskommen müssen, sowie viele Weltklassespieler die meiste Zeit gar nicht spielen, sondern in Barcelona, Madrid oder München auf der Reservebank sitzen. Mit Sicherheit würde der Fußball davon profitieren, wenn das Geld gleichmäßiger verteilt wäre und Weltklassespieler nicht die Bank drücken, sondern auf dem Feld stehen und in vielen Vereinen das Spiel bereichern würden. Dasselbe gilt für die Verteilung von Stiftungsvermögen und Spitzenwissenschaftler:innen auf Universitäten. Die Harvard-Milliarden und die Spitzenwissenschaftler:innen weltweit auf zehn Universitäten verteilt, würden für mehr Dynamik im System sorgen als ihre Konzentration auf nur einen Standort. Das ist so, weil es auch in der Wissenschaft eine optimale Größe gibt, jenseits derer jeder weitere investierte Euro dem Gesetz des sinkenden Grenznutzens unterworfen ist.

Wie bei der Fußball-Champions-League führt der Kampf um die bestmöglichen Rangplätze in den Rankings zu immer größerer Ungleichheit, zur Überinvestition in der Spitze und zur Unterinvestition bei der breiten Masse. Nach dem von Robert Merton (1968) identifizierten Matthäus-Effekt werden Erfolge kumulativ in immer größere Erfolge umgesetzt. Das globale System der Wissenschaft ist in diesem Fall weniger leistungsfähig als bei einer gleichmäßigeren Verteilung von Personal- und Sachmitteln, weil sich ein kurvilinearer, umgekehrt u-förmiger Effekt von Investitionen und Ertrag bemerkbar macht. Die breite Masse hat zu wenig Mittel, um leistungsfähig zu sein, die Spitze hat mehr als benötigt wird, um effektiv arbeiten zu können (vgl. Jansen et al. 2007; Münch 2014, S. 223 ff.). Die extrem ungleiche Verteilung der Mittel wird nicht für die Leistungssteigerung des gesamten Systems benötigt, sondern für die symbolische Absetzung einer im akademischen Luxus lebenden Elite von der mäßig ausgestatteten Masse. Die Protagonisten der Exzellenzstrategie erhoffen sich allerdings vergeblich, dass eine jährliche Finanzspritze von 30 Millionen Euro die TU München zum ernsthaften Konkurrenten von Harvard, MIT & Co. macht, so wie auch ein größerer Anteil des FC Bayern München an den Fernsehgeldern der Bundesliga diesem Verein ermöglichen würde, dem FC Barcelona, Real Madrid oder Manchester United die größten Fußballtalente auf dem Weltmarkt wegzuschnappen. Nur leider ist der Abstand der TU München zu Harvard, MIT & Co. auch mit Exzellenzgeldern viel größer als derjenige des FC Bayern München zu seinen Konkurrenten in der Fußball-Champions-League. Deshalb ist der logische weitere Schritt in die Richtung des akademischen Shareholder-Kapitalismus der Ruf nach der Förderung einer Sponsor:innen-Kultur durch kräftige Steuersenkungen, sodass es genügend Philanthro-Kapitalist:innen gibt, die ihr überflüssiges Geld lieber in „ihre" Universität stecken, statt es einem „ineffizient" wirtschaftenden Staat für Bildungs- und Sozialausgaben zu überlassen.

1.2 Der Gegensatz von Kapital und Arbeit und das neue akademische Proletariat

Zum akademischen Kapitalismus gehört ein sich zunehmend verschärfender Gegensatz zwischen Kapital und Arbeit, ganz im Sinne der Kapitalismusanalyse von Karl Marx. Die symbolischen und materiellen Gewinne der mit immer größerem Kapitaleinsatz betriebenen Forschung beruhen auf einem hohen Maß der Ausbeutung von jungen Forscherinnen und Forschern in prekärer, befristeter Beschäftigung auf Projektstellen ohne echte Karrierechancen in entfremdeter Arbeit. Man kann dazu mit Marx sagen: „Der Gegenstand, den die Arbeit produziert, ihr Produkt, tritt ihr als ein *fremdes Wesen,* als eine von den Produzenten *unabhängige Macht* gegenüber." (Marx 1968, S. 511) Diane Reay, Professorin für Bildungssoziologie an der Universität Cambridge, hat dieses Los der Projektmitarbeiterinnen und Projektmitarbeiter im akademischen Kapitalismus prägnant auf den Punkt gebracht:

„There is now an even wider gulf between academic labour and academic capital. Subordinate workers, overwhelmingly women, service those who generate academic capital, overwhelmingly men. The appropriation of one's intellectual labour remains a constant hazard for research staff, becoming a normative, routine practice within the academy. Junior research staff are vital to the professional status and career advancement of grant holders (academics on stable contracts). There is a clear process of intellectual extraction in which the labours of research staff both in the field and outside of it are converted into both academic and symbolic capital, which accrue to the project directors rather than the researcher." (Reay 2014)

Unter den ausgebeuteten Projektmitarbeiterinnen und Projektmitarbeitern des akademischen Shareholder-Kapitalismus sind viele Juwelen, die ihre Kreativität gar nicht zum Wohle der Wissenschaft entfalten können, weil sie erstens viel zu lange in die wissenschaftliche Massenproduktion ohne eigenen Gestaltungsfreiraum eingezwängt sind und zweitens im Kollektiv und in vorauseilendem Gehorsam Aufsatz für Aufsatz nach demselben standardisierten Strickmuster produzieren müssen, um im *peer review* des High Impact Journals ja nicht anzuecken. Für Paul Feyerabends (1973/1993) Plädoyer „Against Method" gibt es hier keinen Platz. Unter dem Kontrollregime neoliberaler Gouvernementalität (vgl. Foucault 2006) werden sie frühzeitig und dauerhaft zu einem Habitus der subalternen Konformität erzogen. Dem in ihnen steckenden Potenzial für Kreativität wird von vornherein der Garaus gemacht. In diesem Wettbewerb wird Konformität im höchsten Maße prämiert und so dem Erkenntnisfortschritt systematisch das Wasser abgegraben. Die Imboden-Kommission zur Evaluation der Exzellenzinitiative hat das sogar erkannt, hat sich aber offensichtlich nicht dazu durchringen können, daraus auch den Schluss zu ziehen, dass die Exzellenzinitiative kein Programm zur Förderung der Innovationskraft der Wissenschaft und des wissenschaftlichen Fortschritts ist, sondern ein Programm zur Errichtung von wettbewerbsverzerrenden Oligopolstrukturen, das nur dem Oligopol nutzt, aber nicht der Wissenschaft, denn der Fortschritt der Erkenntnis steht und fällt mit den eigenständigen Entfaltungsmöglichkeiten jeder neuen akademischen Generation.

Der akademische Shareholder-Kapitalismus hat inzwischen auch zunehmend ein akademisches Lehrproletariat geschaffen, das im Schatten des wissenschaftlichen Starkults und der Lehrdeputatsreduktion der gestressten Forschungsmanager von Exzellenzclustern und Sonderforschungsbereichen den Studienbetrieb aufrechterhält. In den USA und in Großbritannien ist das inzwischen zu einem viel beklagten Problem geworden. Das Hochschulmanagement kalkuliert dort eiskalt, dass sich mit wenigen hoch bezahlten Stars und erfolgreichen Einwerbenden von Drittmitteln einschließlich lukrativem Overhead, die sich kaum in der Lehre engagieren, am meisten Prestige gewinnen lässt, während man die Lehre billigeren Teilzeitkräften überlassen kann, am besten sogar einfach auf Abruf auf der Basis von *Zero-Hours Contracts*. Für die USA stellt Ginsberg (2011, S. 136) fest, dass in den 1970er Jahren noch 67 % des akademischen Personals *Tenure* oder *Tenure Track Faculty* waren, inzwischen aber nur noch 30 %. Der Großteil der Lehre wird jetzt von den Lehrbeauftragten der sogenannten *Adjunct* oder *Contingent Faculty* erbracht. Sie machen in Ginsbergs Augen die Arbeit, während das in der Zahl explodierte Verwaltungspersonal, das als treibende Kraft der Kapitalakkumulation wirkt, kaum etwas Sinnvolles zu tun hat und deshalb auch abwesend sein könnte, ohne dass es bemerkt wird:

> „Generally speaking, a million-dollar president could be kidnapped by space aliens and it would be weeks or even months before his or her absence from campus was noticed. Indeed, if the same space aliens also took all the well-paid deanlets and deanlings, their absence would also have little effect on the university. It would simply be assumed that they were all away on retreat. The disappearance of the contingent faculty, on the other hand, would have a real impact on students' lives." (Ginsberg 2011, S. 164).

1.3 Forschung und Lehre im Dienst der Profitmaximierung einer wuchernden universitären Administration

Wie der Kapitalismus den Fußball als Sport erledigt und durch ein Milliarden-Spiel ersetzt hat, so ist auch der freie Wettbewerb um Erkenntnisfortschritt unter Bedingungen der Chancengleichheit einer idealen Sprechsituation (vgl. Habermas 1971) in der Wissenschaft ein Opfer des Milliarden-Spiels des akademischen Shareholder-Kapitalismus geworden. Forschung wird zu einer Sache strategischer Allianzen einschließlich wachsender Beteiligung industrieller Großinvestor:innen (vgl. Cooper 2009; Vallas/Kleinman 2009), Bildung eine Sache der Humankapital-Produktion. Unter den Erfolgsbedingungen dieses Spiels muss der kritische Geist aus den akademischen Hallen vertrieben werden, um dem kalten Geschäft der akademischen und symbolischen Profitmaximierung Platz zu machen. Dazu gehört auch der massive Ausbau eines administrativen Marketing- und Kontrollapparats zur Selbstdarstellung und Positionierung nach außen und zur Kontrolle durch das Panoptikum (vgl. Foucault 1977) eines minutiösen „Qualitätsmanagements" nach innen. Unter der gewachsenen, auf Profitmaximierung ausgerichteten Kontrolle der Universitätsadministration leiden in den USA insbesondere die Professorinnen und Professoren der breiten Masse staatlicher Universitäten, während sich die selbstbewussten Fakultätsmitglieder der Eliteuniversitäten noch mehr Freiräume bewahren können (vgl. Vallas/Kleinman 2008, S. 305), zum Beispiel noch genug Platz für Kurse in den Liberal Arts im Bachelor-Studium haben. Akademische Freiheit bleibt der Elite vorbehalten. An den mittel- und nachrangigen Colleges haben dagegen die Administratoren das Heft in der Hand und ersetzen Kurse in Liberal Arts durch jede Menge an Kursen mit direktem Praxisbezug, einschließlich Kursen zum Erlernen von „life skills" (Ginsberg 2011, S. 170 ff.), zum Entsetzen der Professorinnen und Professoren der Humanities, die sich als eine aussterbende Spezies sehen, „the last professors" (Donoghue 2008).

Der Ausbau des administrativen Apparates erfolgt auf Kosten einer angemessenen Grundausstattung der Universitäten mit wissenschaftlichem Personal für Forschung und Lehre. In den USA wird beklagt, dass in den 20 Jahren zwischen 1985 und 2005 die Zahl der BA-Absolvent:innen um 47 % gestiegen ist, die Professor:innenschaft um 50 %, die Zahl der höherrangigen Administrator:innen jedoch um 85 % und die Zahl ihrer administrativen Mitarbeitenden um exorbitante 240 % (vgl. Ginsberg 2011, S. 28). Dabei bedeutet das Wachstum der Administration offensichtlich in erster Linie, dass die Universität zum Opfer einer Menge von Parasiten wird, die – wenn sie nicht gerade mit „image polishing" oder „fund raising" (natürlich auch zum eigenen Wohl) beschäftigt sind (Ginsberg 2011, S. 52 ff.) – sich die Zeit mit allerlei zweckloser Beschäftigung vertreiben:

„To fill their time, administrators engage in a number of make-work activities. They attend meetings and conferences, they organize and attend administrative and staff retreats, and they participate in the strategic planning processes that have become commonplace on many campuses." (Ginsberg 2011, S. 41).

Die mächtigste Position ist diejenige des Provost (oder auch Vice-Chancellor), die es in Deutschland (noch) gar nicht gibt. Die am ehesten vergleichbare Position des Kanzlers ist nach wie vor rein administrativer Natur. Beim amerikanischen Provost handelt sich um den strategischen und operativen Leiter der Hochschuladministration in allen akademischen Angelegenheiten von Forschung und Lehre. Er ist die starke Hand des Präsidenten in diesen Angelegenheiten, der wie dieser auf der eigenen Karriereleiter in erster Linie den Aufstieg in die nächst höhere Liga im Auge hat. Die Gehälter sind dementsprechend hoch, deutlich über den Professor:innengehältern. Sie können bei den Präsident:innen in der Spitze jährlich bis über eine Million Dollar reichen, bei den Vizepräsident:innen und den Provosts bis 200 000 Dollar. Im Vergleich zum professionellen Management einer amerikanischen Universität handelt es sich deshalb selbst bei den inzwischen per Gesetz und mit dem Segen des Wissenschaftsrats gestärkten Hochschulleitungen in Deutschland noch um ziemlich machtlose Instanzen. Von ihnen wird erwartet, was sie überhaupt nicht leisten können, weil ihnen dazu (noch) die Macht fehlt.

Das Ziel des Provost einer amerikanischen Universität ist nichts anderes, als seine Universität im Ranking von *US News & World Report* ein paar Ränge nach oben zu bringen, damit er sich nach vier bis fünf Jahren erfolgreich auf die Proveststelle an einer etwas höherrangigen Universität bewerben und dort ein höheres Gehalt beziehen kann. Dasselbe Ziel verfolgen die über zahlreiche Mitarbeiterinnen bzw. Mitarbeiter verfügenden Vice-Provosts und Associate Provosts, um im nächsten Karriereschritt die Stelle eines Provost zu ergattern. Provosts kommen, um die Professor:innenschaft mit neuen, natürlich auch an vielen anderen Orten eingesetzten – das heißt vielfach kopierten – Instrumenten der Indikatorensteuerung zu drangsalieren, um schon bald wieder einem Nachfolger Platz zu machen, der das Spiel von vorne beginnt (vgl. Tuchman 2009, S. 69 ff.).

Größte Bedeutung hat die Steigerung des Budgets durch Forschung, die Drittmitteleinnahmen, einen bis an 80 % heranreichenden Overhead aus diesen Einnahmen sowie Renditen aus Patenten und Lizenzen erbringt (vgl. Ginsberg 2011, S. 179 ff.), mit denen allerlei sündhaft teure Prestigeprojekte sowie alle möglichen Annehmlichkeiten für die Administrator:innen selbst finanziert werden können: „Generally speaking, faculty research must not only pay for itself, but is expected to produce the handsome surplus needed to pay for administrative salaries and other expenses." (Ginsberg 2011, S. 184)

Das geschieht scheinbar zum Besten der Forschung und der Studierenden, untergräbt jedoch systematisch die Bedingungen freier Forschung und akademischer Persönlichkeitsbildung. Forschung dient dann allein der Generierung symbolischer Profite, Lehre der Produktion von ökonomisch verwertbarem

Humankapital, in das Studierende zwecks Erzielung größtmöglicher Renditen investieren. Ein Ausflug in die freie Betätigung des kritischen Geistes kann da nur schaden. Unter der Regie der Hochschuladministration sind Forschung und Lehre mit ihren genuin wissenschaftlichen Kriterien nicht mehr das Ziel, sondern das bloße Mittel, um Profit in Gestalt von Drittmitteleinnahmen, Overhead, Patenten, Lizenzen und Studiengebühren zu erzielen.

Mit den stagnierenden und in Relation zu den gewachsenen Studierendenzahlen sogar schrumpfenden Grundmitteln ist die strategische Einwerbung von Drittmitteln in Allianzen und großen Verbundprojekten zum Königsweg des administrativen Erfolgs geworden. In Deutschland wird dieser Trend maßgeblich durch den übergroßen Anteil der sogenannten *Koordinierten Programme* von Forschungszentren, Sonderforschungsbereichen, Graduiertenkollegs und Exzellenzclustern an der Förderung durch die Deutsche Forschungsgemeinschaft (DFG) unterstützt. Von der Wissenschaftsforschung wissen wir jedoch längst, dass Innovationen in der Wissenschaft insbesondere von kleinen Forschungsteams zwischen zwei und sechs Personen mit einer guten Grundfinanzierung ohne ständige Beschäftigung mit der Einwerbung von Drittmitteln und von vielen unabhängig an vielen Standorten forschenden jungen Wissenschaftler:innen zu erwarten sind (vgl. Heinze et al. 2009).

Große Bedeutung haben auch die Einnahmen aus Studiengebühren. Mit der Steigerung des Prestiges – das sich an der Zulassungsquote zum Studium bemessen lässt, die in der Spitze bei drei bis vier Prozent liegen kann – können umso höhere, bis jährlich 50 000 Dollar reichende Studiengebühren verlangt werden. Viele der Absolventen und Absolventinnen verlassen deshalb das College mit Schulden von 200 000 Dollar und mehr, ohne zu wissen, ob sie überhaupt jemals in der Lage sein werden, die Schulden vollständig abzubezahlen. Auch das ist ein wesentlicher Teil einer mit aller Macht auf die zirkuläre Akkumulation von materiellem und symbolischem Kapital zielenden Bildungsindustrie in den USA.

Das alles geschieht, wenn Forschung und Lehre nicht mehr als Herstellung eines öffentlichen Gutes verstanden werden, sondern nach dem neoliberalen Credo der Public-Choice-Theorie als Privatgut, in das private Akteure, einschließlich der Studierenden, investieren, um größtmögliche Renditen zu erzielen (vgl. Brown 2015a; 2015b, S. 175 ff.). Passend dazu transformiert die ökonomische Agency-Theorie die akademische Gemeinschaft von Lehrenden, Forschenden und Lernenden, die gemeinsam an der Wissensentwicklung und der Persönlichkeitsbildung arbeiten, in eine lose Ansammlung von Verträgen zwischen einzelnen Individuen, die jeweils ihren eigenen Profit maximieren. Die Studierenden werden in diesem Spiel zu Konsumenten degradiert, die bei der allein auf ihren Konsumentenstatus ausgerichteten zentralen Evaluation der Lehrveranstaltungen zwar „Likes" und „Dislikes" verteilen dürfen, aber kein Wort bei der aktiven Gestaltung des Studiums mitzureden haben. Das ist Performativität der ökonomischen Theorie mit dem Effekt der unschöpferischen Zerstörung der akademischen Lebenswelt mit ihren eigenen, der Wissensproduktion und Persönlichkeitsbildung dienenden Regeln (vgl. MacKenzie/Muniesa/Siu 2007).

1.4 Differenzierung in Eliten- und Massenbildung

Eine bessere Grundausstattung der Universitäten würde dafür sorgen, dass endlich den Studierenden diejenige Betreuung gewährt werden kann, die eine Gesellschaft benötigt, die auf die Kreativität jeder neuen Generation in ihrer ganzen Breite angewiesen ist. Der massive Ausbau der Drittmittel an den Universitäten bei gleichzeitiger Stagnation der Grundmittel und wachsender Zahl der Studierenden hat zu einer systematischen Unterfinanzierung der Lehre bei gleichzeitiger Überfinanzierung der Forschung geführt. Der Prestigewettbewerb um die höchstmöglichen Drittmitteleinnahmen wird auf dem Rücken der im überfüllten Hörsaal allein gelassenen Studierenden ausgetragen. Die Studierenden hätten alles Recht auf ihrer Seite, sich dagegen aufzulehnen. Hier ist noch zu berücksichtigen, dass in Deutschland 40 % der öffentlichen Forschungsgelder an die außeruniversitären Forschungseinrichtungen fließen, ohne dass davon ein Cent der universitären Lehre zur Verfügung steht. Auf lange Sicht sind jedoch gute Studienbedingungen viel entscheidender für die Zukunft eines Landes als eine weit überfinanzierte Forschung, die vielfach nur mehr vom Gleichen hervorbringt. Der Qualitätspakt Lehre und der Hochschulpakt von Bund und Ländern sind weit davon entfernt, dieses grundsätzliche Strukturproblem zu lösen. Die etwa 2,3 Milliarden Euro, die über diese beiden Pakte jährlich in die Hochschulen fließen, bringen wegen der steigenden Zahl von Studierenden keine wirkliche Verbesserung. Die Mittel werden außerdem überwiegend in den Ausbau von Stellen für Lehrkräfte in prekärer Beschäftigung investiert, weil nicht auf Dauer mit ihnen gerechnet werden kann. Die Exzellenzgelder setzen nun der Trennung von Forschung und Lehre zwischen den außeruniversitären Forschungseinrichtungen und den Universitäten noch die Trennung von Forschung und Lehre innerhalb der Universitäten obendrauf. Das ausschließlich in der Forschung beschäftigte Personal fehlt den Universitäten in der Lehre, die in immer größerem Umfang von Teilzeitkräften und Lehrbeauftragten bestritten wird.

Das Universitätsstudium ist durch systematische Unterfinanzierung zusammen mit der Modularisierung und Standardisierung der Bachelorstudiengänge zu einer Massenveranstaltung geworden, die keinen akademischen Ansprüchen mehr genügt. Um dieses selbst geschaffene Problem zu lösen, das es gar nicht geben müsste, wird nun durch die Kür von *Exzellenzuniversitäten* die Ausdifferenzierung eines Premiumsegments der Elitenbildung vorbereitet. Auch hier werden die heranwachsenden Generationen einem akademischen Monopoly-Spiel geopfert, von dem am Ende nur die Reichsten der Reichen profitieren, weil – wie in den USA gut zu beobachten ist – das vom Elternhaus ererbte ökonomische, soziale (Alumni-Privileg) und kulturelle Kapital maßgeblich über den Zugang zum Elitestudium entscheidet.

Das akademische Monopoly-Spiel wird nach der Forschung auch die Lehre erfassen. Dann werden die jetzt unter dem Deckmantel der Forschungsförderung etablierten acht bis elf *Exzellenzuniversitäten* auch die Türen ihrer Hörsäle und Seminarräume nur denjenigen Bewerber:innen öffnen, die mit genügend ökonomischem, sozialem und kulturellem Kapital ausgestattet sind. *Exzellenzuniversitäten* ohne *exzellente* Studierende sind ein Widerspruch in sich selbst, der zur Auflösung strebt. Michael Hartmann (2006; 2010) hat das klar und deutlich gezeigt. Das heißt aber, dass diese Universitäten zu den zentralen Institutionen der Produktion und Reproduktion einer von der Gesellschaft abgehobenen Elite werden. Dass das nicht im Interesse einer offenen und demokratischen Gesellschaft ist, können wir schon lange in Frankreich, Großbritannien und den USA beobachten. In allen drei Ländern ist die Herrschaft von Eliten, die maßgeblich von einem unter den Bedingungen des akademischen Shareholder-Kapitalismus noch mehr als zuvor stratifizierten Hochschulsystem produziert und reproduziert werden, längst als ein Problem erkannt worden. Der Reichtum von Harvard & Co. ist nur die andere Seite der Armut in den innerstädtischen Ghettos der USA. Beide gehören zusammen wie zwei Seiten einer Medaille (vgl. Karabel 2005; Goffman 2014). Politiker:innen und Funktionär:innen haben jetzt in Deutschland nichts Besseres zu tun, als verspätet auf einen Zug aufzuspringen, der uns genau dieselben hoch problematischen Verhältnisse beschert.

Dabei gibt es keine funktionale Notwendigkeit der Differenzierung in Eliten- und Massenbildung für das Prosperieren einer Gesellschaft. Deutschland ist der beste Beweis dafür. Wir können mit Sicherheit sagen, dass ein/eine Absolvent:in der prestigereichen Stanford University nicht über 39 mal mehr Wissen verfügt als ein/eine Absolvent:in der Universität Wien, wenn auch das Jahresbudget von Stanford 2012 bei 196 000 Euro pro Studierendem/Studierender lag und das der Universität Wien bei nur 5 000 Euro. Auch der/die MIT-Absolvent:in weiß nicht sechseinhalb mal mehr als der/die Absolvent:in der TU München, wie es der Budget-Unterschied zwischen 211 000 und 32 000 Euro pro Studierendem/Studierender nahelegt (vgl. Schenker-Wicki 2014, S. 21). Der Budget-Unterschied drückt allerdings einen entsprechenden Unterschied im symbolischen Wert des Diploms aus, woran man wieder erkennen kann, dass es bei diesem Wettbewerb auch bei den Studierenden nicht um die funktionalen Erfordernisse des Kompetenzerwerbs geht, sondern um Distinktionsgewinne, die sich wiederum in materielle Vorteile umsetzen lassen. Auch zwischen den Studierenden erzeugen Rankings einen Aufrüstungswettbewerb, bei dem es weniger um faktische Leistungssteigerung als um symbolische Prestigegewinne geht.

Bildung wird in diesem Wettbewerb verstärkt zu einem Positionsgut, bei dem Unterschiede im Fachwissen nicht die großen Einkommensunterschiede zwischen den Absolventinnen und Absolventen mit Zertifikaten von Universitäten auf unterschiedlichen Rangplätzen erklären können. Dazu gehört auch, dass weniger die bessere Wissensvermittlung durch die Universitäten an der Spitze die höheren Einkommen ihrer Absolventinnen und Absolventen erklärt, sondern die Tatsache, dass sie aufgrund ihrer begehrten Position in der Lage sind, die besten Studienanfänger:innen zu rekrutieren. Diese bringen schon höchste Kompetenzen mit, sodass sie zusammen mit dem Prestigetitel dieser Universitäten zwangsläufig auch die großen Gewinner:innen auf dem Arbeitsmarkt sind.

Die eigentliche Wissensvermittlung durch die *World Class Faculty,* mit der um die besten Studierenden geworben wird, übt nur einen geringen, das erworbene Prestige jedoch einen sehr großen Effekt auf den beruflichen Erfolg aus. *World Class Faculty* ist auch so ein Begriff aus dem Arsenal des Management-Sprech, der das Akademische seiner Ehrwürdigkeit beraubt und auf die profane Ebene der strategischen ‚Produktplatzierung' mittels großsprecherischer Marketing-Phrasen herunterzieht. Akademische Distinktion, die keiner eigenen Verlautbarung bedarf, um anerkannt zu werden, sieht sich durch ein profanes Marketing ersetzt, das mit Etiketten operiert, die mehr versprechen, als in ihnen steckt. Im Kampf um Aufmerksamkeit wird stets mehr ‚World Class' beansprucht, als überhaupt vorhanden sein kann. Der Begriff wird häufiger verwendet als es angemessen ist, nur wenige Mitglieder der *World Class Faculty* gehören zu den 20 Prozent aktivsten und meistzitierten Wissenschaftlerinnen bzw. Wissenschaftlern ihres Faches, nur wenige davon sehen die gewöhnlichen Studierenden regelmäßig im Hörsaal oder Seminarraum, nur wenige haben die Zeit und den Nerv, sich intensiv um sie zu kümmern, und ein nicht geringer Anteil des Lehrbetriebs der *World Class Faculty* wird von Hilfskräften bestritten, die allerdings möglicherweise mit besonderem Engagement mehr zustande bringen als uninteressierte *World Class Faculty.* Der Begriff suggeriert außerdem eine Kunst der Lehre, die es in der beanspruchten Überhöhung überhaupt nicht gibt. Sicherlich kann man mehr oder weniger gut lehren, was aber nicht mit den Forschungserfolgen einhergehen muss und was eben nicht auf einer so großen Spanne variiert, die von Weltklasse bis Kreisklasse reicht. Je mehr die Sprechblasen des Marketings die alten akademischen Hallen in Besitz nehmen, umso weniger wird allerdings ihre Leere erkannt und umso mehr definieren sie die neuen akademischen Spielregeln. Zu diesen gehört inzwischen auch die nach den alten Regeln peinliche Selbstvermarktung mit Balkendiagrammen, die auf der Homepage den aktuellen Stand der Zitationen der eigenen, meist mit vielen anderen zusammen publizierten Fachartikel wiedergeben.

Deutschland gibt mit der Exzellenzstrategie einen in der breiteren Gewährleistung von hoher akademischer Qualität als öffentlichem Gut und in dem Verzicht auf gezielte Elitenbildung liegenden institutionellen Vorteil auf, dem es maßgeblich seine intellektuelle, wissenschaftliche, technologische und wirtschaftliche Innovationskraft verdankt. Ein weiterer institutioneller Vorteil Deutschlands ist der föderale Pluralismus, der einer eintönigen Stratifikation in Elite und Masse, Zentrum und Peripherie weichen muss.

2. Zwei Faktoren zur Erklärung der Trends

2.1 Die Narrative der erhöhten Ansprüche an *Accountability* und der Knappheit der öffentlichen Finanzen: Skizze einer Irreführung

Die Protagonist:innen der skizzierten Programmatik mit ihren fatalen Folgen für Wissenschaft und Hochschulbildung stützen sich insbesondere auf zwei Narrative: erstens erhöhte Ansprüche der Öffentlichkeit auf *Accountability* und zweitens die Knappheit der öffentlichen Finanzen. Diese beiden Narrative gilt es zu hinterfragen, statt sie einfach als sakrosankt hinzunehmen. Und es ist zu prüfen, ob sich aus ihnen Maßnahmen ableiten lassen, die für die Wissenschaft ganz offensichtlich weit mehr Schaden als Nutzen bringen. Beide Narrative sind nicht vom Himmel gefallen, sondern Kern der neoliberalen Sicht auf den Staat und die Herstellung öffentlicher Güter.

Wenn der Staat so klein wie möglich gehalten werden soll und wenn dessen Tätigkeit grundsätzlich misstraut wird, dann fehlt ihm hinten und vorne das nötige Geld, sodass man meint, mit gutem Gewissen für eine höchst ungleiche Verteilung der öffentlichen Gelder sorgen zu dürfen, die sich jedoch gar nicht als so effizient darstellt, wie gerne behauptet wird. In den USA müssen außerdem angesichts der Knappheit der öffentlichen Kassen die Phylantro-Kapitalisten einspringen, um fehlende Steuergelder durch privates Sponsoring nach ihren eigenen, öffentlich nicht der Rechtfertigung bedürftigen Vorstellungen zu kompensieren. Und öffentliche Güter müssen so weit wie möglich durch private ersetzt und auf Märkten bzw. Quasi-Märkten gehandelt werden, um direkte *Accountability* herzustellen. Wohin das führt, sehen wir beispielhaft in den USA: zum Triumph des Marktes über die Demokratie und zur Plutokratie (vgl. Hacker/Pierson 2011).

Man kann durchaus akzeptieren, dass in Deutschland nicht 100 Universitäten in allen Fächern gleich gut ausgestattet werden können und 2,76 Millionen Studierende im Jahr 2016 viel höhere Kosten verursachen als 1,04 Millionen im Jahr 1980 oder gar nur 245 000 im Jahr 1965. Man kann es auch für richtig halten, dass Universitäten über ihre Leistungen Rechenschaft abzulegen haben. Daraus folgt jedoch noch lange nicht, dass man zu diesem Zweck artifiziell eine scharfe Trennung zwischen Elite und Masse schaffen und ein Kontrollregime errichten muss, die zusammen Vielfalt und Kreativität ersticken und den Erkenntnisfortschritt blockieren, statt ihn zu fördern.

Das angebliche Problem mangelnder *Accountability* erweist sich bei genauer Betrachtung als eine neoliberale Konstruktion, der entgegenzuhalten ist, dass universitäre Forschung und Lehre im Hinblick auf ihre grundsätzliche Einrichtung und Verteilung auf Standorte der demokratischen Kontrolle bedürfen, im Hinblick auf die Rechtmäßigkeit ihres Betriebes der bürokratischen, im Hinblick auf ihre Inhalte jedoch der professionellen Kontrolle, die durch vermachtete Märkte, betriebswirtschaftliches ‚Qualitätsmanagement‘ und Rankings sowie die

Errichtung eines akademischen Shareholder-Kapitalismus schlichtweg zerstört wird. Hinter der neuen Programmatik erhöhter *Accountability* steckt das grundsätzliche Misstrauen, dass Professionen ihre Autonomie für ihre eigenen Interessen missbrauchen, auf Kosten ihrer Klient:innen und des Gemeinwohls. Das stattdessen errichtete Regime externer Kontrollen untergräbt jedoch systematisch die Bedingungen professioneller Arbeit im Dienste der Klient:innen und des Gemeinwohls. Das Gegenmodell dagegen sind nach wie vor professionelle Gemeinschaften, die das höchstmögliche Maß der Selbstkontrolle nach den Kriterien guter professioneller Arbeit ausüben. In der Wissenschaft ist das die genuine Aufgabe der Fachgesellschaften, die gefordert sind, den wachsenden externen Kontrollen eine effektive Selbstkontrolle entgegenzustellen, um sie mit guten Gründen abwehren zu können. Dagegen ist die wuchernde universitäre Administration der natürliche Träger externer Kontrolle, die jedoch den genuinen Kriterien guter Forschung und Lehre grundsätzlich nicht gerecht werden kann, weil sie nicht nach wissenschaftlichen, sondern nach administrativen Kriterien verfährt. Es zeigt sich darin ein sich zunehmend verschärfender Konflikt zwischen den Fachgesellschaften und den Hochschulleitungen.

Das angebliche Knappheitsproblem ist in Wahrheit ein Verteilungsproblem und wird durch Rankings maßgeblich verschärft. Geld fehlt vor allem für die universitäre Lehre, weil viel zu viel in die Forschung ohne Lehre gesteckt wird. Außerdem sind – bezogen auf die Größenverhältnisse in Deutschland – fünfzig mit der kritischen Masse ausgestattete Fachbereiche insgesamt leistungsfähiger als zehn überfinanzierte und vierzig unterfinanzierte. Ohne Rankings und ihre zwanghaft erzeugte eindimensionale Differenzierung in Ränge, auf die alle wie gelähmt starren, ist auch eine horizontale Differenzierung nach Profilen viel leichter möglich und der Sache angemessener, auch mit mehr oder weniger Gewicht von Forschung und Lehre. Die Fixierung auf Stratifikation verringert zwangsläufig die horizontale Differenzierung des Hochschulsystems nach Profilen. Beides zusammen – wie es der Wissenschaftsrat gerne haben möchte – steht unter dem Diktat der Stratifikation durch Rankings und macht zwangsläufig minderwertig, was an sich nur anders ist als ein Großstandort der Forschung.

Schon jetzt ist zu beobachten, dass das vielfältige deutsche Hochschulsystem in den letzten zwanzig Jahren an horizontaler Differenzierung verloren hat, und zwar genau deshalb, weil mit dem durch Rankings erzeugten Wettbewerb alle zu demselben Erfolgsmuster streben und dabei die einen eben erfolgreicher sind als die anderen, ganz einfach, weil sie über die bessere Ausstattung für diesen einseitigen Wettbewerb verfügen (vgl. Baier 2016). Ohne diese zugleich homogenisierende und stratifizierende Wirkung von Rankings könnten wir wie bisher auch weiterhin ein Hochschulsystem haben, das sehr vielen unterschiedlichen Bedürfnissen dient und unter überhaupt keiner Knappheit leidet, weil nicht für alle Studiengänge und jede Forschung gleich viel Geld gebraucht wird. Wer weniger Geld benötigt, darf dann aber nicht gleich als minderwertiger betrachtet werden als diejenigen, die mehr Geld zur Verfügung haben. Genau diesen fatalen Irrtum begeht jedoch die Orientierung an Rankings, für die eben die Höhe der eingeworbenen Drittmittel ein rangdifferenzierender Indikator ist. Das kann auch von den Ersteller:innen der Rankings noch so oft dementiert und relativiert werden. Sobald der Indikator in der Welt ist, führt er sein Eigenleben und lässt sich durch beschwichtigende Reden nicht mehr aus der Welt schaffen.

Rankings schaffen einen „Winner-Take-All-Market", in dem sich extreme Einkommensunterschiede zwischen den absoluten Top-Positionen und dem Rest bilden, weil nur diese Positionen zählen (vgl. Frank/Cook 2010). Es gibt wenige Gewinner:innen und viele Verlierer:innen. Die Gewinner:innen können Monopolrenten erzielen, sodass die Einkommensverteilung für das Gesamtsystem letztlich ineffizient ist. Rankings erzeugen Knappheit, wo ohne sie gar keine vorhanden wäre, schon deshalb, weil sie einen Wettbewerb um knappe Plätze an der Spitze entfesseln. Und weil dieser Wettbewerb letztlich durch verfügbares Kapital entschieden wird, findet eine unablässige finanzielle Aufrüstung statt, die Kapital weit über das funktionale Erfordernis hinaus verschwendet. An der Spitze herrscht fortwährend Knappheit, weil die Konkurrenten dort oben davonzueilen drohen. Der FC Bayern München kann noch so reich sein, er wird angesichts der Aufrüstung von Real Madrid & Co. immer zu wenig reich sein. Und weiter unten wird Eintracht Frankfurt immer zu wenig haben, um sicher die 1. Liga halten zu können, im Vergleich zum FC Bayern München erst recht.

Auf die Wissenschaft übertragen heißt das, das Harvard & Co. unablässig aufrüsten müssen, um die Position an der Spitze halten zu können. Die UC Berkeley BP braucht Industriegelder, um einigermaßen mithalten zu können, und die staatlichen Universitäten im Mittelfeld eine Erhöhung der Studiengebühren, damit sie nicht ganz untergehen. Der exorbitant steigende Kapitalbedarf dieses Systems ist *nicht* den funktionalen Erfordernissen von Forschung und Lehre geschuldet, sondern dem durch Rankings ins Unermessliche gesteigerten Aufrüstungswettbewerb. Die Kapitalakkumulation verselbständigt sich – wie schon von Marx (1867/1970, S. 161 ff.) beschrieben – als ein um seiner selbst willen betriebener Prozess gegenüber der eigentlichen akademischen Tätigkeit, für die ohne den Aufrüstungswettbewerb gar kein so hoher Kapitalbedarf bestünde. Lionel Messi und Cristiano Ronaldo würden für jeweils 250 000 Euro Jahreseinkommen genauso gut spielen wie für die 75 bzw. 67 Millionen Euro, die sie im Aufrüstungswettbewerb der Champions League einschließlich Werbegeldern tatsächlich pro Jahr einnehmen.

In den USA klagen die staatlichen Universitäten bis hin zu einer so renommierten Universität wie der University of California in Berkeley heftig darüber, dass ihnen die reichen Privatuniversitäten einen Aufrüstungskampf bei gleichzeitigem Abbau staatlicher Finanzierung aufherrschen, der sie in wachsende Abhängigkeit von privaten Sponsor:innen treibt, wenn sie dem finanziellen Ruin und dem Versinken in der Bedeutungslosigkeit entgehen wollen. Beim ersten

Ranking von *US News & World Report* im Jahre 1987 befanden sich neben 15 privaten immerhin noch fünf staatliche Universitäten unter den ersten 20, davon am besten platziert die UC Berkeley auf Rang 5. Im Jahr 2010 war keine staatliche Universität mehr unter den ersten 20, die UC Berkeley war auf Rang 21 abgerutscht. Deshalb streben die staatlichen Universitäten verstärkt nach steigenden Einnahmen von privater Seite, um die Defizite aufgrund stagnierender oder sogar schrumpfender staatlicher Finanzierung auszugleichen (vgl. Archibald/Feldman 2011, S. 237).

Die UC Berkeley war Ende der 1990er Jahre in der Tat Schauplatz von heftigen Debatten über einen Deal über 25 Millionen Dollar mit dem Pharma-Konzern Novartis (vgl. Washburn 2005), der knapp zehn Jahre später von einem 500 Millionen Deal mit BP weit übertrumpft wurde. Wendy Brown (2009), die Politische Theorie – eine im akademischen Shareholder-Kapitalismus vom Aussterben bedrohte Spezies – an der UC Berkeley lehrt, hat dieses Dilemma in einer Rede gegen die wachsende Privatisierung ihrer Universität prägnant in zehn Punkten zusammengefasst: Sie beklagt …

1. den sich verengenden Zugang zu ihrer Universität für breite Schichten der Bevölkerung infolge erhöhter Studiengebühren,
2. die zunehmende Ungleichheit zwischen Universitäten, Disziplinen und Wissenschaftler:innen,
3. die Aussortierung von allem, was sich nicht unternehmerisch verwerten lässt,
4. die Verdrängung der freien Grundlagenforschung durch die ökonomisch verwertbare angewandte Forschung,
5. die Unterwerfung der Forschung unter industrielle Interessen,
6. die Einschränkung der akademischen Freiheit im Interesse der Gewinnung von privaten Sponsoren,
7. die wachsende Ausbeutung akademischer Arbeit im Interesse der Kapitalakkumulation,
8. die Orientierung der Forschung an privaten Interessen statt kollektiv geteilten Werten,
9. die Ersetzung geteilter Governance durch die Macht des Universitätsmanagements und
10. die Verdrängung der Persönlichkeitsbildung durch *efficient instructional delivery systems* zur Generierung von Humankapital.

2.2 Forschungs- und Hochschulpolitik im Zirkel politischer Selbstreferenz

Aus einer konsequent systemtheoretischen Perspektive ist es in einer funktional differenzierten Gesellschaft gar nicht möglich, dass die Politik die Wissenschaft im Sinne der Wissenschaft und ihres Fortschritts steuert (vgl. Luhmann 1986). Eingeschlossen in den Zirkel der politischen Selbstreferenz steuert sich die Politik mit der Exzellenzstrategie nur selbst. Das Erfolgskriterium der Politik ist nicht der Fortschritt der Erkenntnis, sondern die mediale Zurechnung gut sichtbarer kurzfristiger Erfolge zwecks Gewinnung der Wähler:innenmehrheit. Das gilt selbstverständlich auch für die Exzellenzstrategie. Sie ist Politik für die Politik durch Politik und sendet an das Wissenschaftssystem mit ihrem Geldsegen nur Impulse, die dort auf vorhandene Strukturen treffen. Und solange diese Strukturen so innovationsfeindlich sind, wie es sich angesichts eines Verhältnisses von 85 % Mitarbeiter:innen und 15 % Professor:innen an den deutschen Universitäten darstellt, produzieren die jährlich zufließenden 533 Millionen Euro an Exzellenzgeldern in der Tat nur mehr vom Gleichen, statt Neues hervorzubringen.

Wissenschaftlich kann die Exzellenzinitiative deshalb grundsätzlich kein Erfolg sein. Wenn sie von Politiker:innen und Funktionär:innen trotzdem als Erfolg gefeiert wird, dann bringt das nur zum Ausdruck, dass es auch gar nicht um den wissenschaftlichen, sondern um den politischen Erfolg geht. Die immer wieder betonte Erhöhung der Sichtbarkeit von Spitzenforschung in Deutschland durch die Exzellenzinitiative ist ein politisches und kein wissenschaftliches Erfolgskriterium. Sie bedeutet, dass ausgewählten Universitäten wie im längst von McKinsey für Wirtschaftsunternehmen ausgerufenen *global war for talents* durch erhöhte Sichtbarkeit ein Wettbewerbsvorteil gegeben wird. Dieser Wettbewerb um die ‚besten Köpfe‘ ist jedoch die heteronome politische Seite der Wissenschaft, auf der es um die zirkuläre Akkumulation von Geld und Prestige geht (vgl. Bourdieu 1975). Sie dominiert zunehmend über die autonome wissenschaftliche Seite der offenen und uneigennützigen Suche von Forscherinnen und Forschern nach neuen Erkenntnissen. Das ist gut für Harvard & Co., aber nicht für die Wissenschaft, weil eine breitere Streuung der Harvard-Milliarden für mehr Wettbewerb, Offenheit und Produktivität sorgen würde, genauso wie die Spieler auf der Ersatzbank von FC Barcelona, Real Madrid, FC Bayern München & Co. den Fußball auf der ganzen Welt bereichern und dort für mitreißende Spiele sorgen könnten, wenn sie bei anderen Vereinen auf dem Feld stehen würden. Auch die Wissenschaft würde von einer breiteren Streuung der Talente über die Welt und aus deren frühzeitiger Entlassung aus der Gefangenschaft in riesigen Forschungsverbünden profitieren, die von Wissenschaftler:innen geleitet werden, die zu systematisch Kapital akkumulierenden Forschungsmanager:innen mutiert sind und für die von Diane Reay (2014) beschriebene wachsende Kluft zwischen Kapital und Arbeit im akademischen Feld sorgen.

Politisch haben die Verantwortlichen für die Exzellenzstrategie jedoch alles richtig gemacht. Internationale Rankings von Universitäten wie das Shanghai-Ranking oder das Times-Higher-Education-Ranking definieren die Situation, an der sich die Hochschul- und Forschungspolitik zu orientieren hat, weil die Medien diese Rankings zum Erfolgsmaßstab gemacht haben. Die Rankings haben einen Prestigekampf etabliert, an dem keine Regierung vorbeikommt (vgl. Heintz/Werron 2011). Der Erfolg der Hochschul- und Forschungspolitik bemisst sich unter dem Regime der Rankings in erster Linie daran, welche Universitäten ganz vorne in diesen Ranglisten stehen. Die deutsche Hochschul- und Forschungspolitik ist dadurch massiv in Bedrängnis geraten. Die Erfolge ihrer vielen außeruniversitären Institute, insbesondere der Max-Planck-Gesellschaft, zählen in diesem Wettbewerb nämlich gar nicht. Deshalb ist man neuerdings sehr darum bemüht, diese Institute mit Universitäten kooperieren zu lassen, damit ihre Publikationen den Universitäten zugerechnet werden können, sodass diese mehr Punkte für die internationalen Rankings sammeln können. Was jahrzehntelange Kritik an der Trennung der außeruniversitären Forschung von der universitären Lehre nicht bewirken konnte, haben die internationalen Rankings über Nacht ganz nach oben auf die politische Agenda gesetzt. Ihre Definitionsmacht impliziert, dass alle Aufmerksamkeit den Plätzen an der Spitze gehört. Jenseits von Platz 50 befindet man sich schon in der Kategorie der Nachrangigkeit, weil die mediale Aufmerksamkeit wie bei jedem Wettkampf allein den Sieger:innen gehört.

Abgesehen davon, dass die Exzellenzgelder an der Hegemonie von Harvard & Co. nichts ändern und deshalb nicht den erwünschten Erfolg bringen werden, ist das Programm aber auf jeden Fall ein politischer Erfolg, und zwar auch in dem Sinne, dass es die Bedingungen der Aufmerksamkeitserzeugung in der Mediendemokratie in vollem Umfang erfüllt. Für die Medien ist *Sichtbarkeit* der entscheidende Faktor des Erfolgs. Einfach die Grundausstattung der Universitäten zu erhöhen, dafür zu sorgen, dass jedes Fachgebiet an möglichst vielen Standorten mit der materiell erforderlichen kritischen Masse an Grundmitteln ausgestattet wird, und die Oligarchie der Lehrstuhlinhaber:innen durch die Umwandlung von Mitarbeiter:innenstellen in Tenure-Track-Juniorprofessuren zu beseitigen, womit Forschung und Lehre viel mehr als durch die Exzellenzstrategie gedient wäre, bringt keine besondere mediale Aufmerksamkeit. Eine florierende Wissenschaft über die ganze Republik gestreut lässt sich medial nicht so gut verkaufen wie ein Bundesliga-Wettbewerb als Unterbau der vom Shanghai-Ranking organisierten internationalen Champions League.

Allerdings wird es mit dem medialen Interesse bald vorbei sein, wenn Jahr für Jahr dieselben Sieger gekürt werden. Es muss dann der Starkult an die Stelle des Wettbewerbs treten, wie es sich in der Fußball-Champions-League beobachten lässt. Ähnliches gilt für die mediale Inszenierung der Wissenschaft. Sie befeuert einen Starkult, der vollkommen verkennt, dass der Erkenntnisfortschritt aus der fortlaufenden Generierung von Hypothesen und ihrer Verwerfung resultiert, woran eine Vielzahl von Wissenschaftlerinnen und Wissenschaftlern beteiligt sind, selbst dann, wenn am Ende eine Person mit einem Preis für eine Entdeckung bedacht wird. Dass die Inszenierung des Wettbewerbs um die *besten Köpfe* insbesondere auf Kosten zahlloser Nachwuchswissenschaftler:innen in prekärer Beschäftigung unter der Regie von Manager:innen einer industriellen Massenproduktion und auf Kosten der Erneuerungsfähigkeit der Wissenschaft geschieht, wird im Nebel des Exzellenzhypes nicht bemerkt. Die Medien selbst leben davon und können deshalb kaum noch kritische Distanz dazu wahren.

Dass die Forschungs- und Hochschulpolitik für solche institutionellen Feinheiten blind geworden ist, liegt an der globalen Agenda neoliberaler Gouvernementalität, die alle Lebensbereiche ein- und demselben Muster unterwirft (vgl. Foucault 2006). Politiker und Funktionäre, die diese Agenda umsetzen, tun schlicht das, was politisch opportun ist und von der globalen Agenda das Siegel der Legitimität erhält, unabhängig davon, ob es Wissenschaft, Wirtschaft und Gesellschaft hilft oder nicht. Sie können nicht anders handeln. Sie sind Gefangene einer globalen Agenda, die weder auf Funktionalitäten noch auf kulturelle Besonderheiten Rücksicht nimmt. Auch darin zeigt sich, dass der Erfolg der Exzellenzinitiative im Sinne der Selbstreferenz des politischen Systems ein politischer ist.

3. Die amerikanische Universität: Entwicklungsdynamik jenseits der Differenzierung in Elite und Masse

Frei nach den von einem ehemaligen Vorstand von General Motors, Charles Erwin Wilson, nicht ganz korrekt kolportierten Worten, handeln die Protagonisten der Exzellenzstrategie nach dem simplen Prinzip *Was für Harvard gut ist, das ist gut für Amerika* bzw. *Was für die TUM gut ist, das ist gut für Deutschland*. Das ist natürlich ein Fehlschluss, weil ein so großer Reichtum einer Universität eine eklatante Überinvestition zu Lasten vieler anderer unterinvestierter Universitäten ist. Was gut ist für die Steigerung des Reichtums und des Prestiges einer Organisation, ist schlecht für die Leistungsfähigkeit des gesamten Systems, letztlich weltweit der Wissenschaft insgesamt, wenn andere Wettbewerber:innen dadurch systematisch benachteiligt werden. Die Exzellenzstrategie von Bund und Ländern hat sich ausgerechnet jene Struktur des amerikanischen Wissenschaftssystems als Vorbild ausgesucht, die gerade nicht dessen Beitrag zur Entwicklungsdynamik der Wissenschaft als globales System ausmacht: die Differenzierung in Elite und Masse, Zentrum und Peripherie. Bis dieses Ziel erreicht ist, muss allerdings noch für längere Zeit mehr Exzellenz beansprucht werden, als wirklich vorhanden ist. Zu einer Eliteeinrichtung wird eine Universität im Laufe von jahrzehntelanger Aufbauarbeit und nicht per Dekret und medialer Inszenierung. Ohne diese in langer Arbeit geschaffene Substanz wirkt ein *Exzellenz*-Titel auf der Universitäts-Homepage oder auf der Fußleiste einer Powerpoint-Präsentation nur peinlich. Im Fahrwasser dieses Strebens nach *Exzellenz* werden jedoch die eigentlichen Stärken des amerikanischen Wissenschaftssystems systematisch ignoriert, die neben dessen schierer Größe und Hegemonie dessen globale Überlegenheit ausmachen und die schon Joseph Ben-David (1970/1984) identifiziert hat:

1. Das Department mit 20 bis 40 Professorinnen und Professoren zum Beispiel im Fach Soziologie an den amerikanischen Forschungsuniversitäten mit einem Ph. D. Programm erlaubt es, jede Ausdifferenzierung neuer Forschungsgebiete auf Professorenebene zu institutionalisieren und weiter voranzutreiben und vielfältige Zusammenarbeit in interdisziplinären Forschungszentren zu fördern. Im deutschen Lehrstuhlsystem mit in der Regel fünf bis sechs Professorinnen bzw. Professoren im Fach Soziologie – abgesehen von der Bielefelder Fakultät für Soziologie – haben neue Forschungsgebiete überhaupt keine Chance, sich zu entfalten, weil dafür gar keine Professuren eingerichtet werden können. Bleiben wir bei der Soziologie als Beispiel, so können wir feststellen, dass etwa die Wirtschaftssoziologie, die Wissenschaftssoziologie, die Migrationssoziologie oder die historische Soziologie in den USA prächtig florieren, aber nicht in Deutschland. In den USA gibt es dafür genügend Professuren, in Deutschland nicht. So einfach ist das. Das gilt in gleicher Weise für jede andere wissenschaftliche Disziplin.

2. Das Graduiertenstudium an jedem Department und nicht nur an ein paar Graduiertenschulen integriert Forschung und Lehre auf dem Niveau, auf dem sich beide wechselseitig befruchten und für die ständige Erneuerung des Wissens sorgen. Die Doktorandinnen und Doktoranden arbeiten selbständig und sind nicht Diener eines Herrn bzw. einer Herrin. Nur so können sie treibende Kraft der Erneuerung und des Erkenntnisfortschritts sein.

3. Dazu gehört auch, dass in den USA weit mehr als in Deutschland die Forschung in den Universitäten in enger Verknüpfung mit dem Graduiertenstudium betrieben wird und viel weniger auf außeruniversitäre Forschungsinstitute ausgelagert ist. Das befördert die schnelle Umsetzung der Forschung in Lehre und ihre Weiterführung durch den wissenschaftlichen Nachwuchs, für den das Departmentsystem weit bessere Karrierechancen bietet als das Lehrstuhlsystem und die Trennung von universitärer Lehre und außeruniversitärer Forschung, sodass die von jungen Wissenschaftlerinnen und Wissenschaftlern eingebrachten Neuerungen auch systematisch Fuß fassen können. Das ist ein gewaltiger Unterschied zu den oligarchischen Strukturen des deutschen Lehrstuhlsystems und zur weitgehenden Trennung von Forschung und Lehre zwischen Universitäten und außeruniversitären Forschungsinstituten sowie mit der enorm gewachsenen Drittmittelforschung zunehmend auch innerhalb der Universitäten. Es ist genau der Unterschied, der den Vorteil der USA gegenüber Deutschland ausmacht. Die Oligarchie der Lehrstühle sorgt dagegen in Deutschland dafür, dass die genuin in der Jugend steckende Innovationskraft gar nicht zur Entfaltung gelangen kann, weil der weitaus größte Teil der jungen Wissenschaftlerinnen und Wissenschaftler systematisch von der Professur ausgeschlossen wird und die wenigen, die es im viel zu hohen Alter von 41 Jahren und mehr endlich geschafft haben, auf dem Wege dorthin alle Innovationskraft verloren haben.

4. Ein weiterer struktureller Vorteil der USA ist wie in diesem einen Fall auch in Deutschland der föderale Pluralismus, der gewährleistet, dass trotz aller

Stratifikation immer noch 150 sogenannte Forschungsuniversitäten zumindest in einigen Fächern über genügend kritische Masse verfügen, um im Wettbewerb wenigstens einigermaßen mithalten zu können, wenn man einmal die Auflistung unter den ersten 500 Universitäten des Shanghai-Rankings als Maßstab verwenden möchte. Wir wissen, dass ein multipolares System mit einer größeren Zahl gleichrangiger Wettbewerber:innen allemal leistungsfähiger ist als ein unipolares, in Elite und Masse, Zentrum und Peripherie differenziertes System. Das beweist innerhalb Deutschlands schon ein einfacher Vergleich zwischen Baden-Württemberg und Bayern, die über die gleiche Bevölkerungsgröße, die gleiche Zahl an Universitäten und die gleiche Zahl an Wissenschaftlerinnen und Wissenschaftlern verfügen. Das historisch bedingt multipolare Baden-Württemberg schneidet gegenüber dem historisch bedingt unipolaren Bayern beim Shanghai-Ranking, bei der Förderung durch die DFG und bei der Exzellenzinitiative deutlich besser ab (vgl. Münch 2014, S. 173 ff.).

Es sind nicht der mangelnde Reichtum und die zu geringe Heraushebung von TUM & Co. aus der Masse der übrigen Universitäten im Vergleich zu MIT & Co., sondern genau diese strukturellen Eigenarten, die neben der schieren Größe und der hegemonialen Stellung die Überlegenheit des amerikanischen Wissenschafts-systems im Vergleich zum deutschen ausmachen. Das wird auch so bleiben, solange Politiker:innen und Funktionär:innen glauben, mit ein paar Millionen Euro für die akademische Oligarchie den Vorsprung der USA aufholen zu können. Nein, die Exzellenzgelder verfestigen sogar diese Oligarchie massiv und führen zu einer systematischen Verschlechterung der Verhältnisse, statt sie zu verbessern. Geschuldet ist das der fatalen Allianz von New-Public-Management (NPM) beseelten ,Modernisierern' mit der uralten Oligarchie der Lehrstuhlinhaber:innen und Institutsdirektor:innen und der konzentrierten Macht der Großstandorte und großen außeruniversitären Forschungsgemeinschaften in der Hochschul- und Forschungspolitik. Die Exzellenzstrategie von Bund und Ländern treibt die Oligarchie der Lehrstuhlinhaber:innen noch auf die Spitze, indem ihnen massenhaft weitere Mitarbeiterinnen und Mitarbeiter unterstellt werden. Von der flächendeckenden Integration von Forschung und Lehre in einem Graduiertenstudium ist man so weit entfernt wie eh und je. Und dort, wo es punktuell eingeführt wird – zum Beispiel als Graduiertenkolleg oder als Teil eines Exzellenzclusters –, geschieht dies in Angleichung an die tief in der Tradition verwurzelte Oligarchie und mit bürokratischen Kontrollen, die Kreativität nicht fördern, sondern im Keime ersticken. Die einzelnen Kooperationen zwischen Universitäten und außeruniversitären Instituten in Exzellenzclustern heben die weitgehende Trennung von Forschung und Lehre im gesamten System nicht auf. Die wuchernde Drittmittelforschung hat vielmehr die Trennung von Forschung und Lehre in die Universitäten selbst hineingetragen. Und der Föderalismus als die in Deutschland ähnlich wie in den USA Vielfalt und Erneuerungsfähigkeit ermöglichende Struktur wird mit der Exzellenzstrategie ausgehöhlt und in seiner Wirksamkeit eingeschränkt.

4. Schlussbemerkungen

Von einer Politik, die ihre Legitimität aus der Nachahmung globaler Trends gewinnt und auf mediale Aufmerksamkeitserzeugung zugeschnitten ist, kann man keinen reflektierten Umgang mit den strukturellen Bedingungen des wissenschaftlichen Fortschritts erwarten. Dem Wissenschaftsrat käme jedoch die Aufgabe dieser Reflexion zu. Dass er es nicht tut, ist allerdings auch wieder nicht überraschend, weil er von den Repräsentant:innen der Großstandorte, großen Forschungsgemeinschaften und der Oligarchie beherrscht wird, die kein Interesse an der Veränderung des status quo, nämlich genau jener Strukturen haben können, deren Profiteur:innen sie selbst sind, dies jedoch auf Kosten der massiven Beeinträchtigung der Leistungsfähigkeit von Forschung und Lehre in Deutschland. Vordergründige ‚Erfolge‘ der erhöhten medialen Sichtbarkeit von ‚Exzellenz‘ werden dafür sorgen, dass dieses Spiel so weiter betrieben wird wie bisher. Den Preis dafür zahlen die vielen jungen Wissenschaftlerinnen und Wissenschaftler, die mit den Exzellenzgeldern im Dienste ihrer Herren und Herrinnen ausgebeutet werden, ohne in dem unangetastet belassenen System der Oligarchie eine Karrierechance zu haben, und die in ihrem Fortschritt auf Offenheit, ideale Sprechsituation und frühe Selbständigkeit angewiesene Wissenschaft, wie auch die davon abhängige Wirtschaft und die Gesellschaft insgesamt.

Literatur

Baier, Christian (2016): Reformen in Wissenschaft und Universität in feldtheoretischer Perspektive. Diss. rer. pol. Universität Bamberg.

Ben-David, Joseph (1984): The Scientist's Role in Society. Chicago: University of Chicago Press.

Bourdieu, Pierre (1975): The Specificity of the Scientific Field and the Social Conditions of the Progress of Reason. Social Science Information 14, H. 6, S. 19–47.

Brown, Wendy (2009): „Save the University". www.youtube.com/watch?v=aR4xYBGdQgw (Abfrage: 22.01.2020).

Brown, Wendy (2015a): „The End of the Corporate University: What We Are Now". www.youtube.com/watch?v=Z5EWYohECRQ (Abfrage: 22.01.2020).

Brown, Wendy (2015b): Undoing the Demos. Neoliberalism's Stealth Revolution. Cambridge, MA: The MIT Press.

Cooper, Mark H. (2009): Commercialization of the University and Problem Choice by Academic Biological Scientists. Science, Technology & Human Values 34, H. 5, S. 629–653.

Donoghue, Frank (2008): The Last Professors. The Entrepreneurial University and the Fate of the Humanities. New York: Fordham University Press.

Engelen, Ewald/Fernandez, Rodrigo/Hendrikse, Reijer (2014): How Finance Penetrates its Other: A Cautionary Tale of the Financialization of a Dutch University. Antipode. A Radical Journal of Geography 46, H. 4, S. 1072–1091.

Espeland, Wendy N./Sauder, Michael (2007): Rankings and Reactivity. How Public Measures Recreate Social Worlds. American Journal of Sociology 113, H. 1, S. 1–40.

Feyerabend, Paul K. (1973/1993): Against Method. 3. Aufl. London: Verso.

Foucault, Michel (1977): Überwachen und Strafen. Die Geburt des Gefängnisses. Frankfurt am Main: Suhrkamp.

Foucault, Michel (2006): Die Geburt der Biopolitik. Geschichte der Gouvernementalität II. Frankfurt am Main: Suhrkamp.

Frank, Roert H./Cook, Philip J. (2010): The Winner-Take-All Society. New York: Random House.

Ginsberg, Benjamin (2011): The Fall of the Faculty: The Rise of the All-Administrative University and Why It Matters. New York: Oxford University Press.

Goffman, Alice (2014): On the Run. Fugitive Live in an American City. Chicago: University of Chicago Press.

Goffman, Erving (1971): The Presentation of Self in Everyday Life. Harmondsworth: Penguin Books.

Habermas, Jürgen (1971): Vorbereitende Bemerkungen zu einer Theorie der kommunikativen Kompetenz. In Habermas, Jürgen/Luhmann Niklas (Hrsg.): Theorie der Gesellschaft oder Sozialtechnologie? Frankfurt am Main: Suhrkamp, S. 101–141.

Hacker, Jacob S./Pierson, Paul (2011): Winner-Take-All Politics: How Washington Made the Rich Richer – and Turned its Back on the Middle Class. New York: Simon and Schuster.

Hartmann, Michael (2006): Die Exzellenzinitiative – ein Paradigmenwechsel in der deutschen Hochschulpolitik. Leviathan 34, H. 4, S. 447–465.

Hartmann, Michael (2010): Die Exzellenzinitiative und ihre Folgen. Leviathan 38, H. 4, S. 369–387.

Heinze, Thomas/Shapira, Philip/Rogers, Juan P./Senker, Jaqueline M. (2009): Organizational and Institutional Influences on Creativity in Scientific Research. Research Policy 38, H. 4, S. 610–623.

Heintz, Bettina/Werron, Tobias (2011): Wie ist Globalisierung möglich? Zur Entstehung globaler Vergleichshorizonte am Beispiel von Wissenschaft und Sport. Kölner Zeitschrift für Soziologie und Sozialpsychologie 63, H. 3, S. 359–394.

Jansen, Dorothea/Wald, Andreas/Franke, Karola/Schmoch, Ulrich/Schubert, Torben (2007): Drittmittel als Performanzindikator der wissenschaftlichen Forschung. Zum Einfluss von Rahmenbedingungen auf Forschungsleistungen. Kölner Zeitschrift für Soziologie und Sozialpsychologie, 59, H. 1, S. 125–149.

Karabel, Jerome (2005): The Chosen. The Hidden History of Admission and Exclusion at Harvard, Yale and Princeton. Boston: Houghton Mifflin.

Luhmann, Niklas (1986): Ökologische Kommunikation. Opladen: Westdeutscher Verlag.

MacKenzie, Donald/Muniesa, Fabian/Siu, Lucia (Hrsg.) (2007): Do Economists Make Markets? On the Performativity of Economics. Princeton: Princeton University Press.

Marx, Karl (1968): Ökonomisch-philosophische Manuskripte aus dem Jahre 1844. In Marx-Engels-Werke, Ergänzungsband, Teil I. Berlin: Dietz, S. 465–588.

Marx, Karl (1970): Das Kapital, Bd. 1. Marx-Engels-Werke, Bd. 23. Berlin: Dietz.

Merton, Roert K. (1968): The Matthew-Effect in Science. Science 159, H. 3810, S. 56–63.

Münch, Richard (2014): Academic Capitalism. Universities in the Global Struggle for Excellence. London, New York: Routledge.

Reay, Diane (2014): From Academic Freedom to Academic Capitalism. https://discoversociety.org/2014/02/15/on-the-frontline-from-academic-freedom-to-academic-capitalism/. (Abfrage: 22.01.2020)

Schenker-Wicki, Andrea (2014): Exzellenz: Institutionelle Konzepte. In Österreichischer Wissenschaftsrat (Hrsg.): Exzellenz in der Wissenschaft. Österreich im internationalen Vergleich. Wien, S. 13–29.

Slaughter, Sheila/Rhoades, Gary (2004): Academic Capitalism and the New Economy. Markets, State, and Higher Education. Baltimore, London: Johns Hopkins University Press.

Tuchman, Gaye (2009): Wannabe U: Inside the Corporate University. Chicago, London: University of Chicago Press.

Vallas, Steven P./Kleinman, Daniel L. (2009): Contradiction, Convergence and the Knowledge Economy: The Confluence of Academic and Commercial Biotechnology. Socio-Economic Review, 6, H. 2, S. 283–311.

Washburn, Jennifer (2005): University, Inc.: The Corporate Corruption of American Higher Education. New York: Basic Books.

Prestigekonkurrenz und akademischer Neofeudalismus

Tilman Reitz

Die wissenschaftlichen Beschäftigten an deutschen Hochschulen sind mit ihrer Situation alles andere als zufrieden, aber offenbar motiviert, sich darin zu bewähren.[1] Um zu sehen, weshalb das so ist, helfen Analogien. Nahe liegt ein Vergleich mit künstlerischen Arbeitsmärkten: Da immer zu viele intrinsisch motivierte Menschen für die attraktive, kreativ aussehende Arbeit bereitstehen – „nice work if you can get it" – können die Organisationen, die sie beschäftigen, die Bedingungen diktieren, sodass sich die meisten Interessierten für unsichere und geringe Gegenleistungen aufreiben (vgl. Menger 2006, S. 771–775). Den Berufsalltag bestimmen dann oft extrinsische Ziele wie die Pflege guter Beziehungen, die Jagd nach verwertbarem Ansehen und der Kampf um zumindest zeitweilig sichere Positionen. Vieles hiervon kann man auf die – formeller geregelte und überraschungsärmere – akademische Arbeitswelt übertragen. Doch für deren Analyse sind spezifische Umbrüche zu betrachten. Akademische Arbeitsmärkte sind in den vergangenen Jahrzehnten vielerorts stark expandiert; sie haben sich durch einen steilen Anstieg von Projektbeschäftigung Märkten für Kreativarbeit angenähert; zugleich wurden sie aber durch eine wissenschaftseigene, zahlenbasierte Prestigekonkurrenz umgestaltet. Dieser dritte Komplex, der sich vom Wettbewerb um prominent veröffentlichte, häufig zitierte Artikel über Drittmittel- und Exzellenzerfolge bis zu nationalen und weltweiten Universitätsrankings erstreckt, ist das Thema der folgenden Ausführungen. Ich versuche die Ausweitung der Prestigekonkurrenz in der akademischen Arbeitswelt funktional zu erklären und stelle heraus, wie sie mit der normalisierten Prekarität der meisten akademisch Beschäftigten verknüpft ist.

Meine Hauptthese folgt dabei einer weiteren, historischen Analogie: Während die klassische Ordinarienuniversität einer feudalen Ordnung ähnelte, in der re-

---

1 Die geläufigen Beobachtungen dazu wurden kürzlich in einer repräsentativen Befragung belegt und präzisiert, die auch Vergleiche mit Vorläuferstudien von 1992 und 2007 bietet. Obwohl die beschäftigten Promovierenden und Promovierten ihre Arbeitssituation immer schlechter bewerten, primär wohl aufgrund der Bleibeaussichten (Schneijderberg/ Götze 2020, S. 16 f.), will eine Mehrheit von ihnen dauerhaft in der Wissenschaft arbeiten (Schneijderberg/Götze, S. 45 f.). Die von den Befragten geschätzte durchschnittliche Wochenarbeitszeit nimmt im Vergleich zu den früheren Studien ab, bleibt aber auf hohem Niveau: Bei Teilzeitstellen und Professuren an Universitäten werden durchschnittlich sechs bis acht Überstunden pro Woche angegeben (Schneijderberg/Götze, S. 14 f.), und die Professor:innen wenden gegenüber Forschung sowie (vor allem) Lehre immer mehr Zeit für Verwaltungstätigkeiten auf (Schneijderberg/Götze, S. 19).

lativ eigenständige Fürsten ihr kleines Gebiet und eine loyale Gefolgschaft beherrschten, hat die neue Prestigekonkurrenz den Übergang in eine Art höfischer Gesellschaft gebahnt. Nun wird die lokale Verfügungsgewalt einer Ansehensordnung unterworfen, in der jeweils alle anderen Ansehensträger:innen bestimmen, wo jemand in der Reputationshierarchie steht und wie man sich ggf. in ihr verbessern kann. Das Machtsystem wird damit homogenisiert, Ehrenpositionen werden wichtiger und persönliche Loyalitätsbeziehungen tendenziell schwächer (ohne dass Patronage verschwände). Die Publikations- und Projekt-Peers büßen auf diese Weise, ebenso wie damals die Mitglieder aristokratischer Peer-Systeme, Selbstständigkeit ein, können aber ein Selbstbild pflegen, in dem sie – zumal wenn sie Peer Reviews schreiben – weiterhin die bestimmende Gruppe sind. Hinzu kommt, dass der Platz des Königs in der akademischen wie in der politischen Moderne leer bleibt; statt ihm die Strümpfe anziehen zu dürfen, leitet man Exzellenzcluster. Das untergeordnete jüngere Personal kann und muss nun bereits früh in den Prestige- und Positionswettbewerb einsteigen; den Chancen auf raschen Aufstieg stehen dabei erhöhte Scheiternsrisiken, verkleinerte Schutzbereiche und eine bleibende Abhängigkeit von den gerade erreichbaren Standeshöheren gegenüber.

Aufgrund dieser vielen Vergleichspunkte hilft die Analogie zum Übergang von der Feudal- zur Hofordnung auszuleuchten, was die akademische Prestigekonkurrenz für die Beteiligten bedeutet. Darüber hinaus könnte sie substanziell dazu beitragen, die Umstellungen der letzten Jahrzehnte zu erklären. Ökonomisch orientierte Analysen eines „akademischen Kapitalismus" sind hierfür nur begrenzt geeignet, weil sie zwar einerseits neuartige Gewinnorientierungen anzeigen, andererseits aber in einem staatlich getragenen bzw. massiv bezuschussten System, das keine Profite erwirtschaftet, oft selbst nicht über Analogien hinausgehen (vgl. Marginson 2013). Eine Analyse der Machtverhältnisse im akademischen Neofeudalismus könnte sich daher zumindest als unverzichtbare Ergänzung erweisen. Diese Ergänzung oder Korrektur will ich hier vorrangig für das deutsche Hochschulsystem ausarbeiten, ich spreche aber auch wiederholt internationale Vorbilder und Vergleichsfälle an.

Meinen Ansatz werde ich einleitend dadurch plausibilisieren, dass ich verschiedene Formen und Kontexte der offenkundig ausgeweiteten akademischen Konkurrenz darstelle; neben der durchgängigen Mittel- und Prestigekonkurrenz beleuchte ich dabei besonders die beruflichen Existenzkämpfe im „Nachwuchs" (siehe 1. Kapitel). Anschließend führe ich unter Bezug auf Norbert Elias, der die entsprechenden Begriffe anbietet, die Nähe dieses Gefüges zur höfischen Gesellschaft aus. Sowohl der Machtverlust der einzelnen Professor:innen als auch die neue, vereinheitlichte Reputationsordnung lassen sich so gut rekonstruieren (siehe 2. Kapitel). Schließlich arbeite ich nach den mikropolitischen auch die ökonomischen Funktionen der Prestigekonkurrenz heraus, indem ich sie als eine Art Signalsystem für außerwissenschaftliche Abnehmer:innen lese (siehe 3. Kapitel). Im gesamten Textverlauf spreche ich zudem an, welche ökonomischen, biografischen und nicht zuletzt wissenschaftlichen Kosten die Umstrukturierung hat. Unter Anderem ist es (um auch diesen Punkt zunächst bildlich zu fassen) keineswegs sicher, ob aus ihr sozusagen von selbst ein funktionstüchtiger wissenschaftlicher Zentralstaat hervorgeht – oder ob erst revolutionär die nun sichtlich überflüssig gewordenen Adelsprivilegien abgeschafft werden müssen.

1. Prestigekonkurrenz und Existenzkämpfe

Seit geraumer Zeit wird diskutiert, dass der Wettbewerb im Hochschulsystem zugenommen hat. Einige begrüßen diese Entwicklung als belebend, andere kritisieren sie als neoliberal; selten wird allerdings systematisch zwischen den verschiedenen Formen akademischer Konkurrenz unterschieden. Insgesamt scheint der Trend klar. Die Hochschulpolitik fördert, wo immer sie kann, den Wettbewerb zwischen Individuen und Institutionen, vergibt Mittel zunehmend in Form wettbewerblicher Verfahren und begründet dies mit Wettbewerb. Bereits die Bologna-Reform sollte dazu beitragen, Europa „zum wettbewerbsfähigsten und dynamischsten wissensbasierten Wirtschaftsraum der Welt zu machen" (Europäischer Rat 2000 zitiert nach Flink 2016, S. 290), und auch die deutschen Exzellenzprogramme, die in periodischen Wettbewerbsverfahren Mittel von inzwischen über 500 Millionen Euro pro Jahr vergeben, verfolgen nach verbreiteter Anschauung das „Ziel, die deutschen Universitäten für das erfolgreiche Bestehen im schärfer werdenden nationalen und internationalen Wettbewerb zu stärken" (IEKE 2016, S. 3). Damit ist (trotz einiger semantischer Unschärfen) der Legitimationshorizont bestimmt: Der globale ökonomische Standortwettbewerb rechtfertigt fast jede Anstrengung, und ergänzend wird eine ebenfalls globale wissenschaftliche Konkurrenz beschworen. Aus keinem von beidem folgt unbedingt, dass die akademische Konkurrenz auch vor Ort eigens angeheizt werden muss – doch assoziativ liegt es nahe. In den Hochschulsystemen, zu denen man aufschließen will, wird der Wettbewerb auch direkter bzw. unmittelbar ökonomisch geführt. Namentlich in den USA konkurrieren die Studierenden um lukrative Studienplätze und die Hochschulen um zahlungskräftige Studierende und Alumni; diverse Beteiligte sind seit Beginn der 1980er Jahre forciert bemüht, Forschungsergebnisse kommerziell zu verwerten (vgl. Berman 2012), und eine Weile wurden sogar profitorientierte Hochschulen erprobt. In anderen Ländern hat man diese Logik entweder (wie im britischen Fall) nachholend installiert oder versucht zumindest (wie in Deutschland oder in Frankreich), die weiterhin staatliche Mittelvergabe mit möglichst großen Wettbewerbsanteilen zu durchsetzen.

Das wissenschaftliche Personal ist in beiden Kontexten einem wachsenden Druck ausgesetzt. In Deutschland sehen selbst die Vertreter führender Forschungsinstitutionen inzwischen eine gewisse Gefahr darin, dass sich ihre Klientel in zu vielen Feldern zugleich auszeichnen muss:

> „Neben [...] Publikationen in Journalen mit hohen Impact-Faktoren werden Vorträge auf ausgewiesenen Fachkonferenzen, renommierte Preise, hohe Drittmitteleinwerbungen, hervorragende Evaluationen der akademischen Lehrleistung, Erfolge im Wissenstransfer, Engagement und Erfahrung in der akademischen Selbstverwaltung, internationale Kooperation sowie Projektmanagement- und Führungserfahrung erwartet." (Hacker et al. 2018)

Die Autoren beklagen hieran vor allem ein Überhandnehmen quantitativer Erfolgsindikatoren und empfehlen als Gegenmittel, „die Vielfalt der Formen wissenschaftlichen Wettbewerbs – zwischen Ideen, Personen, Projekten, Preisen, Drittmitteln, Publikationen und Institutionen" (Hacker et al. 2018) – zu verteidigen. Bei korrekter Grammatik, die Wettbewerbe *zwischen* Kandidat:innen, Wettbewerbe *um* begehrte Güter und Leistungen *im* Wettbewerb auseinanderhält, würde sich diese Vielfalt reduzieren. Auch dann sind jedoch noch genügend verschiedene Mechanismen im Spiel, um ein weiteres Mal zu fragen, ob überall in gleicher oder vergleichbarer Weise von Wettbewerb und Konkurrenz die Rede sein kann.

Richard Münch (2011, S. 267–274) hat vorgeschlagen, den in der modernen Wissenschaft immer herrschenden Wettbewerb um neue Erkenntnisse und um das damit verbundene Ansehen von der Konkurrenz um knappe und künstlich verknappte Mittel zu unterscheiden, die das gegenwärtige System bestimmt. Einem Pol der Autonomie, an dem Forschende neue Einsichten und anerkannte Publikationen anstreben, steht ein Pol der Heteronomie gegenüber, an dem um materielle Ressourcen und um Status gerungen wird. Diese Unterteilung ist hilfreich. Die komplexe Situation erfordert es allerdings, weitere analytische Unterscheidungen zu ergänzen und zudem anzugeben, wie die unterscheidbaren Elemente zusammenwirken. Grundlegend dürfte die Unterscheidung zwischen monetär strukturierter und nichtmonetärer akademischer Konkurrenz sein, also z. B. zwischen dem Kampf um Geld aus der Exzellenzstrategie und dem Wettstreit um angesehene Publikationen (für die ggf. sogar Gebühren zu zahlen sind). Zu klären ist dann weiterhin, ob die monetäre Konkurrenz staatlich organisiert und finanziert wird oder ob sie (auch) zwischen zahlungsfähigen und verdienstinteressierten privaten Beteiligten herrscht. Nur im zweiten Fall sind ansatzweise marktwirtschaftliche Mechanismen anzunehmen – in Deutschland also nur selten.[2] Im Bereich akademischer Arbeitsmärkte, auf denen Anwärter:innen je nach

---

2   Die sogenannten Drittmittel wurden hier etwa 2014 zu 74,1 % von der öffentlichen Hand vergeben; der rein privatwirtschaftliche Anteil (ohne Stiftungen) lag demgegenüber bei 19,7 % (BuWiN 2017, S. 53).

System darum konkurrieren, ein hohes Einkommen, eine gute ‚Ausstattung' oder überhaupt eine (unbefristete) Stelle zu erreichen, spielen solche Mechanismen aber in jedem Fall eine Rolle. Diese Konkurrenz ist nun zunehmend an die nicht-monetären Wettbewerbe gebunden, die in „metrifizierenden"[3] Medien – Impact-Faktoren, Zitationsindizes, Evaluationen und Rankings – stattfinden. Wer hier punktet (sowie weitere Auszeichnungen erhält), wird professorabel und konkurrenzfähig für besonders begehrte Positionen. Im Gegenzug kann eine Hochschule durch möglichst hoch dekorierte Professor:innen ihr Prestige steigern (und damit ggf. zahlungskräftige Studierende anziehen oder staatliche Unterstützung erhalten). Ansehen wird mithin nicht einfach durch anerkannte Einsichten erworben, sondern in einer Art Punktesystem verbucht, und ist selten ein bloßer Selbstzweck, sondern zumeist eine Art Währung in der individuellen und institutionellen Rang- und Ressourcenkonkurrenz.[4] Noch komplexer ist das Verhältnis von Geld und Ansehen in der Projektfinanzierung. Das Geld, das die Antragsteller:innen hier für Material, Beschäftigte und ihre Organisation einwerben, bedeutet für sie selbst einerseits erweiterte Macht (über die Mitarbeiter:innen und gegenüber Kolleg:innen), andererseits wiederum erhöhtes, messbares Ansehen. So erklärt sich, dass die Bewilligung von Projekten nicht selten mit Preisen für schon erbrachte Forschungsleistungen verwechselt wird (vgl. Flink 2016, S. 24). Wenn der Akademiker:innen-Newsletter der ZEIT (2020) erklärt, dass bei „der diesjährigen Vergabe der Starting Grants" des Europäischen Forschungsrats „88 der insgesamt 436 Preise nach Deutschland" gingen, ist das zwar inkorrekt – die Grants sind anders als etwa der Leibnizpreis eben Projektmittel – aber der Sache in gewisser Weise angemessen. Mit diesem „Ritterschlag für Wissenschaftstalente" (DIE ZEIT 2020) kann man weit kommen.

Im derart genauer kartografierten Feld sind ein weiter und ein enger Komplex akademischer Konkurrenz entscheidend für die Themen des vorliegenden Beitrags und des Sammelbandes: die allgemeine Prestigekonkurrenz und der berufliche Existenzkampf zu Beginn akademischer Karrieren. An ihnen lässt sich

---

3 Ich übernehme den Begriff der Metrifizierung von Christian Scheijderberg und Nikolaj Götze (2020, S. 9), die damit sowohl quantitativ gemessene Größen im engeren Sinn (etwa Fördersummen und Zitationszahlen) als auch numerisch gefasste Bewertungen (in Evaluationen u. ä.) und ordinale Ranglisten bezeichnen. Sie betonen, dass „metrisches Bewerten […] eine Differenzierung von mehr und weniger […] ebenso wie besser und schlechter" erlaubt (Schneijderberg/Götze, S. 9). Die namentlich von Bettina Heintz (zuletzt 2018, S. 633 f.) betonten Unterschiede zwischen Messung, Bewertung und Rangordnung sind für den gegebenen Analysezweck nachrangig.

4 Auch Münch (2020) erwähnt dies, indem er anerkannte Erkenntnis als „scientific capital" begreift, das in „institutional capital" bzw. Geld, Macht und Prestige umgetauscht werden kann (Münch 2020, S. 2 f.). Diese Darstellung berücksichtigt jedoch nicht, dass bereits bei Publikationen Reputation der entscheidende Punkt sein kann und dass mit der Impact-Messung ein eigenes „Konkurrenzmedium" (vgl. Reitz 2015, S. 179) etabliert wurde. Solche Medien verändern den Wettbewerb maßgeblich und ermöglichen oft allererst Austauschsysteme.

konkretisieren, was Wettbewerb jenseits der bekannten Parolen und Kritiken faktisch bedeutet, und sie bieten Anhaltspunkte dafür, die laufende Neuordnung akademischer Machtverhältnisse zu durchdringen.

Die Prestigekonkurrenz hat die akademische Welt umgestaltet, besonders spürbar in Ländern (wie Deutschland) und Fächern (wie den Geistes- und Sozialwissenschaften), in denen ihre neuen Medien erst seit kurzem gebräuchlich sind. Die Pointe ist hier nicht allein, dass Fachjournalist:innen und Handelnde im Feld Forschungsmittel, Forschungsleistungen und deren Würdigung nicht auseinanderzuhalten vermögen. Vielmehr wird in den Medien metrifizierter Reputation die Grundunterscheidung zwischen „autonomer" Erkenntnis- und „heteronomer" Ressourcenkonkurrenz fraglich, die Münch eigentlich zu Recht ansetzt. Die Autonomie, die das Wissenschaftssystem durch seine neuen Medien der Selbstbewertung in gewisser Weise gewinnt,[5] geht, da in diesen Medien zugleich um Geld und Status gekämpft wird, unmittelbar mit heteronomen Erfolgszielen von Wissenschaftler:innen und Hochschulen einher. Die Effekte sind epistemologisch verstörend. Selbstverständlich war Ansehen im Wissenschaftsbetrieb nie allein durch wissenschaftliche Leistung bedingt. Wenn ich zweifle, ob Leibnizpreis-Träger:innen in den für mich beurteilbaren Fächern etwas Nennenswertes geleistet haben, entspricht das etwa Max Webers Ansicht, dass „zweifellos so viele Mittelmäßigkeiten an den Universitäten eine hervorragende Rolle spielen" (Weber 1919/1985, S. 584). Doch heute kommt der Verdacht hinzu, dass der Erfolg nicht einfach vom „Zufall" (Weber 1919/1985, S. 584) abhängt, sondern auch von Kompetenz und Bemühungen in der metrifizierten Prestigekonkurrenz – dass also diejenigen gewinnen und als wissenschaftlich „exzellent" gelten, die sich professionell dem Platzieren von Publikationen, der Gestaltung von Projektanträgen und (schlimmstenfalls) der Besetzung einflussreicher Gutachter:innenpositionen widmen.[6] Zugleich verändern sich mit dem neuen Spiel umfangreich Machtverhältnisse – nicht zuletzt für den traditionell hohen Misserfolgsrisiken ausgesetzten wissenschaftlichen „Nachwuchs".

Die berufliche Eingangsphase ist in vielen Hochschulsystemen langwierig und unsicher. In Deutschland gilt beides so stark, dass man hier einen eigenen Wettbewerbstyp sehen kann: einen zehn- bis fünfundzwanzigjährigen Existenzkampf, der mit Aufnahme der Promotion beginnt und erst mit der Erstberufung im Alter von durchschnittlich 41,5 Jahren beendet ist. Für den sogenannten Nachwuchs, der diesseits dieser Schwelle arbeitet, bedeutet Wettbewerb nicht

---

5   Dies ist die These diverser Arbeiten zur organisatorischen Autonomie der Hochschulen, die gleichsam durch indirekte Steuerung über Kennzahlen erkauft wird (vgl. Meier 2009, S. 123–131), sowie zur professionellen Autonomie, die sich Wissenschaftler:innen von Peer-Review-Verfahren versprechen (vgl. Musselin 2013).

6   Wenn dabei die strategische Orientierung auf Kennzahlen vorherrscht, hilft es tatsächlich, zwischen Bewerten und Messen zu unterscheiden, da die Einsicht bekannt ist: „when a measure becomes a target, it ceases to be a good measure" (Smaldino/McElreath 2016, S. 4).

primär, mit anderen um Einsichten zu wetteifern, sondern besser als sie die Kriterien zu erfüllen, die für den Verbleib im System maßgeblich sind. Die Chancen sind ungünstig. Der Anteil der unbefristet Beschäftigten am wissenschaftlichen Personal deutscher Hochschulen betrug 2016 gerade einmal 17 % (während es 2006 immerhin noch 23 % waren (vgl. Statistisches Bundesamt 2018, S. 32)); das Verhältnis der formal Berufungsfähigen zu vakanten Professuren bzw. Erstberufungen bewegt sich je nach Berechnung zwischen eins zu sechs und eins zu vier.[7] Das Hasardspiel der akademischen Karriere, das in Grundzügen bereits Weber geschildert hatte, hat durch die schiere Zunahme der Anwärter:innen eine neue Qualität erhalten. Statt hier typisch Söhne aus gutem Haus vermuten zu können, die eben ihr Glück versuchen, muss man heute annehmen, dass die Arbeitskräfte für eine gesellschaftliche Grundfunktion systematisch benachteiligt werden. Den entsprechenden Konkurrenzdruck spüren nicht nur junge Wissenschaftler:innen, sondern (weniger existentiell) auch die Professor:innen, die sie ausbilden und beschäftigen, u. a. dafür Projekte einwerben und in diesem Rahmen um Deutungsmacht kämpfen, sowie die Hochschulleitungen, die sich auf Befristungen und Projektfinanzierung als Normalfall eingestellt haben. Eine Größe, in der sich der Umbruch klar ausdrückt, ist die Zahl der Projektbeschäftigten. Sie hat sich zwischen 2000 und 2012 an den Universitäten etwa verdoppelt (von 32 000 auf 64 000), während sich die Anzahl der Professuren nur leicht erhöht hat (von etwa 24 000 auf knapp 26 000) und die der wissenschaftlichen Mitarbeiter:innen auf Haushaltsstellen geringfügig abnahm (von etwa 71 000 auf 69 000) (vgl. Wissenschaftsrat 2014, S. 95). Seither ist fast die Hälfte der nichtprofessoralen Wissenschaftler:innen (und mehr als ein Drittel des wissenschaftlichen Personals insgesamt) direkt vom System der Projekte und der Prestigekonkurrenz abhängig.[8] Bei einer steigenden Zahl von ihnen, namentlich bei Nachwuchsgruppenleiter:innen, ist die Abhängigkeit sogar doppelt: Man heuert als befristet Beschäftigte weitere befristet Beschäftigte an, um Reputation für den Sprung auf die Professur anzusammeln.

Damit zeichnen sich mögliche funktionale Verbindungen zwischen Prestigekonkurrenz und dem Kampf ums berufliche Überleben in der Wissenschaft ab.

---

7 Die erste Zahl bietet, auf Vakanzen gestützt, *Forschung und Lehre* an (Wirth 2019, S. 1106), die zweite der BuWiN (2017, S. 192), der von Erstberufungen ausgeht (und ohne Medizin auf ein Verhältnis von 1 : 5 kommt).

8 Die Relationen haben sich kaum verschoben, nur der Anteil der Professuren ist weiter gesunken: 2018 waren an deutschen Universitäten und gleichrangigen Hochschulen 86 431 Drittmittelbeschäftigte zu zählen (Abfrage beim Statistischen Bundesamt, September 2020), während das hauptberufliche wissenschaftliche Personal nun insgesamt 209 994 Personen zählte, davon 24 683 Professor:innen und 176 910 wissenschaftliche Mitarbeiter:innen (vgl. Statistisches Bundesamt 2019, S. 34). Um das Problem umfassend zu diskutieren, wäre auch der Status von Promotionsstellen bzw. der nichtpromovierten Beschäftigten zu beleuchten, denen einerseits Qualifikationen angeboten und andererseits systemrelevante Leistungen abverlangt werden.

Zunächst bietet die Metrifizierung des Ansehens offenkundig Mittel dafür, den wachsenden Selektionsdruck im akademischen Flaschenhals systemisch zu bewältigen; man kann jetzt im Zweifels- oder Konfliktfall fast auszählen, wer für eine Professur am besten geeignet ist. Die weiterhin recht chaotische Konkurrenz ist nun zumindest durch eine Reihe von Medien strukturiert – und vielleicht eben deshalb aufnahmefähig für eine wachsende Zahl Konkurrierender. In jedem Fall bildet der Sektor der Forschungsprojekte eine Schnittfläche, in der sich die Beteiligung am Existenzkampf und die Anteile der Prestigekonkurrenz zugleich ausgeweitet haben. Ebenso offensichtlich verschiebt sich mit der kombinierten Ausweitung beider Kampfzonen die Weise, in der Professor:innen für ihren Nachwuchs sorgen können: Statt persönlich wenige loyale Personen anzuleiten und nach Möglichkeit zur Professur zu führen, beschäftigen sie nun auf Zeit viele abhängige Kräfte, die häufig auch entscheidend dem Urteil anderer Kolleg:innen unterworfen sind und mehrheitlich nicht in der Wissenschaft bleiben werden. Die Inhaber:innen von wie die Anwärter:innen auf Machtpositionen müssen sich daher tendenziell vom Prinzip Gefolgschaft auf das Prinzip Ansehenswettbewerb umstellen. Dieser letzte, vermutlich essentielle Punkt ist nicht umsonst grob und vorläufig formuliert – um ihn näher auszuführen, bedarf es einer Analyse akademischer Machtverhältnisse.

2. Die historische Parallele: Entmachtung der Feudalherren, höfische Vergesellschaftung

Der Begriff der „Prestigekonkurrenz" spielt eine wichtige Rolle in Norbert Elias' Analyse der höfischen Vergesellschaftung; häufig ist hier auch von „Rang-, Status- und Prestigekonkurrenz" die Rede (Elias 1969/1994, S. 108 u. ö.). Hinter dieser Begrifflichkeit steht die Annahme, dass der französische Adel des späten 17. und frühen 18. Jahrhunderts Machtkämpfe zu großen Teilen im Medium persönlicher Rangdifferenzen und sozialer Wertschätzung austrug. Die Interaktion war daher nicht bloß durch Benimmregeln und die „offiziellen Titel" der Beteiligten strukturiert; ebenso wichtig war Elias zufolge das Wechselspiel der Einschätzungen, die sich gleichfalls im Umgang zeigten:

> „Das Verhalten, das die höfischen Menschen jeweils einem anderen gegenüber für angemessen hielten, war für diesen selbst wie für alle Beobachter ein […] Anzeiger dafür, wie hoch er augenblicklich nach der gesellschaftlichen Meinung im Kurse stand." (Elias 1969/1994, S. 139)

Das Ergebnis war vital: „Steigen oder Fallen in dieser Rangordnung bedeutete für den höfischen Menschen so viel, wie für den Kaufmann Gewinn oder Verlust in seinem Geschäft" (Elias 1969/1994, S. 144). Da direkte Konflikte auch im ersten

Fall höflich vermieden wurden, kann Elias die aristokratischen Machtkämpfe wohl zurecht als Konkurrenz rubrizieren; sie kommen Simmels Definition des Begriffs als Kampf ohne Berührung (1908/1992, S. 325) sehr nahe. Während ein solcher Kampf in anderen Bereichen jedoch bedeuten kann, dass man sich auf sachliche Leistungen konzentriert – hohes Tempo beim Wettlauf, niedrige Preise am Markt – liegt der Akzent in der sozial dichten Ansehenskonkurrenz auf strategischem Umgang. Es gilt so weit wie möglich zu steuern, wie man auf eine Gesamtheit relevanter Anderer wirkt:

> „Die höfische ‚Rationalität' […] erhielt ihren spezifischen Charakter […] auf Grund der kalkulierenden Planung der eigenen Strategie im Hinblick auf den möglichen Gewinn oder Verlust von Status- und Prestigechancen unter dem Druck einer unablässigen Konkurrenz um Machtchancen dieser Art." (Elias 1969/1994, S. 142)

Nicht alles hiervon lässt sich auf aktuelle akademische Kontexte übertragen – doch „Prestigekonkurrenz" herrscht wie geschildert auch dort, und die Beteiligten erhalten zunehmend Anreize, sich strategisch auf Ansehens-, Status- und damit Machtsteigerung auszurichten. Sollten diese Ähnlichkeiten mehr als zufällig sein, muss sich ein verbindender Erklärungsrahmen angeben lassen, innerhalb dessen man dann genauer vergleichen kann.

Die Kernidee wurde bereits genannt. So wie die Verhofung die Macht der Regionalfürsten brechen bzw. dem monarchischen Zentrum unterordnen konnte (Elias 1969/1994, S. 222–319), hegt die akademische Prestigekonkurrenz die Spielräume der zuvor kaum kontrollierten Ordinarien ein und unterwirft auch ihre Gefolgschaft allgemeineren Regeln. Um diese Perspektive genauer zu konturieren, bieten sich eine verbreitete Kritik und eine soziologische Beschreibung des Zustands vor den metrifizierten Wettbewerben an. Das deutsche Ordinariensystem hatte, bündelt man kritische Rückblicke, in den 1980er Jahren Nachteile akkumuliert: Viele Professor:innen hatten sich von der Forschung verabschiedet und ließen die Lehre schleifen; ihre Mitarbeiter:innen waren persönlicher Willkür unterworfen, stark protektionsabhängig und im Unklaren darüber, wie ansonsten ihre Berufschancen lagen; die akademischen Räte hatten in ihrer untergeordneten Stellung gewöhnlich die Eigeninitiative aufgegeben; die Studierenden sahen sich vernachlässigt und brachen ihr Studium häufig ab. Die hohen Abbruchszahlen sind belegt (und haben wohl zur Durchsetzung der Bologna-Reform beigetragen, nach der sie allerdings erneut gestiegen sind),[9] die anderen Punkte sind zu-

---

9 Die seit 1999 regelmäßig durchgeführten Berechnungen des Deutschen Zentrums für Hochschul- und Wissenschaftsforschung (DZHW, vormals HIS) verzeichnen eine bemerkenswerte Entwicklung der Abbruchquoten: Lagen sie zwischen den 1990er und frühen 2000er Jahren bei durchschnittlich 21–23 % (Heublein/Schmelzer/Sommer 2008, S. 4), bewegen sie sich gegenwärtig zwischen 27 und 29 % in Bachelor- sowie 17 und 19 % in Masterstudiengängen (Heublein/Richter/Schmelzer 2020, S. 4 und 8).

mindest plausibel genug, um noch heute in Diskussionen angeführt zu werden. Für eine distanziertere Betrachtung eignet sich Pierre Bourdieus (an Frankreich orientierte, aber auf Deutschland übertragbare) Analyse akademischer Vergesellschaftung. Bourdieu (1984, S. 149) moniert zwar kaum Untätigkeit, schildert aber ein Machtgefüge, das die Schwächen der alten Universität erklärbar macht. Für ihn ist die akademische Welt ein System persönlicher Loyalitäten. „Universitäres Kapital hat und behält, wer Positionen innehat, mit denen sich andere Positionen […] beherrschen lassen" (Bourdieu 1984, S. 149), zumal die des „Nachwuchses", der von den Etablierten abhängig ist und auf dem langen Karriereweg zu „einer Art innerer Unterwerfung" gelangt (Bourdieu 1984, S. 178). Zur Erläuterung nutzt Bourdieu auch historische Vergleiche. „Analog zur Akkumulation symbolischen Kapitals in einer vorkapitalistischen Gesellschaft […] wird die Akkumulation […] akademischer Autorität mit dem Einsatz der ganzen Person erkauft", mit „wechselseitig erwiderten Diensten", dem „Aufbau von Bündnissen, einer besonderen Klientel und generell eines stillschweigenden Einverständnisses aller Beteiligten" (Bourdieu 1984, S. 167 f.). Es gehört wenig Fantasie dazu, beide kritischen Zugriffe zu verbinden: Die Universitäten des 20. Jahrhunderts haben den professoralen Hauptfiguren einerseits viel Verfügungsmacht an die Hand gegeben und ihnen andererseits wenig verbindliche Leistungen abverlangt. Struktur gaben diesem System vor allem teilformale, asymmetrische, persönlich geprägte Loyalitäten, die über die Weltkriege hinaus stabil blieben und selbst noch die Umbrüche der 1960er und 70er Jahre aushielten. Sobald jedoch (mit großen regionalen und disziplinären Zeitunterschieden) eine kritische Masse von Beteiligten überschritten war, zeigten sich zunehmend Regelungsdefizite, und man begann Gegenmaßnahmen zu ergreifen.

Der Ausgangspunkt war bereits lange unter dem Titel „Massenuniversität" diskutiert worden: Da ein System persönlicher Beziehungen auch persönliche Bekanntschaft voraussetzt, gerät es an Grenzen, sobald sich die Zahl der Beteiligten erhöht. In den expandierenden frühmodernen Staaten mündeten entsprechende Probleme (und Bürgerkriege) u. a. in einer Formalisierung des Umgangs, der Titel und der Staatsverwaltung.[10] Die Wellen der Hochschulexpansion, die sich seit Mitte des 20. Jahrhunderts verzeichnen lassen, haben sich in noch kaum systematisch erfasster Weise ähnlich ausgewirkt. Je nach makropolitischem Kontext und mikropolitischen Mitteln konnten sie sehr verschiedene Effekte auslösen. Das expandierende System konnte, wie 1968 und die Folgejahre zeigten, in Legitimitätskrisen geraten und von oppositionellen Machtbündnissen attackiert werden; es konnte, in Deutschland etwa vom Ende der 1970er bis in die 1990er Jahre,

---

10 Diese komplexen Vorgänge sind Kernthemen der historischen Soziologie. Während Elias der Regulierung des Umgangs nachgeht, wurde die Verwaltungsmacht für Frankreich bekanntlich schon durch Tocqueville erforscht und durch Weber in die soziologische Theorie gebracht; weitere Forschungen schließen z. B. an Foucault an.

bei nachlässiger Behandlung anomische Züge annehmen;[11] schließlich kann man, wie es in der Bologna-Reform erprobt wurde, mit der Einführung neuer, strafferer Regeln auch große Personenzahlen verwalten, ohne dass ständig Revolte und Ordnungszerfall drohen (vgl. Reitz/Draheim 2006, 384 f.). Die metrifizierten Prestigewettbewerbe sind bestens geeignet, die zuletzt genannte Funktion nicht nur für die Studierenden, sondern auch für das wissenschaftliche Personal zu erfüllen. Sie geben u. a. den Problemen der Besetzung von Professuren, der Verteilung staatlicher Mittel und der institutionell geführten Kämpfe um Deutungsmacht eine ansatzweise geregelte Form, unterbinden viele Konflikte und regen alle Beteiligten an, sich in festen Bahnen immer neu anzustrengen. Zudem geben sie Systemen, die wie das deutsche durch viele regionale Machtzentren geprägt waren, einen Zentralisierungsschub; die Exzellenzstrategie zielt u. a. explizit darauf ab, dieses System zu stratifizieren, um Spitzenstandorte zu erzeugen.

Der Verhofung des Adels ähnelt dieser Prozess nicht nur darin, dass ein konfliktreiches Gefüge persönlicher Loyalitäten und Machtkämpfe unter Expansionsdruck gerät, durch abstraktere Regeln vereinheitlicht und tendenziell zentralisiert wird. Entscheidend ist vielmehr, dass persönliche Bindungen durch das sozusagen nächstliegende Medium persönlichen Ansehens ergänzt oder ersetzt werden. Eine solche Transformation ist grundlegend genug: Während bei persönlichen Bindungen und Konflikten unmittelbar auf dem Spiel steht, wer mir im Zweifelsfall (im Gremienstreit oder in fachlichen Kontroversen) Folge leistet, mich im Normal- oder Notfall (mit einer Stelle) versorgt und mir (etwa bei umkämpften Berufungen) als Bündnispartner:in zur Seite steht, zählt im Prestigewettbewerb, dass möglichst viele möglichst gut positionierte Mitspieler:innen meinen Wert wahrnehmen und bestätigen, mir auch aufgrund der Einschätzungen anderer weitere Leistungen zutrauen und hinreichend mit meinen Einflussmöglichkeiten rechnen, um nicht gegen mich zu agieren. Auch im zweiten Typus von Machtverhältnissen bleibt der Einsatz der Person, von dem Bourdieu spricht, erforderlich, wechselseitige Gefälligkeiten hören nicht auf, und auch die persönlichen Netzwerke sind nicht einfach unwichtig fürs Reputationsspiel. Sie werden nur in mehr oder weniger großem Ausmaß durch formale Kriterien angereichert. Eine Laudatio, die eine:n Stellenanwärter:in als internationale Berühmtheit anpreist, wird angreifbar, wenn die Zitationszahlen im Bereich „unsichtbar" liegen; ein:e Professor:in, die Zöglinge fördern will, wird sie nicht nur Kollegen empfehlen, sondern ihnen vor allem auch beibringen, wie man Publikationen platziert.

Im höheren Grad der Formalisierung – qua Metrifizierung – liegt denn auch der vielleicht größte Unterschied zwischen einer höfischen Welt, in der man

---

11 Vgl. zu diesem Punkt Reitz/Draheim 2006, S. 383 f. Von Vernachlässigung zeugt vor allem die 1977 zwischen Regierungen und Hochschulen getroffene Vereinbarung, das System für immer mehr Studierende zu „öffnen", ohne die Hochschulfinanzierung weiter zu erhöhen (vgl. Teichler 2005, S. 32).

mächtige Förderer braucht und als ganze Person wirken muss, und einem akademischen Betrieb, in dem das persönliche Urteil gegenüber der Bilanz der Publikationen und Forschungsmittel zweitrangig werden kann. Die metrifizierten Medien des akademischen Erfolgs sind abstrakter als die Medien des höfischen Ranges, sie liegen sozusagen weiter von der Person entfernt und etwas näher bei Konkurrenzmedien wie Geld. Nicht umsonst wurde wiederholt auf Kontexte verwiesen, in denen sich metrifizierte Reputation annähernd in Geld umtauschen lässt oder den Beteiligten viel Geld wert ist. Angesichts dieser Nähe ist nun zu erörtern, wie sich die ökonomischen und die mikropolitischen Aspekte der akademischen Prestigekonkurrenz zueinander verhalten.

3. Ökonomische Funktionen der Prestigekonkurrenz

Prestigekonkurrenz hat in der Regel unökonomische Aspekte bzw. ist eine Ökonomie der Verschwendung. Die akademische Variante bildet hierin keine Ausnahme. So rational das Kalkül einzelner Beteiligter auch sein mag – nicht aller Darstellungsaufwand zahlt sich in Geld oder Wissen aus, und wenn hochverschiedene nationale Hochschulsysteme in einen globalen Vergleichshorizont treten, summieren sich Fehlinvestitionen. Ein bekanntes Beispiel wurde bereits berührt. Während Law- und Business-Schools, private Colleges und Universitäten in Systemen mit Studiengebühren hohe Plätze in nationalen und weltweiten Rankings anstreben, weil sie um zahlungskräftige Studierende konkurrieren,[12] fehlt dieser Grund in Systemen mit weitgehend gebührenfreien öffentlichen Hochschulen. Der Exzellenz-Ehrgeiz ist zumindest in dieser Hinsicht fehlinvestiert. Verwandtes gilt für Ideen, ein deutsches Harvard oder Yale aufzubauen. Hierfür fehlt u. a. das Startkapital, und auch eine Schicht reicher, spendenbereiter und ggf. mit Blick auf Studierchancen ihrer Kinder spendenwilliger Alumni müsste erst in einem langen Prozess aufgebaut werden.[13] Selbst die Spekulation auf Geld von der eigenen Regierung ist nicht selten verfehlt. In der Exzellenzinitiative und -strategie stand sehr bald eine Gruppe von Dauergewinnern fest, die bis auf wenige Überraschungen stabil geblieben ist. Alle anderen Universitäten könnten sich nicht nur viel Aufwand für die Teilnahme sparen, sie würden vor allem profitieren, wenn die jährliche Ausschüttung in anderer, gleichmäßiger verteilter Weise erfolgte. Das Motiv dafür, trotzdem auf (die eigene) Exzellenz zu setzen, kann nicht nur ökonomisches Gewinnkalkül sein. Wichtiger ist wohl die

---

12 Klassisch (wenn auch mit nichtökonomischem Interesse) zum Fall der Law Schools: Espeland/Sauder 2007.

13 Für den weiteren Argumentationsgang ist zudem festzuhalten, dass Investitionen reicher Familien in renommierte Hochschulen, die ihnen bildungsvermittelt Status zu vererben ermöglichen, eher ostentativen Luxuskonsum als produktive Marktkonkurrenz darstellen. Genau dies ist die Tradition der US-amerikanischen Elitehochschulen (vgl. Karabel 2005).

Furcht vor Verlusten (da selbst ein einziges Exzellenzcluster dringend benötigtes Geld bringt) und eine Unfähigkeit zu kollektiver Interessenvertretung. Doch neben diesen Motiven bleibt nur noch Ehrgeiz oder eine Art Ehrgefühl übrig. Das Prestigesignal ‚Exzellenz' erfüllt damit von der Öffentlichkeit bis zum Führungspersonal seinen Zweck.

Wenn die ersehnten deutschen Leuchttürme nicht Geld(-geber:innen) anziehen, sondern Erkenntnis ausstrahlen sollen, oder wenn man vom Wettbewerb insgesamt Erkenntnisfortschritt erwartet, stellen sich andere Fragen. In diesem Fall ist zu prüfen, inwiefern die gesteigerte Bedeutung von Publikationsorten und Zitationen, Projektförderung und Prestigehierarchien innovative und gute wissenschaftliche Arbeit anregen. Die Antworten dürften fach- und landesspezifisch verschieden ausfallen; hier sollen nur zwei geläufige Beispiele verdeutlichen, dass Ansehens- und Erkenntnisstreben nicht immer konvergieren. In den Naturwissenschaften wird seit längerem diskutiert, inwiefern methodische Gründlichkeit dem Wettstreit um prestigeträchtige Publikation zum Opfer fällt. Negative Testergebnisse gelten als schlecht publizierbar, positive erweisen sich zunehmend als nicht wiederholbar, und die bekanntesten *Journals* haben, wenn nachgeprüft wird, besonders schlechte Replikationsquoten.[14] Als zweites Beispiel eignen sich geistes- und sozialwissenschaftliche Verbundprojekte, die fast demonstrativ von nichtwissenschaftlichen Motiven geprägt sind. In der Aussicht auf Förderung finden hoch individualisierte Forschende Begriffskompromisse, die selten über den Antrag hinaus tragen; am Antragstext wird dennoch so intensiv und lange gefeilt wie an kaum einer Publikation; wird der Antrag nicht bewilligt – was überwiegend der Fall ist –, sind mehrere Monate oder Jahre Arbeit vertan; im Bewilligungsfall werden Einzelforschungen, die je für sich sinnvoll sein können, in vielen oft weniger sinnvollen Projekttreffen und -publikationen miteinander ins Gespräch gebracht; schließlich quälen sich die Beteiligten mit der unbeliebten und in der Fachöffentlichkeit kaum mehr wahrgenommenen Pflicht des Abschlussberichts. Im Anschluss bleibt das Problem, wie die vielen spezialisierten Projektbeschäftigten auch jenseits des Projektthemas Arbeit finden können.

Die Kritik solcher Entwicklungen ist öfter ausgeführt worden (vgl. z.B. Münch 2015; van Dyk/Reitz 2017). Ähnlich interessant ist jedoch, welche positiven Funktionen der Prestigewettbewerb erfüllt, wenn sein ökonomischer Nutzen für (die meisten) Hochschulen und Volkswirtschaften wie auch seine Erkenntnisdienlichkeit zumindest begründet bezweifelt werden können. Zwei Optionen bieten sich an: Entweder ist die geschilderte Transformation akademischer Machtverhältnisse der entscheidende Vorgang, der einfach gewisse, zumeist ideologisch verdeckte Neben- und Folgekosten hat. Oder die fortlaufende Expansion und Re-

---

14 In der metawissenschaftlichen Diskussion spricht man sogar von der „natural selection of bad science" und fragt, ob nicht die Anreize der Publikationswelt umgestellt werden müssten (vgl. Smaldino/McElreath 2016).

strukturierung des Hochschulsektors ist in bisher noch nicht analysierter Weise auch ökonomisch bedingt. Um die zweite Möglichkeit zu erörtern, schlage ich im Folgenden einen Akzentwechsel gegenüber den Debatten vor, die seit Ende der 1990er Jahre um „akademischen Kapitalismus", die „unternehmerische Hochschule" u. ä. geführt worden sind. Autor:innen aus dem anglophonen Raum (vgl. Slaughter/Leslie 1998; Slaughter/Rhoades 2004; Marginson/Considine 2000; Berman 2012), aber auch deutsche Autor:innen wie Münch (2011) haben untersucht, wie sich große Teile der akademischen Welt auf Kosten- und Gewinnkalküle, Kennzahlensteuerung, Mitteleinwerbung und Marketing (re-)orientiert haben. Diese teilweise bereits besprochenen Analysen eines vermuteten *Kapitalismus in den Hochschulen* sollten unbedingt um die komplementäre Frage ergänzt werden, welche Rolle *Hochschulen im Kapitalismus* spielen. Zwei Funktionen sind hier generell im Gespräch – und offenkundig wichtiger denn je: Das Hochschulsystem stellt einerseits Wissen als mehr oder weniger öffentliches Gut bereit, und es verleiht zweitens Personen die Ausbildung oder die Titel, die sie für Expertise-, Einkommens- und Machtpositionen geeignet machen. Geht man diesen Funktionen nach, gerät man jeweils auf doppelbödiges Gelände.

Das wissenschaftliche, in der Forschung erweiterte und in der Lehre vermittelte akademische Wissen funktioniert sozial deutlich anders als klassische privatwirtschaftliche Güter: Sein nicht-rivaler Charakter wird kultiviert, Erfolg haben diejenigen, deren Erkenntnisse (ohne direkte Gegenleistung) am breitesten genutzt werden (vgl. Merton 1942, S. 121–124), nicht die Eigentümer:innen exklusiver Güter. Die Privatwirtschaft – deren Beziehung zu geistigem Eigentum generell ambivalent ist (vgl. Reitz 2019) – kann auf dieses Wissen in zwei Weisen zugreifen. Sie kann sich um exklusiv gemachte, patent- oder urheberrechtlich geschützte Teilresultate bemühen, etwa indem sie (in den USA seit den 1980er Jahren mit gestärktem rechtlichem Rückhalt)[15] bei Hochschulen und daraus ausgegründeten Start-Ups einkauft oder letztere aufkauft. Sie kann aber auch direkt auf die Resultate öffentlich finanzierter und zugänglicher Forschung zugreifen, die in ihrem Feld (sei es Autoproduktion, Computertechnik, Medizin oder Marktforschung) nützlich sind und die ggf. nur wenige große Firmen profitabel verwerten können. Konzerne wie Apple schöpfen kräftig aus beiden Quellen (vgl. Mazzucato 2014, S. 115–145). Zudem organisieren diverse Formate öffentlich-privater Kooperation gewinnträchtige Geld- und Wissensströme: Auch staatlich (mit-)finanzierte Projekte können Schlüsselindustrien eines Landes zuarbeiten, privatwirtschaftlich finanzierte Projekte nutzen akademische Infrastrukturen, und in unmittelbar nichtprofitablen Produktpartnerschaften werden prospektiv ganze Märkte erschlossen (etwa zukünftige afrikanische Märkte für Pharmakon-

---

15 Einen detaillierten Abriss zu den Veränderungen um den Bayh-Dole-Act von 1980, der Resultate öffentlich geförderter Forschung in Privateigentum zu überführen erlaubt, gibt Elisabeth Berman (2012).

zerne (vgl. Lezaun/Montgomery 2015)). Die Frage, welche Hochschulstrukturen kapitalistisch funktional sind, bleibt daher auf der Seite der (potenziell) profitablen Forschung bemerkenswert offen; das stark auf direkten Verkauf ausgerichtete US-amerikanische Modell der 1980er bis 2000er Jahre muss nicht dauerhaft stilbildend sein.

Noch unübersichtlicher ist die Lage in der berufsrelevanten (Aus-)Bildung an Hochschulen, deren kapitalistische Funktion von zwei konkurrierenden Forschungslagern sehr verschieden eingeschätzt wird: Während die einen annehmen, dass im Zuge eines allgemeinen *skill biased technological change* immer mehr akademisch vermittelte Kompetenzen gebraucht werden, gehen die anderen davon aus, dass Hochschulabschlüsse vorrangig helfen, knappe Macht- und Einkommenspositionen auf „kredentialistischer", titelgläubiger Grundlage zu verteilen.[16] Beide Seiten beanspruchen die wachsenden Gehaltsgefälle zwischen Akademiker:innen und Nichtakademiker:innen zu erklären; besonders die zweite Seite nimmt dabei auch auf kapitalistische Klassenreproduktion Bezug. Zumindest in spezifischen Kontexten finden sich starke Belege für diese Position. Die Prozesse, in denen Oberschichtsnachwuchs an US-amerikanischen Elitehochschulen in hochbezahlte Rechts-, Finanz-, Beratungs- und zunehmend Hightech-Berufe geschleust wird, sind gut untersucht (vgl. Rivera 2015, Binder et al. 2016); für akademisch vermittelte Profitverteilung spricht zudem, dass in den USA Spitzengehälter und Ungleichheit in den Studienchancen gleichzeitig steil angestiegen sind (vgl. Reitz 2016, S. 454). Mit Blick auf breitere Schichten und weitere Länder finden sich allerdings auch Argumente dafür, dass geistige Anforderungen anwachsen: Das gut bezahlte Akademiker:innenpersonal übt vorwiegend Nicht-Routinetätigkeiten aus (vgl. Lindley/Machin 2014, S. 25–28), die Beschäftigungen werden etwa bei deutschen Absolvent:innen größtenteils als qualifikationsadäquat beurteilt (vgl. Briedis et al. 2016, S. 38), und Expertise ist in Professionen wie Medizin oder in hochtechnologischen Branchen nicht gleichgültig. Für den vorliegenden Zweck genügt es festzuhalten, dass beide Anforderungen, Selektions- wie Kompetenzbedarf, offenkundig vorliegen, und dass sie beide vom Hochschulsystem bedient werden. Es führt der kapitalistischen Wirtschaft einerseits den *general intellect* der Gesellschaft auch durch Wissensvermittlung und Ausbildung zu, und es hilft ihr andererseits die Posten von Expert:innen oder Führungskräften zu besetzen, die durch hohe Bezahlung an Unternehmensinteressen gebunden werden. Der Zugang zu diesen „contradictory [...] class positions" (Wright 1997, S. 23) zwischen Kapital und Arbeit ist in Ländern, in denen ihn Haushalte typisch mit Studiengebühren erkaufen, tendenziell stärker an den

---

16 Da ich diesen Disput schon in zwei anderen hochschulsoziologischen Texten dargestellt habe (Reitz 2016; 2017), fasse ich ihn hier nur kurz und ohne Literaturangaben zusammen. Auch die spezifischeren, punktuell belegten Thesen im Rest des Absatzes sind ausführlicher in den beiden genannten Publikationen entwickelt.

Statuswettbewerb der Hochschulen gebunden; in gebührenfreien, staatlich finanzierten und gestalteten Systemen senden formale Statusunterschiede wie die Promotion etwas schwächere Auswahlsignale.

Auf Signale kommt es nun auch an, wenn man die innere (Re-)Organisation der Hochschulen mit Blick auf ihre Außenbeziehungen im gegenwärtigen Kapitalismus begreifen will.[17] Die Haushalte, Staaten und Firmen, die Geld und Aktivitäten ins Hochschulsystem investieren, brauchen Anhaltspunkte dafür, wie sie ihre Mittel gewinnbringend einsetzen. Bei zunehmend hohen Studierquoten und (zumindest vor neuen protektionistischen Schließungen und vor der Corona-Krise) zunehmend globalisierten Forschungs- und Lehrmärkten reichen konkrete Beziehungen zwischen Hochschulen und politischen oder ökonomischen Akteur:innen hierfür nicht aus, und auch der Klang großer Namen wie Harvard und Oxford kann nicht mehr alle Geld- und Kommunikationsflüsse steuern. Vielmehr werden nun vereinheitlichte akademische Prestigeordnungen gerade auch wichtig, um außerakademische Interessenten zu orientieren. Auch in diesen Beziehungen werden alte „feudale" Bindungen und Hierarchien nicht einfach erübrigt. Anwaltsfirmen der Ostküste rekrutieren ihr Personal weiter gern an der Columbia University, Cambridge und Oxford sind die lukrativsten britischen Studienorte geblieben, und die hessische Landesregierung hat lange besonders die Goethe-Universität Frankfurt im Exzellenzwettbewerb unterstützt. Doch jüngere Anwaltsfirmen nehmen auch die Rankings der Law Schools zur Kenntnis, chinesische Auslandsstudierende können neben Namen auch das Shanghai-Ranking nutzen, die britische Regierung setzt auch das Research Excellence Framework ein, um kennzahlenbasiert Geld zu vergeben, und der Exzellenzerfolg der Goethe-Universität ist nicht garantiert. In der traditionellen wie in der neuen Form zahlt sich Wissen erst aus, wenn es in lesbare Reputation übersetzt wurde. Der neofeudale Prestigewettbewerb ist daher nicht dysfunktional, sondern eine Bedingung dafür, dass akademische Wissenschaft im Wissens- und Informationskapitalismus einfach genutzt werden kann (vgl. Reitz 2017).

Die Expansion des Systems, die hier erneut den strukturellen Veränderungsbedarf erklärt, ist schließlich auch für eine zweite, unmittelbar ökonomische Funktion wichtig: Wenn es nicht gelingt, private Interessenten stärker zur Kasse zu bitten, kann man nur Kosten einzusparen versuchen, und wo man nicht effektiv rationalisieren kann, bleiben nur pseudo-transparente Kennzahlen und eine verschärfte Ausbeutung der akademischen Arbeitskräfte. Für beides sorgt die Prestigekonkurrenz. Sie ermöglich erstens befristete Beschäftigung in einem in der Privatwirtschaft kaum denkbarem Ausmaß. Die vielen Anläufe, die für wissenschaftlichen Fortschritt oder „Innovation" nötig sind (und die nicht ein-

---

17 Die Verwendung des Signalbegriffs soll hier keinen Bezug zur Signalling-Theorie (z. B. Weiss 1995) anzeigen, die statt Kompetenzvermittlung einfach behauptet, dass Hochschulen besonders befähigte Menschen auslesen.

mal Risiko-Kapitalgeber:innen tragen wollen (vgl. Mazzucato 2018, S. 249–271)), können an den Hochschulen auf Arbeitskräfte verteilt werden, die man mehrheitlich nur als Berufsanfänger:in beschäftigen muss. Zweitens kann man abseits des Forschungs-Rampenlichts in großem Ausmaß Lehrbeauftragte oder Lehrkräfte für besondere Aufgaben einsetzen, die nicht nennenswert entlohnt werden oder stark überhöhte Stundendeputate haben; in anderen Ländern gilt etwa für die *adjunct faculty* Äquivalentes. Und schließlich treibt die Prestigekonkurrenz, selbst wenn sie weniger stark motiviert als früher intrinsische Motivation, alle zum Arbeiten an:[18] Professor:innen, die ihren Status verbessern oder ihre Mitarbeiter:innen versorgen wollen, befristet Beschäftigte, die um ihre Zukunft im System kämpfen, sogar gerade nicht Beschäftigte, die ihre Hoffnung in Anträge setzen. Auch die Ansehensgefälle selbst können Aktivität anregen, zumal der Rang der Höherstehenden nicht immer verdient aussieht und der Aufstieg oft zum Greifen nahe erscheint.

Die Antwort auf die oben gestellte Frage ist damit klar: Der akademische Neofeudalismus ist funktional in den Wissens- und Informationskapitalismus eingebettet; er ermöglicht genauer gesagt systemische Antworten auf das Problem, wie aus dem öffentlichen Gut Wissen privater Gewinn generiert werden kann. Dieses Gut wird mit steigender Ausbeutung des akademischen Personals öffentlich bereitgestellt, vereinheitlichte Signalsysteme zeigen an, wo man es zu vermuten hat, und dank dieser Systeme können die Macht- und Einkommenspositionen, die an (zugeschriebene) geistige Kompetenzen geknüpft sind, auch bei breitem Hochschulbesuch hochselektiv verteilt werden.

Schlussbemerkung zu Alternativen

So deutlich wie die Funktionen sind die Nachteile der geschilderten Umstellung. Sie geht nicht zufällig auf Kosten der wissenschaftlich Beschäftigten, und sie gefährdet Erkenntnis als solche. Daher fragt sich, ob es Alternativen gäbe, wie sie aussehen könnten und unter welchen Bedingungen sie erfolgsträchtig wären.

Wenn die vorliegende Analyse zutrifft, hätte man die Probleme der potenziell anomischen Massenhochschule auch anders bewältigen können als durch forcierte Prestigekonkurrenz. Eine Willkürmacht von Professur-Fürstentümern ließe sich auch unmittelbar sinnvoll einschränken, indem man akademische Beschäftigungsverhältnisse demokratisiert. Hierfür wurde jedoch nicht nur von der Hochschulpolitik und der unterprivilegierten Mehrheit des wissenschaftlichen

---

18 Dies scheint mir die naheliegende Deutung der eingangs zitierten Befunde von Schneijderberg und Götze (2020) zu sein: Die zunehmend entfremdete Arbeit wird weiterhin in beträchtlichem Ausmaß geleistet, weil immer auch das je eigene Ansehen und für eine lange Zeit die eigene berufliche Existenz auf dem Spiel steht.

Personals zu wenig getan bzw. erreicht. Man traf und trifft auch auf zähen Widerstand der Professor:innen – während sie sich im realisierten Wandel als willige Prestigeanwärter:innen und -verwalter:innen einbinden lassen. Komplexer sind die Kostenprobleme des expandierenden Hochschulsystems. Sie verlangen zu realisieren, dass Wissen im doppelten Sinn ein öffentliches Gut ist: Da sich seine Zirkulation nur schwer und kostspielig eindämmen lässt, muss auch seine Produktion öffentlich finanziert werden. Die privatwirtschaftlich nicht lösbaren Aufgaben sind in diesem Bereich ähnlich umfassend wie diejenigen der Sorgearbeit und der Erhaltung natürlicher Lebensgrundlagen. In allen diesen Tätigkeitsfeldern lassen sich aus verschiedenen Gründen nur begrenzt Profite realisieren, selbst wenn ihre Resultate (arbeits- und beziehungsfähige Menschen, komplexes Wissen, eine intakte Umwelt) nicht zuletzt marktwirtschaftlich genutzt werden. Weil eigentlich ein großer Teil der gesellschaftlichen Ressourcen neu verteilt werden müsste, damit die fraglichen Aufgaben angemessen (und angemessen bezahlt) erfüllt werden können, sind Halb- und Scheinlösungen wahrscheinlich und üblich. Die faktische Organisation der Hochschulen bildet hier einen deutlichen Fall. Entweder kann das Hochschulsystem parasitär an der Oberschichtsreproduktion seines Landes teilhaben, indem es dessen feudale, höfische, ständestaatliche, plutokratische oder staatsparteiliche Traditionen bedient. Oder man versucht herausragende Orte zu schaffen, indem man die unzureichenden Mittel zunehmend ungleich verteilt. In beiden Fällen schleppen sich zwei Probleme fort, die auch ein ehrlicheres System hätte: Ein stetig wachsender Ressourcenbedarf akademischer Lehre und Forschung ist politisch nicht leicht durchzusetzen, und ebenso schwer lässt sich entscheiden, welche Wissenschaftszweige konkret zu fördern sind. Da in der Summe gewaltige Fehlinvestitionen (wahrgenommen zu werden) drohen, ist das verlässlich metrifizierte Prestigespiel ein verständlicher Ausweg. Alternativen würden voraussetzen, dass der Kampf um Gruppenmacht der Verständigung über geteilte Probleme weicht.

Unterhalb dieser Grundprobleme bietet die Prestigekonkurrenz durchaus offene Flanken. Sie ist für viele Beteiligte ein Ärgernis, an einigen Stellen offenkundig überflüssig, und nicht alle würden verlieren, wenn sie sich ihr zumindest stellenweise verweigern. Ärgerlich ist etwa der Zuwachs an Wettbewerbsverwaltung, den gerade Professor:innen zu spüren bekommen – und gegen den sie gemeinsam mit anderen Gruppen vorgehen können. Als überflüssig zeigt sich der Prestigewettbewerb spätestens dann, wenn er in Hochschul-PR oder -Selbstbewerbung übergeht, die im besten Fall forschungsfern bleibt und im schlechteren Fall Forschenden eine Art inhaltliches Corporate Design vorgibt. Schließlich könnten sehr viele, die heute bei jeder Gelegenheit Anträge schreiben, mittelfristig gewinnen, wenn sie mehr Zeit in die Forschung investieren würden, die sich auch mit geringen materiellen Mitteln und in nicht geförderter Kooperation realisieren lässt. Für die abhängig Beschäftigten diesseits der Professur bleibt das Kernanliegen der Kampf um Berufspositionen, die alle diese Freiheiten erst ermöglichen oder als möglich erscheinen lassen. Er sollte nicht kompetitiv, sondern politisch geführt werden.

Literatur

Berman, Elisabeth P. (2012): Creating the market university. How academic science became an economic engine. Princeton/NJ: Princeton UP.

Binder, Amy J./Davis Daniel B./Bloom, Nick (2016): Career funnelling. How elite students learn to define and desire ‚prestigious' jobs. In: Sociology of Education 89, H. 1, S. 20–39.

Bourdieu, Pierre (1984): Homo Academicus. Paris: Éditions de Minuit.

Briedis, Kolja/Klüver, Saskia/Trommer, Maximilian (2016): Zwischen Etablierung, Stabilisierung und Aufstieg: Berufliche Entwicklung der Hochschulabsolvent(inn)en 2009. Zweite Befragung des Prüfungsjahrgangs 2009 fünf Jahre nach dem Abschluss. Forum Hochschule 4/2016.

BuWiN (Konsortium Bundesbericht Wissenschaftlicher Nachwuchs) (2017): Bundesbericht Wissenschaftlicher Nachwuchs 2017. Bielefeld: Bertelsmann.

Elias, Norbert (1969/1994): Die höfische Gesellschaft. Frankfurt a. M.: Suhrkamp.

Espeland, Wendy/Sauder, Michael (2007): Rankings and reactivity: How public measures recreate social world. In: American Journal of Sociology 113, H. 1, S. 1–40.

Flink, Tim (2016): Die Entstehung des Europäischen Forschungsrates. Marktimperative – Geostrategie – Frontier Reasearch. Weilerswist: Velbrück.

Hacker, Jörg/Krull, Wilhelm/Lohske, Martin/Strohschneider, Peter (2018): „Wie sich die Qualität verbessern lässt". www.faz.net/aktuell/karriere-hochschule/auswahl-von-forschern-wie-sich-die-qualitaet-der-auswahl-verbessern-laesst-15685958.html (Abfrage: 28. 9. 2020).

Heublein, Ulrich/Richter, Johanna/Schmelzer, Robert (2020): Die Entwicklung der Studienabbruchquoten in Deutschland. DZHW-Brief 3/2020. www.dzhw.eu/pdf/pub_brief/dzhw_brief_03_2020.pdf (Abfrage: 8. 10. 2020).

Heublein, Ulrich/Schmelzer, Robert/Sommer, Dieter (2008): Die Entwicklung der Studienabbruchquote an den deutschen Hochschulen. Ergebnisse einer Berechnung des Studienabbruchs auf der Basis des Absolventenjahrgangs 2006. HIS-Projektbericht. www.dzhw.eu/pdf/21/his-projektbericht-studienabbruch.pdf (Abfrage: 8. 10. 2020).

Heintz, Bettina (2018): Von der Allmacht der Zahlen und der Allgegenwart des Bewertens. In: Soziologische Revue 41, H. 4, S. 629–642.

Internationale Expertenkommission zur Evaluation der Exzellenzinitiative (IEKE) (2016): „Endbericht". www.gwk-bonn.de/fileadmin/Redaktion/Dokumente/Papers/Imboden-Bericht-2016.pdf (Abfrage: 28. 09. 2020).

Karabel, Jerome (2005): The Chosen. The hidden history of admission and exclusion at Harvard, Yale, and Princeton. Boston: Houghton Mifflin.

Lezaun, Javier/Montgomery, Catherine M. (2015): The pharmaceutical commons. Sharing and exclusion in global health drug development. In: Science, Technology, & Human Values 40, H. 1, S. 3–29.

Lindley, Joanne/Machin, Stephen (2014): The rising post-college wage premium in America and Britain. Working Paper, London School of Economics.

Marginson, Simon (2013): The impossibility of capitalist markets in higher education. In: Journal of Education Policy 28, H. 3, S. 353–370.

Marginson, Simon/Considine, Mark (2000): The enterprise university: Power, governance, and reinvention in Australia. Cambridge, UK: Cambridge UP.

Mazzucato, Mariana (2018): Wie kommt der Wert in die Welt? Von Schöpfern und Abschöpfern. Frankfurt a. M./New York: Campus.

Mazzucato, Mariana (2014): Das Kapital des Staates. Eine andere Geschichte von Wachstum und Innovation. München: Verlag Antje Kunstmann.

Meier, Frank (2009): Die Universität als Akteur. Zum institutionellen Wandel der Hochschulorganisation. Wiesbaden: Springer VS.

Menger, Pierre-Michel (2006): Artistic labor markets. Contingent work, excess supply and occupational risk management. In: Gingsburgh, Victor A./Thorsby, David (Hrsg.): Handbook of the Economics of Art and Culture, Bd. 1. Amsterdam: Elsevier, S. 766–811.

Merton, Robert K. (1942): A note on science and democracy. In: Journal of Legal and Political Sociology 1, H. 1/2, S. 115–126.

Münch, Richard (2020): „Academic capitalism". oxfordre.com/politics/view/10.1093/acrefore/9780190228637.001.0001/acrefore-9780190228637-e-15?rskey=DaxA1b&fbclid= IwAR3qm8f16Ixs617jqDSYl8-wULa3ld06lz-B6N-FLDqMzcZ4z21yb_upn00 (Abfrage: 28.9.2020)

Münch, Richard (2015): Alle Macht den Zahlen! Zur Soziologie des Zitationsindexes. In: Soziale Welt 66, S. 149–159.

Münch, Richard (2011): Akademischer Kapitalismus. Über die politische Ökonomie der Hochschulreform. Berlin: Suhrkamp.

Musselin, Christine (2013): How peer review empowers the academic profession and university managers. Changes in relationships between the state, universities and the professoriate. Research Policy 42, S. 1165–1173.

Reitz, Tilman (2019): Knowledge. In: Dale, Gareth/Holmes, Christopher/Markantonatou, Maria (Hrsg.): Karl Polanyi's political and economic thought. Newcastle: Agenda, S. 191–212.

Reitz, Tilman (2017): Academic hierarchies in neo-feudal capitalism. How status competition processes trust and facilitates the appropriation of knowledge. In: Higher Education 73, H. 6, S. 871–886.

Reitz, Tilman (2016): Vertrauenssysteme im Wissenskapitalismus. Klassenreproduktion und akademischer Statuswettbewerb. In: Hamann, Julian/Maeße, Jens/Gengnagel, Vincent/ Hirschfeld, Alexander (Hrsg.): Macht in Wissenschaft und Gesellschaft. Diskurs- und feldanalytische Perspektiven, Wiesbaden: Springer VS, S. 451–474.

Reitz, Tilman (2015): Konkurrenz als Beharrungsprinzip. Soziologische Theorie im Anschluss an Lewis Carroll. In: Kirchhoff, Thomas (Hrsg.): Konkurrenz in historischer, struktureller und normativer Perspektive. Bielefeld: transcript, S. 165–190.

Reitz, Tilman/Draheim, Susanne (2006): Die Rationalität der Hochschulreform. Grundzüge eines postautonomen Wissensregimes. In: Soziale Welt 57, H. 4, S. 373–396.

Rivera, L. (2015). Pedigree. How elite students get elite jobs. Princeton, Oxford: Princeton UP.

Schneijderberg, Christian/Götze, Nicolai (2020): Organisierte, metrifizierte und exzellente Wissenschaftler*innen. Veränderungen der Arbeits- und Beschäftigungsbedingungen an Fachhochschulen und Universitäten von 1992 über 2007 bis 2018. Kassel: INCHER Working-Paper 13.

Simmel, Georg (1908/1992): Soziologie. Gesamtausgabe, Bd. 11. Frankfurt a. M.: Suhrkamp.

Smaldino, Paul E./McElreath Richard (2016): The natural selection of bad science. In: Royal Society open science 3, S. 160–384.

Slaughter, Sheila/Leslie, Larry L. (1997): Academic capitalism. Politics, policies, and the entrepreneurial university. Baltimore/Md.: Johns Hopkins UP.

Slaughter, Sheila/Rhoades, Gary S. (2004): Academic capitalism and the new economy. Markets, state and higher education, Baltimore/Md.: Johns Hopkins UP.

Statistisches Bundesamt (2019): „Personal an Hochschulen 2018". www.destatis.de/DE/ Themen/Gesellschaft-Umwelt/Bildung-Forschung-Kultur/Hochschulen/Publikationen/ Downloads-Hochschulen/personal-hochschulen-2110440187004.html (Abfrage: 28. 09. 2020).

Teichler, Ulrich (2005): Hochschulstrukturen im Umbruch. Eine Bilanz der Reformdynamik seit vier Jahrzehnten, Frankfurt a. M./New York: Campus.

Van Dyk, Silke/Reitz, Tilman (2017): Projektförmige Polis und akademische Prekarität im universitären Feudalsystem. In: Soziologie 45, H. 1, S. 62–73.

Weber, Max (1919/1985): Wissenschaft als Beruf. Gesammelte Aufsätze zur Wissenschaftslehre. Tübingen: Mohr.

Weiss, Andrew (1995): Human capital vs. signalling explanations of wages. In: Journal of Economic Perspectives 9, H. 4, S. 133–154.

Wissenschaftsrat (2014): Empfehlungen zu Karrierezielen und -wegen an Universitäten. www. wissenschaftsrat.de/download/archiv/4009-14.html (Abfrage: 28. 09. 2020).

Wirth, Angelika (2019): Positive Signale. Angebot und Nachfrage – der Stellenmarkt für Professuren. In: Forschung und Lehre, H. 12, S. 1104–1106.

Wright, Eric O. (1997): Class counts. Cambridge: Cambridge UP.

DIE ZEIT (2020): Wissen 3. Brief für Hochschule Wissenschaft Scientific Community, 10. 09. 2020.

Hochschulgovernance in Deutschland
Historische Entwicklungen und aktuelle Herausforderungen

Axel Oberschelp

1. Einleitung

In historischer Dimension sind Universitäten erstaunlich langlebige Organisationen, die in ihrer über 500-jährigen Geschichte viele Krisen und gesellschaftliche Umbrüche überstanden und hinsichtlich ihrer strukturellen Verfasstheit eine bemerkenswerte Kontinuität an den Tag gelegt haben (Hüther/Krücken 2016, S. 17). Mit Einsetzen der vom sog. *New Public Management* (NPM) geprägten Reformen im Hochschulbereich wurden tiefgreifende Veränderungen in der Governance von Universitäten initiiert – im Vergleich zu anderen europäischen Staaten setzte in Deutschland diese Entwicklung relativ spät ein. Die Veränderungen betrafen zum einen die Einflussmöglichkeiten externer Akteure auf Universitäten. Zum anderen sollte aber auch die innere Verfasstheit der Organisation Universität, bspw. Prozesse der Entscheidungsfindung, neu justiert werden. Zwar hat mittlerweile in vielen Bereichen die Reformdynamik merklich nachgelassen und Diskussionen über ein mögliches Ende von NPM sowie die Frage, was danach kommt, gewinnen allmählich an Raum (vgl. Broucker/de Witt/Verhoeven 2017). Gleichwohl sind viele der angestoßenen Veränderungsprozesse noch nicht abgeschlossen und manche Felder der Reformen, bspw. die Beschäftigungsbedingungen und Karriereperspektiven für wissenschaftliches Personal an Universitäten, gewinnen, u. a. durch die mittlerweile sichtbaren Effekte bereits erfolgter Reformschritte, zusätzlich an Dynamik (vgl. Deger/Sembritzki 2020).

Der vorliegende Beitrag unternimmt den Versuch eines (Zwischen-)Resümees zur Reform der universitären Governance in Deutschland der vergangenen 20 Jahre, und nimmt darüber hinaus eine explizit historische Perspektive ein, indem zur besseren Verständlichkeit und Einordung die vorangegangenen Entwicklungen seit 1945 unter Einbeziehung der unterschiedlichen Verhältnisse in beiden deutschen Staaten in den Blick genommen werden. Da viele Aspekte der DDR-Hochschulreformen für die Entwicklung der Universitäten nach 1990 nicht mehr von Bedeutung waren – im Zuge der Wiedervereinigung kam es zu einer weitgehenden Übernahme des westdeutschen Modells universitärer Governance – werden hierzu nur die wichtigsten Entwicklungslinien nachgezeichnet.

Ziel des Beitrags ist eine überblickshafte Darstellung der Hochschulgovernance in Deutschland, die bereits vorhandenes Wissen zusammenführt. Zu vielen der hier behandelten Themen liegt bereits eine Fülle an Veröffentlichungen vor, so dass eine vollständige Übersicht über den Forschungsstand an dieser Stelle nicht geleistet werden kann. Stattdessen basiert die Darstellung auf ausgewählten zentralen Veröffentlichungen, die einen Einstieg für weiterführende, eigene Recherchen bieten. Die Intentionen der Herausgeber dieses Bandes aufgreifend liegt der Fokus der Darstellung auf der Rolle des wissenschaftlichen Mittelbaus im Gefüge der für die Governance von Universtäten relevanten Akteure.

Die erkenntnisleitende und strukturierende Perspektive dieses Beitrags ist der *Governance*-Ansatz. Forschung, die sich dieses Ansatzes bedient, untersucht „Möglichkeiten und Formen der Handlungskoordination für den Hochschulbereich" und betont die Wirksamkeit von Koordinationsformen, welche „weit über top-down getroffene Regierungsentscheidungen und die Idee hierarchischer Steuerung hinausgehen" (Heilsberger 2019, S. 207). Diese Besonderheit der Governance von Universitäten – im Gegensatz zur Governance anderer Organisationen – resultiert aus der Autonomie zentraler Akteure, die eine Handlungskoordination im institutionellen Rahmen vor besondere Herausforderungen stellt. Konzepte der Hochschulgovernance fragen einerseits nach den zentralen Akteuren, z. B. staatliche Stellen sowie andere externe Akteure, Hochschulen als Organisationen sowie deren Mitglieder. Andererseits steht die Analyse unterschiedlicher Koordinationsformen (Mechanismen) im Vordergrund, wobei insbesondere das Konzept des „Governance-Equalizers", an dem sich auch dieser Beitrag orientiert, die Forschung in erheblicher Weise befruchtet hat (Kehm/ Lanzendorf 2005; Schimank 2007). Demnach unterliegt die Governance von Universitäten insgesamt fünf zentralen Koordinationsformen: *staatliche Regulierung* (Steuerung durch Hochschul-, Haushalts- und Beamtenrecht), *Außensteuerung* (Außenbeziehungen der Hochschulen zu Stakeholdern in Staat und Gesellschaft), *hierarchische Selbststeuerung* (Einfluss der Leitungsorgane wie Rektorate und Dekanate), *akademische Selbstorganisation* (Einfluss von Kollegialorganen) sowie Konkurrenz bzw. *Wettbewerb* (bspw. um Ressourcen und Reputation). Das Zusammenspiel mehrerer Governance-Mechanismen und deren Gewichtung ergibt eine spezifische Regelungsstruktur (Governance-Regime), die beispielsweise für eine Charakteristik nationaler Hochschulsysteme genutzt werden kann. In den einzelnen Abschnitten dieses Beitrags werden die jeweiligen Reformziele und -maßnahmen in den Kontext dieser fünf Governance-Mechanismen eingeordnet und mit Blick auf intentionale sowie transintentionale Wirkungen diskutiert.

Neben dem „Governance-Equalizer" ist das von Clark (1983) entwickelte „Koordinationsdreieck" ein v. a. im internationalen Kontext stark rezipiertes Konzept für den Hochschulbereich. Es beschreibt Staat, Markt und akademische Oligarchie als Eckpunkte eines Dreiecks, „in das die verschiedenen Governanceregime der nationalen Hochschulsysteme eingeordnet" werden können" (Hüther/ Krücken 2016, S. 133).

Der vorliegende Beitrag zeichnet zunächst in groben Zügen die Entwicklung von 1945 bis Ende der 50er Jahre nach; eine Phase, die im Wesentlichen unter den Vorzeichen der Restituierung des traditionellen Modells der Ordinarienuniversität stand. Anschließend wird auf die Zeit von 1960 bis 1990 eingegangen, in der sich mit der Abfolge einer Phase intensiver Reformbestrebungen und anschließender Stagnation bei allen inhaltlichen Unterschieden eine Parallelität der Entwicklung in beiden deutschen Staaten zeigt. Der Abschnitt, der die Zeit von 1990 bis zur Gegenwart behandelt, steht unter den Vorzeichen der Reformen des NPM, die im föderalen System der Bundesrepublik durch unterschiedliche Reformgeschwindigkeiten und Ausprägungen zu einer ausgesprochen heterogenen und teilweise unübersichtlichen Situation geführt haben. Im letzten Abschnitt werden zentrale Herausforderungen der universitären Governance unter besonderer Berücksichtigung der Stellung und der Perspektiven des wissenschaftlichen Mittelbaus an deutschen Universitäten diskutiert.

2. Wiederaufbau der Universitäten und Restitution der Ordinarien (1945–1959)

Die deutschen Universitäten waren wie nahezu alle gesellschaftlichen Einrichtungen während der Zeit der NS-Herrschaft „gleichgeschaltet". Nach ihrer Schließung im Zuge der Besetzung Deutschlands durch die Siegermächte waren in der unmittelbaren Nachkriegszeit die Entnazifizierung des Lehrpersonals und die Wiederaufnahme des universitären Lehr- und Forschungsbetriebs zentrale Themen der Hochschulpolitik. Die treibenden Kräfte der Entnazifizierung waren die Alliierten, insbesondere in den amerikanisch und sowjetisch besetzten Zonen (vgl. Ash 2020). Dagegen standen für die verantwortlichen deutschen Stellen die Arbeitsfähigkeit der Universitäten und die in diesem Zusammenhang für notwendig erachtete personelle Kontinuität im Vordergrund. Für tiefergehende strukturelle Veränderungen bestand aus deren Sicht häufig kein Anlass, da die „deutschen Universitäten ‚im Kern gesund' seien" und keiner grundlegenden Reform bedurften (Ash 2010, S. 228). In der Frage, ob Entnazifizierung oder Wiederaufbau Vorrang haben sollten, wurde spätestens nach 1947 zugunsten des Wiederaufbaus entschieden. Bereits nach 1950 ist die Wiedereinstellung von im Zuge der Entnazifizierung entlassenen Hochschullehrenden festzustellen.

Zwar lassen sich für die unmittelbare Nachkriegszeit in den westlichen Besatzungszonen mit den „Schwalbacher Richtlinien" von 1947 und dem „Blauen Gutachten" von 1948 Demokratisierungsbestrebungen feststellen, welche das Modell der Ordinarienuniversität in Frage stellten (Lange 1998; Ash 2010). Von diesen Ansätzen gingen jedoch keine Wirkungen aus, weil sich die Verantwortlichen in den neu entstandenen Ländern sowie weite Teile der Professor:innenschaft in ihrer ablehnenden Haltung gegenüber Hochschulreformen einig waren (vgl. Kaiser 2010, S. 249). Die Bestrebungen der Professor:innen zielten auf eine Restauration der Verhältnisse der Weimarer Zeit und betonten die Kontinuität mit der Zeit vor der NS-Herrschaft (Ash 2010, S. 244; Hüther/Krücken 2016, S. 23). Ihr Ziel war die Restauration der Ordinarienuniversität, die durch eine starke akademische Selbstverwaltung und professorale Privilegien gekennzeichnet war (vgl. Jarausch 1999, S. 62).

Die Governance der westdeutschen Universitäten war in den 1950er Jahren von dem Zusammenspiel vergleichsweise weniger Akteure geprägt: Neben den Professor:innen waren dies v. a. die Bundesländer, bei denen die Richtlinienkompetenz der Hochschulentwicklung lag. Weitere wichtige Akteure waren die Westdeutsche Rektorenkonferenz als Vorläufer der heutigen Hochschulrektorenkonferenz sowie der 1957 gegründete Wissenschaftsrat. Für den wissenschaftlichen Mittelbau (wie auch für die Studierenden) gab es in diesem Universitätsmodell kaum Möglichkeiten der Mitgestaltung im Rahmen der akademischen Selbstverwaltung. Vielmehr bestanden starke Abhängigkeiten vom Ordinarius, der „sein Institut um sich herum baute" (Hüther/Krücken 2016, S. 37). Diese Machtasymmetrien verstärkten sich mit der einsetzenden Expansion des Hochschulwesens, während sich gleichzeitig die Karriereperspektiven des wissenschaftlichen Mittelbaus durch die Zunahme von Bewerber:innen für vakante Professuren verschlechterten.

Auch in der sowjetisch besetzten Zone bzw. der DDR war die Ablehnung struktureller Reformen zunächst Konsens unter den Hochschullehrer:innen (vgl. Kaiser 2010, S. 250). Hier griff jedoch schon im Frühjahr 1946 der Staat in zwei zentrale Bereiche der universitären Autonomie ein: Bei der Zulassung zum Studium wurden Regelungen zur Bevorzugung der Kinder von Arbeiter:innen und Bäuer:innen getroffen. In sogenannten „Arbeiter- und Bauern-Fakultäten" wurden Jugendliche ohne Abitur auf ein Studium vorbereitet und die zur Promotion führende „Aspirantur" wurde nach sowjetischem Vorbild als Qualifikationsphase eingeführt. Diese Maßnahmen werden zusammenfassend als *Erste Hochschulreform* bezeichnet (Baske 1998, S. 203).

Durch weitere Reformen in den 1950er Jahren, die unter dem Begriff *Zweite Hochschulreform* subsummiert werden, entwickelten sich die Hochschulsysteme in beiden deutschen Staaten sukzessive auseinander. Von großer Bedeutung war die Etablierung einer zentralistischen Steuerung des Hochschulwesens in der DDR durch ein 1951 gegründetes „Staatssekretariat für Hoch- und Fachschulwesen", an das sämtliche hochschulpolitischen Kompetenzen der Länder übertragen wurden. Die staatliche Steuerung erstreckte sich auf alle Bereiche, betraf aber in besonderer Intensität das Studien- und Prüfungsgeschehen. Während die Lehre durch Einführung eines obligatorischen *Gesellschaftswissenschaftlichen Grundstudiums* an den Prinzipien des Marxismus-Leninismus ausgerichtet wurde, erfolgte die Verteilung von Absolvent:innen auf einzelne Bereiche der

Volkswirtschaft nach den Vorgaben einer staatlichen Planungskommission. Eine enge Verbindung zwischen Universitäten und Wirtschaft zeigte sich in der zunehmenden Spezialisierung der Ausbildung und an der Ausrichtung von Lehre und Forschung an wirtschaftlichen Erfordernissen. Da sukzessive Forschungsaktivitäten von den Universitäten an die Institute der Akademie der Wissenschaften der DDR ausgelagert wurden (Connely 1999, S. 87), waren die Universitäten der DDR im Vergleich zu ihren westdeutschen Pendants in größerem Maße Lehr- als Forschungsinstitute.

3. Hochschulgovernance in Deutschland zwischen Reform und Stagnation (1960 bis 1990)

Studien zur Entwicklung der Hochschulsysteme in der BRD und in der DDR haben mehrere Gemeinsamkeiten erkennen lassen (vgl. Jessen 2010). So zeigen sich zu Beginn der 1960er Jahre in beiden deutschen Staaten Bestrebungen zu einer Reform der Lehre hin zu einer spezialisierten wissenschaftlichen Ausbildung anstelle der bis dahin üblichen Vermittlung eines Ideals universalistischer Bildung. Neben Reformen der Studienstrukturen waren die Expansion des Hochschulwesens, v. a. durch den Ausbau des wissenschaftlichen Mittelbaus, sowie organisatorische Änderungen, u. a. mit dem Ziel, die Macht der Ordinarien einzudämmen, vergleichbare politische Ziele in Ost und West (vgl. Jessen 2010).

Mit der Förderung außeruniversitärer Forschung und einer beginnenden Profilbildung – in der BRD bspw. durch die Einführung von Sonderforschungsbereichen, in der DDR durch eine Orientierung an den Bedarfen der Industrie (vgl. Ash 2010) – zeigen sich auch in der Forschung Ähnlichkeiten. In beiden Hochschulsystemen ist zudem eine Integration von bis dahin semiakademischen Ausbildungseinrichtungen festzustellen, die in der BRD zur Gründung von Fachhochschulen, in der DDR zur Einführung der Ingenieurhochschulen führte.

Spätestens im Zuge der *Dritten Hochschulreform* der DDR (1968) ist jedoch ein deutliches Auseinanderdriften beider Hochschulsysteme zu konstatieren, das sich in den 1970er und 80er Jahren weiter fortsetzte.

3.1 Universitätsentwicklung in der BRD

Bereits Ende der 1950er Jahre war die Reformbedürftigkeit des Hochschulsystems aus Sicht vieler Kritiker:innen offenkundig. Missstände wie die Überfüllung der Universitäten und überlange Studienzeiten wurden Mitte der 1960er Jahre in den öffentlichkeitswirksamen Publikationen des Philosophen und Pädagogen Georg Picht (1964) sowie des Soziologen Ralf Dahrendorf (1965) thematisiert und initiierten eine breite gesellschaftliche Debatte über die Zukunft und Struktur des Hochschulsystems, die in eine „Phase höchster Reformdynamik" (Bartz 2007, S. 154) einmündete.

Die Notwendigkeit einer Expansion des gesamten Hochschulsystems war dabei ein wichtiges, aber keineswegs das einzige Handlungsfeld (vgl. Wissenschaftsrat 1960). Daneben erschien v. a. das Festhalten der Universitäten an einem den Humboldt'schen Traditionen verpflichteten Bildungsideal, welches den Anforderungen der Zeit an „fachmäßig" ausgebildete Kräfte nicht mehr entsprach, zunehmend anachronistisch (vgl. Jarausch 1999; Bartz 2007; Enders 2016). Zudem stellten die Forderungen von Studierenden und Vertreter:innen des wissenschaftlichen Mittelbaus nach Beteiligung an der akademischen Selbstverwaltung das Modell der traditionellen Ordinarienuniversität zunehmend in Frage.

Aus Sicht der politisch Verantwortlichen war der Ausbau der Universitäten bzw. des gesamten Hochschulsystems eine zentrale Aufgabe: In den 1960er Jahren kam es zu einer Welle universitärer Neugründungen (bspw. Bielefeld, Bochum, Bremen, Konstanz). Die Technischen Hochschulen wurden unter Erweiterung des angebotenen Fächerspektrums zu Technischen Universitäten weiterentwickelt und Pädagogische Hochschulen in die Universitäten integriert (vgl. Jarausch 1999).

Der quantitative Ausbau der Universitäten wurde von einem Verrechtlichungsschub begleitet, der zahlreiche Vereinheitlichungen der Organisationsprinzipien, bspw. im Personalrecht, zur Folge hatte (vgl. Deger/Sembritzki 2019). Erste einheitliche landesrechtliche Regelungen wurden in den 1960er Jahren verabschiedet, wobei Hessen im Jahr 1966 den Anfang machte. Die anderen Bundesländer folgten mit ihren Landeshochschulgesetzen (LHG) in den späten 1960er und 70er Jahren. Ein wichtiger Meilenstein in dieser Entwicklung waren die 1968 von der Kultusministerkonferenz (KMK) beschlossenen „Grundsätze für ein modernes Hochschulrecht", die in unterschiedlicher Weise Eingang in die neuen LHG fanden. Mit der Verabschiedung des Hochschulrahmengesetzes (vgl. HRG, 1976) nahm der Bund wesentliche Rahmensetzungen vor, welche größtenteils von den Ländern in ihre LHG zu übernehmen waren. Die Folge war eine weitgehende Rechtsangleichung (vgl. Hüther/Krücken 2016; Deger/Sembritzki 2019, S. 166–169).

In den 1960er Jahren wurde auch die Hochschulplanung zunehmend zu einem wichtigen Instrument der Hochschulpolitik. Beginnend in Baden-Württemberg im Jahr 1966 und gefolgt von Nordrhein-Westfalen und Bayern setzten in den 1960er und 70er Jahren alle Länder Hochschulentwicklungsplanungen mit dem vorrangigen Ziel der Studienplatzbereitstellung auf (vgl. Bartz 2007). Der Entwurf eines Bildungsgesamtplans der Bund-Länder-Kommission für Bildungsplanung und Forschungsförderung aus dem Jahr 1973 wurde wegen der strittigen Finanzierung für die weitere Planung allerdings nicht berücksichtigt (vgl. Oehler 2000).

Die Expansion des Hochschulsystems hatte für die Universitäten gravierende Folgen, da der Personalaufwuchs im Wesentlichen unterhalb der Professur stattfand und es dadurch zu einer deutlichen Verschiebung in der Struktur des wissenschaftlichen Personals kam. Da dieser Aufwuchs einher ging mit dem Ausschluss großer Teile des wissenschaftlichen Personals von jeglicher Form der Mitbestimmung, wurde aus den kollegialen Ordinarien des traditionellen Universitätsmodells sukzessiv eine „Oligarchie wissenschaftlicher Senioren" (Hüther/Krücken 2016, S. 37). Zugleich verschlechterten sich im Zuge dieser zunehmenden Asymmetrie die Karrieremöglichkeiten des wissenschaftlichen Mittelbaus. Gegen den Zustand fehlender Einfluss- und Karrieremöglichkeiten regte sich in den 1960er Jahren Widerstand. Auf der Bundesassistentenkonferenz in Bad Kreuznach (1968) wurden weitgehende Forderungen zum Status des wissenschaftlichen Mittelbaus formuliert, u. a. nach mehr Mitbestimmung und nach der Schaffung von Assistenzprofessuren. Mit der Einführung der kumulativen Habilitation und von Assistenzprofessuren wurden zwar einzelne Forderungen umgesetzt, aber erst durch die Schaffung zusätzlicher Professuren im Zuge der Neugründung von Universitäten verbesserten sich in den 1970er Jahren die Karriereperspektiven des wissenschaftlichen Mittelbaus merklich (vgl. Jarausch 1999, S. 69; Hüther/Krücken 2016).

Die Studierendenproteste der 1960er Jahre waren vor dem Hintergrund einer als Überfüllung wahrgenommenen Situation an den Universitäten zunächst auf eine Verbesserung der Studienbedingungen und die Neugestaltung des Studiums gerichtet, enthielten bald aber auch Forderung nach stärkerer Partizipation und mehr Möglichkeiten der Mitgestaltung. Die von Studierenden und Assistent:innen getragenen Protestbewegungen haben die in den 1960er und 70er Jahren durchgeführten Reformen der inneren Verfasstheit der Universitäten sowie der Organisation des Studiums zwar nicht initiiert, aber doch in erheblicher Weise beeinflusst.

Die spät einsetzende staatliche Hochschulgesetzgebung und -planung waren wesentliche Gründe für die beträchtliche Autonomie der westdeutschen Universitäten in den 1950er und 60er Jahren. Durch die geschilderten Maßnahmen staatlicher Planung und Gesetzgebung kam es zu ersten Einschränkungen der Hochschulautonomie, die sich in den 1970er Jahren durch den Übergang zur staatlichen Detailsteuerung und den wachsenden Einfluss der Ministerialbürokratie weiter verstärkten (vgl. Jarausch 1999; Hüther/Krücken 2016, S. 43). Die universitätsinterne Governance wurde ebenfalls auf Druck staatlicher Stellen neu ausgerichtet, wobei allerdings Forderungen anderer Akteure (wissenschaftlicher Mittelbau, Studierende) sowie allgemeine gesellschaftliche Demokratisierungsbestrebungen verstärkend wirkten. Am Ende stand ein neues Modell der Universität, die *Gruppenuniversität,* die an die Stelle der traditionellen Ordinarienuniversität trat. In ihr waren vier Gruppen an der akademischen Selbstverwaltung beteiligt: Professor:innen, wissenschaftliche Mitarbeiter:innen, nichtwissenschaftliches Personal und Studierende (vgl. Jarausch 1999). Die zunächst vom Gesetzgeber vorgesehene gruppenparitätische Besetzung und Gewichtung der universitären Gremien wurde 1973 vom Bundesverfassungsgericht für verfassungswidrig erklärt. Fortan galt, dass bei allen Entscheidungen, welche Forschung oder Lehre betrafen, die Gruppe der Professor:innen über mindestens 50 % der Stimmen verfügen musste. Einer Demokratisierung der Universitäten waren damit deutliche Grenzen gesetzt (vgl. Jarausch 1999, S. 71; Hüther/Krücken 2016, S. 40).

Die 1980er Jahre waren durch die Stabilisierung des Modells der Gruppenuniversität gekennzeichnet. Allerdings erwiesen sich Prozesse der Entscheidungsfindung als zunehmend schwierig und häufig langwierig, da es aufgrund der Interessendivergenzen zwischen den Gruppen kaum zu einer Mehrheitsfindung über Statusgruppen hinweg kam. Durch die Gruppenuniversität wurden Universitäten in hohem Maße zu politischen Institutionen, in denen es nicht möglich war, Beschlüsse gegen die homogen agierende Gruppe der Professor:innen durchzusetzen – Schimank (2001) spricht für diese Zeit von professoralen „Nichtangriffspakten". Ein sich in niedrigen Wahlbeteiligungen zeigendes, nachlassendes studentisches Interesse an Partizipation im Rahmen der akademischen Selbstverwaltung war u. a. Ausdruck eines Gefühls der Machtlosigkeit gegenüber der verfassungsgerichtlich festgeschriebenen professoralen Stimmenmajorität in den Gremien (vgl. Hüther/Krücken 2016). Trotz aller Kritik ist jedoch festzuhalten, dass die Einführung der Gruppenuniversität einen wichtigen Beitrag zur Demokratisierung der Hochschulen leistete, denn in den akademischen Gremien fanden nun erstmals Auseinandersetzungen zwischen Mitgliedern aller Statusgruppen statt. In den skizzierten Problemen hinsichtlich der Effizienz und Qualität von Entscheidungsprozessen zeichnen sich allerdings schon die Felder der nächsten, unter den Vorzeichen von New Public Management stehenden Hochschulreform ab.

Ein weiteres Reformfeld dieser Phase der Universitätsentwicklung war die Dezentralisierung der internen Strukturen der Universitäten durch Auflösung großer Fakultäten zugunsten kleinerer Fachbereiche, die über eine größere Eigenständigkeit verfügten und v. a. Unterstützung bei Forschungsaktivitäten leisten sollten. Die Einführung von Fachbereichen wurde mit der Verabschiedung des HRG zur gesetzlichen Vorgabe und insbesondere bei den Neugründungen umgesetzt (vgl. Hüther/Krücken 2016).

Die Phase des Ausbaus der Universitäten wurde bereits Mitte der 1970er Jahre durch Einsparungen im Hochschulbereich beendet. Die Planungen der 1970er Jahre beruhten dabei auf eklatanten Fehleinschätzungen, da mit zukünftig wieder abnehmenden Studierendenzahlen gerechnet wurde. Ein nennenswerter quantitativer Aufwuchs der Personalressourcen an den Universitäten erschien den politisch Verantwortlichen deshalb nicht erforderlich. Man setzte vielmehr auf eine „Untertunnelung" der Immatrikulationsspitze ohne weiteren institutionellen Ausbau. In den 1980er Jahren nahm jedoch der Anteil einer Alterskohorte, der sich für ein Universitätsstudium entschloss, weiter stetig zu, u. a. befördert durch den sogenannten „Öffnungsbeschluss"[1] des Bundes und der Länder (1977), was in der Folge zu einer eklatanten Unterfinanzierung der Universitäten führte (vgl. Jarausch 1999; Bartz 2007).

Mit dem ersten deutschen, von der Zeitschrift „Der Spiegel" im Jahr 1989 veröffentlichten Universitätsranking wurde erstmals eine wettbewerbliche Perspektive auf die deutsche Universitätslandschaft eröffnet. Bis zu diesem Zeitpunkt waren Differenzierungen zwischen einzelnen Organisationen von untergeordneter Bedeutung, die Gleichwertigkeit der Universitäten spielte in den Wertevorstellungen vieler Akteure vielmehr eine maßgebende Rolle (vgl. Enders 2016). Zur gleichen Zeit erschienen deutsche Universitäten in internationalen Vergleichen zunehmend weniger leistungs- und nur bedingt konkurrenzfähig. Dies waren die Vorzeichen einer neuen Hochschulreformdebatte, deren Anfänge mit der Eingliederung der ostdeutschen Universitäten in das westdeutsche Hochschulsystem im Rahmen der deutschen Wiedervereinigung zusammenfielen.

3.2 Universitätsentwicklung in der DDR

Wichtige Schritte in Richtung eines eigenständigen Hochschulsystems der DDR waren mit der *Ersten* und *Zweiten Hochschulreform* bereits in den 1940/50er Jahren erfolgt. Fortan war die universitäre Governance charakterisiert durch die Dominanz des Regelungsmechanismus *staatliche Steuerung*. Die zentralen Ziele der Hochschul- und Wissenschaftspolitik der DDR waren die Aufhebung der Bildungsprivilegien des Bürgertums durch Verbesserung des Zugangs zu hochschulischer Bildung für andere Bevölkerungsgruppen, eine enge Verschränkung des universitären Lehr- und Forschungsbetriebs mit den Anforderungen der Industrieproduktion sowie die Ausbildung loyaler Funktionsträger:innen für Staat und Gesellschaft (vgl. Conelly 1999; Ash 2010, S. 235).

Im Zeitraum von den 1960er Jahren bis zur Wiedervereinigung ist es insbesondere durch die *Dritte Hochschulreform* zu wichtigen Veränderungen der universitären Governance gekommen, welche die eigenständige Entwicklung der Universitäten der DDR weiter verfestigten. Hierunter ist ein Bündel von Maßnahmen und Verordnungen zu verstehen, welche im Zeitraum von 1965 bis 1971 Gültigkeit erlangten (vgl. Lambrecht 2007, S. 17; Kaiser 2010, S. 257). Aus der Perspektive der Governance-Forschung ist hierbei die Einführung von Sektionen und Wissenschaftsbereichen anstelle von Fakultäten und Instituten im Jahr 1968 von besonderem Interesse. Bei den Sektionen handelte es sich im Vergleich zu

---

1 Gegenstand dieser gemeinsamen Vereinbarung von Bund und Ländern war eine möglichst vollständige Ausnutzung der vorhandenen Kapazitäten beim Hochschulzugang sowie die Erweiterung der Aufnahmefähigkeit der Hochschulen durch sog. „Überlastquoten". Der Numerus clausus (NC) wurde für die meisten Fächer abgeschafft (vgl. Bartz 2007).

Fakultäten um kleinere und besser zu handhabende Struktureinheiten. Sie wurden geleitet von Sektionsdirektor:innen, die der Hochschulleitung direkt unterstanden. Die Reform führte somit zu einer Stärkung der Stellung der Universitätsrektor:innen, da diese fortan weisungsbefugt gegenüber den universitären Teilorganisationen waren. In der universitätsinternen Governance galt nun das Prinzip von „Einzelleitung und kollektiver Beratung" (Baske 1998, S. 215), d. h. der Hochschul- wie auch der Sektionsleitung wurden kollektive Gremien mit rein beratender Funktion an die Seite gestellt. Mit dem sogenannten Forschungsstudium, das mit der Promotion A abgeschlossen wurde und an das sich eine habilitationsadäquate Promotion B anschließen konnte, wurden zudem die Rahmenbedingungen wissenschaftlicher Karrieren verändert und die universitäre Forschung stärker in die staatliche Forschungsplanung eingebunden (vgl. Baske 1998, S. 219; Lambrecht 2007, S. 180).

Ungeachtet zum Teil widersprüchlicher und deshalb nicht erfolgreich umzusetzender Ziele dieser Reform ist als ein Ergebnis ein weiterer Autonomieverlust der Universitäten festzustellen (vgl. Lambrecht 2007, S. 189). Von beträchtlicher Tragweite für die Entwicklung des DDR-Hochschulsystems war auch der Abbruch des Expansionskurses: Bis zur Wiedervereinigung stagnierte die Studierquote fortan bei etwa 10 % eines Jahrgangs und war damit im internationalen Vergleich außerordentlich niedrig (vgl. Baske 1998, S. 216).

Nach Abschluss der hier nur in groben Zügen umrissenen Reform fand keine nennenswerte Weiterentwicklung der Universitäten in der DDR statt. Während die Rhetorik der politisch Verantwortlichen stets Eigenständigkeit und Vorbildlichkeit der DDR-Universitäten betonte (Kaiser 2010, S. 249), erwiesen sich diese zum Zeitpunkt der Wiedervereinigung als hochgradig reformbedürftig. Jessen zieht in seiner Bestandsaufnahme folgende Bilanz: „Wissenschaftsfreiheit und Autonomie waren stillgelegt", die Lehre insbesondere in den Geistes- und Sozialwissenschaften durch politischen Einfluss „kontaminiert" und der Zugang zu universitärer Bildung im internationalen Maßstab stark reglementiert. Während der Verlauf von Hochschulkarrieren maßgeblich von der SED beeinflusst wurde, war die universitäre Forschung schlecht ausgestattet und international isoliert (Jessen 2010, S. 261).

Im Zuge der deutschen Wiedervereinigung wurden die ehemaligen DDR-Universitäten in kürzester Zeit dem westdeutschen Muster angepasst, wobei es auch zur Adaption struktureller Schwächen kam. Nach dem Inkrafttreten des Einigungsvertrags und Landtagswahlen in den fünf neuen Ländern am 14. 10. 1990 gingen zentrale Kompetenzen im Hochschulbereich an die Länder über, welche dann mit der Abfassung von Hochschulgesetzen den Anpassungsprozess vollzogen (vgl. Baske 1998, S. 224).

4. Governance-Reformen unter den Vorzeichen von New Public Management

Ausgehend von divergierenden Ausgangssituationen setzten in den meisten europäischen Ländern ca. Mitte der 1980er Jahre Reformen der Universitätssysteme ein, wobei Großbritannien und die Niederlande Vorreiter der Entwicklung waren (vgl. De Boer/Enders/Schimank 2007, S. 142). Deutschland ist im internationalen Maßstab hingegen als „Latecomer" zu bezeichnen, da es hier bis zum Jahr 1998, als im Zuge der vierten Novellierung des HRG eine deutliche Stärkung des föderalen Elements erfolgte, kaum zu strukturellen Veränderungen kam (vgl. Hüther/Krücken 2016, S. 45). Neben nationalen Motivlagen lassen sich drei allgemeine gesellschaftliche Trends als Auslöser benennen: (1) Mit der Entwicklung moderner Gesellschaften hin zu Wissensgesellschaften stieg die gesellschaftliche Bedeutung von Hochschulen, es kam zu einer größeren Nachfrage nach hochschulischen Abschlüssen und zu einer stärkeren Einbindung hochschulischer Forschung in Innovationsprozesse. (2) Im Zuge der Globalisierung wurden auch Hochschulen zunehmend in einen transnationalen Bezugsrahmen eingebettet und (3) stieg die gesellschaftliche Erwartungshaltung an Organisationen, ein Monitoring bzw. eine Kontrolle ihrer internen Prozesse durchzuführen und Transparenz über erzielte Leistungen herzustellen. Für diese Leistungskontrolle zum Zweck der Legitimierung hat sich der Begriff „Audit Society" etabliert (vgl. Lange 2008).

Bis in die 1990er Jahre war die Governance deutscher Universitäten gekennzeichnet durch die Dominanz zweier Regelungsmechanismen: Einerseits eine als überbürokratisch und unflexibel bewertete und mit dem Begriff Detailsteuerung bezeichnete *staatliche Regulierung*. Andererseits eine von professoralen Interessen und Statusdenken dominierte *akademische Selbstverwaltung*, deren Entscheidungsprozesse als schwerfällig und ineffizient galten. Die grundsätzliche Stoßrichtung der Governance-Reformen in Deutschland bestand in einer Abschwächung dieser beiden Regelungsmechanismen. Durch die Abkehr von einer flächendeckenden staatlichen Detailsteuerung hin zu einer Selbststeuerung des Systems durch teilautonome Hochschulen sollte es zu Effizienzgewinnen und zu einer Steigerung der Leistungsfähigkeit kommen (vgl. Enders 2016).

Die Novellierung des HRG bedeutete eine Kompetenzübertragung vom Bund auf die Länder und eine generelle Lockerung der rechtlichen Rahmensetzungen für die Universitäten. Im Zuge der Föderalismusreform (2006) wurde die Rahmengesetzgebungskompetenz des Bundes dann gänzlich abgeschafft und die Gesetzgebungskompetenzen im Hochschulbereich nahezu vollständig auf die Länder übertragen (siehe einzelne Beiträge in Pasternack 2011).

Ein zentrales Ziel der NPM-Reformen war die stärkere Selbststeuerung des Systems durch (teil)autonome Hochschulen. Auf der organisatorischen Ebene musste hierfür die Handlungsfähigkeit der Universitäten als strategische Akteure gestärkt werden (vgl. Meier 2009). Im Zuge der angesprochenen Rechtsreformen erhielten Universitäten in vielen Ländern deshalb das Ruferteilungsrecht (Kleimann/Klawitter 2017; Klawitter 2017) und an Stelle der mit starken Zugriffsmöglichkeiten der Ministerien versehenen Kameralistik traten Globalbudgets, durch die sich der finanzielle Handlungsspielraum der Universitäten beträchtlich erweiterte (Enders 2016). Die Entwicklung der Universitäten hin zu eigenverantwortlich handelnden Akteuren zeigt sich seither insbesondere im Bereich der Lehre und kommt bspw. in den Verfahren der Qualitätssicherung zum Ausdruck.

Auf der Ebene des Universitätssystems zeigt sich eine Stärkung des Governance-Mechanismus *Außensteuerung* in der Etablierung der Akkreditierungsagenturen als neue Akteure. Während bis zu Beginn der 2000er Jahre die Rahmenbedingungen von Studiengängen maßgeblich durch die Wissenschaftsministerien festgelegt wurden, erfolgt seitdem eine Begutachtung der Studienangebote einzelner Hochschulen durch private Akkreditierungsagenturen (vgl. Heilsberger 2019, S. 213). Die Einführung des Akkreditierungswesens steht in unmittelbarem Zusammenhang mit der politisch angestrebten Harmonisierung des europäischen Hochschulraums, in dem zusätzliche externe Akteure auf den Plan treten und Universitäten mit vergleichbaren Curricula und Studienabschlüssen den international mobilen Studierenden vielfältigere Möglichkeiten der individuellen Hochschulwahl bieten (vgl. Lange 2008, S. 244).

Vergleichbar den Aufsichtsräten von Industriebetrieben sollten in der Logik der NPM-Reformen Hochschulräte die Universitätsleitungen beaufsichtigen und kontrollieren sowie außeruniversitäre Perspektiven und Management-Kompetenzen in die interne Governance einbringen. In der föderalen Universitätslandschaft Deutschlands wurden diese, auch als Kuratorium, Aufsichtsrat, Stiftungsrat, Landeshochschulrat oder Universitätsrat bezeichneten Gremien in unterschiedlicher Weise mit Entscheidungskompetenzen ausgestattet, teilweise war auch eine ausschließlich beratende Funktion vorgesehen. Da ihre Mitglieder häufig aus dem Wissenschaftssystem bzw. aus der Professor:innenschaft stammen, muss allerdings fraglich bleiben, ob Hochschulräte tatsächlich in der ihnen zugedachten Weise agieren können (vgl. Hüther 2010; Bogumil et al. 2013, S. 47, 94).

Bei der Neujustierung der internen Governance kam der Stärkung des Governance-Mechanismus *hierarchische Selbststeuerung* bei gleichzeitiger Schwächung der *akademischen Selbstorganisation* – die Kompetenzgewinne des Leitungspersonals gingen in der Regel zulasten kollegialer Gremien – eine Schlüsselrolle zu (vgl. Lange 2008, S. 241). Die Stärkung von Hochschulleitungen und -management, aber auch der dezentralen Leitungsebene, durch Zunahme ihrer formalen Kompetenzen ist Gegenstand zahlreicher Studien und mittlerweile gut dokumentiert (vgl. Hüther 2010; Enders 2016). Personen in Leitungsfunktionen wurden zudem für die Dauer ihrer Amtszeit von Aufgaben im Rahmen ihrer wissenschaftlichen Tätigkeit befreit bzw. entlastet, um sich so intensiv Management-Aufgaben zuwenden zu können. Mit dem Aufbau von speziellen Organisationseinheiten, z. B. für Berichtswesen und Qualitätsmanagement, wurden die Kompetenzen in der Verwaltung gestärkt und zusätzliche Ressourcen bereitgestellt. In diesen Zusammenhang ist mit den „Neuen Hochschulprofessionen" (Blümel 2016, S. 526) die Entwicklung neuer Berufsfelder und -gruppen in den Universitäten zu beobachten (vgl. Blümel/Kloke/Krücken 2011).

Als Konsequenz des traditionellen deutschen Systems der akademischen Qualifizierungsphasen Promotion und Habilitation waren große Teile des promovierten Mittelbaus direkt einzelnen Professor:innen zugeordnet und konnten nicht bzw. nur eingeschränkt unabhängig lehren und forschen. Daraus resultierten starke Patronage-Effekte auf der Ebene der Lehrstühle. Die Reformen des NPM im Bereich des wissenschaftlichen Mittelbaus hatten u. a. zum Ziel, diese Strukturen durch Einführung des Modells der Juniorprofessur als Ersatz für die klassische Habilitation zu verändern. Das von Bund und Ländern finanzierte „Tenure-Track-Programm" stellt den jüngsten Versuch einer Reformierung der Personalstrukturen im deutschen Universitätssystem dar.

Die Qualifikationsstufe Promotion war Gegenstand von Veränderungen, welche u. a. eine stärkere formale Strukturierung durch die Gründung von Graduiertenschulen, Forschungs- und sogenannten Nachwuchsgruppen zum Gegenstand hatten, wodurch sich die Rahmenbedingungen für ein erfolgreiches Durchlaufen dieser Qualifizierungsphase verbessern sollten.

Ein zentraler Aspekt der Governance-Reformen seit 1998 war die Etablierung von *Wettbewerb* zwischen den Universitäten. In Ermangelung echter Märkte, die Anreize für Leistungssteigerungen geben könnten, haben staatliche Stellen sogenannte „Quasi-Märkte" (Schimank 2016, S. 46) geschaffen, die institutionelle Grundfinanzierung der Marktteilnehmenden heruntergefahren und zugleich deren Autonomie gestärkt, um ihnen ein marktförmiges Verhalten zur Beschaffung externer Ressourcen zu ermöglichen (vgl. Lange 2008, S. 239). Auf Landes- wie Bundesebene wurden zum einen Wettbewerbe um Projekte und Programme mit unterschiedlichen Förderschwerpunkten in Forschung, Lehre, Third Mission u. a. etabliert (z. B. Qualitätspakt Lehre, Exzellenzinitiative und -strategie). Zum anderen wurde die Höhe der Zuweisungen im Rahmen der Grundfinanzierung mithilfe von Instrumenten wie der leistungsbezogenen Mittelzuweisung (LOM) und Ziel- und Leistungsvereinbarungen (ZLV) mit den Ergebnissen einer indikatorbasierten Leistungsmessung gekoppelt (vgl. Bogumil et al. 2013; Hüther/ Krücken 2016). Die wettbewerbliche Vergabe von Mitteln im Rahmen der Exzellenzinitiative hatte u. a. Differenzierungseffekte zum Ziel, die sich allerdings nicht in dem gewünschten Umfang realisieren ließen (vgl. Hornbostel/Möller 2015; Internationale Expertenkommission Exzellenzinitiative 2016).

Eine wichtige Rolle bei der Stärkung des wettbewerblichen Elements kam Rankings zu: Während internationale Rankings eine vermeintliche Schwäche der deutschen Universitäten im Bereich Forschung auswiesen und damit zu einem

Treiber des vorwiegend um Drittmittel, Publikationen und Reputation geführten Wettbewerbs wurden, war es im Bereich der Lehre v. a. das von einer großen Medienresonanz begleitete CHE-Ranking, welches die Universitäten zunehmend zu Konkurrenten um Studierende und Reputation werden ließ.

Auch in der inneruniversitären Governance entstanden durch die Einführung der leistungsbezogenen W-Besoldung (2002) sowie der Instrumente ZLV und LOM wettbewerbliche Konstellationen auf den verschiedenen Ebenen (vgl. Hüther/Krücken 2016, S. 59).

Weitere Aspekte einer verstärkten wettbewerblichen Ausrichtung sind hervorzuheben: Professor:innen sind bei der Finanzierung von Forschungsvorhaben in zunehmendem Maße von Drittmitteln abhängig und dadurch zu einer Intensivierung ihrer Antragsaktivitäten veranlasst. Die Auswirkungen der Reformen auf Lehrstuhlinhaber:innen sind allerdings aufgrund ihrer nach wie vor formal starken und unabhängigen Position begrenzt.

Im wissenschaftlichen Mittelbau wurde im Zuge der NPM-Reformen zwar die Anzahl an (Qualifikations-)Stellen deutlich erhöht, im Gegensatz zu den Hochschulreformen der 1970er und 80er Jahre wurden aber kaum Dauerstellen unterhalb der Professur geschaffen (vgl. Waaijer 2015, S. 63; Kreckel 2016). Für diese Beschäftigtengruppe hat sich durch den Aufwuchs bei den Ausbildungskapazitäten (Konsortium Bundesbericht Wissenschaftlicher Nachwuchs 2017, S. 93) der Konkurrenzdruck mit Blick auf die Fortsetzung einer akademischen Karriere insbesondere unter den erfolgreich Promovierten beträchtlich verstärkt (Rogge 2015). Durch die zunehmende Konkurrenz nach der Promotionsphase und im Zusammenhang mit den Befristungsregeln im Rahmen des Wissenschaftszeitvertragsgesetzes ist die Situation des wissenschaftlichen Mittelbaus derzeit von einer hohen Unsicherheit hinsichtlich der beruflichen Perspektiven in der Wissenschaft geprägt.

Aktuelle Ergebnisse der Governance-Forschung zeigen im Vergleich der europäischen Länder erhebliche Differenzierungen der Umsetzung des NPM-Modells universitärer Governance, die sich u. a. aus den Traditionen der jeweiligen Hochschulsysteme ergeben. Zunehmend werden auch Ambivalenzen und Widersprüche, z. B. transintentionale Effekte, die mit einer Veränderung der Governance-Strukturen einhergehen, in den Blick genommen.

Für Deutschland kann unter Ausblendung vielfältiger Unterschiede in den Bundesländern von einer „Hybridisierung" gesprochen werden, von der Etablierung eines Governance-Regimes, welches zwischen der traditionellen Governance und einem „globalen Governance-Modell für Universitäten" zu verorten ist (vgl. Küther/Krücken 2016, S. 145). Im Verhältnis von Staat und Hochschulen blieb trotz der beschriebenen Kompetenzgewinne auf Seiten der Organisation Universität die starke Rolle des Staates bestehen. Der Staat nimmt nunmehr verstärkt Einfluss auf die strategische Planung sowie durch eine outputorientierte Leistungskontrolle. Teilweise sind andere externe Akteure (z. B. Akkreditierungsagenturen, Hochschulräte) an die Stelle des Staates getreten und nehmen Einfluss auf das Geschehen an den Universitäten. Die Rücknahme staatlicher Regulierung ist somit nicht gleichzusetzen mit einer generellen Abnahme der Steuerungsintensität.

In der internen Governance hat sich trotz der formalen Stärkung der universitären Leitungsorgane ein starkes Beharrungsvermögen informeller Kollegialitätsnormen gezeigt. Nach der Einschätzung von Hüther und Krücken (2016, S. 61, 147), die von einer „Weiterführung der Konsenskultur" sprechen, ist sogar eine Zunahme an Informalität festzustellen, weil teilweise die „institutionellen Voraussetzungen zur praktischen Umsetzung der neuen Regelungen" fehlen und formale Regelungen umgangen werden müssen. Mit institutionellen Voraussetzungen sind bspw. das Fehlen externer Rekrutierung von Leitungspersonal oder die zeitliche Befristung von Leitungsfunktionen mit anschließendem Zurücktreten in die Professor:innenschaft gemeint, also Faktoren, welche die Wirksamkeit von Mechanismen der akademischen Selbstorganisation fortschreiben (vgl. De Boer/Enders/Schimank 2008; Hüther/Krücken 2018, S. 263). Nur wenig Einfluss hatten die Reformen bislang auf die Personalstrukturen der Universitäten und das Verhältnis ihrer Mitglieder zueinander. Während die dominierende Stellung der Professor:innenschaft weitgehend unangetastet blieb, konnten sich neue Beschäftigungsmodelle wie die Junior-Professur bzw. „echte" Tenure-Track-Regelungen (noch) nicht in dem angestrebten Ausmaß durchsetzen.

Der operative Betrieb von Steuerungsinstrumenten wie LOM und der damit einhergehende Aufbau von Berichtssystemen, die Aushandlung von ZLV auf den verschiedenen organisatorischen Ebenen, Evaluationen und Rankings belasten durch ihren administrativen Aufwand die Universitäten in zuvor ungeahnter Weise. Zudem bieten sie externen Akteuren Eingriffsmöglichkeiten in die universitäre Governance und grenzen die Entscheidungsspielräume der Universitäten ein. Insgesamt überwiegen kritische Einschätzungen bezüglich der Verfahren von Leistungsmessung und -bewertung, weil diese mit hohem Aufwand verbunden sind und zu einem Verlust intrinsischer Motivation führen, während ihr Nutzen eher gering bzw. noch immer unklar ist (vgl. Bogumil et al. 2013, S. 85; Hüther/Krücken 2018).

Tiefgreifender als in der Lehre, wo die Universitäten infolge ihrer institutionellen Zuständigkeit bereits in der traditionellen Governance als eigenständig handelnde Akteure auftraten, haben sich die Reformen auf die Forschung ausgewirkt. Im Zusammenhang mit dem gesteigerten Wettbewerb um Drittmittel und Publikationen wird eine stärkere Orientierung an risikoarmer Mainstreamforschung sowie ein Verlust an intrinsischer Motivation auf Seiten der Wissenschaftler:innen, welche sich zunehmend an den Kriterien einer extrinsischen Belohnung orientieren, befürchtet (vgl. Gläser/Laudel 2016; Schimank 2016). Im Zusammenhang mit der Exzellenzinitiative weisen kritische Meinungen zudem darauf hin, dass mit dieser Art der Förderung das Gleichgewicht von Forschung und Lehre gefährdet sei und dass der Wettbewerb um Exzellenz zulasten eines insgesamt qualitativ hochstehenden Systems ginge (vgl. Hüther/Krücken 2018, S. 20). Inwieweit diese Befürchtungen tatsächlich begründet sind, konnte bislang jedoch noch nicht überzeugend nachgewiesen werden (vgl. Meek/Goedegebuure/ de Boer 2010, S. 32). Vielmehr könnte sich für den Bereich der Forschung auch zukünftig die Resilienz des Governance-Mechanismus *akademische Selbstorganisation* gegenüber den skizzierten Reformbestrebungen erweisen, da wissenschaftliche Forschung weiterhin von den autonomen Entscheidungen der Fachgemeinschaft abhängig sein dürfte (vgl. Gläser 2006).

Ein konkreter Endpunkt der vom NPM beeinflussten Hochschulreformen ist derzeit noch nicht auszumachen. Nach einer Phase zahlreicher und tiefgreifender Veränderungen zu Beginn der 2000er Jahre ließen die Reformaktivitäten in ihrer Intensität anschließend deutlich nach, ohne jedoch ganz zum Erliegen zu kommen (vgl. Hüther/Krücken 2018). Offensichtlich befindet sich das Universitätssystem nunmehr seit einigen Jahren in einer Phase der Feinjustierung, bei der es teilweise zu einer Rücknahme vorheriger Reformschritte kommt, wie der sukzessive Rückgang der Verbreitung von LOM-Verfahren auf der Ebene Land-Hochschule zeigt (In der Smitten 2018).

5.   Aktuelle Herausforderungen der Hochschulgovernance

In der sozial- und politikwissenschaftlichen Forschung wird seit längerem über ein mögliches Ende von NPM diskutiert, bzw. darüber, welches alternative Konzept sich für die Governance des öffentlichen Sektors als bedeutsam erweisen könnte (vgl. Poildano/Hulme 2001). Eine aktuelle Analyse der hierzu erschienenen Publikationen macht deutlich, dass sich auch aktuelle „post-NPM-Konzepte" noch nicht von zentralen Vorstellungen des NPM gelöst haben (vgl. Reiter/Klenk 2019).

In jüngster Zeit wird über den Einsatz alternativer Konzepte auch im Bereich der Hochschulgovernance diskutiert (vgl. Broucker/de Witt/Verhoeven 2017). Demnach könnte sich die Hochschulgovernance künftig stärker an *Kooperationen* als zentralem Governance-Mechanismus orientieren. Anstelle eines wettbewerblichen und von Effizienzkriterien getriebenen Leistungsdrucks stünden Vertrauen, Legitimität sowie ein breiter gefasstes Verständnis von sozio-ökonomischen Zielen (public values) im Vordergrund (vgl. Broucker/de Witt/Verhoeven 2017). In diesem Beitrag ist deutlich geworden, welche Problemlagen und Entwicklungsperspektiven ein auf NPM folgendes, theoriegeleitetes Konzept u. a. aufgreifen sollte: Das Verhältnis von staatlicher Steuerung und Autonomie der Universitäten, die Ausgestaltung der internen Governance, die zukünftige Rolle der akademischen Selbstverwaltung sowie die Folgen von Wettbewerb, Leistungsmessung und Differenzierung für Wissenschaft und Universitäten.

Nicht zuletzt wird die Stellung des wissenschaftlichen Mittelbaus auch in Zukunft ein wichtiges Thema der Hochschulgovernance sein, wie sich an aktuellen hochschulpolitischen Diskussionen zeigt. Aus Sicht von NPM-Kritiker:innen hat sich die Situation des wissenschaftlichen Mittelbaus u. a. durch staatlich getriebene Programme, die zu einer Konzentration von Zugewinnen an Reputation und beruflicher Sicherheit bei wenigen führen, aber auch durch die Gesetzgebung (Wissenschaftszeitvertragsgesetz) verschlechtert und zu einem weiteren Anstieg der befristeten Beschäftigung geführt (vgl. siehe die Beiträge in Keller 2013; Rogge 2015, S. 691; Seipel/Holderberg in diesem Sammelband). Der akademische Mittelbau gilt ihnen als Verlierer der Reformen (Müller 2009) und steht im Mittelpunkt von Diskussionen über ein sog. „akademisches Prekariat" (Ullrich 2016, S. 389; van Dyk/Reitz 2017).

In der Debatte um die Beschäftigungssituation und die Perspektiven der wissenschaftlichen Mitarbeiter:innen an Universitäten sind u. a. die folgenden Standpunkte und Argumentationslinien bedeutsam: Von Seiten der Universitätsleitungen wird im Wesentlichen für eine Beibehaltung der gegenwärtigen Beschäftigungsstruktur argumentiert. So weisen die Universitätskanzler:innen in ihrer „Bayreuther Erklärung" Forderungen nach mehr entfristeter Beschäftigung an den Hochschulen mit der Begründung zurück, der Qualifizierung dienende befristete Beschäftigung sei nötig, um kontinuierlich Absolvent:innen für Aufgaben in Wissenschaft, Wirtschaft oder Verwaltung im Rahmen sozialversicherungspflichtiger Beschäftigungsverhältnisse auszubilden (vgl. Vereinigung der Kanzlerinnen und Kanzler der Universitäten Deutschlands 2019). In ähnlicher Weise äußert sich die HRK, nach deren Auffassung Entfristungen von wissenschaftlichen Beschäftigten im Wesentlichen von einer Bearbeitung von Daueraufgaben abhängig sein sollten (vgl. Hochschulrektorenkonferenz 2019).

Bund und Länder fördern derzeit im Rahmen eines gemeinsamen Programms den Ausbau von Tenure-Track-Professuren als eigenständigen Karriereweg und schaffen damit neben dem herkömmlichen Berufungsverfahren zusätzliche Möglichkeiten zur Erlangung von dauerhafter Beschäftigung (vgl. Bundesministerium für Bildung und Forschung 2020). In diese Richtung argumentiert auch der Deutsche Hochschulverband, allerdings hält er das laufende Tenure-Track-Programm für unzureichend und fordert eine größer dimensionierte Bund-Länder-Initiative zur wissenschaftlichen Qualifikation sowie die Einrichtung zusätzlicher Professuren (vgl. Deutscher Hochschulverband 2016).

Sehr weitgehend sind die Forderungen des „Netzwerks für gute Arbeit in der Wissenschaft" (NGA) nach regelhaft entfristeter Beschäftigung im Anschluss an die Promotion und nach Abschaffung der Habilitation (vgl. Ulrich in diesem Sammelband). Da nach Auffassung der NGA das bestehende Beschäftigungssystem nicht nur ungerecht, sondern auch undemokratisch ist, sollen die Lehrstühle zugunsten einer demokratisch organisierten Departmentstruktur aufgelöst werden (vgl. Netzwerk für gute Arbeit in der Wissenschaft 2019). Diese Forderung hat auch die Junge Akademie (JA) in einer viel beachteten Stellungnahme erhoben und in diesem Zusammenhang vorgeschlagen, den haushaltsfinanzierten Mittelbau abzuschaffen und dafür die Zahl der Professuren in Deutschland kostenneutral zu verdoppeln (vgl. Specht et al. 2017). Durch die Entfristungs- und Gehaltssteigerungs-Perspektiven sowie eine frühere Eigenständigkeit in Forschung und Lehre könnten Tenure-Track-Professuren die Attraktivität einer wissenschaftlichen Karriere erhöhen.

Ergänzend ist aus Sicht des Autors hinzuzufügen, dass eine Departmentstruktur die internationale Anschlussfähigkeit des deutschen Hochschulsystems verbessern könnte. Ein europäischer Hochschulraum mit vergleichbaren Strukturen auch auf der Ebene der Organisationen könnte die Attraktivität des Wissenschaftsstandorts Deutschland und damit die Mobilität von Wissenschaftler:innen in erheblicher Weise fördern.

Die hier nur in groben Zügen skizzierte Debatte macht die problematische Stellung des wissenschaftlichen Mittelbaus als strukturelle Herausforderung an das deutsche Hochschulsystem deutlich. Die Aktualität des Themas sowie dessen derzeitige mediale Präsenz lassen strukturelle Veränderungen zum jetzigen Zeitpunkt in besonderer Weise möglich erscheinen. Entscheidend dürfte sein, wie die Verantwortlichkeit für die Umsetzung künftiger Reformen gelagert ist – dies gilt im Übrigen nicht nur mit Blick auf die Beschäftigtenstrukturen. Sofern diese ausschließlich bei den Hochschulleitungen liegt, ist vor dem Hintergrund bisheriger Erfahrungen mit einem eher zögerlichen und die vorhandenen Strukturen nicht grundsätzlich in Frage stellenden Vorgehen zu rechnen. Sollten Reformvorhaben jedoch von staatlicher Seite, bspw. durch Modifikationen der gesetzlichen Rahmenbedingungen, in maßgeblicher Weise gefördert werden, könnten sich die Aussichten auf eine tatsächlich wirksame Neuordnung im Verhältnis der Beschäftigtengruppen an den deutschen Universitäten erheblich verbessern.

Literatur

Ash, Mitchell G. (2010): Konstruierte Kontinuitäten und divergierende Neuanfänge nach 1945. In: Grüttner, Michael/Hachtmann, Rüdiger/Jarausch, Konrad H. (Hrsg.): Gebrochene Wissenschaftskulturen. Universität und Politik im 20. Jahrhundert. 1. Aufl. Göttingen: Vandenhoeck & Ruprecht, S. 215–245.

Bartz, Olaf (2007): Expansion und Umbau. Hochschulreformen in der Bundesrepublik Deutschland zwischen 1964 und 1977. In: die hochschule. journal für wissenschaft und bildung 16, H. 2, S. 154–170.

Baske, Siegfried (1998): Das Hochschulwesen. In: Führ, Christoph/Furck, Carl-Ludwig (Hrsg.): Handbuch der deutschen Bildungsgeschichte. 1945 bis zur Gegenwart. Zweiter Teilband Deutsche Demokratische Republik und neue Bundesländer. München: C. H. Beck, S. 202–227.

Blümel, Albrecht (2016): Hochschulleitung und Hochschulmanagement. In: Simon, Dagmar/ Knie, Andreas/Hornbostel, Stefan/Zimmermann, Karin (Hrsg.): Handbuch Wissenschaftspolitik. Wiesbaden: Springer VS, S. 517–532.

Blümel, Albrecht/Kloke, Katharina/Krücken, Georg (2011): Professionalisierungsprozesse im Hochschulmanagement in Deutschland. In: Langer, Andreas/Schröer, Andreas (Hrsg.): Professionalisierung im Nonprofit Management. Wiesbaden: VS: Verlag für Sozialwiss., S. 105–127.

Bogumil, Jörg/Burgi, Martin/Heinze, Rolf G./Gerber, Sascha/Gräf, Ilse-Dore/Jochheim, Linda/ Schickentanz, Maren/Wannöffel, Manfred (2013): Modernisierung der Universitäten. Umsetzungsstand und Wirkungen neuer Steuerungsinstrumente. Berlin: Edition Sigma.

Broucker, Bruno/de Witt, Kurt/Verhoeven, Jef C. (2017): Higher Education for Public Value: taking the debate beyond New Public Management. In: Higher Education Research & Development 37, H. 2, S. 227–240

Bundesministerium für Bildung und Forschung (o. J.). „Das Tenure-Track-Programm". www. bmbf.de/de/wissenschaftlicher-nachwuchs-144.html (Abfrage: 12.06.2020).

Clark, Burton R. (1983): The higher education system. Academic organization in cross-national perspective. Berkeley: University of California Press.

Connelly, John (1999): Humboldt im Staatsdienst. Ostdeutsche Universitäten 1945–1989. In: Ash, Mitchell G. (Hrsg.): Mythos Humboldt. Vergangenheit und Zukunft der deutschen Universitäten. Wien: Böhlau, S. 80–104.

Dahrendorf, Ralf (1965): Bildung ist Bürgerrecht. Plädoyer für eine aktive Bildungspolitik. Hamburg: Nannen.

De Boer, Harry/Enders, Jürgen/Schimank, Uwe (2007): On the Way towards New Public Management? The Governance of University Systems in England, the Netherlands, Austria, and Germany. In: Jansen, Dorothea (Hrsg.): New Forms of Governance in Research Organizations. Disciplinary approaches, interfaces and integration. Dordrecht: Springer VS, S. 137–152.

De Boer, Harry/Enders, Jürgen/Schimank, Uwe (2008): Comparing Higher Education Governance Systems in Four European Countries. In: Soguel, Nils C./Jaccard, Pierre (Hrsg.): Governance and performance of education systems. Dordrecht: Springer VS, S. 35–54.

Deger, Roni/Sembritzki, Thorben (2019): Hochschulrecht und Professur – Analysen zur Entwicklung rechtlicher Rahmenbedingungen am Beispiel von Qualifizierungsstellen. In: Wissenschaftsrecht 52, H. 2/3, S. 154–193.

Deger, Roni/Sembritzki, Thorben (2020): Binnendifferenzierung der Professur: Interdisziplinäre Analysen zu Hochschulrecht und hochschulischer Praxis. Hannover: Institutionelles Repositorium der Leibniz Universität Hannover.

Deutscher Hochschulverband (2016): Verlässliche Karriereperspektiven durch mehr Professuren. Positionspapier des Deutschen Hochschulverbandes. Berlin.

Enders, Jürgen (2016): Differenzierung im deutschen Hochschulsystem. In: Simon, Dagmar/ Knie, Andreas/Hornbostel, Stefan/Zimmermann, Karin (Hrsg.): Handbuch Wissenschaftspolitik. Wiesbaden: Springer VS, S. 503–516.

Gläser, Jochen (2006): Wissenschaftliche Produktionsgemeinschaften. Die soziale Ordnung der Forschung. Frankfurt/Main, New York: Campus.

Gläser, Jochen/Laudel, Grit (2016): Governing science. In: European Journal of Sociology 57, H. 1, S. 117–168.

Heilsberger, Lars (2019): Hochschulgovernance. In: Möltgen-Sicking, Katrin/Winter, Thorben (Hrsg.): Governance. Eine Einführung in Grundlagen und Politikfelder. Wiesbaden: Springer VS, S. 205–226.

Hochschulrektorenkonferenz (2019): Evaluation Wissenschaftszeitvertragsgesetz und Förderung des wissenschaftlichen Nachwuchses. Empfehlung der 27. HRK-Mitgliederversammlung vom 19.11.2019. Hamburg.

Hornbostel, Stefan/Möller, Torger (2015): Die Exzellenzinitiative und das deutsche Wissenschaftssystem. Eine bibliometrische Wirkungsanalyse. Berlin: Berlin-Brandenburgische Akademie der Wissenschaften.

Hüther, Otto (2010): Von der Kollegialität zur Hierarchie? Eine Analyse des New Managerialism in den Landeshochschulgesetzen. Dissertation. Hamburg: Springer VS.

Hüther, Otto/Krücken, Georg (2016): Hochschulen. Fragestellungen, Ergebnisse und Perspektiven der sozialwissenschaftlichen Hochschulforschung. Wiesbaden: Springer VS.

Hüther, Otto/Krücken, Georg (2018): Higher education in Germany – recent developments in an international perspective. 1. Auflage. Cham: Springer VS.

In der Smitten, Susanne (2018): Wie unterscheidet sich die Hochschulsteuerung in den Bundesländern? Hannover.

Internationale Expertenkommission Exzellenzinitiative (2016): Internationale Expertenkommission zur Evaluation der Exzellenzinitiative. Endbericht. Berlin.

Jarausch, Konrad H. (1999): Das Humboldt-Syndrom: Die westdeutschen Universitäten 1945–1989 – Ein akademischer Sonderweg? In: Ash, Mitchell G. (Hrsg.): Mythos Humboldt. Vergangenheit und Zukunft der deutschen Universitäten. Wien: Böhlau, S. 58–79.

Jessen, Ralph (2010): Massenausbildung, Unterfinanzierung und Stagnation. Ost- und Westdeutsche Universitäten in den siebziger und achtziger Jahren. In: Grüttner, Michael/Hachtmann, Rüdiger/Jarausch, Konrad H. (Hrsg.): Gebrochene Wissenschaftskulturen. Universität und Politik im 20. Jahrhundert. 1. Aufl. Göttingen: Vandenhoeck & Ruprecht, S. 261–278.

Kaiser, Tobias (2010): Planungseuphorie und Hochschulreform in der deutsch-deutschen Systemkonkurrenz. In: Grüttner, Michael/Hachtmann, Rüdiger/Jarausch, Konrad H. (Hrsg.): Gebrochene Wissenschaftskulturen. Universität und Politik im 20. Jahrhundert. 1. Aufl. Göttingen: Vandenhoeck & Ruprecht, S. 247–260.

Kehm, Barbara/Lanzendorf, Ute (2005): Ein neues Governance-Regime für die Hochschulen – mehr Markt und weniger Selbststeuerung? In: Zeitschrift für Pädagogik 50., Beiheft Hochschullandschaft im Wandel, S. 41–55.

Keller, Andreas (Hrsg.) (2013): Baustelle Hochschule. Attraktive Karrierewege und Beschäftigungsbedingungen gestalten. 1. Aufl. Bielefeld: Bertelsmann.

Klawitter, Maren (2017): Die Besetzung von Professuren an deutschen Universitäten. Empirische Analysen zum Wandel von Stellenprofilen und zur Bewerber(innen)auswahl. Dissertation. Kassel.

Kleimann, Bernd/Klawitter, Maren (2017): Berufungsverfahren an deutschen Universitäten aus Sicht organisationaler Akteure. In: Beiträge zur Hochschulforschung 39, H. 3/4, S. 52–73.

Konsortium Bundesbericht Wissenschaftlicher Nachwuchs (2017): Bundesbericht Wissenschaftlicher Nachwuchs 2017. Statistische Daten und Forschungsbefunde zu Promovierenden und Promovierten in Deutschland. Bielefeld: Bertelsmann.

Kreckel, Reinhard (2016): Rahmenbedingungen von Hochschulpolitik in Deutschland. In: Simon, Dagmar/Knie, Andreas/Hornbostel, Stefan/Zimmermann, Karin (Hrsg.): Handbuch Wissenschaftspolitik. Wiesbaden: Springer VS, 59–77.

Lambrecht, Wolfgang (2007): Neuparzellierung einer gesamten Hochschullandschaft. Die III. Hochschulreform in der DDR (1965–1971). In: die hochschule. journal für wissenschaft und bildung 16, H. 2, S. 171–189.

Lange, Gunter (1998): Magna Charta der Reform. 50 Jahre Blaues Gutachten. In: DUZ: Das unabhängige Hochschulmagazin 54, H. 23, S. 10–13.

Lange, Stefan (2008): New Public Management und die Governance der Universitäten. In: dms – der moderne staat – Zeitschrift für Public Policy, Recht und Management, H. 1, S. 235–248.

Meek, V. Lynn/Goedegebuure, Leo/de Boer, Harry F. (2010): The Changing Role of Academic Leadership in Australia and the Netherlands: Who Is the Modern Dean? In: Carvalho, Teresa/Goedegebuure, Leo/Meek, V. Lynn/Santiago, Rui (Hrsg.): The Changing Dynamics of Higher Education Middle Management. Dordrecht: Springer VS, S. 31–54.

Meier, Frank (2009): Die Universität als Akteur. Zum institutionellen Wandel der Hochschulorganisation. 1. Auflage. Wiesbaden: Springer VS.

Müller, Hans Georg (2009): Wissenschaftlich Beschäftigte als Verlierer der Hochschulreformen. Die Prekarisierung der Beschäftigungsverhältnisse des wissenschaftlichen Mittelbaus am Beispiel Nordrhein-Westfalens. In: Kellermann, Paul/Boni, Manfred/Meyer-Renschhausen, Elisabeth (Hrsg.): Zur Kritik europäischer Hochschulpolitik. Forschung und Lehre unter Kuratel betriebswirtschaftlicher Denkmuster. 1. Aufl. Wiesbaden: Springer VS, S. 205–215.

Netzwerk für gute Arbeit in der Wissenschaft (o. J.). „Für faire Beschäftigung an deutschen Hochschulen. Forderungen des Netzwerks für Gute Arbeit in der Wissenschaft". www.mittelbau.net/wp-content/uploads/2019/08/Forderungen_NGAWiss._31.8pdf.pdf (Abfrage: 12.06.2020).

Oehler, Christoph (2000): Staatliche Hochschulplanung in Deutschland. Rationalität und Steuerung in der Hochschulpolitik. Neuwied: Luchterhand.

Pasternack, Peer (Hrsg.) (2011): Hochschulen nach der Föderalismusreform. Leipzig: Akademische Verlagsanstalt.

Picht, Georg (1964): Die deutsche Bildungskatastrophe. Analyse und Dokumentation. Freiburg: Walter Paperbacks.

Polidano, Charles/Hulme, David (2001): Towards a post-new public management agenda. In: Public Management Review 3, H. 3, S. 297–303.

Reiter, Renate/Klenk, Tanja (2019): The manifold meanings of ‚post-New Public Management' – a systematic literature review. In: International Review of Administrative Sciences 85, H. 1, S. 11–27.

Rogge, Jan-Christoph (2015): The winner takes it all? Die Zukunftsperspektiven des wissenschaftlichen Mittelbaus auf dem akademischen Quasi-Markt. In: Kölner Zeitschrift für Soziologie und Sozialpsychologie 67, H. 4, S. 685–707.

Schimank, Uwe (2001): Festgefahrene Gemischtwarenläden – Die deutschen Hochschulen als erfolgreich scheiternde Organisationen. In: Stölting, Erhard/Albrecht, Clemens (Hrsg.): Die Krise der Universitäten. 1. Auflage. Wiesbaden: Westdeutscher Verlag, S. 223–242.

Schimank, Uwe (2007): Die Governance-Perspektive: Analytisches Potenzial und anstehende konzeptionelle Fragen. In: Altrichter, Herbert/Brüsemeister, Thomas/Wissinger, Jochen (Hrsg.): Educational Governance. Wiesbaden: Springer VS, S. 231–260.

Schimank, Uwe (2016): Governance der Wissenschaft. In: Simon, Dagmar/Knie, Andreas/Hornbostel, Stefan/Zimmermann, Karin (Hrsg.): Handbuch Wissenschaftspolitik. Wiesbaden: Springer VS, S. 39–57.

Specht, Jule/Hof, Christian/Tjus, Julia/Pernice, Wolfram/Endesfelder, Ulrike (2017): Departments statt Lehrstühle. Moderne Personalstruktur für eine zukunftsfähige Wissenschaft. Berlin: Die Junge Akademie.

Ullrich, Peter (2016): Prekäre Wissensarbeit im akademischen Kapitalismus. Strukturen, Subjektivitäten und Organisierungsansätze in Mittelbau und Fachgesellschaften. In: Soziologie 45, H. 4, S. 388–411.

van Dyk, Silke/Reitz, Tilman (2017): Projektförmige Polis und akademische Prekarität im universitären Feudalsystem. In: Soziologie 46, H. 1, S. 62–73.

Vereinigung der Kanzlerinnen und Kanzler der Universitäten Deutschlands (2019): Bayreuther Erklärung zu befristeten Beschäftigungsverhältnissen mit wissenschaftlichem und künstlerischem Personal in Universitäten. Bayreuth.

Waaijer, Cathelijn J. F. (2015): The Coming of Age of the Academic Career: Differentiation and Professionalization of German Academic Positions from the 19th Century to the Present. In: Minerva 53, H. 1, S. 43–67.

Wissenschaftsrat (1960): Empfehlungen des Wissenschaftsrates zum Ausbau der wissenschaftlichen Einrichtungen. Teil I: Wissenschaftliche Hochschulen. Tübingen.

Prekäre Beschäftigungs- und Studienverhältnisse durch leistungsorientierte Mittelvergabe

Wertewandel durch Kennziffer-Steuerung an deutschen Hochschulen am niedersächsischen Beispiel

Yoshiro Nakamura

1. Der Widerspruch zwischen dem Auftrag zur Verbesserung und der realen Verschärfung prekärer Beschäftigung[1]

Bekanntermaßen kann die Situation der wissenschaftlichen Mitarbeiter:innen an Hochschulen hinsichtlich ihrer Vertragsdauer als außerordentlich prekär angesehen werden. Aufgrund des wachsenden Anteils der Dritt- und Projektmittel an der Finanzierung der Hochschulen sowie der Anstrengungen zur quantitativen Stärkung des wissenschaftlichen Nachwuchses ist der Anteil des im wissenschaftlichen Mittelbau befristet beschäftigten Personals auf über 90 % gestiegen (vgl. Burkhardt 2017; BuWiN 2017; Gassmann 2020).

Schon die bestehenden Handlungsspielräume bezüglich dauerhafter Beschäftigungsverhältnisse bleiben von den Hochschulen bei graduellen Unterschieden weitgehend ungenutzt (vgl. Leischner et al. 2017).[2] Zu beachten ist auch, dass zwischen Projektfinanzierung und Qualifizierungsvorhaben einerseits und befristeter Beschäftigung andererseits kein zwingender Zusammenhang besteht. So zeigen einzelne Hochschulen, aber auch außeruniversitäre Forschungseinrichtungen, dass Drittmittel-Projekte auch mit höheren Anteilen unbefristet beschäftigter Personen umsetzbar sind (vgl. Eppler 2017; Greisler 2017). Durch Personalentwicklungsmaßnahmen könnten – wie in anderen Branchen durchaus normal – Innovationsfähigkeit und Einsatz in unterschiedlichen Projekten in entfristeten Beschäftigungsverhältnissen trotz der hohen Spezialisierung in der wissenschaftlichen Forschung erreicht werden.

---

1 Für die intensive Gedankenarbeit und konstruktive Kritik danke ich vor allem Lisa-Marie Heimeshoff, Daniel Schiller und Sylvia Nienhaus, für wichtige weitere Hinweise den Herausgebern dieses Bandes Per Holderberg und Christian Seipel.

2 Laut Leischner et al. (2017, S. 23 f.) hat das dort untersuchte Sample an Hochschulstandorten bei wissenschaftlichen Mitarbeiter:innen bei einem maximalen Wert von 94,91 % und einem minimalen Wert von 66,08 % einen Mittelwert von 86,82 % beim Befristungsanteil (mit einer Standardabweichung von 5,35 %, eigene Berechnung).

Dennoch bleiben alle Bemühungen auch der Gesetzgeber, die Befristungsquote einzudämmen, offenkundig erfolglos. So hat Niedersachsen 2017 sein Hochschulgesetz in der Weise geändert, dass ausdrücklich die Hochschulen aufgefordert werden, Befristungszeiten auszuschöpfen und möglichst unbefristet zu beschäftigen:

> „Die Hochschulen tragen den berechtigten Interessen ihres Personals an guten Beschäftigungsbedingungen, insbesondere an unbefristeten Beschäftigungsverhältnissen und bei befristeten Beschäftigungsverhältnissen an möglichst langen Laufzeiten, angemessen Rechnung." (NHG i. d. F. v. 15.06.2017, § 3 Abs. 1, Satz 2)

In der Begründung zur Gesetzesänderung heißt es zu diesem neuen Satz:

> „Die beruflichen Perspektiven für den wissenschaftlichen Nachwuchs müssen verbessert werden und die Attraktivität von Wissenschaft als Beruf muss erhöht werden. Dies betrifft insbesondere die Steigerung der Zahl der unbefristeten Beschäftigungsverhältnisse und die Verlängerung der Laufzeiten der befristeten Beschäftigungsverhältnisse in diesem Bereich." (Niedersächsischer Landtag 2015, S. 15)

Das niedersächsische Hochschulgesetz (NHG) enthält also ausdrücklich den Auftrag zur Verringerung der Befristungstatbestände. Demgegenüber steht das Sonderbefristungsrecht im Wissenschaftsbereich (Wissenschaftszeitvertragsgesetz, WissZeitVG) und bildet eine zentrale Rahmenbedingung zur weiteren Verschärfung der Befristungssituation. Die Änderung des WissZeitVG mit der Streichung der sachgrundlosen Befristung hat ihr Ziel, diese Situation zu verbessern, nicht erreicht (vgl. Gassmann 2020).

Dass der appellative Versuch direkter Regulationen in einem Gesetzestext allein nicht ausreichend ist, zeigt sich auch an den Auseinandersetzungen im Zusammenhang des „Zukunftsvertrages Studium und Lehre stärken" zwischen Bund und Ländern (Gemeinsame Wissenschaftskonferenz 2019). Der Zukunftsvertrag, die Nachfolgevereinbarung zum Hochschulpakt, enthält neben dem Ziel, den Ausbau der Studienplätze der letzten Jahre zu verstetigen, ausdrücklich die Zielsetzung der Stärkung dauerhafter Beschäftigungsverhältnisse:

> „Um diese Ziele[3] zu erreichen, setzen die Länder bei der Verwendung der Mittel Schwerpunkte insbesondere beim Ausbau von dauerhaften Beschäftigungsverhält-

---

3 Absatz 1 nennt folgende Ziele: „Ziele dieses Zukunftsvertrags sind eine flächendeckend hohe Qualität von Studium und Lehre, gute Studienbedingungen in der Breite der deutschen Hochschullandschaft sowie der bedarfsgerechte Erhalt der Studienkapazitäten in Deutschland, um langfristig ausreichend akademische Fachkräfte für Wissenschaft, Wirtschaft und Gesellschaft auszubilden." (Gemeinsame Wissenschaftskonferenz 2019, § 1 Abs. 1)

nissen des hauptberuflichen wissenschaftlichen und künstlerischen, mit Studium und Lehre befassten Personals an den Hochschulen." (Gemeinsame Wissenschaftskonferenz 2019, § 1 Abs. 2 Satz 1)

Jedoch hat der Zukunftsvertrag zur Ausgestaltung dieses Schwerpunktes keine eigenen Maßnahmen beschrieben, sondern die Länder aufgefordert, in Verpflichtungserklärungen ihre Maßnahmen selbst zu gestalten. Noch während der Phase, in der die Landesregierungen ihre Verpflichtungserklärungen erstellten, meldeten sich die Kanzler:innen der deutschen Universitäten im Herbst 2019 mit der Bayreuther Erklärung zu Wort und erklärten kurzerhand das Beschäftigungssystem des wissenschaftlichen Mittelbaus primär zu einem Qualifizierungssystem, das ohne Befristung nicht auskomme (vgl. Die Kanzlerinnen und Kanzler der Universitäten Deutschlands 2019). Die Kanzler:innen der Universitäten fordern in diesem Papier die Berücksichtigung

- „einer sachgerechten Würdigung der besonderen Rolle und Aufgabe des Beschäftigungssystems im wissenschaftlichen Mittelbau der Universitäten als Qualifizierungssystem,
- einer sachgerechten Bewertung der Befristungsmöglichkeiten für wissenschaftliche Mitarbeiter:innen entsprechend den angestrebten Qualifizierungszielen."

Die Forderung nach Entfristungen könne daher „in dieser Form für die Qualifizierung des wissenschaftlichen Nachwuchses nicht gelten" (Die Kanzlerinnen und Kanzler der Universitäten Deutschlands 2019). Hier zeigt sich in eklatanter Weise das dominante Interesse der Hochschulen, sich der Bemühung um bessere Arbeitsbedingungen im wissenschaftlichen Mittelbau zu entziehen, selbst wenn sie sich damit gegen die Forderung des Bundesministeriums für dauerhafte Arbeitsverhältnisse stellen.

Worauf sind die Kräfte und Interessen zurückzuführen, die die Aufforderungen von Gesetzgebern außer Acht lassen und den Versuchen der direkten Intervention in die Befristungspraxis der Universitäten offen entgegentreten? Warum haben die expliziten Forderungen des Gesetzgebers keine positiven Auswirkungen auf die Befristungspraxis an Hochschulen?

In diesem Beitrag analysiere ich die Leistungsorientierte Mittelvergabe (LOM) in Niedersachsen im Detail hinsichtlich ihrer Wirkungen auf die Beschäftigungs- und Studiensituation. Sie steht dabei exemplarisch für eine Hochschulsteuerung über das New Public Management (NPM). Den Zusammenhang zwischen dieser Steuerung und den konkreten Einzelentscheidungen zur Gestaltung von Arbeits- und Studienbedingungen stelle ich explorativ mithilfe eines Wirkungsmodells her, welches den Bereich des allgemeinen Kulturwandels und des Einstellungswechsels an Hochschulen mit einbezieht. Erst diese Ausweitung des Blicks auf die Wirkungsebene der Einstellungen, Haltungen und Werte der handelnden Akteure kann erklären, warum sich das Befristungswesen an Hochschulen ungeachtet der Einsichten in die problematische Lage und der appellativen Interventionen ungebrochen stabilisiert und ausweitet.

2. Leistungsorientierte Mittelvergabe als Teil des New Public Management

Die Leistungsorientierte Mittelvergabe (LOM) ist eines der etablierten Instrumente des New Public Managements in der Hochschul-Governance.[4] Ziel der LOM ist die allgemeine Beeinflussung von Einzelentscheidungen innerhalb der Systeme in Richtung eines gewünschten, aber unterbewerteten Zieles oder der allgemeinen Leistungssteigerung anhand quantifizierter Kriterien. Dies wird durch die algorithmisierte (Um-)Verteilung von Geldern entsprechend dieser Kriterien erreicht. Das Instrument kann also als Intervention genutzt werden, um Kriterien, die sonst vernachlässigt würden, mehr Gewicht zu verleihen, oder es greift die zentralen Entscheidungspräferenzen der Akteure auf und verstärkt sie zusätzlich, um das System zu dynamisieren und die bestehende Entwicklung zu intensivieren. Die Mittel, die über eine algorithmisierte Formel ausgeschüttet werden, können dabei einem „Preismodell" folgen, also bspw. im Falle des Überschreitens festgelegter Schwellwerte positiv sanktionieren, oder ein sehr viel kompetitiveres „Verteilmodell" anwenden, also eine vorgegebene Summe im Vergleich der Leistungswerte der Wettbewerber ausschütten (Dohmen 2015, S. 6).

Anreizsysteme sollen also Handlungen und Maßnahmen motivieren, die ohne die Anreize nicht in der gleichen Weise oder der gleichen Intensität unternommen würden. Sie folgen damit dem Prinzipal-Agent-Ansatz und dienen zur Absicherung einer hohen Übereinstimmung von Zielen der Auftrag gebenden Umgebung (Politik/Wirtschaft) mit den institutionellen Zielen der Hochschulen und damit zur Überwindung der Entkoppelungstendenz im Sinne des Neo-Institutionalismus (vgl. Koch 2009; Krücken/Röbken 2009; Bogumil et al. 2014; Hartwig/Stumpf/Welpe 2017). Mithilfe dieser Steuerungseingriffe kann ein System die Entscheidungen der vielfältigen Akteur:innen koordinieren und damit eine korporative Handlungs- und strategische Entwicklungsfähigkeit erzeugen, sich also von Institutionen zu Organisationen transformieren.

Eine allgemeine Einschätzung in der Diskussion um Hochschul-Governance kann mithilfe der Governance-Matrix vorgenommen werden, die der Wissenschaftsrat 2018 vorgestellt hat (vgl. Abb. 1). Dieser unterscheidet grundsätzlich vier Governance-Modi, nämlich „Verhandlung", „Hierarchie", „Kollegiale Selbstorganisation" und „Wettbewerb", die sich entlang der Achsen „Egalitär – Elitär"

---

4   Zum Stand der Einführung 2015 sowie zu den unterschiedlichen Ausprägungen der Kriterien siehe Dohmen (2015).

Abbildung 1: Governance-Modi als Matrix (Wissenschaftsrat 2018, S. 52)

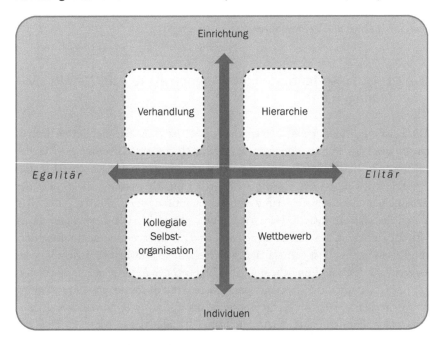

und „Individuum – Einrichtung" in eine Vierfeldermatrix einordnen lassen. Die LOM lässt sich in dieser Matrix einerseits dem Governance-Modus des Wettbewerbs zuordnen, insofern die LOM einen Konkurrenzdruck aufbaut und damit zu den Maßnahmen gehört, die einen künstlichen Marktmechanismus erzeugen, andererseits dem Governance-Modus der Hierarchie, insofern die Festlegung der Kriterien für die Leistungsmessung in der Regel sowohl während der Entwicklung als auch nach der Implementierung einer partizipativen Gestalt- und Veränderbarkeit aus dem System heraus entzogen ist. Beide Governance-Modi gehörten in der Achse „Egalitär – Elitär" zum Pol „Elitär", es handelt sich also um ein kompetitives Top-Down-Steuerungsinstrument.

Idealerweise sollen die verschiedenen Governance-Modi zwischen den Polen einer hierarchieorientierten Top-Down-Steuerung und einer auf die Hochschullehrer:innen-Autonomie bezogenen akademischen Selbstverwaltung grundsätzlich eine Balance halten (vgl. Lange 2008, S. 242; Bogumil et al. 2014, S. 66 ff.; Wissenschaftsrat 2018, passim). Ohne dass für eine solche Balance ein allgemein gültiges Gleichgewichtskriterium angegeben werden könnte, erscheint die Neuausrichtung und damit die Verschiebung dieses Gleichgewichtspunktes von einer eher als träg angenommenen Selbstverwaltung zu einer dynamischen Konkurrenzfähigkeit unter dem Druck des internationalen Wettbewerbs als unabweisbar (vgl. Grande et al. 2014, S. 21; Schimank 2017).

Allerdings steht die LOM im Ruf, eher eine geringe Wirkung zu entfalten (vgl. Bogumil et al. 2015, S. 73; Wissenschaftsrat 2018, S. 36). Im Vergleich der Indikatoren für „Forschung" oder „Lehre" gelten die Indikatoren für Forschung noch als wirksamer (Bogumil et al. 2014, S. 55), insgesamt aber erscheinen direkte Zusammenhänge von Mittelverteilung und angezielten Output-Daten als kaum nachweisbar, und es werden Entkoppelungsphänomene festgestellt (vgl. Minssen et al. 2003; Grande et al. 2014, S. 28; Krempkow/Landrock 2014; Münch 2014).

Umso schwerwiegender erscheinen die gleichzeitig beobachtbaren unerwünschten Effekte. Verwiesen wird etwa auf die Störung der Balance zwischen den Governance-Modi:

> „Eine einseitige Orientierung an Kennzahlen birgt die Gefahr, die kollegiale Gemeinschaft und die Kooperationsbereitschaft zu stören […] Die quantitativen Kennzahlen erzeugen Anpassungsverhalten und stellen Risiken auch für die wissenschaftliche Integrität dar." (Wissenschaftsrat 2018, S. 34)

Damit zusammenhängend wird auf Tendenzen der Überreizung des Wettbewerbsmodells in der Hochschulsteuerung hingewiesen (vgl. Bogumil et al. 2014, S. 68; Wissenschaftsrat 2018, S. 10, 39–40). Dabei spielen folgende Problematiken eine Rolle, die auch schon aus der Forschung zu Zitationsindices bekannt sind und im Rahmen der Leistungsorientierten Mittelvergabe ebenso hervortreten (Grande et al. 2014, S. 28; Wissenschaftsrat 2018, S. 33–34):

- „eine rein auf quantitative Ergebnisse zielende Verengung der Handlungsentscheidungen und die Verdrängung qualitativer Betrachtungen,
- eine Schwächung der intrinsischen Motivation von Wissenschaftlerinnen und Wissenschaftlern,
- die Erschwerung der Zurechnung von Verantwortlichkeiten durch anonymisierte Kennzahlen-Steuerung,
- eine Tendenz zur Mainstream-Forschung sowie
- die Zunahme von internen Konflikten durch eine Verstärkung der Wettbewerbsmentalität (etwa um Ko-Autor*innenschaften)".

Versucht man, diese Wirkungen in einem Modell explorativ einzuordnen, lassen sich für die Steuerung der Hochschulen zwei Ebenen ausmachen, die Steuerung von außen und die nach innen (siehe Abbildung 2, oberer und unterer Bereich). Die Außensteuerung erfolgt wiederum in zwei Steuerungsmodi, einerseits durch rechtliche Rahmung und Etablierung formaler Regularien wie Gesetze, Verordnungen, Erlasse usw., die sich im öffentlichen Raum vollzieht, und den Mechanismen der diskursiven, kritischen Rechenschaftslegung und der damit verbundenen permanenten Weiterentwicklung unterliegt. Diese Rahmungen klären die Akteursrollen und geben die allgemeinen institutionellen Zielset-

Abbildung 2: Exploratives Wirkungsmodell

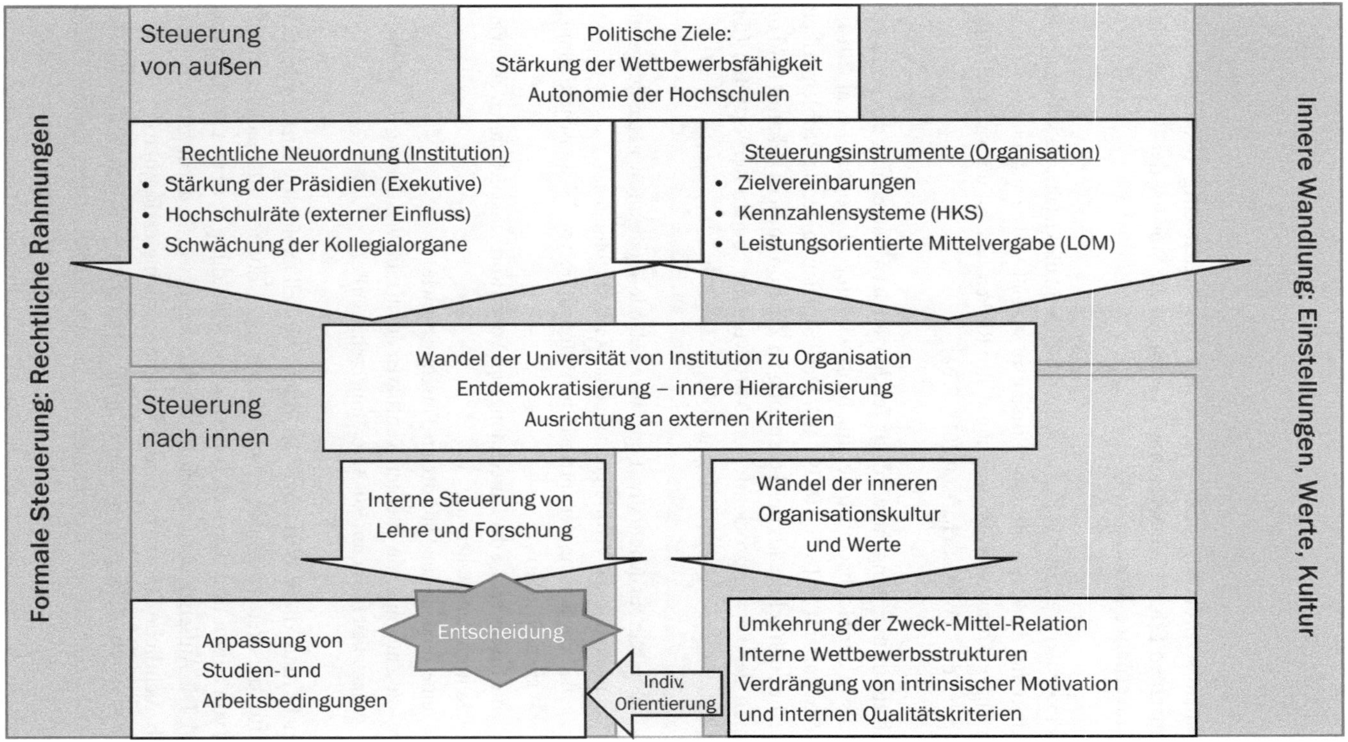

Innere Wandlung: Einstellungen, Werte, Kultur

Steuerung von außen

Politische Ziele:
Stärkung der Wettbewerbsfähigkeit
Autonomie der Hochschulen

<u>Steuerungsinstrumente (Organisation)</u>
- Zielvereinbarungen
- Kennzahlensysteme (HKS)
- Leistungsorientierte Mittelvergabe (LOM)

<u>Rechtliche Neuordnung (Institution)</u>
- Stärkung der Präsidien (Exekutive)
- Hochschulräte (externer Einfluss)
- Schwächung der Kollegialorgane

Wandel der Universität von Institution zu Organisation
Entdemokratisierung – innere Hierarchisierung
Ausrichtung an externen Kriterien

Wandel der inneren
Organisationskultur
und Werte

Umkehrung der Zweck-Mittel-Relation
Interne Wettbewerbsstrukturen
Verdrängung von intrinsischer Motivation
und internen Qualitätskriterien

Steuerung nach innen

Interne Steuerung von
Lehre und Forschung

Indiv.
Orientierung

Entscheidung

Anpassung von
Studien- und
Arbeitsbedingungen

Formale Steuerung: Rechtliche Rahmungen

110

zungen vor, wirken aber nicht direkt auf die Entscheidungen der Akteur:innen im Handlungsfeld. Diese unterliegen vielmehr der mit diesen Rahmungen den Hochschulen überlassenen „Autonomie" (s. linke Seite der Abb. 2). Mit der Zuweisung der Handlungsfreiheit wird auch die Handlungsverantwortung an die Hochschulen delegiert und entlastet die regulierende Ebene von dieser Verantwortung im Einzelnen. Das Wirkungsfeld des anderen Steuerungsmodus stellt hingegen eine Intervention in die Entscheidungsprozesse selbst dar und füllt den formellen Rahmen daher inhaltlich durch die Festlegung auf messbare Kriterien aus (s. rechte Seite der Abb. 2).

Nach innen wirkt die Steuerung wiederum insofern weiter, als der Druck zur Erfüllung der Kennzahlen ebenfalls durch formale Rahmung einerseits und durch die Anwendung der neuen Steuerungsinstrumente andererseits weitergegeben wird. Auf der Ebene der jeweiligen Entscheidungsfindungen bewirkt diese zunehmende Orientierung an Kennzahlen allerdings mehr als nur eine Output-Veränderung: Die institutionelle Handlungskultur passt sich den Rahmenbedingungen an, Wertehierarchien verändern sich und Grundorientierungen richten sich neu aus. Die durchschlagende Wirkung erfolgt dadurch, dass jede Einzelentscheidung auf die Finanzierungssituation Einfluss gewinnt. Der so entstehende permanente Druck auf die internen Entscheidungsprozesse verändert die Anbahnung dieser Entscheidungen in den internen Diskursen. Die Unausweichlichkeit des Wettbewerbs zeigt sich als Unausweichlichkeit der Orientierung an den Formel-Kriterien, ganz gleichgültig, ob diese Entscheidungsrichtung zu eigenen Planungen, Qualitätsstandards oder Innovationsideen passt. Sie wirkt sich dadurch auf die Wertehierarchien der Akteur:innen und damit auf die institutionelle Kultur der Institute, Arbeitsgruppen und Professuren aus.

An dieser Stelle wird erkennbar, dass die Automatisierung eine Entkopplung von Steuerung und rechtlicher Rahmung erzeugen kann, warum also bspw. die Prekarisierung des wissenschaftlichen Mittelbaus trotz der gegenteiligen Intention in der expliziten Gesetzgebung und im Begründungskontext der formellen Rahmengebung ungebremst voranschreiten kann.

An der Schnittstelle von externer Steuerung und interner Steuerung lässt sich analysieren, welche Art von Entkopplung stattfindet, ob also eine Abwehr und Ablenkung von externen Steuerungsintentionen Platz greift oder ob sich Steuerungskriterien verselbständigen und von diskursiven Reflexions- und Korrekturoptionen entkoppeln (vgl. Koch 2009; Meyer/Rowan 1977/2009; Weick 1976/2009). Entlang dieser Perspektive lässt sich neu einordnen, auf welcher Ebene die Kennzahlensteuerung eine geringe Wirkung hat (etwa auf der Ebene der quantitativen Output-Größen) und auf welcher Ebene sie eine starke Wirkung erzielt (etwa auf der Ebene der kulturellen Wertehierarchie).

3. LOM in Niedersachsen

3.1 Die Kennzahlen und ihre finanziellen Folgen

Die Frage nach den unerwünschten Effekten sollen im Folgenden am konkreten Beispiel der niedersächsischen Hochschulsteuerung exemplifiziert werden. Die Leistungsorientierte Mittelvergabe wurde 2006 in Niedersachsen als Teil des Hochschulkennzahlensystems schrittweise eingeführt und bis 2008 von 3 % auf 10 % der Globalzuweisung der Hochschulen gesteigert. Das Volumen der Mittel, die über dieses Instrument zwischen den niedersächsischen Hochschulen jährlich umverteilt werden, errechnet sich aus einem Drei-Jahres-Durchschnitt der Haushaltszuführungen für laufende Zwecke des Landesbetriebes, und zwar des Durchschnitts der Haushalte von jeweils vor zwei bis vier Jahren, plus 10 % der Hochschulpaktmittel des betreffenden Haushaltsjahres. Dabei werden die Mittel, die über die Formel umverteilt werden, bei der Berechnung der Umverteilungen im nächsten Zyklus wiederum herausgerechnet, um Kumulationseffekte zu verringern. Gewinne und Verluste aus der Formel gehen also nicht wiederum in die Berechnung der Formel im späteren Berechnungszyklus ein. Für Universitäten und Fachhochschulen werden unterschiedliche Indikatorenbündel angewendet. Diese enthalten für Universitäten elf Indikatoren, für Fachhochschulen acht.

In Niedersachsen kommt für die Universitäten durch diese Berechnung ein Umverteilungsvolumen von ca. 100 Millionen Euro zustande, für die Fachhochschulen ein Volumen von ca. 35 Millionen. Euro (vgl. Niedersächsisches Finanzministerium 2018). Um unterschiedlichen Fächerkulturen gerecht zu werden, wurden die universitären Fächer in drei unterschiedliche „Formelfächergruppen" aufgeteilt, die Fächer der Fachhochschulen in zwei.

Die Formel für die Universitäten, also der Verteil-Algorithmus für die Auszahlung der Mittel an die Hochschulen, ist zusammengesetzt aus drei Bereichen (Zahlen und Beträge hochgerechnet aus: Dölle/Rupp/Niermann 2016, Niedersächsisches Ministerium für Wissenschaft und Kultur 2016 sowie Niedersächsisches Finanzministerium 2018):

- Lehre (48 %, entspricht ca. 48 Millionen Euro),
- Forschung (48 %, entspricht ca. 48 Millionen Euro) und
- Gleichstellung (4 %, entspricht ca. 4 Millionen Euro,

auf die sich die elf Indikatoren verteilen, und zwar für den Bereich Lehre:

- eingeschriebene Studienanfänger:innen (21 %, entspricht ca. 10 Millionen Euro),
- mit Regelstudienzeit (RSZ) gewichtete Absolvent:innen (75 %, entspricht ca. 36 Millionen Euro),

- Bildungsausländer:innen (2 %, entspricht ca. 1 Millionen Euro) und
- ins Ausland gehende Studierende (Outgoings) (2 %, entspricht ca. 1 Millionen Euro);

für den Bereich Forschung:

- Drittmittel (74 %, entspricht ca. 36 Millionen Euro),
- Promotionen (24 %, entspricht ca. 12 Millionen Euro) und
- Humboldt-Stipentiat:innen und Preisträger:innen (2 %, entspricht ca. 1 Millionen Euro);

für den Bereich Gleichstellung:

- weibliches wissenschaftliches Personal (20 %, entspricht ca. 0,8 Millionen Euro),
- neu ernannte Professorinnen (40 %, entspricht ca. 1,6 Millionen Euro),
- Promotionen von Frauen (20 %, entspricht ca. 0,8 Millionen Euro) und
- Absolventinnen (20 %, entspricht ca. 0,8 Millionen Euro).

Für die Fachhochschulen werden analog unter Verzicht auf drei Indikatoren (Promotionen, Humboldt-Stipendiat:innen, Preisträger:innen und weibliche Promotionen) die ca. 35 Million Euro verteilt nach:

- Lehre (84 %, entspricht ca. 29,4 Millionen Euro),
- Forschung (12 %, entspricht ca. 4,2 Millionen Euro) und
- Gleichstellung (4 %, entspricht ca. 1,4 Millionen Euro),

auf die sich die acht Indikatoren verteilen, und zwar für den Bereich Lehre:

- eingeschriebene Studienanfänger:innen (21 %, entspricht ca. 6,2 Millionen Euro),
- mit Regelstudienzeit (RSZ) gewichtete Absolvent:innen (75 %, entspricht ca. 22 Millionen Euro),
- Bildungsausländer:innen (2 %, entspricht ca. 0,6 Millionen Euro) und
- ins Ausland gehende Studierende (Outgoings) (2 %, entspricht ca. 0,6 Millionen Euro);

für den Bereich Forschung (nur ein Indikator, daher keine Prozentangabe):

- Drittmittel (4,2 Millionen Euro);

für den Bereich Gleichstellung:

- weibliches wissenschaftliches Personal (30 %, entspricht ca. 0,4 Millionen Euro),
- neu ernannte Professorinnen (40 %, entspricht ca. 0,6 Millionen Euro) und
- Absolventinnen (30 %, entspricht ca. 0,4 Millionen Euro).

Diese Formel führte zu Ergebnissen wie in Tabelle 1 beispielhaft für 2018 dargestellt.

Tabelle 1: Formelergebnisse 2018 (Niedersächsisches Ministerium für Wissenschaft und Kultur o. J., S. 33).

Universitäten	Lehre	Forschung	Gleichstellung	Gesamt
Technische Universität Braunschweig	790 318	−216 787	25 390	598 921
Technische Universität Clausthal	−747 690	−674 163	−126 304	−1 548 157
Georg-August-Universität Göttingen	−2 023 808	1 814 740	−41 428	−250 496
Leibniz Universität Hannover	152 907	−125 059	27 412	55 259
Universität Hildesheim	692 018	−195 084	51 433	548 367
Leuphana Universität Lüneburg	491 124	−52 218	110 292	549 198
Carl von Ossietzky Universität Oldenburg (ohne Medizin)	−171 322	424 939	−104 362	149 255
Universität Osnabrück	206 082	−701 261	−525	−495 703
Universität Vechta	610 372	−275 107	58 092	393 356

Fachhochschulen	Lehre	Forschung	Gleichstellung	Gesamt
Fachhochschule Braunschweig/Wolfenbüttel	−168 684	95 536	−37 189	−110 337
Hochschule Emden/Leer	−160 133	−82 844	−14 430	−257 408
Hochschule Hannover	−673 731	−47 011	32 244	−688 498
Hochschule Hildesheim/Holzminden/Göttingen	130 826	−99 833	−5 282	25 712
Hochschule Osnabrück	1 028 143	263 418	45 198	1 336 758
Jade Hochschule Wilhelmshaven Oldenburg Eisfleth	−156 420	−129 266	−20 541	−306 227

3.2 Monetäre Wirkungen der Formel auf die Handlungsebenen der Hochschule

Bezüglich der einzelnen Indikatoren haben diese Zahlen unterschiedliche finanzielle Auswirkungen:

Für den ersten Indikator im Bereich der Lehre für eingeschriebene Studierende im ersten Hochschulsemester werden Vollzeitäquivalente[5] gebildet und nach angestrebten Abschlüssen gewichtet. Aus den ca. 38 000 betroffenen Studierenden lässt sich errechnen, dass die Universitäten über jeden dieser Studierenden ca. 263 Euro von dem Anteil ihrer Globalzuweisung, der abgezogen wurde, zurückgewinnen können.

Interessanter sind die Berechnungen zu den Absolvent:innen, die nach Abschluss und Regelstudienzeit gewichtet wurden. Die Gewichtungsfaktoren nach Abschluss betragen für einen Bachelor-Abschluss 0,6, für einen Master-Abschluss 0,4, woraus sich jährlich derzeit ca. 9 000 gewichtete Absolvent:innen für Niedersachsen ergeben. Dies bedeutet einen durchschnittlichen „Wert" pro gewichtetem:er Voll-Absolvent:in von ca. 4 000 Euro, also für eine:n Bachelor-Absolvent:in ca. 2 400 Euro, für eine:n Master-Absolvent:in ca. 1 600 Euro. Die Gewichtung nach Regelstudienzeit wird auf dieser Basis in der Weise gerechnet, dass die Regelstudienzeit durch die reale Studiendauer einer:s Absolventin:en geteilt wird. Ein Bachelor-Abschluss, der z. B. acht Semester in Anspruch genommen hat, geht mit einem Anteil von 6/8 des vollen Betrages in die Zuweisung ein, bring also ca. 1 800 Euro für die Universität ein und bedeutet damit einen Verlust von ca. 600 Euro gegenüber einem Abschluss in Regelstudienzeit. Umgekehrt werden für einen Bachelor-Abschluss, der im fünften Semester erfolgt, 6/5 von 2 400 Euro ausgezahlt, also 2 880 Euro, was eine zusätzliche Einnahme von 440 Euro gegenüber einem Abschluss in Regelstudienzeit bedeutet.

Im Bereich der Forschung werden ca. 36 Millionen Euro über den Drittmittel-Indikator der Formel neu verteilt. Das Gesamtvolumen der von Universitäten eingeworbenen Drittmittel betrug 2018 ca. 420 Millionen Euro (vgl. Niedersächsisches Ministerium für Wissenschaft und Kultur o. J., S. 32). Man kann also sagen, dass die Einwerbung eines relevanten Drittmittelbetrages mit durchschnittlich ca. 8,5 % dieses Betrages aus der Formelumverteilung zusätzlich finanziert wird, sofern sie an einer Universität mit überdurchschnittlicher Drittmitteleinwerbung stattfindet.

Für den Indikator der Promotionen sind landesweit ca. 2 000 Promotionen jährlich zu berücksichtigen, über die ca. 12 Millionen Euro per Formel umverteilt

---

5 Vollzeitäquivalente rechnen Einschreibungen in einem Mehrfächer-Studiengang (sog. „Fachfälle") jeweils anteilig an. Beispielsweise ergeben zwei Fachfälle ein Vollzeitäquivalent, wenn in dem Studiengang zwei Fächer mit gleich großen Anteilen studiert werden.

werden. Jede abgeschlossene Promotion bewirkt mit anderen Worten eine Einnahme von ca. 6000 Euro für die Universität.

Die Indikatoren für die Fachhochschulen wirken sich in ähnlicher Weise aus, nur dass dort vor allem die promotionsbezogenen Indikatoren fehlen. Die weiteren Indikatoren zur Internationalisierung und Gleichstellung sowie zu Preisen und Humboldt-Stipendien haben aufgrund ihrer geringen Anteile vermutlich kaum Auswirkungen auf das Handeln und die Arbeitskultur der Hochschulen. Ausgerechnet die Indikatoren, die sich auf eine institutionelle Werthaltung und wertbezogenen Ziele wie Internationalisierung oder Gleichstellung der Geschlechter beziehen, bleiben also unterhalb einer wirkungsindizierenden Schwelle (vgl. dagegen in Baden-Württemberg der Anteil für Gleichstellung an Universitäten: 31 %, Dohmen 2015, S. 8–9).

4. Intendierte und nicht-intendierte Wirkungen der Indikatorensteuerung

Wollte man prüfen, ob die LOM als Anreizsystem funktioniert, müsste die Frage beantwortet werden, ob die LOM tatsächlich in den zentralen Feldern dazu führt, dass mehr Studierende rekrutiert werden, also die Auslastung der Studiengänge steigt, dass der Anteil der Absolvent:innen in Regelstudienzeit steigt, dass überproportional mehr Drittmittel eingeworben werden oder dass mehr Promotionen abgeschlossen werden. Bestehende Befunde und Einschätzungen gehen – wie schon oben beschrieben – eher davon aus, dass diese erwünschten Wirkungen kaum stattfinden (vgl. Bogumil et al. 2015, S. 73; Wissenschaftsrat 2018, S. 36).

Hingegen lassen sich die Annahmen zu unerwünschten Wirkungen auf Universitäten für die niedersächsische LOM anhand der beschriebenen Funktionsweisen der Indikatoren auf folgende Punkte konkretisieren:

1. Die Problematik der Orientierung am Durchschnitt und der zwangsläufigen Erzeugung von Verlierer:innen
2. Die Problematik quantitativer Kennzahlen in der Lehre und der Wandel der Bedeutung von „Regelstudienzeit"
3. Die Promotionskennzahl als Prekarisierungskatalysator
4. Das Demokratie-Defizit

4.1 Die Problematik der Orientierung am Durchschnitt und der zwangsläufigen Erzeugung von Verlierer:innen

Wie oben beschrieben werden bei der LOM Mittelanteile der Globalzuweisung zu einer Verteilmasse zusammengeführt und umverteilt. Dabei bewirkt die Neuverteilung anhand der Kriterien eine Orientierung am quantitativen Durchschnitt als Qualitätsstandard. Das bedeutet, dass nur eine überdurchschnittliche Performanz zu Gewinnen führt, jedoch eine unterdurchschnittliche Verbesserung zu Verlusten, auch wenn es sich um Verbesserungen gegenüber dem Leistungsniveau zuvor handelt. Die Gewinne der überdurchschnittlichen Hochschulen werden nicht durch zusätzliche Mittel, sondern durch Verluste der unterdurchschnittlichen Hochschulen finanziert.

Aus einem Anreizsystem, das eine Verhaltensförderung oder Intensivierung motivieren soll, wird so ein Umverteilungssystem, das zwangsläufig Verlierer:innen produziert und damit zu einer Stratifikation der beteiligten Hochschulen führt, selbst dann, wenn alle sich eigentlich gegenüber den vorausgehenden Messzeitpunkten steigern. Die Kumulationseffekte dieser Umverteilung werden zwar durch verschiedene Mechanismen reduziert (Durchschnittsbildung von mehreren Jahren, Herausrechnen der Formelgewinne bei der Berechnung des Folgejahres, Berücksichtigung von Fächerkulturen im direkten Vergleich), der Mechanismus der Umverteilung aus den Budgets der unterdurchschnittlichen zu den Budgets der überdurchschnittlichen Hochschulen wird dadurch aber nicht behoben.

Diese Umverteilungswirkung führt in den Bereichen, die von den Indikatoren erfasst werden, zur wesentlichen Verschärfung des ohnehin bestehenden Wettbewerbs zwischen den Hochschulen und zur Beschleunigung der Unterscheidung in Verlierer:innen und Gewinner:innen. Nimmt man beispielsweise den Drittmittel-Indikator, so geht es bei jedem Antrag nun nicht mehr nur um diese Drittmittel selbst, sondern um die Erlangung zusätzlicher Formelgewinne oder die Abwehr von Formelverlusten.

„Hier deuten sich Problemlagen eines möglicherweise überzogenen Wettbewerbsstrebens an, ein Wettbewerb, bei dem man zudem nur begrenzt gewinnen kann, da viele parallel, wenn auch nicht gleichmäßig, ihren Drittmittelanteil steigern." (Bogumil et al. 2014, S. 68)

Damit wird kurzfristiges Erfolgshandeln gegenüber langfristigem strategischen Handeln wesentlich bedeutsamer, da langfristigere Investitionen, die nicht sofort zu einer Performanzsteigerung führen, mit finanziellen Verlusten sanktioniert werden. Formelverluste werden zu Kollateralkosten einer langfristigen Strategie, insbesondere wenn sie sich nicht an quantitativen, sondern an qualitativen Gütekriterien orientiert. Entsprechend wird dieser Druck innerhalb der Hochschulen von der Leitung meist direkt auf das wissenschaftliche Personal über Zielvereinbarungen mit Fakultäten, Instituten und Hochschullehrer:innen weitergegeben.

4.2 Die Problematik quantitativer Kennzahlen in der Lehre und der Wandel der Bedeutung von „Regelstudienzeit"

Die beschriebene Anwendung des Indikators für Absolvent:innen verändert die Bedeutung und Funktion der „Regelstudienzeit" (RSZ) tiefgreifend. Die RSZ ist eine Norm für die Studierbarkeit und Planbarkeit des Studienangebotes (HRG § 10 Abs. 2): Studiengänge müssen so konzipiert sein, dass sie unter normalen Umständen und unter Annahme eines Vollzeitstudiums in dieser Zeit studierbar sind. Dagegen unterstellt die Einbeziehung der tatsächlichen Studienzeiten der Studierenden eine Steuerbarkeit dieser Studiendauer durch organisationale Maßnahmen und bewertet die Einhaltung der RSZ als Leistung der Hochschule.

Dieser Druck wird an die Studierenden weitergegeben. Dazu gehört die Organisation des Studiums als Vollzeitstudium ohne Zugeständnisse an reale Studienverhältnisse, die zu großen Anteilen in Teilzeit erfolgen, auch Merkmale wie der überwiegende Anteil obligatorischer Module, die Zahl der möglichen Prüfungswiederholungen sind eingeschränkt. Studienfinanzierungen orientieren sich an Studienzeiten, überlange Studienzeiten werden mit Strafgebühren belegt. Schließlich etablieren sich Rückmeldesysteme, in denen Studierenden teils automatisiert die zeitliche Planmäßigkeit ihres Studienablaufes signalisiert wird.[6]

Der Steuerungseingriff transformiert eine Norm für die Qualität des Studienangebotes in eine Norm des Studienverhaltens, sie gibt also den Handlungsdruck an die Studierenden selbst weiter, die RSZ bewirkt eine Normierung des individuellen Studienverhaltens (vgl. Penthin et al. 2017, S. 26).

Aus Sicht der Hochschulen werden also die Studiendauer und damit das Studienverhalten von einer organisationsbezogenen Input- zu einer steuerungsbedürftigen Output-Größe. Gesteuert werden nicht mehr Strukturen, sondern Menschen. Belohnt wird nicht mehr die Qualität von Bildungsmöglichkeiten, sondern die Passung der formalisierten Studienabläufe an die normierten Prozesse. Es ist daher auch kein Wunder, dass diese institutionelle Erwartung zunehmend von Studierenden internalisiert und ein Studium, das länger dauert, als Belastung und Versagen angesehen wird.

4.3 Die Promotionskennzahl als Prekarisierungskatalysator

Die Anzahl von Promotionen als Kennzahl der LOM und die Höhe der damit verbundenen Beträge macht jede zählbare Promotion zu einem relevanten

---

6 Vgl. für die Universität Osnabrück das sog. „Leistungspunkte-Verlaufssystem", welches ausdrücklich das Ziel hat, „zur Verbesserung der Verbleibquote und zur Steigerung der Absolvent*innenquote innerhalb der Regelstudienzeit beizutragen" (Universität Osnabrück 2019a/b).

Finanzfaktor. Es entsteht für die Universität ein Handlungsdruck, der über die Gestaltung der Arbeitsverhältnisse zu einem Druck auf den Arbeitsmarkt des wissenschaftlichen Mittelbaus weitergegeben wird. Je geringer das Beschäftigungsvolumen und je kürzer die Beschäftigungsdauer, umso mehr Promotionen können mit den gleichen Ressourcen finanziert werden. Das führt zu einer Verschlechterung sowohl der Beschäftigungsbedingungen in der Promotionsphase als auch zu einer Verschlechterung der Karriereperspektiven nach der Promotion. Es geht soweit, Befristungen für Qualifikationen so stark zu begrenzen, dass Promotionsvorhaben nicht ausfinanziert werden und vor Abschluss die Ressourcen für die nächste Promotion eingesetzt werden, wohl wissend, dass die Doktorand:innen ihre Projekte auf der Grundlage anderer, höchst prekärer Finanzierung (Lehraufträge, Hilfskraftverträge, Sozialleistungen wie ALG I oder ALG II) zu Ende führen werden, um die bereits eingesetzten Zeiten berufsbiografisch nicht verloren zu geben.

Die damit einhergehenden Verzerrungen sind oft beschrieben worden: Bevorzugung von wettbewerbsgeeigneten Themen, Prozessen und Orientierungen zuungunsten von Originalität und Innovation (vgl. u. a. Münch 2011). Aber auch die Bedingungen der Lehre werden in Mitleidenschaft gezogen, als immer mehr Stellen, die für die Erbringung von Lehrtätigkeit in Studienprogrammen erforderlich sind, für Promotionen umgewidmet oder Nebenvereinbarungen zu Promotionen getroffen werden. Die Lehre wird zunehmend auf Hochdeputatsstellen und Lehraufträge verlagert und damit verbilligt (vgl. in diesem Sammelband den Beitrag von Seipel und Holderberg, welche im Zeitverlauf einen Wachstum der Stellen als Lehrkraft für besondere Aufgaben ausweisen). Unter diesem strukturell unentrinnbaren Druck schreitet die Prekarisierung der Arbeitsverhältnisse im wissenschaftlichen Mittelbau fort, ungeachtet der Appelle und Maßnahmen, die auf der Seite der Regelungen und Gesetze im öffentlichen Bereich der Wissenschaftspolitik vorgeführt werden. Entkoppelt haben sich hier die Wirkung der Steuerungsinstrumente von den öffentlichen Absichtserklärungen und appellativen Aufforderungen, die die Intention der rechtlichen Rahmungen formulieren.

4.4 Das Demokratie-Defizit

Die LOM wurde in Niedersachsen über den Weg der Zielvereinbarungen zwischen dem Wissenschaftsministerium und den Hochschulen als Teil des Hochschulkennzahlensystems eingeführt. Bei der Einführung waren die Hochschulen (bzw. Hochschulleitungen) über die Landeshochschulkonferenz an Beratungen beteiligt. Indem die universitären Gremien der akademischen Selbstverwaltung bei der Entwicklung außen vor blieben, fand eine hochschuldemokratisch legitimierte Beteiligung nicht statt. Insbesondere die wesentlich betroffenen Statusgruppen der wissenschaftlichen Mitarbeiter:innen und der Studierenden waren damit aus den konzeptionellen Prozessen ausgeschlossen (vgl. Oberschelp in diesem Sammelband). Begleitet wurde die Implementierung vom HIS-Institut für Hochschulforschung (vgl. Dölle/Rupp/Niermann 2016).

Die Algorithmisierung von Umverteilungsmechanismen basiert auf einer Wirklichkeitskonstruktion, die erkennbar nur ausschnitthaft Handlungsaspekte erfasst. Die Reduktion auf diese Kennzahlen verzerrt den Blick auf die Gesamtheit der Realität und erzeugt durch ihre Akzeptanz bei den Akteur:innen und in der Öffentlichkeit eine veränderte, neu konstruierte Wirklichkeit, die für die Mittelflüsse entscheidend wird (vgl. Borgwardt 2011, S. 7; Oberschelp 2017, S. 197). Durch die Schein-Objektivität der Kennzahlen über die Anonymisierung der Autor:innen und durch den Automatismus der Anwendung entzieht sich die Steuerung mit den dahinterliegenden Entscheidungen der Öffentlichkeit und damit der Kritisierbarkeit und Korrigierbarkeit. Sie werden nicht mehr persönlich verantwortet, sondern systemisch formalisiert. Nach dem Ausschluss während der Entwicklung lassen sich auch während der Anwendung weder auf der Ebene hochschulinterner Gremien, noch auf der Ebene der Hochschulen gegenüber der Landessteuerung Einwände und Änderungsinitiativen wirksam einbringen. Die LOM entzieht die Kriterien und Mechanismen der hochschulinternen und der externen Kontrolle, Diskussion und Revision.

> „Mitwirkungsmöglichkeiten der zu bewertenden Einrichtungen bestehen – je nach Verfahrenszuschnitt – allenfalls in der Phase der Instrumentenentwicklung, nicht jedoch beim laufenden Einsatz, der durch einen Automatismus von Leistungsmessung und Ergebnisverwendung und von dem Fehlen einer Interpretation der Ergebnisse der Leistungsmessung gekennzeichnet ist." (Oberschelp 2017, S. 110)

Münch (2011, S. 231–232) weist anhand des Forderungskatalogs der Forschergruppe „Governance der Forschung" darauf hin, „wie schwer es ist, diesen unerwünschten Effekten im Rahmen des Paradigmas selbst entgegenzusteuern". Der algorithmisierte Mechanismus entzieht sich dadurch möglichen Korrekturen und Überprüfungen, sowohl hinsichtlich der im Mechanismus hinterlegten Modelle und Konstrukte als auch hinsichtlich ihrer gewünschten und ungewünschten Wirkungen. Auch die Mitwirkung im Falle der LOM in Niedersachsen hat lediglich auf der Ebene zwischen Land und Hochschulleitungen über die Landeshochschulkonferenz stattgefunden, blieb also im Rahmen von Akteur:innen, die sich an Hierarchie-Governancemodellen ausrichten. So stellen schon DiMaggio und Powell (1983/2009, S. 66) fest,

> „dass die Notwendigkeit, Verantwortung und Macht wenigstens zeremoniell in einer formal definierten Rolle zu vereinen, um mit hierarchischen Organisationen interagieren zu können, ein dauerhaftes Hindernis für die Aufrechterhaltung egalitärer

oder kollektivistischer Organisationsformen darstellt (Kanter 1972, Rothschild-Whitt 1979)."

Der wesentliche Verlust, der mit dieser Entdemokratisierungsdynamik vollzogen wird, besteht darin, dass mit der Quantifizierung von Qualitätsurteilen das Diskursive aus den Prozessen der Rechenschaftslegung und der institutionellen Legitimierung verdrängt wird. Zahlenvergleiche verdrängen das Abwägen von Argumenten mit dem Horizont der kritischen Reflexion von Zielen und Werten. Das in diskursiven Verfahren legitimierte Ringen um den besten Weg wird abgelöst durch „autoritär vorgegebene, finanziell sanktionierende Mess- und Steuerungsverfahren bzw. Qualitätstribunale" (Frost 2018, S. 44).

5. Folgerungen und Forschungsdesiderat

Im Abschnitt 4.1 ist deutlich geworden, dass die Anwendung der LOM-Formel zu einem hohen Handlungsdruck führt, dem sich eine Hochschule nicht entziehen kann. Die Steigerung des ohnehin bestehenden Wettbewerbs entsteht dadurch, dass ein Verzicht, bspw. auf einen Drittmittelantrag, nicht einfach das Ausbleiben eines finanzierten Forschungsprojektes zur Folge hat, sondern zusätzlich einen Verlust bei den Formelumsätzen. Das Gleiche gilt für die Bearbeitung aller indikatorrelevanten Handlungsbereiche einer Hochschule. Weniger Drittmittel, weniger abgeschlossene Promotionen, weniger Studierende und weniger Absolvent:innen in kurzer Studienzeit führen nicht nur zu einem ökonomisch spürbaren Verlust und zu einem Reputationsverlust im Ranking der Hochschulen untereinander, wenn das Ministerium die Formelergebnisse öffentlich macht. Zudem ändern sie die Denkweise der Entscheider:innen und die Funktion dieser Prozesse im Hochschulsystem grundlegend: Unter der Oberfläche, also unauffällig und implizit, führt diese Steuerung zu einer tiefgreifenden Veränderung der Wertehierarchie bis hin zu einer Umkehrung der Zweck-Mittel-Relation. Die Einwerbung von Mitteln dient nicht mehr zur Ermöglichung von Forschung und Lehre, sondern Forschungs- und Lehraktivitäten zielen auf die Verteidigung und Mehrung der verfügbaren Mittel.

> „Alles richtet sich nun auf die Erfüllung der Kennziffern. Es werden nicht mehr Kennzahlen als Mittel eingesetzt, um Forschung und Lehre als Ziel zu steigern, vielmehr wird so geforscht und gelehrt, dass die Kennzahlen erfüllt werden." (Münch 2011, S. 102; siehe auch S. 18)

Das Ziel der Objektivierung von Leistung über quantitative Kriterien hat die Beseitigung von Interpretationsräumen und die Reduktion von Realitäten um individuelle Ausprägungen zur Folge. Es braucht keine Deutung eines Zusammenhangs, wo Algorithmen den Rechtfertigungs- und Legitimationsdiskurs derart abkürzen, dass keine jeweiligen Entscheidungen über Mittelzuführungen mehr zu treffen sind: Die Mittel lassen sich ausrechnen, die jeweilige Entscheidung der Zuführung oder Kürzung wird hinter der Formel anonymisiert und automatisiert, Verantwortung wird unsichtbar und diffundiert.

Es ist oben schon im Zusammenhang der Analyse der LOM und ihrer Auswirkungen auf die Umkehrung der Zweck-Mittel-Relation hingewiesen worden. Die finanzielle Ausstattung ist nicht mehr das Mittel, um Forschung voranzubringen und Bildung zu ermöglichen, sondern umgekehrt sind Projekte und Studienabschlüsse die Mittel, um Formelgewinne zu erzielen bzw. Mittelverluste abzuwehren. In dieser Umkehrung drückt sich ein Wertewandel aus, der von Münch (2011, S. 16) als „Kolonisierung von Forschung und Lehre" bezeichnet wird.

Die Annahme dieses Wertewandels bietet auch eine Analyseperspektive auf die Bayreuther Erklärung, die im Eingangsabschnitt dieses Beitrages die zunächst paradoxe Differenz von normativ-formale Vorgabe und reale Haltung und Handlungspraxis anschaulich gemacht hat. Die hochselektive Wirkung der Befristungspraxis an den Hochschulen und das Fehlen angemessener Karrierewege bewirkt prekäre Beschäftigung mit hohen Ausscheidungsquoten. Dieser hohe Grad an abgebrochenen akademischen Berufsbiografien wird durch die Kanzlerinnen und Kanzler der Universitäten umgedeutet zu einem Erfolg für die Bildung eines Qualifizierungsreservoirs für Wirtschaft und Verwaltung. Den Promotionsordnungen der Fakultäten ist ein solches Qualifikationsziel nicht anzumerken, Gegenstand der Qualifizierung ist ungebrochen die akademische Forschung. Durch eine solche Umdeutung wird mithin die Abkopplung der Promotionsquote von Forschungsprogrammen und Beschäftigungsfähigkeit verdeckt und die Überproduktion von promovierten Wissenschaftler:innen legitimiert, um deren Qualifikation oder Erkenntnisertrag es gar nicht mehr geht, sondern letztlich nur um das Bestehen im Wettbewerb der Promotionsquoten.

Der Wirkungszusammenhang zwischen dem Steuerungsgeschehen und dem Wertewandel ist allerdings weitgehend unaufgeklärt, das kulturelle Geschehen und seine Veränderungsdynamiken werden empirisch kaum untersucht (vgl. Müller 2015). Der Beitrag macht diesen Zusammenhang plausibel, ihn durch Empirie zu validieren und theoretisch weiter zu fundieren bleibt dabei ein Forschungsdesiderat, um den Phänomenen der beobachtbaren Entwertung akademischer Arbeit und akademischer Bildung eine stärkere theoretische Fundierung zu geben.

Literatur

Bogumil, Jörg/Burgi, Martin/Heinze, Rolf G./Gerber, Sascha/Gräf, Ilse-Dore/Jochheim, Linda/ Schickentanz, Maren (2014): Zwischen Selbstverwaltungs- und Managementmodell. Umsetzungsstand und Bewertungen der neuen Steuerungsinstrumente in deutschen Universitäten. In: Grande, Edgar/Jansen, Dorothea/Jarren, Otfried/Rip, Arie/Schimank, Uwe/ Weingart, Peter (Hrsg.): Neue Governance der Wissenschaft. Reorganisation – externe Anforderungen – Medialisierung. Bielefeld: transcript, S. 49–71.

Bogumil, Jörg/Hochheim, Linda/Gerber, Sacha (2015): Universitäten zwischen Detail- und Kontextsteuerung: Wirkungen von Zielvereinbarungen und Finanzierungsformeln. In: Bungarten, Pia/John-Ohnesorg, Marei (Hrsg.): Hochschulgovernance in Deutschland. Berlin, S. 55–77.

Borgwardt, Angela (2011): Zehn Thesen. In: Dies. (Hrsg.): Rankings im Wissenschaftssystem – Zwischen Wunsch und Wirklichkeit. Publikation zur Konferenz der Friedrich-Ebert-Stiftung am 17. März 2011, S. 7–12.

Burkhardt, Anke (2017): Arbeitsplatz Universität: Anforderungen an Umfang und Struktur des wissenschaftlichen Personals. Ergebnisse einer Expertise im Auftrag der Max-Traeger-Stiftung. In: Keller, Andreas/Staack, Sonja/Tschaut, Anna (Hrsg.): Von Pakt zu Pakt? Perspektiven der Hochschul- und Wissenschaftsfinanzierung. Bielefeld: W. Bertelsmann Verlag, S. 39–54.

BuWiN, Konsortium Bundesbericht Wissenschaftlicher Nachwuchs (2017): Bundesbericht Wissenschaftlicher Nachwuchs 2017. Statistische Daten und Forschungsbefunde zu Promovierenden und Promovierten in Deutschland. Bielefeld: W. Bertelsmann Verlag GmbH & Co. KG.

Die Kanzlerinnen und Kanzler der Universitäten Deutschlands (2019): Bayreuther Erklärung zu befristeten Beschäftigungsverhältnissen mit wissenschaftlichem und künstlerischem Personal in Universitäten, www.uni-kanzler.de/fileadmin/user_upload/05_Publikationen/2017_-_2010/20190919_Bayreuther_Erklaerung_der_Universitaetskanzler_final.pdf (Abfrage: 14.08.2020).

DiMaggio, Paul J./Powell, Walter W. (1983/2009): Das „stahlharte Gehäuse" neu betrachtet: Institutionelle Isomorphie und kollektive Rationalität in organisationalen Feldern. In: Sascha Koch und Michael Schemmann (Hg.): Neo-Institutionalismus in der Erziehungswissenschaft. Grundlegende Texte und empirische Studien. Wiesbaden: VS Verlag für Sozialwissenschaften, S. 57–84.

Dohmen, Dieter (2015): Anreize und Steuerung in Hochschulen – Welche Rolle spielt die leistungsbezogene Mittelzuweisung? In: FIBS-Forum, 54, Berlin.

Dölle, Frank/Rupp, Thomas/Niermann, Stefan (2016): Handbuch Hochschulkennzahlensystem 2016. Fortschreibung des Handbuchs aus dem August 2013. Hannover.

Eppler, Wolfgang (2017): Personalplanung und Beschäftigung bei befristeten Mitteln – Steuermechanismen am KIT. In: Keller, Andreas/Staack, Sonja/Tschaut, Anna (Hrsg.): Von Pakt zu Pakt? Perspektiven der Hochschul- und Wissenschaftsfinanzierung. Bielefeld: W. Bertelsmann Verlag, S. 69–75.

Frost, Ursula (2018): Ohne Widerstand? Was Bildung und Wissenschaft auszeichnet. In: Krautz, Jochen/Burchardt, Matthias (Hrsg.): Time for Change? Schule zwischen demokratischem Bildungsauftrag und manipulativer Steuerung. München: kopaed, S. 41–50.

Gassmann, Freya (2020): „Befristete Beschäftigung von wissenschaftlichen Mitarbeiterinnen und Mitarbeitern an Hochschulen in Deutschland – Eine erste Evaluation der Novelle des Wissenschaftszeitvertragsgesetzes". www.gew.de/evaluationwisszeitvg (Abfrage: 14.08.2020).

Gemeinsame Wissenschaftskonferenz (2019): „Verwaltungsvereinbarung zwischen Bund und Ländern gemäß Artikel 91b Absatz 1 des Grundgesetzes über den Zukunftsvertrag Studium und Lehre stärken". www.gwk-bonn.de/fileadmin/Redaktion/Dokumente/Papers/Verwaltungsvereinbarung-ZV_Studium_und_Lehre_staerken.pdf (Abfrage: 14.08.2020).

Grande, Edgar/Jansen, Dorothea/Jarren, Otfried/Schimank, Uwe/Weingart, Peter (2014): Die neue Governance der Wissenschaft. Zur Einleitung. In: Grande, Edgar/Jansen, Dorothea/Jarren, Otfried/Rip, Arie/Schimank, Uwe/Weingart, Peter (Hrsg.): Neue Governance der Wissenschaft. Reorganisation – externe Anforderungen – Medialisierung. Bielefeld: transcript, S. 15–45.

Greisler, Peter (2017): Drittmittelfinanzierung – nur mit Zeitverträgen?! In: Keller, Andreas/Staack, Sonja/Tschaut, Anna (Hrsg.): Von Pakt zu Pakt? Perspektiven der Hochschul- und Wissenschaftsfinanzierung. Bielefeld: W. Bertelsmann Verlag, S. 77–81.

Hartwig, Manuela/Stumpf-Wollersheim, Jutta/Welpe, Isabell M. (2017): Editorial: Thema: Steuerung, Leistungsmessung und Führung von Forschungsorganisationen. In: Beiträge zur Hochschulforschung 39, H. 1, S. 4–6.

Koch, Sascha (2009): Die Bausteine neo-institutionalistischer Organisationstheorie – Begriffe und Konzepte im Lauf der Zeit. In: Koch, Sacha/Schemmann, Michael (Hrsg.): Neo-Institutionalismus in der Erziehungswissenschaft. Grundlegende Texte und empirische Studien. Wiesbaden: VS Verlag für Sozialwissenschaften, S. 110–131.

Krücken, Georg (2017): Die Transformation von Universitäten in Wettbewerbsakteure. In: Beiträge zur Hochschulforschung 39, H. 3/4, S. 10–29.

Krücken, Georg/Röbken, Heinke (2009): Neo-institutionalistische Hochschulforschung. In: Koch, Sacha/Schemmann, Michael (Hrsg.): Neo-Institutionalismus in der Erziehungswissenschaft. Grundlegende Texte und empirische Studien. Wiesbaden: VS Verlag für Sozialwissenschaften, S. 326–345.

Lange, Stefan (2008): New Public Management und die Governance der Universitäten. In: der moderne staat, 1, S. 237–250.

Leischner, Franziska/Krüger, Anne/Moes, Johannes/Schütz, Anna (2017): Beschäftigungsbedingungen und Personalpolitik an Universitäten in Deutschland im Vergleich. In: Keller, Andreas/Staack, Sonja/Tschaut, Anna (Hrsg.): Von Pakt zu Pakt? Perspektiven der Hochschul- und Wissenschaftsfinanzierung. Bielefeld: W. Bertelsmann Verlag, S. 177–192.

Meyer, John W./Rowan, Brian (1977/2009): Institutionalisierte Organisationen. Formale Struktur als Mythos und Zeremonie. In: Koch, Sascha/Schemmann, Michael (Hrsg.): Neo-Institutionalismus in der Erziehungswissenschaft. Grundlegende Texte und empirische Studien. Wiesbaden: VS Verlag für Sozialwissenschaften, S. 28–56.

Müller, Romina (2015): Wertepräferenzen an deutschen Universitäten – Eine Leitbilderanalyse zur Organisationskultur. In: Beiträge zur Hochschulforschung 37, H. 4, S. 64–78.

Münch, Richard (2011): Akademischer Kapitalismus. Über die politische Ökonomie der Hochschulreform. Frankfurt a.M.: Suhrkamp.

Niedersächsischer Landtag (2015): Entwurf eines Gesetzes zur Stärkung der Beteiligungskultur innerhalb der Hochschulen, Drucksache 17/3949.

Niedersächsisches Finanzministerium (2018): „Nachtrag zum Haushaltsplan 2017/2018 für das Haushaltsjahr 2018, Hannover". www.mf.niedersachsen.de/download/130261/Nachtragshaushaltsplan_2017_2018_fuer_das_Haushaltsjahr_2018.pdf (Abfrage 02.01.2020).

Niedersächsisches Ministerium für Wissenschaft und Kultur (o.J.): „Leistungsbericht der niedersächsischen Hochschulen. Stand: Juni 2019. Hannover". www.mwk.niedersachsen.de/startseite/hochschulen/hochschulpolitik/qualitatssicherung/leistungsbericht_niedersachsischer_hochschulen/landesregierung-legt-leistungsbericht-der-niedersaechsischen-hochschulen-vor-149614.html (Abfrage: 14.08.2020).

Niedersächsisches Ministerium für Wissenschaft und Kultur (2016): „Modellbeschreibungen der Leistungsbezogenen Mittelzuweisung gültig ab 2016. Hannover". www.mwk.niedersachsen.de/download/105110 (Abfrage: 14. 08. 2020).

Oberschelp, Axel (2017): Das Fächerrating des Landes Hessen – Ausgestaltung, Einsatz und Leistungsfähigkeit eines Instruments im Rahmen der Landeshochschulsteuerung. In: Beiträge zur Hochschulforschung 39, H. 1, S. 104–129.

Osterloh, Margit (2017): Würfelt Gott? Würfelt die Wissenschaft? In: Beiträge zur Hochschulforschung 39, H. 1, S. 30–48.

Penthin, Marcus/Fritsche, Eva S./Kröner, Stephan (2017): Gründe für die Überschreitung der Regelstudienzeit aus Studierendensicht. In: Beiträge zur Hochschulforschung 39, H. 2, S. 8–31.

Schimank, Uwe (2017): Universitätsreformen als Balanceakt: Warum und wie die Universitätsleitungen Double Talk praktizieren müssen. In: Beiträge zur Hochschulforschung 39, H. 1, S. 50–60.

Universität Osnabrück (2019a): „Leistungsbezogene Mittelzuweisung – Ergebnisse 2019". www.uni-osnabrueck.de/fileadmin/documents/public/1_universitaet/1.2_zahlen_daten_fakten/leistungsbezogene_mittelzuweisung/Formelergebnis_2019.pdf (Abfrage: 14. 08. 2020).

Universität Osnabrück (2019b): „Leistungspunkte (LP)-Verlaufssystem – Mono- und Mehr-Fächer-Studiengänge". www.uni-osnabrueck.de/universitaet/zahlendatenfakten/leistungspunkte-verlaufssystem/ (Abfrage: 14. 08. 2020).

Weick, Karl E. (1976/2009): Bildungsorganisationen als lose gekoppelte Systeme. In: Koch, Sascha/Schemmann, Michael (Hrsg.): Neo-Institutionalismus in der Erziehungswissenschaft. Grundlegende Texte und empirische Studien. Wiesbaden: VS Verlag für Sozialwissenschaften, S. 85–109.

Wissenschaftsrat (2018): Empfehlungen zur Hochschulgovernance (Drs. 7328-18). www.wissenschaftsrat.de/download/archiv/7328-18.pdf?__blob=publicationFile&v=15 (Abfrage: 14. 08. 2020).

Der Bolognaprozess und seine Folgen für die Lehr- und Studienorganisation

Forschen, Lernen und Lehren an der Hochschule

Nicola Hericks

1. Einleitung

Kritiker:innen weisen darauf hin, dass die Bologna-Reform neben den erhofften Effekten – wie Flexibilisierung der Ausbildungswege, Verringerung der Studiendauer und der Abbrecherquoten, Förderung der Mobilität, Erhöhung der Transparenz der Hochschulstrukturen, Internationalisierung des Hochschulstudiums (vgl. Bologna-Reader 2007, S. 25) – zu einigen ungewollten Folgen geführt hat. Genannt wird hier insbesondere eine stärkere Strukturierung und Verschulung des Studiums sowie eine höhere Prüfungsdichte (vgl. Kühl 2011; 2018; Winter 2018). Dies wird nicht nur von Studierenden vielfach beklagt, sondern hat auch Einfluss auf die Tätigkeit von wissenschaftlichen Mitarbeiter:innen, insbesondere wenn sie in der Lehre tätig sind. So gilt es neuerdings Modulbeschreibungen zu verfassen und Kompetenzen zu benennen, die in den jeweiligen Lehrveranstaltungen entwickelt werden sollen. Dies bedeutet aber auch, die Lehrveranstaltungen anders zu planen – vom Studierenden aus, kompetenzorientiert, praxisorientiert u. v. m. Statt die Studierenden

> „mit den von Lehrenden häufig beliebig gewählten Inhalten von Seminaren zu füttern, komme es darauf an, vorab genaue Lernziele – ‚Learning Outcomes‘ – zu definieren und die Seminare, Übungen und Vorlesungen, aber auch die Selbstlernphasen systematisch auf diese Ziele auszurichten" (Kühl 2018, S. 300).

Dies eröffnet den Raum für neue Lehr-Lern-Formate, wie Projektlernen, Forschendes Lernen oder Service Learning, erfordert jedoch auch andere Kompetenzen der Lehrenden, eine Offenheit für alternative Lehr-Lern-Formen sowie entsprechende (universitäre) Weiterbildungs- und Unterstützungsangebote (vgl. Tigelaar et al. 2004; Hericks/Rieckmann 2018) und bringt – insbesondere bei der Korrektur von Prüfungen – eine höhere Arbeitsbelastung mit.

Interessant ist, dass viele Elemente auf europäischer Ebene gar nicht vorgegeben waren, sondern erst mit der Umsetzung der Reform in Deutschland in den Rahmenvorgaben der KMK (2004; 2008) aufgenommen wurden. So z. B. die Einteilung des Studiums in Module und die Anzahl von Prüfungen, die zur Erlangung eines Bachelor- bzw. Masterabschlusses absolviert werden müssen (vgl.

Kühl 2018; Winter 2018). Und auch die „Pflicht zur Einführung von Anwesenheitspflichten oder zur Benotung jeder Modulprüfung ist in den besagten KMK-Strukturvorgaben oder gar in den Bologna-Deklarationen nicht festgeschrieben" (Winter 2018, S. 288).

Im vorliegenden Beitrag soll auf Veränderungen in der Lehr- und Studienorganisation sowie deren Einfluss auf die Tätigkeit und Rolle von Hochschullehrenden[1] eingegangen werden.

2. Veränderungen in der Studienorganisation

Wie oben bereits angesprochen, bringt die Umstellung auf Bachelor-Master-Studiengänge im Rahmen der Bologna-Reform neue Aufgaben für Hochschulangehörige mit sich. So z. B. das *Verfassen von Modulbeschreibungen*. Wie eine 2015 durchgeführte Interview-Studie von Hericks und Rieckmann (2018) (siehe Kap. 3.1) zeigt, fühlen sich einige der Interviewten in ihrer Lehrplanung eingeschränkt, da die Formulierungen für die Modulbeschreibungen relativ stark vorgegeben und die Lehrenden dadurch teilweise sehr stark formal gebunden seien. Früher sei es dagegen möglich gewesen, bei der Lehrplanung freier zu agieren. Dies wird z. T. als Korsett oder Zwangsjacke empfunden.

„Und da sehe ich schon Probleme […] da ist dann immer so ein gewisser Absolutheitsanspruch […] es muss jetzt alles auf Kompetenzen umgestellt werden, es muss jetzt alles in dieser Sprache und mit diesen Formulierungen, bestimmte Formulierungen durften nicht verwendet werden, andere mussten verwendet werden und das hat ein bisschen was Korsettartiges, Einschränkendes." Für andere Befragte bleibt dagegen *„immer noch die Freiheit […], wie wir das inhaltlich füllen können. Also das ist doch noch so allgemein formuliert, dass die Lehrenden immer noch die Freiheit haben, das zu füllen, wie sie es für richtig halten"* (Interviewausschnitt Studie Hericks/Riekmann 2018).

Auch die Durchführung von *Anwesenheitskontrollen* ist eine neue und gleichzeitig unbeliebte Aufgabe. Von Studierenden ungern gesehen und vom ASTA vielfach boykottiert, sind sie auch bei vielen wissenschaftlichen Mitarbeiter:innen und Lehrkräften für besondere Aufgaben nicht beliebt. Da meist von der Hochschulleitung bzw. dem direkten Vorgesetzten (Professor:in) vorgeschrieben, müssen sie dennoch durchgeführt werden, was die Lehrenden in eine unangenehme Situation bringt. Zudem würden diese, Kühl (2011) zufolge, häufig dazu führen, dass Studierende von Vornherein einplanen in Lehrveranstaltungen dreimal

---

[1] Der vorliegende Text soll insbesondere auf die Situationen von wissenschaftlichen Mitarbeiter:innen und Lehrkräften für besondere Aufgaben eingehen. Parallelen zur Situation von Professor:innen sind jedoch denkbar.

zu fehlen, da dies erlaubt ist. Lehrende wiederum fühlen sich vielfach berufen, Studierenden, die einen triftigen Grund für mehrfaches Fehlen nennen, Ersatzaufgaben anzubieten, damit diese die Lehrveranstaltung dennoch abschließen können, was jedoch zu weiterem Arbeitsaufwand durch Konzeption und Korrektur dieser Aufgaben führt.

Wie bereits angesprochen ist es zudem, obwohl nicht verlangt, im Zuge von Bologna zu einer *Zunahme an Prüfungen* gekommen. Durch die Neuerung der studienbegleitenden Modulprüfungen aus denen sich später die Abschlussnote zusammensetzt, verteilt sich die Prüfungslast zwar über das gesamte Studium, die potenzielle Prüfungslastigkeit im Studium erhöht sich jedoch (vgl. Winter 2018), da „durch die Anzahl der Module für einen Studiengang […] quasi automatisch festgelegt [ist], wie viele Prüfungen in diesem Studiengang absolviert werden müssen (Kühl 2018, S. 301). Erschwerend komme hinzu, dass insbesondere in der Anfangsphase der Begriff des studienbegleitenden Prüfens vielerorts überbewertet wurde, indem nahezu jede

„Veranstaltung eines Moduls mit einer eigenen Prüfung versehen [wurde], obwohl eigentlich eine Prüfung pro Modul ausgereicht hätte, um die Vorgaben zu erfüllen. Zudem wurden die Prüfungen in der Regel benotet und nicht einfach als ‚bestanden' oder ‚nicht-bestanden' eingestuft, was zur Erfüllung der Vorgaben häufig ausgereicht hätte […]. Im Anschluss daran bemühten sich die Kultus- und Wissenschaftsministerien sowie die Hochschulen darum, die Prüfungsbelastungen in den Studiengängen wieder zu verringern. In Reaktion auf die Kritik an der Inflation von Prüfungen hatte man deshalb vielerorts in rechtlichen Vorgaben nur noch eine Prüfungsleistung pro Modul erlaubt." (Winter 2018, S. 287).

Trotz der erhöhten Anzahl von Prüfungen erhalten Studierende immer weniger individuelle Rückmeldungen zu diesen, weil die Korrektur von den Lehrenden kaum noch zu bewältigen ist (vgl. Kühl 2018, S. 305). Dozierende haben dagegen den Eindruck, dass von Studierendenseite kaum mehr Interesse an einer Rückmeldung besteht und entsprechende Angebote, wie z. B. Gespräche oder die Einsicht in die Prüfungsunterlagen, nur sehr vereinzelt wahrgenommen werden.

Eine weitere Folge der Prüfungslast ist, dass bei der Wahl der Modulprüfung häufig nicht eine didaktisch sinnvolle Passung zu den Modulinhalten den Ausschlag gibt, sondern Gründe der Arbeitseffizienz überwiegen (müssen). Insbesondere in Studiengängen und Veranstaltungen mit vielen Studierenden herrscht daher eine Vorliebe für (MultipleChoice-)Klausuren. Obwohl einerseits als Maßnahme gegen eine Verschulung „als nicht universitätsadäquat" beschieden und nur noch mit ausdrücklicher Genehmigung des Dekanats zugelassen, finden sie dennoch „weiterhin statt, weil auch der Dekan ja nicht die Mittel zur Verfügung stellen kann, um die 600 Hausarbeiten einer Einführungsvorlesung zu korrigieren" (Kühl 2018, S. 308).

Auch das Projekt „Kriteriumsorientiertes adaptives Testen in der Hochschule (KAT-HS)" von Frey et al. (Projektlaufzeit 2017–2020) beschäftigt sich mit Möglichkeiten der Prüfungsdurchführung im Rahmen von Bologna und betont die Effizienz von Klausuren, insbesondere in Studiengängen mit hohen Studierendenzahlen. Ziel des Projekts war die Entwicklung eines hochschul- und fächerübergreifend einsetzbaren Konzepts zur Konstruktion, Administration und Auswertung von E-Klausuren im Hochschulbereich. Zudem soll durch ein zu entwickelndes Verfahren zur Messung von Kompetenzen erreicht werden, dass die seit der Bologna-Reform als Kompetenzen definierten Studienziele im Rahmen von Klausuren adäquat quantifiziert werden können. Das Konzept integriert ferner die Methode des computerisierten adaptiven Testens[2] (vgl. Frey et al. 2019).

Im Rahmen einer Teilstudie – 2019 durchgeführt von Hericks – sollte mithilfe von Experteninterviews mit Studiendekan:innen und IT-Verantwortlichen verschiedener deutscher Hochschulen geklärt werden, welche Vorteile von einem solchen Klausurenkonzept zu erwarten sind und welche Hinderungsgründe gegen dessen Verwendung sprechen. Die Befragung baut auf einer bereits durchgeführten hochschul- und fächerübergreifenden webbasierten Fragebogenstudie von Frey et al. (2019) auf, bei der Lehrende zu etwaigen Hinderungsgründen befragt wurden. Interviewt wurden 15 Studiendekan:innen verschiedener Hochschulen[3] und Fachbereiche[4] sowie 20 IT-Verantwortliche[5]. Letztere verfügten bereits über Erfahrungen mit eKlausuren und waren z. T. explizite Ansprechpartner:innen für eKlausuren bzw. eAssessements/ePrüfungen (vgl. Hericks 2019).

Es zeigte sich, dass insbesondere in Studiengängen, in denen Klausuren generell weniger vertreten sind, eher eine Abneigung gegen diese besteht und in Frage gestellt wird, inwieweit durch diese Kompetenzen überhaupt geprüft wer-

---

2 Anders als bei herkömmlichen Testverfahren wird hier nicht allen Testpersonen eine vorab zusammengestellte Menge von Aufgaben in einer bestimmten Reihenfolge präsentiert, sondern jede Testperson erhält nur solche Aufgaben, bei denen aufgrund des bislang gezeigten Antwortverhaltens davon ausgegangen werden kann, dass sie besonders viel diagnostische Information über die interessierende Merkmalsausprägung liefern. Dabei kann sichergestellt werden, dass bei jeder getesteten Person die verschiedenen Inhaltsbereiche gleichmäßig durch Aufgaben abgedeckt sind. Obgleich Personen mit hoher Merkmalsausprägung schwierigere Aufgaben zu bearbeiten haben als Testpersonen mit niedrigerer Merkmalsausprägung, sind faire interindividuelle Vergleiche möglich, da bei der Bestimmung der Testergebnisse durch Modelle der Item Response Theory die Schwierigkeit der jeweils bearbeiteten Aufgaben berücksichtigt wird (vgl. Frey et al. 2019).
3 Hessen und Nordrhein-Westfalen.
4 Psychologie, Physik, Rechtswissenschaft, Angewandte Informatik, Humanmedizin, Zahnmedizin, Linguistik, Literaturwissenschaft, Katholischer Theologie, Evangelischer Theologie, Biologie, Geographie, Ingenieurswissenshaften, Geisteswissenschaften, Sprach- und Kulturwissenschaften.
5 Baden-Württemberg, Bayern, Brandenburg, Bremen, Hamburg, Hessen, Niedersachsen, Nordrhein-Westfalen, Rheinland-Pfalz und Sachsen.

den können. Dabei wurde deutlich, dass ein Grund hierfür insbesondere in der unterschiedlichen Art der Definition des Begriffs Kompetenz in den verschiedenen Fachbereichen liegt. So werden in der Psychologie Kompetenzen im Sinne domänenspezifischer kognitiver Leistungsdispositionen verstanden (vgl. Klieme/ Leutner 2006). Schüsselkompetenzen sind hier gerade nicht berücksichtigt und eine (Multiple Choice-)Klausur als Prüfungsmethode daher gut geeignet.

Geisteswissenschaftliche Studiengänge verstehen Kompetenzen dagegen als „Fähigkeiten und Dispositionen zur Bewältigung kontextspezifischer Anforderungen, [d. h.] Fähigkeiten und Bereitschaften im Hinblick auf konkrete Situationen und Aufgaben […] und ihre Anwendbarkeit in einer Vielzahl vergleichbarer Situationen und Aufgaben" (Schaper et al. 2012, S. 12). Sie versuchen daher, auch Schlüsselkompetenzen[6] zu berücksichtigen. Anders als in der Psychologie beziehen sich Lehrende dieser Studiengänge daher vielfach auf die vier Qualifikationsziele nach Bologna (wissenschaftliche Befähigung, Berufsbefähigung, zivilgesellschaftliches Engagement, Persönlichkeitsentwicklung) und versuchen entsprechende Prüfungen zu entwickeln (vgl. Abb. 1).

Aber auch die Interviewten technischer und ingenieurwissenschaftlicher Studiengänge sehen Klausuren eher kritisch, u. a. da hier im Rahmen von Prüfung kleinere, handschriftliche Zeichnungen sowie Programmierungen verlangt sind. Eine Übertragung in eine eKlausur wäre technisch zwar ggf. möglich, jedoch sehr aufwändig. Es stellt sich somit – wie auch von Interviewten aus dem IT-Bereich angemerkt – die Frage nach Effizienz: Muss alles digital umgestellt werden, nur weil es technisch möglich ist oder ist im Einzelfall nicht die Entscheidung für eine traditionelle, jedoch didaktisch passendere Prüfungsform sinnvoller?

Zu ähnlichen Ergebnissen kommt auch die bereits erwähnte Interviewstudie von Hericks und Rieckmann (2018). Auch hier wurde die Klausur, insbesondere im Multiple Choice-Format von den meisten Befragten als weniger geeignet für kompetenzorientierte Prüfungen gesehen. Vorteilhaft sei lediglich die Zeitersparnis, insbesondere bei hohen Teilnehmer:innenzahlen. Diese wäre jedoch nur im Multiple Choice-Format erfüllt, während die Auswertung offener Aufgaben (z. B. Analyse von Fallbeispielen, Interpretation von Dilemmasituationen u. ä.), welche zu bevorzugen sind, viel Zeit erfordere und nur durch die Lehrenden selbst und nicht durch studentische Hilfskräfte o. ä. möglich sei. Zudem sei die Formulierung adäquater Aufgaben (sowohl im offenen, als auch im Multiple Choice-Format) sowie die Berücksichtigung unterschiedlicher Niveaus generell schwierig

---

6 Sonderform, häufig eingeteilt in Fach-, Methoden-, Sozial- und Selbstkompetenzen. „Kenntnisse, Fähigkeiten und Einstellungen, die domänenübergreifend sowie multifunktional und polyvalent anwendbar sind und Personen befähigen, fachliches Wissen und Können in komplexen und schwierigen beruflichen Alltagssituationen, aber auch in neuen und ungewohnten Situationen zur Anwendung zu bringen" (Schaper et al. 2012, S. 18). Sie spielen insbesondere beim Lebenslangen Lernen sowie im Hinblick auf die Employability-Anforderung der reformierten Hochschulstudiengänge eine Rolle (vgl. Schaper et al. 2012).

Abbildung 1: Der Bologna-Prozess: Qualifikationsziele für Studiengänge (vgl. Rieken/Peltz 2013).

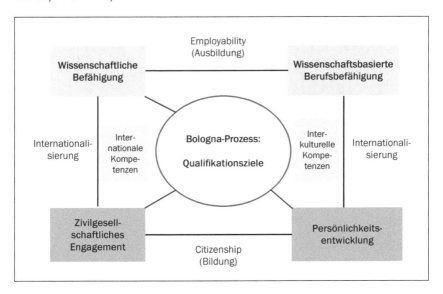

und langwierig und daher Aufgabe einer Gruppe von Mitarbeiter:innen und nicht einzelner Lehrender.

„Ich bin überhaupt kein Freund von diesen Multiple Choice-Tests. Ich finde schon, dass es relativ furchtbar ist die zu schreiben, weil auch für die Studierenden selber da ein großer Frust da ist und ich glaube man kann nicht sagen, nur aus Grund von pragmatischen Gründen, dass man das relativ gut auswerten kann und dass [...] die sehr effektiv sind [...] die Studierenden haben dafür überhaupt keine Wertschätzung. Wird mir immer zurückgemeldet. Die finden das furchtbar, weil sie einfach auch alles was sie drumherum wissen [...] nicht loswerden können und ich glaube, es ist ganz wichtig, dass die Studierenden die Chance haben.“ (Interviewausschnitt Studie Hericks/Riekmann 2018)

Generell sprechen sich viele der Befragten für eine Vielfalt von Prüfungsformen aus, da nur so verschiedene Kompetenzen geprüft werden könnten. Neben den klassischen Formen, wie Hausarbeit, Referat und mündliche Prüfung, berichteten die Interviewpartner:innen von vielfältigen weiteren Möglichkeiten, die sie bereits erprobt haben. Neben dem Portfolio, welches von vielen trotz hohem Arbeitsaufwand, als besonders geeignet bezeichnet wird, werden z. B. Projekt- und Forschungsberichte, die Planung, Durchführung und Reflexion einer Unterrichtseinheit bei Lehramtsstudierenden sowie kreative Formen, wie das Drehen von Filmen, die Konzeption von Ausstellungen und das Erstellen von Materialien mit anschließender Anleitung für Außenstehende genannt. Wichtig sei, dass die

Erprobung alternativer Prüfungsformen nicht durch Vorgaben in der Prüfungsordnung konterkariert wird, sondern den Lehrenden entsprechende Freiräume gegeben werden. So könne auch auf eine heterogene Studierendenschaft individuell eingegangen werden. Für letzteres sehen viele der Befragten die mündliche Prüfung als besonders geeignet an, da in dieser sowohl die Individualität des zu Prüfendens als auch verschiedene Kompetenzniveaus berücksichtigt werden könnten.[7]

„Mit mündlichen Prüfungen habe ich im Prinzip auch ganz gute Erfahrungen gemacht, weil man da außer, dass man so'nen Wissensfundus erfassen kann natürlich auch stärker in die Diskussion gehen kann und sehen kann, wie flexibel kann jemand beispielsweise mit übergreifenden Fragen umgehen oder kann auch Verbindungen herstellen zwischen verschiedensten Wissensgebieten oder inwieweit sind auch Praxisaufgaben, die mit jenem Wissenshintergrund zu lösen sind Bestandteil. Also das lässt sich sicherlich auch auf verschiedenen Niveaustufen eigentlich gestalten. Man kann natürlich auch ganz schlicht das Abfragen mit mündlichen Prüfungen verbinden, aber andererseits kann man auch beispielsweise ne kleine Situation aus dem pädagogischen Alltag schildern und dann sagen, ja, wie könnte man das jetzt interpretieren. Beziehen Sie doch mal die Theorien, die Sie kennengelernt haben darauf. Welche Handlungsempfehlungen könnte man beispielsweise auch dann ableiten?" (Interviewausschnitt Studie KAT-HS)

3. Veränderungen in der Lehre

Im Zuge der Bologna-Reform rücken unter dem Begriff des „shift from teaching to learning" die Lernerorientierung und der Kompetenzerwerb der Studierenden als Indikator des Studienerfolgs in das Zentrum hochschulpolitischer Diskussionen (vgl. Burck/Schmidt 2012). Was sollen die Studierenden am Ende ihres Studiums können? Welche Lernziele bestehen für die verschiedenen Studienabschnitte? Welche Lerninhalte sollten in die Bachelor- bzw. Masterstudiengänge vermittelt werden? Welche Form der Vermittlung der Inhalte sollte gewählt werden? (vgl. Kühl 2018, S. 297–298).

„Anhand solcher Fragen sollen jetzt – immer ausgehend von der Perspektive der Studierenden – die übergeordneten Lernziele für einen Studiengang systematisch auf die einzelnen Module und dann schließlich auf jede einzelne Veranstaltung, jede einzelne Selbststudiumsphase und jede einzelne Prüfung innerhalb der Module heruntergebrochen werden." (Kühl 2018, S. 298)

---

7   Ähnliche Äußerungen wurden auch im Rahmen der Interview-Studie des Projekts KAT-HS genannt.

Kompetenzen lassen sich jedoch nicht von den Lehrenden vermitteln, sondern müssen von den Lernenden selbst entwickelt werden. Eine kompetenzorientierte Hochschulbildung setzt daher eine neue Lehr-Lern-Kultur voraus (vgl. Michelsen/Rieckmann 2014). Für die Lehrenden stellen sich in diesem Zuge neue Anforderungen: So z. B. die Erprobung kompetenzorientierter Lehr-/Lernformen, die Gestaltung kompetenzorientierter Prüfungen sowie die Festschreibung der zu erwerbenden Kompetenzen in Form von Modulbeschreibungen (vgl. Schaper et al. 2012). Die Tätigkeit von Hochschuldozierenden wird somit durch die Kompetenzorientierung maßgeblich beeinflusst. Kaum erforscht ist, wie dies von den Lehrenden selbst wahrgenommen wird und wie diese mit der (neuen) Herausforderung umgehen.

Anstelle neuer Lehr-Lern-Formen, beobachtet Kühl jedoch die „Renaissance des Frontalunterrichts an den Hochschulen": Da die Studiengänge ausgehend von den Lehrkapazitäten der einzelnen Institute und Fachbereiche geplant werden, gleichzeitig jedoch akribisch versucht wird, sich an die vorgegebenen 240, 180 bzw. 120 ECTS-Punkte zu halten und über Studiengebühren nur begrenzt zusätzliche Lehrbeauftragte finanziert werden können, scheinen insbesondere in Studiengängen mit vielen Studierenden, Massenveranstaltungen im Vorlesungsstil mit „PowerPoint-gestützten Foliengewittern", die sich jedes Jahr wiederholen vielfach die einfachste Lösung zu sein, bestenfalls begleitet durch studentische, aus Studiengebühren finanzierte Tutorien (Kühl 2018, S. 298–299).

Auch Winter (2018, S. 288) betont, dass die Modularisierung durch fixe Stundenpläne, klassenorientierte Lehr- und Lernorganisation, anleitenden Unterricht statt selbstorganisiertem Lernen, Anwesenheitspflichten, Prüfungsinflation, wenig Wahlfreiheiten und die vorrangige Vermittlung von kanonisiertem „Schul"-Wissen zum „Katalysator einer Verschulung des Studiums" werden kann. Dies müsse jedoch nicht zwangsläufig so sein (vgl. Winter 2018, S. 288).

„Berücksichtigt man das Leben von heutigen Studierenden, die hinreichend damit beschäftigt sind, Leistungsnachweise in Form von Credit-Points zu sammeln und prüfungsfähiges Wissen zu erwerben, um sich auf dem Arbeitsmarkt zu bewähren, erscheint möglicherweise die Annahme gewagt, neue Lernkulturen mögen eine tragfähige Alternative zum Studienalltag darstellen. Während das konvergente (auf ein bestimmtes Ziel gerichtete) Denken durch Aneignung von Fachwissen trainiert werden kann, ist das divergente, d. h. originelle, mehrgleisige und flexible Denken, […] in traditionellen akademischen Lehrveranstaltungen nur bedingt vermittelbar. Die moderne Berufswelt erwartet aber von Fachleuten entsprechend den sich schnell verändernden Arbeitsbedingungen und Herausforderungen eine permanente Bereitschaft zum Umdenken. Auch angesichts bislang ungeahnt komplexer und schneller ökonomischer und gesellschaftlicher Veränderungen werden die Fähigkeit zum problemlösungsorientierten Denken und die Bereitschaft zum lebenslangen Lernen zur Voraussetzung für das Bestehen im Berufsleben. Dies stellt Anforderungen an die Hochschuldidaktik,

Lehrformen zu konzipieren, die nicht nur die Fähigkeit zu Innovation, Originalität und Flexibilität fördern, sondern den Studierenden darüber hinaus ermöglicht, ihre zukünftige Berufstätigkeit als ein kreatives Arbeitsfeld zu begreifen." (Kirjuchina 2018, S. 177)

3.1 Kompetenzorientierte Lehre

In der Bildungsdiskussion hat sich in den letzten Jahren ein Paradigmenwechsel von einer Input-Orientierung (Welches Wissen soll erworben werden?) hin zu einer Outcome-Orientierung (Welche Kompetenzen sollen entwickelt werden?) vollzogen (vgl. Heil 2007; Klieme et al. 2007; Schaper et al. 2012). Dies bedeutet, dass Studierende die Chance erhalten sollten, nicht nur fachlich-wissenschaftliche Kompetenzen zu entwickeln, sondern auch fachübergreifende multi-funktionale Qualifikationen und beruflich verwertbare Schlüsselkompetenzen, die sie zum Umgang mit wesentlichen Herausforderungen des privaten und beruflichen Lebens befähigen (vgl. Hericks/Rieckmann 2018).

Schaper et al. (2012) arbeiten Aspekte heraus, die bei einer kompetenzorientierten Gestaltung von Studiengängen und Lehre zu berücksichtigen sind (vgl. Hericks/Rieckmann 2018, S. 260–261):

- *Studiengangsentwicklung und Bestimmung des Kompetenzprofils:* Genaue Beschreibung der Bildungsziele und der erwünschten Lernergebnisse für den Studiengang, für einzelne Module und für die Lehrveranstaltungen ausgehend von einem Kompetenzprofil (Was sollen die Studierenden nach dem Ende des Studiums können?) möglichst unter Mitwirkung von Lehrenden, Studierenden und weiteren Stakeholder:innen (z. B. aus der Praxis).
- *Kompetenzorientierte Lehr-/Lerngestaltung:* Da sich Kompetenzen nicht vermitteln lassen, sondern von den Lernenden, begleitet durch die Lehrenden, selbst entwickelt werden müssen sind Lehr-Lern-Methoden wie z. B. forschendes, problemorientiertes und projektbasiertes Lernen nötig, die eine aktive Auseinandersetzung mit den Lerngegenständen ermöglichen (vgl. Schaeper 2009). Die Rolle der Lehrenden verändert sich dementsprechend von Fachexpert:innen zu Prozessbegleiter:innen.
- *Kompetenzorientiertes Prüfen:* Prüfungs- und Rückmeldeformate, die sich an den Inhalten und Anforderungsniveaus der erwarteten Lernergebnisse orientieren und damit die Kompetenzentwicklung unterstützen und den Studierenden eine Rückmeldung zu ihren eigenen Lernprozessen geben.
- *Studienbegleitende Förderung der Studierenden:* Unterstützung und Beratung der Studierenden, um die Prozesse der eigenen Kompetenzentwicklung und dessen Reflexion zu fördern (z. B. durch Mentoring-Programme, Self-Assessment- und Portfolioverfahren, Coaching-Angebote sowie Trainingsangebote zur Förderung von Schlüsselkompetenzen).

- *Kompetenzorientierte Evaluation:* Erarbeitung von Evaluationskriterien, die sich auf die erwarteten fachbezogenen Lernergebnisse des Studiengangs bzw. des Moduls oder der Lehrveranstaltung beziehen sowie die überfachliche Kompetenzentwicklung berücksichtigen. Neben Fragebögen zur Selbsteinschätzung der Kompetenzentwicklung sollten auch objektive Kompetenztests genutzt werden, wobei in Bezug auf die Messung von (Schlüssel-)Kompetenzen im Hochschulbereich noch erhebliche Forschungsdesiderata bestehen (vgl. Zlatkin-Troitschanskaia/Kuhn 2010).

- *Qualifizierungsangebote für Lehrende:* Eine kompetenzorientierte Lehre setzt bei den Lehrenden nicht nur einen hohen Grad an Motivation voraus, sondern auch die Entwicklung von Lehrkompetenzen (vgl. Tigelaar et al. 2004), die sie zur Gestaltung innovativer Lehr-Lern-Settings im Sinne einer neuen Lehrkultur befähigen. Angebote der hochschuldidaktischen Weiterbildung, Möglichkeiten des Austauschs und der Vernetzung untereinander sowie die Mitarbeit an der Entwicklung kompetenzorientierter Curricula können hier eine Unterstützung bieten.

Für eine kompetenzorientierte Hochschulbildung sind Lehr- und Lernmethoden nötig, die lerner:innenzentriert sind und die Entwicklung von Kompetenzen befördern (vgl. Barth et al. 2007; Schaeper 2009, Vila/Perez/Morillas 2012). Dabei sind insbesondere Formate geeignet, die ein eigenständiges Handeln der Studierenden ermöglichen, wie selbstorganisiertes Lernen, entdeckendes Lernen, forschendes Lernen, projektorientiertes Lernen, Förderung von Partizipation und Reflexion sowie mehrperspektivisches und interdisziplinäres Denken und Arbeiten (vgl. Weinert 2001; Huber/Hellmer/Schneider 2009; Vila/Perez/Morillas 2012). In diesen Formaten werden die Studierenden zu (Mit-)Gestalter:innen ihres eigenen Lernprozesses und haben einen direkten Einfluss auf ihre eigene Kompetenzentwicklung. Von Bedeutung ist dabei, dass ihnen die erwarteten Lernergebnisse sowie die Zusammenhänge zwischen einzelnen Lehrveranstaltungen und zwischen den Modulen bekannt sind (vgl. Schaper/Schlömer/Pächter 2012).

Wie bereits angesprochen, ist die Wahrnehmung der Kompetenzorientierung in der Hochschulbildung durch die Lehrenden selbst bis dato wenig erforscht. Die bereits angesprochene Interviewstudie an der Universität Vechta beleuchtet die Perspektive dieser und die damit verbundenen Herausforderungen (folgende Zitate stammen aus dem Datenmaterial der Studie). Im Rahmen von Leitfaden-Interviews wurden Anfang 2015 Lehrende[8] dazu befragt, wie sie mit der Herausforderung einer Kompetenzorientierung in der Lehre umgehen.[9] Insgesamt konnten

---

8 Professor:innen, wissenschaftliche Mitarbeiter:innen und Lehrkräfte für besondere Aufgaben.

9 Leitfragen: Verständnis einer kompetenzorientierten Lehre, förderliche Lehr-Lern-Formen und Rahmenbedingungen, bereits erprobte Gestaltungsmöglichkeiten kompetenzorien-

17 Lehrende aus 13 Fachbereichen[10] der Universität Vechta interviewt werden. Einige der Befragten hatten zuvor bereits in der „Arbeitsgruppe Kompetenzen" der Universität mitgearbeitet und sich damit bereits näher mit der Thematik auseinandergesetzt (vgl. Hericks/Rieckmann 2018).

Es zeigt sich, dass die im Rahmen der Bologna-Reform geforderte Kompetenzorientierung in der Lehre von den meisten Interviewten positiv aufgenommen und eher als förderlich, denn als hinderlich für die eigene Lehrtätigkeit gesehen wird. Die Interviewten verbinden mit einer Kompetenzorientierung in der Lehre überwiegend, dass eine Handlungsperspektive und eine Anwendung von Inhalten eine größere Rolle spielen sollen. Es gehe um *„Fähigkeiten und Fertigkeiten, mit bestimmten Situationen umzugehen"* sowie um die *„Lösung komplexer Probleme"*. Dementsprechend sind bereits vielfältige Lehr-Lern-Formen und Methoden im Sinne einer Kompetenzorientierung erprobt und eingesetzt worden (siehe Kap. 3.2).

Insbesondere Lehrende, die im Bereich der Lehrer:innenbildung arbeiten, berichten, dass sie bereits zuvor kompetenzorientiert gearbeitet haben, wenn z. T. auch unter anderen Begrifflichkeiten.

„Für meine Lehre muss ich gestehen, hat sich gar nicht extrem viel verändert, […] weil ich denke, dass man so im pädagogischen Bereich eigentlich schon immer drauf angewiesen war, dass […] die Studierenden dann nicht nur am Ende aufsagen können, welche fachdidaktischen Konzepte es beispielsweise gibt, sondern man ja eigentlich immer bestrebt war jetzt beispielsweise ne Unterrichtssituation zu analysieren und dabei dann das Wissen, was man vorher sich angeeignet hat auch anzuwenden."

In diesem Zusammenhang wird daher auch die Frage aufgeworfen, ob es sich bei der Kompetenzorientierung nicht nur um ein Modewort handle, welches jetzt in neuem Gewand umgesetzt wird:

„Ich habe so ein bisschen Probleme mit dem Konstrukt der Kompetenz, denn für mich ist das irgendwie es ist schon ein bisschen ein Modewort, ich finde das liest sich unheimlich gut, wenn man sich das durchliest, was an Kompetenzen gefordert werden soll, an theoretischer, praktischer, fachspezifischer Kompetenzen, soziale oder kulturelle, allerdings

---

tierter Prüfungen, Einfluss der Kompetenzorientierung auf die Tätigkeit als Dozent:in, Kompetenzen, die Studierende im Laufe eines Studiums allgemein bzw. bezogen auf ihren Fachbereich erwerben sollten, Beitrag der eigenen Lehrveranstaltungen zur Entwicklung dieser Kompetenzen.

10 Anglistik, Biologie, Chemie, Designpädagogik, Dienstleistungsmanagement, Erziehungswissenschaften, Geographie, Germanistik, Gerontologie, Geschichte, Katholische Theologie, Kulturwissenschaften, Kunst, Landschaftsökologie, Mathematik, Musik, Pädagogische, Psychologie, Philosophie, Politik/Politikwissenschaften, Sachunterricht, Soziale Arbeit, Soziologie/Sozialwissenschaften, Sport, Wirtschaft und Ethik.

weiß ich nicht ob das tatsächlich jetzt irgendwie was Neues ist. Ich glaube nicht. Ich glaube, dass wir das früher auch schon immer gemacht haben und dass das nur ein neues Gewand bekommen hat und neu benannt worden ist."

Vorteilhaft sei, dass die zu erwerbenden Kompetenzen in den Modulbeschreibungen festgeschrieben und damit für die Studierenden klarer und transparenter seien. Zudem läge der Schwerpunkt nun nicht mehr auf der reinen Vermittlung von fachlichem Wissen, sondern es würde auch die Entwicklung persönlicher Kompetenzen und einer zivilgesellschaftlichen Befähigung betont. Mitarbeiter:innen mit wenig Lehrerfahrung helfe die Kompetenzorientierung zudem, die Lehrveranstaltungen zielgruppenadäquater auszugestalten.

„Insofern, dass ich weniger darauf fixiert bin, dass ich jetzt bestimmte Inhalte rüberbringen will, das was ich so als Anfängerin immer festgestellt habe, dann schafft man nie alles was man machen will […]. Seit ich mir klar mache, es geht hier jetzt erst mal um zentrale Kompetenzen, die hier erworben werden sollen, dann ist man nicht ganz so sehr mehr auf den Inhalt fixiert und das hilft manchmal auch, die Veranstaltungen etwas zielgruppenadäquater auszugestalten."

Die Kompetenzorientierung wird von den meisten Interviewten aber auch als sehr anspruchsvoll gesehen und damit z. T. als große Herausforderung empfunden, da es *„aus pragmatischen, ökonomischen, rationalen Gründen"* einfacher sei, zunächst nach Inhalten zu strukturieren und am Ende nach den Kompetenzen.

„Der Anspruch, der damit verbunden ist, dass ich also jemanden so unterstütze bei seiner Qualifikation, dass er damit in jeder Situation seines Lebens, im beruflichen oder Alltagsleben, damit dann auch was anfangen kann, ist sicherlich sehr hochgegriffen. Zumindest kann ich dafür die Grundlagen mit versuchen mit zu unterstützen".

Negativ angemerkt wird ferner, dass durch die in den Modulbeschreibungen benannten Kompetenzen sehr hohe Ansprüche an die Studierenden gestellt würden. Daher sei fraglich, inwieweit Studierende diese in wenigen Semestern entwickeln können. *„Denn manchmal sind die Kompetenzen ja schon sehr groß angelegt […], dass man denkt, naja, man wär froh, wenn man das selber nach 20 jähriger Berufstätigkeit schon erreicht hätte."* Zudem fehle teilweise der fachspezifische Bezug, da die Kompetenzen häufig sehr allgemein gehalten seien und somit auch in anderen Fächern erworben werden könnten.

Die Entwicklung fachübergreifender Kompetenzen wird als Querschnittsaufgabe aller Lehrenden betrachtet, was zur Folge hat, dass nur ein geringer Fokus auf diese gelegt wird, weil man davon ausgeht, dass die Studierenden sie in anderen Modulen erwerben:

„Wenn ich jetzt zum Beispiel Selbstkompetenz, soziale und kulturelle Kompetenz an-
schaue, die thematisiere ich immer etwas weniger mit, weil ich weiß, dass diese Kom-
petenzen können oder sollten auch in anderen Modulen angesprochen werden, das sind
Querschnittsaufgaben, die ich sehe, die sich durch das Studium durchziehen müssen."

Schwierig sei zudem, einen Praxisbezug für die Studierenden herzustellen, da
das Berufsleben gerade für Studienanfänger:innen noch sehr weit entfernt sei.
Es wirkte jedoch *„unglaublich motivierend"*, Beispiele aus der Praxis der Do-
zent:innen einzubringen und mit konkreten Fallbeispielen zu arbeiten. Dementsprechend wird eine interdisziplinäre Zusammenarbeit innerhalb der Universität sowie die Kooperation mit externen Partner:innen, wie Schulen, Museen,
Umweltzentren, Stadtverwaltung, Touristeninformation u. a. als förderlich empfunden. Des Weiteren seien begleitende Tutorien sowie Formen des Co-Teaching,
der Kollegialen Hospitation und der Kollegialen Beratung sinnvoll. Letztere an
Universitäten jedoch noch schwerer umzusetzen, als an Schulen, da dies nicht
im *„Selbstverständnis von Dozenten vorhanden"* sei. Zudem wäre hierfür keine
Zeit, solange es an anderer Stelle keine Entlastung gäbe. Die Universität sei daher
gefragt, derlei Angebote als festen Bestandteil zu etablieren.

3.2 Lehr-Lern-Formen und Methoden für eine kompetenzorientierte Lehre

Wie die Studie von Hericks und Rieckmann (2018) zeigt, setzen fast alle der
befragten Lehrenden bereits eine Vielzahl konkreter Methoden ein, die deren
Ansicht nach die Kompetenzorientierung unterstützen. So z. B. die Arbeit mit
Fallbeispielen/Fallstudien, Posterpräsentationen, Gruppenarbeit, Konzeption
von Ausstellungen, Planspiele, Diskussionen und Debatten, Partner:inneninter-
views, Quizformen, Gruppenpuzzle, Museumsbesuche, Einladen von Gastrefe-
rent:innen, Placement-Methoden, Partner:innenstreitgespräche, Exkursionen
und Übungen.

Bei der Auswahl von Methoden sollte nach Ansicht der Interviewten darauf
geachtet werden, dass diese sowohl die Persönlichkeit des Lehrenden, die Fach-
kultur und die Lerngruppe berücksichtigen. Wichtig sei ferner, mit den Studierenden mehr in den Dialog zu treten, anstatt lange Monologe zu halten, sowie
Reflexionsaufgaben einzubeziehen.

„Übungen spielen eine große Rolle, dann auch das Einbinden in die Forschung [...] also
in aktuelle Forschungsfragen, also nicht einfach: [...] ,forschungsorientierte Lehre, haben
wir, wenn wir uns eine Studie nehmen und die berichten' [...]. Ich fasse forschungs-
orientierte Lehre anders auf, ich sitze an einer Fragestellung, die ich natürlich auf Grund
meines Wissens und meiner Kompetenzen, meiner Erfahrung in diesem ganzen Bereich

schon deutlich besser beantworten kann, aber ich begebe mich, bin letztendlich auf einer ähnlichen Stufe wie die Studierenden auch und wir versuchen gemeinsam eine Lösung zu finden, wenn dies möglich ist. [...] muss man als Leiterin dieser Veranstaltung irgendwo so flexibel sein, dass man dann diesen [...] Weg gemeinsam dann zu Ende geht und nicht sich irgendwann verabschiedet von den Studenten und sagt, okay, ihr seid noch klein, ihr könnt das noch nicht, ich mache allein weiter." (Interviewausschnitt Studie Hericks/ Rieckmann 2018)

Unabhängig von der Methode, wird vor allem die Förderung der Eigenaktivität der Studierenden als wichtig benannt. Lehr-Lern-Formen, die bereits erprobt und von den Interviewten als kompetenzorientiert bezeichnet werden, sind u.a. forschendes Lernen, Service Learning und Projektlernen (vgl. Hericks/Rieckmann 2018). Auf diese drei Formen sowie die Folgen für die Seminargestaltung und Rolle des/der Lehrenden soll daher im Folgenden jeweils kurz näher eingegangen werden.

3.2.1 Projektlernen (auch Projektarbeit oder Projektunterricht)

Die moderne Universität hat nach Kirjuchina (2018) als Nachfolgerin der universitas studiorum einen Bildungsauftrag, der über die Vermittlung von fachlich geprägtem Sach- und Methodenwissen hinausgeht. In der Informations- und Wissensgesellschaft und im Zeitalter der ausdifferenzierten Fächerkulturen sind vielmehr Kompetenzen, wie vernetztes Denken, Kreativität, Kommunikationsfähigkeit und Ausdauer gefragt sowie die Fähigkeit zur Arbeit in interdisziplinär zusammengesetzten Teams und zur Bearbeitung transdisziplinärer Probleme. Dies erfordert jedoch zeitgemäße fächerübergreifende Lehrformen und Lernkulturen, die problemlösendes Denken und Handeln sowie die Fähigkeit zu Innovation und Selbständigkeit schulen (vgl. Kirjuchina 2018, S. 163–164).

Eine solche Lehrform stellt das, in der Schule bereits seit Ende des 19 Jahrhunderts verbreitete Projektlernen dar, bei dem eine Gruppe selbstständig frei gewählte Aufgaben, häufig mit fächerübergreifenden Projektzielen in einer interdisziplinär zusammengesetzten Gruppe, bearbeitet (vgl. Kirjuchina 2018, S. 164).

„Während die regulären Lehrveranstaltungen den Schwerpunkt auf die Vermittlung theoretischen Wissens legen, das erst während der Praktika oder im späteren Berufsleben eine unmittelbare Anwendung findet, wird der Wissens- und Kompetenzerwerb in Studentischen Projekten durch praktische Erfahrungen und gesellschaftliche Erfordernisse motiviert und dementsprechend individuell gestaltet. Eine besondere Rolle fällt dabei der Selbstreflexion der Studierenden in ihrem persönlichen Lernprozess zu." (vgl. Kirjuchina 2018, S. 164)

Der Bedarf an theoretischen Kenntnissen wird somit von praktischen Erfahrungen abgeleitet (umgekehrte Lehre). Obwohl in der praktischen Durchführung sehr unterschiedlich, lassen sich wesentliche Merkmale der Projektarbeit in der Hochschule ableiten: Eigeninitiative der Studierenden, Selbstorganisation, Interdisziplinarität sowie die Aneignung des Wissens durch Selbstbestimmung und Selbstführung (vgl. Kirjuchina 2018, S. 167).

> „Obwohl Studentische Projekte eine flexible und offene Form der Lehre darstellen, weisen sie eine klare Struktur auf, die an einen durchdachten Ablaufplan und eine phasenorientierte Arbeitsorganisation gebunden sind. Die Projektplanung orientiert sich zwar am angestrebten Ergebnis, lässt jedoch operative Offenheit bei der Gestaltung der einzelnen Arbeitsschritte und Aufgabenverteilung zu. Entscheidend sind dabei sowohl die jeweiligen Interessen der Studierenden als auch der objektive Handlungsbedarf, die sich aus dem Lern- und Arbeitsprozess ergeben" (vgl. Kirjuchina 2018, S. 168).

Die Rolle von Lehrenden und Studierenden verändert sich im Rahmen des Projektlernens, wie Kirjuchina (2018) näher erläutert: Die Studierenden werden aufgefordert, aus ihrer passiv-rezeptiven Haltung herauszutreten und aktiv zu werden, den Lehrenden kommt die Mentor:innen-Rolle zu.

> „Da das Lernziel […] nicht die Übernahme von vorgefertigten Erkenntnissen aus anerkannten Informationsquellen, sondern eine bewusste und reflektierte Aneignung von Wissen und Kompetenzen ist, steht im Mittelpunkt der Lehre die Unterstützung der Studierenden bei der Findung angemessener Methoden für die Lösung gestellter Aufgaben und der Überwindung von Hindernissen. Es ist eine besondere Herausforderung für die Lehrenden, ausgehend von Ihrem Wissens- und Erfahrungsvorsprung, keine fertigen Lösungen anzubieten. […]. Während die Lernenden durch praktische Erfahrungen im Projekt an die Grenzen ihres Wissens stoßen, werden sie von den Lehrenden angeregt […] ihre Wissensdefizite bewusst wahrzunehmen und nach Kompensationsmöglichkeiten zu suchen. Die Aufgabe der Lehrenden ist dabei, die Studierenden mit Kreativitätstechniken und Problemlösungsmethoden auszurüsten, damit sie die Fähigkeit entwickeln, über kategoriale und standardisierte Schranken hinweg zu neuen, über das Übliche hinausgehende Lösungen zu kommen." (Kirjuchina 2018, S. 173–174)

Studentische Projektarbeit geht zudem häufig über den Rahmen der institutionell organisierten Lehrveranstaltungen hinaus und ermöglicht dadurch einen kollegialen Austausch zwischen Lehrenden und Studierenden, der auf einem weniger formalisierten Wissens- und Erfahrungstransfer beruht (vgl. Kirjuchina 2018, S. 173).

Da die Studierenden im Unterschied zu anderen Formen des selbstgesteuerten Lernens im Rahmen von Projektlernen an einer Fragestellung mit gesellschaftspolitischem Bezug arbeiten, ist die Öffnung der Hochschule (z. B. Einbezug von Expert:innen, Kooperation mit öffentlichen Einrichtungen) ein weiteres wichtiges Element.

> „Die Teilnahme an einem studentischen Projekt ermöglicht damit den Studierenden eine gesellschaftlich wirksame, mitunter politisch verantwortungsvolle Rolle zu übernehmen und den unmittelbaren sozialen Gebrauchswert ihrer Leistungen zu erkennen" (Kirjuchina 2018, S. 168).

3.2.2 Forschendes Lernen

Forschendes Lernen, in Deutschland seit 1970 bekannt, und in den letzten Jahren zunehmend auch in der Hochschuldidaktik angewendet,

> „zeichnet sich [...] dadurch aus, dass die Lernenden den Prozess eines Forschungsvorhabens, das auf die Gewinnung von [...] Erkenntnissen gerichtet ist, in seinen wesentlichen Phasen, von der Entwicklung der Fragen und Hypothesen über die Wahl und Ausführung der Methoden bis zur Prüfung und Darstellung der Ergebnisse in selbstständiger Arbeit oder in aktiver Mitarbeit in einem übergreifenden Projekt (mit)gestalten, erfahren und reflektieren" (Huber 2009, S. 11).

Es gibt keine fertigen Rezepte oder Techniken, die für beliebige Ziele oder in beliebigen Kontexten eingesetzt werden können. Forschendes Lernen ist vielmehr als Teilhabe an Wissenschaft immer als offener Prozess zu verstehen sowie als Zusammenwirken und zusammen lernen von Lehrenden und Lernenden. Die Studierenden erhalten die Möglichkeit, Problemstellungen zu bearbeiten, an denen sie interessiert und emotional engagiert sind und suchen nach Erkenntnissen, die auch für Dritte spannend sind. Dabei sollte ihnen ein größtmögliches Maß an Selbstständigkeit, eigener Aktivität und Kooperation zugestanden werden (vgl. Huber/Kröger/Schelhove 2013).

Denkbar sind nach Huber (2013, S. 26–27) verschiedene Formen, wie Essay und Recherche, Erkundungen, Laboraufgaben, Beobachtungsaufgaben, (Teil-) Experimente, Untersuchungen, Fallstudien, Simulationsspiele, Exkursionen, Praktika und Projektstudien.

Huber (2014) unterscheidet dementsprechend drei Ausprägungen, als deren Oberbegriff er *Forschungsnahes Lehren und Lernen* vorschlägt (vgl. Müller-Naevecke/Naevecke 2018, S. 122–123):

a) *Forschungsbasiertes Lernen:* Lehr-/Lernformate, die auf Forschung basieren und aktuelle Forschungsergebnisse einbeziehen, dabei jedoch den Forschungsprozess nachzeichnen und nachvollziehbar machen

b) *Forschungsorientiertes Lernen:* Lehr-/Lernformate, die Studierende an aktuelle Forschung heranzuführen. Dabei können sowohl Elemente des Vorführens als auch des Ausprobierens und Mitarbeitens genutzt werden.

c) *Forschendes Lernen:* Eigenes Forschen der Studierenden, wobei sie idealerweise den gesamten Forschungsprozess durchlaufen, diesen sowie dessen Resultate im Anschluss reflektieren und dadurch Teil der Scientific Community ihrer Disziplin werden.

Forschendes Lernen stellt nach Müller-Naevecke und Naevecke (2018) eine immense Herausforderung an die Lehrenden:

„Sie müssen sich lösen von ihrer Rolle als Vermittler, als Front Man oder Front Woman, und den shift from teaching to learning tatsächlich vollziehen. Sonst wird Forschendes Lernen nicht gelingen. Nur wenn der lernende und sich entwickelnde Einzelne in den Mittelpunkt gestellt wird und sich diesen Raum auch erobern darf, wird er ihn auch nach und nach ausfüllen […]. Nur so kann Relevanz erfahren werden und können Need-to-know-Situationen entstehen, in denen forschend Lernende notwendiges Wissen und Können erkennen und einfordern. Lehrende, die im konstruktivistischen Sinne als Lernbegleiter agieren, können hier Wissen anbieten und Selbstlernen unterstützen und so Studierenden ermöglichen, Kompetenzen zu entwickeln, vielleicht sogar sich zu bilden." (Müller-Naevecke/Naevecke 2018, S. 140)

Hinzu komme, dass sich Forschungskompetenz zwar erst durch Forschendes Lernen entwickle, die Studierenden jedoch bereits über bestimmte methodische Grundlagen, Selbst- und Sozialkompetenzen sowie Fachkompetenz verfügen müssen, um an entsprechenden Lehrveranstaltungen gewinnbringend teilnehmen zu können. Es gehe also zunächst „um die Entwicklung von Kompetenzen zu Forschendem Lernen. Forschungskompetenz selbst ist dann eine der Zielkategorien" (Müller-Naevecke/Naevecke 2018, S. 124). Formate des Forschungsnahen Lehrens und Lernens sollten daher curricular aufeinander aufbauend im Studium platziert werden, damit Studierende zunächst einen niedrigschwelligen Zugang zu Forschung bekommen (vgl. Müller-Naevecke/Naevecke 2018, S. 124–125). Geeignet ist bereits die Studieneingangsphase, da es das Ziel ist, „von Anfang an eine andere Haltung zum Studieren anzubahnen, als die eines schulischen Lernens und Fragen und Interessen zu wecken, die das weitere Studium begleiten können" (Huber/Kröger/Schelhove 2013, S. 29).

3.2.3 Service Learning

In den USA unter der Bezeichnung „community based learning" bereits seit den 40er Jahren bekannt, ist Service Learning in Deutschland seit Anfang 2000 verbreitet. Studierende lernen in Praxisprojekten mit Non-Profit-Partner:innen aus der Region, in dem sie für diese einen Service erbringen, der von gesellschaftlichem Nutzen ist. Es findet somit eine Verbindung von hochschulischem theoriebasierten Lernen mit sozialem Engagement statt. Im Rahmen einer offenen Bedarfssituation, flankiert durch fachlich-wissenschaftliche Input- und Supportangebote, können die Seminarteilnehmer:innen selbsttätig handeln und wissenschaftlich fundiert gemeinnützige Entwicklungs- oder auch Forschungsleistungen erbringen und erfahren eine mehr oder weniger unmittelbare Relevanz ihres Engagements im gesellschaftlichen Außenraum durch die wiederum ein intrinsisches Verlangen nach Wissen ausgelöst wird (Need-to-know-Situation) (vgl. Müller-Naevecke/Naevecke 2018, S. 125–127).

> „Service Learning als hochschulisches Lehr-/Lernformat ist immer mehr als ehrenamtliches Engagement. Durch die wissenschaftliche Fundierung der Aufgabenbearbeitung und die Reflexion des eigenen nach außen gerichteten Handelns wie auch des inneren Lernprozesses selbst […] wird hier eine an akademischen wie professionellen Standards orientierte Dienstleistung für die Gesellschaft erbracht." (Müller-Naevecke/ Naevecke 2018, S. 127)

Durch die Zusammenarbeit von drei Akteure:innen – Lehrende, Studierende und zivilgesellschaftliche Partner:innen – stellen sich nach Müller-Naevecke und Naevecke (2018) hohe Herausforderungen an die verschiedenen Beteiligten.

> „Jeder dieser Akteure nimmt in mehreren Rollen an solchen Projektseminaren teil […]. Funktionen im Herkunftsbereich und solche anderen im Rahmen der Projektarbeit unterscheiden sich teilweise – mitunter auch hierarchisch – erheblich, ebenso wie daran geknüpfte Aufgaben und Erwartungen." (Müller-Naevecke/Naevecke 2018, S. 138)

Die Lehrenden stehen in einem Spannungsfeld zwischen ihrer Rolle als Dozent:in und ihrer projektspezifischen Funktion als Prozessbegleiter:in, Berater:in und Coach.

> „Dieses Spannungsverhältnis scheint umso größer, je stärker die Dozierendenrolle bisher an einer eher instruktiven Didaktik orientiert ausgeübt wurde, und wird darüber hinaus beeinflusst von einer eventuellen curricularen Verankerung des Lehr-/ Lern-Vorhabens und somit einer möglichen Einbindung in das Prüfungsregime des jeweiligen Studiengangs." (Müller-Naevecke/Naevecke 2018, S. 139)

Die Studierenden wiederum sind einerseits in gemeinnütziger Weise Dienstleistende, andererseits weiterhin Lernende, die vergleichbare Aufgaben zuvor noch nicht in der Praxis ausgeführt haben und demensprechend über keine fachliche Expertise verfügen.

Die zivilgesellschaftlichen Partner:innen müssen dagegen eine Balance finden zwischen ihrer Rolle als Auftraggeber:innen, verbunden mit expliziten Erwartungen an Ergebnis und Verlauf und auf der anderen Seite als Empfänger:innen einer gemeinnützigen Dienstleistung durch fachliche Noviz:innen.

> „Das beschriebene je eigene Zurechtfinden der einzelnen Akteure in den Spannungsverhältnissen ihrer oben angedeuteten multiplen Rollen und ein bewusster Umgang mit dem Rollenspagat der jeweils anderen Projektpartner ist unseres Erachtens eine der größten Herausforderungen in solchen Lehr-/Lern-Projekten gleichzeitig jedoch auch ein wichtiger Gelingensfaktor. Nach vielfachen eigenen Erfahrungen treten Störungen oder gar gravierende Probleme gerade dann auf, wenn Partnern nicht gelingt, die eigene Rollendiskrepanz und die der anderen Beteiligten zu reflektieren. Wir halten damit eine aufgeklärte Akteurskonstellationen für eine der zentralen Bedingungen." (Müller-Naevecke/Naevecke 2018, S. 139)

4. Fazit

Die veränderte Studiengestaltung durch die Umstellung auf Bachelor- und Masterstudiengänge eröffnet den Raum für neue Lehr-Lern-Formate, wie Projektlernen, Forschendes Lernen und Service Learning, stellt jedoch auch neue Herausforderungen an die Lehrenden. Denn für die Gestaltung innovativer Lehr-Lern-Settings im Sinne einer neuen Lehrkultur ist nicht nur die Motivation der Lehrenden nötig, sondern neue Lehr-Lernkompetenzen bzw. das Wissen über innovative Lehr-Lernmethoden und die Fähigkeit zu deren Anwendung sowie die Fähigkeit zur Beratung und Begleitung von Studierenden. Dazu gehört auch, die Rolle als Lehrende:r aktiv zu reflektieren und sich selbst eher als Lernbegleiter:in bzw. Mentor:in denn als Wissensvermittler:in zu verstehen (vgl. Tigelaar et al. 2004; Hericks/Rieckmann 2018). Die Lehrenden müssen sich „lösen von ihrer Rolle als Vermittler, als Front Man oder Front Woman, und den shift from teaching to learning tatsächlich vollziehen." (Müller-Naevecke/Naevecke 2018, S. 140). Studierende sind dagegen aufgefordert, sich aus ihrer passiv-rezeptiven Haltung zu lösen und aktiv zu werden. Zudem sei in innovativen Lehr-Lern-Formaten ein kollegialer Austausch zwischen Lehrenden und Studierenden, der auf einem weniger formalisierten Wissens- und Erfahrungstransfer beruht, gefragt (vgl. Kirjuchina 2018).

Wie Studien zeigen, sind viele Lehrende trotz einer damit häufig verbundenen höheren Arbeitsbelastung grundsätzlich aufgeschlossen, neue Lehr-Lern-Formen zu erproben und alternative Prüfungsformen zu entwickeln. Als wichtig wird jedoch eine Unterstützung durch die Hochschule empfunden. Angebote der hochschuldidaktischen Weiterbildung, aber auch Möglichkeiten des Austauschs und der Vernetzung können hier eine Unterstützung bieten (vgl. Schaper et al.

2012; Schaper/Schlömer/Pächter 2012; Hericks/Rieckmann 2018), aber auch begleitende Tutorien, Formen des Co-Teaching, der Kollegialen Hospitation und der Kollegialen Beratung. Letztere scheinen an Universitäten jedoch schwierig umzusetzen, da dies, ähnlich wie in der Schule, wo gern von einem Einzelkämpfer:innentum gesprochen wird, nicht im Selbstverständnis von Dozent:innen vorhanden sei. Als förderlich werden ferner eine interdisziplinäre Zusammenarbeit innerhalb der Universität sowie der Kontakt zu Schulen und anderen außeruniversitären Einrichtungen (z. B. Museen, Umweltzentren, Stadtverwaltung) empfunden. Die Hochschulleitung sei daher gefragt, entsprechende Angebote als feste Bestandteile zu etablieren sowie entsprechende Zeitfenster und Entlastungen zu bieten (vgl. Hericks/Rieckmann 2018). Hinderlich scheinen dagegen zu starre, korsettartige Vorgaben durch die Modulbeschreibungen, eine Einschränkung der Prüfungsvielfalt bzw. der Erprobung alternativer Verfahren durch enge Vorgaben in den Prüfungsordnungen (vgl. Hericks/Rieckmann 2018) sowie ein zu akribisches Erfüllen der ECTS-Punkte-Verteilung auf Kosten anderer Aspekte (vgl. Kühl 2011/2018).

Literatur

Barth, Matthias/Godemann, Jasmin/Rieckmann, Marco/Stoltenberg, Ute (2007): Developing Key Competencies for Sustainable Development in Higher Education. In: International Journal of Sustainability in Higher Education 8, H. 4, S. 416–430.

Burck, Kerstin/Schmidt, Uwe (2012): Studierbarkeit: Ein Konzept mit Einfluss auf den Studienerfolg? In: Zeitschrift für Qualitätsentwicklung in Forschung, Studium und Administration 3, S. 72–80.

Heil, Friederike. (2007): Der Kompetenzbegriff in der Pädagogik: Ein Ansatz zur Klärung eines strapazierten Begriffs. In: Heffels, Wolfgang M./Streffler, Dorothea/Häusler, Bernd (Hrsg.): Macht Bildung kompetent? Handeln aus Kompetenz – pädagogische Perspektiven. Farmington Hills: Budrich, S. 43–79.

Hericks, Nicola (2019): Offener Unterricht als Möglichkeit zum Umgang mit Heterogenität. Studierende entwickeln Konzepte für offene Unterrichtsformen. In: Bielefeld: HLZ – Zeitschrift für Lehrer_innenbildung 2, H. 1, S. 92–108.

Hericks, Nicola (2018): Kompetenzorientierte Lehre in der Studieneingangsphase. In: Hericks, Nicola (Hrsg.): Hochschulen im Spannungsfeld der Bologna-Reform. Erfolge und ungewollte Nebenfolgen aus interdisziplinärer Perspektive. Wiesbaden: Springer VS, S. 217–237.

Hericks, Nicola/Rieckmann, Marco (2018): Einfluss der Kompetenzorientierung auf die Tätigkeit von Hochschuldozent/-innen. In: Hericks, Nicola (Hrsg.): Hochschulen im Spannungsfeld der Bologna-Reform. Erfolge und ungewollte Nebenfolgen aus interdisziplinärer Perspektive. Wiesbaden: Springer VS, S. 257–275.

Hochschulrektorenkonferenz (2007): Bologna-Reader II. Neue Texte und Hilfestellungen zur Umsetzung der Ziele des Bologna-Prozesses an deutschen Hochschulen, 1. Auflage, Bonn: Hochschulrektorenkonferenz.

Huber, Ludwig (2014): Forschungsbasiertes, Forschungsorientiertes, Forschendes Lernen: Alles dasselbe? Ein Plädoyer für eine Verständigung über Begriffe und Unterscheidungen im Feld forschungsnahen Lehrens und Lernens. In: Das Hochschulwesen, H. 1/2, S. 22–29.

Huber, Ludwig (2013): Die weitere Entwicklung des Forschenden Lernens. Interessante Versuche – dringliche Aufgaben. In: Huber, Ludwig./Kröger, Margot/Schelhowe, Heidi (Hrsg.): Forschendes Lernen als Profilmerkmal einer Universität. Beispiele aus der Universität Bremen. Bielefeld: Universitätsverlag Webler, S. 21–35.

Huber, Ludwig (2009): Warum Forschendes Lernen nötig und möglich ist. In: Huber, Ludwig/Hellmer, Julia/Schneider, Friederike (Hrsg): Forschendes Lernen im Studium. Bielefeld: Universitätsverlag Webler, S. 9–35.

Huber, Ludwig/Kröger Margot/Schelhowe, Heidi (2013): Forschendes Lernen als Profilmerkmal einer Universität. Bielefeld: Universitätsverlag Webler.

Huber, Ludwig/Hellmer, Julia/Schneider, Friederike (2009): Forschendes Lernen im Studium. Aktuelle Konzepte und Erfahrungen. Bielefeld: Universitätsverlag Webler.

Kirjuchina, Ljuba (2018): „Inkompetenzkompensationskompetenz". Studentische Projekte als neue Lernkulturen in Bachelor-Studiengängen. In: Hericks, Nicola (Hrsg.): Hochschulen im Spannungsfeld der Bologna-Reform. Erfolge und ungewollte Nebenfolgen aus interdisziplinärer Perspektive. Wiesbaden: Springer VS, S. 161–179.

Klieme, Eckhard/Maag-Merki, Katharina/Hartig, Johannes (2007): Kompetenzbegriff und Bedeutung von Kompetenzen im Bildungswesen. In: Hartig, Johannes/Klieme, Eckhard (Hrsg.): Bildungsforschung Band 20. Möglichkeiten und Voraussetzungen technologiebasierter Kompetenzdiagnostik, Bonn/Berlin: BMBF, S. 5–15.

Klieme, Eckhard/Leutner, Detlev (2006): Kompetenzmodelle zur Erfassung individueller Lernergebnisse und zur Bilanzierung von Bildungsprozessen. Beschreibung eines neu eingerichteten Schwerpunktprogramms der DFG. In: Zeitschrift für Pädagogik 52, S. 876–903.

Kühl, Stefan (2011): „Der bürokratische Teufelskreis alla Bologna. Sich verstärkende Bürokratisierungseffekte in der Hochschulreform. Working Paper 8/2011". www.uni-bielefeld.de/soz/personen/kuehl/pdf/Working-Paper-8-2011-Kuehl-Buerokratisicher-Teufelskreis-Informalitaet-110417.pdf (Abfrage: 08.08.2020).

Kühl, Stefan (2018): Verschulung wider Willen. Die ungewollten Nebenfolgen einer Hochschulreform. In: Hericks, Nicola (Hrsg.): Hochschulen im Spannungsfeld der Bologna-Reform. Erfolge und ungewollte Nebenfolgen aus interdisziplinärer Perspektive. Wiesbaden: Springer VS, S. 295–309.

Müller-Naevecke, Christina/Naevecke, Stefan (2018): Forschendes Lernen und Service Learning: Das humboldtsche Bildungsideal in modularisierten Studiengängen. In: Hericks, Nicola (Hrsg.): Hochschulen im Spannungsfeld der Bologna-Reform. Erfolge und ungewollte Nebenfolgen aus interdisziplinärer Perspektive. Wiesbaden: Springer VS, S. 119–143.

Rieken, M./Peltz, J. (2013): Studentisches Engagement unterstützen – Citizenship an Universitäten. In: Weiterbildung – Zeitschrift für Grundlagen, Praxis und Trends 1/2013, S. 30–31.

Schaeper, Hildegard (2009): Development of competencies and teaching-learning arrangements in higher education: findings from Germany. In: Studies in Higher Education 34, H. 6, S. 677–697.

Schaper, Niclas/Reis, Oliver/Wildt, Johanna/Horvath, Eva/Bender, Elena (2012): Fachgutachten zur Kompetenzorientierung in Studium und Lehre. Bonn: Hochschulrektorenkonferenz.

Schaper, Niclas/Schlömer, Tobias/Paechter, Manuela (2012): Editorial: Kompetenzen, Kompetenzorientierung und Employability in der Hochschule. In: Zeitschrift für Hochschulentwicklung, 7. Jg. (2012), Nr. 4, S. I–X.

Frey, Andreas/Spoden, Christian/Born, Sebastian/Fink, Aron (2019): Konstruktion psychometrisch fundierter Hochschulklausuren für das digitale 21. Jahrhundert, Friedrich-Schiller-Universität Jena.

Tigelaar, Dineke/Dolmans, Diana/Wolfhagen, Ineke/van der Vleuten, Cees (2004): The development and validation of a framework for teaching competencies in higher education. In: Higher Education 48, H. 2, S. 253–268.

Vila, Luis E./Perez, Pedro J./Morillas, Francisco G. (2012): Higher education and the development of competencies for innovation in the workplace. In: Management Decision, 50, H. 9, S. 1634–1648.

Weinert, Franz E. (2001): Concept of Competence: A Conceptual Clarification. In: Rychen, Dominique S./Salganik, Laura H. (Hrsg.): Defining and Selecting Key Competencies, Seattle u. a., S. 45–65.

Winter, Martin (2018): Bologna – die ungeliebte Reform und ihre Folgen. In: Hericks, Nicola (Hrsg.): Hochschulen im Spannungsfeld der Bologna-Reform. Erfolge und ungewollte Nebenfolgen aus interdisziplinärer Perspektive. Wiesbaden: Springer VS, S. 279–293.

Zlatkin-Troitschanskaia, Olga/Kuhn, Christiane (2010): „Messung akademisch vermittelter Fertigkeiten und Kenntnisse von Studierenden bzw. Hochschulabsolventen – Analyse zum Forschungsstand". www.wipaed.uni-mainz.de/ls/ArbeitspapiereWP/gr_Nr.56.pdf (Abfrage: 05.06.2017).

Arbeitsbedingungen an Hochschulen

Zur Arbeitssituation des wissenschaftlichen Mittelbaus in Deutschland

Jens Ambrasat[1]

1. Einleitung

Die Arbeits- und Beschäftigungsbedingungen des wissenschaftlichen Mittelbaus stehen in einem wissenschaftspolitischen Spannungsfeld. Einerseits wünscht man sich überall gute, motivierende und produktive Arbeitsbedingungen für die Mitarbeitenden – nicht nur in der Wissenschaft. Andererseits steht der wissenschaftliche Arbeitsmarkt – mehr als andere – unter einer Wettbewerbs- und Flexibilisierungslogik. Nur die Allerbesten sollen in der Wissenschaft bleiben dürfen, Plätze und Mittel möglichst für stets nachkommende Nachwuchswissenschaftler:innen freigehalten werden.

Viele Interessenvertreter:innen, aber auch Medien bezeichnen die Arbeitsbedingungen in der Wissenschaft als prekär (vgl. Peter Ulrich in diesem Band). Im Fokus der Kritik stehen hohe Befristungsquoten, kurze Vertragslaufzeiten, aber auch zu geringe Einkommen und lange teils unbezahlte Arbeitszeiten.

Auf der anderen Seite scheint das Berufsfeld Wissenschaft (immer noch) für so viele attraktiv, dass ausreichend Nachwuchs in das Wissenschaftssystem hineinströmt, so dass ein relativ großes Angebot an geeigneten und interessierten jungen Wissenschaftler:innen es den Einrichtungen erlaubt selbst die Preise zu diktieren.

Der Beitrag verfolgt das Ziel, die Arbeitssituation des wissenschaftlichen Mittelbaus in Deutschland anhand neuester Zahlen darzustellen und in die wissenschaftspolitische Diskussion einzuordnen. Im Zentrum der Auswertungen stehen Daten der Wissenschaftsbefragung 2019/20, die zwischen November 2019 und Februar 2020 erhoben worden sind (vgl. Ambrasat/Heger/Rucker 2020). Ein auf den Daten aufbauendes Fazit gibt Hinweise, welche Schwerpunkte bei der wissenschaftspolitischen Diskussion zur Verbesserung der Situation im Mittelbau gesetzt werden sollten.

---

1 Ich danke Jakob Tesch und den Herausgebern für eine kritische Durchsicht des Manuskripts und wertvolle Hinweise.

2. Rahmenbedingungen

2.1 Karrieresystem

Vergleicht man das deutsche Wissenschaftssystem mit anderen Ländern wie Frankreich, Großbritannien oder den USA, so zeigen sich hierzulande drei wesentliche Charakteristika (vgl. Kreckel 2016; Rogge/Tesch 2016). Es gibt im Vergleich sehr wenige Dauerstellen unterhalb der Professur. Die Eingangsselektion ist eher niedrigschwellig, das heißt es können zunächst sehr viele im Wissenschaftssystem beschäftigt werden. Die eigentliche Selektion auf die Dauerstellen erfolgt recht spät (Flaschenhalsproblematik). Dadurch entsteht eine besonders lange Phase der Anwartschaft auf eine berufliche Dauerposition. Der Mittelbau wirkt dadurch aufgebläht, in dem zudem besonders viele befristet und aufgrund fehlender (bzw. bis heute zahlenmäßig weniger) Tenure-Track-Positionen ohne planbare Perspektive sind (vgl. Kreckel 2016; Rogge/Tesch 2016).

Schon Max Weber charakterisierte das deutsche Wissenschaftssystem mit Blick auf die Karrierechancen von Dozent:innen und Assistent:innen als „Hazard", da ihnen eine planbare Perspektive fehle (Weber 1919). Diese Charakterisierung trifft noch heute zu. Befragt nach den Gründen für das Ausscheiden aus der Wissenschaft in der Postdocphase werden Unsicherheit, fehlende Planbarkeit und Perspektive in Verbindung mit befristeten Verträgen als Hauptgründe genannt (Lange/Ambrasat/McAlpine in Vorbereitung).

Der Umfang und die Dauer dieser Bewährungsphasen sind im internationalen Vergleich einmalig (vgl. Kreckel 2016). In anderen Ländern existieren auch unterhalb der Professur Dauerstellen, die das Personal früher und verlässlich in Lehre und Forschung einbinden (z. B. Lecturer in Großbritannien (GB) oder Maître de Conférence in Frankreich). Anderswo (wie z. B. in den USA) werden durch Tenure-Track-Professuren zumindest ein Stück weit verlässliche Karrierechancen strukturiert. Diesen Weg möchte auch die Bundesregierung gehen, indem sie mit 1 000 Tenure-Track-Professuren Impulse für neue Personalstrukturen an den Hochschulen legt (www.tenuretrack.de). Diese stellen jedoch nur einen Bruchteil der rund 48 000 Professor:innen deutschlandweit dar. Eine Neuordnung würde erst dann stattfinden, wenn die Hochschulen neue Personalentwicklungskonzepte auch in der Breite, d. h. über die bisher geförderten Tenure-Track-Professuren hinaus einsetzen und nicht nur auf Professuren beschränken würden.

Eine äußerst ambivalente Rolle innerhalb des deutschen Berufs- und Karrieresystems Wissenschaft hat das Wissenschaftszeitvertragsgesetz (WissZeitVG). Ihm kommt eine Schlüsselrolle bei der Entwicklung verschiedener teils ungünstiger Dynamiken zu. Es stellt ein Sonderbefristungsrecht für die Wissenschaft dar, das gegenüber dem allgemeinen Teilzeit- und Befristungsrecht die Höchstbefristungsdauer von zwei Jahren (§ 14 Abs. 2 TzBfG) auf bis zu zwölf Jahre (sechs vor und sechs nach der Promotion) verlängert (§ 2 Abs. 1 WissZeitVG).[2]

Dieses Gesetz ist ambivalent, nicht zuletzt, weil es oft missverstanden wird. Viele Promovierte, die das Wissenschaftssystem verlassen, geben als Grund „das Auslaufen der Wissenschaftszeit" an. Dabei ist das Erreichen der Höchstbefristungsgrenze im Normalfall kein Grund zur Entlassung, sondern eher ein Anlass zur Entfristung, zumindest dann, wenn die Arbeit der:des Mitarbeitenden weiter gebraucht wird oder es sich sogar um Daueraufgaben der Einrichtung handelt. Zudem ist dieses Gesetz so angelegt, dass es zwar eine längere, über das allgemeine Befristungsgesetz hinausgehende, Befristung *erlaubt*, jedoch auch nicht ausschließt, dass Hochschulen und Forschungseinrichtungen ihre wissenschaftlichen Mitarbeiter:innen auch unbefristet einstellen können, z. B. wenn erwartbar ist, dass die Arbeit dauerhaft gebraucht wird und die Vertragszeit gar nicht der Qualifizierung dienen soll. Nur wird davon wenig Gebrauch gemacht und es hat sich herausgestellt, dass das WissZeitVG einseitig gegen die Wissenschaftler:innen ausgelegt wird, zugunsten einer größeren, nicht zuletzt finanziellen Flexibilität der wissenschaftlichen Einrichtungen (vgl. Andreas Keller in diesem Sammelband).

Für die Wissenschaftspolitik und die Hochschulleitungen scheint es ein großes Interesse an möglichst vielen Befristungen und der damit verbundenen Flexibilität zu geben. Diese Sichtweise wird durch die Bayreuther Erklärung der Kanzler:innen unter Beweis gestellt (vgl. Vereinigung der Kanzlerinnen und Kanzler der Universitäten Deutschlands 2019). Die Kanzler:innen fordern den Erhalt der Befristungsmöglichkeiten mit dem Argument, Stellen nicht durch qualifizierte ältere Mitarbeiter:innen zu blockieren, um so Qualifizierungschancen auch für zukünftige Generationen zu sichern. Ob diese betriebswirtschaftliche Flexibilisierungslogik für die Aufgaben und Ziele der einzelnen Einrichtungen, geschweige die Funktion des Wissenschaftssystem im Ganzen zielführend ist, bleibt fraglich (vgl. Richter/Weizsäcker 2019) und ist bisher nicht hinreichend untersucht. Könnten doch mit progressiven Personalentwicklungskonzepten möglicherweise Wissenschaftler:innen besser rekrutiert, stärker motiviert und letztlich auch die Qualität des wissenschaftlichen Outputs verbessert werden.

Jedoch gibt es im Schatten der Flexibilisierungslogik und -rhetorik ein weiteres ganz materielles betriebswirtschaftliches Argument, welches weniger prominent eingebracht wird. Die stetige Verjüngung der Belegschaft ist eine Möglichkeit der Kostenreduktion im bestehenden Tarifsystem. Mit dem Austausch des älteren Personals, das bereits höhere Entgeltstufen erworben hat, durch jüngere Wissenschaftler:innen, sparen Forschungseinrichtungen sowie Forschungsförder:innen viel Geld. Ihr betriebswirtschaftliches Interesse, ältere Wissenschaftler:innen zu

---

2   Verlängerungen der Höchstbefristungsdauer sind bei Kinderbetreuung, Behinderung, chronische Krankheiten oder Vorliegen weiterer Umstände möglich (vgl. § 2 WissZeitVG).

halten oder gar zu entfristen, ist dadurch minimiert und hängt nicht mehr allein von der Einschätzung der Qualität der benötigten Arbeitskraft ab. Bisher nicht analysiert ist jedoch, wie viel betriebsspezifisches Wissen und Know-how den Forschungseinrichtungen verloren geht, wenn erfahrene Mitarbeitende regelmäßig ausgetauscht werden. Gerade im Bereich von Infrastrukturen und anderen Daueraufgaben, aber auch in der Lehre oder beim Einwerben von Drittmitteln entstehen möglicherweise bisher nicht eruierte Friktionen, wenn erfahrene Mitarbeitende gehen und neue eingearbeitet werden müssen.

2.2 Zwischen Qualifikation und Beruf

Neben der *Flexibilisierung* sind die Begriffe *Qualifizierung* und *Bewährung* eng mit dem deutschen Karrieresystem verbunden. Diese meritokratischen, also leistungs- und wettbewerbslogischen Konzepte, können als Legitimationsnarrative betrachtet werden, die die bestehenden Beschäftigungs- und Karrierestrukturen wesentlich stützen.

So verwendet das Konsortium Bundesbericht Wissenschaftlicher Nachwuchs (BuWin) die Begriffe Qualifizierungsphase, Postdocphase und Bewährungsphase, um drei Karrierephasen unterhalb der Professur zu beschreiben (Konsortium BuWin 2017, S. 67 f.). Somit wird die Vorstellung einer unterhalb der Professur stetig andauernden Qualifizierung für die Professur zementiert, und zwar zu Lasten abgrenzbarer Qualifizierungsschritte und klarer Qualifizierungsziele.

Im internationalen Raum werden dieselben Stufen wie folgt beschrieben (EU-Commission 2011):

R1 First Stage Researcher (up to the point of PhD)
R2 Recognised Researcher (PhD holders or equivalent who are not yet fully independent)
R3 Established Researcher (researchers who have developed a level of independence)
R4 Leading Researcher (researchers leading their research area or field)

Der internationale Blick auf das Karrieresystem Wissenschaft unterstreicht im Gegensatz zum deutschen Narrativ, dass auf allen Stufen tatsächlich Wissenschaftler:innen tätig sind. Diese unterscheiden sich zwar in ihren Erfahrungsstufen, und hier im Besonderen in der Unabhängigkeit ihrer eigenen Forschung (vgl. für eine Übersicht Cañibano et al. 2019), aber nicht darin, dass einige sich noch qualifizieren oder bewähren müssen, um „echte" Wissenschaftler:innen zu sein. Laudel und Gläser (2008), die in ihrem ebenfalls vierstufigen Karrieremodell die Doktorand:innen noch als „Auszubildende" (Apprentice) bezeichnen, erkennen mit Abschluss der Promotion die Wissenschaftler:innen als „KollegInnen" an.

Die Spezifik des deutschen Wissenschaftssystems als Berufssystem wird auch deutlich, wenn man die Karrierestruktur mit Karrieren außerhalb der Wissenschaft vergleicht. In fast allen Branchen ist die Möglichkeit einen Beruf auszuüben entkoppelt von dem Zwang eines weiteren und ständigen Karriereaufstieges. Im deutschen Wissenschaftssystem ist das Gegenteil der Fall. Hier ist die Ausübung des Berufs (fast) nur unter der Bedingung des Erklimmens der Karriereleiter möglich. Dies wird einerseits durch hohe Befristungszahlen im Mittelbau und andererseits durch das Narrativ von Qualifizierung und Bewährung strukturiert und zementiert. Diese so genannte Up-or-Out Karrierestruktur setzt einen Wettbewerbs- und Ausbeutungsmechanismus in Gang, der den Individuen kein Innehalten, keine Auszeit – z.B. für Familienzeit – erlaubt, da die sich ihrer beruflichen Perspektive noch nicht sicheren Wissenschaftler:innen im Vergleich mit anderen nicht ins Hintertreffen geraten wollen (vgl. Lange/Ambrasat im Erscheinen).

2.3 Angebot und Nachfrage

Trotz der allseits stark kritisierten Arbeitsbedingungen scheint der Wissenschaftsbereich doch (noch) attraktiv genug, um ausreichend viele Bewerber:innen in den wissenschaftlichen Arbeitsmarkt zu bringen und so ein großes Angebot an geeigneten und interessierten „Nachwuchskräften" zu erhalten.

In einem Artikel argumentieren Johann und Neufeld (2016), dass lediglich 18 % der auf eine Professur orientierten Promotionsabsolvent:innen eine realistische Chance auf eine der später frei werdenden Professuren hat, während 82 % das Berufsziel strukturell verwehrt bleibt. Für diese Aussage stellen sie die Zahl der Promotionsabsolvent:innen im Zeitraum 2012–2014 den frei werdenden Professuren im Zeitraum 2022–2024 gegenüber, berücksichtigen von den 60 000 Absolvent:innen jedoch nur 20 %, die nach Schätzungen, basierend auf der Wissenschaftsbefragung 2016, das Karriereziel „Professur" verfolgen. Faktisch steht dann knapp vier Prozent aller Promotionsabsolvent:innen und 18 % der ambitionierten Promotionsabsolvent:innen später der Sprung auf eine Professur offen. In Anbetracht dieser Zahlen könnte man meinen, das Wissenschaftssystem bilde zu viele Doktorand:innen aus (vgl. Johann/Neufeld 2016).

Auf der anderen Seite zeigen sich in einigen Fachbereichen (Johann/Neufeld 2018) und an Fachhochschulen (In der Smitten/Sembritzki/Thiele 2017) Nachwuchsprobleme insofern, dass Stellen teilweise nicht adäquat besetzt werden konnten, weil geeignete Kandidat:innen fehlten. Dabei spielt die Konkurrenz mit außerakademischen Arbeitsmärkten in der Wirtschaft und Industrie eine große Rolle. Wenn die Bedingungen in der Wissenschaft in Punkto Gehalt und beruflicher Perspektive nicht wettbewerbsfähig sind, besteht die Gefahr, dass viele (auch der geeignetsten) Kandidat:innen abwandern und sich gar nicht erst um eine Stelle in der Wissenschaft, bzw. im deutschen Wissenschaftssystem bemühen.

Wissenschaft ist jedoch einer der Berufe, die zu einem hohen Grad von denjenigen ausgeführt werden, die sich dazu berufen fühlen. Intrinsische Motivation, Interesse und Leidenschaft für die intellektuellen Herausforderungen spielen hier eine besonders große Rolle, während die Sektoren außerhalb vor allem mit hoher Sicherheit und materiellen Anreizen punkten (vgl. Waaijer 2017).

Jedoch fühlen sich anscheinend deutlich mehr berufen, als zahlenmäßig berufen werden können (vgl. Johann/Neufeld 2016). Das führt zu dem strukturellen Problem, dass das Arbeitsangebot größer als die Nachfrage ist. In solchen so genannten *Nachfragemärkten* erhält die Nachfrageseite (in dem Fall die wissenschaftlichen Einrichtungen) mehr Macht und kann die Preise diktieren. Dabei sind Preise nicht nur monetär zu verstehen. Die weicheren Formen der Kosten zeigen sich subtiler in der Arbeitssituation, im Arbeitsaufwand, in der zugestandenen Autonomie oder dem Arbeitsklima.

Anders sieht es in den Angebotsmärkten aus. Wenn das Arbeitsangebot gering, die Nachfrage durch viele freie Stellen groß ist, dann haben die Anbieter:innen der qualifizierten Arbeit tendenziell mehr Macht, die Bedingungen zu diktieren, bzw. können bessere Arbeitsbedingungen fordern. Nicht jede Arbeit muss angenommen werden, da es noch andere Stellen zur Auswahl gibt. In solchen Situationen verbessern sich die Arbeitsbedingungen, da die Arbeitgeber:innen um die Wissenschaftler:innen buhlen müssen. Teilweise ist dies der Fall und spiegelt sich auch in fachspezifischen Arbeitsbedingungen in der Wissenschaft wider. So staffelt die DFG ihre Regelsätze bei der Beantragung von Mitarbeiter:innenstellen nach Fachbereichen und ein:e Informatikprofessor:in ist berechtigt für seine Promovierenden 100 % Stellen zu beantragen, während ein:e Mathematikprofessor:in nur 75 % beantragen kann und in der Geschichtswissenschaft sind es gar nur 67 %. Diese Differenzierung ist ganz offensichtlich eine Reaktion auf fachspezifische Angebot-Nachfrageverhältnisse (vgl. DFG 2009).

2.4 Personalentwicklung im Wissenschaftssystem

Das Wissenschaftssystem ist in den letzten Jahren enorm expandiert. Der personelle Zuwachs ist zum ganz überwiegenden Teil auf die Zunahme von Positionen im Mittelbau zurückzuführen (vgl. Grafik 1). Zwar ist auch die Zahl der Professor:innen von 34 702 im Jahr 1992 auf 48 111 im Jahr 2018 gestiegen und bis 2018 sind 1 600 Juniorprofessuren hinzugekommen, doch das Wissenschaftssystem im Ganzen stützt sich in ganz überwiegendem Maß auf die Arbeit des so genannten Mittelbaus.

Die Aufgaben im Wissenschaftssystem werden in substanziellem Maß auf die Schultern des Mittelbaus verteilt. Die Quote der Wissenschaftlichen Mitarbei-

Grafik 1: Hauptberufliches wissenschaftliches Personal an Hochschulen

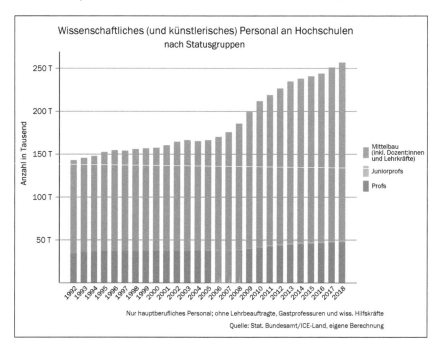

Wissenschaftliches (und künstlerisches) Personal an Hochschulen
nach Statusgruppen

Nur hauptberufliches Personal; ohne Lehrbeauftragte, Gastprofessuren und wiss. Hilfskräfte

Quelle: Stat. Bundesamt/ICE-Land, eigene Berechnung

ter:innen ist von ca. 75 % Anfang der 90er Jahre auf 81 % im Jahr 2018 gestiegen. Beim hauptberuflichen, wissenschaftlichen Personal nicht gezählt und in der Grafik nicht dargestellt sind die Lehrbeauftragten, deren Zahl sich zwischen 1992 und 2018 von 37 872 auf 100 225 sogar fast verdreifacht hat (vgl. ausführlicher bei Seipel/Holderberg in diesem Sammelband).

Die Arbeitssituation des Mittelbaus ist daher von zentraler Bedeutung für die Wissenschaft insgesamt. Nur wenn die Arbeitssituation ansprechend und im Vergleich mit außerakademischen Arbeitsmärkten attraktiv ist, können weiterhin genügend Wissenschaftler:innen gewonnen werden, um die Funktionen des Wissenschaftssystems im Ganzen zu erfüllen.

3. Arbeitssituation von Wissenschaftlerinnen und Wissenschaftlern im Mittelbau

Wie steht es nun aktuell um die Arbeitssituation in der Wissenschaft? Welche Beschäftigungsbedingungen haben die nichtprofessoralen Wissenschaftler:innen und welchen Beitrag leisten sie im Gegenzug für das Wissenschaftssystem? Zur Beantwortung dieser Fragen kann ich mich auf aktuelle Daten beziehen, die im

Rahmen der jüngsten Welle der Wissenschaftsbefragung im Wintersemester 2019/20 erhoben wurden (vgl. Ambrasat/Heger/Rucker 2020). An der Befragung nahmen bundesweit 8822 Wissenschaftlerinnen und Wissenschaftler aller Statusgruppen teil, darunter 7101 Angehörige des Mittelbaus.

Der Fokus der Analysen liegt auf dem Mittelbau an deutschen Universitäten. Da sich die berufliche Situation von promovierten (Postdocs) und nicht promovierten Wissenschaftler:innen (Prädocs) zum Teil deutlich unterscheidet, werden die Ergebnisse für diese beiden Statusgruppen meist getrennt ausgewiesen. Wo es sinnvoll erscheint, wird zudem die Situation der Professor:innen zum Vergleich herangezogen.

3.1 Vertragliche Rahmenbedingungen wissenschaftlicher Arbeit

Befristete Beschäftigungen und Vertragslaufzeiten sind spätestens seit der Evaluation des Wissenschaftszeitvertragsgesetzes durch Georg Jongmanns im Jahr 2011 das Hauptthema, wenn es um die Beschäftigungsbedingungen im Wissenschaftsbereich geht. Jongmanns (2011) fand für Wissenschaftler:innen im Mittelbau einen Anteil befristeter Verträge von 83 % im Jahr 2009. Die Situation hat sich seither kaum geändert. Gemäß der gewichteten und auf die Grundgesamtheit hochgerechneten Ergebnisse der Wissenschaftsbefragung waren im Wintersemester 2019/20 87 % der Wissenschaftler:innen befristet und knapp 13 % unbefristet. Interessant ist hier jedoch die Verteilung zwischen Prädocs und Postdocs. Während bei den Nicht-Promovierten mit drei Prozent fast niemand unbefristet angestellt ist, sind es bei den promovierten Wissenschaftler:innen immerhin ein Drittel, die eine Dauerstelle haben (vgl. Ambrasat/Heger 2020).

Als Befristungsgründe für die aktuellen Verträge werden zu 36 % Qualifizierungsbefristung und zu 44 % Drittmittelbefristung angegeben. 10 % der Befragten wussten nicht, auf welchen Grund sich ihre Befristung vertraglich bezieht. Die übrigen sind Vertretungs- und sonstige Befristungen.

Tabelle 1. Befristungsquoten im Mittelbau

	befristet	unbefristet
Postdocs	68 %	32 %
Prädocs	97 %	3 %
Total (gewichtet auf GG)	87 %	13 %

3.1.1 Vertragslaufzeiten

Eine einseitig gegen die Beschäftigten gerichtete Ausnutzung des WissZeitVG durch die Wissenschaftseinrichtungen führte zu inakzeptabel kurzen Vertragslaufzeiten und Befristungsketten (vgl. Jongmanns 2011; Johann/Neufeld 2016). Jongmanns (2011) fand in seiner Untersuchung von Verträgen, dass 53 % aller befristeten Verträge eine Laufzeit von unter einem Jahr auswiesen. Die im Jahr 2016 auf den Weg gebrachte Novelle des WissZeitVG versprach vor allem hier Verbesserungen. Vertragslaufzeiten sollen bei der Qualifizierungsbefristung (§ 2 Abs. 1 WissZeitVG) den Qualifizierungszielen angemessen sein. Entsprechend müsste bei Verträgen mit dem Qualifizierungsziel „Promotion" eine Laufzeit von mindestens 3 Jahren erwartet werden.[3] Bei der Drittmittelbefristung (§ 2 Abs. 2 WissZeitVG) sollen die Vertragslaufzeiten nicht kürzer sein als die Dauer der Bewilligung der Projektgelder. Das heißt auch hier in einem dreijährigen Forschungsprojekt drei Jahre, wenn die Finanzierung durch den:die Forschungsförderer:in für drei Jahre bewilligt ist. Der Erfolg dieser Maßnahmen müsste sich bereits jetzt an einigen Daten ablesen lassen. Zu erwarten wäre, dass die aktuellen Vertragslaufzeiten zugenommen haben und die Länge von Befristungsketten mittelfristig abnimmt, wenn über den gleichen Zeitraum längere und damit insgesamt weniger Verträge vergeben werden.

Die Daten der aktuellen Wissenschaftsbefragung (vgl. Ambrasat/Heger 2020) zeigen in der Tat, dass sich die Vertragslaufzeiten im Vergleich zu den letzten Untersuchungen durch Johann und Neufeld (2016) und Jongmanns (2011) deutlich verbessert haben (vgl. Tabelle 2). Nur noch acht Prozent weisen Vertragslaufzeiten von unter einem Jahr auf, weitere zehn Prozent von genau einem Jahr. Im Durchschnitt (Median) liegen die Vertragslaufzeiten bei Promovierten bei 34 Monaten und bei nicht promovierten Wissenschaftler:innen bei 29 Monaten. 24 % der promovierten Wissenschaftler:innen (an Universitäten) haben Verträge von über drei Jahren Laufzeit und 15 % von über vier Jahren. Fünf Prozent der Promovierten haben Verträge von sechs Jahren Laufzeit und mehr.

Vor drei Jahren betrug die durchschnittliche Vertragslaufzeit von befristet Beschäftigten noch zwischen 24,4 und 25 Monaten und 44 % (je nach Fachbereich) gaben an Verträge von 12 Monaten oder kürzer zu haben (vgl. Johann/Neufeld 2016). Dieser Anteil maximal einjähriger Verträge ist nun (im Durchschnitt aller Fachbereiche) auf 18 % gesunken.

Damit bestätigt sich der positive Trend zu längeren Vertragslaufzeiten seit der Novelle des WissZeitVG im Jahr 2016, der sich bereits in einer lokalen Studie an der Uni Hildesheim (Holderberg 2020) und bei der Analyse von Stellenanzeigen (Gassmann/Groß/Benkel 2020) andeutete.

---

3 Die realen Promotionsdauern liegen noch darüber, bei viereinhalb bis fünf Jahren (vgl. Konsortium Bundesbericht Wissenschaftlicher Nachwuchs 2017 Ambrasat/Martens 2020).

Tabelle 2. Vertragslaufzeiten im Mittelbau

(Vertragslaufzeit)	Postdocs Anzahl %	Prädocs Anzahl %	Total, gewichtet (GG)
unter einem Jahr	178	256	
	6,20	9,24	8,45
genau ein Jahr	237	298	
	8,26	10,75	10,1
13–23 Monate	180	222	
	6,27	8,01	7,6
2 Jahre bis unter 3 J	637	600	
	22,20	21,65	21,8
3 Jahre bis unter 4 J	1053	1103	
	36,69	39,79	39,0
4 Jahre bis unter 5 J	245	168	
	8,54	6,06	6,7
5 Jahre bis unter 6 J	183	79	
	6,38	2,85	3,8
6 Jahre und mehr	157	46	
	5,47	1,66	2,7
Total	2870	2772	
	100,00	100,00	

Durchschnittswerte in Monaten

	Mean (Median)	Mean (Median)	
Qualifizierung	39,3 (36)	32,1 (36)	Monate
Drittmittel	31,8 (36)	28,2 (30)	Monate

Quelle: DZHW-Wissenschaftsbefragung 2019/20

3.1.2 Befristungsketten

Die aktuelle Vertragssituation hat sich in den letzten Jahren sichtbar verbessert. Auf das problematische Phänomen der Befristungsketten wirkt sich das jedoch bisher noch nicht aus, sondern wird erst mittel- bis langfristig Auswirkungen haben.

Der:die durchschnittliche nicht promovierte Wissenschaftler:in im Mittelbau befindet sich in seiner:ihrer zweiten Befristung, der:die durchschnittliche promovierte Wissenschaftler:in hat bereits seinen fünften bis sechsten befristeten Vertrag. Die „oberen" zehn Prozent bei den Postdocs haben bereits elf und die oberen fünf Prozent sogar 15 Verträge seit Beginn ihrer wissenschaftlichen Tätigkeit aufzuweisen. Bei den Prädocs liegen die Spitzenreiter:innen bei fünf (obere zehn Prozent) bzw. sechs Verträgen (obere fünf Prozent) der Verteilungskurve.

3.2 Arbeitszeiten in der Wissenschaft

Ein weiterer viel diskutierter Punkt betrifft die Arbeitsbelastung und die von Wissenschaftler:innen erbrachten Überstunden. Diese werden im Wissenschaftssystem selten registriert und aus diesem Grund ebenso selten bezahlt oder abgegolten. Damit wird auch die Frage tangiert, ob die durch den Mittelbau für das Wissenschaftssystem erbrachten Leistungen letztlich auch entlohnt werden.

Das Wissenschaftssystem ist insgesamt gekennzeichnet durch einen hohen Arbeitseinsatz an Wochenarbeitsstunden (vgl. Ambrasat 2019). Diese zeitintensive Arbeitskultur wird von den Professor:innen vorgelebt und übersteigt bei weitem den Durchschnitt in anderen Branchen. Nach den aktuellen Daten der Wissenschaftsbefragung 2019/20 ergeben sich für den Mittelbau durchschnittliche Wochenarbeitszeiten von 45 Stunden bei promovierten und 41,7 Wochenstunden bei nicht promovierten Wissenschaftler:innen. Diese Zahlen verschleiern jedoch, dass nicht alle Wissenschaftler:innen einen Vollzeitvertrag haben. Bei den Prädocs sind Vollzeitkräfte deutlich in der Minderheit, mit Ausnahme der Ingenieurswissenschaften, bei denen auch bei nicht Promovierten Vollzeitverträge dominieren (siehe Grafik 2).

Vergleicht man die vertragliche mit der tatsächlichen Wochenarbeitszeit, so lassen sich die wöchentlichen Mehrarbeitsstunden bzw. Überstunden berechnen. Grafik 3 zeigt, dass mit 14,5 Wochenstunden die meisten „Überstunden" bei den Prädocs in Teilzeit anfallen. Prädocs in Vollzeit summieren durchschnittlich sechs wöchentliche Überstunden auf. Bei den Postdocs sieht es kaum anders aus. Hier kommen Wissenschaftler:innen in Vollzeit auf gut acht und in Teilzeit auf knapp neun Mehrarbeitsstunden pro Woche.

Der Unterschied der Mehrarbeit zwischen Teilzeit- und Vollzeitkräften ist bedeutsam. Selbst im Postdocbereich erbringen Teilzeitkräfte mehr Mehrarbeit gegenüber Vollzeitkräften. Dabei ist zu berücksichtigen, dass acht Wochenstunden, die bei Vollzeit gut 20 % Mehrarbeit ausmachen, bei Teilzeitangestellten mit im Durchschnitt 24 Wochenstunden dieselbe Mehrarbeit eine Mehrarbeitsquote von 33 % bedeutet.

Insgesamt zeigen sich hier zwei Mechanismen. Einerseits die allgemeine zeitintensive Arbeitskultur, die sich an den Professor:innen orientiert und bei Vollzeitkräften auf deutlich über 40 Wochenstunden angelegt ist. Gleichzeitig gibt

Grafik 2. Vollzeitquoten in verschiedenen Fächergruppen

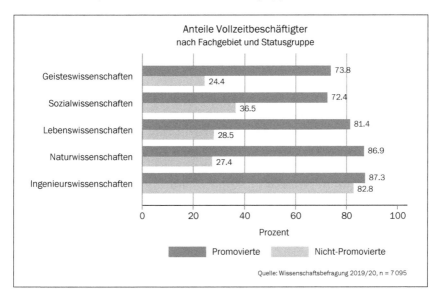

Grafik 3. Wöchentliche Arbeitszeiten und Überstunden

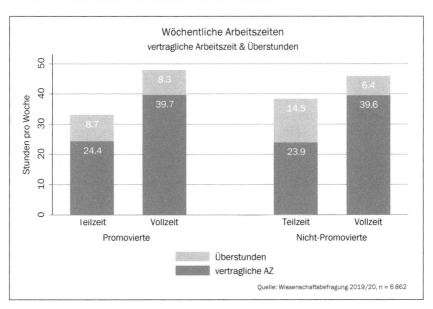

es einen zweiten Mechanismus, der dazu führt, dass Wissenschaftler:innen mit Teilzeitverträgen besonders viele Überstunden und im Verhältnis enorme Mehrarbeitsquoten aufweisen. Da diese Mehrarbeit zumeist unbezahlt ist und auch nur selten „abgebummelt" wird, entspricht diese Praxis faktisch einer Lohnkürzung, und zwar genau dann, wenn bei erwarteter Vollzeit-Arbeitsleistung „nur" Teilzeitverträge vergeben werden.

Diese Praxis der strukturellen Lohnzurückhaltung wird teilweise mit den Synergien für die Qualifizierung begründet. Das heißt, ein:e Doktorand:in arbeitet in einem Projekt, wo er oder sie zu zwei Drittel bezahlt wird und in dem Projekt aber auch die eigene Qualifizierungsarbeit schreiben kann, so dass mit der Qualifizierungsarbeit ein Mehrwert für die eigene Person entsteht. Das Gehalt entspricht dann – bezogen auf die tatsächliche Arbeitszeit – nicht mehr der Entgeltgruppe EG 13, sondern eher einer „Ausbildungsvergütung", erreicht es doch die Höhe von Stipendien oder sogar etwas mehr. Daher ist teilweise auch das Argument zu hören, dass Promovierende als zu „Qualifizierende" mit EG 13 überbezahlt wären. Da es aber keine geeignete Tarifstufe für Promovierende gibt, wird durch die Teilzeitverträge diese Stufe quasi künstlich erzeugt, in dem nur drei Viertel der Arbeit bezahlt werden.

Dieses Argument ist ambivalent. Einerseits kann man zu Recht den Standpunkt vertreten, dass Promovierende in irgendeiner Weise geringer entlohnt werden sollten als Promovierte, schließlich haben letztere mit der Promotion eine höhere Qualifikation abgeschlossen und ein weiteres – für die wissenschaftliche Arbeit nicht unwesentliches – Zertifikat erworben. Andererseits ist die tarifliche Einordnung im TV-L, EG 13 auch bei Prädocs bezogen auf die Forschungstätigkeit, die einen zuvor erworbenen akademischen Abschluss auf Masterniveau voraussetzt. Insofern kann, wer einen Lohnabstand zwischen Prädocs und Postdocs fordert, nur bei den Postdocs ansetzen und für diese andere, und zwar höhere Gehaltsstufen fordern.

Die strukturelle Lohnzurückhaltung ist wesentlich durch die Richtlinie der DFG zur Bezahlung von Promovierenden angelegt, an der sich auch andere Forschungsförder:innen und wissenschaftliche Einrichtungen bei der Entlohnung von Mitarbeitenden orientieren (vgl. DFG 2020). Hier werden für verschiedene Fächer unterschiedliche Höchstgrenzen für die Vergütung benannt, die sich als unterschiedliche Vollzeitanteile ausdrücken. So werden für die Ingenieurswissenschaften 100 %, für Physik, Mathematik und einige andere Fächer 75 % und alle anderen Fächer für Prädocs nur die 65 % Verträge als Höchstgrenzen normiert (vgl. DFG 2020).

Der Grund für die fächerdifferenzierenden DFG-Empfehlungen liegt jedoch nicht in einer unterschiedlichen Wertschätzung der Arbeit der Prädocs aus verschiedenen Fachrichtungen. Und sicher auch nicht darin, dass man wünscht, Ingenieur:innen mögen in Vollzeit arbeiten, während man Historiker:innen und Chemiker:innen mehr Freizeit gönnt. Der Grund ist schlicht und einfach ein Wettbewerbsargument (vgl. DFG 2009). In einigen Fächern, in denen die außeruniversitären Arbeitsmärkte bereits für Hochschulabsolvent:innen sehr gute Bedingungen und hohe Einkommen bieten, wäre der akademische Arbeitsmarkt mit angebotenen Zwei-Drittel-Stellen schlicht nicht wettbewerbsfähig und es würde schwer fallen, geeignetes Personal für die Arbeit in der Wissenschaft zu rekrutieren. Das bedeutet im Umkehrschluss aber auch, dass die Höhe der Vergütung, die indirekt als Höhe der vertraglichen Arbeitszeit ausgestaltet wird, nichts mit der Qualifizierung zu tun hat, sondern schlicht einer Marktlogik folgt: Wo man Preise niedrig ansetzen kann, tut man es. Wo man aufgrund der Opportunitätsstruktur zur Bewältigung von Rekrutierungsproblemen höher ansetzen muss, legt man eben eine Schippe drauf. Im Hinblick auf die Bewertung und Inwertsetzung der geleisteten Arbeit in der Wissenschaft kann sich diese Logik schnell als Eigentor erweisen.

3.2.1 Fiktive Teilzeit

Die auffallend hohe Mehrarbeit und im Besonderen der Unterschied der Mehrarbeit zwischen Vollzeit- und Teilzeitkräften, legen den Verdacht nahe, dass es sich hier vielfach um fiktive oder auch erzwungene Teilzeit handelt. Erzwungene Teilzeit – im Gegensatz zur freiwilligen – liegt dann vor, wenn dem:der Beschäftigten nicht die Wahl bleibt, wie viele Wochenstunden er:sie arbeiten möchte, sondern einfach ein Teilzeitvertrag vorgelegt wird, z. B. weil nicht mehr Geld da ist oder für die Position beantragt wurde. Freiwillige Teilzeit dagegen ist ein Verzicht auf Einkommen seitens des:der Arbeitnehmer:in, um mehr Zeit für andere Dinge, wie z. B. Care-Arbeit oder Freizeit zu haben. Bei freiwilliger Teilzeit können nicht systematisch und dauerhaft große Summen an Mehrarbeit auflaufen, weil der:die Arbeitnehmer:in dann eher ein Interesse hätte, in einen Vertrag mit höheren Wochenstunden zu wechseln. Nur wenn ihm:ihr diese Möglichkeit nicht offensteht, bleibt er:sie im System der erzwungenen Teilzeit gefangen. Erzwungene Teilzeit muss nicht zwangsläufig in Mehrarbeit münden. Jedoch in einem Arbeitsumfeld, wo ohnehin unbegrenzt Arbeit anfällt und die Arbeitskultur lange Arbeitswochen normiert und kollektiv honoriert, wirkt sich Teilzeit fast zwangsläufig in (unbezahlter) Mehrarbeit und damit letztlich fiktiver Teilzeit aus.

4. Beitrag zu Lehre und Forschung

Die Vertragssituation stellt lediglich den Rahmen der Arbeitssituation in der Wissenschaft dar. Wie sieht es nun mit den Inhalten aus? Ein Blick auf den Beitrag des wissenschaftlichen Mittelbaus zu einzelnen Aufgaben in der Wissenschaft und zum Output zeigt, in welchem Maß die Leistungen des Wissenschaftssystem auf dem Engagement der Promovierenden und Promovierten aufgebaut und zum Großteil auch von ihnen abhängig ist.

Wissenschaftler:innen sind in unterschiedlichem Maß in die verschiedenen Aufgaben an den Hochschulen eingebunden. Zentral ist dabei zunächst die Lehrverpflichtung, welche maßgeblich die Verwendung der Arbeitszeit strukturiert. Je höher die Lehrverpflichtung, desto weniger Zeit bleibt für Forschung, die für die Qualifizierung und Karriereentwicklung zentral ist.

60 % der Postdocs haben eine Lehrverpflichtung, und zwar durchschnittlich mit sechs Semesterwochenstunden (SWS). Bei den Prädocs sind es 49 % mit Lehrverpflichtung, dabei durchschnittlich mit vier SWS. Diese Werte variieren auch zwischen den Fächern. So wird in den Geisteswissenschaften sowohl von Postdocs als auch von Prädocs etwas mehr Lehre angeboten als z. B. in den Ingenieurswissenschaften (vgl. Ambrasat/Heger 2019).

Dies sind jedoch nur die Zahlen für die offizielle Lehrverpflichtung. Die Analyse der Arbeitszeitanteile für Lehre (und Betreuung) zeigt, dass mehr Mittelbaubeschäftigte in die Lehre eingebunden sind, als offiziell eine Lehrverpflichtung haben. Und zwar ist rund die Hälfte derer, die offiziell keine Lehrverpflichtung haben, dennoch in die Lehre eingebunden, und das mit durchschnittlich fünf Wochenarbeitsstunden bei den Postdocs und sogar fünfeinhalb Wochenarbeitsstunden bei den Prädocs. Unabhängig davon, ob man das als freiwillige Lehre oder erzwungene unbezahlte Lehre bezeichnen möchte, diesen Mittelbaubeschäftigten bleibt dadurch weniger Zeit für die Forschung.

Beim Zeitaufwand für Lehre und Betreuung sieht es ohnehin noch einmal anders aus. Prädocs und Postdocs investieren, gemessen am Lehrdeputat, deutlich mehr Zeit in Lehre und Betreuung der Studierenden als Professor:innen.

Gründe gibt es hierfür verschiedene. Der offensichtlichste ist, dass Prädocs und zum Teil auch Postdocs (noch) nicht so routiniert sind, wie Professor:innen und deshalb mehr Zeit in die Vorbereitung und Nachbereitung der Lehre investieren müssen. Weitere Gründe könnten aber auch ein hoher Anspruch an die Qualität der Lehre sein oder das Auslagern von Lehr- und Betreuungsaufgaben seitens der Professor:innen auf den Mittelbau. Ein Indiz für das teilweise Auslagern könnte sein, dass Mittelbaubeschäftigte in die Lehre eingebunden sind, die offiziell keine Lehrverpflichtung haben.

4.1 Beitrag zur Forschung

Die Beiträge des Mittelbaus zur Forschung sind nach bisherigem Forschungsstand kaum zu bemessen. Es fehlen entweder repräsentative Daten oder Wissenschaftler:innen unterhalb der Professur sind nicht eigens ausgewiesen (vgl. Tesch et al. 2017)

Dadurch droht der Beitrag des Mittelbaus zur Forschungsleistung teils unsichtbar zu werden. Die Wissenschaftsbefragung 2019/20 (Ambrasat/Heger/ Rucker 2020) bietet zwei Anhaltspunkte für die Forschungsaktivitäten. Hier wurden zum einen über die Arbeitszeitbudgets die Zeit erhoben, die durchschnittlich in die Forschung fließt). Diese lässt sich mit der Wochenarbeitszeit verknüpfen und so die aggregierten Forschungsstunden berechnen.

Darüber hinaus wurde in der Wissenschaftsbefragung 2019/20 auch direkt nach dem Forschungsoutput in Form von Publikationen gefragt. Vorteil dieser Befragung war, dass hier auch Publikationen wie Monographien und Sammelbandeinträge enthalten sind, die in den heutzutage für Forschungsoutput häufig benutzten bibliometrischen Datenbanken kaum enthalten oder zumindest deutlich unterrepräsentiert sind.

4.2 Output/Publikationen

Bezogen auf die letzten fünf Jahre geben Professor:innen 30,4 Publikationen, Postdocs 12,9 und Prädocs dreieinhalb Publikationen an (vgl. Tabelle 3). Dieser Unterschied scheint zunächst enorm. Dabei ist jedoch zu berücksichtigen, dass die meisten Prädocs und auch einige Postdocs noch keine fünfjährige Publikationstätigkeit vorweisen können, so dass die Angaben sich zum Teil auf weniger als fünf Jahre beziehen. Zudem gehen Personen ohne Publikation mit Null in die Mittelwertberechnung ein, was ebenfalls zur Unterschätzung der jährlichen Publikationsleistungen führt.

Die reinen Publikationszahlen sind als Beitrag des Mittelbaus zur Forschung ohnehin nicht besonders aussagekräftig, sie bilden nicht das „wahre" Verhältnis der Beiträge von Prädocs, Postdocs und Professor:innen zum Forschungsoutput ab. Ist die Forschungsleistung von Postdocs wirklich fast viermal so groß wie die von Prädocs? Und ist die Forschungsleistung von Professor:innen gar neunmal so groß wie die der Prädocs und mehr als doppelt so viel wert wie die der Postdocs? Natürlich nicht, eher verhält es sich hier wie mit den „Gehältern" der Top-

Tabelle 3. Publikationsoutput der letzten 5 Jahre

Statusgruppe	mean	N
Professor:innen	30,4	1721
Postdocs	12,9	4216
Prädocs	3,5	2885

Anm: alle Publikationsformate und ohne Berücksichtigung von Koautor:innenschaften und Autor:innenreihung

manager:innen gegenüber „ihren" Angestellten in größeren Wirtschaftsunternehmen. Die Publikationen werden in den meisten Fällen in Zusammenarbeit erstellt. Hauptmechanismus für das Abweichen von Wert der Forschungsleistung und zugeschriebener Bewertung im Reputationssystem sind unter anderem Ko-Autor:innenschaftspraktiken. Das heißt, dass Publikationen, die von einer Autor:innengruppe verfasst wurden, bei jedem der beteiligten Wissenschaftler:innen in der Publikationsstatistik auftauchen. Hier profitieren die am meisten, die in der Pyramide oben stehen, da sie nicht selten auf allen Publikationen mit drauf stehen, die unter ihnen entstehen. Demnach würden gerade Professoren:innen von Ko-Autor:innenschaftspraktiken profitieren, wenn ein Großteil der dargestellten Publikationen auf Ko-Autor:innenschaften mit eigenen Doktorand:innen und Post-Doktorand:innen zurückzuführen ist. Analysen der Kollegen Neufeld und Möller (2019) zeigen dementsprechend, dass die stärkste Determinante des Publikationsoutputs bei Professor:innen die Zahl der Mitarbeitenden ist.

Koautor:innenpraktiken sind in großem Maße fachspezifisch. In den Geistes- und zum Teil noch in den Sozialwissenschaften dominieren Einzelautor:innenschaften und kleinere Autor:innenteams. In den Lebenswissenschaften, Natur- und Ingenieurswissenschaften stehen häufig deutlich mehr Personen auf einem Artikel (vgl. Johann/Mayer 2018). Das führt bei der individuellen (unfraktionierten[4]) Messung der reinen Anzahl von Publikationen zu einem verzerrten Bild des wissenschaftlichen Outputs, der die Produktivität nicht adäquat abbildet (vgl. Fanelli/Larivière 2016).

4.3 Forschungszeit

Ein ganz anderes, wenn auch nicht notwendig wahreres Bild der Forschungsleistung liefert ein Blick auf die in die Forschung investierte Arbeitszeit. Postdocs und Prädocs haben deutlich größere Forschungsanteile, während Professor:innen stärker in die Lehre eingebunden sind und auch sonstige Tätigkeiten wie Selbstverwaltung, Begutachtung und Drittmittelakquise in deutlich höherem Maß übernehmen (vgl. Ambrasat/Heger 2019).

Die Arbeitszeitanteile für Forschung lassen sich mit den tatsächlich geleisteten Wochenarbeitsstunden multiplizieren, um zu berechnen, wie viel Arbeitszeit wöchentlich auf Forschung, Lehre und andere Aufgaben verteilt werden (vgl. Grafik 4). Demnach investieren Prädocs mit durchschnittlich 20,9 Wochenstunden

---

4   Fraktionierung bedeutet, dass bei der Berechnung der individuellen Publikationsleistung die einzelnen Publikationen entsprechend der Zahl der Koautor:innen „runter"-gewichtet werden. Teilweise gibt es dafür konkrete Fraktionierungsnormen, bei denen die:der Erstautor:in ein anderes Gewicht bekommt als die:der Zweitautor:in oder jemand an fünfter oder sechster Stelle der Autor:innenreihenfolge.

Grafik 4. Zeitbudgets nach Statusgruppen

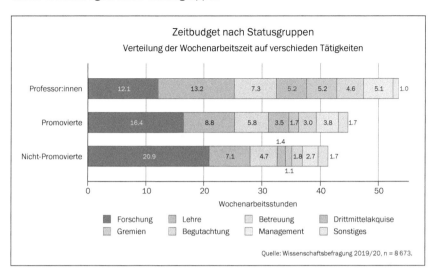

Zeitbudget nach Statusgruppen
Verteilung der Wochenarbeitszeit auf verschieden Tätigkeiten

Quelle: Wissenschaftsbefragung 2019/20, n = 8 673.

Grafik 5. Zeitbudgets des Mittelbaus in Abhängigkeit von der Lehrverpflichtung

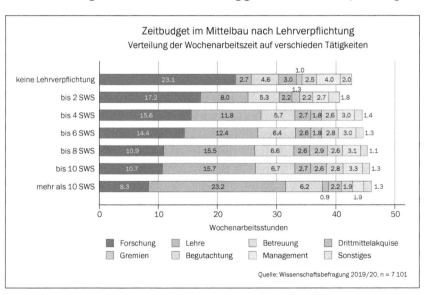

Zeitbudget im Mittelbau nach Lehrverpflichtung
Verteilung der Wochenarbeitszeit auf verschieden Tätigkeiten

Quelle: Wissenschaftsbefragung 2019/20, n = 7 101

am meisten in Forschung. Postdocs verwenden durchschnittlich 16,4 Stunden ihrer wöchentlichen Arbeitszeit für Forschung und Professor:innen 12,1 Stunden.

Ebenso wie bei den Professor:innen bleibt auch den Beschäftigten im Mittelbau umso weniger Zeit für Forschung, je mehr sie in Lehre und Betreuung der Studierenden eingebunden sind. Grafik 5 stellt die Arbeitszeitprofile für Mittelbauangestellte mit unterschiedlichen Lehrverpflichtungen dar. Obwohl eine höhere Lehrverpflichtung sich nicht unmittelbar und proportional in mehr Arbeitszeit in Lehre und Betreuung auswirkt, sieht man doch sehr deutlich, dass die zur Verfügung stehende Zeit für Forschung deutlich abnimmt. Ab über sechs SWS fallen die wissenschaftlichen Mitarbeiter:innen mit ihrer Forschungszeit bereits unter elf Wochenstunden (vgl. Grafik 5) und fallen somit hinter die durchschnittliche Forschungszeit von Professor:innen zurück (vgl. Grafik 4).

4.4 Zufriedenheit

Die Arbeitssituation des Mittelbaus lässt sich wie folgt beschreiben. Sie tragen viel und wesentlich zu den Aufgaben im Wissenschaftssystem bei, jedoch wird das nicht ausreichend durch gute, sichere Einkommen und eine planbare Perspektive honoriert. Doch wie sehen die Wissenschaftler:innen des Mittelbaus selbst ihre berufliche Situation?

Blickt man auf die berufliche Zufriedenheit, fällt auf, dass die Werte bezogen auf einzelne Aspekte des Berufs gar nicht so schlecht sind (vgl. Grafik 6). Prädocs als auch Postdocs erreichen relativ hohe Zufriedenheitswerte bei den beruflichen Aspekten „Lehre", sowie „Forschung" und der „Verwirklichung eigener Ideen". Die höchsten Werte erreicht der Mittelbau bei der Zufriedenheit mit dem Verhältnis zu Kolleg:innen; hier sind die Werte der Prädocs sogar höher als die der Professor:innen.

Mit den übrigen Aspekten der beruflichen Situation sind Mittelbauangehörige weitaus weniger zufrieden als Professor:innen. Ganz besonders fällt das bei den Einschätzungen zur erreichten Position und den beruflichen Perspektiven auf. Bei letzterer erreichen die Prädocs und noch mehr die Postdocs die schlechtesten Zufriedenheitswerte. Vor allem die Gesamteinschätzung der beruflichen Situation zeigt, dass der Mittelbau sehr deutlich hinter die Professor:innen zurückfällt.

Vergleicht man noch einmal die Situation von Prä- und Postdocs im Detail, so wird deutlich, dass die Schwierigkeiten, die das Wissenschaftssystem den Wissenschaftler:innen bereitet, erst oder besonders im Postdocbereich zu Tage treten. Postdocs sehen ihre berufliche Perspektive deutlich schlechter als Prädocs und auch die berufliche Gesamtsituation wird von Prädocs noch etwas besser eingeschätzt als später von den Postdocs, bzw. von denen, die im Wissenschaftssystem noch verblieben sind. Die insgesamt eher positive Einschätzung von Promovierenden kann auch durch aktuelle Daten der Promovierendenbefragung

Grafik 6. Zufriedenheit mit verschiedenen Aspekten des Berufs

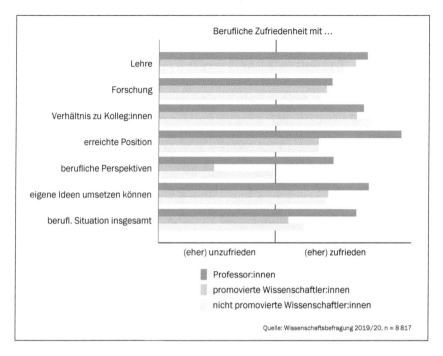

Nacaps bestätigt werden (vgl. Wegner 2020). Demnach sind drei Viertel aller Promovierenden mit ihrer Finanzierungs- und Beschäftigungssituation zufrieden. Jedoch ist die Zufriedenheit bei Vollzeitkräften größer als in Teilzeit.

Die Analyse der Zufriedenheit bestätigt die in den Karrierestrukturen des Wissenschaftssystems angelegte Spaltung. Auf der einen Seite die Professor:innen, die „alles" erreicht haben und deshalb sehr zufrieden in die Zukunft blicken können. Auf der anderen Seite der Mittelbau in unsicherer Position und mit unklarer Perspektive, die mit dem Erreichten nicht so ganz und mit dem Ausblick auf die Zukunft kaum zufrieden sein können.

Diese Probleme mit Blick auf den Mittelbau werden aber auch von den Professor:innen gesehen und kritisiert. Befragt nach der Situation des „wissenschaftlichen Nachwuchs", sehen sie die unsicheren Karriereperspektiven als das größte Problem an, weit vor „nicht wettbewerbsfähigen Einkommen" (Ambrasat/Heger 2020).

4.5 Karriereziele

Wie sieht es vor diesem Hintergrund mit den Karrierezielen des Mittelbaus aus und dem Wunsch, in der Wissenschaft zu verbleiben? Hier muss ebenfalls unterschieden werden zwischen den nicht Promovierten (die sich übrigens zu 91 % zum Befragungszeitpunkt in einer Promotion befanden) und den Promovierten, unter denen diejenigen nicht mehr dabei sind, die nach der Promotion das Wissenschaftssystem verlassen haben.

Interessant ist zunächst, dass bei weitem nicht alle eine Berufslaufbahn in der Wissenschaft anstreben (vgl. Grafik 7). Bei den Prädocs sind es lediglich 20 %, die eine Professur als Karriereziel angeben, 29 % bevorzugen stattdessen eine andere Position in Forschung und Lehre und fünf Prozent sehen sich gern im Wissenschaftsmanagement. Knapp die Hälfte (45 %) sieht sich beruflich jedoch außerhalb der Wissenschaft in Industrie und Wirtschaft oder sonstigen Positionen, z. B. im öffentlichen Dienst.

Bei den Postdocs sieht das Bild etwas anders aus, da diejenigen, die der Wissenschaft bereits den Rücken gekehrt haben, nicht mehr dabei sind. Von den verbliebenen Postdocs streben beachtliche 43 % eine Professur an, aber interessanterweise fast genauso viele (41 %) eine andere Position in Forschung und Lehre. Vor allem dieser Anteil ist interessant, zeigt er doch, wie viele sich eine dauerhafte berufliche Perspektive in der Wissenschaft wünschen, ohne die professorale Karriereleiter erklimmen zu wollen. Interessant ist drüber hinaus der Vergleich derselben Antworten im Prädocbereich. Hier gaben mit 29 zu 20 % sogar mehr Personen an, sich eine berufliche Perspektive in der Wissenschaft jenseits der Professur zu wünschen. Die Verschiebung dieser relativen Werte von der Prä-

Grafik 7. Karriereziele des Mittelbaus in Deutschland

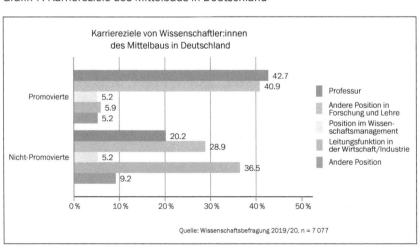

docphase hin zur Postdocphase deutet darauf hin, dass viele, die das Berufsziel Wissenschaft, aber nicht das Berufsziel Professur hatten, ebenfalls das Wissenschaftssystem verlassen oder sich die Berufsziele zugunsten der Professur ändern. Möglicherweise, weil die Wissenschaftler:innen einsehen, dass das gegenwärtige System ihnen diese Perspektive nicht bieten wird.

5. Fazit

Die Arbeitssituation des wissenschaftlichen Mittelbaus ist durch eine ambivalente Spannung gekennzeichnet. Einerseits scheinen die Rahmenbedingungen äußerst ungünstig. Weiterhin hohe Befristungsquoten, eine hohe Arbeitsbelastung durch lange Wochenarbeitszeiten und über die vertragliche Arbeitszeit deutlich hinausgehende Mehrarbeit, sowie kaum eine institutionelle Karriereperspektive stellen auf den ersten Blick sehr unattraktive Rahmenbedingungen dar, die weder im Vergleich mit anderen akademischen Berufsfeldern außerhalb der Wissenschaft noch mit wissenschaftlichen Karrieren in anderen Ländern konkurrenzfähig sein dürften. Andererseits hat eine Tätigkeit in der Wissenschaft, ebenso wie das professorale Berufsbild, eine starke Anziehungskraft, so dass genügend Nachwuchskräfte in den Wissenschaftsbereich strömen und das Arbeitsangebot im Wissenschaftsbereich sichergestellt werden kann. Diese Attraktion des wissenschaftlichen Arbeitsmarktes bezieht sich im Wesentlichen auf die Inhalte, die Freude an der wissenschaftlichen Arbeit, die intellektuelle Herausforderung und die Autonomie und Möglichkeit eigene Ideen zu verwirklichen. Der dazu in Konkurrenz stehende Arbeitsmarkt außerhalb der Wissenschaft punktet eher mit Sicherheit und einer planbaren Karriereperspektive (vgl. Waaijer 2017).

Der Wissenschaftsbereich war lange Zeit ein Nachfragemarkt. Viele Hochschulabsolvent:innen und später Promovierte bewarben sich auf wenige Stellen und die „Nachfrager:innen" der Arbeitskraft konnten sich die Wissenschaftler:innen aussuchen und damit die Bedingungen diktieren. In solchen Nachfragemärkten fallen gewöhnlich die „Preise". Das sind in Bereichen mit einheitlicher Tarifstruktur zumeist die weicheren Aspekte der Arbeitssituation, zu denen der Workload, die real geleisteten Arbeitsstunden, das Arbeitsklima, aber auch Wettbewerbsdruck, die Work-Life Balance und das Stresslevel zählen können. Wenn die Bedingungen in der Wissenschaft nicht wettbewerbsfähig sind, besteht die Gefahr, dass viele, auch der geeignetsten Kandidat:innen abwandern oder sich gar nicht erst um eine Stelle in der Wissenschaft in Deutschland bemühen. Rekrutierungsprobleme an Fachhochschulen und in einigen Fächern werden schon länger diskutiert (vgl. HRK 2016).

Insgesamt stellt sich derzeit folgendes Bild dar. Ein erheblicher Teil der wissenschaftlichen Aufgaben in Forschung und Lehre wird vom Mittelbau erbracht. Der Anreiz ist hier neben intrinsischer Motivation die vage Aussicht auf eine

Professur oder irgendeine andere kaum planbare Chance auf einen dauerhaften Verbleib in der Wissenschaft. Insofern werden hier im Mittelbau Leistungen in Erwartung oder in Spekulation auf eine „Belohnung" in der Zukunft erbracht. Die Zahlen zeigen jedoch, dass diese Belohnung nur wenigen vergönnt sein wird.

Deshalb ist auch der Sammelterminus „wissenschaftlicher Nachwuchs" wie ihn der BuWin verwendet äußerst unpassend. Hier wird das Berufsfeld Wissenschaft einseitig aus der Perspektive einer Karrierelogik mit dem Ziel Professur betrachtet (vgl. Konsortium Bundesbericht Wissenschaftlicher Nachwuchs 2017, S. 67f.). Den Wissenschaftler:innen des Mittelbaus wird damit nicht die nötige Anerkennung zuteil, suggeriert der Begriff doch, sie müssten sich erst noch qualifizieren und bewähren, bevor sie als vollwertige Wissenschaftler:innen zum System beitragen dürfen. Angenommen, es würden nur so viele promovieren, wie später in der Wissenschaft bleiben möchten, und angenommen, es würden nur so viele in der Wissenschaft verbleiben, für die auch eine längerfristige Perspektive gesichert werden kann, dann würde das System völlig zusammenbrechen. Die Hochschulen könnten weder ihren Bildungs- noch ihren Forschungsauftrag erfüllen und auch im internationalen Vergleich würde der Forschungsoutput deutlich hinter dem aktuellen Stand zurückbleiben. Das deutsche Wissenschaftssystem im Ganzen und die Einrichtungen im Konkreten stützen sich ganz wesentlich auf die Arbeit von Wissenschaftler:innen, denen sie keine dauerhafte Perspektive im wissenschaftlichen Berufsfeld bieten. Die Wissenschaft in Deutschland ist unterhalb der Professur ein Durchlaufsystem, bei dem die Risiken und Kosten individualisiert werden.

Blickt man jedoch auf die zukünftigen Dynamiken und mögliche wissenschaftspolitische Interventionen, so muss die Gesamtsituation differenziert betrachtet werden. Im Besonderen sollte die Situation von Prä- und Postdocs differenziert analysiert werden. Zwischen diesen zwei Gruppen unterscheiden sich nicht nur die Arbeitssituationen, sondern auch die Motive und die Bewertung der eigenen Situation.

In der Prädocphase dominiert ein Qualifikationsmotiv, in der Postdocphase ein Berufsmotiv. In der Wissenschaftsbefragung gaben 91 % der nicht promovierten Mittelbauangestellten an, derzeit zu promovieren. Ein großer Teil promoviert jedoch mit der Absicht, das Wissenschaftssystem nach der Promotion zu verlassen. Für diejenigen erfüllt das Wissenschaftssystem eine Ausbildungs- und Qualifizierungsfunktion, sie können jedoch nicht im engeren Sinn als wissenschaftlicher Nachwuchs betrachtet werden. Die berufliche und finanzielle Zufriedenheit der Prädocs ist insgesamt relativ hoch (vgl. Wegner 2020). Daher muss davon ausgegangen werden, dass für viele der Tausch Qualifikation bzw. Zertifikat gegen zeitweise Arbeit im Wissenschaftssystem in Ordnung geht, trotz Befristung und weit verbreiteter Teilzeitpraxis.

Anders sieht es bei den promovierten Mitarbeitenden des Mittelbaus aus. Hier ist die berufliche Zufriedenheit insgesamt geringer und vor allem die eigene berufliche Perspektive wird eher negativ gesehen. Und dies, obwohl im Postdocbereich immerhin 32 % der Befragten entfristet sind, im Gegensatz zu 3 % bei den nicht Promovierten, und obwohl auch das Phänomen der erzwungenen Teilzeit hier deutlich seltener anzutreffen ist. Die im Vergleich zu den Prädocs geringere Zufriedenheit der Postdocs hat ganz wesentlich mit ihrer Einschätzung der beruflichen Perspektive und der damit verbundenen wahrgenommen Konkurrenzsituation zu tun. Die Karriereziele von Postdocs und Prädocs unterscheiden sich deutlich. Unter den Nicht-Promovierten streben lediglich 20 % eine Professur und weitere 29 % eine andere Position in Forschung und Lehre an, während mehr als ein Drittel ihre Zukunft außerhalb der Wissenschaft sehen. Das verdichtet sich nach der Promotion. Von denen, die in der Postdocphase (noch) in der Wissenschaft tätig sind, möchten 84 % auch längerfristig in der Wissenschaft bleiben und Wissenschaft als Beruf ausüben. Auch wenn sich davon nur gut die Hälfte in der Position einer Professur sieht, während die andere Hälfte eine andere Position in Forschung und Lehre bevorzugt. Während in der Prädocphase ein Qualifizierungsmotiv dominiert, kann im Postdocbereich von einem Berufsmotiv gesprochen werden, welches trotz der gegebenen Karriere- und Beschäftigungsstruktur bei knapp der Hälfte nicht mit dem Berufsziel Professur gleichgesetzt wird.

Was bedeutet das nun für mögliche Dynamiken und die zukünftige Gestaltung der Beschäftigungsbedingungen im Wissenschaftssystem. Nun, erstens braucht der Mittelbau mehr Anerkennung und kann nicht mit einem ungewissen Versprechen auf die Zukunft vertröstet werden. In der Gegenwart fehlt die Entlohnung auf zweierlei Art – als materielle Entlohnung, durch zu geringe Einkommen oder unbezahlte Überstunden, und als ideelle Entlohnung durch ausbleibende Reputation – die wissenschaftlichen Meriten. Wie wir gesehen haben, spiegelt sich die durch den Mittelbau in Forschung investierte Zeit nicht ansatzweise in wissenschaftlichen Publikationen wider. Der Mittelbau schneidet hier trotz des größeren Zeitaufwandes deutlich schlechter ab als Professor:innen. Deren Rendite ist, gemessen an der investierten Forschungszeit, um ein Vielfaches höher. Die Anerkennung sollte sich aber auch sprachlich widerspiegeln, indem nicht vom wissenschaftlichen Nachwuchs, sondern von Wissenschaftler:innen verschiedener Erfahrungsstufen gesprochen wird, wie es international auch üblich ist.

Der Beitrag des Mittelbaus zum Funktionieren des Wissenschaftssystems ist enorm. Die wissenschaftlichen Einrichtungen können auf diese Beiträge nicht verzichten. Daher wird die Arbeitssituation im Wissenschaftsbereich dann dysfunktional für das Wissenschaftssystem im Ganzen, wenn der „Nachwuchs" wegbleibt und für die Aufgaben der wissenschaftlichen Einrichtungen kein geeignetes Personal mehr rekrutiert werden kann. Bisher war der Wissenschaftsbereich – zumindest in den meisten Fächern – ein Nachfragemarkt, in den viele hinein wollten und die Arbeitsbedingungen von denen bestimmt werden konnten, die die Arbeit nachfragen. Wer weiß, wie lange das noch so bleibt?

Spätestens dann müssten die Einrichtungen und die Wissenschaftspolitik nachsteuern und die „Preise" für die angebotene Arbeit erhöhen, indem sie die Arbeitssituation insgesamt, einschließlich der Perspektiven verbessern. Die Entscheidungsträger:innen in Wissenschaft und Politik sollten schauen, wie sie das „Karrieresystem" Wissenschaft in ein „Berufssystem" Wissenschaft umbauen können. Vorschläge hierzu liegen auf dem Tisch und reichen von professionellen Personalentwicklungskonzepten (vgl. Richter/Weizsäcker 2019) bis hin zu Departmentstrukturen (vgl. Specht et al. 2017). Eine wichtige Ergänzung bestünde darin, Personalentwicklung und Tenure-Track-Positionen nicht nur auf Professuren zu beschränken, sondern auch für andere Dauerpositionen in Lehre und Forschung zu offerieren und so die Berufswege für alle Wissenschaftler:innen planbarer zu machen.

Literatur

Ambrasat, Jens/Heger, Christophe/Rucker, Annegret (2020): „Wissenschaftsbefragung 2019/20 – Methoden und Fragebogen. DZHW Methodenbericht, Hannover: DZHW". www.wb.dzhw.eu/downloads/WiBef_Methodenbericht2019-20.pdf (Abfrage: 18.09.2020).

Ambrasat, Jens/Heger, Christophe (2020): Barometer der Wissenschaft. Ergebnisse der Wissenschaftsbefragung 2019/20. Hannover/Berlin: Report DZHW.

Ambrasat, Jens/Heger, Christophe (2019): Forschung, Lehre und Selbstverwaltung – Tätigkeitsprofile in der Wissenschaft. DZHW: Hannover.

Ambrasat, Jens (2019): Bezahlt oder unbezahlt? Überstunden im akademischen Mittelbau. In: Forschung und Lehre, 2/2019.

Ambrasat, Jens/Martens, Bernd (im Erscheinen): Stabilität oder Krisengefahr? Die Finanzierung von Promotionen im Verlauf. In: Korff, Svea/Truschkat, Inga (Hrsg.): Übergänge in Wissenschaftskarrieren: Ereignisse – Prozesse – Strategien. Wiesbaden: Springer VS.

Cañibano, Carolina/Woolley, Richard/Iversen, Eric J./Hinze, Sybille/Hornbstel, Stefan/Tesch, Jakob (2019): A conceptual framework for studying science research careers. In: The Journal of Technology Transfer 44, 1964–1992.

DFG (2009): Steigerung der Attraktivität und Wettbewerbsfähigkeit von DFG-Projektstellen für Promovierende. In: Informationen für die Wissenschaft Nr. 28. 8. Juni 2009.

DFG. (2020): „Hinweis zur Bezahlung von Promovierenden. DFG-Vordruck 55.02-05/20". www.dfg.de/formulare/55_02/55_02_de.pdf (Abfrage: 24.08.2020).

European Commission. (2011): „Towards a European framework for research careers. Directorate General for Research &. Innovation, Brussels, July 21st". cdn5.euraxess.org/sites/default/files/policy_library/towards_a_european_framework_for_research_careers_final.pdf. (Abfrage: 29.08.2020).

Fanelli, Daniele/Larivière, Vincent (2016): Researchers' Individual Publication Rate Has Not Increased in a Century. PLoS ONE 11(3): e0149504. doi:10.1371/journal.pone.0149504.

Gassmann, Freya/Groß, Jascha/Benkel, Cathrin (2020): „Befristete Beschäftigung von wissenschaftlichen Mitarbeiterinnen und Mitarbeitern an Hochschulen in Deutschland – Eine erste Evaluation der Novelle des Wissenschaftszeitvertragsgesetzes. Gewerkschaft Erziehung und Wissenschaft". www.gew.de/evaluationwisszeitvg (Abfrage: 23.09.2020).

Holderberg, Per (2020): Zur Beschäftigungssituation des akademischen Mittelbaus. Ergebnisse der dritten Befragung der wissenschaftlichen und künstlerischen Mitarbeiter_innen der Stiftung Universität Hildesheim. Universitätsverlag Hildesheim. https://doi.org/10.18442/081.

In der Smitten, Susanne/Sembritzki, Thorben/Thiele, Lisa (2017). Bewerberlage bei Fachhochschulprofessuren – Unzureichend strukturierte Karrierewege erschweren die Stellenbesetzung. (DZHW Brief 1|2017). Hannover: DZHW. www.dzhw.eu/pdf/pub_brief/dzhw_brief_01_2017.pdf (Abfrage: 23.09.2020)

Johann, David/Neufeld, Johann (2018): „Zur Beurteilung der Bewerbungslage an deutschen Universitäten. Ergebnisse der DZHW-Wissenschaftsbefragung. (DZHW Brief 1|2018)". www.dzhw.eu/pdf/pub_brief/dzhw_brief_01_2018.pdf (Abfrage: 23.09.2020).

Johann, David/Neufeld, Johann (2016): Nachwuchsprobleme. Situation und Berufsziele des wissenschaftlichen Nachwuchses. In: Forschung & Lehre 9/2016, S. 790–791.

Konsortium Bundesbericht Wissenschaftlicher Nachwuchs (2017): „Bundesbericht Wissenschaftlicher Nachwuchs 2017: Statistische Daten und Forschungsbefunde zu Promovierenden und Promovierten in Deutschland". www.buwin.de/dateien/buwin-2017.pdf (Abfrage: 14.01.2020).

Kreckel, Reinhard (2016): Zur Lage des wissenschaftlichen Nachwuchses an Universitäten Deutschland im Vergleich mit Frankreich, England, den USA und Österreich. In: Beiträge zur Hochschulforschung 1-2/2016, S. 12–40.

Lange, J./Ambrasat, Jens (im Erscheinen): Familie, Karriere oder beides? Die spezifischen Vereinbarkeitsprobleme im Wissenschaftsbereich. In: Korff, Svea/Truschkat, Inga (Hrsg.): Übergänge in Wissenschaftskarrieren: Ereignisse – Prozesse – Strategien. Wiesbaden: Springer VS.

Laudel, Grit/Gläser, Jochen (2008): From apprentice to colleague: The metamorphosis of early career researchers. In: Higher Education 55, H. 3, S. 387–406.

Möller, Torgen/Neufeld, Johann (2019): Research Conditions and Governance Instruments. An International University Survey in Five European Countries. Presentation. 32nd Conference of the Consortium of Higher Education Researchers (CHER), 28.–30.08.2019, Kassel.

Richter, Cornelius/Weizsäcker, Georg (2019): „Kanzler, schaut nach vorn! Moderne Personalpolitik, Tenure Track? Fehlanzeige". www.tagesspiegel.de/wissen/karrierewege-in-forschung-und-lehre-kanzler-schaut-nach-vorn/25119364.html (Abfrage: 18.09.2020).

Rogge, Jan Christoph/Tesch, Jakob (2016): Wissenschaftspolitik und wissenschaftliche Karriere. In: Simon, Dagmar/Knie, Andreas/Hornbostel, Stefan/Zimmermann, Karin (Hrsg.): Handbuch Wissenschaftspolitik. Springer VS: Wiesbaden.

Schneijderberg, Christian/Götze, Nicolai (2020): Organisierte, metrifizierte und exzellente Wissenschaftler*innen. Veränderungen der Arbeits- und Beschäftigungsbedingungen an Fachhochschulen und Universitäten von 1992 über 2007 bis 2018. INCHER Working Paper Nr. 13.

Specht, Jule/Hof, Christian/Tjus, Julia/Pernice, Wolfram/Endesfelder, Ulrike (2017): „Departments statt Lehrstühle: Moderne Personalstruktur für eine zukunftsfähige Wissenschaft. Die Junge Akademie". www.almameta.de/wp-content/uploads/2017/10/JA_Debattenbeitrag_Department-Struktur.pdf (Abfrage: 18.09.2020).

Tesch, Jakob/Huber, Nathalie/Neufeld Johann/Donner, Paul/Aman, Valeri/Gauch, Stephan (2017): Beitrag des wissenschaftlichen Nachwuchses zu Lehre, Forschung und Transfer/Innovation. DZHW: Berlin.

Waaijer, Cathelijn J.F. (2017): Perceived career prospects and their influence on the sector of employment of recent PhD graduates. In: Science and Public Policy 44, H. 1, S. 1–12.

Vereinigung der Kanzlerinnen und Kanzler der Universitäten Deutschlands (2019): „Bayreuther Erklärung zu befristeten Beschäftigungsverhältnissen mit wissenschaftlichem und künstlerischem Personal in Universitäten". www.uni-kanzler.de/fileadmin/user_upload/05_Publikationen/2017_-_2010/20190919_Bayreuther_Erklaerung_der_Universitaetskanzler_final.pdf (Abfrage: 18. 09. 2020).

Wegner, Antje (2020): „Die Finanzierungs- und Beschäftigungssituation Promovierender: Aktuelle Ergebnisse der National Academics Panel Study". www.dzhw.eu/pdf/pub_brief/dzhw_brief_04_2020.pdf (Abfrage: 18. 09. 2020).

Universitäre Personal- und Karrierestrukturen

Deutschland im internationalen Vergleich

Karin Zimmermann

1. Einleitung

Unter welchen institutionellen Rahmenbedingungen werden die deutschen Universitäten den traditionsgemäßen Anforderungen der Forschung, Lehre und Ausbildung der kommenden Wissenschaftsgeneration gerecht?

Mit dieser Frage befasste sich auch Max Weber in seiner überlieferten Vorlesung „Wissenschaft als Beruf" (Weber 1919/1990). Dies zu einer Zeit, in der in den USA, aber auch in Deutschland die betriebsförmig geführten Institute der naturwissenschaftlichen und medizinischen Fakultäten größer und zahlreicher wurden. „Zwischen dem Chef eines solchen großen kapitalistischen Universitätsunternehmens und dem gewöhnlichen Ordinarius alten Stils" sah Weber „eine außerordentlich starke Kluft" zulasten der Ordinarien:

> „Innerlich ebenso wie äußerlich ist die alte Universitäts*verfassung* fiktiv geworden. Geblieben aber und wesentlich gesteigert ist ein der deutschen Universitäts*laufbahn* eigenes Moment: ob es einem solchen Privatdozenten, vollends einem Assistenten, jemals gelingt, in die Stelle eines vollen Ordinarius und gar eines Institutsvorstandes einzurücken, ist eine Angelegenheit, die einfach *Hasard* ist: Gewiss: nicht nur der Zufall herrscht, aber er herrscht doch in ungewöhnlich hohem Grade." (Weber 1919/1990, S. 12, Hervorh. i. O.)

Ähnlich dem Risiko beim Glückspiel charakterisierte Weber damit „eine Karriere ohne Karrierecharakter" (Schmeiser 2013, S. 54). Für Weber manifestierte sie sich in der Sozialfigur des habilitierten deutschen Privatdozenten: ohne Anstellung, entlohnt nur mit den schmalen Kolleggeldern in materieller Unsicherheit und beruflicher Ungewissheit. Im Gegensatz dazu sah Weber den deutschen „Assistenten" und verglich ihn mit dem amerikanischen „assistant" (Weber 1919/1990, S. 6). Beide hatten primär Lehraufgaben und angesichts des wachsenden Lehrbedarfs der aufkommenden großen kapitalistischen Universitätsunternehmen für „volle Häuser" (Weber 1919/1990, S. 7), und damit für die Steigerung der Kolleggeldeinnahmen, zu sorgen. Assistant und Assistent konnten, worin Weber einen deutlichen Gegensatz zum Gelehrtenimperativ der Privatdozentur sah, aufgrund ihrer Anstellung mit einem Einkommen aus ihrer Lehrtätigkeit rechnen.

Dem US-amerikanischen assistant (nicht so dem deutschen Assistenten) bot das die Möglichkeit eine universitäre berufliche Laufbahn zu beginnen, was Weber als stark bürokratisiert ablehnte.

In der primär auf Spitzenleistungen in der Forschung ausgerichteten Forschungsuniversität des 21. Jahrhunderts, die Weber schon zu Beginn des 20. Jahrhunderts deutlich kommen sah, haben sich die Rahmenbedingungen massiv verändert. Das gilt besonders für die weltweite Bildungs- und Hochschulexpansion,[1] die die Universitäten in ein „Breite-Spitze-Dilemma" (Kreckel 2010) brachte: Da die staatlichen Finanzmittel für die öffentlich finanzierten Universitäten mit dem Anwachsen der Studierendenzahlen in allen Ländern nicht Schritt halten, stehen sie alle vor dem großen Problem, wie die zunehmende Breitenausbildung mit erwarteter Spitzenforschung und beides mit der Ausbildung der künftigen Wissenschaftler:innen-Generation zu leisten ist. Den international mobilen Wissenschaftler:innen möglichst attraktive Karriereoptionen vor allem in der Forschung zu bieten, wurde damit selbst zu einem Wettbewerbsfaktor.

Wie wir in unserer ländervergleichenden Analyse der Personal- und Karrierestrukturen feststellen konnten (vgl. Kreckel/Zimmermann 2014), sind die Möglichkeiten des Einsatzes attraktiver beruflicher Optionen als ein Wettbewerbsinstrument heute in hohem Maße von den nationalen, historisch gewachsenen Gepflogenheiten abhängig.[2] Das gilt besonders für den Weber'schen Spannungsbogen zwischen riskanter Karriere und akademischer Laufbahn: In Frankreich hat sich seither ein gemischtes Habilitations- und Tenure-Modell, in England ein Tenure-Modell und in den USA das Tenure Track-Modell tradiert. Letzteres dient heute den meisten europäischen Ländern als Vorbild für Reformen. Das gilt auch für die deutschen Universitäten, für die ein spezifisches Habilitations-Modell strukturprägend geblieben ist.[3]

Gepflogenheiten aus der Universität des 18. und 19. Jahrhunderts, wie Weber sie beschrieb, finden sich in Spuren noch heute in den universitären Personalstrukturen deutscher Universitäten. Um sie wird es im Folgenden hauptsächlich

---

1 Der amerikanische Soziologe und Higher Education Researcher Trow (2006) beschreibt den globalen Prozess der Hochschulexpansion seit 1945 in drei Übergangsphasen, an denen sich die Genese des strukturellen Breite-Spitze-Dilemma aufzeigen lässt. Von der „elite higher education" mit einer tertiären Bildungsbeteiligung der Bevölkerung von 0–15 % (ca. 1945–1960) zur „mass higher education" mit 16–50 % (ca. 1960–1995) zur „universal higher education" (ca. ab Mitte der 1990er Jahre) mit einer tertiären Bildungsbeteiligung von über 50 % der Bevölkerung. Allein in Deutschland hat sich die Zahl der jährlichen Studienanfänger:innen zwischen 1995 und 2010 mehr als verdoppelt. Seither und künftigen Prognosen zufolge liegt sie relativ stabil bei einer halben Million (vgl. Bildung in Deutschland 2020, S. 189).

2 Mit weiteren Länderstudien zu Österreich, Schweiz, Schweden, Niederlande und Ungarn (vgl. dazu die Länderstudien in Kreckel/Zimmermann 2014).

3 Letzteres gilt auch für die deutschsprachigen Länder Österreich und Schweiz, die hier nicht behandelt werden (vgl. dazu die Länderstudien in Kreckel/Zimmermann 2014).

gehen: Die Besonderheit einer Professorenuniversität mit Karriereoptionen ohne Karrierecharakter. Mit dem Effekt, dass es in ihr nur wenige in Forschung und Lehre selbständige berufliche Positionen gibt.

In der folgenden beschreibenden Ist-Analyse stehen die Personal- und Karrierestrukturen deutscher Universitäten im Zentrum und werden punktuell mit den französischen, englischen und US-amerikanischen Forschungsuniversitäten verglichen (2.). In einem Zwischenfazit fasse ich die wesentlichen Ergebnisse der Ist-Analyse für Deutschland zusammen (3.). Danach geht es um den Versuch mit der „Juniorprofessur" (2002) und der „Tenure-Track-Professur" (2017) eine Stufenstruktur akademischer Personalrekrutierung einzuführen (4.). Warum die Versuche halbherzig bleiben, wird (vor dem Fazit 6.) mit historisch tradierten Zugzwängen erklärt und daraus resultierende Zukunftsfragen aufgeworfen (5.)

2. Personal- und Karrierestrukturen im Ländervergleich

2.1 Empirischer Zugang

Die ländervergleichende Typologie der wissenschaftlichen Personalstellen (vgl. Abb. 1) gibt empirisch begründete Informationen über Größenverhältnisse für die einzelnen Personalstellen der jeweiligen Länder wieder (zu den empirisch zugrunde liegenden Personalstellen der Länder vgl. Tabelle 1).

Die Erfassung der Größenverhältnisse beruht auf Analysen der offiziellen Hochschulpersonalstatistiken der Länder. Dabei ist die Verwendung von reinen Personenzahlen für den Ländervergleich nur beschränkt aussagekräftig, da insbesondere der je nach Land und Personalkategorie höchst unterschiedliche Einsatz von Teilzeitkräften und des prekär beschäftigten befristeten Lehrpersonals nicht angemessen berücksichtigt werden können.[4] Hinzu kommen von Land zu Land nicht nur unterschiedliche Stellenbezeichnungen, sondern auch unterschiedliche Methoden der statistischen Erfassung. Demnach bestand unsere Arbeit vor allem darin, die sehr heterogene Datenlage so aufzubereiten, dass Vergleiche zwischen den Ländern annähernd möglich sind. Um zu möglichst realitätsnahen Aussagen zu den Personalstrukturen zu kommen und sie vergleichen zu können, wurde bei der Erarbeitung der ländervergleichenden Typologie mit Vollzeitäquivalenten (VZÄ) gerechnet.[5]

---

4   Da diese Zahlen von der US-amerikanischen Statistik nicht mehr erfasst werden, musste beim Vergleichsland USA auf das Vergleichsjahr 2003 zurückgegriffen werden.

5   Teilzeitbeschäftigte im akademischen Kernbereich wurden mit dem Faktor 0,5, nebenberuflich Tätige mit Ergänzungsfunktionen mit dem Faktor 0,2 gewichtet. Zu den Grenzen dieses Verfahrens vgl. Kreckel und Zimmermann (2014, S. 237).

Abbildung 1: Personalstrukturen an Universitäten im Ländervergleich (in %)

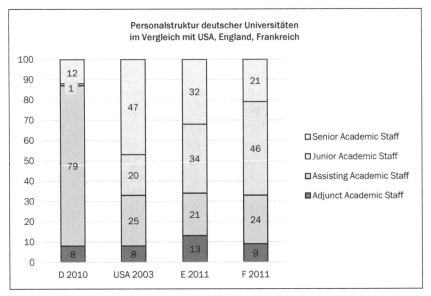

Komprimierte Darstellung des internationalen Vergleichs der Personalstrukturen in Kreckel/Zimmermann 2014, S. 236

In Abb. 1 sind die in Tab. 1 im Einzelnen aufgeschlüsselten Personalstellen für die Länder (gemäß international gebräuchlichen Bezeichnungen) vier Personalkategorien zugeordnet: dem *Senior Academic Staff*, dem *Junior Academic Staff* und dem *Assisting Academic Staff* für das hauptberuflich tätige wissenschaftliche Personal. Für nebenberuflich und in Teilzeit Beschäftigte mit sogenannten wissenschaftlichen Hilfs- bzw. Ergänzungsfunktionen steht die Bezeichnung *Adjunct Academic Staff*.[6]

2.2 Senior Academic Staff

Bei aller Heterogenität der Personalstruktur von Land zu Land gibt es einen archimedischen Punkt für die vergleichende Betrachtung. Die Positionen am oberen Ende der Personalstruktur, die in allen Vergleichsländern vorhanden und in sich noch einmal hierarchisch abgestuft sind. In der Abbildung 1 sind die abgestuften

---

6   An mehr Details Interessierte seien auf die einzelnen Länderkapitel in Kreckel/Zimmermann 2014 hingewiesen. Das Buch kann kostenfrei heruntergeladen werden: www.hof.uni-halle.de/web/dateien/pdf/Hasard-oder-Laufbahn.pdf.

Tabelle 1: Personalstellen im Ländervergleich

	Deutschland	USA	England	Frankreich
Senior Academic Staff I	C4 Professur, W3 Professur **auf Dauer**	Full Professor **auf Dauer**	Professor **auf Dauer**	Professeur des Universités: Classe exceptionelle, Première classe,
Senior Academic Staff II	C3, W2, C2 **auf Dauer**	Associate Professor **auf Dauer**	Senior Academics: Reader, Senior Lecturer, Principal Lecturer, Senior Researcher etc. **auf Dauer**	Seconde classe **auf Dauer**
Junior Academic Staff	Universitäts-Dozent:innen **auf Zeit** oder **auf Dauer,** W1 Juniorprofessur **auf Zeit,** C2 Professur **auf Zeit**	Assistant Professor **auf Zeit** i.d.R. Tenure Track	Academic Lecturer A, Lecturer B **auf Dauer**	Maître de Conférences auf Dauer: Hors classe, Classe normale **auf Dauer**
Assisting Staff (a)	„Funktionsstellen": Akademische Räte, Wissenschaftliche Mitarbeiter:innen, Lehrkräfte für besondere Aufgaben **auf Dauer**	Instructor **auf Dauer,** Lecturer **auf Dauer;** Other, No Rank (Vollzeit) **auf Zeit**	Assistant Academic **auf Dauer**	Enseignant du Secondaire **auf Dauer**
Assisting Staff (b)	„Qualifikationsstellen": Wissenschaftliche Assistent:innen, Wissenschaftliche Mitarbeiter:innen; Lehrkräfte für besondere Aufgaben (Haushaltsmittel) **auf Zeit**	Postdoc:Research Associates, Research Fellows etc. **auf Zeit**	Assistant Academic: Postdoctoral Fellow, Research Associate, Research Assistant, Research Officer **auf Zeit**	Attaché Temporaire d' Enseignement et de Recherche (ATER) **auf Zeit**
Assisting Staff (c)	„Projektstellen": Wissenschaftliche Mitarbeiter:innen (Drittmittel) **auf Zeit**			
Adjunct (Teilzeit) **auf Zeit** Nebenberufliches ergänzendes wissenschaftliches Personal	Professor:innen in Ruhestand, Gastdozenturen, Gast-, Honorar-Professuren, Lehrbeauftragte	Instructor, Lecturer, Other, No Rank, Adjunct Faculty	Atypical Staff with Academic Role	Professeur associé, Maître de Conférences associé, Professor invité, Lecteur, Maître de langue
Examiniertes Hilfspersonal	Wissenschaftliche Hilfskräfte, Tutor:innen	Graduate Student Employees		Moniteur, Tuteur, Vacataire

Quelle: Kreckel/Zimmermann (2014), S. 232–233. Zu den Datenquellen und Berechnungsgrundlagen vgl. Kreckel/Zimmermann (2014), S. 245–248.

Positionen zusammengefasst und internationalen Standardisierungen folgend in der Kategorie Senior Academic Staff abgebildet (zur Differenzierung der beiden Stellenkategorien vgl. Tabelle 1).

An der Spitze steht der auf Lebenszeit besetzte Lehrstuhl bzw. Chair, er ist meistens mit dem Titel ordentlicher Professor verbunden. In Deutschland ist es derzeit die nach W3 besoldete Professur, der Full Professor in den USA, der französische Professeur des Universités und der englische Professor. Diese Stellen sind in der Regel unbefristet und werden in Vollzeitbeschäftigung wahrgenommen. Sie verleihen professorale Würde und Unabhängigkeit in Lehre und Forschung. Letzteres gilt ebenso für die Positionen darunter. In Deutschland sind dies entsprechend der aktuellen Besoldungsordnung die W2-Professuren, in England die Senior Lecturers, Senior Researchers und Readers, in den USA die Associate Professors.

Die fest angestellten Associate und Full Professors stellten nach unseren Berechnungen für das Jahr 2003 zusammen rund die Hälfte des Lehrkörpers an den US-amerikanischen Forschungsuniversitäten. Das US-amerikanische Tenure Track-System der akademischen Personalrekrutierung dient heute in vielen europäischen Ländern als Orientierungs- und Referenzrahmen für Reformen. Der US-amerikanische Tenure Track lässt sich als eine spezifische Variante des europäischen Tenure-Systems (z.B. England) verstehen. Hier tragen alle Vollmitglieder des Lehrkörpers (Faculty) den Titel Professor mit grundsätzlich gleichen Rechten und Pflichten in Lehre und Forschung. Der Weg führt in den USA über eine Stufenstruktur, die sogenannte Tenure Line, die die Assistant Professors als Einstiegsposition kennt und mit Zwischenevaluationen nach vier bzw. sieben Jahren (je nach favorisierten Universitätsmodell) mit einer Tenure-Zusage in die Festanstellung als Associate oder Full Professor münden kann.

Im Vergleich zu den USA (2003) wie auch England (2011) und Frankreich (2011) ergibt sich auf der Ebene des Senior Academic Staff für Deutschland (2010) ein klares Bild: Mit einem Anteil von etwa 12 % am wissenschaftlichen Personal insgesamt ist die Gruppe der Professor:innen an deutschen Universitäten im Vergleich zu den USA, England und Frankreich extrem klein. Dies gilt selbst im Vergleich Deutschlands mit Österreich (28 % Anteil) und der Schweiz (26 % Anteil; vgl. dazu und zu weiteren Ländern Kreckel/Zimmermann 2014), die mit Deutschland das Habilitationsmodell akademischer Selbstrekrutierung und eine verbeamtete Professorenschaft teilen. Nur die ökonomisch durch den Beamtenstatus abgesicherte Spitzengruppe der Professor:innen gilt an den Universitäten in Deutschland in Lehre und Forschung als selbständig.

Anders als in England und den USA ist die Verbeamtung eines Teils des akademischen Personals in Frankreich mit seinem kombinierten Habilitations- und Tenure-System akademischer Personalrekrutierung üblich. Und zwar in beträchtlichem Ausmaß. Das französische Personalrekrutierungssystem kennt wie das US-amerikanische und das englische kein Hausberufungsverbot. In Frankreich gilt ein durch Gesetze und ministerielle Verordnungen detailliert geregeltes Planstellenprinzip, die Stellenvergabe erfolgt im nationalen Wettbewerb des Concours (vgl. Bourdieu 1988) nach differenzierten Besoldungsklassen. Qualifikationsvoraussetzung für die Berufung auf eine Professur ist die Promotion und die mit Deutschland vergleichbare Habilitation (Habilitation à diriger des recherches). Während es auf der Ebene des Senior Staff innerhalb der Gruppe der verbeamteten Professeurs des Universités keine formellen Rangunterschiede wie etwa im deutschen W-Stellensystem gibt, gilt z. B. für die Spitzengruppe der Professor:innen der classe exceptionelle eine zehn Prozent Quote. Dieses Planstellenprinzip gilt in Frankreich auch für die Ebene des Junior Academic Staff.

2.3 Junior Academic Staff

Nach internationalem Verständnis handelt es sich beim Junior Academic Staff um hauptberuflich und selbstständig Lehrende auf Dauerstellen unterhalb der professoralen Ebene.

Mit einem Anteil von 46 % (vgl. Abb. 1) verfügen die französischen Universitäten mit dem Maître de Conférences über einen beträchtlichen Anteil an Personal unterhalb der Professur, das in Forschung und Lehre selbständig und auf Dauer beschäftigt ist. Dauerbeschäftigung und Selbständigkeit in Lehre und Forschung unterhalb der Professur kennen auch die englischen Universitäten mit dem Lecturer mit einem Anteil von etwa 34 %. Im US-amerikanischen Stufenmodell zählt die allerdings befristete Assistant Professur mit einem Anteil von etwa 20 % zum Junior Academic Staff innerhalb der Personalstruktur US-amerikanischer Universitäten. Für Deutschland fällt sofort ins Auge, dass die Kategorie des Junior Academic Staff nahezu vollständig fehlt. Demnach bestehen an dieser entscheidenden Stelle der Qualifizierung für die Senior Ebene nach wie vor beträchtliche Länderunterschiede. Sie resultieren wesentlich aus den historisch gewachsenen Reglements akademischer Personalrekrutierung mit erheblichen Unterschieden bei der Befristungsdauer bis zu einer Festanstellung.

Zum Junior Academic Staff zählen wie erwähnt in den USA die Assistant Professors mit der Qualifikationsvoraussetzung Promotion und in der Regel weitere Nachweise als Postdoc in der Regel auf weisungsabhängigen Projektstellen in der Forschung. Der Anteil der Assistant Professors am hauptberuflichen Personal lag nach unseren Berechnungen für das Jahr 2003 bei etwa 20 % des wissenschaftlichen Personals insgesamt. Im Unterschied zum europäischen Lecturer, z. B. in England oder dem französischen Maître de Conférences, wird dem Assistant Professor die Festanstellung nicht fast automatisch garantiert, sondern in Aussicht gestellt (Tenure Track) und nach vier bis sieben Jahren nach Evaluationen der Forschungs- und Lehrleistungen (Tenure Evaluation) gewährt.

Voraussetzung für die Anstellung als Lecturer im Tenure-System Englands ist die Promotion und eventuell weitere Nachweise als Postdoc. Die unbefristete Anstellung (Tenure) erfolgt nach einer kurzen Probezeit und ist mit der Möglichkeit der internen oder alternativ der externen Rekrutierung für die nächst höhere Position des Senior Lecturer, Senior Researcher bzw. Reader verbunden. Sie kann aber auch auf Dauer ausgeübt werden ohne in die Professur münden zu müssen.

Auch dem kombinierten Habilitations- und Tenure-System akademischer Personalrekrutierung in Frankreich liegt die Normvorstellung zugrunde, dass die akademische Lehre und Forschung in den Händen von hauptberuflichen, in beiden Bereichen selbständigen Hochschullehrenden (Enseignants Chercheurs) liegen sollte. Anders als für die habilitierten und verbeamteten Professor:innen des Senior Staff gilt in Frankreich auf der Ebene des Junior Staff ein Tenure-Modell. Die Promotion zählt hier als vollgültige Qualifikationsvoraussetzung für die Ausübung einer selbständigen beruflichen Tätigkeit als Maître de Conférence. Nach einem formellen Berufungsverfahren und einem Jahr Probezeit sind sie Beamte auf Lebenszeit und in Forschung und Lehre unabhängig mit weitgehend gleichen Rechten und Pflichten wie die Professor:innen. In Letzterem sind sie dem auf Dauer angestellten (nicht verbeamteten) britischen Lecturer vergleichbar. Hingegen gehören die verbeamteten Maîtres de Conférences nicht zu den Professeurs des universités und bilden in der Selbstverwaltung eine gesonderte Statusgruppe.

Eklatant ist der Unterschied zu Deutschland. Die Kategorie des Junior Academic Staff fehlt im deutschen System akademischer Qualifizierung und Rekrutierung fast vollständig. An dieser Stelle zeigt sich der sprichwörtlich gewordene Flaschenhals. Dieser lässt sich professionssoziologisch als der Effekt von „Karriere ohne Karrierecharakter" (Schmeiser 2013, S. 54) verstehen. Die im Jahr 2002 eingerichtete, meist auf sechs Jahre befristete W1-Juniorprofessur und die Universitätsdozenturen und -Assistenzen, soweit letztere noch nicht durch befristete W1-Stellen ersetzt worden waren, zählen zu dieser Kategorie. Juniorprofessur und Universitätsdozentur machten nach unseren Berechnungen für das Jahr 2010 einen Anteil von lediglich gut einem Prozent am gesamten hauptberuflichen wissenschaftlichen Personal an den deutschen Universitäten aus. Dagegen weisen selbst die Habilitationsländer Österreich mit 12 % und die Schweiz mit 15 % im Bereich des Junior Academic Staff wesentlich höhere Anteile auf (vgl. dazu und zu weiteren Ländern Kreckel/Zimmermann 2014).

Mit dem selbständigen, auf Dauer angestellten englischen Lecturer, dem verbeamteten Maître de Conférences und der Stufenstruktur des US-amerikanischen Tenure Track verfügen die Vergleichsländer über einen größeren Anteil an Aufstiegspositionen vom Junior in den Senior Academic Staff. Zwar sind alle mit dem Breite-Spitze-Dilemma konfrontiert. Allerdings können in den genannten Ländern die Aufgaben in Lehre und Forschung auf mehr professionelle Schultern verteilt werden als dies in deutschen Universitäten möglich ist. Davon muss zumindest rein rechnerisch ausgegangen werden, da das Alleinstellungsmerkmal der Personalstruktur deutscher Universitäten darin besteht, dass es nur eine kleine Gruppe von fest angestelltem, eigenständig lehrenden und forschenden Personal unterhalb der Professur gibt. Hier steht der dünnen Schicht verbeamteter Professor:innen der breite sogenannte wissenschaftliche Mittelbau (Assisting Academic Staff) gegenüber.

2.4 Assisting Academic Staff

Im Assisting Academic Staff deutscher Universitäten bewegten sich die wissenschaftlichen Mitarbeiter:innen nach unseren Berechnungen für das Jahr 2010 mit einem prozentualen Anteil von knapp 80 % innerhalb der Personalstruktur in weisungsabhängigen Positionen mit Lehraufgaben oder mit Lehr- und Forschungsaufgaben (vgl. Abb. 1, zur Aufschlüsselung der zugeordneten Personalstellen vgl. Tab. 1; ausführlich Kreckel/Zimmermann 2014, insbes. S. 17–24 im Vergleich der Jahre 2010, 2005, 1998).

Von diesen fast 80 % des Assisting Academic Staff war 2010 nur ein kleiner Anteil von etwa 15 % als Akademischer Rat oder als Lehrkraft für besondere Aufgaben auf sogenannten Funktionsstellen auf Dauer angestellt (Assisting Academic Staff (a) in Tab. 1). Knapp zwei Drittel der sogenannten wissenschaftlichen Mitarbeiter:innen waren auf Zeit angestellt. Von diesen befristet Angestellten war 2010 ein Drittel (33 %) aus Haushaltsmitteln finanziert. Diese Kategorie des Assisting Academic Staff (b) ist bunt gemischt aus Lehrkräften für besondere Aufgaben, wissenschaftliche Assistent:innen und wissenschaftliche Mitarbeiter:innen als Promovierende und Promovierte auf sogenannten Qualifikationsstellen. Mit einem Anteil von 31 % in 2010 waren die befristeten wissenschaftlichen Mitarbeiter:innenstellen des Assisting Academic Staff (c) aus Drittmitteln finanziert. Darunter finden sich Promovierende und vor allem Postdoktorand:innen auf den sogenannten Drittmittelprojektstellen mit Arbeitsschwerpunkten vorwiegend in der Forschung.

Der Assisting Academic Staff steht – sei es als Postdoc auf Drittmittelstellen oder als befristete wissenschaftliche Mitarbeiter:in auf Qualifikationsstellen – für die Wahrnehmung von Lehraufgaben nur eingeschränkt zur Verfügung. Wie eine jüngere international vergleichende Studie für Deutschland zeigt, ist der Zeitumfang für Lehre und lehrbezogene Aufgaben an den großen und als exzellent ausgezeichneten Universitäten sogar rückläufig und gilt besonders für die Professor:innen (INCHER 2020, S. 6). Anders an „kleinen" Universitäten und an Fachhochschulen (INCHER 2020, S. 7). Diese auf Befragungen von Professor:innen und wissenschaftlichen Mitarbeiter:innen beruhenden Ergebnisse deuten auf eine Differenzierung zwischen wenigen (exzellenten) Forschungsuniversitäten und vielen (einfachen) Lehruniversitäten (kleinere Universitäten und Fachhochschulen) hin. Damit dürften künftig weitere Verlagerungen innerhalb des Breite-Spitze-Dilemma verbunden sein.[7]

2.5 Adjunct Academic Staff

Als Antwort auf das Breite-Spitze-Dilemma – Forschung, Lehre und die Ausbildung der kommenden Wissenschaftsgeneration unter globalen Wettbewerbsbedingungen zu vereinbaren –, greifen die Universitäten nicht nur in Deutschland, sondern auch in den Vergleichsländern immer stärker auf eine immer größere Anzahl an prekär Beschäftigten zurück, insbesondere für die Wahrnehmung essentieller Lehraufgaben. Das in allen Vergleichsländern wachsende, statistisch gleichwohl am schwierigsten zu erfassende ergänzende akademische Personal ist in unserer Typologie der Personalstellen unter der international üblichen Bezeichnung Adjunct Academic Staff (zum Teil auch als Auxiliary oder „No" bzw. „Other rank" bezeichnet) zusammengefasst. Dieses ergänzende Hilfspersonal findet sich in der amtlichen Hochschulpersonalstatistik des Statistischen Bundesamtes als nebenberufliches wissenschaftliches Personal. Hierzu zählt in Deutschland ein kleiner Anteil an Professor:innen im Ruhestand, Gastdozenturen und Honorar-Professuren. Den weitaus größten Anteil machen die in Teilzeit und pro Semester engagierten nebenberuflichen Lehrbeauftragten aus sowie die Graduierten, die hierzulande als wissenschaftliche Hilfskräfte bezeichnet werden.

Nach Angaben des Statistischen Bundesamtes (2019) hat sich – bezogen auf den Durchschnitt aller Hochschultypen (vgl. Abbildung 2) – die Zahl der zeitweise beschäftigten nebenberuflichen Lehrbeauftragten zwischen 2000 und 2018 mehr als verdoppelt (von 46 760 in 2000 auf 100 249 in 2018). Die Zahl der wissenschaftlichen Hilfskräfte stieg von 13 346 in 2000 auf 44 602 in 2018 und hat sich damit mehr als verdreifacht.

Dass die Übergänge zwischen dem nebenberuflichen und dem hauptberuflichen Personal in puncto prekärer Beschäftigungsbedingungen fließend sind, zeigt sich an der Verdoppelung der Anzahl der wissenschaftlichen Mitarbeiter:innen. Beim Aspekt prekäre Teilzeitbeschäftigung besteht zudem, auch im Bereich der hauptamtlichen wissenschaftlichen Mitarbeiter:innen, ein sich ausweitendes Gender Gap (vgl. Metz-Göckel et al. 2014; GWK 2019). Letzteres zeigt sich bei den nebenberuflichen Lehrbeauftragten laut Statistischem Bundesamt (2019) in einem Anstieg des Frauenanteils von 29 auf 35 %. Bei den nebenberuflichen wissenschaftlichen Hilfskräften stieg der Frauenanteil von 42 auf 47 %.

Die Zahl der wissenschaftlichen Hilfskräfte sowie der nebenberuflichen Lehrbeauftragten und der hauptberuflichen wissenschaftlichen Mitarbeiter:in-

---

7 Während sich die vom Wissenschaftsrat 2007 vorgeschlagene „Lehrprofessur" (vgl. WR 2007) nicht durchsetzen konnte (vgl. Hilbrich et al. 2014).

Abbildung 2: Haupt- und nebenberufliches wissenschaftliches Personal aller deutschen Hochschulen (in Tsd.)

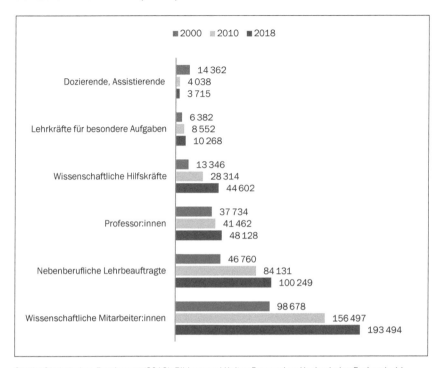

Quelle: Statistisches Bundesamt (2019): Bildung und Kultur, Personal an Hochschulen Fachserie 11, Reihe 4.4.

nen verzeichnen insgesamt die größten Anstiege. Demgegenüber fiel der Anstieg bei den Professuren und bei den hauptberuflichen Lehrkräften für besondere Aufgaben auf Dauerstellen in dem Zeitraum 2000 bis 2018 wesentlich geringer aus. Zudem war die Zahl der Dozierenden und Universitätsassistierenden rückläufig. Bei Letzteren handelt es sich um Aufstiegspositionen von der Ebene der Junior- auf die Ebene des Senior-Academic Staff, wie sie vor Einführung des Wissenschaftszeitvertragsgesetzes und der Juniorprofessur zur Mitte der 2000er Jahre üblich waren.

3. Personalstrukturelles Dilemma und ein Ausweg – Zwischenfazit

Aus der Ist-Analyse der Personalstellen und -strukturen lassen sich für Deutschland die gravierendsten, seit langem bekannten und wissenschaftspolitisch vielfach diskutierten Defizite der Personalstruktur festhalten:

- Im Senior-Academic Staff ist die Seltenheit der Professur hervorzuheben sowie der geringe zahlenmäßige Aufwuchs regulärer Professuren, der mit den gleichbleibend hohen Studierendenzahlen nicht Schritt hält.
- Das eklatante Fehlen fest angestellten Personals auf Dauerstellen unterhalb der Professur, die dem französischen Maître de Conférences, dem englischen Lecturer oder dem US-amerikanischen Assistant Professor vergleichbar wären. Und zwar darin vergleichbar, dass sie erstens Unabhängigkeit und Selbständigkeit in Lehre und Forschung in Dauerstellung ermöglichen, und zweitens zugleich als Aufstiegspositionen aus der Junior in die Senior Academic Ebene gelten und damit die Einschätzung der Risiken akademischer Karrieren ermöglichen können.
- In Deutschland hingegen besteht im Junior-Academic Staff die anhaltende Unsicherheit, ob und wann die sprichwörtlich gewordene Leiter ohne Sprossen für Angehörige des Mittelbaus doch noch in eine Festanstellung münden könnte. Hier herrscht weiterhin Gedrängel vor dem Flaschenhals insofern der Aufstieg, so er nicht im späten Lebensalter aus der Wissenschaft hinausführt, faktisch nur monodirektional durch die Berufung auf eine Professur erreicht werden kann.
- Da die Professur im Prinzip die einzige berufliche Position ist, die wissenschaftliche Selbständigkeit in Forschung und Lehre und ökonomische Sicherheit i.d.R. im Beamtenstatus gleichermaßen gewährt, hat die deutsche Professorenuniversität in eine „akademische Zweiklassengesellschaft" (Rogge 2017, S. 22) aus verbeamteten, in Forschung und Lehre selbständigen Fachvertretungen und davon abhängigen Angestellten nebst Hilfspersonal geführt.

Zusammenfassend: Da der zahlenmäßige Aufwuchs der Professuren mit den gleichbleibend hohen Studierendenzahlen nicht Schritt hält, es so gut wie kein Personal unterhalb der Professur mit gleichen Rechten und Pflichten in Lehre und Forschung gibt und stattdessen befristete Drittmittelbeschäftigung und Teilzeit immens zunehmen, spitzen sich mehrere personalstrukturelle Defizite zu. In dieser Situation – des wachsenden internationalen Wettbewerbs um attraktive Stellenangebote für international mobile Wissenschaftler:innen für die Spitzenforschung – scheinen sich die deutschen Universitäten genötigt zu fühlen, ihr Breite-Spitze-Dilemma hierarchisch von den oben schmalen Professuren über einen breiten heterogenen wissenschaftlichen Mittelbau und von da aus weiter nach unten zum Hilfspersonal hindurch zu reichen.

Um hier etwas Abhilfe zu schaffen – das ist die zentrale Schlussfolgerung aus dem Ländervergleich der Personalstellen und Strukturen –, müsste eine größere Anzahl von Stellen für wissenschaftliches Personal geschaffen werden. Das wären Stellen im Junior Academic Staff für ein wissenschaftliches Personal, das in Lehre und Forschung selbständig und von Professuren und Lehrstühlen unabhängig lehrt und forscht. Zum Beispiel nach dem Vorbild des englischen Lecturer oder des französischen Maître de Conférences, wo die Stelleninhaber:innen auf dieser Ebene verbleiben, sie aber auch als Aufstiegspositionen nutzen können.

Mit dem Merkmal Unabhängigkeit würde es sich nicht bzw. nicht ausschließlich um sogenannte Funktionsstellen handeln. Für diesen hier vorgeschlagenen, in den zahlreich geführten Reformdebatten der vergangenen Jahre jedoch kaum beachteten Lösungsweg wäre eine zahlenmäßig bedeutsame Reduktion der von der Professorenschaft abhängigen Statusgruppe des akademischen Mittelbaus erforderlich. Widerstände sind hier insbesondere deshalb wahrscheinlich, weil die Professor:innen ihre Mitarbeiter:innen und damit einen Teil der Ausstattung ihrer Professur verlören (vgl. Kreckel 2010).[8] Es wäre für sie mit einem Autonomie- und Statusverlust verbunden, der im New Public Management „organisierter, metrifizierter und exzellenter Wissenschaftler*innen" (INCHER 2020) besonders schwer wiegt.

4.   Eine deutsche Tenure Track Variante

An dem Effekt von „Karriere ohne Karrierecharakter" (Schmeiser 2013), der sogenannten Flaschenhalsproblematik im Bereich des Junior Academic Staff, hat die 2002 eingeführte Juniorprofessur nichts Strukturelles verändert. Trotz Orientierung am US-amerikanischen Stufenmodell vom Assistant über den Associate zum Full Professorship, das auch für die anderen westeuropäischen Konkurrenzländer[9] in den vergangenen zehn bis 20 Jahren immer attraktiver wurde, blieb die deutsche Juniorprofessur größtenteils ohne Tenure Track. Damit brachte sie den wenigen Juniorprofessor:innen de facto lediglich die Option auf einen hausinternen Aufstieg in eine Professur, das heißt ohne Tenure Track-Zusage, die

---

8   Wohl auch aus diesem Grund hat der Wissenschaftsrat diesen Lösungsweg, den er in seinen internen Diskussionen lange Zeit favorisiert hatte, letztlich doch nicht in seine „Empfehlungen zu einer lehrorientierten Personalreform an den Universitäten" (Wissenschaftsrat 2007) aufgenommen.

9   Unter den Habilitationsländern Österreich bereits seit der Jahrtausendwende (vgl. Pechar 2011).

unter Stellenvorbehalt erfolgen müsste.[10] Zudem wurden die Juniorprofessuren mitgliedschaftsrechtlich beim wissenschaftlichen Nachwuchs verortet, weswegen sich viele Stelleninhaber:innen vorsichtshalber zusätzlich habilitierten (vgl. Burkhardt/Nickel 2015).

Seit 2017 soll ein Bundesprogramm für 1 000 Tenure-Track-Professuren verteilt auf mehrere Jahre Abhilfe schaffen. Nach US-Vorbild der Tenure Evaluation sollen sie nach sechs Jahren Bewährung in eine reguläre W2- oder W3-Professur münden und es soll eine mitgliedschaftliche Zurechnung zu den regulären Hochschullehrenden erfolgen. Vor Befristungsende soll die Hochschule eine freie Stelle vorhalten und ein formelles Berufungsverfahren durchführen. Da aber die Berufungsbarriere bestehen bleibt, lässt sich die Tenure Track-Professur eher als der Versuch eines Ausgleichs der Defizite verstehen, die die Juniorprofessur hinterlassen hat.

Quantitativ betrachtet bräuchte es, um allein dem Ersatz- und einem sparsam kalkulierten Erweiterungsbedarf Rechnung zu tragen, mindestens 7 300 solcher Tenure Track-Stellen (vgl. Burkhardt 2016).[11] Die Zahlen bei den Tenure Track-Professuren, die seit 2018 auch hochschulstatistisch erfasst werden müssen, lassen aufgrund der kurzen Zeit statistisch noch keine Wirkungskraft erkennen. Zu der seit 18 Jahren bestehenden Juniorprofessur ist festzustellen, dass sie quantitativ im Hinblick auf eine Reform der universitären Personalstrukturen kaum Wirkung zeigt. Ähnliches ist von den 1 000 Tenure Track-Professuren zu erwarten, womit sich „die auf Dauer angelegte Förderung bei einer kleinen Gruppe auserwählter Nachwuchsforscher_innen bündeln" lässt (Riegraf 2018, S. 248).

Von diesen zaghaften Versuchen der Einführung eines deutschen Tenure Track kann eine bemerkenswerte Erweiterung des Junior Staff nicht erwartet werden. Wahrscheinlich ist vielmehr die Verstärkung des sogenannten Flaschenhalses, wenn die befristeten Drittmittelstellen für Postdocs, der internationalen Tendenz folgend und im Kontext der deutschen Exzellenzinitiative geschehen, weiter ausgeweitet werden. Daher ist es umso bemerkenswerter, dass die von den USA ausgehende weltweite Zunahme der drittmittelbeschäftigten „Postdoctoral Workforce" in deutschen wissenschaftspolitischen Reformdiskursen zwar unter dem Aspekt des Wettbewerbs um „kluge Köpfe" unkritisch zur Kenntnis genommen wird. Nicht zur Kenntnis genommen aber, wird die Entwicklung im Vorbildland USA, wo die Tenure Line Faculty und mit ihr das Stufenmodell akademischer Karrieren (Tenure Track) seit 40 Jahren gravierend abnehmen (vgl. z. B. Xie/Killewald 2012).

---

10 Zu den etwa zeitgleich eingerichteten Nachwuchsgruppenleiter:innen im Bereich des Junior Academic Staff vor allem in den außeruniversitären Forschungseinrichtungen (vgl. Böhmer 2010).

11 Ähnlich wie bei den damals vonseiten des Wissenschaftsrats anvisierten aber nie in derselben Anzahl realisierten 6 000 Juniorprofessuren.

Bei den Versuchen, Modelle anderer Länder wie das US-amerikanische Karrierestufenmodell zu adaptieren, werden die Inkompatibilitäten der von nationalen Pfadabhängigkeiten gekennzeichneten Personal- und Karrierestrukturen übersehen (vgl. Kreckel 2013). Sicher muss aufgrund der Alleinstellungsmerkmale Deutschlands eine Postdoctoral Workforce nicht neu erfunden werden, die unter Anleitung von Mentor:innen in abhängigen und kurzfristigen Anstellungen ständig aufgefordert ist, sich immer weiter zu qualifizieren, um irgendwann doch noch eine feste Stelle zu ergattern. Insofern ist die Einschätzung der Situation an den deutschen Universitäten, die die Internationale Kommission Exzellenzinitiative (IKEI) in ihrem Endbericht trifft, recht treffend formuliert.

„Die Situation ist insofern nicht ganz frei von Zynismus, als die Universitäten immens davon profitieren, dass sich eine große Zahl junger Menschen darauf einlässt – in der Hoffnung auf eine akademische Karriere – die produktivsten Jahre ihres Lebens auf schlecht bezahlten und befristeten PostDoc-Stellen zu verbringen. Lediglich der Umstand, dass die ‚Flaschenhalsproblematik‘ von PostDocs auch in vielen anderen europäischen Ländern existiert (…), verhindert einen größeren Wettbewerbsnachteil für das deutsche Universitätssystem." (IKEI 2016, S. 26f.)[12]

5. Zugzwänge und Zukunftsfragen

Die deutsche Antwort auf das eingangs erwähnte Breite-Spitze-Dilemma zeichnet sich durch ein hartnäckiges Festhalten am Status quo der Personalstruktur einer Professorenuniversität aus, deren heutige Reformresistenz sich im Wesentlichen aus dem Kontext eines „impliziten Systems von aufeinander bezogenen Denk- und Zugzwängen" (Kreckel 2016, S. 23–27) erklären lässt. So als ob Gepflogenheiten der Professorenuniversität von vor mehr als einhundert Jahren noch heute durch die universitären Korridore geisterten (vgl. Hirschi 2011, S. 54). Erkennbar sind sie an den folgenden fünf Prinzipien:

- Die *Habilitation* wurde im deutschen Hochschulrecht als Berufungsvoraussetzung schon seit Langem durch das Kriterium der zusätzlichen wissenschaftlichen Leistungen ersetzt, die heute durch Junior- und Tenure Track-Professuren, die Leitung einer sogenannten Nachwuchsforschergruppe (meist in einer außeruniversitären Forschungseinrichtung) und befristete Postdoc-Tätigkeiten nachgewiesen werden. Die Unbestimmtheit dieser „habilitationsadäquaten" Leistungen bietet den Berufenen breite Spielräume ihrer Leis-

---

12 Aufgrund der zusätzlichen Überproduktion von Promovierenden in den Graduiertenschulen der Exzellenzinitiative wurde die Förderlinie Graduiertenschule nicht für die Fortsetzung in der Exzellenzstrategie 2019 ausgesetzt.

tungs- und Qualitätsbeurteilung in den Berufungsverfahren. Wie weit sich die berufenden Universitätsleitungen von der tradierten inneren Logik des Systems der autonomen Selbstrekrutierung der professoralen Spitzengruppe trennen, bleibt die spannende Frage.

- Weiterhin wirksam ist ein anderes Erbe, noch aus der Ordinarienuniversität alten Stils. Es betrifft die *mitgliedschaftsrechtliche Seite des Berufungsvorgangs.* So war die Ernennung zum Privatdozenten an den deutschen Universitäten damals ein paradoxer Vorgang: Einerseits wurden Privatdozenten einer Berufsgruppe zugeordnet, andererseits wurden sie faktisch aus dieser Gruppe ausgegliedert, indem ihnen weitergehende Mitgliedschaftsrechte vorenthalten wurden (Schmeiser 1994; Schmeiser 2013, S. 54). Die Paradoxie des Ein- und Ausschlusses zugleich ist (wie oben angedeutet) auch bei der deutschen Variante eines Tenure Track deutlich zu erkennen: Die Juniorprofessur 2002 ist nur mit einer relativen Erfolgswahrscheinlichkeit der Berufung auf eine Professur an derselben Hochschule verbunden. Dieses offensichtliche Defizit gegenüber der Stufenstruktur des US-amerikanischen Tenure Track, die doch als Vorbild gelten sollte, wurde 2016 mit der Geburt einer „Tenure-Track-Professur" aus einem politischen „Nachwuchspakt" (GWK 2016) versucht zu korrigieren. Auch hier stellt sich die Frage des tatsächlichen Umgangs in den mit Tenure-Track-Professuren ausgezeichneten Universitäten. Sie sollen nach Vorlage eines förmlichen Personalentwicklungskonzeptes ausgewählt werden, aber Papier ist bekanntlich geduldig.

- Das Erbe des *Hausberufungsverbots,* das einst den Nepotismus stoppen sollte, der im 18. und 19. Jahrhundert bis zur faktischen Erblichkeit von Lehrstühlen reichte (ausführlich Schmeiser 1994), ist mit einem „Mobilitätszwang" verbunden, der zu einem tiefsitzenden, bis vor kurzem auch rahmenrechtlich verankerten Glaubenssatz der deutschen Professorenuniversität geworden ist. Heute behindert das Hausberufungsverbot den hausinternen Aufstieg vor allem deshalb, weil es mit dem Effekt belastet ist, dass Reformbemühungen zur Einführung einer Karriereleiter mit Sprossen für das Hochklettern im eigenen Hause bislang tabuisiert und die Vorstellung aufrecht erhalten wird, dass nur ganz wenige zur selbständigen Lehre und Forschung an einer Universität „berufen" seien, was in keinem der Vergleichsländer geläufig ist.

- Vom ererbten *Lehrstuhl- und Fachvertretungsprinzip,* in dem (wie mit Weber eingangs zitiert) Ordinarius und Institutsdirektor quasi verschmolzen, ist nicht nur die Verhinderung neuer Forschungsthemen zu erwarten (vgl. Specht et al. 2017).[13] Vom Erfolg der ad personam geführten Berufungs- oder

---

13 Der Vorschlag der Jungen Akademie (DJA) das Lehrstuhlprinzip durch die US-amerikanischen Departments zu ersetzen (vgl. Specht et al. 2017), lässt die historisch-kulturell verankerten Zugzwänge gänzlich unbeachtet. Zum Beispiel sieht sie eine deutliche Vermehrung von Tenure Track-Professuren durch Umwandlung von dann nur noch drittmit-

Rufabwehrverhandlungen hängt die Arbeitsfähigkeit des vertretenen Fachgebietes ab. Wird es nicht durch eine vollwertige Professur vertreten, gilt es als klein und im Status gefährdet. Vor allem in dieser vierten Stütze des Lehrstuhl- und Fachvertretungsprinzips liegt eine wesentliche Erklärung der übermächtigen Position der folgerichtig wenigen Professuren, die wie in kleinen oder größeren Königreichen wissenschaftliche Mitarbeiter:innen als Teil „ihrer" materiellen wie persönlichen Ausstattung betrachten dürfen.

- Ein wahres Interesse an dauerhaften Positionen in einem (angestellten) wissenschaftlichen Mittelbau sieht der Status quo generell nicht vor. Hier gilt noch die Regel der primären Reservierung der befristeten *Qualifikationsstelle* für den „wissenschaftlichen Nachwuchs" – eine Bezeichnung, die international mit Unverständnis und nicht selten mit einem Kopfschütteln quittiert wird. Die Zukunftsaussichten dieses „Nachwuchs" sind mit der Zwölf-Jahres-regel im Wissenschaftszeitvertragsgesetz abgesteckt. Das Attribut Qualifikationsstelle verleiht der Tatsache der Befristung soziale Legitimität, die zudem systemnotwendig ist, um eine schleichende Unterlaufung des Hausberufungs-verbotes durch eine Verstetigung des akademischen Mittelbaus möglichst zu verhindern. Dauerpositionen unterhalb der Professur gelten in dieser tradierten Denkweise als unerwünscht. Wo sie dennoch auftreten, z. B. in Form der sogenannten Funktionsstellen, sollen sie nur als seltene Ausnahmen gelten und werden, wo sie gehäuft auftreten, mit Argwohn betrachtet: Wer nicht berufen ist, gilt nicht als gleichwertig.

6. Fazit

Diese Zugzwänge sind das Erbe einer Professorenuniversität, die die wissenschaftliche Arbeit derer, die nicht „berufen" sind, per definitionem als vorübergehende Nachwuchstätigkeit betrachtet. Die damit verbundene Definitionsmacht tritt uns als sedimentierte Geschichte in den Personal- und Karrierestrukturen der deutschen Forschungsuniversität des 21. Jahrhunderts entgegen. Sie kennt neben Laufbahn (Professoren und Professorinnen) und Risikopassage („wissenschaftlicher Nachwuchs") noch immer keine „professionelle Qualifikationskarriere (...), bei der eine sukzessive Zuerkennung der Mitgliedschaft an das Vorliegen entsprechender Leistungsbereitschaft und das Ausbleiben von Fehlverhalten geknüpft ist." (Schmeiser 2013, S. 54) Stattdessen „flexibilisiert" sich die Personalstruktur insofern als bei dauerhaft öffentlicher Unterfinanzierung

---

telbeschäftigten wissenschaftlichen Mitarbeiter:innen vor, nicht aber die Abschaffung der verbeamteten Professorenuniversität. Professor:innen als „Staatsdiener" wie in Deutschland seit Mitte des 19. Jahrhunderts bis heute sind den hierarchisch flacheren Departments allerdings fremd.

sich die Zahl der befristeten Beschäftigungsverhältnisse und Teilzeitstellen seit den 1990er Jahren vervielfacht hat. Nun erscheint „Prekarität überall" (Bourdieu 1998, S. 96). Als eine Form der „symbolischen Gewalt" (Bourdieu/Wacquant 1996, S. 175–211; Bourdieu et al. 1997) lässt Prekarität die Zukunft im Ungewissen, verunmöglicht die rationale Vorwegnahme derselben und lässt bei den direkt Betroffenen, wie bei den noch nicht Betroffenen (vor allem derjenigen, die sich in ähnlichen Lebensverhältnissen bewegen), ein Mindestmaß an Glauben an und die Hoffnung auf Zukunft schwinden.

Wie sich die „symbolische Gewalt" in Berufungsverfahren (vgl. Zimmermann 2004; 2000) und auf dem Weg zur Professur auswirkt wissen wir relativ gut (vgl. Engler 2001). Auch die Situation der Graduierten mit Ambitionen auf die Professur ist gut untersucht, vor allem in qualitativen Untersuchungen (vgl. z. B. BuWiN 2008; 2013; 2017; Rogge/Tesch 2016). Aus Selbstauskünften im Rahmen quantifizierter Erhebungen wissen wir zudem, dass bei den wissenschaftlichen Mitarbeitern und Mitarbeiterinnen die Arbeitsunzufriedenheit mit jeder weiteren Befragung steigt (vgl. z. B. INCHER 2020). Empirisch gesichertes Wissen hinsichtlich der omnipräsenten Prekarität ist weniger erforscht, gerade was die Situation von nebenberuflich teilzeitbeschäftigten Lehrbeauftragten betrifft, die Adjuncts. Diese Personen, die die „Lehrlast" tragen, treffen die Wirkungen des Breite-Spitze-Dilemma besonders (Bloch et al. 2014). Zudem – aber das ist ein anderes Thema –, fehlt es hier wie im sogenannten Mittelbau generell, an Vertretungsmacht bzw. die marginal vorhandene ist schwach.[14]

Mit der großen Frage, wie Breitenausbildung mit Spitzenforschung und beides mit der Ausbildung der künftigen Wissenschaftler:innen-Generationen zu leisten ist, steht vor dem Hintergrund dieses Breite-Spitze-Dilemma die grundlegende Reformierung des gesamten Wissenschafts- und Forschungssystem Deutschlands zur Debatte. Dabei gilt es nicht nur die lehrintensiveren Fachhochschulen mit einzubeziehen, die seit etwa 2010 etwa 43 % der Studierenden in Deutschland aufnehmen (Bildung in Deutschland 2020, S. 190 f.). Sondern auch die in Deutschland großen, mit öffentlichen Geldern vergleichsweise privilegiert ausgestatteten vier außeruniversitären Forschungsorganisationen. Ihr Personal steht für die universitäre Lehre nur am Rande zur Verfügung. In den Vergleichsländern gibt es sie nicht, außer in Frankreich. Was die in den chronisch unterfinanzierten öffentlichen Universitäten und ihre im Neuen Steuerungsmodell seit mehr als 25 Jahren geplagte Professorenschaft betrifft, so dürfte diese sich sicher

---

14 Vgl. das beständige Engagement der Gewerkschaften Erziehung und Wissenschaft und ver.di sowie der „Initiative für gute Arbeit in der Wissenschaft", u. a. mit der Forderung „Dauerstellen für Daueraufgaben" im Kontext des Beschlusses von Bund und Ländern zur Fortsetzung des Hochschulpakts im Frühjahr 2019. Die Gründe für den geringen Mut zu Auflehnung und Mobilisierungsbereitschaft des sogenannten wissenschaftlichen Nachwuchses ist ebenfalls nicht das Thema dieses Beitrags. Ausführlich hierzu Ulrich; Seipel/ Holderberg und Keller in diesem Sammelband.

nicht den Reformhut aufsetzen. Wie Caspar Hirschi, Ordinarius für Geschichte an der Universität St. Gallen, für die deutschsprachigen Universitäten feststellt, hätten sie ihr Beharren auf steilen Hierarchien und langen Karrierewegen auch in Zeiten des „höheren hochschulpolitischen Reformfiebers und der Bekenntnisflut zur Internationalität der Wissenschaft" bewahrt (Hirschi 2011, S. 53). Ihre Beharrungskraft liege aber weniger in anonymen, strukturellen Prinzipien begründet, sondern in der

> „professoralen Attitüde ‚Privilegien sind heilig, und nach mir die Sintflut!' Kaum etwas zeigt dies schöner als die Tatsache, dass die ‚germanische' Kreatur des Privatdozenten, die bereits Durkheim für einen lebenden Anachronismus gehalten hat, weiterhin durch die universitären Korridore geistert und sich trotz unvermindert prekärer Lebensgrundlage jüngst sogar markant vermehrt hat. Noch immer erfüllen sie die Doppelfunktion, als billiges Lehrproletariat den Staatshaushalt zu schonen und als unterprivilegierte Überqualifizierte die Professoren daran zu erinnern, wie gut es das Schicksal mit ihnen gemeint hat." (Hirschi 2011, S. 53)

Ein wesentlich strukturelles Prinzip bleibt der kulturell-historisch tradierten Professorenuniversität allerdings: Die Tatsache, dass sie nach wie vor weiße Männer privilegiert (vgl. Wobbe 1994 aus historischer Perspektive) – vorwiegend aus bildungsaffinen sozialen Milieus stammend (vgl. Möller 2017) und ganz überwiegend deutscher Herkunft (vgl. Neusel/Wolter 2014). Auch diese Fakten dürften einer merklichen Öffnung der deutschen Forschungsuniversität des 21. Jahrhunderts im Weg stehen.

Literatur

Bildung in Deutschland (2020): „Ein indikatorengestützter Bericht mit einer Analyse zu Bildung in einer digitalisierten Welt." www.bildungsbericht.de/de/bildungsberichte-seit-2006/bildungsbericht-2020 (Abfrage: 19.09.2020):

Bloch, Roland/Lathan, Monique/Mitterle, Alexander/Trümpler, Doreen/Würmann, Carsten (2014): Wer lehrt warum? Strukturen und Akteure der akademischen Lehre an deutschen Hochschulen. Leipzig: Akademische Verlagsanstalt.

Böhmer, Susan (2010): Der Preis der Freiheit. Die Bedeutung hoher Forschungsautonomie für Arbeitsalltag und Karriere von Nachwuchsgruppenleitern. In: Die Hochschule. Journal für Wissenschaft und Bildung 1, S. 64–76.

Bourdieu, Pierre (1988): Homo academicus. Frankfurt a. Main: Suhrkamp.

Bourdieu, Pierre (1998): Prekarität ist überall. In Bourdieu, P. (Hrsg.): Gegenfeuer. Wortmeldungen im Dienste des Widerstands gegen die neoliberale Invasion. Konstanz: Universitätsverlag Konstanz, S. 96–102.

Bourdieu, Pierre/Wacquant, Loïc J. D. (1996): Reflexive Anthropologie. Frankfurt a. M.: Suhrkamp, S. 175–211.

Bourdieu, Pierre; Schultheis, Franz; Balazs, Gabrielle; Beaud, Stéphane; Broccolichi, Sylvain; Champagne, Patrick; Christin, Rosine; Lenoir, Remi; Oeuvrard, Françoise; Pialoux, Michel; Sayad, Abdelmalak; Soulié, Charles (1997): Das Elend der Welt. Zeugnisse und Diagnosen des alltäglichen Leidens an der Gesellschaft. Konstanz: Universitätsverlag Konstanz.

Bundesbericht wissenschaftlicher Nachwuchs (BuWiN) (2008): „Bundesbericht zur Förderung des Wissenschaftlichen Nachwuchses." www.buwin.de/dateien/2008/buwin_08.pdf (Abfrage: 19.09.2020).

Burkhardt, Anke (2016): „Professorinnen, Professoren, Promovierte und Promovierende an Universitäten. Leistungsbezogene Vorausberechnung des Personalbedarfs und Abschätzung der Kosten für Tenure-Track-Professuren". www.gew.de/fileadmin/media/publikationen/hv/Hochschule_und_Forschung/Broschueren_und_Ratgeber/Personalbedarf_2016_A4_web.pdf (Abfrage: 19.09.2020).

Burkhardt, Anke/Nickel, Sigrun (2015): Die Juniorprofessur. Neue und alte Qualifizierungswege im Vergleich. Baden-Baden: Nomos.

Engler, Steffani (2001): „In Einsamkeit und Freiheit"? Zur Konstruktion der wissenschaftlichen Persönlichkeit auf dem Weg zur Professur. Konstanz: UVK.

Gemeinsame Wissenschaftskonferenz (GWK) (2019): „Chancengleichheit in Wissenschaft und Forschung, 23. Fortschreibung des Datenmaterials (2017/2018) zu Frauen in Hochschulen und außerhochschulischen Forschungseinrichtungen, Bonn 2019" www.gwk-bonn.de/fileadmin/Redaktion/Dokumente/Papers/Druckfassung_Heft_65_23_Fortschreibung_CHAG.PDF (Abfrage: 19.09.2020).

Gemeinsame Wissenschaftskonferenz (GWK) (2016) „Verwaltungsvereinbarung zwischen Bund und Ländern gemäß Artikel 91 b Absatz 1 des Grundgesetzes über ein Programm zur Förderung des wissenschaftlichen Nachwuchses vom 16. Juni 2016" www.gwk-bonn.de/fileadmin/Redaktion/Dokumente/Papers/Verwaltungsvereinbarung-wissenschaftlicher-Nachwuchs-2016.pdf (Abfrage: 19.09.2020).

Hilbrich, Romy/Hildebrandt, Karin/Schuster, Robert (2014): Aufwertung von Lehre oder Abwertung der Professur? Die Lehrprofessur im Spannungsfeld von Lehre, Forschung und Geschlecht. Leipzig: Akademische Verlagsanstalt.

Hirschi, Caspar (2011): Wege in ein post-feudales Universitätszeitalter. In: Österreichischer Wissenschaftsrat (Hrsg.): Wissenschaftliche Karriere und Partizipation – Wege und Irrwege, Tagungsband 2011. Wien, S. 51–64.

INCHER, International Centre for Higher Education Research Kassel (2020): Organisierte, metrifizierte und exzellente Wissenschaftler*innen. Veränderungen der Arbeits- und Beschäftigungsbedingungen an Fachhochschulen und Universitäten von 1992 über 2007 bis 2018. Kassel: INCHER Working Nr. 13

Internationale Expertenkommission Exzellenzinitiative (IEKE) (2016): „Endbericht Januar 2016." www.bmbf.de/files/Endbericht_Internationale_Expertenkommission_Exzellenzinitiative.pdf (Abfrage: 19.09.2020).

Konsortium Bundesbericht Wissenschaftlicher Nachwuchs (BuWiN) (2013): „Statistische Daten und Forschungsbefunde zu Promovierenden und Promovierten in Deutschland." www.buwin.de/dateien/2013/6004283_web_verlinkt.pdf (Abfrage: 19.09.2020).

Konsortium Bundesbericht Wissenschaftlicher Nachwuchs (BuWiN) (2017): „Statistische Daten und Forschungsbefunde zu Promovierenden und Promovierten in Deutschland." www.buwin.de/dateien/buwin-2017.pdf (Abfrage: 19.09.2020).

Kreckel, Reinhard (2016): Zur Lage des wissenschaftlichen Nachwuchses an Universitäten: Deutschland im Vergleich mit Frankreich, England, den USA und Österreich. In: Beiträge zur Hochschulforschung, H. 1/2, S. 12–40.

Kreckel, Reinhard (2013): „It would be a good idea". Der US-amerikanische Tenure Track als Importmodell. In: Forschung & Lehre, H. 1, S. 10–12.

Kreckel, Reinhard (2010): Zwischen Spitzenforschung und Breitenausbildung. Strukturelle Differenzierungen an deutschen Hochschulen im internationalen Vergleich". In: Krüger, H. H./Rabe-Kleberg, U./Kramer, R. T./Budde, J. (Hrsg.): Bildungsungleichheit revisited. Wiesbaden: VS-Verlag, S. 235–256.

Kreckel, Reinhard (2008): Zwischen Promotion und Professur. Das wissenschaftliche Personal in Deutschland im Vergleich mit Frankreich, Großbritannien, USA, Schweden, den Niederlanden, Österreich und der Schweiz. Leipzig: Akademische Verlagsanstalt.

Kreckel, Reinhard/Zimmermann, Karin (2014): Hasard oder Laufbahn. Akademische Karrierestrukturen im internationalen Vergleich. Leipzig: Akademische Verlagsanstalt. www.hof.uni-halle.de/web/dateien/pdf/Hasard-oder-Laufbahn.pdf (Abruf: 25.09.2020).

Metz-Göckel, Sigrid/Heusgen, Kirsten/Möller, Christina/Schürmann, Ramona/Selent, Petra (2014): Karrierefaktor Kind. Zur generativen Diskriminierung im Hochschulsystem. Opladen: Barbara Budrich.

Möller, Christina (2017): Der Einfluss der sozialen Herkunft in der Professorenschaft. Entwicklungen – Differenzierungen – intersektionale Perspektiven. In: Hamann, Julian/Maeße, Jens/Gengnagel, Vincent/Hirschfeld, Alexander (Hg.): Macht in Wissenschaft und Gesellschaft. Diskurs- und feldanalytische Perspektiven, Wiesbaden: Springer, S. 113–139.

Neusel, Aylâ/Wolter, Andrä (2014): Internationale Mobilität und Professur (MOBIL). Karriereverläufe und Karrierebedingungen internationaler Professorinnen und Professoren an deutschen Hochschulen. Berlin: Humboldt Universität.

Pechar, Hans (2011): Karrierechancen für den akademischen Nachwuchs in Österreich In: Österreichischer Wissenschaftsrat (Hrsg.): Wissenschaftliche Karriere und Partizipation – Wege und Irrwege, Tagungsband 2011. Wien, S. 77–92.

Riegraf, Birgit (2018): Zwischen Exzellenz und Prekarität. Über den Wettbewerb und die bedingte Öffnung der Universitäten für Wissenschaftlerinnen. In: Laufenberg, Mike; Erlemann, Martina; Norkus, Maria; Petschick, Grit (Hg.): Prekäre Gleichstellung. Geschlechtergerechtigkeit, soziale Ungleichheit und unsichere Arbeitsverhältnisse in der Wissenschaft, Wiesbaden: Springer, S. 241–256.

Rogge, Jan-Christoph (2017): Kommentar zu Specht et al. (2017): „Departments statt Lehrstühle: Moderne Personalstruktur für eine zukunftsfähige Wissenschaft, Stellungnahme", S. 22.

Rogge, Jan-Christoph/Tesch, Jakob (2016): Wissenschaftspolitik und wissenschaftliche Karriere. In: Simon, Dagmar/Knie, Andreas/Hornbostel, Stefan/Zimmermann, Karin (Hrsg.): Handbuch Wissenschaftspolitik. Springer Verlag, S. 355–374.

Schmeiser, Martin (2013): Wissenschaft als Beruf: Max Webers Beitrag zu einer Theorie professionellen Handelns. In: VSH-Bulletin, H. 3/4, S. 49–60.

Schmeiser, Martin (1994): Akademischer Hasard. Das Berufsbild des Professors und das Schicksal der deutschen Universität 1870 bis 1920. Eine soziologische Untersuchung. Stuttgart: Klett-Cotta.

Simon, Dagmar/Knie, Andreas/Hornbostel, Stefan/Zimmermann, Karin (2016): Handbuch Wissenschaftspolitik. Wiesbaden: VS Verlag für Sozialwissenschaften.

Specht, Jule/Hof, Christian/Tjus, Julia Tjus/Pernice, Wolfram/Endesfelder, Ulrike (2017): „Departments statt Lehrstühle: Moderne Personalstruktur für eine zukunftsfähige Wissenschaft, Stellungnahme". www.diejungeakademie.de/fileadmin/user_upload/Dokumente/aktivitaeten/wissenschaftspolitik/stellungsnahmen_broscheuren/JA_Debattenbeitrag_Department-Struktur.pdf (Abfrage: 19.09.2020).

Statistisches Bundesamt (2019): „Bildung und Kultur, Personal an Hochschulen. Fachserie 11, Reihe 4.4." www.destatis.de/DE/Themen/Gesellschaft-Umwelt/Bildung-Forschung-Kultur/Hochschulen/Publikationen/Downloads-Hochschulen/personal-hochschulen-2110 440187004.pdf?__blob=publicationFile (Abgerufen: 19.09.2020).

Trow, Martin (2006): Reflections on the Transition from Elite to Mass to Universal Access: Forms and Phases of Higher Education in Modern Societies since WWII. In: Forest, J.J.F./ Altbach, P.G. (Hrsg.): International Handbook of Higher Education. Bd. 1. New York, S. 243–280.

Weber, Max (1990): Wissenschaft als Beruf. Ein Vortrag. Verlag Octopus.

Wissenschaftsrat (2007): „Empfehlungen zu einer lehrorientierten Reform der Personalstruktur an Universitäten" www.wissenschaftsrat.de/download/archiv/7721-07.pdf?__blob= publicationFile&v=3 (Abfrage: 19.09.2020).

Wobbe, Theresa (1994): Von Marianne Weber zu Edith Stein. Historische Koordinaten des Zugangs zur Wissenschaft. In: Wobbe, T/Lindemann G.: Denkachsen. Zur theoretischen und institutionellen Rede vom Geschlecht. Frankfurt a.M.: Suhrkamp Verlag, S. 15–68.

Xie, Yu/Killewald, Alexandra A. (2012): Is American Science in Decline? Cambridge, London: Harvard University Press.

Zimmermann, Karin (2004): Berufungsspiele des wissenschaftlichen Feldes im Lichte des Konzepts symbolische Gewalt. In: Ebrecht, Jörg/Hildebrandt, Frank (Hrsg.): Bourdieus Theorie der Praxis. VS Verlag für Sozialwissenschaften, S. 193–151.

Zimmermann, Karin (2000): Spiele mit der Macht in der Wissenschaft. Passfähigkeit und Geschlecht als Kriterien für Berufungen. Berlin: Edition Sigma.

Wissenschaftliche Lebensführung
Zwischen kulturellem Eigensinn und fremdgeführter Lebenspraxis

Maria Keil

1. Einleitung

Für die wissenschaftliche Arbeit und den Beruf der Wissenschaftlerin oder des Wissenschaftlers gibt es viele Bezeichnungen: Wissenschaft als Laufbahn oder als Karriere, Wissenschaft als Berufung oder auch Wissenschaft als Lebensform und Lebensführung. Während diese verschiedenen Konzepte in ihren jeweiligen Studien unterschiedliche Aspekte wissenschaftlicher Arbeit und wissenschaftlicher Positionen in den Blick nehmen, haben die Forschungsarbeiten zu dieser Thematik in der Regel doch eine Gemeinsamkeit – sie verweisen auf die Spezifika wissenschaftlicher Arbeit und Laufbahnen, die diese von anderen Berufen unterscheiden. Um diese Spezifika und die Frage, inwiefern wir Wissenschaft als Form der Lebensführung verstehen können, soll es im Folgenden gehen.

Das zentrale Moment des von Max Weber (1920/1988) eingeführten Begriffs der Lebensführung stellt die Fähigkeit des modernen Menschen sein Leben zu führen und ihm Sinn zu verleihen dar (vgl. Müller 2016, S. 37). Während seit der Entstehung der kapitalistischen Gesellschaft die spezifische Art des Wirtschaftens und der Organisation von Arbeit die wesentliche Macht der modernen Lebensführung ausmacht, stellt sich die Frage nach anderen gesellschaftlichen Bereichen, in denen ebenfalls Arbeit praktiziert wird und sich Erwerbsbiografien formieren. Diese ausdifferenzierten Wertsphären, um mit Weber zu sprechen, sind hinsichtlich ihres Einflusses auf moderne Formen der Lebensführung vor dem Hintergrund der kapitalistischen Organisation von Wirtschaft kaum beleuchtet (vgl. Lohr 2019, S. 56). So stellt sich die Frage, welche Lebensführungsmacht unter anderem wissenschaftliche Arbeit und berufliche Laufbahnen in der Wissenschaft gestaltet und wie sich diese zur wirtschaftlich-kapitalistischen Lebensführungsmacht verhält. Im Anschluss an bisherige Arbeiten zum Verhältnis von Kultur und Sozialstruktur innerhalb der Lebensführung (vgl. Müller 2016; Keil/Röcke/Alleweldt 2019; Lohr 2019) kann außerdem nach den Elementen der Fremd- und der Selbstführung in der Lebensführung von Wissenschaftler:innen gefragt werden sowie nach dem Verhältnis, in dem kultureller Eigensinn und sozialstrukturelle Determination stehen.

Im Folgenden werden zunächst das Konzept der Lebensführung von Weber (1920/1988) und daran anschließende Arbeiten theoretisch erörtert, um vor

199

diesem Hintergrund verschiedene Aspekte wissenschaftlicher Arbeit und wissenschaftlicher Erwerbsbiografien zu beleuchten. Hierbei wird einerseits auf Forschungsergebnisse aus Mittelbau- und Professor:innenbefragungen zurückgegriffen und andererseits werden Ergebnisse einer eigenen Studie (Keil 2020) herangezogen, die sich mit der Lebensführung und der wissenschaftlichen Praxis von Sozialwissenschaftler:innen befasst und insbesondere nach den Reproduktionsmechanismen sozialer Ungleichheit fragt.

Der Beitrag schließt mit einer Diskussion der Frage, ob wir (heute noch) von einer wissenschaftlichen Lebensführung sprechen können und inwiefern diese durch Fremdführung und durch Eigensinn strukturiert ist. Es zeigt sich, dass verschiedene Ebenen der Lebensführung unterschieden werden müssen: die der Wahl der Lebensführungsmacht und die der alltäglichen Lebenspraxis. Schließlich werden Anschlussfragen für die theoretische wie die empirische Erforschung von Lebensführungsmustern aufgeworfen.

2. Das Konzept der Lebensführung

Während Laufbahn-, Karriere- und Erwerbsbiografiekonzepte die (Erwerbs-) Arbeit als Strukturelement in das Zentrum stellen, thematisiert das Konzept der Lebensführung

> „die alltagspraktische Frage danach, wie und auf Grundlage welcher materiellen und kulturellen Ressourcen die Menschen tagtäglich ihr Leben führen (Jurczyk/Rerrich 1993; Voß/Weihrich 2001); andererseits steht zumindest im Hintergrund immer auch die philosophische Frage nach dem ‚guten‘ und ‚gelungenen‘ Leben. Unter Lebensführung verstehen wir daher nicht die äußerliche *Stilisierung* des Lebens, wie sie in der Lebensstilforschung im Vordergrund steht, sondern, im Rückgriff auf Max Weber (1920/1988), die pragmatische wie auch sinnhafte Lebenspraxis (Steinbicker/Röcke/ Alleweldt 2016).“ (Keil/Röcke/Alleweldt 2019, S. 7)

Lebensführung kann somit verstanden werden als eine Art integriertes persönliches Wertesystem, das das gesamte Leben von Individuen in den Blick nimmt; jedoch nicht entlang einer individualistischen Perspektive, sondern im Verhältnis von Klasse, Bildung und Individualität (vgl. Keil/Röcke/Alleweldt 2019, S. 7 f.).

Zwar hat Weber die Lebensführung nicht als Grundbegriff ausgeführt oder abschließend definiert, sie ist dennoch Fluchtpunkt seiner Studien (vgl. Müller 2014, S. 48). Es geht ihm um die Gestalt des modernen Lebens, welche mit dem Segen und dem Fluch zugleich verbunden ist, dass der moderne Mensch die Freiheit dazu besitzt und in der Lage ist sein Leben zu führen und ihm Sinn zu verleihen (vgl. Müller 2016, S. 37). Der Begriff der Lebensführung fungiert hierbei als das „Scharnier zur Relationierung von Individuum und Gesellschaft“ (Müller

2014, S. 84), da er Lebensordnungen und Wertsphären mit alltäglicher Lebenspraxis und Sinnstiftung verbindet. Entlang seiner eigenen Studien arbeitet Weber heraus, wie die Religion als Lebensführungsmacht, also als allen Lebensbereichen übergeordnete und das Leben strukturierende Wertsphäre, in der Frühzeit des Kapitalismus von diesem abgelöst wird. Die kapitalistische Wirtschaftsordnung bestimmt durch die Orientierung an einheitlichen Werten die herrschende Lebensführung. Die so begründete methodisch-rationale Lebensführung kapitalistischer Gesellschaften zeichnet sich durch eine Trennung von Haushalt und Betrieb und damit von Öffentlichkeit und Privatheit aus (vgl. Lohr 2019, S. 51). Die wirtschaftliche Fremdführung schafft nach Weber „Wirtschaftssubjekte", die in einem „faktisch unabänderliche[n] Gehäuse" hineingeboren werden und sich schließlich zu „Erwerbsmaschinen" entwickeln (Weber 1904–05/2016, S. 43 f., 163 zitiert nach Lohr 2019, S. 51).

Gleichfalls sind moderne, arbeitsteilige Gesellschaften durch eine horizontale Ausdifferenzierung gekennzeichnet; so gibt es neben der wirtschaftlichen Wertsphäre noch andere wie die der Politik, der Kunst, der Erotik, der Religion und der Wissenschaft (vgl. Müller 2014, S. 42 ff.; Lohr 2019, S. 56). Zwar stellt nach Lohr die gesellschaftliche Ordnung in ihrer kapitalistischen Form weiterhin die zentrale Ursache für die Fremdführung der Subjekte dar (vgl. Lohr 2019, S. 57). Dennoch begründen diese Wertsphären ebenso Lebensmächte; dies gilt insbesondere dann, wenn sie die Grundlage für Erwerbsbiografien und berufliche Laufbahnen stellen. Es stellt sich allerdings im Anschluss an Weber die Frage, in welcher Relation die verschiedenen Wertmaßstäbe zueinanderstehen und welche Spannungen aus ihnen für die individuelle Lebensführung resultieren (vgl. Müller 2007, S. 255; 2016, S. 36).

An Weber anschließend schlägt Müller (2016, S. 33) ein zweidimensionales Modell für die Lebensführungsforschung vor. Demnach kann Lebensführung analytisch zugespitzt einmal als abhängige und einmal als unabhängige Variable betrachtet werden. Eine Lebensführung als abhängige Variable ist mit einer gesellschaftlich fremdgeführten Lebensführung gleichzusetzen, d. h. die gesellschaftliche Konstellation legt eine Lebensführung nahe, bei der die ideelle Dimension sich der Struktur fügt bis hin zu einem bedingungslosen Folgen der Institution. Wird die sozialstrukturelle Determinierung jedoch durch individuelle Sinnsetzungen abgewehrt, spricht Müller (2016, S. 34) von Lebensführung als unabhängiger Variable. Hier stellen kulturelle oder religiöse Ideen eine ideelle (Widerstands-)Dimension individueller Lebensführung dar, sodass die Kultur die Struktur prägt. Müller (2016, S. 34) verweist im Anschluss an Weber auf die Eigenbedeutung und Widerständigkeit von „Kulturwertideen" und die hieran geknüpfte weichenstellende Funktion von Kultur, Werten und Ideen für die gesellschaftlichen Verhältnisse.

Diese Eigenbedeutung und Widerständigkeit greift wiederum Lohr (2019) auf, indem sie nach dem Eigensinn im Verhältnis von Selbst- und Fremdführung fragt. Mit Eigensinn verweist Lohr auf eigensinnige Strategien und abweichende Handlungsorientierungen innerhalb einer bzw. gegen eine dominante Lebensführungsmacht. Eine eigensinnige Selbstführung, die eine Fremdführung abwehrt, zielt auf die Integration auch anderer Lebensbereiche in die eigene Lebensführung:

> „Eigensinn ermächtigt Individuen zu einem selbstbestimmten Handeln unter Nutzung der eigenen Fähigkeiten und Ressourcen und kann zwischen zweck- und wertrationalen, emotionalen und affektiven Komponenten oszillieren" (Lohr 2010, S. 271 zitiert nach Lohr 2019, S. 66).

Um in der Lage zu sein, sein Leben selbst zu führen und eigensinnige Handlungsorientierungen herauszubilden, müssen Individuen allerdings über die Ressourcen hierzu verfügen. Die Ausstattung mit Ressourcen unterscheidet sich jedoch bekanntermaßen sozialstrukturell, sodass sich Gesellschaft auch innerhalb dieser Dimension auf die Lebensführung niederschlägt. Mit anderen Worten: Nicht nur Fremdführung, auch eigensinnige Selbstführung ist nicht individuell, sondern an der Schnittstelle von Gesellschaft und Individuum zu verorten (vgl. Lohr 2019, S. 67).

Lebensführung steht im Nexus von Gesellschaft und Individualität und bildet die Grundlage für die Persönlichkeitsentwicklung, darin sind sich die genannten Ansätze einig. Schaut man sich verschiedenste Lebensführungsformen einmal empirisch an (vgl. Röcke/Keil/Alleweldt 2019), zeigt sich jedoch, dass die Unterteilung in abhängige und unabhängige Lebensführung in ihrer dichotomen Zuspitzung zu kurz greift. So strukturiert sich die Lebensführung zum einen immer durch beide Dimensionen – Sozialstruktur und Kultur – und zum anderen fallen diese nicht zwingend jeweils mit Fremd- oder Selbstbestimmung zusammen (vgl. Keil/Röcke/Alleweldt 2019, S. 9). Auch eine kulturell geleitete Lebensführung kann fremdbestimmt sein, wie am Beispiel der ehemaligen Mitarbeiter:innen des DDR-Ministeriums für Staatssicherheit zu sehen ist (Krähnke 2019) oder aber eine eigensinnige, selbstbestimmte Lebensführung in hohem Maße durch die sozialstrukturelle Position erst ermöglicht werden (vgl. Hägel 2019). Aus diesem Grund haben wir eine Weiterentwicklung des Schemas vorgeschlagen, das die Frage nach der strukturierenden Dimension mit der Frage verbindet, wie diese Dimension durchgesetzt wird – selbst- oder fremdbestimmt. Dieses relationale Spannungsfeld der Lebensführung (vgl. Keil/Röcke/Alleweldt 2019, S. 10) soll als theoretische Grundlage für die weitere Betrachtung dienen, indem gefragt wird, ob sich der wissenschaftliche Beruf hier einordnen lässt. Strukturiert Wissenschaft mit ihrer Eigenlogik die Lebensführung von Wissenschaftler:innen und durchdringt sie sämtliche Bereiche des Lebens? Wie wird Wissenschaft auch als Erwerbsarbeit gelebt und in welchem Verhältnis steht diese zum wirtschaftlich-kapitalistischen Wertmaßstab?

Max Weber selbst hat über die Wissenschaft als Berufsfeld gesprochen. Im Zentrum seines 1917 gehaltenen Vortrags „Wissenschaft als Beruf" (1919/1992) stehen jedoch vielmehr die Berufsausübung und die Berufsinhalte sowie die Bedeutung von Wissenschaft als eine systematische Erörterung vor dem Hintergrund des Begriffs der Lebensführung. In seinen Ausführungen lassen sich dennoch Spezifika der Berufsform und eine bestimmte professionelle Ethik finden, die demnach auch auf die anderen Lebensbereiche von Wissenschaftler:innen ausstrahlen und Hinweise auf eine strukturierende Lebensmacht liefern. Doch was sind diese Spezifika, die heute wie vor hundert Jahren den wissenschaftlichen Beruf auszeichnen?

3. Merkmale wissenschaftlicher Arbeit und wissenschaftlicher Laufbahnen

In den letzten Jahren ist das Interesse für wissenschaftliche Laufbahnen und den wissenschaftlichen Arbeits- und Qualifizierungsmarkt stark gestiegen, sodass es zunehmend Studien gibt, die verschiedene wissenschaftliche Statusgruppen in den Blick nehmen und den Zusammenhang von Arbeit und Privatleben beleuchten. Bevor sich der Frage gewidmet wird, wie Wissenschaft heute gelebt wird, soll zunächst kurz auf die historischen Wurzeln des wissenschaftlichen Berufs eingegangen werden.

3.1 Die wissenschaftliche Profession: „Autonomie, Ganzheitlichkeit und formale Unbestimmtheit der Berufsrolle"[1]

Während die Anfänge der Universität als Institution im Mittelalter zu suchen sind, wurde Wissenschaft erst im 19. Jahrhundert allmählich zu einer berufsförmigen Tätigkeit. Bis dahin galten Forschung und Lehre als Privatangelegenheit bzw. Nebentätigkeit zu einem Hauptberuf. Erst die Einführung des Staatsexamens und der Habilitation ab 1810 schufen fachspezifisch-qualifikatorische Voraussetzungen für die Privatdozentur. Die weitere Herausbildung einer Laufbahnstruktur ging Hand in Hand mit einer disziplinären Spezialisierung (vgl. Schelsky 1963, S. 205). Doch auch der nun bestehende Beruf des Hochschullehrers bzw. des Ordinarius, der wesentlich das Renommee der Ordinarienuniversität prägte, stellte nicht unbedingt eine ausschließliche Erwerbsgrundlage dar.

---

1   Enders 1996, S. 17.

„Die Hochschullehrer rekrutierten sich zunächst vor allem noch aus dem Kreis der Privatgelehrten und der professionellen Praktiker wie Kleriker, Juristen oder Ärzte und waren aufgrund der mangelnden Alimentierung ihrer Tätigkeit an der Hochschule auf entsprechende Nebeneinkünfte angewiesen." (Enders 1996, S. 19)

Die unsichere Statuspassage der Privatdozentur wurde nicht zuletzt mit einem für die Lehre notwendigen Charisma und dem Selbstzweck der Forschung begründet. So war es das Charisma eines Hochschullehrers, das über die Höhe der eingenommenen Hörergelder und die Berufung zum Ordinarius oder Extraordinarius entschied (vgl. Weber 1919/1992, S. 72; Schmeiser 1994, S. 28). Dass keine anderen Interessen als die der Wissenschaft in die Forschung einfließen sollen, darüber haben auch die Denker des Neuhumanismus diskutiert. So konstatiert Fichte,

„[d]aß das Detail der kleinen Sorgfältigkeiten um die täglichen Bedürfnisse des Lebens zum Studieren nicht paßt, daß Nahrungssorgen den Geist niederdrücken, Nebenarbeiten ums Brot die Tätigkeit zerstreuen und die Wissenschaft als einen Broterwerb hinstellen, Zurücksetzung von Begüterten dürftigkeitshalber, oder die Demut, der man sich unterzieht, um jener Zurücksetzung auszuweichen, den Charakter herabwürdigen" (Fichte 1807, S. 23 f.).

Ebenso Weber (1919/1992, S. 84) verweist darauf, dass Forschung nicht extrinsischen Motiven wie der Erwerbssicherung oder der Wirtschaftlichkeit, sondern „rein der Sache dien[en]" soll. Aus der Unwägbarkeit der wissenschaftlichen Tätigkeit erwächst ihm zufolge nicht mehr und nicht weniger als ein moralischer Anspruch auf die Ausübung des Berufs. Dessen „innere Seite" beschreibt Weber (1919/1992, S. 81) mit Leidenschaft, Rausch und Berufung, sprich: mit dem höchsten der Gefühle.

Nicht die Nützlichkeit von Bildung und Wissenschaft, sondern das emanzipatorische Potenzial für die Persönlichkeitsentwicklung steht damals bei Wilhelm von Humboldt und Johann Gottlieb Fichte im Fokus ihrer hochschulpolitischen Schriften. So teilen sie die Vorstellung, dass „Einsamkeit und Freiheit die unaufgebbaren Voraussetzungen der akademischen Bildung" (Schelsky 1963, S. 99) sind. Der Erkenntnisprozess benötigt demnach Muße und die Möglichkeit, sich allen Verpflichtungen zu entsagen. Erst in der sozialen Isolation können nicht nur Wissensbestände, sondern auch eine Haltung erlernt werden, die Wissenschaft zur umfassenden Lebensführung macht (vgl. Fichte 1807, S. 24 ff.; Humboldt 1809/10, S. 231 ff., 255; Schelsky 1963, S. 93 ff., 99 ff.). „Denn nur die Wissenschaft, die aus dem Innern stammt und in's Innere gepflanzt werden kann, bildet auch den Charakter um" (Humboldt 1809/10, S. 232).

In der Konsequenz zeichnet sich die wissenschaftliche Laufbahn hin zum Ordinarius durch wenig Anleitung, wirtschaftliches Entbehren und eine grundlegende Unsicherheit über ihr Gelingen aus und wird so zur Bewährungsprobe (vgl. Schmeiser 1994, S. 36 ff.). Das hohe Maß an Selbstständigkeit gepaart mit einem geringen Maß an Außenbestimmung sowie ein geringer Grad formalisierter Kontrolle, abgefedert durch eine professionelle Ethik und Selbstverpflichtung, können als historische Merkmale der wissenschaftlichen Profession herausgearbeitet werden (vgl. Enders 1996, S. 17 f.).

3.2 Wissenschaft in der alltäglichen Lebensführung

Am Ordinarien- bzw. Lehrstuhlprinzip festhaltend etablierte sich im 20. Jahrhundert ein sogenannter akademischer Mittelbau, dessen Stellen- und Positionsstruktur, die alle Positionen unterhalb der Professur umfasst, immer mal wieder hochschulpolitischen Änderungen unterworfen ist (vgl. Enders 1996). Im internationalen Vergleich kann innerhalb des Mittelbaus in „assisting staff" und in „junior staff" unterschieden werden: Ersterer arbeitet weisungsgebunden und ist überwiegend befristet angestellt, letzterer forscht und lehrt selbstständig und hat (zumindest in der Theorie, vgl. Burkhardt et al. 2016) Aussicht auf eine Entfristung *(tenure)* (vgl. Kreckel 2010, S. 37 f.).

Akademische Ratsstellen, Extraordinarien, Dozenturen oder andere der Professur vorgeschaltete Positionen des „junior staff" sind inzwischen auf ein Prozent im deutschen Hochschulwesen gesunken (vgl. Kreckel 2010, S. 38; Konsortium BuWiN 2017, S. 100 f.). Einzig die Positionen der Nachwuchsgruppenleitung und der Juniorprofessur heben sich mit eigener Ausstattung, einem leicht höheren Einkommen und einem umfangreichen Einstellungs- bzw. Berufungsverfahren vom restlichen akademischen Mittelbau ab und stellen eine Vorstufe der Professur dar, die jedoch in der Regel auf sechs Jahre befristet ist. Im Ergebnis besteht das wissenschaftliche Personal an Universitäten zu 13 % aus Professor:innen und zu 87 % aus dem akademischen Mittelbau (Konsortium BuWiN 2017, S. 102). Wissenschaftliche Mitarbeiter:innen sind zu 84 % befristet beschäftigt, bei den unter 45-Jährigen beträgt diese Quote sogar 93 % (Konsortium BuWiN 2017, S. 126).[2] Auch arbeitet etwa die Hälfte der wissenschaftlichen Mitarbeiter:innen an Universitäten in Teilzeit, wobei die Vollzeitquote von Wissenschaftlern deutlich über der von Wissenschaftlerinnen liegt (Konsortium BuWiN 2017, S. 138). Doch nicht nur die Befristung von Arbeitsverträgen an sich, sondern insbesondere die Befristungsdauer und die dadurch entstehende Fluktuation in Or-

---

2 Entlang aktueller Zahlen und unter Einbezug von Fachhochschulen, an denen nur wenige wissenschaftliche Mitarbeiter:innen und in erster Linie Professor:innen angestellt sind, forschen und lehren an deutschen Hochschulen zwölf Prozent Professor:innen und 88 % wissenschaftliche Mitarbeiter:innen, letztere zu 80 % befristet angestellt (vgl. den Beitrag von Seipel/Holderberg in diesem Band).

ganisationen sind kennzeichnend für das deutsche Hochschulwesen: So dürfen Wissenschaftler:innen nach dem Wissenschaftszeitvertragsgesetz (WissZeitVG) nur sechs Jahre während der Promotionsphase und weitere sechs Jahre nach der Promotion befristet auf Haushaltsstellen angestellt werden. Anschließend bedarf es entweder einer Entfristung oder einer weiteren befristeten Anstellung über Drittmittel. Hinzu kommt, dass mehr als die Hälfte der abgeschlossenen Arbeitsverträge (nach dem WissZeitVG) eine Laufzeit von unter einem Jahr aufweist (Jongmanns 2011), auch wenn aktuellere Daten auf einen positiven Trend mit einer Erhöhung der durchschnittlichen Laufzeit auf 28 bzw. 29 Monate verweisen (Gassmann/Groß/Benkel 2020, S. 136).

Bis zum Erreichen der Professur oder einer der wenigen unbefristeten Mitarbeiter:innenstellen unterliegt der „wissenschaftliche Nachwuchs" einer wenig formalisierten Phase der beruflichen Ausbildung und einer eingeschränkten wissenschaftlichen Autonomie, da er nach wie vor über die Promotion und die Habilitation seine wissenschaftliche Eignung unter Beweis stellen und zudem in der Regel auch von seinem Vorgesetzten begutachten lassen muss.

Einem Wandel unterlag allerdings die Vorstellung, dass Forschung in „Einsamkeit und Freiheit" stattfinden soll. So sind Wissenschaftler:innen der verschiedenen Statusgruppen im Allgemeinen auf vielfache Weise in die *scientific community* eingebunden und arbeiten oft an mehr als nur einem einzigen Forschungsprojekt. Mit dem Ausbau der drittmittelfinanzierten Forschung entstand zudem eine projektbasierte Logik wissenschaftlichen Arbeitens, die die Verantwortung für das Einwerben eigener Stellen und damit das Erfordernis eines flexiblen Unternehmertums und hohen Engagements mit sich bringt (vgl. Boltanski/ Chiapello 2003; Besio/Norkus/Baur 2018). Flink und Simon (2014, S. 128) weisen außerdem darauf hin, dass Wissenschaft heutzutage einer Logik der Selbstvermarktung und der Vermarktung des eigenen Wissens einerseits, der numerischen Reduktion von wissenschaftlicher Praxis und der Herstellung von Objektivität und Kalkulierbarkeit wissenschaftlicher Leistung andererseits folgt. Demnach würden zunehmend vor allem schnelle, messbare Erfolge prämiert, z. B. entlang einer Publikationsstrategie, die Zeitschriftenbeiträge und kumulative Qualifikationsarbeiten traditionellen Monografien vorzieht (vgl. Münch 2015, S. 238; Möller 2018, S. 272).

Nicht nur auf der Ebene der strukturellen Ausgestaltung, auch hinsichtlich der wesentlichen Inhalte von wissenschaftlichen Arbeitsverhältnissen hat sich grundsätzlich wenig geändert. So wird an der Universität innerhalb von Professuren ebenso wie von haushaltsfinanzierten Mitarbeiter:innenstellen weiterhin an der Einheit von Forschung und Lehre festgehalten. Diese doppelte Arbeitsanforderung spiegelt sich nicht zuletzt in der aufgewendeten Arbeitszeit wieder: Professor:innen arbeiten im Durchschnitt zwischen 60 Wochenstunden in der Vorlesungszeit und 50 Wochenstunden in der vorlesungsfreien Zeit und schöpfen nur selten (28 %) ihren Urlaubanspruch aus (Kopp/Weiß 1995, S. 114; Schaeper

1995, S. 141). Doch nicht nur lehrende und forschende Wissenschaftler:innen und nicht nur Professor:innen arbeiten mehr als vertraglich vorgesehen. Aufbauend auf der Wissenschaftsbefragung des Deutschen Zentrums für Hochschul- und Wissenschaftsforschung (DZHW) aus dem Jahr 2016 arbeiten noch nicht promovierte wissenschaftliche Mitarbeiter:innen knapp 13,5 Stunden pro Woche und Postdocs zehn Stunden pro Woche mehr (Ambrasat 2019, S. 152). Hierbei bestätigt die Studie die Ergebnisse vorangegangener Studien: je niedriger die vertraglich vereinbarte Arbeitszeit, desto höher die Überstunden (ebd., S. 152 f., vgl. Grühn et al. 2009, S. 27, siehe auch Holderberg 2020, S. 33). Hinzu kommt, dass diese Mehrarbeit in der Regel unbezahlt ist. Zwar sind angeordnete Überstunden laut dem Tarifvertrag für den Öffentlichen Dienst (TVöD) vergütungspflichtig, jedoch weist Gassmann (2018, S. 268) in ihrer Studie über die Universität des Saarlandes nach, dass Überstunden in den seltensten Fällen durch die Personalabteilung angeordnet (zwei Prozent) und überwiegend freiwillig geleistet werden (97 %), wodurch ein Anspruch auf Bezahlung ausbleibt. Auch sie stellt eine deutliche Mehrarbeit bei den von ihr untersuchten Universitätsbeschäftigten fest. So liegen diese mit 42,2 Arbeitsstunden pro Woche 11,6 Stunden über der durchschnittlichen geregelten Arbeitszeit. Besonders ausgeprägt sind die Überstunden auch hier bei den wissenschaftlichen Mitarbeiter:innen mit geringem Stellenumfang. Diejenigen mit einer halben Stelle oder weniger arbeiten mit etwa 18 Überstunden pro Woche fast so viel wie auf einer Vollzeitstelle, während die Überstunden auf 12 Stunden pro Woche bei denjenigen sinken, die vertraglich mit mehr als einer halben Stelle angestellt sind (vgl. Gassmann 2018, S. 266 f.). Vor einer besonderen Herausforderung stehen Lehrkräfte für besondere Aufgaben, die, entgegen dem Grundsatz der Einheit von Lehre und Forschung, im Durschnitt für 12 und 16 Semesterwochenstunden (SWS) an Universitäten und für bis zu 24 SWS Lehre an Fachhochschulen befristet angestellt sind (vgl. Riegraf 2018, S. 248). Wird die Promotion von teilzeitangestellten Doktorand:innen immerhin in der Freizeit absolviert, bleibt den Lehrkräften schlicht keine Zeit für Forschung. Gleichzeitig fehlen jedoch Stellenformate wie in anderen Ländern, die einen langfristigen Verbleib mit dem Schwerpunkt der Lehre sicherstellen würden.

Gassmann (2018, S. 357) diskutiert das Ergebnis ihrer Studie schließlich vor dem Hintergrund des Konzepts der „Arbeitssucht", das ein „zwanghaft[es], maßlos[es] und intensiv[es]" Betreiben von Arbeit beschreibt und kommt zu dem Schluss, dass „man vermuten [kann, M. K.], dass gewisse Ansätze der Arbeitssucht schon in der Wissenschaft selbst liegen und ihr ein gewisser überdurchschnittlicher Arbeitseifer immanent ist, der sich unter anderem in einem freiwilligen Hang zu Mehrarbeit äußert". Entlang eines einseitigen Einstichproben T-Tests ihrer Daten weist sie tatsächlich einen Arbeitssuchtwert von 9,0 bei wissenschaftlichen Mitarbeiter:innen auf, der deutlich über dem 5,8-Wert der Normstichprobe von Schneider und Bühler (2014) liegt (vgl. Gassmann 2018, S. 375). Während sie keinen signifikanten Unterschied zwischen den Geschlechtern findet, decken sich ihre Ergebnisse mit denen aus der DZHW-Studie hinsichtlich der Karriereorientierung. Das Anstreben der Professur scheint demnach zu erhöhtem Überstundeneinsatz und Arbeitssuchtverhalten zu führen (Gassmann 2018, S. 385 f.; Ambrasat 2019, S. 154).

Mit der strukturell angelegten „zeitliche[n] Überfrachtung der Berufsrolle" entstehen dann nicht nur „Rollenstress und -konflikte in der Bewältigung der beruflichen Anforderungen und das verbreitete Gefühl einer besonderen Belastung durch den Beruf" (Enders/Schimank 2001, S. 166), sondern auch Vereinbarkeitsprobleme mit anderen Lebensbereichen. Aufbauend auf der zeitlichen Entgrenzung wissenschaftlicher Arbeit lässt sich vermuten, dass die Lebensführungsmacht Wissenschaft auch in andere Sphären des Lebens übergreift.

Krais (2008, S. 181) beschreibt Wissenschaft als Lebensform im Anschluss an Mittelstraß (1982) als „eine Vorstellung, die davon ausgeht, dass wissenschaftliche Arbeit das ganze Leben des Wissenschaftlers prägt". Diese Vorstellung würde den hohen Einsatz in der Wissenschaft tragen und gleichzeitig immer wieder legitimiert, dadurch, dass sie praktisch gelebt wird. Hierbei gibt es jedoch Unterschiede zwischen Wissenschaftlerinnen und Wissenschaftlern. Denn durch eine historische Dominanz von Männern an Hochschulen und im wissenschaftlichen Beruf, so Krais' Befund wie auch der anderer Wissenschaftsforscher:innen, weisen wissenschaftliche Erwerbsverläufe eine Passfähigkeit zum klassisch männlichen Erwerbsregime auf. Vor diesem Hintergrund kann das Ausscheiden von Frauen aus der Wissenschaft – auch als „Dropout" (Metz-Göckel/Selent/Schürmann 2010) oder mit der „leaky pipeline" (Leemann/Dubach/Boes 2002) bezeichnet – nicht einfach als subjektive Entscheidung von Frauen vor dem Hintergrund einer weiblichen Prioritätensetzung interpretiert, sondern muss im Zusammenhang mit strukturellen Hindernissen betrachtet werden. Dass diese bestehen, zeigt sich nach wie vor in den Daten deutlich. So schätzen Frauen die Vereinbarkeit von wissenschaftlichem Beruf und Familie deutlich negativer ein als ihre männlichen Kollegen. Hierbei geht es gar nicht nur um die Vereinbarkeit in der alltäglichen Lebenspraxis, sondern auch um die Karriereaussichten: So gehen 71 % der Wissenschaftlerinnen im Vergleich zu 36 % der Wissenschaftler von schlechteren Aussichten auf eine höhere wissenschaftliche Position aus, wenn man ein Kind hat (vgl. Jaksztat/Schindler/Briedis 2010, S. 37). Die pessimistischere Einschätzung seitens der Wissenschaftlerinnen ist nicht zuletzt ein Abbild der privaten Aufgabenteilung, so verwenden die wissenschaftlichen Mitarbeiterinnen in Gassmanns (2018, S. 424) Studie mehr Zeit auf die Kinderbetreuung als ihre Partner:innen. Allerdings betreuen sie ihre Kinder auch zu höheren Anteilen als ihre männlichen Kollegen, bei denen wiederum die Partner:innen mehr Zeit aufwenden. Die aufgewendete Zeit für die Kinderbetreuung und Hausarbeit geht einher mit ungleichen Erwerbsanteilen bei den Partner:innen, wie zudem Jaksztat, Schindler und Briedis (2010) herausstellen: So sind die Partner:innen männlicher Wissenschaftler überwiegend (75 %) selbst nicht in Vollzeit beschäftigt. Die Partner:innen von Wissenschaftlerinnen hingegen sind lediglich zu 21 % nicht in Vollzeit erwerbstätig (Jaksztat/Schindler/Briedis 2010, S. 39). Im Umkehrschluss führt diese traditionelle Rollenteilung dazu, dass Frauen fast doppelt so häufig wie Männer ihren Kinderwunsch aufgrund beruflicher oder finanzieller Gründe zurückstellen oder aufschieben (Grühn et al. 2009, S. 31; Gassmann 2018, S. 425; Holderberg 2020, S. 61 f.) oder sogar ganz auf eine Partnerschaft verzichten (Zimmer/Krimmer/Stallmann 2006, S. 51).

Entlang einer eigenen qualitativen Untersuchung von Wissenschaftler:innen in den Sozialwissenschaften konnten aus der Empirie vier verschiedene Lebensführungsmodelle herausgearbeitet werden (vgl. Keil 2020, S. 306 ff.). Hierbei zeigt sich eine gewisse Differenz entlang der Altersklasse. Während viele der älteren Befragten und damit vornehmlich Professor:innen eine wissenschaftlich entgrenzte Lebensführung vorweisen, scheinen die Jüngeren diese teilweise nicht nur stärker in Frage zu stellen, sondern auch seltener in der Alltagspraxis zu leben (Keil 2020, S. 301).

Wissenschaft als asketische Lebensführung bezieht sich vor allem auf die erstgenannte Gruppe, die aber auch von jüngeren Wissenschaftler:innen gelebt wird. Kennzeichnend ist, dass die wissenschaftliche Arbeit auch in der privaten Sphäre fortgesetzt wird bzw. die Grenzen zwischen beiden Sphären vollends verschwinden. Dies geht soweit, dass Arbeit (z. B. das Konzipieren und Schreiben von Texten im Gegensatz zu festen Terminen) nicht mehr als solche (an-)erkannt wird und ein „Dienst nach Vorschrift" für den wissenschaftlichen Beruf explizit abgelehnt wird (ebd., S. 302 f.).

„Ähm und auch nein zu sagen gehört ein bisschen dazu. Aber meine Arbeitswoche ist ziemlich (.) komplett und ähm (..) ähm meine Arbeitswoche ist so- sind 70, 80 Stunden ohne Weiteres, ja? Also eher mal so doppelt so viele wie andere. (.) […] Ja so äh, macht man aber gerne. Also jetzt, okay, ich bin ja nicht fremdbestimmt, ne? […] Und das ist das Schöne natürlich an Wissenschaft, das können Sie- Sie können eher so ein bisschen abbauen. Sie müssen bestimmte Sachen nicht unbedingt machen. Sie müssen auch so Beratungstätigkeiten nicht machen. Klinken Sie ganz einfach auch (.) aus, wenn Sie ein bisschen mehr schreiben müssen, müssen Sie ein bisschen weniger da machen. […] Können Sie wenigstens mehr- können Sie es ganz gut verteilen. Also Sie können (.) so diesen Belastungsregler, glaube ich, wie in fast keinem anderen Job, es ganz gut hin- und herschieben. […] Und das ist äh sicher auch ein (.) großer Vorteil von so einer Professur." (Professor, 63 Jahre)

„(lacht) Ja, das Verhältnis, ähm, sagen wir mal, ähm, also Freizeit, Familie, Arbeit ist irgendwie ein ganzheitliches Konzept, würde ich mal sagen. […] Ja, diese, Marxsche Vision der unentfremdeten Arbeit finden wir hier [im Institut, M. K.], vollständig vor. Äh, ähm, also (.) äh (.) Soziologie würde das als Totalisierung der Zugriffnahme auf das Subjekt sehen. (lacht) [...] und, ähm, natürlich ab einem bestimmten Alter, ich, bin zwar sehr selbstausbeuterisch unterwegs und, regeneriere mich auch, wieder, gut so, also, weil, weil ich auch viel (.) mh, Spaß, mh, oft daran habe, was ich mache, ähm, und das ist ja die regenerative Kraft überhaupt so, ne. (.) Aber trotzdem (.) ähm, ja, wird es natürlich wichtiger irgendwie einfach mehr für, irgendwie f-, ne, sich körperlich irgendwie ein bisschen noch mal zu regenerieren, [...] Das war in der Vergangenheit, gar kein Thema. Ähm, da war das wirklich irgendwie immer die 100 Stunden in der Woche (.) und das muss, irgendwie sich noch mal ein bisschen relativieren auch." (Professorin, 52 Jahre)

Wissenschaftler:innen einer klassisch asketischen Lebensführung räumen nicht nur der wissenschaftlichen Arbeit eine höhere Priorität gegenüber der eigenen Familien- und Partnerschaftsplanung ein, was nicht selten zum Verzicht auf Kinder führt, sondern fügen ihren Lebensort auch dem Arbeitsort. In Partnerschaften führt das dazu, dass entweder weite Strecken zwischen Wohn- und Arbeitsort gependelt werden oder aber die Partnerin oder der Partner mit umzieht. Bei alleinlebenden Wissenschaftler:innen geht diese Lebensführung hingegen auch mit dem Verlust von Freundschaften und einer mangelnden sozialen Integration am Lebens- und Arbeitsort einher; wissenschaftliche Lebensführung kann hier die Gestalt sozialer Isolation und Fragmentierung annehmen (Keil 2020, S. 306 ff.).

Sollen Berufs- und Familienplanungsziele um jeden Preis vereinbart werden, greifen Wissenschaftler:innen auch auf ein versiertes Management knapper Zeit- und kognitiver Ressourcen zurück, das sich in dem Versuch einer *Vereinbarkeit als Hochleistungsmanagement* zeigt (ebd., S. 308). Hierin kommen dann auch die weiter oben bereits angesprochenen konfligierenden Rollenerwartungen zum Tragen, nicht zuletzt da dieses Modell von Paaren verfolgt wird, bei denen beide einer Karriere nachgehen. Dennoch drückt sich das Spannungsverhältnis für Wissenschaftlerinnen in der Untersuchung im besonderen Maße aus; diese müssen nicht nur mit dem Vorurteil einer „schlechten Wissenschaftlerin", sondern auch mit dem Vorwurf einer „schlechten Mutter" kämpfen. Charakteristisch ist für diese Gruppe die Umwandlung „privater Zeiten" wie die einer vorzeitigen Krankschreibung, des Mutterschutzes oder der Elternzeit in „produktive Zeiten", die z. B. dazu genutzt werden, die Dissertation fertig zu schreiben. Nicht zuletzt das Pendeln zwischen Wohn- und Arbeitsort kann sich als nützliche Strategie zur Sicherung der Arbeitszeit und der wissenschaftlichen Produktivität erweisen. Die Tage am Arbeitsort werden dann ausschließlich der wissenschaftlichen Arbeit gewidmet und lassen Vereinbarkeitsfragen und damit Rollenkonflikte außen vor (ebd., S. 310 ff.).

Die vergleichsweise höhere Teilzeitbeschäftigung von Frauen (vgl. Konsortium BuWiN 2017, S. 138 f.) dürfte Ausdruck eines solchen Lebensführungsmodells sein. Gleichzeitig arbeiten auch sie oft mehr als vertraglich vereinbart, sodass ein Runterstufen der Anstellung auf Teilzeit ihnen unter Umständen nur selbst schadet:

> „das Gemeine an diesem blöden Unisystem ist ja, es ist völlig egal, ob man Teilzeit oder Vollzeit arbeitet. Man wird genauso für Gremien angefragt, man wird genauso, ähm, für die Adminsachen herangezogen. Also man schneidet sich eigentlich, immer nur ins eigene Fleisch, wenn man, wenn man, ähm, die Arbeitszeit reduziert." (Postdoktorandin, 36 Jahre)

Kaum überraschend ist dieser Drahtseilakt zwischen Familie und Karriere nicht nur sehr anstrengend, sondern funktioniert auch nicht immer. Zuweilen kann der Arbeitsort nicht mit der Familiensituation in Einklang gebracht werden und nicht jede:r Wissenschaftler:in ist in der Lage oder willens, mit einem Neugeborenen auf dem Schoß das nächste Buch fertigzustellen. Dementsprechend zeigen sich auch Lebensführungen, bei denen die *Familie zulasten der Karriere* geht und erstere in diesem Zuge an Bedeutung gewinnt.

> „Ähm, und bin auch darin, unterstützt worden und das lag aber dann, weniger an meinem, sozusagen dem, dem Umfeld, Institut B, sondern eher so, ähm, das, daran, dass ich für mich, beschlossen habe, dass, äh (…) ich halt (..) Familie und, Sorgearbeit paritätisch, teilen will und dass ich keine Lust habe auf irgendwie so eine Wochenendfamilie. (…) Was in beiden Fällen, verlangt worden wäre. (…) Ähm, und das heißt, ich habe an mehreren Punkten, mich immer wieder dagegen entschieden (.) eigentlich so den klassischen (.) Karriere-, -weg in der Wissenschaft fortzusetzen." (Postdoktorand, 40 Jahre)

Auch hier greifen die strukturellen Merkmale des wissenschaftlichen Arbeitsmarktes: Ob sich gegen eine entgrenzte Arbeitsweise, massive Überstunden und alltägliche Rollenkonflikte zu Lasten der eigenen Karriere entschieden wird, hängt nicht zuletzt von den eigenen Karriereaussichten ab. Hierfür ist die bisherige Position und der bisherige wissenschaftliche Erfolg ebenso relevant wie die aktuelle Stellenlage. Dennoch muss konstatiert werden, dass eine derartige Vereinbarkeitsstrategie, die berufliche Erfolge hintenanstellt und nicht das Erreichen der Professur als quasi-einzig mögliches Karriereziel verfolgt, hochriskant ist und womöglich langfristig zum Ausschluss aus der Wissenschaft führt (ebd., S. 312 ff.).

Nicht (mehr) im engeren Sinne eine wissenschaftliche Lebensführung stellt das Modell *Exit als Chance* dar. Hier treffen Karriereambitionen auf Familienwunsch, jedoch ohne die Bereitschaft, den Alltag als Hochleistungsmanagement bei gleichzeitig unsicheren Karriereaussichten zu leben. Als Folge eines *cooling-out* Prozesses wird eine Karriere außerhalb der Wissenschaft avisiert, die auf den in der Wissenschaft erarbeiteten Kompetenzen aufbaut und somit die Wissenschaft als Berufsziel ablöst, ohne jedoch mit einer (berufs-)biografischen Scheiternserfahrung einherzugehen (ebd., S. 314f.).

3.3 Berufsperspektiven und Arbeitszufriedenheit

Aufbauend auf diesen Ergebnissen drängt sich die Frage auf, was Wissenschaft als Beruf so attraktiv macht, dass dieser auch entgrenzt über andere Lebensbereiche hinweg gelebt wird?

Wie anhand der unsicheren Karriereperspektiven und der hohen Befristungsquote angenommen werden kann, sind es nicht die Beschäftigungsverhältnisse an sich. So bewerten die von Gassmann (2018, S. 287) befragten wissenschaftlichen Mitarbeiter:innen nicht nur die Arbeitsbedingungen in der Vergangenheit als besser, sondern erwarten außerdem noch eine Verschlechterung in der Zukunft. Eine geringe Zufriedenheit mit den Aufstiegsmöglichkeiten (20 %), der Sicherheit des Arbeitsplatzes (34 %) und der Planbarkeit (15 %) zeigt sich auch in anderen Studien (Jaksztat/Schindler/Briedis 2010, S. 16; vgl. Holderberg 2020, S. 50f.). Der Gedanke, die Wissenschaft zu verlassen, erweist sich dann als ständiger Begleiter von vielen insbesondere befristet angestellten Wissenschaftler:innen (Holderberg 2020, S. 49ff.). So gehen die Befragten von Grühn et al. (2009, S. 31f.) zu 88 % nicht davon aus, dass sie eine unbefristete und damit zukünftige Anstellung an einer Hochschule erhalten werden (vgl. auch Holderberg 2020, S. 28). Dennoch sieht die Mehrheit (80 %) ihre berufliche Zukunft positiv (Grühn et al. 2009, S. 32f.). Auch wird, wie bereits weiter vorne deutlich wurde, die Mehrarbeit in der Wissenschaft akzeptiert (vgl. Grühn et al. 2009, S. 31ff.; Jaksztat/Schindler/Briedis 2010, S. 16). Gassmann (2018, S. 288) kommt in ihrer Studie zu dem Schluss, dass es aufgrund der negativen Bewertung der Arbeitssituation, der eher schlechten Beurteilung der Attraktivität der Universität sowie der geringen Wahlbeteiligung an der Gruppenurwahl nicht die Bindung an die Institution Universität ist, die Wissenschaftler:innen in ihrem Tätigkeitsfeld hält.

Der Grund für eine dennoch positive Bewertung des wissenschaftlichen Berufs ist dann vor allem in den Arbeitsinhalten und dem damit einhergehenden Grad der Autonomie sowie in einer normativen Bindung an das Fach zu sehen (vgl. Grühn et al. 2009, S. 29ff.; Jaksztat/Schindler/Briedis 2010, S. 16; Gassmann 2018, S. 256). So scheinen gerade die in der wissenschaftlichen Arbeit in hohem Maße herrschende Eigenbestimmung, aber auch das intellektuelle Niveau und die Relevanz der eigenen Forschung die wesentlichen Quellen der Arbeitszufriedenheit zu bilden (vgl. Enders/Teichler 1995; Kopp/Weiß 1995; Schaeper 1995; Enders/Schimank 2001; Gassmann 2018; Keil 2020). Die subjektive Sinnstiftung der Arbeit und die Loyalität zum Fach und der Tätigkeit an sich ermöglicht dann wiederum das Ausblenden der Unzufriedenheit mit den unsicheren Beschäftigungsbedingungen (vgl. Dörre/Rackwitz 2018; Norkus 2018; Graf/Keil/Ullrich 2020).

Die große Bedeutung der inhaltlichen Arbeit, die auf einer intrinsischen Motivation fußt, ist seither die Triebfeder wissenschaftlicher Tätigkeit, wie weiter oben im historischen Abriss der wissenschaftlichen Profession gezeigt werden konnte. So ist es bis heute nicht oder nur im geringen Maße der Karriereantrieb, der Wissenschaftler:innen ihren Beruf nachgehen lässt. Denn es ist keinesfalls so, dass alle oder auch nur ein Großteil der wissenschaftlichen Mitarbeiter:innen tatsächlich eine Professur anstreben, obwohl die Wissenschaft ihr Wunschberuf ist (vgl. Gassmann 2018, S. 230). Stattdessen wünschen sich diese in erster Linie ihrem Beruf auch langfristig in der aktuellen Form nachgehen zu können (vgl. Jaksztat/Schindler/Briedis 2010, S. 20).

Dieses Dilemma – ungünstige Berufsaussichten auf der einen Seite, die hohe Zufriedenheit mit dem gewählten Beruf auf der anderen Seite – ist jedoch nicht so leicht aufzulösen. Für die alltägliche Bewältigung greifen Wissenschaftler:innen ohne entfristete Stellen auf einen *pragmatischen Optimismus* (Keil 2020, S. 397) zurück, der praktisch gestützt wird durch Strategien der *Kontingenzbewältigung* und des *Prekaritätsmanagements*. Während erstere das Bewältigen des Unverfügbaren in das Innenleben der Subjekte verlegt, verweist letztere auf eine aktive und handlungspraktische Form des Laufbahnmanagements im Rahmen des Möglichen (vgl. Keil 2020, S. 334 ff.).

Wissenschaft als Beruf und als Lebensführung verlangt folglich nach der Kernkompetenz, mit Unsicherheit – dem *Hazard* (Weber 1919/1992, S. 75) – umgehen zu können, und stellt sich nach wie vor als Wagnis sowie als Belastungs- und Bewährungsprobe dar (Schmeiser 1994, S. 36 ff.; Burkhardt 2008; Gassmann 2018, S. 392; Keil 2020, S. 366).

4. Diskussion und Fazit

Kann Wissenschaft anhand der obigen Ausführungen als Lebensführung im Weber'schen Sinne bezeichnet werden? Die Antwort lautet ja, aber. Die Beweggründe von Universitätsgründungen und das historische Leitbild von Wissenschaft bieten den besten Anschluss für eine entgrenzte, intrinsisch motivierte und romantisierende Leitidee wissenschaftlicher Arbeit, wie sie auch heute noch gelebt wird. In dieser Vorstellung ist nicht nur der erwerbstätige Rollenanteil, sondern das ganze Subjekt von der Wissenschaft eingenommen. Berufliche Unsicherheit wird ebenso hingenommen wie Flexibilität und Mobilität und es lassen sich kaum Grenzen zwischen den verschiedenen Lebensbereichen ausmachen. Mehr noch, diese Grenzen werden aktiv aufgelöst und die geistige Regeneration in der wissenschaftlichen Produktivität gesucht. In diesem Sinne ist Wissenschaft die Lebensführungsmacht, die alle anderen Lebensbereiche strukturiert und der Leitidee wissenschaftlicher Arbeit unterordnet.

Diese Leitidee, die Wissenschaft als kultureller Wertsphäre entstammt, stellt schließlich ein kultureller Eigenwert dar, der als Gegenentwurf einer wirtschaftlich-kapitalistischen Arbeitsweise verstanden werden kann. So wird Wissenschaft nicht nur häufig unabhängig von einer institutionellen Position durchgeführt und „gelebt", auch ist wissenschaftliche Arbeit in ihrem Ideal nur in letzter Linie Erwerbsarbeit und in erster Linie alles andere: Verkörperung, Leidenschaft und Lebenssinn. Wissenschaft als wenig wirtschaftliches Unternehmen drückt sich nicht nur in der langen beruflichen Unsicherheit, der hohen Befristungs- und Teilzeitquote, sondern auch darin aus, dass sich die im Alltag praktizierte Lebensführung bei einem positionalen Aufstieg kaum ändert, wie gezeigt werden konnte. Hinsichtlich der Frage nach dem Verhältnis von Fremd- und Selbstführung heißt das, dass die sozioökonomische Dimension wissenschaftlicher Lebensführung dem kulturellen Eigenwert unterliegt und letzterer wesentlich die Form der Lebensführung strukturiert.

Wie ebenfalls deutlich wurde, wirkt der kulturelle Eigenwert wissenschaftlicher Lebensführung derart stark auf (Erwerbs-)Biografien von Wissenschaftler:innen, dass eine existenzielle und berufsbiografische Krise riskiert wird. Hier setzt das *aber* des Resümees ein. So stellt sich heraus, dass auch das *Spannungsfeld der Lebensführung* (vgl. Keil/Röcke/Alleweldt 2019) für die theoretische Einordnung wissenschaftlicher Lebensführung zu kurz greift. Zwar kann wissenschaftliche Lebensführung im Kontext der Wertsphären Wirtschaft versus Wissenschaft insofern als eigensinnig verstanden werden, als dass der kulturelle Eigenwert gegen die sozialstrukturelle Determinierung hochgehalten wird. Dies gibt jedoch noch keinen Aufschluss darüber, inwiefern *innerhalb* der alltäglichen Lebensführung Spielraum für eigensinniges Handeln bleibt. Dass Wissenschaftler:innen ihre gesamte berufliche Existenz auf eine Karte setzen und sich seit der Entstehung der Universität auch im Zuge der Bildungsexpansion an der Leitidee wissenschaftlicher Arbeit vergleichsweise wenig geändert hat und nicht zuletzt durch die Lebenspraxen der Subjekte immer wieder aktualisiert wird, scheint vielmehr Ausdruck einer hohen Konformität zur Leitidee zu sein. Mit anderen Worten stellt sich wissenschaftliche Lebensführung in der *alltäglichen Lebenspraxis* als ausgesprochen fremdgeführt dar, da sie wenig Raum für Eigensinn lässt und sich den Regeln des wissenschaftlichen Feldes unterordnet.

Anhand der aufgezeigten Lebensführungsmodelle ließe sich diskutieren, inwiefern nicht *Vereinbarkeit als Hochleistungsmanagement* ebenso wie *Familie zulasten der Karriere* eigensinnige Strategien innerhalb der wissenschaftlichen Lebensführung darstellen, da sie andere Lebensbereiche in Konkurrenz zur wissenschaftlichen Arbeit bringen. Letztlich muss aber konstatiert werden, dass auch in der Form der Vereinbarkeit die wissenschaftliche Karriere und der Verbleib in der Wissenschaft das strukturierende Primat darstellen. In der zweiten

Lebensführungsform (Familie zulasten der Karriere) hingegen wird ebendieses Primat durch die Priorisierung der Familie abgelöst, das heißt eine andere Sinnsetzung der Fremdführung durch die wissenschaftliche Kultur entgegengesetzt. Da es keine Strukturen für eine *wissenschaftliche Erwerbsarbeit* zu geben scheint, werden folglich ebenjene Personen aus der Wissenschaft verdrängt, die Wissenschaft nicht als umfassende Lebensführung leben (können). Wie anhand der Ambivalenz zwischen der Bewertung der Arbeitsbedingungen und der Arbeitsinhalte gesehen werden konnte, ist im Allgemeinen kaum subversives Potenzial gegen die Fremdführung der kulturellen Leitidee von Wissenschaft zu verzeichnen. Das Verlassen der Wissenschaft mag in diesem Zusammenhang als eigensinnige Praktik, der *Exit* als *Ultima Ratio,* verstanden werden, tauscht jedoch wissenschaftliche Lebensführung gegen die fremdgeführte wirtschaftlich-kapitalistische Lebensführung ein und demonstriert in diesem Sinne keinen Eigensinn *innerhalb* der wissenschaftlichen Lebensführung.

Abschließend lässt sich festhalten, dass es auch in der wissenschaftlichen Lebensführung eine gesellschaftliche Ordnung ist, die das Leben der Individuen strukturiert. Diese Ordnung beruht im Kontrast zur wirtschaftlichen Ordnung jedoch in erster Linie auf einem kulturellen Eigenwert, der einer sozialstrukturellen Logik entgegentritt und diese dominiert. Hierin liegt der Eigensinn wissenschaftlicher Lebensführung. Die wissenschaftliche Lebensführungsmacht selbst und die ihr zugrundeliegende Leitidee wissenschaftlicher Arbeit lassen jedoch wenig Spielraum für eigensinnige Handlungsstrategien, da diese schnell zur Exklusion aus dem Feld führen. Wissenschaftliche Lebensführung wird so unwillkürlich eine voraussetzungsvolle Form der Lebensführung (vgl. Keil 2020, S. 396), da auch wenn die Wirtschaftlichkeit wissenschaftlicher Arbeit allem anderen untergeordnet wird, diese gleichfalls gesichert werden muss.

Welche Erkenntnisse lassen sich aus diesen Ausführungen für die theoretische und empirische Lebensführungsforschung ziehen? Die obige Argumentation möchte sich als Impuls für einen analytischen Bezugsrahmen verstanden wissen, der zunächst nur am Beispiel der Wertsphäre Wissenschaft ausprobiert wurde. So wird vorgeschlagen, zwischen verschiedenen Ebenen der Lebensführungsmacht zu unterscheiden. Entlang einer *ersten Ordnung* stellt sich die Frage nach der Wahl der Lebensführungsmacht, also nach der die Lebensführung strukturierenden und ihr sinngebenden Wertsphäre. Diese Wahl muss nicht als aktive oder rationale Handlung verstanden werden, jedoch liegt genau hierin der Freiheitsmoment des modernen Lebens, wie Weber es beschreibt. Diese Ebene lässt sich im Anschluss an Müller (2016) und Keil, Röcke und Alleweldt (2019) differenzieren in eine sozialstrukturelle bzw. materielle Dimension, der die herrschende wirtschaftliche Ordnung zugrunde liegt und eine kulturelle Ebene bzw. ideelle Dimension, die in alternativen Wertsphären wie der Wissenschaft, Kunst, Religion etc. zum Ausdruck kommt. Auf einer zweiten Ebene, die innerhalb der Lebensführung liegt, kommt Lebensführung in ihrer *zweiten Ordnung* zum Tragen: als alltägliche Lebenspraxis. Diese sammelt die alltäglichen Praktiken der Lebensführung und fokussiert die individuellen Bewältigungsleistungen widersprüchlicher Anforderungen (Jurczyk/Voß/Weihrich 2016, S. 53 ff.).

Das Verhältnis von Eigensinn und Fremdführung justiert sich folglich auf jeder Ebene neu und womöglich unabhängig von der anderen, so lassen sich in einer fremdgeführten Lebensführung ebenso widerständige Praktiken finden wie loyale und konforme Haltungen in einer selbstgeführten Lebensführung. Mithilfe dieser Ausdifferenzierung wird ein Vorschlag unterbreitet, wie die stärker theoretisch-konzeptionellen Überlegungen zum Lebensführungsbegriff mit der empirischen Lebensführungsforschung (vgl. Lohr 2019, S. 48 f.) zusammengebracht werden können. Darüber hinaus bedarf es weiterhin einer relationalen Betrachtung des Verhältnisses verschiedener Wertsphären und ihrer Bedeutung für die Lebensführung des modernen Menschen zueinander; hierfür müsste man allerdings „etwas weiter ausholen und nochmals auf Webers religionssoziologisches Projekt sowie auf seine Überlegungen zu Akteurs- und Statusgruppen und Wertsphären und Lebensordnungen rekurrieren." (Müller 2016, S. 38)

Für die Frage nach konkreten Lebensführungsmodellen in verschiedenen Wertsphären oder Feldern wie dem der Wissenschaft, erscheint zudem die Entwicklung einer zunehmenden Ökonomisierung verschiedener gesellschaftlicher Teilbereiche überaus relevant. Innerhalb der Wissenschaft wird dieser Aspekt bereits diskutiert und die Bedeutung neoliberaler Programme und Steuerungspolitiken auf die Abläufe in der Organisation Hochschule und auf die Handlungsebene von Wissenschaftler:innen untersucht (siehe u. a. Zabrodsky 2012; Lenger 2015; Münch 2015; Peter 2017). Hierbei wird insbesondere kritisch diskutiert, inwiefern der Leistungswettbewerb entlang des meritokratischen Paradigmas von einem ökonomisch strukturierten Wettbewerb um Leistungssymboliken abgelöst wird und welche Implikationen dies für die Produktion von Wissen hat. Schließlich muss in diesem Zusammenhang die Frage danach aufgeworfen werden, was von dem kulturellen Eigenwert der Wissenschaft übrigbleibt, wenn sich die wissenschaftliche Logik zunehmend einer wirtschaftlichen angleicht oder unterordnet.

Literatur

Ambrasat, Jens (2019): Bezahlt oder unbezahlt? Überstunden im akademischen Mittelbau. In: Forschung & Lehre, 2, S. 152–154.

Besio, Cristina/Norkus, Maria/Baur, Nina (2016): Projekte und Wissenschaft. Der Einfluss temporärer organisationaler Strukturen auf wissenschaftliche Karrieren, Organisationen und Wissensproduktion. In: Baur, Nina/Besio, Cristina/Norkus, Maria/Petschick, Grit (Hrsg.): Wissen – Organisation – Forschungspraxis. Der Makro-Meso-Mikro-Link in der Wissenschaft. Weinheim, Basel: Beltz Juventa, S. 341–370.

Boltanski, Luc/Chiapello, Ève (2003): Der neue Geist des Kapitalismus. Konstanz: UVK.

Burkhardt, Anke (2008): Wagnis Wissenschaft. Akademische Karrierewege und das Fördersystem in Deutschland. Leipzig: Akademische Verlagsanstalt.

Burkhardt, Anke/Nickel, Sigrun/Berndt, Sarah/Püttmann, Vitus/Rathmann, Annika (2016): Die Juniorprofessur – vergleichende Analyse neuer und traditioneller Karrierewege im deutschen Wissenschaftssystem. In: Beiträge zur Hochschulforschung, 38, H. 1/2, S. 86–117.

Dörre, Klaus/Rackwitz, Hans (2018): Mit der Geduld am Ende? Die Prekarisierung der academic workforce in der unternehmerischen Universität. In: Laufenberg, Mike/Erlemann, Martina/Norkus, Maria/Petschick, Grit (Hrsg.): Prekäre Gleichstellung. Geschlechtergerechtigkeit, soziale Ungleichheit und unsichere Arbeitsverhältnisse in der Wissenschaft. Wiesbaden: Springer VS, S. 185–209.

Enders, Jürgen (1996): Die wissenschaftlichen Mitarbeiter. Ausbildung, Beschäftigung und Karriere der Nachwuchswissenschaftler und Mittelbauangehörigen an den Universitäten. Frankfurt a. M., New York: Campus.

Enders, Jürgen/Schimank, Uwe (2001): Faule Professoren und vergreiste Nachwuchswissenschaftler? Einschätzungen und Wirklichkeit. In: Stölting, Erhard/Schimank, Uwe (Hrsg.): Die Krise der Universitäten. Leviathan, Sonderband 20, S. 159–178.

Enders, Jürgen/Teichler, Ulrich (1995): Das überraschende Selbstbild des Hochschullehrerberufs. In: Enders, Jürgen/Teichler, Ulrich (Hrsg.): Der Hochschullehrerberuf. Aktuelle Studien und ihre hochschulpolitische Diskussion. Berlin: Luchterhand, S. 13–32.

Fichte, Johann Gottlieb (1807): Deduzierter Plan einer zu Berlin zu errichtenden höhern Lehranstalt, die in gehöriger Verbindung mit einer Akademie der Wissenschaften stehe. In: Der Präsident der Humboldt-Universität zu Berlin (Hrsg.): Gründungstexte. Open-Access-Publikation der Humboldt-Universität zu Berlin, S. 9–121.

Flink, Tim/Simon, Dagmar (2014): Erfolg in der Wissenschaft: Von der Ambivalenz klassischer Anerkennung und neuer Leistungsmessung. Leviathan, Sonderband 29, S. 123–144.

Gassmann, Freya (2018): Wissenschaft als Leidenschaft? Über die Arbeits- und Beschäftigungsbedingungen wissenschaftlicher Mitarbeiter. Frankfurt a. M., New York: Campus.

Gassmann, Freya/Groß, Jascha/Benkel, Cathrin (2020): „Befristete Beschäftigung von wissenschaftlichen Mitarbeiterinnen und Mitarbeitern an Hochschulen in Deutschland – Eine erste Evaluation der Novelle des Wissenschaftszeitvertragsgesetzes. Gewerkschaft Erziehung und Wissenschaft". www.gew.de/evaluationwisszeitvg (Abfrage: 02.09.2020).

Graf, Angela/Keil, Maria/Ullrich, Peter (2020): Exit, Voice und Loyalty. (Un-)Möglichkeiten kollektiven Widerspruchs im akademischen Mittelbau in Deutschland, Leviathan, 48, H. 2, S. 293–317.

Grühn, Dieter/Hecht, Heidemarie/Rubelt, Jürgen/Schmidt, Boris (2009): Der wissenschaftliche „Mittelbau" an deutschen Hochschulen. Zwischen Karriereaussichten und Abbruchtendenzen. Berlin: ver.di, Fachbereich Bildung, Wissenschaft und Forschung.

Hägel, Peter (2019): Reichtum und Lebensführung: Wenn sich Milliardäre zur Weltpolitik berufen fühlen. In: Röcke, Anja/Keil, Maria/Alleweldt, Erika (Hrsg.): Soziale Ungleichheit der Lebensführung. Weinheim, Basel: Beltz Juventa, S. 162–186.

Holderberg, Per (2020): Zur Beschäftigungssituation des akademischen Mittelbaus. Ergebnisse der dritten Befragung der wissenschaftlichen und künstlerischen Mitarbeiter_innen der Stiftung Universität Hildesheim. Universitätsverlag Hildesheim.

Humboldt, Wilhelm von (1809/10): Über die innere und äussere Organisation der höheren wissenschaftlichen Anstalten in Berlin. In: Der Präsident der Humboldt-Universität zu Berlin (Hrsg.): Gründungstexte. Open-Access-Publikation der Humboldt-Universität zu Berlin, S. 229–241.

Jaksztat, Steffen/Schindler, Nora/Briedis, Kolja (2010): Wissenschaftliche Karrieren. Beschäftigungsbedingungen, berufliche Orientierungen und Kompetenzen des wissenschaftlichen Nachwuchses. Hannover: HIS Hochschul-Informations-System.

Jongmanns, Georg (2011): Evaluation des Wissenschaftszeitvertragsgesetzes (WissZeitVG). Gesetzesevaluation im Auftrag des Bundesministeriums für Bildung und Forschung. Hannover: HIS: Forum Hochschule.

Jurczyk, Karin/Voß, G. Günter/Weihrich, Margit (2016): Alltägliche Lebensführung – theoretische und zeitdiagnostische Potenziale eines subjektorientierten Konzepts. In: Alleweldt, Erika/Röcke, Anja/Steinbicker, Jochen (Hrsg.): Lebensführung heute. Klasse, Bildung, Individualität. Weinheim, Basel: Beltz Juventa, S. 53–87.

Keil, Maria (2020): Die Ordnung des Feldes. Reproduktionsmechanismen sozialer Ungleichheit in der Wissenschaft. Weinheim, Basel: Beltz Juventa.

Keil, Maria/Röcke, Anja/Alleweldt, Erika (2019): Zur sozialen Ungleichheit der Lebensführung. Einleitende und konzeptionelle Überlegungen. In: Keil, Maria/Röcke, Anja/Alleweldt, Erika (Hrsg.): Soziale Ungleichheit der Lebensführung. Weinheim, Basel: Beltz Juventa, S. 7–16.

Konsortium Bundesbericht Wissenschaftlicher Nachwuchs (BuWiN) (2017): Bundesbericht Wissenschaftlicher Nachwuchs 2017. Statistische Daten und Forschungsbefunde zu Promovierenden und Promovierten in Deutschland. Bielefeld: W. Bertelsmann Verlag.

Kopp, Botho von/Weiß, Manfred (1995): Der „Arbeitsplatz Universität" und die Zukunft der Hochschulen. Ergebnisse einer Befragung von Professoren westdeutscher Universitäten. In: Enders, Jürgen/Teichler, Ulrich (Hrsg.): Der Hochschullehrerberuf. Aktuelle Studien und ihre hochschulpolitische Diskussion. Berlin: Luchterhand, S. 10–125.

Krähnke, Uwe (2019): Fremdgeführte Selbstdisziplinierung und der Geist des Staatssozialismus. Zur Sozialpsychologie der ‚Banalität der Stasi'. In: Röcke, Anja/Keil, Maria/Alleweldt, Erika (Hrsg.): Soziale Ungleichheit der Lebensführung. Weinheim, Basel: Beltz Juventa, S. 187–211.

Krais, Beate (2008): Wissenschaft als Lebensform: Die alltagspraktische Seite akademischer Karrieren. In: Haffner, Yvonne/Krais, Beate (Hrsg.): Arbeit als Lebensform? Beruflicher Erfolg, private Lebensführung und Chancengleichheit in akademischen Berufsfeldern. Frankfurt a. M., New York: Campus, S. 177–211.

Kreckel, Reinhard (2010): Karrieremodelle an Universitäten im internationalen Vergleich. In: Borgwardt, Angela (Hrsg.): Der lange Weg zur Professur. Berufliche Perspektiven für Nachwuchswissenschaftler/innen. Publikation zur Konferenz der Friedrich-Ebert-Stiftung vom 7. Juni 2010. Schriftenreihe des Netzwerk Exzellenz an Deutschen Hochschulen. Berlin: Friedrich-Ebert-Stiftung, S. 33–44.

Leemann, Regula J./Dubach, Philipp/Boes, Stefan (2002): The leaky pipeline in the Swiss university system: Identifying gender barriers in postgraduate education and networks using longitudinal data. In: Schweizerische Zeitschrift für Soziologie, 36, H. 2, S. 299–323.

Lenger, Alexander (2015): Arbeitskraftunternehmertum und projektbasierter Kapitalismus im wissenschaftlichen Feld. In: Lessenich, Stephan (Hrsg.): Routinen der Krise – Krise der Routinen. Verhandlungen des 37. Kongresses der Deutschen Gesellschaft für Soziologie in Trier 2014, Online, S. 1–12.

Lohr, Karin (2019): Eigensinnige Lebensführung zwischen Fremd- und Selbstführung. In: Röcke, Anja/Keil, Maria/Alleweldt, Erika (Hrsg.): Soziale Ungleichheit der Lebensführung. Weinheim, Basel: Beltz Juventa, S. 44–77.

Metz-Göckel, Sigrid/Selent, Petra/Schürmann, Ramona (2010): Integration und Selektion. Dem Dropout von Wissenschaftlerinnen auf der Spur. In: Beiträge zur Hochschulforschung, 32, H. 1, S. 8–35.

218

Mittelstrass, Jürgen (1982): Wissenschaft als Lebensform. Reden über philosophische Orientierungen in Wissenschaft und Universität. Frankfurt a. M.: Suhrkamp.

Möller, Christina (2018): Prekäre Karrieren und die Illusion der Chancengleichheit. In: Laufenberg, Mike/Erlemann, Martina/Norkus, Maria/Petschick, Grit (Hrsg.): Prekäre Gleichstellung. Geschlechtergerechtigkeit, soziale Ungleichheit und unsichere Arbeitsverhältnisse in der Wissenschaft. Wiesbaden: Springer VS, S. 257–278.

Müller, Hans-Peter (2007): Max Weber. Köln, Weimar, Wien: Böhlau UTB.

Müller, Hans-Peter (2014): Lebensführung. In: Müller, Hans-Peter/Sigmund, Steffen (Hrsg.): Max Weber-Handbuch. Leben – Werk – Wirkung. Stuttgart, Weimar: J. B. Metzler, S. 84–87.

Müller, Hans-Peter (2016): Wozu Lebensführung? Eine forschungsprogrammatische Skizze im Anschluss an Max Weber. In: Alleweldt, Erika/Röcke, Anja/Steinbicker, Jochen (Hrsg.): Lebensführung heute. Klasse, Bildung, Individualität. Weinheim, Basel: Beltz Juventa, S. 23–52.

Münch, Richard (2015): Akademischer Kapitalismus: harmloser oder gefährlicher Hybrid? In: Kron, Thomas (Hrsg.): Hybride Sozialität – soziale Hybridität. Weilerswist: Velbrück, S. 223–246.

Norkus, Maria (2018): Prekäre Partizipation. Intersektionale Verschränkungen von sozialer Klasse und Geschlecht in der Wissenschaft. In: Laufenberg, Mike/Erlemann, Martina/Norkus, Maria/Petschick, Grit (Hrsg.): Prekäre Gleichstellung. Geschlechtergerechtigkeit, soziale Ungleichheit und unsichere Arbeitsverhältnisse in der Wissenschaft. Wiesbaden: Springer VS, S. 211–239.

Peter, Tobias (2017): Akademische Entrepreneure. Der homo academicus zwischen Passion, Reputation und Projekt. In: Berliner Debatte Initial, 28, H. 1, S. 110–121.

Riegraf, Birgit (2018): Zwischen Exzellenz und Prekarität. Über den Wettbewerb und die bedingte Öffnung der Universitäten für Wissenschaftlerinnen, In: Laufenberg, Mike/Erlemann, Martina/Norkus, Maria/Petschick, Grit (Hrsg.): Prekäre Gleichstellung. Geschlechtergerechtigkeit, soziale Ungleichheit und unsichere Arbeitsverhältnisse in der Wissenschaft. Wiesbaden: Springer VS, S. 241–256.

Röcke, Anja/Keil, Maria/Alleweldt, Erika (Hrsg.) (2019): Soziale Ungleichheit der Lebensführung. Weinheim, Basel: Beltz Juventa.

Schaeper, Hildegard (1995): Zur Arbeitssituation von Lehrenden an westdeutschen Universitäten. Ergebnisse einer empirischen Untersuchung in fünf ausgewählten Disziplinen. In: Enders, Jürgen/Teichler, Ulrich (Hrsg.): Der Hochschullehrerberuf. Aktuelle Studien und ihre hochschulpolitische Diskussion. Berlin: Luchterhand, S. 127–153.

Schelsky, Helmut (1963): Einsamkeit und Freiheit. Idee und Gestalt der deutschen Universität und ihrer Reformen. Reinbek: Rowohlt.

Schmeiser, Martin (1994): Akademischer Hasard. Das Berufsschicksal des Professors und das Schicksal der deutschen Universität 1870–1920. Eine verstehend soziologische Untersuchung. Stuttgart: Klett-Cotta.

Schneider, Christian/Bühler, Karl-Ernst (2014): „Skala zur Erfassung von Arbeitssucht". zis. gesis.org/skala/Schneider-B%C3%BChler-Skala-zur-Erfassung-von-Arbeitssucht (Abfrage: 10. 08. 2020).

Weber, Max (1919/1992): Wissenschaft als Beruf. In: Mommsen, Wolfgang J./Schluchter, Wolfgang in Zusammenarbeit mit Morgenbrod, Birgit (Hrsg.): Max Weber. Wissenschaft als Beruf. Max Weber Gesamtausgabe Band 17. Tübingen: Mohr Siebeck.

Weber, Max (1920/1988): Gesammelte Aufsätze zur Religionssoziologie I. Tübingen: Mohr Siebeck.

Zabrodsky, Thomas D. (2012): Der Forschungskraftunternehmer. Leben und arbeiten als Jung-akademiker in der wissenschaftlichen Welt. Wiesbaden: Springer VS.

Zimmer, Annette/Krimmer, Holger/Stallmann, Freia (2007): Frauen an Hochschulen: Winners among Losers. Zur Feminisierung der deutschen Universitäten. Opladen, Farmington Hills: Budrich.

Der Ausnahme- als Normalzustand
Was bedeutet die Corona-Krise für Wissenschaftsarbeiter:innen?

Peter-Paul Bänziger und Florian Kappeler

1. Eine politische Ökonomie der Hochschularbeit

Wird der pandemiebedingte Ausnahmezustand zur neuen Normalität? Während wir diesen Text verfassen, deutet sich bereits an, dass die Universitäten, anders als die KiTas und Schulen, vorläufig nicht zum Präsenzbetrieb zurückkehren werden. So wollen einige Hochschulen ihre Gebäude auch im Wintersemester 2020/21 noch weitgehend für den Lehrbetrieb gesperrt lassen. Externe Personen haben an manchen Orten weiterhin keinen Zugang zu den Bibliotheken, was etwa für die zahlreichen Pendler:innen, die nun an ihrem Wohnort arbeiten (müssen), ein großes Problem darstellt. Diese Beispiele sind auch insofern typisch für die derzeitige Situation, als diese durch eine mangelnde Koordination zwischen den unterschiedlichen staatlichen Akteur:innen und den Hochschulen gekennzeichnet ist. Im Unterschied zu anderen Bereichen der Bildungslandschaft wurden die meisten Entscheidungen den Hochschulleitungen überlassen. In Deutschland wurde selbst die sechsmonatige Verlängerung von Arbeitsverträgen, die nach dem Wissenschaftszeitvertragsgesetz (WissZeitVG) befristet sind, lediglich als Empfehlung formuliert (vgl. BMBF 2020a; Stellungnahme von NGAWiss. 2020b).

Zugleich deutet sich an, dass die Spielräume, die sich in den vergangenen Monaten eröffneten, von Hochschulleitungen für eine Fortführung während der Krise erprobter Maßnahmen genutzt werden könnten – und zwar auf dem Rücken der Beschäftigten. Besonders betroffen dürften von diesen Tendenzen einmal mehr Personen mit befristeten Arbeitsverträgen sein. Bereits jetzt müssen sie lokal und individuell um Vertragsverlängerungen, Ausgleich für Mehrarbeit und Erstattung von Auslagen für Arbeitsmittel kämpfen. Diese Situation ist Ausdruck einer Atomisierung der Beschäftigten einerseits und einer strafferen Führung der Hochschulen andererseits. Sie wird durch die verstärkte Arbeit in den eigenen vier Wänden befördert, die die Selbstorganisation und den Austausch zwischen Studierenden, Forschenden und Lehrenden erschwert und die Macht der zentralen Verwaltungen steigert.

Ausgehend von dieser von Willkür und Vereinzelung geprägten Lage der Hochschulbeschäftigten und im Sinne einer politischen Ökonomie der Hochschularbeit beschreiben wir im Folgenden einige allgemeine Tendenzen, von denen Lehre, Forschung und Administration heute betroffen sind. Zugleich fragen wir, inwiefern diese Prozesse durch die Corona-Krise neu akzentuiert werden. Unsere besondere Aufmerksamkeit gilt den Arbeitsbedingungen des sogenannten akademischen „Mittelbaus". Unter dieser ständischen Bezeichnung verbirgt sich die große Mehrheit jener an den Hochschulen arbeitenden Personen, die über keine verstetigte Professur verfügen. Im Folgenden sprechen wir von ihnen als Wissenschaftsarbeiter:innen.

Mit Blick auf Deutschland und die Schweiz gehen wir hauptsächlich auf zwei Themenbereiche ein: Erstens beschreiben wir, wie die kollektiven Arbeitsrechte bereits vor der Krise durch Befristung, unbezahlte Arbeit und die Kostenübernahme für Arbeitsmittel durch Wissenschaftsarbeiter:innen aufgeweicht wurden. Die bisherige Normalität war also selbst schon ein Ausnahmezustand. Zweitens argumentieren wir, dass in der Krise neue Formen akademischen Arbeitens erprobt wurden, die diese Tendenzen verstärken, indem sie weit über eine Neudefinition des Arbeitsortes („Homeoffice") hinausgehen und die wissenschaftlichen Produktionsverhältnisse – und mit ihnen auch die Rechtsverhältnisse – im Kern betreffen. Die Rede vom „Homeoffice" trägt zur Ausblendung dieser Problematik bei, weshalb wir es vorziehen, von (akademischer) Heimarbeit zu sprechen. Neben eigenen Beobachtungen und langjährigen Erfahrungen, auf die wir als habilitierte bzw. sich habilitierende Wissenschaftler zurückblicken können, stützen wir uns dabei auf eine statistisch nicht repräsentative, aber in ihren Ergebnissen durchaus illustrative Umfrage, die Peter-Paul Bänziger im Mai 2020 durchgeführt hat (vgl. Bänziger 2020).[1]

2. Befristung, unbezahlte Arbeit und private Kostenübernahme als Normalzustand

Bereits der Normalzustand vor der Pandemie stellte einen Ausnahmezustand dar, wenn ein arbeitsrechtlich reguliertes „Normalarbeitsverhältnis" als Maßstab angelegt wird. Dies möchten wir im Folgenden anhand dreier Aspekte aufzeigen. Erstens hat die deutsche Regierung den Hochschulen mit dem WissZeitVG eine Ausnahmeregelung gegeben, die Befristungen von Arbeitsverträgen weit über die EU-weit geltenden Richtlinien hinaus ermöglicht. Zweitens leisten Wissenschaft-

---

1 Gut 50 von rund 70 angeschriebenen deutsch- und französischsprachigen Kolleg:innen antworteten auf die Frage, ob ihre Hochschule sie für Zusatzaufwand und privat zur Verfügung gestellte Produktionsmittel entschädigt habe bzw. ob Entschädigungen zumindest thematisiert worden seien. Aus Gründen des Persönlichkeitsschutzes werden die Ergebnisse in anonymisierter Form präsentiert. Peter-Paul Bänziger dankt den Beteiligten für ihre Rückmeldungen und die vielen unterstützenden Worte sowie Juliane Schiel für Anregungen und Kritik. Eine Auswertung der Ergebnisse und einige der im zweiten Teil dieses Textes vorgebrachten Argumente erschienen zuerst in Bänziger (2020). Umfragen mehrerer Mittelbauinitiativen, die bei NGAWiss. organisiert sind, bestätigen die Ergebnisse.

ler:innen bereits seit längerem in hohem Ausmaß unbezahlte Überstunden, und zwar im Bereich der Lohn- wie auch der Sorgearbeit. Drittens werden Kosten für Arbeitsmittel zunehmend durch die Wissenschaftsarbeiter:innen selbst getragen. All diese Faktoren führen zu einer Aushöhlung des Arbeitsrechts, weshalb zu diskutieren ist, wie diese Tendenz wieder zugunsten von sozialstaatlich regulierten Verhältnissen zurückgedrängt werden kann.

2.1 Befristung

Das deutsche WissZeitVG wurde 2007 als Antwort auf eine Richtlinie der EU verabschiedet, die eine höchstens zweijährige sachgrundlose Befristung von Arbeitsverträgen erlaubt (vgl. Rat der Europäischen Union 1999). Es sieht vor, dass Wissenschaftler:innen in Deutschland maximal zwölf Jahre befristet im Wissenschaftsbetrieb tätig sein dürfen (vgl. BMBF 2020b), unter speziellen Bedingungen wie der Betreuung von Kindern bis zu zwei Jahre länger.[2] Gleichzeitig wurden weder die Länder noch die Hochschulen dazu verpflichtet, neben der Professur weitere unbefristete Stellen mit Aufgaben in Forschung, Lehre und Verwaltung zu schaffen. Eine Entfristung solcher Stellen wenige Jahre nach der Promotion ist

---

2 Konkret spezifiziert § 2 Absatz 5 die Verlängerungsmöglichkeiten wie folgt:
„Die jeweilige Dauer eines befristeten Arbeitsvertrages nach Absatz 1 verlängert sich im Einverständnis mit der Mitarbeiterin oder dem Mitarbeiter um
1. Zeiten einer Beurlaubung oder einer Ermäßigung der Arbeitszeit um mindestens ein Fünftel der regelmäßigen Arbeitszeit, die für die Betreuung oder Pflege eines oder mehrerer Kinder unter 18 Jahren, auch wenn hinsichtlich des Kindes die Voraussetzungen des § 15 Absatz 1 Satz 1 des Bundeselterngeld- und Elternzeitgesetzes vorliegen, oder pflegebedürftiger sonstiger Angehöriger gewährt worden sind,
2. Zeiten einer Beurlaubung für eine wissenschaftliche oder künstlerische Tätigkeit oder eine außerhalb des Hochschulbereichs oder im Ausland durchgeführte wissenschaftliche, künstlerische oder berufliche Aus-, Fort- oder Weiterbildung,
3. Zeiten einer Inanspruchnahme von Elternzeit nach dem Bundeselterngeld- und Elternzeitgesetz und Zeiten eines Beschäftigungsverbots nach den §§ 3 bis 6, 10 Absatz 3, § 13 Absatz 1 Nummer 3 und § 16 des Mutterschutzgesetzes in dem Umfang, in dem eine Erwerbstätigkeit nicht erfolgt ist,
4. Zeiten des Grundwehr- und Zivildienstes,
5. Zeiten einer Freistellung im Umfang von mindestens einem Fünftel der regelmäßigen Arbeitszeit zur Wahrnehmung von Aufgaben in einer Personal- oder Schwerbehindertenvertretung, von Aufgaben eines oder einer Frauen- oder Gleichstellungsbeauftragten oder zur Ausübung eines mit dem Arbeitsverhältnis zu vereinbarenden Mandats und
6. Zeiten einer krankheitsbedingten Arbeitsunfähigkeit, in denen ein gesetzlicher oder tarifvertraglicher Anspruch auf Entgeltfortzahlung nicht besteht.
In den Fällen des Satzes 1 Nummer 1, 2 und 5 soll die Verlängerung die Dauer von jeweils zwei Jahren nicht überschreiten. Zeiten nach Satz 1 Nummer 1 bis 6 werden in dem Umfang, in dem sie zu einer Verlängerung eines befristeten Arbeitsvertrages führen können, nicht auf die nach Absatz 1 zulässige Befristungsdauer angerechnet."

in zahlreichen europäischen Staaten wie Schweden, Frankreich oder Großbritannien seit langem die Regel (vgl. Kreckel 2008). Der Sonderweg der deutschsprachigen Hochschulen ist älter als das WissZeitVG, wurde aber mit diesem auch in Zeiten eines verstärkt transnationalen Wissenschaftssystems beibehalten. Da die Schweiz nicht Mitglied der EU ist, gab es hier keinen vergleichbaren Regelungsbedarf. Die Situation ist aber weitgehend mit jener in Deutschland vergleichbar.

Dies hat bis heute den absehbaren Effekt, dass alle, die es nach Ablauf der zwölf (oder 14) Jahre nicht auf eine Professur geschafft haben, im Alter von 40 oder 50 Jahren vor dem beruflichen Aus stehen. Aktuell sind an deutschen und schweizerischen Hochschulen rund 80 Prozent der Wissenschaftler:innen (inklusive Professor:innen!) befristet beschäftigt (vgl. Seipel/Holderberg in diesem Band; SWTR 2013, S. 18). Zum Vergleich: In allen Berufen zusammengenommen sind in Deutschland gut zehn Prozent (vgl. Statistisches Bundesamt 2020) und im Wissenschaftssystem der genannten anderen Länder höchstens 30 Prozent der Stellen befristet. Unbefristete Professuren (ca. zehn Prozent des Personals) werden zudem, trotz jahrzehntelanger feministischer Kämpfe, immer noch zu 75 Prozent von „weißen Männern" aus überwiegend „gutem Hause" besetzt (vgl. Möller 2014, S. 454–456; Statistisches Bundesamt 2019a).

Eine Novellierung des WissZeitVG, die im Jahr 2016 auf gewerkschaftlichen Druck hin erfolgte, brachte einer ersten Evaluation im Auftrag der Gewerkschaft Erziehung und Wissenschaft (GEW) zufolge keine wirkliche Verbesserung in Bezug auf die Befristungsquote (vgl. Gassmann 2020). Die Ministerien und Hochschulleitungen scheinen sich auf den Standpunkt zurückzuziehen, dass Stellen mit Qualifikationsziel wie Promotion oder Habilitation und drittmittelfinanzierte Stellen nicht für eine Entfristung in Frage kämen.[3] Das sind aber aufgrund einer zunehmenden Drittmittelquote[4] und eines antiquierten Festhaltens an der Habilitation, die besonders im deutschsprachigen Raum verbreitet ist, die Mehrheit der Stellen.

Zwar werden in Deutschland derzeit vereinzelt Dozent:innen-Stellen (z.B. Lecturer) eingerichtet, die teilweise entfristet werden. Sie weisen aber eine exorbitante Lehrverpflichtung von bis zu 24 Semesterwochenstunden auf. Zum Vergleich: Professuren haben im Allgemeinen ein Lehrdeputat von acht bis zehn Semesterwochenstunden. Neben einer massiven Arbeitsüberlastung und einem dadurch bedingten Qualitätsverlust resultiert daraus eine zunehmende Entkopplung von Forschung und Lehre. Dies wiederum führt zu einer noch stärkeren Hierarchisierung unter den Wissenschaftler:innen: Ein Teil von ihnen über-

---

3 So u.a. in der Verpflichtungserklärung des Landes Nordrhein-Westfalen zum Zukunftsvertrag Studium und Lehre stärken (vgl. Ministerium für Kultur und Wissenschaft des Landes Nordrhein-Westfalen 2020, S. 6f.).

4 Im Jahr 2017 waren in Deutschland 38 Prozent des Hochschuletats Drittmittel. Davon stammte ein Drittel von der DFG, ein Viertel vom Bund und ein Fünftel aus der Privatwirtschaft (Konsortium Bundesbericht wissenschaftlicher Nachwuchs 2017, S. 51f.).

nimmt Aufgaben im Bereich der alltäglichen Lehre und Verwaltung, während die Kontrolle über Forschung, Curricula und Finanzen bei den Professor:innen verbleibt. Dabei galt die Einheit von Forschung und Lehre einmal als eine der großen Stärken der deutschsprachigen Universitäten. Zugleich gilt es in Erinnerung zu rufen, dass den deutschen Hochschulen durch die Verstetigung des „Zukunftsvertrag Studium und Lehre" jährlich vier Milliarden Euro Grundmittel – nicht Drittmittel! – zusätzlich zufließen, ohne dass dies bislang in nennenswertem Ausmaß dazu geführt hätte, dass mehr verstetigte Stellen geschaffen wurden (vgl. BMBF 2019; GEW 2020).

In dieser Situation ist eine optionale Verlängerung von befristeten Verträgen um bis zu sechs Monate, wie sie das Bundesministerium für Bildung und Forschung (BMBF) angesichts der Pandemie beschloss, nichts weiter als ein Tropfen auf den heißen Stein. Da wissenschaftliche Arbeit im vergangenen halben Jahr generell von Mehrarbeit und Mehrkosten geprägt und aufgrund von geschlossenen Bibliotheken, Archiven und Laboren teils gar nicht möglich war, hätte es eigentlich eine Selbstverständlichkeit sein sollen, die befristeten Arbeitsverträge verbindlich und flächendeckend zu verlängern. Doch auch unabhängig von der aktuellen Situation ist es dringend notwendig, die Situation der befristet Beschäftigten zu verbessern. In diesem Sinne setzt sich etwa die GEW (2015, S. 20 f.) für eine umfassende Novellierung des WissZeitVG ein, und das Netzwerk für Gute Arbeit in der Wissenschaft plädiert für die Abschaffung des WissZeitVG zugunsten einer verpflichtenden Regelung zur Entfristung promovierter Wissenschaftler:innen (NGAWiss. 2019, S. 1–3; siehe auch die Beiträge von Keller und Ullrich in diesem Band).

2.2   Unbezahlte Mehrarbeit und Arbeitsüberlastung

Unbezahlte Mehrarbeit ist unter Wissenschaftler:innen weit verbreitet, was eng mit der Problematik der Befristung zusammenhängt: Häufig wird erwartet, dass auch nach Ablauf des Arbeitsvertrages noch Forschungsprojekte zu Ende gebracht oder Abschlussarbeiten von Studierenden betreut werden. Auch wird die Arbeitszeit an Hochschulen meist nicht erfasst, und sie ist von der Freizeit nicht klar zu unterscheiden. Dass Wissenschaftler:innen behaupten, nie Urlaub zu machen, ist eine inzwischen derart verbreitete Büro-Anekdote, dass sie jenseits von Prahlerei auf einen wahren Kern verweisen dürfte. Akademische Arbeit ist allgemein stark von Selbstorganisation und intrinsischer Motivation gekennzeichnet. Es besteht also immer die Gefahr der Selbstausbeutung, die zu Stress führen und im Burnout enden kann.

All dies ist bei akademischer Heimarbeit noch deutlicher ausgeprägt. Indem Arbeit und Freizeit hier noch stärker entgrenzt sind, arbeiten viele noch länger unbezahlt. Eine Studie des Deutschen Gewerkschaftsbundes (DGB) stellte bereits

2014 fest, dass es bei der Heimarbeit gegenüber der Büroarbeit zu verstärktem Stress komme. Der Grund liege nicht zuletzt in der intensivierten Erreichbarkeit der Arbeitenden, die zu jeder Zeit zur Verfügung stehen müssen (vgl. DGB 2014, S. 12). In den vergangenen Monaten hat sich die Lage verschärft: Die Auflösung der Unterscheidung von Arbeits- und Wohnraum hat im Durchschnitt aller Branchen zu zusätzlicher unbezahlter Arbeit im Umfang von mindestens drei Stunden pro Woche geführt (vgl. Wallrodt 2020, S. 4).

Hinzu kam während des Shutdowns eine stärkere Belastung durch Sorgearbeit. Laut aktuellen Studien gilt dies überproportional für Frauen (vgl. Lott 2019; Müller et al. 2020; vgl. allerdings auch Bujard et al. 2020, S. 36ff.), die bereits davor den Löwinnenanteil der Sorge- und Haushaltsarbeit verrichteten. Gesamtgesellschaftlich ist bemerkenswert, dass die Beteiligung von Männern in den letzten Jahrzehnten etwas zugenommen, diejenige von Frauen aber nicht abgenommen hat – trotz der deutlich ausgebauten öffentlichen Kinderbetreuung, die jedoch in weit überdurchschnittlichem Ausmaß ebenfalls von Frauen wahrgenommen wird. Bei der Lohnarbeit hingegen hat die Arbeitszeit von Frauen zugenommen, ohne dass die der Männer im selben Maße abgenommen hätte (vgl. Samtleben 2019). Das bedeutet, dass wir es mit einer allgemeinen Tendenz zur (häufig nicht bezahlten) Mehrarbeit in allen Bereichen zu tun haben. Dass Kinder voraussichtlich auch im Herbst 2020 noch nicht uneingeschränkt in KiTas und Schulen gehen können, andere Angehörige nach wie vor zusätzlich betreut werden müssen und der Heimarbeitsplatz von den Wissenschaftsarbeiter:innen selbst organisiert und gepflegt werden muss, verschärft diese Situation zusätzlich. Doch nicht die Frage nach Arbeitsentlastung und Arbeitszeitverkürzung bestimmt die Debatte, sondern die Floskel von der „Vereinbarkeit" von Berufs- und Haushalts- bzw. Sorgearbeit, die wiederum insbesondere auf Frauen abzielt.

Der Ruf nach einer Wiederöffnung der Kitas während des Shutdowns zeugt von der Not vieler Heimarbeitender. Er geht aber insofern am Problem vorbei, als die Arbeitsüberlastung nicht mehr grundsätzlich in Frage gestellt wird. Stattdessen wird versucht, Sorgearbeitsanteile auszulagern. Deren an sich begrüßenswerte Vergesellschaftung soll allein einer weiteren Mehrbelastung mit Lohnarbeit dienen. Geschichten über Eltern, die Mußestunden genießen, während die Kinder in der KiTa sind, sind wohl nicht zufällig wenig verbreitet. Dabei ginge es – was inzwischen auch von leitenden Funktionär:innen des Wissenschaftsbetriebs wie der Präsidentin der Deutschen Forschungsgemeinschaft (DFG) erkannt wird (vgl. Hartung/Menne 2020) – genau darum: Zeit für Muße zu schaffen, die im Lateinischen nicht zufällig freie Zeit wie auch durch diese ermöglichte wissenschaftliche Tätigkeit bezeichnet. Statt durch eine weitere Rationalisierung von Arbeit noch mehr Output zu generieren, sollte das Ziel sein, Stress und Überlastung zu reduzieren, indem die Arbeit weniger ungleich verteilt wird. Hat man jemals von Forschungsgruppen gehört, in denen der entfristete Lehrstuhlinhaber die Kinder seiner Mitarbeiter:innen betreut, damit diese sich ihrer qualifikationsrelevanten Forschung auch in der Zeit der Krise widmen können? Die medial so oft beschworene Corona-Solidarität scheint doch eher als Aufruf an die überlasteten Prekären gerichtet gewesen zu sein, keine Ansprüche zu stellen, als dass sie eine Verpflichtung der Privilegierteren dargestellt hätte.

2.3 Kostenübernahme für Produktionsmittel

Eine solche Entsolidarisierung auf dem Rücken der prekär Beschäftigten zeigt sich besonders bei der Kostenübernahme für die Produktionsmittel. Schon vor der Krise gab es zumindest punktuell die Tendenz, Wissenschaftsarbeiter:innen quasi als „Selbständige" zu behandeln, die selbst für Computer, Software, Bücher, Internetdienstleistungen, etc. aufzukommen haben. Doch handelt es sich um eine Scheinselbständigkeit, nicht zuletzt weil viele Betroffene sehr wohl dem Kommando (Weisungsrecht) von Projektleitungen und Betreuer:innen unterworfen sind. Das betrifft etwa Stipendiat:innen, die ihre Arbeit innerhalb größerer Forschungsgruppen leisten.

Aber auch mit aus Drittmitteln bezahlten Angestellten wird mitunter eher wie mit Selbständigen verfahren, wenn ihnen die Universität keine geeigneten Büroräume und Arbeitsgeräte zur Verfügung stellt. Selbst wenn Hochschulen, wie es bei von der DFG finanzierten Stellen der Fall ist, über eine den eingeworbenen Geldern zugeschossene Pauschale („Overhead") dazu verpflichtet sind (BMBF 2020c), wird diese mancherorts für andere Zwecke genutzt, während Kosten für Infrastruktur von den Angestellten selbst getragen werden. Die Verlagerung von Wissenschaftsarbeit ins „Homeoffice" in den Zeiten der Pandemie hat diesen Prozess deutlich verstärkt. Zudem hat der Digitalisierungsschub den Hochschulen weitere Rationalisierungsmöglichkeiten eröffnet, wie wir im zweiten Teil mit Blick auf Raumnutzung und Lehre ausführen.

3. Akademische Heimarbeit im und nach dem Ausnahmezustand

Vor allem während der ersten Wochen der Pandemie rückte die Arbeitswelt der Sorge- und Pflegearbeitenden, der Beschäftigten im Einzelhandel, der Logistik und der Fleischindustrie in den Medien wie in der wissenschaftlichen Debatte in den Vordergrund (vgl. Gruppe Blauer Montag 2020). Der Zwang zur Arbeit ohne ausreichenden Gesundheitsschutz, mit dem sich bestimmte Berufsgruppen nach wie vor konfrontiert sehen, gehört dabei zweifellos zu den gravierendsten Problematiken. Im Vergleich dazu ist die Tätigkeit in den eigenen vier Wänden, die die akademische Arbeitswelt in den vergangenen Monaten geprägt hat, eher ein Privileg. Dennoch ist es erstaunlich, dass sie bislang kaum im Fokus der Debatte und Analyse stand. Auf dem Spiel steht nämlich nicht einfach die Verlagerung des Büros nach Hause. Neu arrangiert werden auch die Produktionsverhältnisse – insbesondere die Verteilung von Kosten und Profit.

3.1 Mehrkosten und Mehrarbeit: Wer bezahlt?

Ob Betriebe Heimarbeit verlangen dürfen, ist nicht restlos geklärt. In Deutschland etwa wird die Unversehrtheit der Wohnung durch das Grundgesetz geschützt, doch widersprechen sich die Einschätzungen, ob dies auch in der aktuellen Situation gilt (vgl. Gleiss Lutz 2020, Abschnitt III). In jedem Fall gibt es die auch von einzelnen Hochschulen genutzte Möglichkeit der „mobilen Arbeit", was in rechtlicher Hinsicht einen großen Unterschied zugunsten der Arbeitgeber macht. Die arbeitsrechtlichen Bestimmungen, die bei ausschließlich zu Hause aus erledigter „Telearbeit" gelten würden, müssen hier nicht vollumfänglich eingehalten werden (vgl. BGHW 2018). In Deutschland wie in der Schweiz können sich die Betriebe zudem auf das Weisungsrecht und die Fürsorgepflicht sowie die Treuepflicht der Angestellten stützen (für die Schweiz vgl. Rudolph 2020; Surber 2020). In beiden Ländern müssen sie jedoch grundsätzlich für die anfallenden Mehrkosten aufkommen.

Bisher haben wir von keiner Hochschule gehört, die umfassend zu dieser Thematik Stellung bezogen hat, geschweige denn, dass eine Institution ihren Pflichten wirklich nachgekommen wäre. Laut Rückmeldungen auf die eingangs erwähnte Umfrage und eigenen Recherchen stellen sich verschiedene Hochschulleitungen auf den Standpunkt, dass es sich um eine allgemeine Ausnahmesituation gehandelt habe. Einige argumentieren auch, dass man nicht zur Heimarbeit gezwungen worden sei – was in einzelnen Fällen de jure zutreffen mag, de facto jedoch eindeutig ein Vorwand ist, da der Zugang zu den Büros und Laboren zumindest stark erschwert war. Diese abwehrende Haltung ist nicht weiter erstaunlich, könnten doch mit dem Anerkennen der arbeitsrechtlichen Pflichten umfangreiche Kosten verbunden sein.

Wo angesichts der pandemiebedingten Lage konkrete Schritte unternommen wurden, kamen die Institutionen ihren Angestellten nur in Einzelbereichen entgegen. Dies betrifft vor allem Personen mit Kinderbetreuungspflichten, für die sich Initiativen von prekär Beschäftigten (vgl. unter_bau 2020; NGAWiss 2020a) schon früh eingesetzt haben. Die Max-Planck-Gesellschaft beispielsweise gewährte zwanzig freie Tage bei voller Bezahlung, einige Hochschulen eine Reduktion des Lehrdeputats. Allerdings gab es verschiedentlich Einschränkungen. An der Universität Zürich etwa musste zuerst das „Guthaben aus Überzeit, Mehrzeit und Ferien der Vorjahre vollständig" abgebaut werden, bevor man eine Entlastung erhalten konnte (Universitätsleitung der Universität Zürich 2020).

Darüber hinaus wurden teilweise Sachleistungen bewilligt. Einzelne Institutionen übernahmen Büromaterialien wie Druckerpapier und Toner oder Kopfhörer und Mikrophone. Einige der Befragten, neben Professor:innen vor allem Personen mit längerfristiger Anstellung, hatten bereits vor dem Ausnahmezustand einen Laptop erhalten. Weitere unentbehrliche Arbeitsgeräte wie Drucker und Scanner hingegen wurden – abgesehen von einem Fall, wo das Gerät aber zu schwer für den Transport mit der S-Bahn war – nicht zur Verfügung gestellt. Eine praktikablere Alternative dazu wären Entschädigungen für die berufliche Nutzung privater Geräte und die Telekommunikationskosten. Sie scheinen aber ebenfalls nicht zu den Standardleistungen der deutschsprachigen Hochschulen zu gehören.

Die Umstellung auf Online-Lehre bedeutete einen von keiner Seite bestrittenen Mehraufwand. Von vielen Lehrenden wurde und wird auch die Durchführung der ins Internet verlagerten Lehrveranstaltungen als enorme psychische und physische Zusatzbelastung erfahren, die durch die Vorteile der neuen Medien nicht aufgewogen wird. Laut Angaben der Befragten wurden diese Leistungen im Sommersemester 2020 nirgendwo direkt entschädigt. Unseres Wissens nach hat sich daran bis heute kaum etwas geändert. Einige Hochschul- und Institutsleitungen haben jedoch zum Ausgleich eine Reduktion des Lehrdeputats zugestanden. Diesbezüglich äußerten einige der Befragten allerdings die berechtigte Befürchtung, dass die Entlastung hauptsächlich den Professor:innen zugutekommt, die sich innerhalb der hierarchischen Strukturen der Hochschulen am besten durchsetzen können. Da das Lehrangebot an vielen Instituten kaum reduziert werden kann, ist eine Mehrbelastung anderer Statusgruppen nicht auszuschließen. Ob und wie sich diese Befürchtungen bestätigen, werden die kommenden Semester zeigen. Kaum Reduktionsmöglichkeiten haben besonders die Lehrbeauftragten, die semesterweise und im Allgemeinen ohne regulären Arbeitsvertrag beschäftigt werden. Sie – in Deutschland handelt es sich um ca. 100 000 Personen (vgl. Scholz 2016, Statistisches Bundesamt 2019, S. 19) – werden meist pauschal für das Durchführen einer spezifischen Lehrveranstaltung und die anschließende Betreuung von Hausarbeiten bezahlt, mitunter sogar nur für nachweislich durchgeführte Sitzungen.

Innerhalb der einzelnen Institutionen bilden die Angebote und Entschädigungen nicht einmal einen Flickenteppich. Zumindest in den ersten Wochen fehlte es mancherorts sogar an grundlegenden Produktionsmitteln. So wurde an einer deutschen Universität zunächst nur eine Billiglizenz einer Konferenzsoftware angeboten, die den Ansprüchen des Lehrbetriebs nicht annähernd gerecht wurde. Viele Lehrende erwarben deshalb auf eigene Kosten eine stabile Version. Auch heute noch reichen die Lizenzen, die einen professionellen Einsatz erlauben, nicht für alle Lehrenden. Bis zum Ende des Sommersemesters waren viele deshalb auf eine störungsanfällige Alternative angewiesen.

Von Seiten der großen Mehrheit der Hochschulleitungen überhaupt nicht thematisiert worden zu sein scheinen zwei Aspekte der akademischen Heimarbeit.

Selbst kritische Stimmen haben sich in diesem Zusammenhang bisher eher zurückgehalten, obwohl damit grundsätzliche Fragen angesprochen sind, die auch nach dem Abklingen der Pandemie relevant bleiben werden (vgl. Kommission für Gute Arbeit in der Medienwissenschaft 2020; NGAWiss. 2020c; unter_bau 2020). Es handelt sich erstens um die Entschädigung für privat zur Verfügung gestellte Räumlichkeiten. In der Schweiz scheint die rechtliche Lage hierbei klar zu sein. Im April 2019 hat das Bundesgericht festgestellt, dass Betriebe auch dafür eine angemessene Entschädigung zu leisten haben, und zwar unabhängig von der Frage, ob die Räume schon vorhanden waren oder extra angemietet werden mussten. Es handle sich um eine Situation, die mit der im Obligationenrecht explizit geregelten Benutzung des privaten Fahrzeuges für Geschäftsfahrten vergleichbar sei (vgl. Facincani 2019). Ähnliches gilt auch in Deutschland, sofern der aus der Heimarbeit entstehende Nutzen vor allem auf Seiten des Betriebs anfällt (vgl. Sage Redaktion 2020). Mit anderen Worten: Wenn die Hochschulen nicht für privat zur Verfügung gestellte Räumlichkeiten bezahlen wollen, müssten sie den Nachweis erbringen, dass für sie keinerlei Vorteile damit verbunden sind. Dass dies kaum gelingen dürfte, zeigt das im nächsten Abschnitt diskutierte Rationalisierungspotenzial bei der Raumnutzung.

Die rechtliche Lage bezüglich des zweiten Aspekts, der Gewährleistung arbeitshygienischer Standards ist noch weniger umstritten. Sie lässt sich ebenfalls von der Fürsorgepflicht der Betriebe ableiten (vgl. Facincani 2018; Gleiss Lutz 2020). Da sich viele Hochschulen explizit der Arbeitssicherheit und dem Gesundheitsschutz verpflichtet haben und letzteres das Argument für die Schließung von Büros und Laboren war, lässt sich aber auch unabhängig von der Rechtslage fordern, dass für die Heimarbeit ein in jeder Hinsicht vollwertiger Arbeitsplatz zur Verfügung gestellt werden muss. Was das genau bedeutet, wäre im Einzelfall zu prüfen. Zu den arbeitshygienischen Minimalstandards gehören heute aber zweifellos ein großer Monitor und ein ergonomischer Bürostuhl. Nur die wenigsten Hochschulen sind solchen Anforderungen bisher nachgekommen, wenn auch in Einzelfällen durchaus ein Entgegenkommen festgestellt werden konnte.

Diesen ungedeckten Mehrkosten auf Seiten der Heimarbeitenden steht der Wegfall von Fahrtkosten gegenüber. Auch die zusätzliche zeitliche und räumliche Flexibilität kann man durchaus auf der Haben-Seite verbuchen. Insbesondere fällt für viele Befragte positiv ins Gewicht, dass sie nicht mehr – oder nicht mehr im selben Maße – pendeln müssen. Auch Personen, die nicht in unterschiedlichen Städten wohnen und arbeiten, profitieren von einer Zeitersparnis von bis zu mehreren Stunden täglich. Ein Argument gegen die Bezahlung von Mehraufwand und privat zur Verfügung gestellten Ressourcen ist dies jedoch nicht, da der Arbeitsweg – seine Dauer wie die dabei entstehenden Mühen – nicht Bestandteil der vertraglich zur Verfügung gestellten Leistungen von Seiten der Wissenschaftsarbeitenden ist. Daran ändert auch die Tatsache nichts, dass die Pendelkosten teilweise von der Steuer abgezogen werden können.

Zusammenfassend lässt sich feststellen: Selbst wenn man argumentieren würde, dass die Kosten des Ausnahmezustands auf alle Seiten verteilt werden sollten, besteht ein klares Ungleichgewicht zugunsten der Hochschulen. Es reicht deshalb nicht, dass die Äußerungen vieler Kommunikationsabteilungen, Fakultäten und Rektorate voll des Lobes für die Leistungen ihrer Angestellten sind. Solange dieses Lob – in diesem Punkt ganz ähnlich wie das kollektive Applaudieren für Angestellte in Logistik und Einzelhandel oder im Gesundheits- und Pflegebereich – nicht von materiellen Leistungen begleitet wird, lässt sich der Eindruck nicht vermeiden, dass es an deren Stelle treten soll. Dies nicht zuletzt, weil es an den Hochschulen seit Langem Usus ist, durch Appelle an die intrinsische Motivation des Personals die materiellen Entschädigungen so tief wie möglich zu halten.

Aus dieser Perspektive ist es nicht erstaunlich, dass die Universität Basel ihren Angestellten ausgerechnet zum Wochenende nach dem 1. Mai, dem Tag der Arbeiter:innenbewegung, einen Online-Kurs zum Thema „Zufrieden und produktiv im Home Office" angeboten hat – neben Fitnessangeboten wie einem Bootcamp. Nicht weniger typisch für den Umgang der Hochschulen mit der aktuellen Situation ist es, wenn die Leitung der Friedrich-Alexander-Universität Erlangen-Nürnberg (2020) zu Beginn des Ausnahmezustands erklärte, dass sie „gelungene Digitalisierungsmaßnahmen, die auch über das Sommersemester 2020 hinaus genutzt werden können", prämieren wolle. Produktivitätsorientierte Weiterbildungen und freiwillige Preise statt Entschädigungen und Ausstattung mit adäquaten Produktionsmitteln – das scheint bis heute die Devise zu sein.

3.2 Neue Möglichkeiten der Rationalisierung: Wer profitiert?

Bei aller Berechtigung der Schutzmaßnahmen lässt sich nicht verkennen, dass viele Hochschulleitungen den Ausnahmezustand von Anfang an auch als Chance für weitere Rationalisierungen wahrgenommen haben, die in erster Linie der Optimierung ihrer Kostenstruktur dienen. „Das Corona-Virus hat der Digitalisierung positiven Schub gegeben" (Schaffner 2020), wurde etwa der Leiter der Informatikdienste der Universität Zürich Ende April zitiert. Viele der nun eingeübten Praktiken würden auch nach dem Ausnahmezustand bestehen bleiben (vgl. Schaffner 2020). Und laut einer Rückmeldung auf die Umfrage von Anfang Mai wurden die Projektleitenden an einer deutschen Universität aufgefordert, im Rahmen der Mitarbeiter:innengespräche auch darüber zu sprechen, „welche zusätzlichen Aktivitäten (Publikationen usw.) jetzt durch die Corona-Situation möglich würden".

Die Frage, die sich im Anschluss an solche Äußerungen stellt, ist aus der politischen Ökonomie wohlbekannt: Wer profitiert? Vor dem Hintergrund der beschriebenen Zurückhaltung der Hochschulen bezüglich ihrer arbeitsrechtlichen Verpflichtungen ist die Gefahr nicht von der Hand zu weisen, dass die

Verteilung der aus der Digitalisierung resultierenden Rationalisierungsgewinne ungleich sein wird. Wo bereits heute der Mehraufwand nicht entschädigt wird, stillschweigend in Anspruch genommen wird, dass die Arbeitenden ihre Produktionsmittel selbst bezahlen, und sich der Gesundheitsschutz am Arbeitsplatz auf Belehrungen und Bootcamps beschränkt, sollte man auch Zukunftsszenarien kritisch hinterfragen.

Gerade bezüglich der Raumsituation ist das Rationalisierungspotenzial von Digitalisierungsmaßnahmen enorm, und zwar nicht nur in der Lehre (vgl. dazu und zum Folgenden auch Fuchs 2020). Heute schon setzen einige Hochschulen bei Neubauten auf flexible Großraumbüros (vgl. Gleiniger 2014). Die Feststellung ist nicht falsch, dass viele von uns ihren universitären Arbeitsplatz nur zeitweise nutzen. Da der ungeplante und nicht unmittelbar zweckrationale Austausch eine zentrale Grundlage für kreative Forschung ist, sollten die Hochschulen diesen Trend jedoch nicht fördern. Der Praxistest der vergangenen Monate hat nämlich auch dies deutlich gemacht: Die konkreten Ziele der ins Internet verlegten Workshops und Besprechungen wurden zwar rasch und zur Zufriedenheit der meisten Beteiligten erreicht, dies geschah aber auf Kosten der nicht weniger wichtigen alltäglichen sozialen Beziehungen zwischen Einzelpersonen und Gruppen (vgl. Borgards 2020)

Eine zweite Form der Flexibilität, von der die Hochschulen vor allem aus betriebswirtschaftlicher Sicht profitieren dürften, betrifft die Lehre (vgl. Ivancheva/ Swartz 2020; Walsh 2020). Wenig interaktive Veranstaltungen wie Vorlesungen, die sich ohne Weiteres komplett online durchführen lassen, könnten in Zukunft vermehrt wiederholt abgespielt oder nach Bedarf von externen Anbietern zugekauft werden. Schon heute schreiben einige Hochschulen einen Teil der Lehrveranstaltungen mehr oder weniger offiziell aus. Dies kann zwar einen positiven Effekt auf die Zusammensetzung des Lehrangebots haben. Auf den uns bekannten Marktplätzen werden denn auch bisher nur die Kursinhalte gehandelt, nicht deren Preise. Das ist aber keineswegs in Stein gemeißelt. Wie die nach wie vor weit verbreitete Praxis der unterbezahlten (und teils sogar gänzlich unentgeltlichen) Lehre zeigt, ist der Spardruck bzw. -wille beträchtlich.

Besonders bei Lehrveranstaltungen, die in englischer Sprache angeboten werden, besteht ein enormes Sparpotenzial. Ähnliches gilt für standardisierte Einführungsveranstaltungen, besonders in den MINT-Fächern. Globale Kursplattformen wie Coursera oder FutureLearn[5] sind heute in der Lage, selbst jene Lehraufträge in Deutschland zu unterbieten, die mit wenigen hundert Euro abgegolten werden. Diese Anbieter:innen haben aber den großen Nachteil, dass sie – zumindest im deutschsprachigen Raum – keine anerkannten Kreditpunkte und Diplome vergeben können. Für hiesige Hochschulen hingegen, von denen sich

---

5   Siehe dazu die Websites https://coursera.org und https://www.futurelearn.com (Abfrage: 12.9.2020).

im Kontext der Bologna-Reform viele der Internationalisierung verschrieben haben, könnte es eine verlockende Gelegenheit sein, einen Teil der Lehrveranstaltungen über solche Plattformen einzukaufen und/oder selbst anzubieten. Lokale Institutionen sind dabei näher bei ihren „Kundinnen" und „Kunden" und in der Lage, eine Kombination von Präsenz- und Internetlehre anzubieten.

Beide Prozesse könnten die bestehende Zweiteilung der Hochschulangestellten verstärken. Einer kleinen, festangestellten Stammbelegschaft mit eigenen Büros und Präsenzlehre stünde dann eine größere Zahl von Personen gegenüber, deren Produkte über globale Plattformen oder institutsbasierte Ausschreibungen eingekauft werden. Neben ein paar Koryphäen der internationalen Wissenschaftsszene, die sich auf diese Weise ein Zubrot verdienen, dürften sich diese Zuarbeiter:innen vor allem aus jenem Personenkreis der prekär Beschäftigten und Lehrbeauftragten rekrutieren, der bereits heute mehr schlecht als recht von Lehre und Forschung leben kann. Anders als in den Fabriken und Betrieben des 19. und 20. Jahrhunderts würden die beiden Gruppen nicht einmal mehr am selben Ort arbeiten, was Austausch und Solidarität erschwert. Eines der expliziten Ziele eines Reformprozesses, heißt es ganz in diesem Sinne in einer Rückmeldung auf die Umfrage, sei die „Zerstörung der sozialen Beziehungen zwischen Studierenden, Assistierenden und Dozierenden" gewesen. Man sollte „nicht mehr über längere Zeit mit denselben Personen zusammenarbeiten [...], denn das führe zu Klientelismus – die Kritik an paternalistischen/patriarchalen Strukturen wurde genutzt, um emotionale und persönliche Bindungen, die intellektuell befruchtend waren, im Arbeitsprozess zu kappen."

Wenn wir über die Digitalisierung der akademischen Arbeitswelt sprechen, die durch die Pandemie einen enormen Schub erlebt hat, müssen die gegenwärtige Situation wie auch mögliche Entwicklungen in der näheren und ferneren Zukunft diskutiert werden. In beiden Fällen steht weniger – bzw. nicht nur – die Digitalisierung selbst zur Debatte denn die damit verbundenen politischen Fragen. Es geht um die Produktionsverhältnisse, um die sozialen Verhältnisse im Betrieb und insbesondere um die Verteilung von Kosten und Profit. Die Rede vom „Homeoffice" verschleiert dies. Sie beschränkt sich auf das Offensichtliche, auf die Verschiebung des Büros nach Hause. Für die kritische Analyse hingegen können wir uns auf eine längst etablierte Begrifflichkeit stützen. Wir sollten von Arbeit sprechen, oder genauer: von Heimarbeit.

4. „Renormalisierung" oder Bruch mit dem normalisierten Ausnahmezustand?

Wer sich mit der Geschichte der Arbeit beschäftigt, kennt den Begriff der Heimarbeit sehr gut. Es beschreibt die häusliche Produktion zur Zeit der beginnenden Industrialisierung. Kaufleute besorgten die Rohstoffe und vertrieben die Produkte, im Arbeitsprozess selbst aber waren sie weitgehend abwesend. Manche von ihnen stellten auch einen Teil der Produktionsmittel, die Webstühle beispielsweise, zur Verfügung. Die Räumlichkeiten hingegen wurden in der Regel von den Heimarbeitenden selbst gestellt. Die Ähnlichkeiten dieser Form der Arbeitsorganisation mit den beschriebenen Zuständen an den Hochschulen sind klar erkennbar. Kaum weniger deutlich unterscheiden sich letztere von den bis vor kurzen üblichen Formen akademischen Arbeitens im Labor und Büro. Als privilegierter Ort der Wissenschaftsproduktion setzte sich letzteres allerdings sehr spät durch, in den Sozial- und Geisteswissenschaften erst in der zweiten Hälfte des 20. Jahrhunderts. Davor hatten die Männer der Wissenschaft vor allem zu Hause gearbeitet, obwohl diese Arbeit sonst wenig mit der industriellen Heimarbeit gemeinsam hatte. Unterstützt wurden sie dabei durch die Sorge- und nicht selten auch wissenschaftliche Arbeit der Ehefrauen und Hausangestellten (vgl. Clark 2006, Kapitel 9; Saxer 2014).

Wenn Heimarbeit wieder zur typischen akademischen Produktionsform wird, bedeutet dies im schlechtesten Fall, dass die Hochschulen allein über die Rationalisierungsgewinne verfügen könnten, die durch unbezahlte Sorgearbeit im Haushalt, das Bereitstellen von Arbeitsmitteln durch die Heimarbeiter:innen und das Einsparen von Raumkosten realisiert werden. In diesem Sinne sprach etwa Donna Haraway bereits in ihrem *Cyborg Manifest* von einer neuen „homework economy", von einem Neuarrangement der Arbeitsverhältnisse zwischen Büro und Haushalt, welche durch die Digitalisierung befördert werde. Nicht nur Frauen, sondern auch Männer würden dann „seen less as workers than as servers; subjected to time arrangements on and off the paid job that make a mockery of a limited work day" (Haraway 1985/2004, S. 26). Durch die verschärfte Spaltung der Beschäftigten in regulär Beschäftigte und prekäre Zuarbeiter:innen würde darüber hinaus die Entdemokratisierung der Hochschulen vorangetrieben und die Organisierung und Solidarisierung erschwert.

Abschließend wollen wir jedoch die Perspektive umkehren und fragen, ob die angesprochenen Entwicklungen auch Möglichkeiten einer positiven Veränderung in sich tragen. Mit anderen Worten: Kann der andauernde Ausnahmezustand an den Hochschulen auch ein Experimentierfeld für neue Produktionsverhältnisse in der Wissenschaft sein? Aufgrund der Zuspitzung der Prekarität, der Arbeitsüberlastung und der zunehmenden Abwälzung von Kosten auf die Beschäftigten ist es zwar nur zu verständlich, wenn viele derzeit eine „Renormalisierung" anstreben: die verbindliche Verlängerung der möglichen Befristungsdauer qua WissZeitVG für alle, die Kompensation von Mehrarbeit, die Entschädigung für die von den Arbeitenden zur Verfügung gestellten Produktionsmittel. Dabei wird es Akteur:innen wie die Initiativen prekarisierter Wissensarbeiter:innen und die Gewerkschaften bereits viel Kraft kosten, diese Ziele auf politischen und rechtlichen Wegen zu erreichen.

Doch war bereits der scheinbare Normalzustand ein Ausnahmezustand, den die Corona-Krise nur überspitzt und damit zur Kenntlichkeit entstellt hat. Er kann nicht im Kampf um längere befristete Arbeitsverträge überwunden werden, sondern nur durch ein Ende der Befristung – und damit eine „Normalisierung" der Verhältnisse im internationalen Vergleich. Das ist mit dem WissZeitVG und vergleichbaren bzw. fehlenden Regelungen in den anderen deutschsprachigen Ländern nicht zu erreichen. Zur neuen Normalität muss vielmehr eine regelhafte Entfristung zumindest promovierter Angestellter nach spätestens zwei Jahren werden. Wenn gleichzeitig die Drittmittelquote und damit auch die aufgeblähte Drittmittelbürokratie zugunsten der Grundfinanzierung reduziert werden, dürfte dies nicht einmal Mehrkosten generieren (vgl. NGAWiss. 2020d). Vielmehr wäre eine Erhöhung des Gesamtlehrvolumens bei gleichzeitiger gerechterer Verteilung möglich. Das würde zugleich die Betreuung von Studierenden verbessern und der verbreiteten Arbeitsüberlastung der Beschäftigten entgegenwirken.

Waren diese Forderungen bereits vor der Corona-Krise richtig, so stellt sich nun verstärkt die Frage, wie wir uns aus der Perspektive einer Kritik der politischen Ökonomie zur zunehmenden Heimarbeit und der mit ihr verbundenen Digitalisierungswelle verhalten. In erster Linie müsste die heutige Entwicklung umgekehrt werden: die Kosten den akademischen Arbeiter:innen zu überantworten, die Profite hingegen den Hochschulen zufließen zu lassen. Der Maßstab einer solchen Neugestaltung wäre die erweiterte Selbstbestimmung der Wissenschaftsarbeiter:innen über Produktionsmittel, Arbeitsort und Arbeitszeit. Durch Open-Access-Publikationen, offene Soft- und Hardware, Forschungskostenpauschalen und ähnliches könnten die Arbeitenden autonom über ihre Produktionsmittel verfügen und diese sowohl im Büro als auch zuhause nutzen. Die Kosten würden vom Wissenschaftssystem getragen, das ja immerhin auf der Arbeit seiner Beschäftigten basiert. Das Gleiche gilt für die Arbeitszeit, deren „Output" nicht durch die Hochschulen definiert und durch Befristung und Qualifikationsdruck erhöht, sondern flexibel und sorgearbeitskompatibel reduziert werden müsste.

Da sich solche Forderungen nicht von selbst durchsetzen werden, bedarf es einer verstärkten kollektiven Organisierung von Wissenschaftsarbeiter:innen. Vielen hat der pandemiebedingte Ausnahmezustand vor Augen geführt, dass es so nicht weitergehen kann. In dieser Situation mag es hilfreich sein, sich in Erinnerung zu rufen, dass der Besitz (und die genaue Kenntnis) der Produktionsmittel auch ein Instrument in den Händen der Arbeitenden sein kann. Was für das Bedienen von Maschinen im Industriezeitalter galt, trifft auch auf die Wissensarbeit im Internetzeitalter zu. Open Access und Open Source sind hierbei nur Beispiele – es geht um nichts weniger als die Selbstbestimmung der Wissenschaftsarbeiter:innen über den Arbeitsprozess. Und nicht zuletzt ist damit auch die Frage berührt, was das Handeln der aus öffentlichen Mitteln finanzierten Hochschulen bestimmt: eine enge betriebswirtschaftliche Logik des partikularen Profits oder der allgemeine gesellschaftliche Nutzen.

Literatur

Bänziger, Peter-Paul (2020): „Home Work, not ‚Home Office'. Academic Labor in and after the State of Emergency". www.worck.eu/2020/05/28/home-work-not-home-office-academic-labor-in-and-after-the-state-of-emergency/ (Abfrage: 10.8.2020).

Berufsgenossenschaft Handel und Warenlogistik (BGHW) (2018): „Mobil und flexibel – neue Formen der Arbeit". www.bghw.de/presse/newsletter/newsletter-3-2018/homeoffice-oder-telearbeit (Abfrage: 7.9.2020).

Borgards, Roland et al. (2020): „Zur Verteidigung der Präsenzlehre. Offener Brief". www.praesenzlehre.com (Abfrage: 28.8.2020).

Bujard, Martin/Laß, Inga/Diabaté, Sabine/Sulak, Harun/Schneider, Norbert F. (2020): „Eltern während der Corona-Krise. Zur Improvisation gezwungen". www.bib.bund.de/Publikation/2020/pdf/Eltern-waehrend-der-Corona-Krise.html?nn=9755196 (Abfrage: 10.8.2020).

Bundesministerium für Bildung und Forschung (BMBF) (2020a): „Karliczek: Wir mildern die Corona-Beeinträchtigungen für Studierende und Wissenschaft. Bundesregierung beschließt Änderungen von BAföG und Wissenschaftszeitvertragsgesetz. Pressemitteilung 043/2020". www.bmbf.de/de/karliczek-wir-mildern-die-corona-beeintraechtigungen-fuer-studierende-und-wissenschaft-ab-11331.html (Abfrage: 10.8.2020).

Bundesministerium für Bildung und Forschung (BMBF) (2020b): „Wissenschaftszeitvertragsgesetz". www.bmbf.de/de/karrierewege-fuer-den-wissenschaftlichen-nachwuchs-an-hochschulen-verbessern-1935.html (Abfrage: 10.8.2020).

Bundesministerium für Bildung und Forschung (BMBF) (2020c): „DFG-Programmpauschale". www.bmbf.de/de/dfg-programmpauschale-513.html (Abfrage: 10.8.2020).

Bundesministerium für Bildung und Forschung (BMBF) (2019): „Zukunftsvertrag Studium und Lehre stärken". www.bmbf.de/de/zukunftsvertrag-studium-und-lehre-staerken-9232.html (Abfrage: 10.8.2020).

Clark, William (2006): Academic Charisma and the Origins of the Research University. Chicago und London: University of Chicago Press.

Institut DGB-Index Gute Arbeit (2014): „DGB-Index Gute Arbeit Der Report 2014. Wie die Beschäftigten die Arbeitsbedingungen in Deutschland beurteilen. Mit dem Themenschwerpunkt: Arbeitszeitgestaltung". index-gute-arbeit.dgb.de/++co++8192de46-7a3e-11e4-b422-52540023ef1a (Abfrage: 11.8.2020).

Facincani, Nicolas (2018): „Homeoffice, was gilt? In: Arbeitsrecht Aktuell vom 22.11.2018". www.arbeitsrecht-aktuell.ch/de/2018/11/22/homeoffice-was-gilt (Abfrage: 11.8.2020).

Facincani, Nicolas (2019): „Entschädigung für privates Zimmer beim Homeoffice" www.arbeitsrecht-aktuell.ch/de/2019/05/20/entschaedigung-fuer-privates-zimmer-beim-homeoffice (Abfrage: 10.8.2020).

Friedrich-Alexander-Universität Erlangen-Nürnberg (2020): „Coronavirus: Unterstützungsprogramm für digitale Lehre eingerichtet". www.wiso.rw.fau.de/2020/03/18/coronavirus-unterstuetzungsprogramm-fuer-digitale-lehre-eingerichtet (Abfrage: 11.8.2020).

Fuchs, Matthias (2020): „Im Rausch der Online-Lehre". www.faz.net/aktuell/karriere-hochschule/hoersaal/digitales-sommersemester-im-rausch-der-online-lehre-16754543.html (Abfrage: 11.8.2020).

Gassmann, Freya (2020): Befristete Beschäftigung von wissenschaftlichen Mitarbeiterinnen und Mitarbeitern an Hochschulen in Deutschland – Eine erste Evaluation der Novelle des Wissenschaftszeitvertragsgesetzes. Unter der Mitwirkung von Jascha Groß und Cathrin Benkel. Frankfurt a. M.: Gewerkschaft Erziehung und Wissenschaft (GEW) Hauptvorstand (auch online unter www.gew.de/fileadmin/media/publikationen/hv/Hochschule_und_Forschung/Broschueren_und_Ratgeber/Evaluation-WissZeitVG-AV-final.pdf (Abfrage: 10. 8. 2020)).

Gewerkschaft Erziehung und Wissenschaft (2015): Wir können auch anders! Wissenschaft demokratisieren, Hochschulen öffnen, Qualität von Forschung und Lehre entwickeln, Arbeits- und Studienbedingungen verbessern Das wissenschaftspolitische Programm der GEW. Frankfurt a. M.: Gewerkschaft Erziehung und Wissenschaft (GEW) Hauptvorstand (auch online unter www.gew.de/index.php?eID=dumpFile&t=f&f=24993&token=891d8ac c931a39ace42f255686291567f780afb8&sdownload=&n=Wipop.pdf, (Abfrage: 11. 8. 2020)).

GEW/ver.di/NGAWiss. (2020): „Pressemitteilung vom Bündnis „Frist ist Frust"". gewau. acrux.uberspace.de/wordpress/pressemitteilung-vom-buendnis-frist-ist-frust-gew-ver-dingawiss/ (Abfrage: 10. 8. 2020).

Gleiniger, Andrea (2014): Toni-Areal. Die Gunst der Stunde. In: Bauwelt 34, S. 14–31.

Gleiss Lutz (2020): „Arbeitsrecht. Das Wichtigste zum Corona-Virus aus arbeitsrechtlicher Sicht". www.gleisslutz.com/de/aktuelles/know-how/Das_Wichtigste_zum_Corona-Virus_ aus_arbeitsrechtlicher_Sicht.html (Abfrage: 11. 8. 2020).

Gruppe Blauer Montag (2020): „Aus aktuellem Anlass: Vom Notstand der Arbeitsgesellschaft". sozialgeschichte-online.org/2020/04/09/aus-aktuellem-anlass-vom-notstand-der-arbeitsgesellschaft/ (Abfrage: 10. 8. 2020).

Haraway, Donna (1985/2004): „A Manifesto for Cyborgs. Science, Technology, and Socialist Feminism in the 1980s." In: The Haraway Reader. New York/London: Routledge 2004, S. 7–45 (auch online unter monoskop.org/images/5/56/Haraway_Donna_The_Haraway_ Reader_2003.pdf (Abfrage: 6. 8. 2020)).

Hartung, Manuel J./Menne, Katharina (2020): Katja Becker. Die Botschafterin. In: Die ZEIT vom 16. 01. 2020 (auch online unter www.zeit.de/2020/04/katja-becker-deutsche-forschungsgemeinschaft-diversitaet (Abfrage: 11. 8. 2020)).

Ivancheva, Mariya/Swartz, Rebecca (2020): „Universities go online during the pandemic: who reaps the profits?" www.coronatimes.net/universities-go-online-pandemic-profits (Abfrage: 7. 9. 2020).

Kommission für Gute Arbeit in der Medienwissenschaft (2020): „Gute Arbeit während der Corona-Pandemie". gfmedienwissenschaft.de/sites/gfm/files/2020-04/Kommission%20 fuer%20Gute%20Arbeit_Corona_Stellungnahme_NEU.pdf (Abfrage: 10. 8. 2020).

Konsortium Bundesbericht wissenschaftlicher Nachwuchs (2017): „Bundesbericht wissenschaftlicher Nachwuchs Statistische Daten und Forschungsbefunde zu Promovierenden und Promovierten in Deutschland". www.buwin.de/dateien/buwin-2017.pdf (Abfrage: 10. 8. 2020).

Kreckel, Reinhard (2008): Zwischen Promotion und Professur. Das wissenschaftliche Personal in Deutschland im Vergleich mit Frankreich, Großbritannien, USA, Schweden, den Niederlanden, Österreich und der Schweiz. Leipzig: Akademische Verlagsgesellschaft (auch online unter www.hof.uni-halle.de/web/dateien/Zwischen-Promotion-und-Professur.pdf (Abfrage: 10. 8. 2020)).

Lott, Yvonne (2019): Weniger Arbeit, mehr Freizeit? Wofür Mütter und Väter flexible Arbeitsarrangements nutzen. WSI-Report Nr. 47. Düsseldorf: Wirtschafts- und Sozialwissenschaftliches Institut (WSI) der Hans-Böckler-Stiftung. (auch online unter www. boeckler.de/de/pressemitteilungen-2675-homeoffice-und-flexible-arbeitszeiten-vaeter-machenueberstunden-muetter-auch-und-3102.htm (Abfrage: 10. 8. 2020)).

Möller, Christina (2014): Als Arbeiterkind zur Professur? Wissenschaftliche Karrieren und soziale Herkunft. In: Forschung & Lehre 6, S. 372–374.

Müller, Kai-Uwe/Samtleben, Claire/Schmieder, Julia/Wrohlich, Katharina (2020): Corona-Krise erschwert Vereinbarkeit von Beruf und Familie vor allem für Mütter – Erwerbstätige

Eltern sollten entlastet werden. In: DIW Berlin – Deutsches Institut für Wirtschaftsforschung e. V. Wochenbericht 19, S. 332–340 (auch online unter www.diw.de/documents/publikationen/73/diw_01.c.787652.de/20-19-1.pdf (Abfrage: 10. 8. 2020)).

NGAWiss. Netzwerk für Gute Arbeit in der Wissenschaft (2020a): „Solidarisch durch die Krise. Prekäre Wissenschaft in der Pandemie". https://mittelbau.net/stellungnahme-solidarisch-durch-die-krise-prekaere-wissenschaft-in-der-pandemie/ (Abfrage: 10. 8. 2020).

NGAWiss. Netzwerk für Gute Arbeit in der Wissenschaft (2020b): „Solidarisch durch die Krise II. Gegen ein Zurück in den prekären Ausnahmezustand vor Corona!" www.mittelbau.net/solidarisch-durch-die-krise-ii/ (Abfrage: 10. 8. 2020).

NGAWiss. Netzwerk für Gute Arbeit in der Wissenschaft (2020c): „Solidarisch durch die Krise III. Für eine nachhaltige Unterbrechung des Normalzustands". gewau.acrux.uberspace.de/wordpress/solidarisch-durch-die-krise-iii/ (Abfrage: 10. 8. 2020).

NGAWiss. Netzwerk für Gute Arbeit in der Wissenschaft (2020d): Personalmodelle für Universitäten in Deutschland. Alternativen zur prekären akademischen Beschäftigung. Berlin 2020.

NGAWiss. Netzwerk für Gute Arbeit in der Wissenschaft (2019): „Für faire Beschäftigung an deutschen Hochschulen! Forderungen des Netzwerks für Gute Arbeit in der Wissenschaft". www.mittelbau.net/wp-content/uploads/2019/08/Forderungen_NGAWiss._31.8pdf.pdf (Abfrage: 10. 8. 2020).

Rat der Europäischen Union (1999): Richtlinie 1999/70/EG DES RATES vom 28. Juni 1999 zu der EGB-UNICE-CEEP-Rahmenvereinbarung über befristete Arbeitsverträge. In: Amtsblatt der Europäischen Gemeinschaften L 175/43 (10. 07. 1999) (auch online unter eur-lex. europa.eu/legal-content/DE/TXT/PDF/?uri=CELEX:31999L0070 (Abfrage: 10. 8. 2020)).

Rudolph, Roger (2020): „Corona und Arbeitsrecht. Rechtliche und wirtschaftliche Fragen rund um die Coronakrise". tube.switch.ch/cast/videos/8ef97b59-d066-49a0-ac87-de5620c0ce0a (Zugriff: 10. 8. 2020).

Sage Redaktion (2020): „Home Office ist nicht gleich Home Office! Die digitale Arbeitswelt im Arbeitsrecht". www.sage.com/de-de/blog/home-office-ist-nicht-gleich-home-office-die-digitale-arbeitswelt-im-arbeitsrecht/ (Abfrage: 10. 8. 2020).

Samtleben, Claire (2019): Auch an erwerbsfreien Tagen erledigen Frauen einen Großteil der Hausarbeit und Kinderbetreuung, DIW Wochenbericht 10, S. 139–144 (auch online unter hwww.diw.de/de/diw_01.c.616037.de/publikationen/wochenberichte/2019_10_3/auch_an_erwerbsfreien_tagen_erledigen_frauen_einen_grosstteil_der_hausarbeit_und_kinderbetreuung.html#section1 (Abfrage: 10. 8. 2020)).

Saxer, Daniela (2014): Die Schärfung des Quellenblicks. Forschungspraktiken in der Geschichtswissenschaft 1840–1914. Berlin: De Gruyter Oldenbourg.

Schaffner, Maja (2020): „Schub für die Digitalisierung". www.news.uzh.ch/de/articles/2020/IT-Digitalisierung.html (Abfrage: 11. 8. 2020).

Scholz, Anna-Lena (2016): 100 000 Lehrbeauftragte, 50 000 Professoren. In: Die ZEIT vom 18. 8. 2016 (auch online unter www.zeit.de/2016/33/hochschulen-professoren-gehalt-lehrbeauftragte-vorlesungen-seminare, (10. 8. 2020)).

Schweizerischer Wissenschafts- und Technologierat SWTR (2013): Nachwuchsförderung für eine innovative Schweiz Grundlagen für eine umfassende Förderung von Nachwuchskräften für Wissenschaft, Wirtschaft und Gesellschaft. Bern: SWTR Schrift 2.

Statistisches Bundesamt (2020): „Anzahl der Erwerbstätigen mit befristeten und unbefristeten Arbeitsverträgen in Deutschland von 2005 bis 2019 (in Millionen)". de.statista.com/statistik/daten/studie/152407/umfrage/befristet-und-unbefristet-erwerbstaetige-in-deutschland/ (Abfrage: 10. 8. 2020).

Statistisches Bundesamt (2019a): „Frauenanteil in der Professorenschaft nach Bundesländern". de.statista.com/statistik/daten/studie/197898/umfrage/frauenanteil-in-der-professoren-schaft-nach-bundeslaendern/ (Abfrage: 10. 08. 2020).

Statistisches Bundesamt (2019b): „Bildung und Kultur. Personal an Hochschulen. Fachserie 11, Reihe 4.4, 2018". www.destatis.de/DE/Themen/Gesellschaft-Umwelt/Bildung-Forschung-Kultur/Hochschulen/Publikationen/Downloads-Hochschulen/personal-hochschulen-21 10440187004.pdf?__blob=publicationFile (Abfrage: 11. 9. 2020).

Surber, Michael (2020): „Arbeitgeber müssen einen Teil der Wohnungsmiete übernehmen, wenn sie ihre Mitarbeiter ins Home-Office schicken". www.nzz.ch/schweiz/arbeitgeber-muessen-einen-teil-der-wohnungsmiete-uebernehmen-wenn-sie-ihre-mitarbeiter-ins-home-office-schicken-ld.1557921 (Abfrage: 10. 8. 2020).

Universitätsleitung der Universität Zürich (2020): Weisung „Mitarbeitende mit betreuungs-pflichtigen Kindern an der UZH" (Prävention Coronavirus SARS-Co-2) vom 28. April 2020.

unter_bau (2020): „Semesterbeginn: Aktualisierter Forderungskatalog zum Umgang mit der ‚Corona'-Krise an der Goethe-Universität". unterbau.org/2020/04/19/semesterbeginn-ak-tualisierte-forderungen-zur-corona-krise-von-unter_bau/ (Abfrage: 10. 8. 2020).

Ministerium für Kultur und Wissenschaft des Landes Nordrhein-Westfalen (2020): „Verpflich-tungserklärung des Landes Nordrhein-Westfalen zum Zukunftsvertrag Studium und Lehre stärken, Ministerium für Kultur und Wissenschaft". www.gwk-bonn.de/fileadmin/Redak-tion/Dokumente/Papers/10_NW_Verpflichtungserklaerung.pdf (Abfrage: 10. 8. 2020).

Wallrodt, Ines (2020): „Mehr Freiheit oder mehr Stress? 100 Tage Homeoffice – eine Bilanz der Risiken und Nebenwirkungen, streng parteiisch aus Beschäftigtensicht". www.neues-deutschland.de/artikel/1139293.homeoffice-mehr-freiheit-oder-mehr-stress.html (Ab-frage: 10. 8. 2020).

Walsh, James D. (2020): „The Coming Disruption. Scott Galloway predicts a handful of elite cyborg universities will soon monopolize higher education". nymag.com/intelligencer/2020/05/scott-galloway-future-of-college.html (Abfrage: 6. 9. 2020).

Demokratie an Hochschulen

Auf dem Weg zum Traumjob Wissenschaft

Perspektiven einer Reform von Karrierewegen und Beschäftigungsbedingungen am Arbeitsplatz Hochschule und Forschung[1]

Andreas Keller

2010 hat die Gewerkschaft Erziehung und Wissenschaft (GEW) ihre Kampagne für den „Traumjob Wissenschaft" gestartet. Nach zehn Jahren lässt sich sagen: Das Templiner Manifest war ein Weckruf für die bundesdeutsche Wissenschaftspolitik. Zeitverträge mit kurzen Laufzeiten, lange und steinige Karrierewege, fehlende Vereinbarkeit von Familie und wissenschaftlicher Qualifizierung – die prekäre Lage von Wissenschaftlerinnen und Wissenschaftlern an Hochschulen und Forschungseinrichtungen hat es nach ganz oben auf die politische Agenda geschafft. Die Misere ist hinreichend bekannt und wird von fast niemandem mehr geleugnet. Über 80 % der über 200 000 Angehörigen des hauptberuflichen wissenschaftlichen Personals an Hochschulen ohne die Professorinnen und Professoren werden mit einem Zeitvertrag abgespeist, unter den wissenschaftlichen Angestellten an Universitäten sind es sogar knapp 90 % (vgl. Gassmann 2020, S. 53, 62). Hinzu kommen rund 45 000 befristet beschäftigte wissenschaftliche Hilfskräfte mit Hochschulabschluss sowie eine akademische Reservearmee von knapp 100 000 Lehrbeauftragten, die semesterweise für einen Apfel und ein Ei oder ganz unentgeltlich angeheuert werden (vgl. Statistisches Bundesamt 2019). Zum Vergleich: Ihnen stehen gerade mal rund 45 000 Professorinnen und Professoren gegenüber. Und doch sind die Karrierewege in der Wissenschaft eindimensional auf die Professur ausgerichtet, dauerhafte Berufsperspektiven neben der Professur gibt es anders als beispielsweise in Frankreich, Großbritannien oder in den Vereinigten Staaten kaum (vgl. Kreckel/Zimmermann 2014). Mehr noch als Wissenschaftler kommen dabei die Wissenschaftlerinnen unter die Räder. Stellen Frauen mit 51 % die Mehrheit der Hochschulabsolventinnen und -absolventen und beträgt ihr Anteil an den Promotionen inzwischen 45 %, sind immer noch erst 24 % der Professuren mit Frauen besetzt. Bei den Professuren mit der höchsten Besoldungsstufe C4 bzw. W3 sind es sogar nur 20 % (vgl. Gemeinsame Wissenschaftskonferenz 2019a).

---

1   Aktualisierte und erweiterte Fassung des Beitrags des Verfassers „‚Traumjob Wissenschaft' – Zwischenbilanz und Perspektiven einer GEW-Kampagne", in: Forum Wissenschaft 2018, H. 2, S. 17–22.

Damit einhergeht ein Trend zur befristeten Teilzeitbeschäftigung als Normalarbeitsverhältnis von Wissenschaftlerinnen und Wissenschaftlern an Hochschulen. Im Jahr 2000 standen 24 800 unbefristet Vollzeitbeschäftigte im hauptberuflichen wissenschaftlichen Personal, ohne Professorinnen und Professoren, an Universitäten und vergleichbaren Hochschulen 31 000 befristete Teilzeitbeschäftigte gegenüber. 2018 kamen auf 25 700 unbefristete Vollzeitkräfte 78 100 befristete Teilzeitkräfte (vgl. Gassmann 2020, S. 66). Die Teilzeitbeschäftigung in der Wissenschaft erfolgt in der Regel nicht auf Wunsch der Beschäftigten, sondern es werden von vornherein nur halbe oder Zweidrittelstellen angeboten – nicht selten mit der stillschweigenden Erwartung, dass in der Freizeit weitergearbeitet wird, zumindest an der Qualifizierungsarbeit, die doch erst den Grund für die Befristung des Beschäftigungsverhältnisses darstellt. Besonders perfide ist die mit Duldung des Bundesministeriums für Bildung und Forschung (BMBF) praktizierte Beschäftigungspolitik der außeruniversitären Forschungseinrichtungen, die sich standhaft weigern, einem Arbeitgeberverband beizutreten oder mit den Gewerkschaften einen Tarifvertrag abzuschließen. Stattdessen wenden sie den Tarifvertrag für den öffentlichen Dienst (TVöD) einzelvertraglich an – für Doktorandinnen und Doktoranden aber nur selektiv: Sie erhalten für eine 100-Prozent-Stelle nur 50 % des tariflichen Gehalts. Nicht einmal mehr formal wird eine Teilzeitbeschäftigung vereinbart, sondern schlicht Dumping-Lohn für Forscherinnen und Forscher gezahlt.

Die Vereinbarkeit von Familie und wissenschaftlicher Laufbahn ist deutlich schwieriger als in anderen akademischen Berufen. Das haben die Befunde des Bundesberichts Wissenschaftlicher Nachwuchs 2017 deutlich gemacht (vgl. Konsortium Bundesbericht Wissenschaftlicher Nachwuchs 2017, S. 234 ff.). Nur zwölf Prozent des wissenschaftlichen Nachwuchses geben an, keinen Kinderwunsch zu haben. Tatsächlich bleiben aber mit 49 % der wissenschaftlichen Mitarbeiterinnen und 42 % der wissenschaftlichen Mitarbeiter an Universitäten deutlich mehr Beschäftigte kinderlos als andere Hochschulabsolventinnen und -absolventen, bei denen es nur 25 % sind. Als Gründe für das Aufschieben von Kinderwünschen werden die zu geringe Planungssicherheit sowie die finanzielle Unsicherheit einer wissenschaftlichen Karriere angegeben.

Das völlig aus dem Ruder gelaufene Befristungsunwesen ist nicht nur ungerecht gegenüber den hoch qualifizierten und motivierten Wissenschaftlerinnen und Wissenschaftlern, die trotz langer, steiniger und unsicherer Karrierewege das Wagnis Wissenschaft eingehen. Es hat auch negative Auswirkungen auf die Qualität von Lehre und Studium. Dozentinnen und Dozenten, die nach dem Hire-and-Fire-Prinzip eingestellt und wieder auf die Straße gesetzt werden, können ihren Studierenden keine verlässliche Betreuung bieten. Hochschuldidaktische Fort- und Weiterbildungen haben für sie oftmals keine Priorität, da die einzige Währung, die zählt, um einen Anschlussvertrag und irgendwann den Sprung auf eine Dauerstelle zu ergattern, die Forschung ist. Aufgrund der hohen Fluktuation des Personals kann kein stabiler Lehrkörper aufgebaut werden, der einen kontinuierlichen kollegialen Austausch über gute Lehrpraxis organisieren oder gar eine gemeinsame Lehrstrategie entwickeln könnte.

Wie ein Brennglas hat 2020 die Coronakrise die Defizite von Personalstruktur und Beschäftigungsbedingungen in der Wissenschaft noch deutlicher sichtbar gemacht (vgl. Bänziger/Kapeller in diesem Sammelband). Forschungsreisen und Fachtagungen fallen aus, Bibliotheken, Archive und Labore sind geschlossen oder ihre Nutzung ist eingeschränkt, die Umstellung der Lehre auf Onlineformate führt zu einer erheblichen Mehrarbeit, die Bedingungen im Homeoffice erschweren die wissenschaftliche Arbeit zusätzlich, erst recht, wenn aufgrund eingeschränkter Bildungs-, Betreuungs- und Pflegeangebote Kinder zu betreuen und zu beschulen oder Angehörige zu pflegen sind. Wenn Wissenschaftlerinnen und Wissenschaftler sich bereits im Regelbetrieb an der Grenze des Leistbaren bewegen, dann wird jede Ausnahmesituation zu einer echten Krise. Forschungsprojekten und Qualifizierungen droht der Abbruch, wenn die Coronapandemie zu Verzögerungen und Beeinträchtigungen führt, aber die Uhr des befristeten Beschäftigungsverhältnisses mit unverminderter Schlagzahl weitertickt.

1. Das Templiner Manifest der GEW: Die Vision vom „Traumjob Wissenschaft"

Gute Arbeit in Lehre, Forschung und Wissenschaftsmanagement auf der einen Seite sowie gute Beschäftigungsbedingungen und berufliche Perspektiven auf der anderen Seite müssen zwei Seiten einer Medaille werden – das ist die zentrale Botschaft der Kampagne für den „Traumjob Wissenschaft", welche die GEW 2010 mit den zehn Eckpunkten des Templiner Manifests für eine Reform von Berufswegen und Personalstruktur in Hochschule und Forschung gestartet hat (vgl. Gewerkschaft Erziehung und Wissenschaft 2010; Himpele/Keller/Ortmann 2011; Gewerkschaft Erziehung und Wissenschaft 2020c).

Herzstück der Reformvorschläge der GEW ist die Forderung nach verlässlichen Perspektiven für Wissenschaftlerinnen und Wissenschaftler – unabhängig davon, ob eine Berufung auf eine Professur erfolgt oder nicht. Voraussetzung dafür ist zum einen, dass die Hochschulen und Forschungseinrichtungen eine vorausschauende Personalplanung und ein intelligentes Personalmanagement betreiben. Zum anderen muss der Anteil der unbefristeten Beschäftigungsverhältnisse deutlich erhöht werden: „Dauerstellen für Daueraufgaben" lautet eines der eingängigsten Mottos der GEW-Kampagne. Bei der Promotionsförderung müssen tarifvertraglich geregelte und sozialversicherungspflichtige Stellen gegenüber Stipendien Vorrang haben, heißt es weiter im Templiner Manifest. Dabei muss der überwiegende Anteil der Arbeitszeit für die eigenständige Qualifizierung der Doktorandinnen und Doktoranden zur Verfügung stehen (vgl. Gewerkschaft Erziehung und Wissenschaft 2010). Um den Anteil der Frauen auf allen Stufen der wissenschaftlichen Laufbahn mit dem Ziel eines ausgeglichenen Geschlechterverhältnisses zu erhöhen, schlägt die GEW in ihrem Manifest ein ganzes Bündel an Maßnahmen vor: Die Qualität der Arbeit von Hochschulen und Forschungseinrichtungen muss auch danach beurteilt werden, ob diese erfolgreich den Gleichstellungsauftrag erfüllen. Bei der Besetzung von Professuren und anderen Leitungsfunktionen muss eine verbindliche Quotierung greifen. Schließlich müssen Frauen- und Gleichstellungsbeauftragte wirksame Gestaltungs- und Beteiligungsrechte erhalten (vgl. Gewerkschaft Erziehung und Wissenschaft 2010). Darüber hinaus macht sich die Bildungsgewerkschaft im Templiner Manifest für eine familiengerechte Hochschule stark, die Frauen und Männern – mit und ohne Kinder – die Möglichkeit gibt, im Gleichgewicht zu forschen, zu lehren und zu leben. Reguläre statt prekärer Beschäftigung für Lehrbeauftragte, gleichberechtigte Mitbestimmung auf Augenhöhe, bedarfsgerechter Ausbau der Hochschulen, Tarifverträge für alle und Anerkennung von Mobilitätszeiten sind weitere Eckpunkte des Manifests (vgl. Gewerkschaft Erziehung und Wissenschaft 2010).

Mit dem Templiner Manifest hat die GEW die Strukturdefizite der Karrierewege und Beschäftigungsbedingungen in Hochschule und Forschung auf die wissenschaftspolitische Agenda gesetzt. Mit einem langen Atem ist es ihr nicht nur gelungen, Bund und Länder, Hochschulen und Forschungseinrichtungen unter Druck zu setzen. Sie hat es auch geschafft, die Wissenschaftler:innen an Hochschulen und Forschungseinrichtungen zu aktivieren. Diese begannen, ihre Situation zu reflektieren und für Reformen einzutreten. Sie realisierten, dass es nichts Unanständiges, sondern in einer pluralistischen Demokratie etwas ganz Selbstverständliches ist, für die eigenen Interessen auf die Straße zu gehen und sich gewerkschaftlich zu organisieren – wie das andere Berufsgruppen im öffentlichen Dienst, seien es Erzieher:innen oder Klinikärzt:innen, seit Langem selbstverständlich und erfolgreich tun. Im November 2015 rief die GEW bundesweit zu einer Aktionswoche „Traumjob Wissenschaft" auf und erzielte mit über 100 Aktionen in allen 16 Bundesländern eine beachtliche Resonanz.[2] Wissenschaftlerinnen und Wissenschaftler, eine Berufsgruppe, die als unorganisierbar und verloren galt, erwiesen sich als mobilisierbar.

Zu einem entscheidenden Zeitpunkt – während des Gesetzgebungsverfahrens zur Novellierung des Wissenschaftszeitvertragsgesetzes (WissZeitVG) – gelang es, mit der Aktionswoche Druck auf Bundestag und Bundesrat auszuüben und so wichtige Verbesserungen durchzusetzen (siehe Abschnitt 2). Der Erfolg fiel keineswegs vom Himmel, sondern war das Ergebnis jahrelanger und kontinuierlicher Arbeit an der Kampagne für den „Traumjob Wissenschaft". Mit immer neuen politischen Initiativen, die alle einem einheitlichen roten Faden

---

2 Siehe www.traumjob-wissenschaft.de.

folgten, wurden tatsächlich durchsetzbare Teilforderungen formuliert und an unterschiedliche politische Akteure adressiert, wodurch eine wirkungsmächtige Kampagne entwickelt worden ist. Grundlage für diese Strategie ist das 2013 vom 27. ordentlichen Gewerkschaftstag der GEW in Düsseldorf verabschiedete Aktionsprogramm zur Umsetzung des Templiner Manifests, das unter dem Motto „Wege zum Traumjob Wissenschaft" steht (vgl. Gewerkschaft Erziehung und Wissenschaft 2014). Ausgangspunkt des Aktionsprogramms ist die Einschätzung, dass im Bildungsföderalismus der Bundesrepublik Deutschland Bund und Länder, Hochschulen und Forschungseinrichtungen, aber auch Arbeitgeber und Gewerkschaften als Tarifpartner jeweils ihren Beitrag leisten müssen, damit die Weichen für den „Traumjob Wissenschaft" tatsächlich gestellt werden.

2.   Der Kampf ums Wissenschaftszeitvertragsgesetz

Gleichwohl verfügt der Bund im Rahmen des Bildungsföderalismus über beachtliche Handlungsmöglichkeiten, was Karrierewege und Beschäftigungsbedingungen in der Wissenschaft angeht. 2013 machte die GEW darauf mit ihrem Köpenicker Appell aufmerksam und formulierte „Vorschläge für ein 100-Tage-Programm der neuen Bundesregierung" (vgl. Gewerkschaft Erziehung und Wissenschaft 2013, Carqueville/Keller/Staack 2014) – nicht ohne Erfolg: Tatsächlich war schließlich ein ganzer Abschnitt des Koalitionsvertrags von CDU, CSU und SPD für die Legislaturperiode 2013 bis 2017 dem Thema „Planbare und verlässliche Karrierewege in der Wissenschaft" gewidmet (vgl. CDU/CSU/SPD 2013, S. 21). Der Anteil befristeter Beschäftigungsverhältnisse habe in der Wissenschaft „ein Maß erreicht, das Handlungsbedarf entstehen lässt", gestanden die Koalitionspartner offen ein (ebenda).

Im Mittelpunkt des Köpenicker Appells stand die Forderung nach einer Novellierung des WissZeitVG. Im Januar 2015 legte die GEW einen eigenen Gesetzentwurf für eine Novellierung des Gesetzes vor (vgl. Gewerkschaft Erziehung und Wissenschaft 2015). Eine Eingrenzung des Geltungsbereichs des Gesetzes, Dauerstellen für Daueraufgaben, Mindestlaufzeiten für Zeitverträge, eine verbindliche Ausgestaltung der familienpolitischen Komponente, die Einführung einer behindertenpolitischen Komponente und die Aufhebung der Tarifsperre waren zentrale Eckpunkte des GEW-Gesetzentwurfs. Trotz erheblichen Widerstands der in dieser Auseinandersetzung ausschließlich Arbeitgeberinteressen artikulierenden Wissenschaftsorganisationen verabschiedete der Deutsche Bundestag im Dezember 2015 eine Novellierung des Gesetzes, die am 17. März 2016 in Kraft getreten ist (vgl. BGBl. I S. 506; Gewerkschaft Erziehung und Wissenschaft 2020b).

Im Ergebnis hat die WissZeitVG-Novelle die Position der Beschäftigten gestärkt (vgl. Keller/Staack 2016). Auch nach der Novelle bleibt es bei dem Grundsatz, dass mit wissenschaftlichen Mitarbeiter:innen vor der Promotion sechs und nach der Promotion weitere sechs (in der Medizin neun) Jahre lang befristete Arbeitsverträge abgeschlossen werden dürfen. Neu ist, dass diese Form der Befristung nur noch zulässig ist, wenn die Beschäftigung zur Förderung der wissenschaftlichen Qualifizierung erfolgt – diese Änderung kommt letztlich einer Abschaffung der bisher im WissZeitVG enthaltenen sachgrundlosen Befristung sehr nahe.

Zwar hat der Gesetzgeber auf eine konkrete Mindestvertragslaufzeit und auf detailliertere Vorgaben zur Dauer der Verträge verzichtet. Gleichwohl verlangt die neue Regelung, dass die Vertragsdauer der angestrebten Qualifizierung angemessen sein muss. Bei Drittmittelbefristungen soll die Vertragslaufzeit künftig der Laufzeit des jeweiligen Drittmittelprojekts entsprechen. Die familienpolitische Komponente im Gesetz wurde nicht verändert, aber zumindest eine behindertenpolitische Komponente aufgenommen, die eine Verlängerung von Zeitverträgen mit Wissenschaftlerinnen und Wissenschaftlern mit Behinderung oder chronischer Erkrankung um zwei Jahre – auch über die zulässige Befristungsdauer hinaus – ermöglicht. Dabei handelt es sich aber wie bei der familienpolitischen Komponente, die eine Verlängerung um zwei Jahre je Kind, das betreut wird, vorsieht, nur um eine Option – ob die Arbeitsverträge tatsächlich verlängert werden, entscheiden allein die Arbeitgeber.

Der neu ins WissZeitVG aufgenommene § 8 sieht vor, dass die Auswirkungen des Gesetzes „im Jahr 2020 evaluiert" werden. Die 2017 erneut ins Amt gekommene Große Koalition legte die Bestimmung dann so aus, dass die Evaluation des Gesetzes 2020 starten und 2021 abgeschlossen werden soll, damit 2022 die Ergebnisse vorgelegt und diskutiert werden können – also nach der nächsten Bundestagswahl und sechs Jahre nach dem In-Kraft-Treten der Gesetzesnovelle von 2016.

Der GEW war das zu spät – also brachte sie mit Unterstützung ihrer Max-Traeger-Stiftung selbst eine Evaluation der WissZeitVG-Novelle auf den Weg, welche die Soziologin Freya Gassmann von der Universität des Saarlands durchführte (vgl. Gassmann 2020). Im März 2020 präsentierte die Bildungsgewerkschaft auf ihrem 10. Follow-up-Kongress zum Templiner Manifest in Berlin die Ergebnisse der Evaluation. Diese sind ernüchternd: „Die WissZeitVG-Novelle wirkt ... ein bisschen" (vgl. Keller 2020a).

Gestützt auf Daten des Statistischen Bundesamts kommt Gassmann (2020) zu dem Ergebnis, dass die WissZeitVG-Novelle fast keinen Einfluss auf den Befristungsanteil hat. Betrug der Anteil der befristeten Beschäftigungsverhältnisse am gesamten wissenschaftlichen Personal ohne Professorinnen und Professoren 2015, im Jahr vor der Novelle, 83 %, liegt dieser 2018 mit 82 % nur einen Prozentpunkt darunter. Bei den wissenschaftlichen Angestellten an Universitäten lag der entsprechende Befristungsanteil 2015 wie bereits 2010 bei 90 %, 2018 dann immer noch bei 89 %, also nur einen Prozentpunkt unter dem Wert aus dem letzten

Jahr vor der Novelle. Was die Laufzeiten der befristeten Beschäftigungsverhältnisse (Erstverträge) angeht, so kommt Gassmann (2020) auf Basis einer Analyse
von Stellenausschreibungen an elf Hochschulen zu dem Ergebnis, dass sich diese
in Folge der WissZeitVG-Novelle im Durchschnitt um vier Monate – von 24 auf
28 Monate – erhöht haben.

Damit rächt sich, was die GEW bereits 2016 kritisiert hatte. In der Wiss-
ZeitVG-Novelle waren zwar wichtige Impulse des 2015 von der GEW vorgelegten
eigenen Gesetzentwurfs für eine Novelle aufgegriffen worden, dabei wurde aber
mit unbestimmten Rechtsbegriffen gearbeitet, sodass die gesetzlichen Vorgaben
vage blieben und sich nun als wenig wirksam erweisen. So hat der Gesetzgeber
2016 insbesondere auf eine Definition des Begriffs der wissenschaftlichen Qualifizierung verzichtet. Die von Gassmann (2020) mit Vertreterinnen und Vertretern der Personalabteilungen und der Personalräte der Hochschulen geführten
qualitativen Interviews legen offen, dass die Hochschulen bei der Anwendung
des Gesetzes eine enorme Kreativität entwickeln, den Begriff der Qualifizierung
sehr vielseitig, um nicht zu sagen beliebig, füllen. Das WissZeitVG sieht zwar
seit 2016 vor, dass die Befristungsdauer so zu bemessen ist, dass sie der Qualifizierung angemessen ist, aber es wird weder konkretisiert, was unter angemessen
zu verstehen ist, noch wird eine verbindliche Untergrenze der Befristungsdauer
im Sinne einer von der GEW geforderten Mindestbefristungszeit normiert. In
Verbindung mit dem unbestimmten Qualifizierungsbegriff, der der Praxis der
Arbeitgeber Vorschub leistet, auch kleinteilige Qualifizierungen für die Rechtfertigung einer Befristung heranzuziehen, kann so im Ergebnis der Praxis der
Kurzzeit- und Kettenverträge kein Riegel vorgeschoben werden.

Damit nicht genug: Die Evaluation legt den Schluss nahe, dass der ursprüngliche Zweck des WissZeitVG, einen sicheren Rechtsrahmen für die Befristung
von Arbeitsverträgen in der wissenschaftlichen Qualifizierung zu schaffen, verfehlt wird. So hat sich zwar die Zahl der wissenschaftlichen Mitarbeiterinnen
und Mitarbeiter an Universitäten in den letzten 25 Jahren, von 1994 bis 2018,
mehr als verdoppelt, die Zahl der Promotionen ist aber im gleichen Zeitraum
um nicht einmal ein Viertel angestiegen, die Zahl der Habilitationen ist nahezu
unverändert geblieben (Gassmann 2020, S. 45).

Das WissZeitVG weist also auch nach seiner Novellierung 2016 Schlupflöcher
auf, welche die Änderungen, die auf eine Eingrenzung der Befristung von Arbeitsverträgen sowie auf eine Verlängerung der Vertragslaufzeiten abzielte, zum
Teil ins Leere laufen lassen – wenn es die Wissenschaftsarbeitgeber darauf anlegen. Dass diese es darauf anlegen, belegt die „Bayreuther Erklärung", mit der die
Kanzlerinnen und Kanzler der Universitäten im Herbst 2019 für Aufsehen sorg-
ten (vgl. Vereinigung der Kanzlerinnen und Kanzler der Universitäten Deutschlands 2019). Darin forderten die Universitätskanzlerinnen und -kanzler nicht nur
den „Erhalt", sondern sogar die „Entwicklung" von Befristungsmöglichkeiten für
wissenschaftliche Mitarbeiterinnen und Mitarbeiter. Argumentative Grundlage

dafür ist ihr Verständnis des Beschäftigungssystems der Universitäten im wissenschaftlichen Bereich als „primär ein Qualifizierungssystem". Da auf diese Weise quasi jede in der Wissenschaft ausgeübte Tätigkeit als Qualifizierung verstanden werden kann, sind einer ausgedehnten Interpretation des Qualifizierungsbegriffs des WissZeitVG Tür und Tor geöffnet.

Die GEW forderte daher aus Anlass der Gassmann-Evaluation, schon jetzt Konsequenzen zu ziehen, die sich aus der begrenzten Wirkung der WissZeitVG-Novelle von 2016 ergeben, und eine Überarbeitung des Gesetzes noch in dieser Wahlperiode anzugehen. Diese Forderung wurde von zwei Oppositionsfraktionen im Deutschen Bundestag, der FDP (vgl. Deutscher Bundestag 2020b) und der Linken (vgl. Deutscher Bundestag 2020a), mit parlamentarischen Initiativen unterstützt. Zwar wurden beide Initiativen mit den Stimmen der Großen Koalition im Bundestag abgelehnt, gleichwohl verabschiedeten Bundestag und Bundesrat im Mai 2020 im Zuge des Wissenschafts- und Studierendenunterstützungsgesetzes eine zweite Novelle des WissZeitVG, die rückwirkend zum 1. März 2020 in Kraft trat (BGBl. I S. 1073; vgl. Gewerkschaft Erziehung und Wissenschaft 2020b). Die so genannte Corona-Novelle des WissZeitVG ermöglicht eine pandemiebedingte Verlängerung von befristeten Qualifizierungsverträgen um sechs Monate – auch über die zulässige Befristungsdauer hinaus – und ermächtigte das BMBF, diesen Zeitraum um bis zu weitere sechs Monate zu verlängern. Einer entsprechenden Verordnung hat der Bundesrat im Sepember 2020 zugestimmt.

Analog zur familien- und behindertenpolitischen Komponente handelt es sich bei der „Corona-Komponente" des WissZeitVG um eine Option auf Vertragsverlängerung, auf die es keinen Rechtsanspruch gibt. In ihrer Stellungnahme zum Wissenschafts- und Studierendenunterstützungsgesetz hat die GEW das kritisiert, im Sinne eines kollektiven Nachteilsausgleichs einen Rechtsanspruch auf Vertragsverlängerung eingefordert und darüber hinaus entsprechende Regelungen für studentische und wissenschaftliche Hilfskräfte, Zeitbeamtinnen und -beamte, Juniorprofessorinnen und -professoren, Stipendiatinnen und Stipendiaten sowie, was die Ausbildungsförderung angeht, die Studierenden angemahnt (Keller 2020b). Es muss auf der einen Seite alles getan werden, damit Forschung, Lehre und Studium auch unter Pandemiebedingungen möglich und erfolgreich sein können. Auf der anderen Seite darf niemand einen Nachteil haben, wenn in Folge der Coronakrise nicht alles reibungslos läuft und Leistungen nicht erbracht werden können.

3. Die Auseinandersetzung um die Wissenschaftsfinanzierung von Bund und Ländern

Ein weiterer Vorschlag des Köpenicker Appells der GEW von 2013 war neben der Forderung nach einer Reform des WissZeitVG ein „Förderprogramm für verlässliche Karrierewege in der Wissenschaft". Mit diesem Programm sollten Hochschulen und Forschungseinrichtungen gezielte Anreize für die nachhaltige Schaffung von Tenure-Track-Modellen gegeben werden – durch die Finanzierung zusätzlicher Juniorprofessuren oder anderer Stellen für promovierte Wissenschaftler:innen, wenn diese mit einer Entfristungsoption ausgestattet und auf Dauer weiter finanziert werden.

In ihrem im April 2016 vorgelegten „Fünf-Punkte-Programm zur Durchsetzung des neuen Befristungsrechts in der Wissenschaft" konkretisierte die GEW ihre Anforderungen an ein zu diesem Zeitpunkt bereits von Bund und Ländern diskutiertes Tenure-Track-Programm (vgl. Gewerkschaft Erziehung und Wissenschaft 2016a). Bei der Ausgestaltung des Förderprogramms kam es für die GEW entscheidend darauf an, dass nur Hochschulen gefördert werden, die über die unmittelbar geförderten Maßnahmen hinaus nach Maßgabe eines schlüssigen Personalkonzepts verlässliche Karrierewege etablieren. Weiter sollten mindestens 50 % der Tenure-Track-Stellen mit qualifizierten Frauen besetzt werden. Der Bedarf wurde auf Grundlage einer Berechnung des Instituts für Hochschulforschung auf 5 000 zusätzliche Tenure Track-Professuren beziffert (vgl. Burkhardt 2016).

Tatsächlich haben die Regierungschefinnen und Regierungschefs von Bund und Ländern im Juni 2016 ein „Programm zur Förderung des wissenschaftlichen Nachwuchses" beschlossen und dafür über einen Zeitraum von 15 Jahren von 2017 bis 2032 insgesamt eine Milliarde Euro für 1 000 Tenure-Track-Professuren zugesagt. Im Falle einer positiven Evaluation sind die Tenure Track-Professorinnen und -Professoren auf eine unbefristete Professur zu überführen. Entscheidend ist, dass die von Bund und Ländern abgeschlossene Verwaltungsvereinbarung von den geförderten Universitäten den Nachweis eines Personalentwicklungskonzepts verlangt, das systematische Aussagen zur Weiterentwicklung der Personalstruktur und Karrierewege von Wissenschaftlerinnen und Wissenschaftlern macht (vgl. Gemeinsame Wissenschaftskonferenz 2016). Wenn diese Fördervoraussetzung tatsächlich ernst genommen wird, kann das Programm nachhaltig wirken und Impulse für die Schaffung verlässlicher Karrierewege geben.

Mit ihrer im September 2016 vorgelegten Wittenberger Erklärung machte die GEW deutlich, dass die Reform der Karrierewege und Verbesserung der Beschäftigungsbedingungen über eine Novellierung des Fristvertragsrechts und gezielte Impulse durch ein Förderprogramm hinaus einer substanziellen Verbesserung der Grundfinanzierung der Hochschulen bedürfen (vgl. Gewerkschaft Erziehung und Wissenschaft 2016b; Keller/Staack/Tschaut 2017). Statt sich mit immer neuen zeitlich befristeten Programmen „von Pakt zu Pakt" zu hangeln, müssen Bund und Länder endlich eine ausreichende und nachhaltige Wissenschaftsfinanzierung aus einem Guss schaffen. Gestützt auf die Berechnungen des Instituts für Hochschulforschung (vgl. Burkhardt 2016) forderte die GEW Bund und Länder auf, die Handlungsmöglichkeiten der 2015 in Kraft getretenen Lockerung des Kooperationsverbots im Grundgesetz für eine „Entfristungsoffensive" zu nutzen, mit der an den Universitäten 40 000 Stellen im akademischen Mittelbau zusätzlich eingerichtet und unbefristet besetzt werden bzw. befristete Beschäftigungsverhältnisse entfristet werden sollen. Weitere 10 000 Dauerstellen sollen an den Fachhochschulen eingerichtet werden – als Beitrag zum Ausbau des akademischen Mittelbaus, den diese benötigen, um ihrer erweiterten Aufgabenstellung in Lehre und Forschung, Nachwuchsförderung und Wissenstransfer gerecht zu werden.

In den vergangenen Dekaden hat sowohl eine quantitative als auch eine qualitative Schieflage in der Hochschulfinanzierung zur Destabilisierung der Beschäftigungsbedingungen beigetragen. Zum einen hält der Ausbau der Hochschulen nicht mit den steigenden Studierendenzahlen Schritt. So ist in den vergangenen 15 Jahren zwar die Zahl der Studierenden in Deutschland um mehr als 50 % gestiegen, aber die Zahl der Professorinnen und Professoren im gleichen Zeitraum um nicht einmal 25 % (vgl. Gewerkschaft Erziehung und Wissenschaft 2016b, S. 3). Zum anderen sorgt die Stärkung der Drittmittel- und Projektfinanzierung der Hochschulen zu Lasten ihrer Grundfinanzierung dafür, dass die Hochschulen die damit verbundene finanzielle Unsicherheit an ihre Beschäftigten weitergeben. Der Löwenanteil der Drittmittel kommt mit über 70 Prozent nicht etwa von privaten Stiftungen oder aus der Industrie, sondern aus der öffentlichen Hand (Kreiß 2017: 92). Der Paradigmenwechsel in der Hochschulfinanzierung ist also in erster Linie das Ergebnis einer politischen Weichenstellung von Bund und Ländern. Diese sorgen mit überdurchschnittlichen Zuwachsraten ihrer Zuwendungen an die Deutsche Forschungsgemeinschaft sowie der Entscheidung, die Exzellenzinitiative auf unbestimmte Zeit als „Exzellenzstrategie" fortzuführen, für ein stetiges Wachstum des Drittmittelaufkommens. Das bedeutet: Jahr für Jahr werden immer mehr Exzellenzgelder und Drittmittel ins System gespült, während die Grundfinanzierung der Hochschulen stagniert. Die Folge: noch mehr Wettbewerbsdruck auf die Hochschulen und immer mehr Zeitverträge für ihre Beschäftigten.

Auf dieser Grundlage mischte sich die GEW 2018 mit ihrem Budenheimer Memorandum in die laufenden Verhandlungen über die Zukunft des Hochschulpakts ein (vgl. Gewerkschaft Erziehung und Wissenschaft 2018; Brockerhoff/ Keller 2019). Kernforderungen waren eine Verstetigung, kräftige Aufstockung und Dynamisierung des Pakts. Darüber hinaus setzte sich die GEW dafür ein, dass der Pakt zur „Entfristungsoffensive" wird und für mehr Dauerstellen für Daueraufgaben sorgt. Diese Idee griff die GEW gemeinsam mit ihrer Schwestergewerkschaft ver.di sowie dem Netzwerk für Gute Arbeit in der Wissenschaft (NGAWiss) 2019 auf und rückte sie in den Fokus der gemeinsamen Kampagne „Frist ist Frust"[3], die u. a. mit einer von über 15 000 Unterzeichnerinnen und

---

3   Siehe dazu auch: www.frististfrust.net.

Unterzeichnern unterstützten Online-Petition sowie zwei öffentlichkeitswirksamen Aktionen vor den Toren des Berliner Sitzes des BMBF auf sich aufmerksam machte (siehe den Beitrag von Ulrich in diesem Sammelband).

Es gelang am Ende zwar nicht, die Forderung nach einer 100-prozentigen Verwendung der Mittel des Hochschulpaktnachfolgeprogramms „Zukunftsvertrag Studium und Lehre stärken" für Dauerstellen durchzusetzen, aber immerhin müssen die Länder nach Maßgabe der Verwaltungsvereinbarung zum Zukunftsvertrag in Selbstverpflichtungserklärungen darlegen, wie sie die Gelder für unbefristete Beschäftigungsverhältnisse und bessere Betreuungsrelationen nutzen wollen (vgl. Gemeinsame Wissenschaftskonferenz 2019b). Auch wenn die im Juni 2020 der GWK vorgelegten Verpflichtungserklärungen überwiegend vage und unverbindlich ausgefallen sind, bieten sie teilweise Ansatzpunkte für den Ausbau von Dauerstellen in der Lehre an den Hochschulen.

Leider konnten sich Bund und Länder nicht dazu durchringen, den Pakt aufzustocken und zu dynamisieren, was notwendig gewesen wäre, um den Numerus clausus zu überwinden und die Betreuungsrelationen zwischen Lehrenden und Studierenden zu verbessern. Das ist insbesondere vor dem Hintergrund enttäuschend, dass sie gleichzeitig die Weichen für ein weiteres Wachstum des Pakts für Forschung und Innovation gestellt haben. Sein Volumen soll weiter Jahr für Jahr um drei Prozent steigen. Mit diesem Pakt wird nicht nur die außeruniversitäre Forschung finanziert, sondern auch die Deutsche Forschungsgemeinschaft und damit die mit Abstand größte Drittmittelgeberin der Hochschulen.

4. Gestaltungsspielräume der Länder, Hochschulen und Forschungseinrichtungen

Deutlich größere Gestaltungsspielräume als der Bund haben die Länder. Exemplarisch hat der Verfasser in seiner Stellungnahme für eine Anhörung des Ausschusses für Wissenschaft und Kunst des Bayerischen Landtages aufgezeigt, welche Möglichkeiten ein Land hat, um für berechenbare Karrierewege und stabile Beschäftigungsbedingungen in der Wissenschaft zu sorgen (vgl. Keller 2016). Das wichtigste Instrument ist dabei das Landeshochschulgesetz. Per Gesetz können nicht nur Mindeststandards für Zeitverträge vorgegeben, Tenure Track für Postdocs eingerichtet oder der Status von Doktorandinnen und Doktoranden verbessert werden, sondern auch der Verdrängung regulärer Beschäftigungsverhältnisse durch Lehraufträge entgegengewirkt oder die Kategorie der wissenschaftlichen Hilfskraft mit Hochschulabschluss abgeschafft werden. Die Länder Berlin und Bremen verzichten bereits auf diese Personalkategorie, mit der die übrigen 14 Länder den Hochschulen eine systematische Tarifflucht ermöglichen. Wissenschaftliche Hilfskräfte erledigen in der Regel die gleichen Aufgaben wie wissenschaftliche Mitarbeiterinnen und Mitarbeiter. Sie sind aber nicht nur von der Teilhabe an der Hochschulselbstverwaltung ausgeschlossen (siehe den Beitrag von Seipel/Holderberg in diesem Sammelband), sondern auch die einschlägigen Tarifverträge des öffentlichen Dienstes werden auf sie nicht angewandt, was eine untertariflichen Bezahlung am Randes des Existenzminimums ermöglicht.

Meinen es die Länder ernst mit dem Ziel der Verbesserung von Karrierewegen und Beschäftigungsbedingungen in der Wissenschaft, sollten sie schließlich – ebenso wie der Bund – im Rahmen einer aktiven Vergabepolitik Mitverantwortung für die Qualität von Karrierewegen und Beschäftigungsbedingungen an den von ihnen finanzierten Einrichtungen übernehmen, indem sie die institutionelle und projektförmige Förderung von Hochschulen und Forschungseinrichtungen an Auflagen binden: etwa Tariftreue, vorausschauende Personalpolitik und aktive Gleichstellungspolitik. Es ist ein Skandal, dass sich mit der Max-Planck-Gesellschaft, der Leibniz-Gemeinschaft, der Fraunhofer-Gesellschaft und der Helmholtz-Gemeinschaft die vier großen außeruniversitären Forschungsorganisationen mit rund 100 000 Beschäftigten standhaft weigern, einen Tarifvertrag abzuschließen oder einem Arbeitgeberverband beizutreten.

Neben Bund und Ländern sind nicht zuletzt die Hochschulen und Forschungseinrichtungen selbst gefragt, berechenbare Karrierewege und stabile Beschäftigungsbedingungen zu gewährleisten. Ihre Autonomie in Wirtschafts- und Personalangelegenheiten wurde seit den 90er Jahren durch zahlreiche Landeshochschulgesetznovellen sowie das Wissenschaftsfreiheitsgesetz des Bundes von 2012 stark ausgebaut. Die Wissenschaftseinrichtungen müssen im Gegenzug unter Beweis stellen, dass sie mit ihrer Autonomie verantwortungsvoll umgehen und die gewonnenen Gestaltungsspielräume für attraktive Karrierewege und faire Beschäftigungsbedingungen nutzen können.

Mit dem Herrschinger Kodex „Gute Arbeit in der Wissenschaft" hat die GEW 2012 einen Vorschlag gemacht, wie sich Hochschulen und Forschungseinrichtungen selbst zu entsprechenden Standards verpflichten können (vgl. Gewerkschaft Erziehung und Wissenschaft 2012; Keller/Pöschl/Schütz 2013). Qualifizierungsvereinbarungen mit Doktorandinnen und Doktoranden, Tenure Tracks für promovierte Wissenschaftlerinnen und Wissenschaftler, Mindestlaufzeiten für Zeitverträge und eine konsequente Anwendung der familienpolitischen Komponente des Wissenschaftszeitvertragsgesetzes – dazu kann sich jede Hochschule und jede Forschungseinrichtung verpflichten und sich so als attraktiver Arbeitgeber profilieren. Voraussetzung dafür ist eine Personalpolitik der Hochschulen, die eine aktive Personalentwicklung, eine vorausschauende Personalplanung und ein intelligentes Personalmanagement einschließt, so der GEW-Kodex weiter.

Inzwischen haben sich über 100 Hochschulen und Forschungseinrichtungen entsprechende Selbstverpflichtungen gegeben, die ganz unterschiedliche Formate haben: Teilweise handelt es sich um von den Hochschulleitungen oder Kollegialorganen beschlossene Erlasse oder Richtlinien, teilweise um Dienstvereinbarungen, welche die Personalvertretung mit der Dienststelle abgeschlossen hat (vgl. Gewerkschaft Erziehung und Wissenschaft 2017). Ein Beispiel ist die Dienstvereinbarung, die der Personalrat der Universität Frankfurt (Oder) 2015 mit der Universitätsleitung abgeschlossen hat, und dafür mit dem Deutschen Personalrätepreis in Gold ausgezeichnet wurde (Stiftung Europa-Universität Viadrina Frankfurt (Oder) 2015). Die Vereinbarung sieht u. a. Mindestvertragslaufzeiten von drei Jahren für Promovierende und von vier Jahren für Postdocs vor. Die familienpolitischen Komponente des WissZeitVG soll „in vollem Umfang" angewandt werden.

Die Diskussion um den Herrschinger Kodex „Gute Arbeit in der Wissenschaft" hat auch bei den Wissenschaftsorganisationen Spuren hinterlassen. So verabschiedete die Mitgliederversammlung der Hochschulrektorenkonferenz (HRK) 2012 Leitlinien für befristete Beschäftigungsverhältnisse, 2014 folgte der Orientierungsrahmen zur Förderung des wissenschaftlichen Nachwuchses (vgl. Hochschulrektorenkonferenz 2012, 2014). In diesen Empfehlungen formuliert die HRK etwa den Grundsatz der Orientierung von Vertragslaufzeiten an der Dauer von Qualifikationsvorhaben oder fordert die Hochschulen auf, in ihrer Personalpolitik akademische Daueraufgaben in Forschung, Lehre und Wissenschaftsmanagement zu identifizieren und entsprechende Dauerstellen zu schaffen.

5.   Herausforderungen und Perspektiven

Es fällt auf, dass die Erfolge der vom Templiner Manifest angestoßenen Kampagne für den „Traumjob Wissenschaft" nicht in der tarifpolitischen Arena zu verzeichnen sind. Zwar konnte die GEW gemeinsam mit den anderen Gewerkschaften des öffentlichen Dienstes in der Vergangenheit bereits tarifpolitische Erfolge für die Branche Wissenschaft verbuchen. So sieht etwa § 40 des Tarifvertrags für den öffentlichen Dienst der Länder (TV-L) Sonderregelungen für Beschäftigte an Hochschulen und Forschungseinrichtungen vor, welche die Arbeits- und Beschäftigungsbedingungen wissenschaftsadäquat ausgestalten, flexible Arbeitszeitregelungen ermöglichen, eine mobilitätsfreundliche Anerkennung von Erfahrungszeiten gewährleisten und die Zahlung von Ziel- und Funktionszulagen für die Erfüllung besonderer Ziele bzw. die Wahrnehmung besonderer Aufgaben vorsehen (vgl. Gewerkschaft Erziehung und Wissenschaft 2020a, S. 73 ff.). In einer Niederschriftserklärung haben die Tarifvertragsparteien zu Protokoll gegeben, dass sie „eine verantwortungsbewusste Handhabung der Befristungen im Wissenschaftsbereich" erwarten (vgl. Gewerkschaft Erziehung und Wissenschaft 2020a, S. 78).

Tatsächlich aber konnte dem Befristungsunwesen in der Wissenschaft tarifpolitisch in der Folge wenig entgegengesetzt werden. Die als Ergebnis der Tarifrunde für den öffentlichen Dienst des Bundes und der Kommunen 2014 in Auftrag gegebene Studie des Instituts für Arbeitsmarkt und Berufsforschung (IAB) zeigte, dass der Handlungsbedarf im gesamten öffentlichen Dienst enorm ist (vgl. Hohendanner/Ostmeier/Ramos 2015), doch die Arbeitgeber konnten bislang nicht dazu bewegt werden, daraus Schlussfolgerungen zu ziehen. Vorschläge der GEW wie den, für befristet Beschäftigte eine besondere Zulage zu vereinbaren, die den Beschäftigten einen Ausgleich für ihr besonderes Weiterbeschäftigungs-risiko gewährt und zugleich Arbeitgeber einen Anreiz gibt, befristete Beschäftigungsverhältnisse nur dann zu begründen, wenn diese zwingend erforderlich sind, wurden bislang nicht aufgegriffen.

Die Schwierigkeiten, in der Tarifpolitik voran zu kommen, haben verschiedene Ursachen. Zum einen enthält das WissZeitVG nach wie vor eine weitreichende Tarifsperre, die es Arbeitgeber und Gewerkschaften untersagt, vom Gesetz abweichende Befristungsregelungen auszuhandeln. Die Forderung der GEW, die Tarifsperre ersatzlos aufzuheben, wurde auch 2016 nicht aufgegriffen. Zum anderen sind die Schwierigkeiten Ausdruck des Kräfteverhältnisses zwischen Arbeitgeber und Gewerkschaften im Wissenschaftsbereich. Obwohl die GEW seit Jahren im Organisationsbereich Hochschule und Forschung einen überdurchschnittlichen Mitgliederzuwachs verzeichnen kann, ist der Organisationsgrad in der Wissenschaft deutlich geringer als in anderen Branchen. Die Gewerkschaften sind im Wissenschaftsbereich nur begrenzt arbeitskampffähig und durchsetzungsmächtig.

Die Erfolge der Kampagne für den „Traumjob Wissenschaft" konnten vielmehr im politischen Bereich erzielt werden. Insbesondere Regierungen des Bundes und der Länder, mehr noch Abgeordnete des Deutschen Bundestages und der Länderparlamente zeigten sich druckempfindlich. Über 700 000 Hochschulbeschäftigte und knapp drei Millionen Studierende, die von anständigen Beschäftigungsbedingungen ihrer Lehrenden profitieren und in vielen Fällen selbst mit einer wissenschaftlichen Laufbahn liebäugeln, sind für Politikerinnen und Politiker auch mit Blick auf Wahlen ein beudetender Faktor. Die Bildungs- und Wissenschaftspolitik gehört zu den wenigen Politikfeldern, in denen die Länder noch echte Gestaltungsmöglichkeiten haben. Umgekehrt stellen die Beschäftigungsbedingungen aufgrund der Gesetzgebungskompetenz des Bundes für das Arbeitsrecht eine der wenigen gesetzgeberischen Interventionsmöglichkeiten für die Bundespolitik dar. Gute Arbeit in der Wissenschaft ist zu einer Zielsetzung geworden, um die heute Politikerinnen und Politiker jedweder Couleur auf Bundes- wie auf Landesebene wetteifern.

Damit sind zugleich die Herausforderungen für eine erfolgreiche Fortsetzung und Weiterentwicklung der Kampagne für den „Traumjob Wissenschaft" beschrieben. Zum ersten gilt es ihre strategischen Stärken auszubauen. Wie Karrierewege in der Wissenschaft berechenbarer und Beschäftigungsbedingungen fairer gestaltet werden können, kann zu einem Schlüsselthema von Wahlkämpfen und Koalitionsverhandlungen in Bund und Ländern werden. Gleichzeitig kommt es darauf an, sich stärker in die politische Auseinandersetzung um eine zukunftsfähige Bildungs- und Wissenschaftsfinanzierung einzumischen. Mit ihrem im November 2020 präsentierten Aufruf „Dauerstellen für Daueraufgaben" versucht die GEW, das Thema im Superwahljahr 2021 auf die politische Agenda zu setzen (vgl. Gewerkschaft Erziehung und Wissenschaft 2020c). Zum zweiten müssen Gestaltungsmöglichkeiten in der Tarifpolitik eröffnet werden. Voraussetzung dafür ist insbesondere eine Erhöhung des gewerkschaftlichen Organisationsgrads an Hochschulen und Forschungseinrichtungen, um in den Tarifverhandlungen des öffentlichen Dienstes das Gewicht der Branche Wissenschaft zu stärken und die Durchsetzungsmacht gegenüber den Arbeitgeber zu verbessern. Zum dritten schließlich müssen die gewerkschaftliche Präsenz und kollektiven Handlungsmöglichkeiten vor Ort ausgebaut werden. Der Organisationsbereich Hochschule und Forschung der GEW ist auf Bundesebene wie auch in den allermeisten Landesverbänden schlagkräftig. Auch an vielen Hochschulen und Forschungseinrichtungen mit Hochschul- und Betriebsgruppen präsent, sowie in zahlreichen Gremien der akademischen Selbstverwaltung und Betriebs- und Personalräten vertreten. Aber bei weitem noch nicht überall.

Die Wissenschaftsgewerkschaft GEW muss in der Fläche sichtbar und interventionsfähig werden, umso weiter Druck für wirksame Kodizes für gute Arbeit in der Wissenschaft zu machen und Gruppen und Initiativen, Aktivistinnen und Aktivisten bundesweit zu vernetzen. „Traumjob Wissenschaft" – die Vision des Templiner Manifests ist aktueller denn je. Beschäftigungsbedingungen stabilisieren, Karrierewege verlässlich ausgestalten, Chancengleichheit und Familienfreundlichkeiten durchsetzen, Grundfinanzierung verbessern – all das heißt auch, Hochschule und Forschung zukunftsfähig und krisenfest zu machen.

Literatur

Brockerhoff, Lisa/Keller, Andreas (2019): Lust oder Frust? Qualität von Lehre und Studium auf dem Prüfstand. Bielefeld (GEW-Materialien aus Hochschule und Forschung 126).

Burkhardt, Anke (2016): „Professorinnen, Professoren, Promovierte und Promovierende an Universitäten. Leistungsbezogene Vorausberechnung des Personalbedarfs und Abschätzung der Kosten für Tenure-Track-Professuren". www.gew.de/index.php?eID=dumpFile&t=f&f=48414&token=c2d1adae21738fc6724caaef28b7f2da73e5265f&sdownload=&n=Personalbedarf_2016_A4_web.pdf (Abfrage: 02.09.2020).

Carqueville, Isabel/Keller, Andreas/Staack, Sonja (2014): Aufstieg oder Ausstieg? Wissenschaft zwischen Promotion und Professur. Bielefeld (GEW-Materialien aus Hochschule und Forschung 122).

CDU/CSU/SPD (2013): „Deutschlands Zukunft gestalten. Koalitionsvertrag zwischen CDU, CSU und SPD. 18. Legislaturperiode". www.cdu.de/sites/default/files/media/dokumente/koalitionsvertrag.pdf (Abfrage: 02.09.2020).

Deutscher Bundestag (2020a): „Befristungen zurückdrängen – Dauerstellen für Daueraufgaben in der Wissenschaft, Antrag der Fraktion DIE LINKE, Drucksache 19/116499 vom 15.01. 2020". dip21.bundestag.de/dip21/btd/19/164/1916499.pdf (Abfrage: 02.09.2020).

Deutscher Bundestag (2020b): „Entwurf eines Zweiten Gesetzes zur Änderung des Wissenschaftszeitvertragsgesetzes, Gesetzentwurf der Fraktion der FDP, Drucksache 19/17067 vom 10.02.2020. Berlin". dip21.bundestag.de/dip21/btd/19/170/1917067.pdf (Abfrage: 02.09.2020).

Gassmann, Freya (2020): „Das Wissenschaftszeitvertragsgesetz. Eine erste Evaluation der Novellierung von 2016". www.gew.de/evaluationwisszeitvg (Abfrage: 27.09.2020).

Gemeinsame Wissenschaftskonferenz (2016): „Bekanntmachung der Verwaltungsvereinbarung zwischen Bund und Ländern gemäß Artikel 91b Absatz 1 des Grundgesetzes über ein Programm zur Förderung des wissenschaftlichen Nachwuchses vom 19. Oktober 2016." www.gwk-bonn.de/fileadmin/Papers/Verwaltungsvereinbarung-wissenschaftlicher-Nachwuchs-2016.pdf (Abfrage: 02.09.2020).

Gemeinsame Wissenschaftskonferenz (2019a): „Chancengleichheit in Wissenschaft und Forschung, 23. Fortschreibung des Datenmaterials (2017/18) zu Frauen in Hochschulen und außerhochschulischen Forschungseinrichtungen". www.gwk-bonn.de/fileadmin/Papers/ GWK-Heft-50-Chancengleichheit.pdf (Abfrage: 02.09.2020).

Gemeinsame Wissenschaftskonferenz (2019b): „Verwaltungsvereinbarung zwischen Bund und Ländern gemäß Artikel 91b Absatz 1 des Grundgesetzes über den Zukunftsvertrag Studium und Lehre stärken gemäß Beschluss der Regierungschefinnen und Regierungschefs von Bund und Ländern vom 06. Juni 2019". www.gwk-bonn.de/fileadmin/Redaktion/Dokumente/Papers/Verwaltungsvereinbarung-ZV_Studium_und_Lehre_staerken.pdf (Abfrage: 02.09.2020).

Gewerkschaft Erziehung und Wissenschaft (2010): „Templiner Manifest. Traumjob Wissenschaft. Für eine Reform von Personalstruktur und Berufswegen in Hochschule und Forschung". www.gew.de/index.php?eID=dumpFile&t=f&f=23383&token=2e177fc714c693 d32ad55e70ee168af27d72b931&sdownload=&n=Templiner_Manifest_web.pdf (Abfrage: 02.09.2020).

Gewerkschaft Erziehung und Wissenschaft (2012): „Herrschinger Kodex. Gute Arbeit in der Wissenschaft. Ein Leitfaden für Hochschulen und Forschungseinrichtungen". www.herrschinger-kodex.de (Abfrage: 02.09.2020).

Gewerkschaft Erziehung und Wissenschaft (2013): „Köpenicker Appell. Jetzt die Weichen für den „Traumjob Wissenschaft" stellen! Vorschläge für ein 100-Tage-Programm der neuen Bundesregierung. Aufruf von Teilnehmerinnen und Teilnehmern der 7. GEW-Wissenschaftskonferenz vom 9. bis 12. Oktober 2013 am Müggelsee in Berlin-Köpenick". www. gew.de/Koepenicker_Appell.html (Abfrage: 02.09.2020).

Gewerkschaft Erziehung und Wissenschaft (2014): „Wege zum Traumjob Wissenschaft. Aktionsprogramm zur Umsetzung des Templiner Manifests". www.gew.de/wissenschaft/templiner-manifest/aktionsprogramm/ (Abfrage: 02.09.2020).

Gewerkschaft Erziehung und Wissenschaft (2015): „Dauerstellen für Daueraufgaben, Mindeststandards für Zeitverträge. Der GEW-Gesetzentwurf. Gesetzentwurf für eine Reform des Wissenschaftszeitvertragsgesetzes". www.gew.de/presse/pressemitteilungen/detailseite/ neuigkeiten/gew-dauerstellen-fuer-daueraufgaben-mindeststandards-fuer-zeitvertraege/ (Abfrage: 02.09.2020).

Gewerkschaft Erziehung und Wissenschaft (2016a): „Den Paragrafen müssen Taten folgen. Fünf-Punkte-Programm zur Durchsetzung des neuen Befristungsrechts in der Wissenschaft". www.gew.de/index.php?eID=dumpFile&t=f&f=41609&token=abab13107f43674

157941f0ffdd1313f1a91f193&sdownload=&n=Fuenf_Punkte_Programm.pdf (Abfrage: 03.09.2020).

Gewerkschaft Erziehung und Wissenschaft (2016b): „Geld her – oder wir schließen … Wittenberger Erklärung" www.gew.de/wissenschaft/wittenberger-erklaerung/ (Abfrage: 03.09.2020).

Gewerkschaft Erziehung und Wissenschaft (2017): „Kodizes für gute Arbeit in der Wissenschaft. Eine Synopse.". www.gew.de/index.php?eID=dumpFile&t=f&f=57426&token=956de5c2205d602eca06155e75010ba7d6223d35&sdownload=&n=Kodizes_Gute_Arbeit_Wissenschaft_2017.pdf (Abfrage: 03.09.2020).

Gewerkschaft Erziehung und Wissenschaft (2018): „Ein neuer Hochschulpakt muss her! Hochschulen ausbauen – Qualität von Lehre und Studium nachhaltig verbessern. Budenheimer Memorandum der Bildungsgewerkschaft GEW". www.gew.de/fileadmin/media/publikationen/hv/Hochschule_und_Forschung/Broschueren_und_Ratgeber/Budenheimer_Memorandum.pdf (Abfrage: 03.09.2020).

Gewerkschaft Erziehung und Wissenschaft (2020a): „Tarifrecht im öffentlichen Dienst der Länder". www.gew.de/fileadmin/media/publikationen/hv/Arbeit_und_Recht/Tarif/TV-L/Tarifvertrag_im_Wortlaut/GEW-TVL-Broschuere-Tarifrecht-Laender.pdf (Abfrage: 03.09.2020).

Gewerkschaft Erziehung und Wissenschaft (2020b): „Befristete Arbeitsverträge in der Wissenschaft. Ratgeber mit Corona-Update. Mit den Regelungen des Wissenschaftszeitvertragsgesetzes von 2007 in der Fassung der Novellen von 2016 und 2020". www.gew.de/aktuelles/detailseite/neuigkeiten/gew-ratgeber-befristete-arbeitsvertraege-in-der-wissenschaft/ (Abfrage: 27.09.2020).

Gewerkschaft Erziehung und Wissenschaft (2020c): „Der Weg zum Traumjob Wissenschaft. Zehn Jahre Templiner Manifest. DUZ Special. Beilage zur DUZ // Magazin für Wissenschaft und Gesellschaft". https://www.duz-special.de/media/baf43cd48414beeb49d9c0f10c201bffdc160028/be426257e5f8e6e98353deafcb366494660b5212.pdf (Abfrage: 21.01.2021).

Gewerkschaft Erziehung und Wissenschaft (2020d): „Dauerstellen für Daueraufgaben. Zehn Jahre Templiner Manifest: Der Kampf geht weiter…". https://www.gew.de/index.php?eID=dumpFile&t=f&f=101845&token=63745cce0cec7bdc3bb29d30ca66e3b68d4c4b7f&sdownload=&n=20201124-Dauerstellen-fuer-Daueraufgaben-folder.pdf (Abfrage: 21.01.2021).

Himpele, Klemens/Keller, Andreas/Ortmann, Alexandra (2011): Traumjob Wissenschaft? Karrierewege in Hochschule und Forschung. Bielefeld.

Hochschulrektorenkonferenz (2012): „Leitlinien für die Ausgestaltung befristeter Beschäftigungsverhältnisse mit wissenschaftlichem und künstlerischem Personal". www.hrk.de/positionen/beschluss/detail/leitlinien-fuer-die-ausgestaltung-befristeter-beschaeftigungsverhaeltnisse-mit-wissenschaftlichem-und-k/ (Abfrage: 03.09.2020).

Hochschulrektorenkonferenz (2014): „Orientierungsrahmen zur Förderung des wissenschaftlichen Nachwuchses nach der Promotion und akademischer Karrierewege neben der Professur". www.hrk.de/positionen/beschluss/detail/orientierungsrahmen-zur-foerderung-des-wissenschaftlichen-nachwuchses-nach-der-promotion-und-akademis/ (Abfrage: 03.09.2020).

Hohendanner, Christian/Ostmeier, Esther/Ramos Lobato, Philipp (2015): „Befristete Beschäftigung im öffentlichen Dienst. Entwicklung, Motive und rechtliche Umsetzung". doku.iab.de/forschungsbericht/2015/fb1215.pdf (Abfrage: 03.09.2020).

Keller, Andreas (2016): „Stellungnahme der Gewerkschaft Erziehung und Wissenschaft (GEW) zur Anhörung zum Thema ‚Verlässliche Perspektiven für den wissenschaftlichen Nachwuchs schaffen' im Ausschuss für Wissenschaft und Kunst des Bayerischen Landtages am

19. Oktober 2016 in München". www.gew.de/fileadmin/media/sonstige_downloads/hv/ Hochschule_und_Forschung/Stellungnahmen/2016-10-19_LT-Anhoerung_Wissenschaftliche_Nachwuchs_Stellungnahme_GEW.pdf (Abfrage: 03.03.2020).

Keller, Andreas (2020a): Die WissZeitVG-Novelle wirkt … ein bisschen. Vorwort. In: Gassmann, Freya (Hrsg.): Das Wissenschaftszeitvertragsgesetz. Eine erste Evaluation der Novellierung von 2016. Frankfurt am Main: Gewerkschaft Erziehung und Wissenschaft (GEW), S. 11–16.

Keller, Andreas (2020b): „Stellungnahme der Gewerkschaft Erziehung und Wissenschaft (GEW), Hauptvorstand zum Entwurf eines Gesetzes zur Unterstützung von Wissenschaft und Studierenden aufgrund der COVID-19-Pandemie (Wissenschafts- und Studierendenunterstützungsgesetz) der Koalitionsfraktionen CDU/CSU und SPD sowie zu entsprechenden Anträgen der Oppositionsfraktionen FDP, DIE LINKE und BÜNDNIS 90/ DIE GRÜNEN". www.gew.de/index.php?eID=dumpFile&t=f&f=96425&token=934475ef 268aa66265289b1b4fa3f2bb1c4bc349&sdownload=&n=2020-04-Stellungnahme-Wissenschafts--und-Studierendenunterst--tzungsgesetz-2020.pdf (Abfrage: 03.09.2020).

Keller, Andreas/Pöschl, Doreen/Schütz, Anna (2013): Baustelle Hochschule. Attraktive Karrierewege und Beschäftigungsbedingungen gestalten. Bielefeld (GEW Materialien aus Hochschule und Forschung 120).

Keller, Andreas/Staack, Sonja (2016): Endlich gute Arbeit in der Wissenschaft? Nach der Novelle des Befristungsrechts. In: Forum Wissenschaft 2016, H. 3, S. 22–25.

Keller, Andreas/Staack, Sonja/Tschaut, Anna (2017): Von Pakt zu Pakt? Perspektiven der Hochschul- und Wissenschaftsfinanzierung. Bielefeld (GEW Materialien aus Hochschule und Forschung 123).

Konsortium Bundesbericht Wissenschaftlicher Nachwuchs (2017): „Bundesbericht Wissenschaftlicher Nachwuchs 2017. Statistische Daten und Forschungsbefunde zu Promovierenden und Promovierten in Deutschland". www.buwin.de/dateien/buwin-2017.pdf (Abfrage: 03.09.2020).

Kreckel, Reinhard/Zimmermann, Karin (2014): Hasard oder Laufbahn. Akademische Karrierestrukturen im internationalen Vergleich. Leipzig.

Kreiß, Christian (2017): Wer zahlt, schafft an? Folgen der zunehmenden Drittmittelfinanzierung. In: Keller, Andreas/Staack, Sonja/Tschaut, Anna (2017): Von Pakt zu Pakt? Perspektiven der Hochschul- und Wissenschaftsfinanzierung. Bielefeld (GEW Materialien aus Hochschule und Forschung 123), S. 91–101.

Statistisches Bundesamt (2019): „Personal an Hochschulen. Vorläufige Ergebnisse". www.destatis.de/DE/Themen/Gesellschaft-Umwelt/Bildung-Forschung-Kultur/Hochschulen/Publikationen/Downloads-Hochschulen/personal-vorbericht-5213402188004.pdf?__blob= publicationFile (Abfrage: 03.09.2020).

Stiftung Europa-Universität Viadrina Frankfurt (Oder) (2015): Dienstvereinbarung zur Gestaltung von Arbeitsverträgen akademischer Mitarbeiterinnen und Mitarbeiter. www.europa-uni.de/de/struktur/verwaltung/dezernat_2/amtliche_bekanntmachungen/Zentrale_Ordnungen/Dienstvereinbarung_akad_-Mit_.pdf (Abfrage: 27.09.2020).

Vereinigung der Kanzlerinnen und Kanzler der Universitäten Deutschlands (2019): „Bayreuther Erklärung zu befristeten Beschäftigungsverhältnissen mit wissenschaftlichem und künstlerischem Personal in Universitäten". www.uni-kanzler.de/fileadmin/user_upload/05_Publikationen/2017_-_2010/20190919_Bayreuther_Erklaerung_der_Universitaetskanzler_final (Abfrage: 03.09.2020).

Den prekären Mittelbau organisieren

Organisierungskontext, Ansatz und Praxis des Netzwerks für Gute Arbeit in der Wissenschaft

Peter Ullrich

1. Wer vertritt den dritten Stand? Von Unmut zur Organisierung[1]

Das nach „Statusgruppen" sortierte Feld der Wissenschaft erinnert in verschiedener Hinsicht an feudale Ständegesellschaften. Der Dritte Stand der Wissenschaft, die übergroße Mehrheit der Personen im Feld, die aber von Machtpositionen weitgehend ausgeschlossen ist, ist der sogenannte *akademische Mittelbau* – in einem weiten Verständnis alle wissenschaftlichen Beschäftigten „unterhalb" der Lebenszeitprofessur, die mehrheitlich von prekarisierten Arbeitsbedingungen betroffen sind und überwiegend als *akademisches Prekariat* (vgl. Ohm 2016) zu bezeichnen wären. Ihr Unmut wird immer hörbarer, resultiert aber nicht in Streiks wie beispielsweise jüngst in Großbritannien.[2] Wie Prekarisierte generell, sind jedoch auch (und gerade!) die Wissenschaftler:innen in Deutschland nicht sonderlich leicht für ihre Interessen zu mobilisieren. Ihre Konfliktfähigkeit ist schwach (vgl. Ullrich 2019a) und die zusätzlich von massiver Konkurrenz geprägten Strukturen des gegenwärtigen wissenschaftlichen Feldes sind generell eher förderlich für Individualisierung denn für die Kollektivierung der Wut und ihre Kanalisierung in Protest (vgl. Graf/Keil/Ullrich 2020).

Im Jahr 2017 hat ein neuer, gewerkschaftsnaher, aber -unabhängiger Akteur die Bühne dieser aufflammenden Kämpfe betreten. Das „Netzwerk für Gute Arbeit in der Wissenschaft (NGAWiss[3])" tritt seit einigen Jahren als eine öffentlich vernehmbare Stimme des aktiven Mittelbaus auf, als Sprachrohr vor allem von Mittelbauinitiativen, die sich derzeit vermehren. Das Netzwerk setzt an dem eingangs beschriebenen Grundwiderspruch (viel Unmut, aber wenig Organisierung und Protest) an und versucht die Frage der Organisierung der schwer Organi-

---

1 Für die kritische Diskussion früherer Versionen des Aufsatzes danke ich dem Kolloquium „Politik von unten", dem NGAWiss-Ko-Kreis und Sabrina Arneth.
2 Dort gab es 2018–2020 eine breite Streikbewegung unter anderem gegen drohende massive Renteneinbußen.
3 Gesprochen [en-**ga**-wiss].

sierbaren neu zu stellen. Mit Forderungen, die den Rahmen der bisherigen Diskussion ausweiten, mit sichtbaren Aktionen und dem Aufbau von neuen Mittelbauinitiativen, scheint NGAWiss dem Feld widerständiger hochschulpolitischer Initiativen deutliche Impulse zu geben. Der Dritte Stand der Wissenschaft an Hochschulen und Forschungseinrichtungen, die Gruppe der Lehrenden und Forschenden „unterhalb" vom präsidialen „Klerus" und professoralem „Adel",[4] tritt nun mit eigener Stimme und zugleich als ein weit über die konkreten Mitgliedsinitiativen hinaus verbindender Akteur auf. Vor allem die von NGAWiss gemeinsam mit den Gewerkschaften GEW und ver.di ins Leben gerufene und von vielen großen Organisationen unterstützte Kampagne „Frist ist Frust" hat für Aufsehen gesorgt und selbst in bekanntermaßen eher konservativen bildungspolitischen Kreisen bis hin zum CDU-geführten Bildungs- und Forschungsministerium beachtliche Resonanz erzielt.

Was ist und was will dieses Netzwerk? Wie entstand und wen vertritt es? Wie arbeitet es und welchem strategischen Konzept wird dabei gefolgt? Wie verhält sich NGAWiss zu den anderen Akteuren im Feld, namentlich den Gewerkschaften? Diese Darstellung soll auf all diese Fragen Antworten geben und dabei die Erfahrungen des Netzwerkes in der Organisierung des akademischen Prekariats dokumentieren, dabei formale Strukturen beleuchten und informelle Praxen explizieren sowie diese organisatorischen Herausforderungen für zukünftige Organisierungsprozesse im hochschulpolitischen (Kampf-)Feld kritisch reflektieren. Dies geschieht aus einer doppelten Perspektive: zum einem aus der entsprechend partikularen Innenperspektive eines von Anfang an maßgeblich am gesamten Prozess Beteiligten, zum anderen aus der eines Protestforschers, der auch einen Metablick auf die „eigene" Organisation einzunehmen gewohnt ist.[5]

2. Hintergründe und Analyseperspektive: das Feld der Wissenschaft im akademischen Kapitalismus als Organisierungshemmnis

Die umfassende Prekarität der Beschäftigung in der Wissenschaft unter der Knute des Wissenschaftszeitvertragsgesetzes und im Zeichen der fortschreitenden Öko-

---

4 Dieser Aufsatz beschäftigt sich vor allem mit der Organisierung des wissenschaftlichen Personals im engeren Sinne. Die Metapher der Ständegesellschaft wäre deutlich überdehnt, wenn Studierende und administrativ-technisches Personal noch mit in den Blick kämen.

5 Um mehr am Allgemeinen interessierte Leser:innen nicht zu langweilen finden sich insbesondere theoretische Exkurse sowie viele Details zur Geschichte und Vorgeschichte, die vielleicht eher für aktiv Beteiligte und aus Chronistenpflicht von Interesse sind, in den Fußnoten – die dadurch wiederum recht lang sind.

nomisierung (unfreiwillige Teilzeit,[6] Überstunden,[7] Projektabhängigkeit[8] und vor allem nahezu alle betreffende Befristung[9] bei kurzen Vertragslaufzeiten[10]) muss hier nicht weiter beschrieben werden (vgl. dazu die Beiträge von Maria Keil, Jens Ambrasat, Karin Zimmermann oder Andreas Keller in diesem Band). Die Gründe für den zunehmend artikulierten Unmut mit diesen Verhältnissen sind deutlich und weithin bekannt. Umso größer ist das Rätsel der relativen Schwäche des Protests. In den folgenden Analysen sind v. a. zwei analytische Blickwinkel von Relevanz: erstens ein an Bourdieus Praxis- und Habitustheorie geschulter Blick auf *Wissenschaft als Feld* sowie verschiedene Ansätze einer (subjektivierungs- und gouvernementalitätstheoretisch erweiterten) Protest- und Bewegungsforschung, die sich den Bedingungen für Mobilisierungserfolge widmen.[11]

Die Feldperspektive betont v. a. die Bedeutung der Auseinandersetzung um feldspezifische Kapitalien in Statuskämpfen bei gleichzeitig umfassender Anerkennung der Illusio des Feldes, also seiner impliziten und von den Beteiligten habitualisierten Spielregeln. Die Kämpfe um Ressourcen verstärken sich im Prozess der Versachlichung der Sozialbeziehungen im akademischen Kapitalismus (vgl. Slaughter/Rhoades 2009; Münch 2011), wenngleich feudale Elemente der Feldstruktur erhalten bleiben, nicht zuletzt die personalen Mehrfachabhängigkeiten von den Lehrstuhlinhaber:innen (vgl. Bérubé/Ruth 2015, S. 116; van Dyk/Reitz 2017). Im Prozess der Transformation wird Kritik (über Inhalte) zunehmend durch Konkurrenz (um Status und Mittel) ersetzt (vgl. Reitz 2016). Und doch bleibt ein Selbstverständnis des Feldes erhalten: dass Inhalte im Zentrum stünden, dass Argumente zählten und dass der volle Einsatz im Sinne der Suche nach Wahrheit lohne. Abgespalten wird mit der wissenschaftsspezifischen Illusio vom quasi „interesselosen Interesse" (Bourdieu 1998, S. 27) unter anderem der Lohnarbeitscharakter wissenschaftlicher Tätigkeit, sicher eine wichtige legitimatorische Voraussetzung für die Leidensbereitschaft des akademischen Prekariats (vgl. Keil 2019).

---

6   Diese resultiert v. a. daraus, dass für bestimmte „Karrierestufen" Teilzeitbeschäftigung als Regelfall angenommen wird, was sich in entsprechenden standardisierten Personalkostensätzen, bspw. der DFG widerspiegelt. Angesichts der in diesem Rahmen meist erfolgenden Promotion und somit deutlich umfänglicheren geleisteten Arbeit ist die „Teilzeitbeschäftigung" damit de facto eine Niedriglohngruppe.
7   Vgl. Ambrasat (2019).
8   Vgl. van Dyk/Reitz (2017) und Dohmen/Wrobel (2018).
9   Zum Anstieg der Befristung auf mittlerweile 93 % bei den unter 45-Jährigen siehe auch: Konsortium Bundesbericht Wissenschaftlicher Nachwuchs (2013; 2017).
10 Zu den Vertragslaufzeiten von mehrheitlich weniger als einem Jahr vgl. Jongmans (2011) und Konsortium Bundesbericht Wissenschaftlicher Nachwuchs (2017, S. 60 f.). Leichte Verbesserungen durch die kleine Reform des WissZeitVG 2016 konstatieren jüngst Gassmann et al. (2020).
11 Zur umfänglicheren Ausarbeitung dieser theoretischen Perspektiven vgl. auch Graf/Keil/Ullrich (2020) und Ullrich (2019a).

Die Protestforschung widmet sich mit ihrem strategischen Bias[12] insbesondere den Bedingungen für Mobilisierungs*erfolge,* zu denen weit mehr als die Existenz von Leiden oder Problemdruck oder spannungsreichen gesellschaftlichen Konflikten gehört, sondern nach ihrem Theoriekanon (vgl. Hellmann/Koopmans 1998; Pettenkofer 2010; Beyer/Schnabel 2017) auch erfolgreiche Allokation von (materiellen und organisatorischen) Ressourcen, das Vorhandensein politischer Gelegenheiten (zeitliche Gelegenheitsfenster, Bündnispartner:innen, Zugänglichkeit des politischen Systems u. a.), erfolgreiche und v. a. resonante Framinganstrengungen und die Herausbildung einer kollektiven Identität als Basis für Solidarität. Die jeweilige konkrete Ausprägung dieser Bedingungen im Feld der Wissenschaft ist überwiegend protesthinderlich.[13] Letztlich ist es die Struktur der Beschäftigungssituation selbst und die durch sie hervorgebrachte „prekäre Mobilität",[14] die kollektive Interessensartikulation immens erschwert. Sie führt u. a. zu anpasserischem Verhalten statt zu Konfliktfähigkeit, sie verhindert Gremienengagement und sorgt für selbstunternehmerisch-karrieristische Subjektivitäten, die kollektivem Handeln entgegenstehen (vgl. Rogge 2015; Peter 2017; Ullrich 2019b). Entsprechend niedrig ist beispielsweise der gewerkschaftliche Organisationsgrad beziehungsweise die Bereitschaft zu solcherart Engagement (vgl. Grühn et al. 2009; Gallas 2018 sowie mündliche Auskünfte der Gewerkschaften GEW und ver.di). Den skizzierten Bedingungen entsprechend schwierig gestaltete sich lange Zeit auch die Selbstorganisation der Betroffenen in Mittelbauinitiativen.

Trotz dieser widrigen Umstände ist das Feld in den letzten zehn Jahren in Bewegung geraten. Die Gewerkschaft Erziehung und Wissenschaft (GEW) hat, insbesondere in den Zehnerjahren, viel geleistet, um die durch das Wissenschaftszeitvertragsgesetz in Gesetzesform gebrachte exzessive Befristungsproblematik

---

12 Johnston (2009, S. 3, 5) analysiert, dass die Protestforschung paradigmenübergreifend von einer „instrumentalist-structuralist lens" geprägt sei, also überwiegend die Frage erfolgreicher Proteststrategien verfolge, im Gegensatz beispielsweise zu Fragen der Bewegungskonstitution.

13 Mobilisierungs- und protestförderlich scheinen in diesem Feld *strukturelle Spannungen* (Konflikte um die Wissensgesellschaft), subjektives *Leiden,* und anschlussfähiges *Framing* (Ungerechtigkeit, Ausbeutung) mit hoher *medialer Resonanz.* Doch es dominieren hinderliche Handlungsstrukturen (Fehlen von Ressourcen, politischen Gelegenheitsstrukturen, kollektiver Identität), im Einzelnen: ein geringer gewerkschaftlicher Organisierungsgrad, die Schwäche alternativer Interessensvertretungen/Konfliktstrukturen, die Engagementfeindlichkeit der Beschäftigungsverhältnisse selbst, doppelte personale Abhängigkeiten, selbstunternehmerische Subjektivitäten, die hochgradige Binnendifferenzierung, Statusdisparitäten und ihre feldinterne Legitimierung, die Flüchtigkeit der Arenen des Konfliktaustrags, universitätsinterne Verantwortungsdiffusion (ausführlich Ullrich 2019a).

14 Prekäre Mobilität ist „die durch unsichere Beschäftigungsverhältnisse erzwungene bzw. geforderte fast grenzenlose zeitliche und räumliche Verfügbarkeit der akademischen Wissensarbeiter:innen, die sie nomadisch zwischen den Hochschulen und Forschungseinrichtungen hin- und herspringen lässt, immer bereit, jede Möglichkeit zu ergreifen, ohne Rücksicht auf Bindungen jedweder Art." (Ullrich/Reitz 2008, S. 23).

öffentlich zu skandalisieren (vgl. Gewerkschaft Erziehung und Wissenschaft 2010; 2012) und die Vereinte Dienstleistungsgewerkschaft (ver.di) hat über Organizing-Projekte versucht, Wandlungsprozesse von unten anzuschieben (diese wurden allerdings wegen kaum noch dem Prozess zurechenbaren Erfolgen eingestellt). NGAWiss hat nun einen anderen Akteurstypus und mit ihm eine weitere Ebene des Konflikthandelns ins Zentrum der Aufmerksamkeit geholt.

3. (Vor-)Geschichte: Vernetzung und Konsolidierung

Die Entstehung des Netzwerks lässt sich auf zwei „Hauptquellen" zurückführen. Die erste ist eine spontane Arbeitsgruppe auf einer Berliner Tagung zu kritischer Wissenschaft, die sich der Frage der Möglichkeit von Streiks an den Hochschulen widmete und die Idee eines bundesweiten Bildungsstreiks gegen die Prekarisierung der Arbeit an den Hochschulen aufbrachte.[15] Die Frage der Möglichkeit von Streiks im Bildungssektor generell (in dem es auch viele andere prekarisierte Beschäftigungsformen gibt, insbesondere weit verbreitete Soloselbständigkeit) war etwa zeitgleich auch Diskussionsgegenstand im Berliner Netzwerk Prekäres Wissen, der zweiten „Quelle".[16] Diese, sich auch überlappenden, Personen(kreise)[17] trafen in der Folge des Streikworkshops unregelmäßig zusammen, um einen bundesweiten Bildungsstreiks zu initiieren. Schnell zeigte sich jedoch, dass die meisten Voraussetzungen für die Verwirklichung eines solch ambitionierten Plans fehlten. Das begrenzte (zeitliche) Commitment beruflich viel beschäftigter

---

15 Tagung „ReClaim University. Die Universität als Arbeitsplatz für kritische Wissenschaftler*innen?", Rosa-Luxemburg-Stiftung, Februar 2016, Berlin. Die Streik-Arbeitsgruppe wurde von dem emeritierten Hochschullehrer und -aktivisten Peter Grottian initiiert, der dem sich später bildenden Netzwerk fortan als Förderer, Antreiber und Kritiker verbunden blieb.

16 Das Netzwerk Prekäres Wissen vernetzte „Bildungs- und Wissensarbeiter*innen" unterschiedlicher Sektoren (freie Bildungsarbeit, Hochschule und Forschung, Volkshochschulen u. a.) im Raum Berlin/Potsdam, u. a. durch ein kollektiv-dezentral betriebenes Weblog, gelegentliche Projekte und niedrigfrequente Treffen, die nicht zuletzt dem lockeren Austausch und der Befriedigung eines starken Lamentobedürfnisses dienten. Dieser niedrigschwellige Ansatz sollte die schwierige Organisierbarkeit der Zielgruppe reflektieren. Öffentliche Resonanz erfuhr das Netzwerk v. a. für seine Erhebung und Berechnungen zu tatsächlichen (also alle anfallenden Arbeitszeiten beachtenden) Stundenlöhnen in der Bildungsarbeit (vgl. Netzwerk „Prekäres Wissen" 2016).

17 Unter den Beteiligten waren Vertrauensdozent:innen der Rosa-Luxemburg-Stiftung, Initiatoren der Kampagne „Exzellenzkritik" gegen die Exzellenzinitiative und Aktive aus lokalen bzw. fachlich organisierten Mittelbauinitiativen, Privatdozent:inneninitiativen, Gewerkschaften usw. Dazu stießen bald Vertreter:innen vom Freien Zusammenschluss der Studierendenschaften (fzs) und der Linksjugend Solid, vom ASTA der Technischen Universität Berlin (wo viele der ersten Treffen am Zentrum Technik und Gesellschaft stattfanden) u. v. m. Die Beteiligung der RLS-Vertrauensdozent:innen erlaubte eine gelegentliche, relativ unbürokratische Unterstützung durch die Stiftung.

Wissenschaftler:innen und sehr unterschiedlich stark ausgeprägte praktische Erfahrungen mit (bildungspolitischen) Kämpfen waren dafür nur Symptome. Entscheidende Mobilisierungs- und Streikhindernisse wurden in der gegenwärtig strukturell begrenzten Konfliktfähigkeit der akademischen Prekarier:innen gesehen, die sich insbesondere im (zum damaligen Zeitpunkt) Fehlen einer zentralen Organisierungs- oder Vernetzungsstruktur der relevanten Akteure im Feld ausdrückt. Diese zu schaffen war das wesentliche Ziel des anlaufenden Organisierungsprozesses.

An dessen Anfang stand zunächst ein Mapping der relevanten Akteure der Zielgruppe. Neben den explizit als Mittelbauinitiativen auftretenden, gehörten dazu auch Nachwuchsgremien in Fachgesellschaften, überregionale Interessensgruppen von Doktorand:innen und Lehrbeauftragten oder auch aktive Personalrät:innen. Diese wurden mit der Idee des Aufbaus einer Vernetzung kontaktiert. Es ging um die dringend notwendige Schaffung einer Kommunikationsinfrastruktur, die gemeinsame Aktionen ermöglicht, beispielsweise um „auf Tarifverhandlungen für den Öffentlichen Dienst ein[zu]wirken oder sogar in Hinblick auf die Bundestagswahl im September 2017 auf einen breiten Hochschulstreik zu[zu]arbeiten" (Netzwerk für Gute Arbeit in der Wissenschaft 2017a, o. S.) – so der Gründungsaufruf für das Mittelbaunetzwerk, der Ende 2016 von der Initiativgruppe, zu der immer mehr Personen stießen, veröffentlicht wurde.

Die formelle Gründung fand schließlich am 21. Januar 2017 in Leipzig im Anschluss an eine Tagung zur Beschäftigungssituation im Mittelbau statt.[18] Über 100 Teilnehmer:innen von 34 Hochschulen und Forschungseinrichtungen, viele organisiert in lokalen Mittelbauinitiativen, trafen an diesem Tag im religionswissenschaftlichen Institut der Universität Leipzig zusammen. In Workshops und übergreifenden Diskussionsrunden verständigten sie sich auf inhaltliche Eckpunkte und ein Organisationsprinzip – das Netzwerk war geboren. Die in Leipzig gefassten Beschlüsse (siehe Abschnitt 4) sind weiterhin maßgebliche, wenngleich inzwischen weiterentwickelte und in der Alltagspraxis spezifizierte, Orientierungspunkte für die Arbeit des Netzwerks. Und auch andere, noch immer gültige Charakteristika des Netzwerks sowie verschiedene Herausforderungen für seine Arbeit traten schon bei der Gründung sichtbar zu Tage, u. a.

- eine (für die Initiatoren damals eher überraschende) abwartende bis kritisch-distanzierte Haltung gegenüber dem Netzwerk bei einem Teil der Funktionsträger:innen von GEW und ver.di (die gleichwohl bei der Gründung anwesend und beteiligt waren – als Funktionär:innen als auch durch viele involvierte Gewerkschaftsaktive und -mitglieder);

---

18 Die Tagung „Alternativen zur prekären Beschäftigung an deutschen Hochschulen", 20.1. 2017 wurde von der Leipziger Mittelbauinitiative MULe organisiert und von der GEW Sachsen und ver.di unterstützt.

- ein spürbarer Beteiligungsüberhang aus geistes- und sozialwissenschaftlichen Fächern;
- von Beginn an großes Interesse auch bei studentischen Aktiven;
- die Prägung der Debatte durch universitäre Perspektiven (im Gegensatz zu außeruniversitärer Forschung und Fachhochschulen, die aber trotzdem präsent sind);
- eine – trotz der Internationalität vieler relevanter Aspekte des Problems – stark auf die Spezifika der deutschen Situation bzw. der deutschen Wissenschaftler:innen fokussierte und zudem zumindest bisher überwiegend deutschsprachig geführte Diskussion.[19]

4. Das Konzept NGAWiss: Ziele und Strategie

Die in Leipzig beschlossenen inhaltlichen Grundlinien fokussieren auf zwei eng miteinander verbundene Claims: Das Netzwerk will sich einsetzen für *Gute Arbeit* in der Wissenschaft (in einem umfassenden Sinne, aber mit Betonung der Auseinandersetzung mit prekären Beschäftigungsbedingungen) und die radikale *Demokratisierung von Hochschule und Forschung* (durch Abbau von Hierarchien, Diskriminierung, personalen Abhängigkeiten). Die Pressemitteilung zur Gründung fasste diese Kernanliegen in zwei konkreten mittelfristigen Forderungen zusammen:

1. Abschaffung des Wissenschaftszeitvertragsgesetzes und damit des Sonderbefristungsrechts in der Wissenschaft, der rechtlichen Grundlagen für das exorbitante Befristungsausmaß;
2. Abschaffung des Lehrstuhlprinzips zugunsten demokratischer Departmentstrukturen (also solcher mit kollegialer und solidarischer Mitbestimmung über alle wesentlichen Fragen auf Augenhöhe durch alle Mitglieder, Abbau der Pofessor:innenmacht und Ökonomisierung).

Neben dieser thematischen Verbindung von sozialpolitischen und demokratieorientierten Anliegen wurde eine weitere Doppelorientierung festgehalten, die sich in der Namenspolitik des Netzwerks widerspiegelt: das Netzwerk soll *zum einen* die Stimme des aktiven Mittelbaus im durch Statusgruppen geprägten Feld der Wissenschaft sein und mit seiner Gründung eine Repräsentationslücke zwi-

---

19 Einige internationale Aktive im Netzwerk, die Vernetzung mit Vertretungen internationaler Akademiker:innen auch in Deutschland, bspw. durch Kooperationsveranstaltungen, sind die ersten Schritte heraus aus dieser defizitären Situation. Eine grundlegende Internationalisierung wäre allerdings auch mit Kosten verbunden (organisatorischer Aufwand von Mehrsprachigkeit und stärkerer Abdeckung internationaler Themen) und ist deshalb potenziell auch überfordernd für die schwachen Strukturen.

schen den Vertretungsorganen der Studierenden (Freier Zusammenschuss der Studierendenschaften, fzs), Hochschullehrer:innen (Deutscher Hochschulverband, DHV), Hochschulleitungen (Hochschulrektorenkonferenz, HRK) sowie der Wissenschaftspolitik schließen sowie fortan für Medien, Politik und Wissenschaftseinrichtungen als bundesweite Interessensvertretung des Mittelbaus[20] selbst auftreten. Seinen Niederschlag findet das in der Bezeichnung „Mittelbau" in der Internetdomain und der Facebookpräsenz des Netzwerks. Diese Statusgruppenvertretung sollte *zum anderen* allerdings klar in einer nichtexklusiven, solidarischen Haltung gegenüber und zusammen mit anderen Status- und Beschäftigtengruppen erfolgen. Denn es ist gemeinsame Überzeugung, dass Demokratisierung und gute Arbeit für alle gelten sollen und auch praktisch nur in statusgruppenübergreifender Solidarität erreicht werden können. Im Netzwerk und der Gründungsgruppe engagierten sich entsprechend auch solidarische Professor:innen und Studierende; einige der Mitgliedsinitiativen organisieren auch gezielt administrativ-technisches Personal, bspw. die Frankfurter Gewerkschaft „unter_bau", die Initiative „Uni Kassel unbefristet" oder die „Statusübergreifende und basisgewerkschaftliche Betriebsgruppe an der Humboldt-Universität Berlin". Mit dem „fzs" oder der vor allem von Schüler:innen und Studierenden geprägten demokratischen Bildungskampagne „Lernfabriken Meutern" bestehen enge Kontakte. Das Selbstverständnis lässt sich, nur scheinbar paradox, als Statusgruppeninteressensvertretung ohne Statusgruppendünkel und -exklusivität beschreiben. Die Probleme und damit auch die Mittel ihrer Behebung unterscheiden sich zwar teilweise zwischen den Statusgruppen und verlangen deshalb auch spezifische Ansätze, jedoch ist die Zielperspektive universalistisch und gruppenübergreifend solidarisch. Ohne breitere Allianzen hätte der Mittelbau bei den gegebenen Kräfteverhältnissen ohnehin keine großen Erfolgschancen. Diese Doppelorientierung spiegelt also nicht nur die Überzeugungen der Netzwerker:innen wider, sondern hat auch eine strategische Komponente.

Über die Funktion der Repräsentation bestimmter (Partikular-)Interessen hinaus geht es auch darum, die hochschulpolitische Debatte voranzutreiben und zuzuspitzen, das einengende Korsett der Diskussion über Reformideen zum Wissenschaftszeitvertragsgesetz zu transzendieren und grundlegende, nicht techno-

---

20 Unter dem Terminus Mittelbau versteht das Netzwerk mangels besserer Begrifflichkeiten in einem sehr weiten Sinn alle nicht auf Lebenszeitprofessuren Beschäftigten in Wissenschaft und Forschung, von studentischen Beschäftigten, über Lehrbeauftragte, akademische, wissenschaftliche und künstlerisch Beschäftigte, inklusive Lehrkräfte für besondere Aufgaben, akademische Räte, Juniorprofessor:innen, und Privatdozent:innen. Selbstverständlich steht dem großen Repräsentations*anspruch* des Netzwerks jedoch die faktische Begrenzung auf die aktiven Mittelbauinitiativen mit vergleichbarer politischer Ausrichtung gegenüber. Angesichts der positiven Resonanz des Netzwerks und seiner Mitgliedsinitiativen und des Fehlens gegensätzlich orientierter Initiativen kann aber von einer deutlich größeren ideellen Repräsentation des Mittelbaus durch das Netzwerk ausgegangen werden.

kratische Visionen für Hochschule und Forschung zu popularisieren, die sich der Freiheit der Forschung und der Kritik verpflichtet sehen, der wissenschaftlichen Erkenntnis zugunsten der Menschen und guten Studienbedingungen im Sinne eines aufklärerischen Bildungsideals statt dem Verwertungsdruck, der Marktoptimierung und Managerialisierung im Zeichen des akademischen Kapitalismus.

Die Zugkraft dieses zuspitzenden Ansatzes konnte schon im Gründungsprozess beobachtet werden. Viele waren mit durchaus begrenzten Hoffnungen auf mögliche kleinere Verbesserungen nach Leipzig gekommen und waren vorsichtig bei radikaleren Vorschlägen. Am Ende wurde sogar die Forderung nach Abschaffung der Professur zumindest sehr wohlwollend diskutiert.

Dass diese beiden oben erwähnten radikalen Forderungen der Gründungstagung, die deutlich über die bisher die Diskussion bestimmenden Forderungen des Templiner Manifest der GEW für eine neue Personalstruktur an den Hochschulen hinaus gehen, am Ende konsensuell verabschiedet wurden, war Teil eines Prozesses des Aufbaus von Begeisterung und gegenseitigem Ermutigen. Diese klaren Zuspitzungen sind sicherlich ein relevanter Mosaikstein in der Attraktivität des Netzwerks für Betroffene sowie Teile der Medien und der progressiven Bildungspolitik. Zugleich ist auch klar, dass der Anspruch, immer auch die Interessensvertretung für die Statusgruppe insgesamt zu sein, eine weitgehende Offenheit und Toleranz erfordert, ein kooperatives Miteinander mehr oder weniger weit gehender Forderungen und hochschulpolitischer Reformvorstellungen, mehr oder weniger großer Nähe zu den kritisierten Institutionen und nicht zuletzt für unterschiedliche Handlungsformen.

Eine umfänglichere Ausformulierung fanden die programmatischen Anliegen in den im Frühsommer 2017 beschlossenen „Forderungen des Netzwerks für Gute Arbeit in der Wissenschaft – Für faire Beschäftigung an deutschen Hochschulen!" (vgl. Netzwerk für Gute Arbeit in der Wissenschaft 2017b). Die detaillierten hochschul- und forschungspolitischen Ziele des Netzwerks waren in einem mehrmonatigen Prozess im Anschluss an das Gründungstreffen ausgearbeitet und bei einem weiteren bundesweiten Treffen beschlossen worden. Sie wurden am 31. August 2017 in der Bundespressekonferenz der Öffentlichkeit vorgestellt. Die Forderungen konkretisieren die Hauptanliegen des Netzwerks im Hinblick auf bestimmte Subgruppen des Mittelbaus bzw. Phasen der Laufbahn oder auf verschiedene institutionelle Aspekte.

1. Abschaffung des Wissenschaftszeitvertragsgesetzes
2. Angemessene tarifliche Bezahlung und Mindestvertragslaufzeiten für studentische Hilfskräfte, sozialversicherungspflichtige Beschäftigung als Regelfall für die Promotion sowie die regelhaft entfristete Beschäftigung für Post-Docs
3. Abschaffung der Habilitation als Qualifikationsstufe
4. Angemessene Entlohnung von Lehraufträgen und Titellehre

5. Auflösung der Lehrstühle zugunsten einer demokratisch organisierten Departmentstruktur
6. Umstellung vom Projektbetrieb auf den Ausbau der Grundfinanzierung der Hochschulen in Anpassung an die realen Studierendenzahlen

Die sechs Hauptforderungen von NGAWiss in Kurzfassung (vgl. Netzwerk für Gute Arbeit in der Wissenschaft 2017b)

Das Zentralproblem „Prekarisierung" wurde in den anfänglichen Diskussionen sehr stark im Rahmen der *formalen Struktur* des deutschen Universitätssystems diskutiert, sodass andere wichtige Aspekte der allgemeinen Prekaritätsdebatte nur am Rande eine Rolle spielten. Insbesondere die *intersektionale* Perspektive auf sich überlagernde und gegenseitig beeinflussende Ungleichheitsdimensionen innerhalb der Prekarität wurde nur am Rande eingenommen. Die sich daraus ergebende programmatische Lücke in den Forderungen des Netzwerks soll nun durch eine weitere, aktuell in der Diskussion befindliche Forderung geschlossen werden, die sich für den Abbau von Ungleichheiten und Diskriminierung nach Herkunft (sozial und ethnisch), Klasse, Hautfarbe, Geschlecht, Behinderung, Alter usw. und eine diskriminierungsfreie Wissenschaft ausspricht.

Im Zuge der Fokussierung vieler Mitgliedsinitiativen und auch der Arbeit des Koordinierungskreises (s. Abschnitt 5.1) auf die meist als besonders dringlich empfundene Befristungsproblematik, dreht sich die weitere inhaltliche Diskussion im Netzwerk um verschiedenen Personalstrukturmodelle oder Charakteristika von auch für die Beschäftigten akzeptablen Laufbahnwegen. Dazu werden aktuell auch eigene Erhebungen unter wissenschaftlich Beschäftigten zur Praxis des WissZeitVG für die Beschäftigten durchgeführt (durch die AG „Gegenevaluation"[21]), verschiedene Konzepte verglichen und grundsätzliche Leitlinien entwickelt, anhand derer sich ein besseres Personalkonzept bewerten und umsetzen lässt. Die vorhandenen Affinitäten zu existenten Modellen reichen dabei von Varianten des Lecturer-Reader-Modells bis hin zur völligen Abschaffung der Professur – v. a. in Abgrenzung zu Tenure-Track-Modellen, die weiterhin starke Elemente von Infantilisierung und Dauerevaluation beinhalten.

5. Organisation der schwer Organisierbaren

Die Organisierung von prekarisierten Gruppen zu Protest oder in Gewerkschaften ist – auch in anderen Beschäftigungsfeldern – eine immense Herausforderung. Die Herausbildung einer kollektiven Identität ist angesichts unterschiedlicher konkreter sozialer Lagen nicht leicht, die Organisierung und Herausbildung

---

21 Siehe hierzu auch www.mittelbau.net/weshalb-wir-uns-um-eine-gefaelligkeitsevaluation-des-wissenschaftszeitvertrags-gesetzes-nicht-bewerben/ (Abfrage: 12.04.2020).

einer gemeinsamen Identität schwer in einer von Konkurrenz und Vereinzelung geprägten Feldstruktur. Diese Rahmenbedingungen galt es bei der Entwicklung eines Organisierungsansatzes im Blick zu haben.

5.1 Bottom-up-and-down-again-Ansatz: Ideen verstärken und verteilen

Die zum Gründungstreffen entwickelte und fortan teilweise auch realisierte Struktur des Netzwerks ist angesichts der schwachen organisationalen Ressourcen eher informell und horizontal. Die Organisation, als vor allem *Netzwerk von Initiativen,* soll ein Bindeglied zwischen den Mitgliedsinitiativen (und dazu auch den aktiven Einzelmitgliedern) sein, deren „von unten" kommende Initiativen unterstützen oder im Netzwerk verbreiten, um anderen Anregungen zu geben (Verstärker- und Verteilerfunktion). Das Netzwerk als Organisation bündelt und „speichert" außerdem Wissen und Kompetenzen, die die Kapazitäten einzelner Mitgliedsinitiativen überfordern. Es ist Bewegungsgedächtnis und Träger sachlicher Expertise im hochschulpolitischen Feld, in dem kontinuierlich viele jüngere Menschen politisiert werden – häufig auch ohne über Erfahrungen in Protestpolitik oder Wissen über (hochschul-)politische Auseinandersetzungen der Vergangenheit zu verfügen. Über die Möglichkeit des individuellen Engagements (d. h. vor allem eine Mitarbeit in einer Mitgliedsinitiative, im Koordinierungskreis, in AGs oder über die Plattform „Slack") ist auch unter den Bedingungen prekärer Mobilität ein mehr oder weniger kontinuierliches Dabeibleiben möglich.

Die Arbeit über und neben den Mitgliedsinitiativen leistet zum einen der Koordinierungskreis (kurz Ko-Kreis), der aus der Gründungsgruppe hervorgegangen, aber für alle Interessierten offen ist, und seine Zusammensetzung auch kontinuierlich wandelt.[22] Der Ko-Kreis trifft sich zweimal monatlich zum Jour Fixe in Berlin und ermöglicht anderen die Teilnahme per Videokonferenz. Dazu gibt es AGs, die sich temporär verschiedenen Themen (Aktionen, Kampagnen, Materialien, interne Prozesse u. a.) widmen und meist Mitglieder aus Koordinierungskreis und Mitgliedsinitiativen umfassen. Grundsatzentscheidungen (z. B. zu programmatischen Forderungen oder der Struktur des Netzwerks bzw. zu Legitimationsprinzipien) wurden jeweils auf den bisher mindestens jährlich stattfindenden bundesweiten Netzwerktreffen beschlossen. Ansonsten arbeiten die Mitgliedsinitiativen wie auch der Ko-Kreis im Alltag weiter weitgehend unabhängig voneinander.

---

22 Für dessen Arbeit war es immens wichtig, gelegentlich kleine Werkverträge von Förderern wie der Rosa-Luxemburg-Stiftung zu organisieren, die konkrete Projekte ermöglichten und so, nicht zuletzt durch Entlastung des Ko-Kreises, den schnellen Aufbau des Netzwerkaufbaus erst mit ermöglichten.

Für die interne Kommunikation sind Präsenzöffentlichkeiten also weiter sehr wichtig, doch geschieht auch sehr viel über soziale Medien (Twitter und Facebook) sowie die Kommunikationsplattform Slack – eine Art Intranet für alle Netzwerkaktiven. Dort werden Informationen geteilt und Diskussionen der AGs geführt. Kurzfristige wichtige Entscheidungen, beispielsweise zu öffentlichen Stellungnahmen des Netzwerks, können hier diskutiert und abgestimmt werden. Impulse zu konkreten Interventionen, beispielsweise zum Verfassen offener Briefe, sind immer wieder in der Twittercommunity und/oder im Slack entwickelt und geplant worden. Auf diese Art gelingt es immer wieder auch Personen an Interventionen zu beteiligen, die weder im Ko-Kreis noch in einer Mitgliedsinitiative aktiv sind, u. a. weil es an vielen Standorten schlicht keine gibt.

An die interessierte Öffentlichkeit und das eigene Umfeld richtet sich ein E-Mail-Newsletter und für besonders wichtige Fragen gibt es noch einen E-Mail-Verteiler der Mitgliedsinitiativen.

Dieser Struktur mehrerer, sich teilweise überlappender Kommunikationsebenen mit schwach ausgeprägter (demokratischer) Formalstruktur kann man Unübersichtlichkeit und durchaus auch Legitimitätsdefizite vorwerfen. Sie birgt die Gefahr von starken informellen Hierarchien, übergroßem Einfluss des Ko-Kreises und einzelner Vertreter:innen, aber auch der Verkrustung und Erstarrung des Netzwerkes. Diese Struktur ist jedoch ein ungeliebtes Provisorium, das vor allem der spezifischen Situation der Zielgruppe und ihrer prekären Mobilität geschuldet ist. Diese lässt kaum Zeit für Sorgebeziehungen, was sich nicht nur in erhöhter unfreiwilliger Kinderlosigkeit, sondern eben auch in geringem Einsatz von Zeit für politische Sorgearbeit zeigt. Eine organisationale Struktur mit deutlich höherem Formalisierungsgrad und damit größerer prozeduraler Legitimität, aber eben auch größerem finanziellen und personellen Beteiligungsaufwand, würde die organisatorischen Kräfte vieler Mitgliedsinitiativen überfordern, die oft auch klein sind, unter der Volatilität der prekären Mobilität leiden oder mit ihren Aktivitäten vor Ort schon an der Grenze der Belastbarkeit arbeiten. Langfristig werden aber solche Strukturen mit Geschäftsstelle und etwas stärker formalisierten Entscheidungswegen und Sprecher:innenpositionen angestrebt – doch das verlangt noch viel Organisationsaufbau und Ressourcenaquirierung. Solang werden neben den Online-Kommunikationsmedien v. a. die Jahrestreffen genutzt, um auch Feedback und Unstimmigkeiten aufzufangen. De facto hat der Ko-Kreis, der sich bisher auch als einziger in der Lage sah, die mindestens jährlichen bundesweiten Treffen zu organisieren, dadurch jedoch eine sehr einflussreiche und bestimmende Rolle für die Außenwirkung. Doch das war nie Gegenstand eines Konflikts. Nur Wünsche nach mehr Unterstützungsangeboten des Ko-Kreises für die Initiativen wurden immer wieder deutlich artikuliert.

So hat das Netzwerk eine Struktur dreifacher Prekarität: prekäre Wissenschaftler:innen engagieren sich in prekären Initiativen, die wiederum eine prekäre Vernetzungsstruktur aufrechterhalten.

5.2 Strukturen im Werden: Ko-Kreis und Mitgliedsinitiativen

Das Netzwerk ist mittlerweile gefragter Ansprechpartner für Medien oder Podien – Aufgaben, die meist von Ko-Kreis-Mitgliedern wahrgenommen werden. Faktisch ist die Rolle des Ko-Kreises auch deutlich initiativer als ursprünglich im Ansatz des „Verstärkens und Verteilens" angestrebt worden war. Teilweise arbeitet der Ko-Kreis wie eine eigene Initiative, plant Aktionen, wendet sich an die Öffentlichkeit oder mögliche Bündnispartner:innen und versucht, das Netzwerk zu mobilisieren. Dies liegt daran, dass viele Ko-Kreis-Mitglieder sich nicht zusätzlich intensiv in einer lokalen Mittelbauinitiative engagieren können und dass fast gleichzeitig stattfindende oder schon existierende Organisationsansätze in Berlin mehr oder weniger im NGAWiss-Ko-Kreis aufgegangen sind.[23] Diese und immer wieder dazustoßende einzelne Interessent:innen bildeten recht bald eine zweite Generation von Träger:innen des Ko-Kreises, die auch implizite Selbstverständnisse der bisherigen Gruppe herausforderten, während sich zentrale Gründungsmitglieder (meist beruflich bedingt) teils zurückzogen. Die ursprüngliche Initiativgruppe war wesentlich von Promovierten und Habilitierten Aktiven geprägt, während später noch mehr Promovierende und teils auch Studierende dazu kamen. Diese Veränderungen, verbunden mit unterschiedlichen Erfahrungshintergründen in anderen politischen Gruppen, trugen sicher ihren Teil zu kleineren Konflikten, beispielsweise um Fragen des Umgangs mit Geschlechterungleichheiten (bspw. im Sprachgebrauch und Umgang miteinander), der Kommunikationskultur und der Entscheidungsfindungsmodalitäten, bei. Zur Reflexion solcher Unstimmigkeiten wie auch inhaltlicher Fragen führt der Ko-Kreis gelegentlich reflexions- und bilanzorientierte Retreats durch.

Inwiefern einzelne lokale Ansätze auch durch die Arbeit des Netzwerks und des Ko-Kreises verallgemeinerbar sind, ist noch abzuwarten. Der Ko-Kreis bemüht sich, besonders erfolgreiche Mitgliedsinitiativen mit einer gewissen Strahlkraft im Feld, wie „Uni Kassel unbefristet", diskursiv zu unterstützen sowie deren Ansätze und Erfahrungen publik zu machen. Allerdings geht dieser Ansatz nur in gewissen Grenzen auf. Bisher ist noch keine Initiative einer beteiligten Gruppe zur allgemeinen Kampagne geworden und die vielfältigen Aktivitäten des Ko-Kreises begrenzen seine (zeitlichen) Ressourcen, als konkreter Förderer und Unterstützer der Mitgliedsinitiativen tätig zu sein. Insofern bleibt das Netzwerk bisher ein eher lockerer Verbund.

Die vielfältige konkrete Arbeit der Initiativen vor Ort vermittelt sich dennoch in die allgemeine Entwicklung und hatte beispielsweise auch Einfluss darauf, dass ein ursprüngliches Anliegen des Netzwerks – der bundesweite Bildungsstreik zur Verbesserung der Beschäftigungsbedingungen – als unmittelbares Handlungsziel

---

23 Dies betrifft neben dem „Netzwerk Prekäres Wissen" u. a. die Gruppe „wissen_lohnarbeit" und die linken Literaturwissenschaftler:innen der Gruppe „undercurrents".

doch deutlich in den Hintergrund trat. Das hat nicht nur mit einer realistischen Einschätzung der weiter begrenzten eigenen Mobilisierungsfähigkeit, sondern auch mit der Verantwortungsdiffusion (zwischen Bund, Ländern und einzelnen Einrichtungen wie den Hochschulen) im deutschen Wissenschaftssystem sowie dem restriktiven deutschen Streikrecht und der damit verbundenen korporatistischen Struktur der Tarifauseinandersetzungen zu tun. Dazu kommt, dass viele Tätigkeiten der vertretenen Gruppen (Studierende, Privatdozent:innen, Lehrbeauftragte) überhaupt nicht tariflich reguliert sind. Dementsprechend waren Mobilisierungserfolge – *Protest*erfolge im Sinne erreichter konkreter Ziele sind hingegen noch rar – der Mittelbauinitiativen oft an sehr konkrete Kontextbedingungen gebunden. „Unter_bau" in Frankfurt konnte sich als alternative Gewerkschaft neben GEW und ver.di vor allem deshalb konstituieren, weil die Universität Frankfurt als Stiftungsuniversität tariffähig ist und somit der Mobilisierungsraum kleiner als im Allgemeinen üblich ist. Bei „Uni Kassel unbefristet" ist der eingeschlagene Weg (Druck auf die eigene Universität mit dem Ziel einer Entfristungsoffensive auszuüben) sehr spezifisch (neben Basismobilisierung und erfolgreicher lokaler Öffentlichkeitsarbeit v. a. über das Mittel der vom Personalrat einberufenen Personalversammlungen). Fachgesellschaftsinitiativen hingegen zielen eher auf die allgemeine Etablierung beziehungsweise Beeinflussung des Diskurses oder auf konkrete beschäftigtenfreundliche Regelungen u. a. in Ethikkodizes der Fächer (vgl. Ullrich 2016).

Mobilisierungserfolge in der Hochschulpolitik brauchen, dies zeigen die Erfahrungen in der Zeit des Bestehens des Netzwerks, oft weniger das große, abstrakte Ziel als vielmehr eine genaue Analyse spezifischer, lokaler Strukturen und Handlungsbedingungen. Zudem zeigte sich, dass die Initiativen sehr unterschiedliche (oft gar nicht so explizite) Selbstverständnisse haben. Sie arbeiten teilweise stark innerhalb der Organe der akademischen Selbstverwaltung der Gruppenuniversität (mit Beteiligung an Wahllisten für Senatswahlen u. ä.), teilweise deutlich freier, eher in einer Diskurs- und Kampagnenorientierung. Sie arbeiten auch mal mehr, mal weniger eng mit Gewerkschaften oder Betriebs-/ Personalräten zusammen. Ein großes Motiv für das Zusammenkommen ist auch das Bedürfnis nach Austausch und Ablassen von Frust über die prekären eigenen Arbeitsbedingungen. Dieses Moment ist auch nicht nur aus psychohygienischer Sicht wichtig, sondern auch als Stoff für Solidarität und Quelle von Wissen über die differierenden institutionellen Praxen.

5.3 Koalition mit Berührungsängsten: NGAWiss und die Gewerkschaften

Die restringierten Handlungsbedingungen einer strukturellen Schwäche teilt NGAWiss weitgehend mit anderen Akteuren im Feld, die eine verwandte Agenda verfolgen, namentlich den Gewerkschaften GEW und ver.di, außer dass letztere über stärkere organisatorische und finanzielle Ressourcen verfügen. Beide haben dafür gesorgt, dass prekäre Beschäftigung in der Wissenschaft überhaupt zum Konfliktfeld wurde. Dennoch konkurrieren sie trotz inhaltlich weitgehend identischer Ziele und immer wieder auch gelingender Kooperation zumindest im Bereich Hochschule und Forschung untereinander um Mitglieder und Organisierungsbereiche, aber wohl auch um die begrenzte Zahl mobilisierbarer Aktivist:innen. Offensichtlich in Übertragung dieser Haltung haben einige Funktionsträger:innen beider Organisationen NGAWiss daher von Anfang an auch als mögliche Konkurrenz betrachtet.[24] Die Netzwerkgründer:innen hingegen, selbst überwiegend Gewerkschaftsmitglieder, wollten das Netzwerk vielmehr als eine quer zur gewerkschaftlichen Organisierung liegende, also eher ergänzende Struktur entwickeln. Die Idee: Indem man die bereits existierenden Mittelbauinitiativen organisiert und unterstützt, fördert man eine Ebene des Engagements, die für die Gewerkschaften nicht immer leicht erreichbar ist bzw. (potenzielle) Aktivist:innen, die aufgrund der habituellen Gewerkschaftsferne vieler wissenschaftlichen Bildungsarbeiter:innen (vgl. Grühn et al. 2009; Gallas 2018) nicht auf diesem Weg zu erreichen wären und wird damit in einem weitgehend brachliegenden Feld organisierend tätig.

Die Arbeit des Netzwerks zielt aber durchaus auch darauf, die Zielgruppe zu gewerkschaftlichem Engagement bzw. Gewerkschaftsmitgliedschaften zu bewegen. Erfolge in dieser Hinsicht sind schließlich eine wesentliche Voraussetzung, um ernsthaft und mit Konfliktmacht[25] die Interessen des Mittelbaus vertreten zu können, insbesondere dessen Anliegen tariffähig zu machen. Solange der Bereich Wissenschaft in den Gewerkschaften und ihren Tarifkommissionen nur schwach vertreten ist, besteht hier kaum Aussicht auf Änderung. Die Erfahrungen der TVStud-Kampagne für einen Tarifvertrag der studentischen Beschäftigten in Berlin können hier Vorbild sein (vgl. Vereinte Dienstleistungsgewerkschaft

---

24 Diese Skepsis kann natürlich nicht nur als der gemeinsamen Sache schadender Organisationsegoismus abgetan werden. Würde nämlich der aktive Mittelbau tatsächlich das Organisationspotenzial der Gewerkschaften schwächen, wäre dies eine zwar unintendierte, aber trotzdem problematische Folge mit negativen Auswirkungen auf die generelle Konfliktmacht des akademischen Prekariats.

25 Zum Konzept der Konfliktfähigkeit oder Konfliktmacht bzw. Machtressourcen gibt es eine umfängliche Literatur, die um die Frage kreist, welchen tatsächlichen Druck Beschäftigte/Gewerkschaften entfalten können, beispielsweise welche Möglichkeiten zur Unterbrechung normaler Abläufe mit Kosten für die Konfliktgegner von ihnen erreicht werden können (vgl. Silver 2005, S. 30 ff.; Ostheim/Schmidt 2007). Zur geringen Konfliktmacht des deutschen Mittelbaus gehört auch, dass im Rahmen der dominierenden projektbasierten Tätigkeiten (vgl. van Dyk/Reitz 2017) Streik bei vielen dazu führen könnte, dass ausgefallene Arbeiten durch anschließende Verdichtung kompensiert werden muss und der Ausfall schlicht zulasten der Streikenden geht (die in der Streikzeit eben weniger produktiv sind). Ernsthafte Unterbrechungsmacht haben v.a. in der Lehre Tätige, die allerdings weiter in den personalen Abhängigkeitsstrukturen des Lehrstuhlsystems gefangen sind.

(ver.di) 2019). Die beiden Gewerkschaften hatten die Unterstützung der studentischen Tarifinitiative und insbesondere die Kündigung des Tarifvertrags als Voraussetzung für die Aufnahme des Arbeitskampfes an eine maßgebliche Erhöhung des gewerkschaftlichen Organisierungsgrads geknüpft, um grundsätzlich ausreichend konfliktfähig zu sein. So gelang es, die materiellen und organisatorischen Ressourcen der formalen Organisation und den Kampfgeist und Idealismus vieler, bis dato auch unorganisierter, Aktivist:innen zum allgemeinen Nutzen zusammenzubringen, die konkreten Ziele umzusetzen und zugleich langfristige Organisationeffekte auszulösen. Ob ähnliche Effekte durch NGAWiss zu erreichen sind, muss sich noch erweisen, da die Zusammenarbeit mit den Gewerkschaften zwar von Anfang an besteht und kontinuierlich ausgebaut wird, allerdings ohne verbindliche oder verpflichtende Strategien des Unionizing auskommt.

Mehrere kleinere und größere Veranstaltungen wurden jedenfalls bisher gemeinsam mit GEW und ver.di organisiert – auf der Bundesebene, in einzelnen Ländern und an verschiedenen Standorten.[26] In der gemeinsamen Kampagne „Frist ist Frust" (s. Abschnitt 6) trug NGAWiss als externe Struktur wohl sogar zur Bündnisfähigkeit der konkurrierenden Gewerkschaften auf der Bundesebene bei. Gewerkschaft aus Sicht von NGAWiss muss allerdings auch breiter verstanden werden: in NGAWiss sind auch Initiativen und Gruppen organisiert, die in syndikalistischer und basisdemokratischer Orientierung dem konsenslastigen Korporatismus der DGB-Gewerkschaften äußerst kritisch gegenüberstehen. Sie fordern, im Einklang mit den Zielen des Netzwerks mehr innergewerkschaftliche Demokratie und Basisbeteiligung, größere Konfliktorientierung und weniger Klassenkompromiss. Diese mindestens graduellen Unterschiede in der politischen Kultur, Strategie und Praxis werden in den konkreten Kooperationen dann auch spürbar. Die gewerkschaftlichen Entscheidungsprozesse sind oft langwieriger, abhängiger von der professionellen Gewerkschaftsbürokratie (also mehr top-down) und müssen immer organisationsegoistische Interessen mitberücksichtigen, z. B. die möglichst klare Zurechenbarkeit von Protesten an die organisierende Gewerkschaft. Dafür bringen sie in Bündnisse aber auch relevante organisationale und finanzielle Ressourcen ein.[27]

Das Verhältnis des Netzwerks zu den Gewerkschaften lässt sich wie folgt zusammenfassen: NGAWiss arbeitet quer zu den gewerkschaftlichen Strukturen und sieht sich nicht in Konkurrenz, sondern solidarisch, zu diesen. Einigkeit besteht mit den beiden großen Gewerkschaften in der inhaltlichen Grundorien-

---

26 So gibt es beispielsweise eine hessen- und sachsenweite Mittelbauvernetzung, auch die Initiative „Uni Kassel unbefristet" wird, wie die Berliner TVStud-Kampagne, von beiden Gewerkschaften unterstützt.

27 Im Frist-ist-Frust-Bündnis beispielsweise hat NGAWiss i. d. R. mehr Personen einbringen können, während nur eine symbolische Beteiligung an Kosten möglich war. Die Gewerkschaften haben entsprechend eher Kosten übernommen, Materialien vervielfältigt und technische oder räumliche Infrastruktur bereitgestellt.

tierung, wenn auch nicht zwingend im Handlungsansatz und konkreten strategischen Fragen. Als breiter organisierender Bündnisakteur nimmt NGAWiss mehr die Sache in den Blick als das Label, unter dem für sie gefochten wird. Dass eine Vielzahl von Mittelbauinitiativen in den letzten Jahren aktiv geworden ist, spricht für die Attraktivität dieses Ansatzes zumindest bei einem großen Teil des Mobilisierungspotenzials und – aus Sicht der Gewerkschaften – womöglich für die Notwendigkeit eines Umdenkens hinsichtlich Ansprache und Organisierung im Bereich Wissenschaft.

6. Multidimensional: das Protestrepertoire des Netzwerks

Mit der Pressemitteilung zur Gründung und der Präsentation der eigenen Forderungen auf der Bundespressekonferenz betrat NGAWiss die öffentliche Bühne. Seitdem war das Netzwerk präsent mit seinen zentralen Handlungsstrategien (*Öffentlichkeitsarbeit, Aufklärung/Bildung, Lobbying,* öffentlicher *Protest* und *kontinuierliche Vernetzungsarbeit*).

Die *Öffentlichkeitsarbeit* kann angesichts der geringen Ressourcen als durchaus erfolgreich bewertet werden. Wichtige wissenschaftspolitische Foren wurden und werden regelmäßig erreicht, Positionspapiere, Stellungnahmen und Interviews wurden in der allgemeinen Presse und den einschlägigen Themenmedien (Blog von J. M. Wiarda, Chancen-Newsletter der Zeit, DUZ, verschiedene Fachportale und -zeitschriften) publiziert. Das Netzwerk ist mittlerweile gefragter Gesprächspartner für Journalist:innen und wird regelmäßig zu Podien und Kongressen geladen. Über die sozialen Medien wächst kontinuierlich die Reichweite für Inhalte des Netzwerks. Das Netzwerk als Kommunikationsknoten hatte beispielsweise entscheidenden Anteil an der Etablierung des von einem im Netzwerk und bei der GEW Aktiven erdachten Hashtags #unbezahlt. Unter diesem skandalisierten Betroffene nach dem Vorbild von #metoo und #metwo auf Twitter mehrere Monate lang unhaltbare Beschäftigungsbedingungen in der Wissenschaft aus ihrer persönlichen Erlebensperspektive. Sie beschrieben – wiederum mit medialer Resonanz – krasse Praktiken und extreme, bis dahin weitgehend individualisierte Leidenserfahrungen. Eine ähnliche Dynamik entfachte die Bayreuther Erklärung der Universitätskanzler:innen vom Herbst 2019 (vgl. Vereinigung der Kanzlerinnen und Kanzler der Universitäten Deutschlands 2019). In dieser sprachen sich die obersten Verwalter:innen der Universitäten für die Beibehaltung eines hohen Befristungsanteils aus, da die Arbeit an der Universität primär der Qualifizierung diene. Auch diese führte zu einem Aufschrei in den Social Media und die Stellungnahmen, nicht zuletzt die des Netzwerks und einiger Aktiver, etablierten eine gegenhegemoniale Sichtweise: sie machten aus der Bayreuther Erklärung eine „Bayreuther Bankrotterklärung" (vgl. Eichhorn 2019; Netzwerk für Gute Arbeit in der Wissenschaft 2019).

Die *Aufklärung und Bildungsarbeit* des Netzwerks überschneidet sich mit der Öffentlichkeitsarbeit, setzt aber doch auch eigene, spezifische Akzente. Dabei geht es um die Aufbereitung von Informationen zur prekären Lage des Mittelbaus,[28] die Auseinandersetzung mit Alternativen und Visionen für eine andere Hochschule (Personalmodelle, Hochschulstrukturen und die gesamte Wissenschaftskultur) sowie die Auseinandersetzung mit den hartnäckigen Argumentationen der Gegner:innen, also v. a. derjenigen, die die für die Betroffenen oft höchst leidvolle Situation kleinreden, beschönigen oder mit höheren Zwecken zu legitimieren versuchen.[29] Diesen Zwecken dient natürlich auch die Präsenz von Netzwerkaktiven bei Vorträgen und auf Podien. Manche der Aufklärung und Information dienenden Handlungsformen haben zugleich eine mindestens ebenso wichtige mobilisierende Funktion, wie die von einigen Mittelbauinitiativen (bspw. in Dresden und Mannheim) durchgeführten aktivierenden Befragungen, deren Funktion auch darin liegt, den Betroffenen die eigenen Situation erst einmal deutlich vor Augen zu führen.

Lobbying spielt eine bisher eher untergeordnete Rolle. Dennoch gibt es unregelmäßige Treffen mit Bildungspolitiker:innen in einzelnen Ländern und auf Bundesebene, bzw. verstärkten bei konkreten Anlässen oder Kampagnen. Wenig überraschend ist dabei der Kontakt zu linken und linksliberalen Politiker:innen von Linken, Grünen und SPD ausgeprägter.

Sehr deutlich ist die aktivistische Orientierung auf *Protest*. Das bundesweite Treffen im Herbst 2017 wurde beispielsweise in zeitliche Nähe zur Sitzung der Hochschulrektorenkonferenz gelegt, die mit dem Slogan auftritt „die Stimme der Hochschulen" zu sein. Mit einer Protestkundgebung vor der HRK-Sitzung und einer notgedrungen von der HRK akzeptierten Selbsteinladung in das Plenum, wurde den Rektor:innen (die mehrheitlich das starke Befristungsausmaß gutheißen (vgl. Spiegel Panorama 2017)) die miserable Lage des so genannten „Nachwuchses" vor Augen geführt und klar gemacht: „Die Stimme der Hochschulen sind wir" und „Wir sind die 93 %" (der befristet Beschäftigten). Mit kleineren Aktionen zeigte sich NGAWiss immer auch solidarisch mit anderen Initiativen, durch Demonstrationsteilnahme und Reden für die TVStud-Kampagne oder die Lehrenden, die sich 2018/19 in Potsdam gegen die drastische Erhöhung der

---

28 So wurden in einem Projekt des Netzwerks sämtliche Anfragen aus Bundes- und Landesparlamenten, die sich mit Beschäftigung an den Hochschulen befassen, zusammengetragen und für die Datenverarbeitung aufbereitet. So stehen jetzt feingliedrigere Informationen zur Verfügung als sie den hoch aggregierten Statistiken des Bundesberichts Wissenschaftlicher Nachwuchs (vgl. Konsortium Bundesbericht Wissenschaftlicher Nachwuchs 2013; 2017) u. ä. entnommen werden können (vgl. Netzwerk für Gute Arbeit in der Wissenschaft 2019).

29 Fakten zur Lage und Antworten auf typische gegnerische Argumentationen werden beispielsweise in einem (halböffentlichen) Wiki gesammelt und kontinuierlich fortgeschrieben. Dort gibt es auch einen Leitfaden, der Mittelbauinitiativen oder Ini-Gründungsprojekten grundlegende Informationen an die Hand gibt, auf denen sie ihre Arbeit aufbauen können.

Lehrdeputate wehrten oder bei den Besetzer:innen des Instituts für Sozialwissenschaften der HU Berlin, die sich für den linken Sozialwissenschaftler Andrej Holm einsetzten. Im Rahmen von der Bündnis-Kampagne „Frist ist Frust" gab es auch mehrere Demonstrationen. Die lokalen Initiativen greifen auf eine Vielfalt von etablierten Protestrepertoires zurück, die hier nicht im Einzelnen ausgeführt werden können (bspw. Vorträge, Workshops, Infostände, Personalversamlungen, Flyerverteilung, Unterschriftensammlung). Besonders beliebt sind niedrigschwellige Formate wie die „aktive Mittagspause" und kürzere Infostände.

Die Kampagne „Frist ist Frust" bespielte alle oben erwähnten Handlungsebenen und ist bisher sicherlich der größte Erfolg des Netzwerks. Das Kampagnenziel war, die Verhandlungen zwischen Bund und Ländern zur Fortführung des Hochschulpaktes zu nutzen, um die zukünftig dauerhaft zur Verfügung stehenden Mittel (jetzt im „Zukunftsvertrag Studium und Lehre Stärken") auch verbindlich zur Finanzierung dauerhafter Beschäftigung zu verwenden und so eine Trendwende bei der Befristungsproblematik einzuleiten. Hintergrund: Auf einem bundesweiten Treffen von NGAWiss war die Idee aufgekommen, an einem übergreifenden symbolischen und auch möglichst handlungspraktisch-konkreten „Rahmen" der hochschulpolitischen Aktivitäten von NGAWiss, ver.di und GEW zu arbeiten. Weitere Treffen zwischen den drei Akteuren haben die Hochschulpaktverhandlungen als Gelegenheitsfenster erkannt und sie zum Anlass für den Aufbau einer engen Kooperation genommen. Diese Kampagne muss in vielerlei Hinsicht als Erfolg bewertet werden. Das gilt einerseits für die Mobilisierung nach Innen. Es ist NGAWiss gelungen, die beiden konkurrierenden Gewerkschaften wieder einmal in einer vertrauensvollen und erfolgreichen Zusammenarbeit zusammen zu bringen. Es ist außerdem gelungen, relevante, teils eher unpolitische Akteure wie wissenschaftliche Fachgesellschaften zur Unterstützung der Kampagne und der zugehörigen Petition zu motivieren. Die Liste der Unterstützer:innen reicht vom DGB, über den fzs, Hochschulgruppen von Jusos, Grünen und Linken, die Doktorand:innenvertretungen und Personalräte der großen außeruniversitären Forschungsinstitute bis zu Fachgesellschaften wie der Gesellschaft für Medienwissenschaft und dem Verband der Historikerinnen und Historiker Deutschlands (vgl. Frist ist Frust 2019). Die im Rahmen der Kampagne stattfindenden Hearings und Demonstrationen konnte auch viele bisher Außenstehende mobilisieren. Ähnliches gilt für Erfolge nach außen. Die Resonanz bei der Presse und in den sozialen Medien war enorm und die Kritik des Bündnisses bekam eine mediale Reichweite, die die einzelnen Akteure selbst kaum hätten herstellen können. Ganz besonders ist die politische Resonanz hervorzuheben. Selbst in der Union und im unionsgeführten Bildungsministerium musste der Befristungsirrsinn als Problem anerkannt werden.[30] Die 17 000 Unterschriften der die Kampagne be-

---

30 „Mit der dauerhaften Förderung ab 2021 soll insbesondere unbefristetes, mit Studium und Lehre befasstes Hochschulpersonal ausgebaut werden." (BMBF-Internetredaktion 2019),

gleitenden Petition wurden offiziell im Rahmen der Paktverhandlungen an die damalige GWK-Vorsitzende übergeben. Und die Bayreuther Pro-Befristungs-Erklärung der Universitäts-Kanzler:innen muss sicher ebenso als Gegenbewegung gegen den sich drehenden Wind gelesen werden, den die Kampagne erfolgreich angeblasen hat (vgl. Ullrich/Neis 2019).

Die Basis für all diese disparaten Aktivitäten von NGAWiss wird, wie auch die erfolgreiche Kampagne verdeutlicht, durch eine kontinuierliche *Netzwerkarbeit* nach innen und außen gelegt. Das Netzwerk pflegt entsprechend Gesprächsfäden zu Gewerkschaften, Parteien, Fachgesellschaften, hochschul- und bildungspolitischen Gremien, zur Bundes- und Landespolitik, zu Kampagnen und Initiativen. Das Netzwerk denkt sich selbst immer als potenziell größer und als verbindender Akteur.

Ein großer Teil der Aktivitäten geht jedoch nicht vom Netzwerk als Ganzem oder dem Ko-Kreis im Namen des Ganzen aus, sondern findet in den und durch die Mitgliedsinitiativen statt. Diese wiederum haben, wie geschildert unterschiedliche Ansätze, unterschiedliche Aktivitätsniveaus und unterschiedliche Resonanz. Die Existenz des Netzwerks und seiner Medien stellt aber zumindest in gewissem Umfang sicher, dass diese Aktivitäten, auch wenn sie sich weitgehend vor Ort abspielen, in ihrer Wirkung nicht auf diesen engen Raum begrenzt bleiben. Die Präsenz dieser Aktivitäten in der durch das Netzwerk geschaffenen Öffentlichkeit ermöglicht, dass lokale Aktionen als Schablone Verbreitung finden, dass das Vorbild der einen anderen Mut macht und dass Wissen und Erfahrungen nicht verloren gehen.

7. Noch immer: fragend schreiten wir voran

Die Kampagne „Frist ist Frust" hatte etwas Symptomatisches: *ein* zentrales Ziel der Kampagne wurde nicht erreicht – die *verbindliche* Umsetzung der Forderungen. Das Agendasetting des Bündnisses war aber so erfolgreich, dass Entfristung zum zentralen Verhandlungsthema und schließlich auch zum Ziel des neuen „Zukunftsvertrags Studium und Lehre stärken" wurde (s. Abschnitt 6). Damit wird das größte Problem hochschulpolitischen Engagements für gute Arbeit deutlich: schon seit Jahren lassen sich hier diskursive Erfolge erzielen – mit steigender Tendenz. Doch noch immer wurden die Bastionen der beschäftigtenfeindlichen Politik nicht geknackt, ernste und manifeste Erfolge, die über mehr oder weniger verbindliche Selbstverpflichtungen hinausgehen, bisher nicht erzielt. Größere und nachhaltige Erfolge lassen sich denn wohl auch nur in

vgl. auch die Antwort der Bundesregierung auf die Frage von Grünen-MdB Kai Gehring (Deutscher Bundestag 2019, S. 14364) und den Offenen Brief von Unions-Bundestagsabgeordneten für mehr Dauerstellen (vgl. Wiarda 2019).

breiten Bündnissen mit Gewerkschaften und anderen Akteuren mit viel Geduld und weiterem tatkräftigen Einsatz erreichen, insbesondere, wenn es eines Tages gelingen soll die Tarifverhandlungen im Öffentlichen Dienst entsprechend der Bedürfnisse des Wissenschaftsprekariats zu beeinflussen. Das Netzwerk hat sich in dieser Konstellation zu einem Akteur von Belang entwickelt, der neue Dynamik ins wissenschaftliche Feld bringt. Um diese Rolle langfristig einzunehmen, wird es aber unumgänglich sein, sich selbst strukturell stärker aufzustellen, finanzielle und organisatorische Ressourcen zu mobilisieren,[31] Entscheidungswege zu formalisieren und dabei trotzdem gleichzeitig offen und flexibel zu bleiben. Eine Organisationsstruktur wie die jetzige droht immer potenziell der „Tyrannei der Strukturlosigkeit" (Freeman 2013) zum Opfer zu fallen; ebenso droht, auch dies erfahrungsgesättigt, das Ausbrennen einer Kerngruppe überlasteter (Hyper-) Aktiver. Andererseits verhindert die jetzige Struktur durch ihre Unabhängigkeit das Abwetzen der eigenen Radikalität und Angriffslust beim Abarbeiten an den Institutionen.

Die Geschichte des Netzwerks enthält auch ganz konkrete, handlungspraktische Lektionen, die allerdings wenig überraschen: Ein so schneller Aufbau und eine so schnelle Etablierung als Player im hochschulpolitischen Feld wären nicht ohne die vielfache Vernetzung nach außen mit Gewerkschaften, linken Stiftungen und Politiker:innen sowie Medien möglich gewesen. Dies hat zum einen Bündnisse ermöglicht und zum anderen erlaubt, immer wieder gewisse materielle Ressourcen zu erschließen, ohne die die Arbeit nie so schnell vorangeschritten wäre. Dabei waren auch erfahrene politische Aktivist:innen bedeutsam, deren Wissen als organische Intellektuelle in einem solchen Feld besonders wichtig ist, wo viele junge Menschen eher anpolitisiert werden und – verhältnismäßig geschichtslos – Erfahrungen in der Mobilisierung und Organisierung erst sammeln müssen. In der konkreten Arbeit zeigte sich das auch immer wieder an dem immensen Bedarf der Zielgruppe, ihre Nöte und Sorgen, ihren Ärger und ihre Wut zu artikulieren – bei der parallel bestehenden Schwierigkeit diese Gruppe zu praktischem Engagement mit einigem Einsatz von Zeit zu bewegen, mithin zu so etwas wie der Ausbildung einer kollektiven Identität zu kommen,[32] einer Art von Klassenbewusstsein als akademisches Prekariat, dem niemand die Verbesserung seiner Lage freundlich abnimmt. Daher muss die Mobilisierungsfähigkeit zumindest für Straßenproteste, Blockaden und Streik weiter vorsichtig-realistisch eingeschätzt werden: weitere Politisierung verlangt weitere Bemühun-

---

31 Die Bedeutung von Ressourcen für Mobilisierungserfolge hebt der Ressourcenmobilisierungsansatz der Protestforschung hervor (vgl. McCarthy/Zald 1977).

32 Eine – wie auch immer begrenzte oder fragile oder offene – kollektive Identität ist ein definitorisches Kennzeichen sozialer Bewegungen, die dieser Identität, des prozesshaft hergestellten Gefühls von Zusammengehörigkeit bedürfen, weil sie anders als Organisationen keine formalen Möglichkeiten der Verpflichtung ihrer Anhänger zu Commitment haben (vgl. Melucci 1995; Rucht 1995).

gen und ganz genaue Analysen. Der Streikvoluntarismus, der am Beginn dieser kleinen Erfolgsgeschichte stand, musste relativiert werden. Bis zum bundesweiten Hochschulstreik, der noch immer als Mittel mit wirklichem Druckpotenzial betrachtet werden muss, ist es anscheinend noch ein längerer Weg.

Die vorgebrachten Überlegungen zeigen, dass eine Situation der strukturellen Schwäche und zugleich eine durchaus wütende Aufbruchstimmung die Koordinaten des jungen Organisierungsprojekts markieren. Die in NGAWiss zusammenfindenden Handlungsansätze müssen auch als vielversprechender, aber keineswegs abgeschlossener Suchprozess nach einem Kanal für die Wut und einem Ansatzpunkt für tatsächliche Veränderungen bei all den Widrigkeiten verstanden werden, als eine Suche nach Agency in einem Feld, in dem sich wirksame hochschulpolitische Hebel nicht leicht ausmachen lassen.

Literatur

Ambrasat, Jens (2019): Bezahlt oder unbezahlt? Überstunden im akademischen Mittelbau. In: Forschung und Lehre 19, H. 2, S. 152–154.

Bérubé, Michael/Ruth, Jennifer (2015): The humanities, higher education, and academic freedom. Three necessary arguments. Houndmills, Basingstoke und Hampshire: Palgrave Macmillan.

Beyer, Heiko/Schnabel, Annette (2017): Theorien sozialer Bewegungen. Eine Einführung. Frankfurt und New York NY: Campus.

BMBF-Internetredaktion (2019): Zukunftsvertrag Studium und Lehre stärken – BMBF. In: Bundesministerium für Bildung und Forschung – BMBF. www.bmbf.de/de/zukunftsvertrag-studium-und-lehre-staerken-9232.html (Abfrage: 2.11.2019).

Bourdieu, Pierre (1998): Vom Gebrauch der Wissenschaft. Für eine klinische Soziologie des wissenschaftlichen Feldes. Konstanz: UVK, Univ.-Verlag.

Deutscher Bundestag (2019): Plenarprotokoll 19/117. dipbt.bundestag.de/doc/btp/19/19117. pdf (Abfrage: 12.04.2020).

Dohmen, Dieter/Wrobel, Lena (2018): Entwicklung der Finanzierung von Hochschulen und Außeruniversitären Forschungseinrichtungen seit 1995. www.hochschulverband.de/fileadmin/redaktion/download/pdf/FiBS_DHV_Hochschulfinanzierung_180328_final.pdf (Abfrage: 10.4.2018).

Eichhorn, Kristin (2019): Die Bayreuther Erklärung – eine bislang einseitige Debatte. www.almameta.de/die-bayreuther-erklaerung-eine-bislang-einseitige-debatte/.

Freeman, Jo (2013): The Tyranny of Structurelessness. In: WSQ: Women's Studies Quarterly 41, H. 3/4, S. 231–246.

Frist ist Frust (2019): Unterstützer*innen. frististfrust.net/unterstuetzerinnen/ (Abfrage: 12.04. 2020).

Gallas, Alexander (2018): Precarious Academic Labour in Germany. Termed Contracts and a New Berufsverbot. In: Global Labour Journal 9, S. 92–102.

Gassmann, Freya/Groß, Jascha/Benkel, Cathrin (2020): Befristete Beschäftigung von wissenschaftlichen Mitarbeiterinnen und Mitarbeitern an Hochschulen in Deutschland. Eine erste Evaluation der Novelle des Wissenschaftszeitvertragsgesetzes. GEW Gewerkschaft Erziehung und Wissenschaft. www.gew.de/fileadmin/media/publikationen/hv/Hochschule_und_Forschung/Broschueren_und_Ratgeber/Evaluation-WissZeitVG-AV-final. pdf (Abfrage: 12.04.2020).

Gewerkschaft Erziehung und Wissenschaft (2010): Templiner Manifest. Traumjob Wissenschaft. Für eine Reform der Personalstruktur und Berufswegen in Hochschule und Forschung. www.gew.de/wissenschaft/templiner-manifest/templiner-manifest-text/ (Abfrage: 12.04.2020).

Gewerkschaft Erziehung und Wissenschaft (2012): Herrschinger Kodex. Gute Arbeit in der Wissenschaft. Ein Leitfaden für Hochschulen und Forschungseinrichtungen. www.gew.de/ wissenschaft/herrschinger-kodex/ (Abfrage: 12.04.2020).

Graf, Angela/Keil, Maria/Ullrich, Peter (2020): Exit, Voice und Loyalty – (Un-)Möglichkeiten kollektiven Widerspruchs im akademischen Mittelbau in Deutschland. In: Leviathan 48, H. 2, S. 293–317.

Grühn, Dieter/Hecht, Heidemarie/Rubelt, Jürgen/Schmidt, Boris (2009): Der wissenschaftliche „Mittelbau" an deutschen Hochschulen. Zwischen Karriereaussichten und Abbruchtendenzen. www.zewk.tu-berlin.de/fileadmin/f12/Downloads/koop/publikationen/Endbericht_Verdi_Studie_09.pdf (Abfrage: 12.04.2020).

Hellmann, Kai-Uwe/Koopmans, Ruud (1998): Paradigmen der Bewegungsforschung. Entstehung und Entwicklung von neuen sozialen Bewegungen und Rechtsextremismus. Wiesbaden: VS Verlag für Sozialwissenschaften.

Johnston, Hank (2009): Protest Cultures: Performance, Artifacs, and Ideations. In: Johnston, Hank (Hrsg.): Culture, social movements, and protest. Aldershot: Ashgate, S. 1–27.

Jongmanns, Georg (2011): Evaluation des Wissenschaftszeitvertragsgesetzes (WissZeitVG). Gesetzesevaluation im Auftrag des Bundesministeriums für Bildung und Forschung. Hannover: HIS.

Keil, Maria (2019): Zur Reproduktion sozialer Ungleichheit im Feld der Wissenschaft. In: Berliner Journal für Soziologie 28, S. 457–478.

Konsortium Bundesbericht Wissenschaftlicher Nachwuchs (2013): Bundesbericht wissenschaftlicher Nachwuchs 2013. Statistische Daten und Forschungsbefunde zu Promovierenden und Promovierten in Deutschland. Bielefeld: Bertelsmann.

Konsortium Bundesbericht Wissenschaftlicher Nachwuchs (2017): Bundesbericht wissenschaftlicher Nachwuchs 2017. Statistische Daten und Forschungsbefunde zu Promovierenden und Promovierten in Deutschland. Bielefeld: Bertelsmann.

McCarthy, John D./Zald, Mayer N. (1977): Resource Mobilization and Social Movements. A Partial Theory. In: The American Journal of Sociology 82, H. 6, S. 1212–1241.

Melucci, Alberto (1995): The Process of Collective Identity. In: Johnston, Hank/Klandermans, Bert (Hrsg.): Social movements and culture. Minneapolis, Minn: University of Minnesota Press, S. 41–63.

Münch, Richard (2011): Akademischer Kapitalismus. Zur politischen Ökonomie der Hochschulreform. Berlin: Suhrkamp.

Netzwerk für Gute Arbeit in der Wissenschaft (2017a): Endlich kollektiv handlungsfähig werden – Aufruf zur Vernetzung des akademischen Mittelbaus. www.mittelbau.net/gruendungsaufruf/ (Abfrage: 10.04.2020).

Netzwerk für Gute Arbeit in der Wissenschaft (2017b): Für faire Beschäftigung an deutschen Hochschulen! Forderungen des Netzwerks für Gute Arbeit in der Wissenschaft. mittelbau. net/wp-content/uploads/sites/51/2017/09/Forderungen_NGAWiss._31.8pdf.pdf (Abfrage: 11.9.2018).

Netzwerk für Gute Arbeit in der Wissenschaft (2019): Stellungnahme des Netzwerks für Gute Arbeit in der Wissenschaft zur „Bayreuther Erklärung" der Uni-Kanzler*innen. www.mittelbau.net/bayreuther-bankrotterklaerung/ (Abfrage: 12.04.2020).

Netzwerk für Gute Arbeit in der Wissenschaft (2019): Informationen und Daten zur Lage des Mittelbaus. www.mittelbau.net/informationen-und-daten-zur-lage-des-mittelbaus/ (Abfrage: 11.04.2020).

Netzwerk „Prekäres Wissen" (2016): Honorare in der Bildungsarbeit und tatsächliche Stundenlöhne. Daten und Erläuterungen zur Honorartabelle des Netzwerks „Prekäres Wissen". prekaereswissen.files.wordpress.com/2014/03/report-2016-03-07.pdf. (Abfrage: 12.04.2020).

Ohm, Britta (2016): Exzellente Entqualifizierung. Das neue akademische Prekariat. In: Blätter für deutsche und internationale Politik 8, S. 109–120.

Ostheim, T./Schmidt, M.G. (2007): Die Machtressourcentheorie. In: Schmidt, M.G./Ostheim, T./Siegel, N.A./Zohlnhöfer, R. (Hrsg.): Der Wohlfahrtsstaat. Eine Einführung in den historischen und internationalen Vergleich. Wiesbaden: VS Verlag für Sozialwissenschaften, S. 40–50.

Peter, Tobias (2017): Akademische Entrepreneure. Der homo academicus zwischen Passion, Reputation und Projekt. In: Berliner Debatte Initial 28, H. 1, S. 110–121.

Pettenkofer, Andreas (2010): Radikaler Protest. Zur soziologischen Theorie politischer Bewegungen. Frankfurt am Main u.a.: Campus.

Reitz, Tilman (2016): Von der Kritik zur Konkurrenz. Die Umstrukturierung wissenschaftlicher Konflikte und ihre Wissenseffekte. In: sub\urban. zeitschrift für kritische stadtforschung 4, H. 2/3, S. 37–58.

Rogge, Jan-Christoph (2015): Soziale Bedingungen und Effekte der quantitativen Leistungsmessung. In: Soziale Welt 66, H. 2, S. 205–214.

Rucht, Dieter (1995): Kollektive Identität. Konzeptionelle Überlegungen zu einem Desiderat der Bewegungsforschung. In: Forschungsjournal neue soziale Bewegungen 8, H. 1, S. 9–23.

Spiegel Panorama (2017): Uni-Chefs wollen Mitarbeiter weiter befristen. www.spiegel.de/lebenundlernen/uni/hochschulen-rektoren-sehen-kaum-handlungsbedarf-bei-befristeten-jobs-a-1144043.html (Abfrage: 12.04.2020).

Silver, Beverly J. (2005): Forces of Labor. Arbeiterbewegungen und Globalisierung seit 1870. Berlin: Assoziation A.

Slaughter, Sheila/Rhoades, Gary (2009): Academic Capitalism and the New Economy. Markets, State, and Higher Education. Baltimore: Johns Hopkins University Press.

Ullrich, Peter (2019a): Organisierung und Mobilisierung im akademischen Kapitalismus. Bedingungen kollektiver Handlungsfähigkeit prekär-mobiler Bildungsarbeiter*innen. In: Burzan, Nicole (Hrsg.): Komplexe Dynamiken lokaler und globaler Entwicklungen. Verhandlung des 39. Kongresses der Deutschen Gesellschaft für Soziologie in Göttingen 2018.

Ullrich, Peter (2019b): In Itself, But Not Yet For Itself – Organising the New Academic Precariat. In: Baier, Walter/Canepa, Erhard/Golemis, Haris (Hrsg.): The Radical Left in Europe. Rediscovering hope. transform! Yearbook 2019. London: Merlin Press, S. 155–166.

Ullrich, Peter (2016): Prekäre Wissensarbeit im akademischen Kapitalismus. Strukturen, Subjektivitäten und Organisierungsansätze in Mittelbau und Fachgesellschaften. In: Soziologie 45, H. 4, S. 388–411.

Ullrich, Peter/Neis, Matthias (2019): Die Mühen der Ebene. soziopolis.de/beobachten/wissenschaft/artikel/die-muehen-der-ebene/ (Abfrage: 12.04.2020).

Ullrich, Peter/Reitz, Tilman (2018): Raus aus der prekären Mobilität. In: Forum Wissenschaft 2, H. 18, S. 23–24.

van Dyk, Silke/Reitz, Tilman (2017): Projektförmige Polis und akademische Prekarität im universitären Feudalsystem. Zwei Diagnosen und eine Fünf-Jahres-Perspektive. blog.soziologie.de/2016/06/projektfoermige-polis-und-refeudalisierung-teil-2/ (Abfrage: 11.9.2018).

Vereinigung der Kanzlerinnen und Kanzler der Universitäten Deutschlands (2019): Bayreuther Erklärung zu befristeten Beschäftigungsverhältnissen mit wissenschaftlichem und künstlerischem Personal in Universitäten. www.uni-kanzler.de/fileadmin/user_upload/05_Publikationen/2017_-_2010/20190919_Bayreuther_Erklaerung_der_Universitaetskanzler_final.pdf (Abfrage: 12.04.2020).

Vereinte Dienstleistungsgewerkschaft (ver.di) (2019): HOW 2 TVSTUD. Leitfaden für studentische Tarifverträge an den Hochschulen. Berlin.

Wiarda, Jan-Martin (2019): Unionsabgeordnete fordern Länder zu Engagement bei Dauerstellen und Betreuungsrelationen auf. www.jmwiarda.de/2019/06/26/unionsabgeordnete-fordern-länder-zu-engagement-bei-dauerstellen-und-betreuungsrelationen-auf/ (Abfrage: 12.04.2020).

Mitbestimmung des wissenschaftlichen Mittelbaus an der gemanagten Hochschule

Geschichte, Problemfelder und Perspektiven demokratischer Beteiligung[1]

Christian Seipel und Per Holderberg

Mitbestimmung an der Hochschule ist nicht ohne den Bezug auf die Geschichte der betrieblichen Mitbestimmung zu verstehen. Um die Verfasstheit der Mitbestimmung des wissenschaftlichen Mittelbaus in der Gegenwart zu bestimmen, sind im ersten Teil dieses Beitrags Pfadabhängigkeiten aus der historischen Genese darzustellen – die Entstehungsgeschichte des Personalvertretungsgesetz, der „Doppelcharakter" der Mitbestimmung (akademische Selbstverwaltung und Personalrat) sowie die Statusgruppen-Hierarchien. Im zweiten Teil des Beitrags werden zur gegenwärtigen Einschätzung zur Lage der Mitbestimmung an Hochschulen amtliche Beschäftigten-Daten des Statistischen Bundesamts (Expansion des Mittelbaus, Ausweitung des Befristungswesens) und Individualdaten aus einer 2020 durchgeführten explorativen Befragung unter Personalratsmitgliedern in Niedersachsen ausgewertet. Empirisch wird der Frage nachgegangen, wie es um die Mitbestimmung und die akademische Selbstverwaltung in der gemanagten Hochschule bestellt ist. Im Schlussteil erfolgt eine Einordnung der als prekär zu beschreibenden Beschäftigungssituation der Wissensarbeiter:innen, welche die demokratischen Potenziale der verfassten und unverfassten Mitbestimmung aus der Perspektive des wissenschaftlichen Mittelbaus sichtbar macht.

1. Begriff und geschichtliche Entwicklung der Mitbestimmung an der Hochschule

Die Institution der Mitbestimmung in Deutschland ist ein hart erkämpftes Recht, dem blutige Kämpfe und Streiks vorausgegangen sind. Neben den historischen Vorläufern wie beispielsweise der Einrichtung von Fabrikausschüssen (1848 Entwurf einer Gewerbeordnung), dem Arbeiterschutzgesetz von 1891, wird in

---

1 Wir danken Arne Böker und Markus Germar für wertvolle Anmerkungen. Darüber hinaus hat Svenja Warnecke uns neben dem Korrekturlesen ebenfalls tatkräftig bei der Datenrecherche und -auswertung unterstützt. Ohne die stetig wachsende Zahl an Hilfskräften hätten Wissenschaftler:innen eine wesentlich geringere Produktivität. Wir sind ihnen persönlich und in der Masse zu großem Dank verpflichtet.

der historischen Betrachtung das am 4. Februar 1920 in Kraft getretene Betriebs-rätegesetz in der Weimarer Republik als Kristallisationspunkt für die Mitbe-stimmung gesehen.[2] Diesem Ereignis gingen die Novemberrevolution von 1918 und die Zerschlagung der Rätebewegung durch die Reichswehr im Jahr 1919 voran. Für Teile der Arbeiter:innenbewegung waren die gesetzlichen Grund-lagen nicht weitgehend genug formuliert und erfüllten nicht die Forderungen der Rätebewegung nach einer durchgreifenden Demokratisierung des Obrig-keitsstaates (vgl. Ulrich 2018, S. 8). Anlässlich der Beratungen über das Betriebs-rätegesetz kam es deshalb am 13. Januar 1920 zu einer Versammlung von mehr als 100 000 Menschen vor dem Reichstag, die gegen das Gesetz demonstrierten. 42 Demonstrierende starben im Kugelhagel der Polizei und 105 Personen wurden verletzt. Reichspräsident Friedrich Ebert verhängte den Ausnahmezustand (vgl. Thüsing 2020). In der Folgezeit wurde das Gesetz nur wenig verändert, bis es 1934 von den Nationalsozialisten durch das „Gesetz zur Ordnung der nationalen Arbeit" abgelöst wurde – Betriebsräte gab es nicht mehr, die Betriebsgemein-schaft wurde nach dem Führerprinzip geordnet. Die alten Strukturen wurden dann im Betriebsverfassungsgesetz (BetrVG) 1952 wieder eingeführt und 1982 und 2001 grundlegend reformiert. Im internationalen Vergleich ist das Be-triebsverfassungsgesetz eine besondere deutsche Errungenschaft. Vergleichbare Institutionen gibt es nach Thüsing (2020) nur noch in Österreich, Luxemburg und den Niederlanden[3]. Für US-amerikanische Juristen stelle laut Thüsing (2020, S. 16) das deutsche Mitbestimmungsrecht „eine Mischung aus Voodoo und So-zialismus (dar), von de(m) man besser die Finger lässt". Diese Einschätzung wie auch die vergangenen Entwicklungspfade zeigen deutlich, dass die Mitbestim-mung von den sozialen Kräfteverhältnissen abhängen (vgl. Demirovic 2008).

---

2 Die Darstellung bezieht sich auf den deutschen Kontext. Die komplexe Vorgeschichte, die nicht linear verläuft und in der parallele Strukturen zeitgleich existierten, kann hier nicht detailliert nachgezeichnet werden. Es soll der Hinweis genügen, dass alle der im 19. Jahr-hundert entstehenden Institutionen zur Wahrung von Arbeitnehmer:inneninteressen wie-derum historische Vorläufer in jahrhundertealten Selbsthilfeeinrichtungen von Gesellen im Handwerk und von Knappen im Bergbau hatten (vgl. Däubler/Kittner 2020, S. 6 und 31, 34–41). Zur Anreicherung von Komplexität sei an dieser Stelle nur darauf verwiesen, dass die SPD mit dem Erfurter Programm im 1891 – fest auf dem Boden der Lehren von Marx und Engels stehend – Arbeiterausschüsse als „scheinkonstitutionelles Feigenblatt, mit dem der Fabrikfeudalismus verdeckt werden soll" ablehnte.
Vergleiche zur Geschichte der Betriebsverfassung Däubler/Kittner 2020, Zitat auf S. 80; eine knappe Darstellung findet sich bei Behruzi 2015, S. 92–106, Demirovic 2008 stellt u. a. die Institutionalisierung der sozialen Demokratie in der Auseinandersetzung mit den Er-fahrungen des Faschismus dar, Ulrich 2018 zeichnet den Wandel der Deutungen der Re-volution von 1918/19 im Gang der historischen Forschung nach, insbesondere auch die Bedeutung der Rolle der SPD: vom Verrat an den Interessen der Arbeiter:innenklasse hin zur abgeschwächten Form der Kritik, wonach die SPD Führung eine Zusammenarbeit mit dem alten Regime über das unbedingt notwendige Maß hinaus betrieben hätte.

3 Vgl. Niedenhoff 2005 für einen Vergleich von Mitbestimmungsgesetzen in Europa.

Dies gilt auch für die Mitbestimmung im öffentlichen Dienst, die im Folgenden näher skizziert wird.

Bis zum Jahr 1952 war es nach Däubler und Kittner (2020, S. 379 ff.) eine Selbstverständlichkeit, dass die Betriebsverfassung auch den öffentlichen Dienst, einschließlich der Beamten, einbezog. Dies wurde durch das Kontrollratsgesetz (KRG) Nr. 22 ermöglicht, die der Alliierte Kontrollrat am 10. April 1946 beschlossen hat und das am 17. April 1946 in Kraft trat. In diesem Gesetz wird neben den Betrieben auch die Verwaltung erfasst. Damit war die einheitliche Interessenvertretung für die gewerbliche Wirtschaft und den öffentlichen Dienst verwirklicht (vgl. Däubler/Kittner 2020, S. 279–310). Mit dem KRG Nr. 22 wurde in 13 Artikeln die rechtliche Stellung, die Errichtung und die Tätigkeiten von Betriebsräten geregelt. Besonders innovativ aus heutiger Sicht war dabei der Artikel 5 Abs. 2: „Die Betriebsräte bestimmen im Rahmen dieses Gesetzes selbst ihre Aufgaben im einzelnen [sic!] und die dabei zu verfolgenden Verfahren".

Das KRG Nr. 22 sollte auf Drängen der Bundesregierung durch ein Betriebsverfassungsgesetz ersetzt werden. Im Verlaufe der Verhandlungen über dieses Gesetz in den 1950er Jahren zeigte sich, dass der von der Regierung vorgelegte Entwurf weit hinter den gewerkschaftlichen Forderungen zurückblieb (vgl. Däubler/Kittner 2020, S. 348 ff.). Die vom DGB initiierten Kampfmaßnahmen und Aktionen versuchten den Regierungsentwurf zu verhindern, da dieser die Anwendbarkeit auf Verwaltungen der Körperschaften des öffentlichen Rechts ausdrücklich ausschloss. Die Einflussnahme der Gewerkschaften auf den Gesetzgebungsprozess war nicht erfolgreich. Das BetrVG wurde 1952 verabschiedet. Die Bundesregierung unter Bundeskanzler Adenauer setzte sich mit ihrem Anliegen durch, eine Spezialregelung für den öffentlichen Dienst zu schaffen und bereitete ein Bundespersonalvertretungsgesetz (BPerVG) vor, das schließlich am 5. August 1955 erlassen wurde. Däubler und Kittner (2020, S. 379) sprechen von einem erzwungenen Sonderweg des öffentlichen Dienstes. Bis dahin galt für den öffentlichen Dienst das KRG Nr. 22 (vgl. Däubler/Kittner 2020, S. 379).

Das BPerVG gab der Interessenvertretung weniger Rechte als sie nach dem BetrVG 1952 vorgesehen waren. Das Gruppenprinzip wurde stärker verankert und Personen, die weniger als 18 Stunden wöchentlich arbeiteten, konnten nicht in den Personalrat (PR) gewählt werden. Zudem wurde in sozialen Angelegenheiten zwischen bloßer Mitwirkung und Mitbestimmung unterschieden (vgl. Däubler/Kittner 2020, S. 380). Das Bundespersonalvertretungsgesetz wurde am 1. April 1974 reformiert und gilt für Bundesbehörden, wie beispielsweise der Bundesagentur für Arbeit. Die Personalvertretungsgesetze der Länder gelten für Dienststellen auf Landes- und kommunaler Ebene, wie z. B. den Hochschulen. Sie stellen die rechtliche Grundlage für die Interessenvertretung auf Betriebs- bzw. Dienststellenebene dar. Ob ein Personalrat oder ein Betriebsrat gegründet wird, hängt einzig von der Organisationsform ab. Stellt diese eine Form des öffentlichen Rechts dar, wird das jeweilige Personalvertretungsgesetz angewendet, ist es eine Form des Privatrechts, wird das BetrVG angewendet. Keller und Henne-berger (1999) stellen die Unterschiede zwischen der Interessenvertretung in der gewerblichen Wirtschaft und dem öffentlichen Dienst dar. Der wichtigste Unterschied des Systems der Arbeitsbeziehungen im öffentlichen Sektor gegen-über dem der Wirtschaft besteht darin, dass die korporativen Akteure Staat und Arbeitgeber:innen(-verbände) identisch sind. Ein weiterer, wichtiger Unterschied ist der Rechtsstatus der Beschäftigtengruppen, der sich als Dualismus zeigt (vgl. Keller/Henneberger 1999, S. 235 f.). Neben dem auch in der Privatwirtschaft existierenden privatrechtlichen Arbeitnehmer:innenstatus von Angestellten und Arbeiter:innen im öffentlichen Sektor – wobei die Arbeitsbeziehungen für diese Gruppe über das Arbeitsrecht und vor allem über Tarifverträge geregelt werden – existiert zusätzlich das öffentlich rechtliche Dienstverhältnis der Beamt:innen mit dem entsprechenden Beamtenrecht. Dies führt zu speziellen Regelungen, wie die des Gruppenprinzips, das verhindern soll, dass in Angelegenheiten, die be-sonders die spezifischen Interessen einer kleineren Gruppe betreffen, diese durch die größere Gruppe überstimmt wird (vgl. dbb 2015).

Diese Vorklärungen und historischen Erläuterungen zur Genese der Mit-bestimmung sind von hoher Relevanz, da die Rahmenbedingungen des BPerVG und damit die Bestimmung des Rechtsstatus der Beschäftigtengruppen bis in die Gegenwart erhalten geblieben ist. Im Folgenden wird der Fokus auf die Ent-wicklung der *Mitbestimmung in der Hochschule* gelegt.[4] Dabei ist es sinnvoll *drei Phasen* zu betrachten, die zugleich Organisationsprinzipien in ihren Bezeich-nungen transportieren: die *Ordinarienuniversität,* die *Gruppenuniversität* und die *gemanagte Universität.* Bei der Durchsicht der Literatur (vgl. Nitsch et al. 1965; Kloelm 1968; Habermas 1969; Plander 1986; Keller/Henneberger 1999; Keller 2000; Schimank 2001; Pasternack, 2006; Münch/Pechmann 2009; Friedrichsmeier

---

4   Keller (2000, S. 29–40) zeigt auf, dass „Hochschulen sich als historisch sedimentierte In-stitutionen" erweisen. Danach wurden die ersten mittelalterlichen Hochschulgründungen in Paris, Bologna und Oxford aus einem emanzipatorischen Impetus gegenüber staatlicher und kirchlicher Kontrolle entwickelt, wonach sich Wissende und Wissbegierige zur „uni-versitates magistrorum et scholarium" (Gemeinschaft von Lehrenden und Lernenden) versammelten. Doch bereits die zweite Welle von mittelalterlichen Hochschulgründungen waren kirchliche und staatliche „Gründungen von oben". Auch die weiteren Entwicklungen (Staatsdienerschulen, aus besoldeten Hochschullehrern wurden Staatsbeamte, weiterer staatlicher Zugriff in den absolutistischen Monarchien des 17. und 18. Jahrhunderts, die Reformbewegung von Wilhelm von Humboldt, Weimarer Republik) verfestigten die kul-turstaatliche Verfassung der deutschen Universität als Doppelcharakter, die einerseits eine Selbstverwaltungskörperschaft andererseits aber auch staatliche Anstalt ist (vgl. Keller 2000, S. 36, 150). Im Zuge der Entwicklung von einer autonomen genossenschaftlichen Korporation zu einer staatlichen Einrichtung verloren die Universitäten wichtige Selbst-verwaltungsrechte (Selbstergänzungsrecht des Lehrkörpers, Personal- und Wirtschaftsver-waltung), während sie andere behielten (Rektorwahl, Promotionsrecht, Organisation des Lehr-, Forschungs- und Studienbetriebs) (vgl. Keller 2000 S. 30, 36). An dieser kulturstaat-lichen Verfassung änderte sich laut Keller (2000 S. 36) bis in die 1960er Jahre relativ wenig.

2010; Friedrichsmeier/Wannöffel 2012; Hans-Böckler-Stiftung 2012; Zechlin 2012; Staack 2016: Zechlin 2017; Ulrich 2018; Däubler/Kittner 2020) zeigt sich eine verblüffende Gemeinsamkeit: Aspekte der Mitbestimmung werden früh ausführlich thematisiert und in den folgenden Phasen wiederkehrend diskutiert.[5]

1.1 Die Ordinarienuniversität: Kleine Könige und oligarchische Strukturen

Heutigen Zeitgenossen fällt es nicht schwer sich die Verfasstheit der Universitäten, die im Winter 1945/46 in den drei Besatzungszonen der Westmächte ihre Tore wieder öffneten, bis zur Mitte der 1960er Jahre vorzustellen, denn einige Strukturmerkmale prägen diese auch heute noch.[6] Nitsch et al. (1965, S. 5) zitieren zwei britische Offiziere, die die Zustände an den Hochschulen 1947 und danach gut charakterisieren:

„Wir waren in besonderem Maße von zwei Punkten beeindruckt: dem Fehlen geeigneter Einrichtungen für die gemeinsame Erörterung und Formulierung der Universitätspolitik und der von einer kleinen Anzahl dienstälterer Professoren ausgeübten Herrschaft [...]"

„Was uns am meisten auffiel, war die persönliche Abhängigkeit von Dozenten gegenüber Professoren und die daraus erwachsende Unsicherheit ihrer Stellung[...]. Die Professoren halten zu oft an diesem autoritären Zwang fest, und die angehenden Dozenten entwickeln zu oft eine servile Haltung, die einen sehr schlechten Eindruck auf sie selber, auf ihre Vorgesetzten und auf die Studenten ausübt".

Nach Nitsch et al. (1965, S. 1–5) kontrollierten die Ordinarien die „Betriebsmittel für Forschung und Lehre", die an Instituten bzw. Kliniken zusammengefasst sind. Die Direktoren dieser Institute sind die Lehrstuhlinhaber des jeweiligen Fachs selbst. Die Institute werden um den Lehrstuhlinhaber „herumgebaut" (vornehmlich in kleineren Fächern) oder aber jeder Lehrstuhlinhaber leitet eine Abteilung innerhalb eines größeren Instituts. Neben den Finanzen bestimmen die Ordinarien über die Forschungsrichtung des Instituts, den Lehrplan der abhängigen Lehrkräfte und über die Studien- und Prüfungsordnungen der Studierenden.

---

5   So in der Schrift von Nitsch, Gerhard, Offe, Preuß (1965) „Hochschule in der Demokratie", in dem viele Probleme, die auch 2020 die Hochschulen beschäftigen, bereits ausführlich behandelt werden.
6   Zur historischen Einbettung der durch die Alliierten forcierten Entnazifizierung des Lehrpersonals und der Wiederaufnahme des universitären Lehr- und Forschungsbetriebs sowie gescheiterter Versuche einer Demokratisierung der Universitäten in der Nachkriegszeit (Stichwort „Blaues Gutachten" von 1948) vgl. Oberschelp in diesem Band.

Darüber hinaus verfügen sie über eine Vielzahl von Untergebenen, eine Struktur, die sich als pyramidale Hierarchie darstellt: Hilfskräfte, Hilfsassistenten, Assistenten und Oberassistenten und Lehrbeauftragte, Dozenten, außerplanmäßige Professoren, Wissenschaftliche Räte und Abteilungsleiter[7]. Ein Aufstieg in der Pyramide sei laut Nitsch et al. (1965, S. 4) für die sogenannten Nichtordinarien, die heutzutage ebenso herabsetzend und despektierlich als wissenschaftlicher Nachwuchs bezeichnet werden, fast nur über das Wohlwollen eines Lehrstuhlinhabers möglich, der über verschiedene „Fördermaßnahmen" (Arbeitsmittel, Zugang zu Forschungsprojekten, Bereitstellung von Hilfskräften etc.) eine Arbeit an der Promotion oder Habilitation erst ermöglicht.

Das hochschulpolitische Bewusstsein der Ordinarien stellen Nitsch et al. (1965, S. 1, Fußnote 1) durch die Bezugnahme auf zwei empirische Untersuchungen von 1956 und 1960 wie folgt dar: von 82 Prozent der Befragten wird jegliche Mitwirkung von Studierenden in akademischen Gremien abgelehnt. 90 Prozent sehen keine besondere gesellschaftliche und politische Verantwortung der Universität, und 79 Prozent halten Frauen als akademische Lehrkräfte für überflüssig[!]. Vorwiegend die befragten Nichtordinarien kritisieren die jahrelange persönliche Abhängigkeit und die schwer durchschaubaren Kriterien der Auslese von geeigneten Bewerbern. Diese Struktur erziehe „zur Servilität" und „stoße gerade hochbegabte und selbständige Persönlichkeiten ab, die zeitig die Universität verließen" (Nitsch et al. 1965, S. 2). In der akademischen Selbstverwaltung (Senat und Fakultät) waren nur Ordinarien zulässig, die Mitbestimmung durch Nichtordinarien und durch Studierende war in der Ordinarienuniversität nicht vorgesehen – sie wurden allenfalls „zugezogen" und dann auch nur mit beratender Stimme. Obwohl es immer wieder Versuche gab, Mitbestimmung einzufordern, kamen sie „mangels vollwertiger Mitgliedschaft in der Körperschaft Universität als Selbstverwaltungsträger nicht in Betracht" (Keller 2000, S. 151)[8].

---

7   „Daneben verfügt jeder Institutsdirektor noch über eine Personalpyramide zweiter Klasse für technisch-wissenschaftliche Routinearbeiten und ergänzende Unterrichtsaufgaben, bestehend aus Akademischen Räten, Kustoden, Prosektoren, Konservatoren, Observatoren, Studienräten im Hochschuldienst, Lektoren, Bibliothekaren. Schließlich ist er auch Chef des Verwaltungspersonals und der sonstigen (nichtwissenschaftlichen) Angestellten und Arbeiter des Instituts, die allerdings im Unterschied zum wissenschaftlichen Personal kaum hierarchisch gegliedert sind" (Nitsch et al. 1965, S. 3).

8   So gab es zwar die studentische Selbstverwaltungsinstitution der Verfassten Studentenschaft in der Weimarer Republik als Form der Partizipation, diese war aber für die kulturellen und sozialen Angelegenheiten der Studierenden zuständig, eine studentische Mitbestimmung an der akademischen Selbstverwaltung gab es dagegen nicht (vgl. Keller 2000, S. 151). Zur sogenannten Nichtordinarienbewegung vgl. Keller 2000, S. 44 f.

1.2 Die Gruppenuniversität: Aufbruch zur Mitbestimmung ("Brecht den Profs die Gräten, alle Macht den Räten")[9]

Gegen diese Machtkonzentration und die „Herrschaft der Ordinarien" begehrte ein Teil der Studierendenschaft[10], der Assistentenbewegung und von reformorientierten Professoren[11] in der 1968er Bewegung auf. Die Aktionen lassen sich gut mit dem Spruch der Studierenden „Unter den Talaren Muff von 1 000 Jahren"[12] versinnbildlichen. Die Studierenden besetzten Institute, Hörsäle und störten Vorlesungen. Laut Eßbach (2009, S. 4) hatte die Hochschulreformbewegung der 1960er Jahre die „Demokratisierung der Universität" zum Ziel. Darunter sei insbesondere der Zugang zur Universität[13] und die Mitbestimmung in der Universität gemeint. Als Gründe, die für die Mitbestimmung an Hochschulen sprechen und die von den Protestierenden auch lautstark geäußert wurden, führt Plander (1986, S. 143 f.) u. a. an: Professoren und Professorinnen werden Diskussions- und Begründungszusammenhängen ausgesetzt, dadurch werde der Sachverstand aller Hochschulangehörigen aktiviert und verbessere damit die Qualität von Entscheidungen, da vorschnelle Entscheidungen nicht mehr in monokra-

---

9 Zitat aus: Zechlin 2017.
10 Vgl. Kloelm 1968 für eine Analyse und Nachzeichnung der von den Studierenden erprobten und geforderten demokratischen Neuausrichtung der Hochschulen und der gesellschaftlichen Bedeutung studentischer Proteste. Dies wird am Sozialistischen Deutschen Studentenbund entfaltet, aus dessen Denkschrift von 1961 auch der Beitrag von Nitsch et al. (1965) hervorging, die ihrerseits als studentische Vertreter an der Denkschrift des SDS mitgewirkt haben. Für heutige politisch aktive Hochschulmitglieder ist es interessant festzuhalten, dass eine gleichzeitige Mitgliedschaft in der SPD und dem SDS von der SPD explizit per (Unvereinbarkeits-)Beschluss vom 6. November 1961 ausgeschlossen wurde (vgl. Keller 2000, S. 89–98).
11 Vgl. Keller 2000, S. 156 ff. zu den „Grundsätzen für ein neues Hochschulrecht" der Frankfurter Professoren Denninger, von Friedeburg, Habermas und Wiethölter (1969), in denen die Autoren den Ansatz einer Gruppenuniversität entwickeln und neben der Selbstverwaltung akademischer Angelegenheiten auch eine Autonomie über global zur Verfügung zu stellende Wirtschaftsmittel fordern. Autonomie gegenüber dem Staat und innere Reform des Willensbildungsprozesses in der Hochschule gehören für die progressive Professorengruppe um Habermas (1969) zusammen – ganz anders als die Überlegungen der 1990er Jahre, die auf eine „Hierarchisierung der Willensbildungs- und Entscheidungsstrukturen" drängen (vgl. Kapitel 2). Erwähnt werden sollte, dass Habermas selbst davor warnte „auf falsche Modelle, z. B. auf die Mitbestimmung der Arbeitnehmer in industriellen Unternehmen" Bezug zu nehmen. Es ging ihm laut Keller (2000, S. 158) um eine zweckrationale Organisation von Wissenschaft, in dem die Partizipation einzelner Hochschulgruppen nicht in jedem Fall paritätisch zu organisieren sei. So wurde das nicht-wissenschaftliche Personal um 1968 nicht bzw. nicht gleichberechtigt mitgedacht[!] so auch im Vorschlag der Bundesassistentenkonferenz von 1969; erst zu Beginn der 1970er Jahre wurde mit Parität eine Drittelparität gemeint (vgl. Keller 2000, S. 161).
12 Vgl. hierzu Wikipedia (2020): Unter den Talaren – Muff von 1 000 Jahren.
13 Besonders benachteiligt war zu dieser Zeit das „katholische Arbeitermädchen vom Lande". In der Gegenwart hat sich eine Metaphernmetamorphose zum „Migrantenjungen aus Ballungsräumen" vollzogen (Geißler 2005).

tischen Entscheidungsstrukturen getroffen werden könnten. Mitbestimmung in Personalentscheidungen und bei der Verteilung von Ressourcen könne dazu beitragen, Pluralität in Forschung und Lehre zu ermöglichen. Mitbestimmung diene damit der Sicherung der Wissenschaftsfreiheit auch der nicht-professoralen Wissenschaftler:innen. Mitbestimmung verleiht den Entscheidungen eine stärkere Legitimation und stelle somit ein Integrationsinstrument ebenso wie ein Mittel zur Umsetzung des Demokratieprinzips dar. Plander (1986, S. 254) hält zur Umsetzung der Mitbestimmung fest: „Inwieweit außer den Professoren an Entscheidungen der Hochschulen über akademische Angelegenheiten auch andere Hochschulangehörige – Wissenschaftler und Angehörige des technischen und Verwaltungspersonals sowie Studenten – mitbestimmen sollen und dürfen, ist seit der Studentenbewegung der ausgehenden 60er Jahre eine der umstrittensten Fragen von Hochschulpolitik und Hochschulrecht"[14]. Plander (1986, S. 144) argumentiert weiterhin, dass aus der Tatsache, dass Hochschulen als rechtsfähige Körperschaften organisiert sind ein Mitgliedschaftsprinzip folgt. Dieses Prinzip setze mitgliedschaftliche Rechte und Pflichten voraus, darunter „Mitbestimmungsrechte einschließlich des aktiven und passiven Wahlrechts zu den akademischen Gremien". Der Durchsetzung dieser uns heute als alltägliche und selbstverständliche Institutionalisierung von Mitbestimmungsrechten an den Hochschulen erscheinende Realität gingen lange Kämpfe und gesellschaftliche Auseinandersetzungen voraus. Und die Hauptforderung der 1960er Jahre wurde bis heute nicht durchgesetzt: die Drittelparität.

Damit sind paritätisch besetzte Entscheidungsgremien gemeint, die die Ordinarienuniversität ablösen sollte. Laut Keller (2000, S. 159) verstand man unter Drittelparität – anders als die heutige Einteilung – eine Gliederung der Hochschulmitglieder in drei Gruppen: Hochschullehrer:innen (Professor:innen und nichtprofessoral Lehrende), Studierende und nichtwissenschaftliches Personal. Hier bestand noch die Idee „einer statusrechtlichen Vereinheitlichung des gesamten – lehrenden – wissenschaftlichen Personals, an der sich noch [...] der erste HRG-Regierungsentwurf von 1970 [...] orientiert" hat (Keller 2000, S. 159). Fortschrittliche Kräfte in der Gesellschaft haben die Forderungen der Studenten- und Assistentenbewegung aufgegriffen – so z. B. der DGB mit seinen vom Bundesvorstand am 8. Mai 1973 beschlossenen 23 Thesen zur Hochschulreform (vgl. hier die These 19 zur Drittelparität, vgl. für weitere Akteure auch Keller 2000, S. 157). Ausgehend von den oben genannten Gründen, die für eine Mitbestimmung sprachen, wurden von den Bundesländern gegen Ende der 1960er bzw. zu Beginn der 1970er Jahre Möglichkeiten der Beteiligung eingeräumt. Die Betei-

---

14 Vgl. auch Fußnote 75, S. 143 bei Plander (1986) mit weiteren Literaturhinweisen zur Auseinandersetzung um die Frage, ob sich aus Art. 5 Abs. 3 GG – Wissenschaftsfreiheit – auch ein Mitbestimmungsgebot folgern lässt, eine Schlussfolgerung, die von der Bundesassistentenkonferenz 1970 vorgelegt wurde.

ligten orientierten sich laut Plander (1986, S. 145) an der sogenannten Gruppen-universität. Die Hochschulmitglieder wurden „nach dem Scheitern einer grund-legenden Reform der Hochschulpersonalstruktur" (vgl. Keller 2000, S. 159) nun in vier Gruppen aufgeteilt (Professor:innen, Angehörige des sogenannten Mittel-baus, technisches und Verwaltungspersonal und den Studierenden, sogenannte Viertelparität). Diese vier Gruppen behielten „jeweils eine gewisse Anzahl von Sitzen und Stimmen in den akademischen Gremien vor und erkannte den An-gehörigen der einzelnen Gruppen insoweit das aktive und passive Wahlrecht zu" (Plander 1986, S. 145). Man kann sich leicht vorstellen, dass der Versuch oligar-chische durch demokratische Strukturen zu ersetzen auf der Seite der vom bis-herigen System privilegierten Professor:innen zum größten Teil auf Widerstand gestoßen ist (vgl. zur Darstellung von Kommunikationsbarrieren zwischen den Gruppen Plander 1986, S. 146 f. und Eßbach 2009, S. 4 f.). Gleichwohl ist schon an dieser Stelle darauf hinzuweisen, dass dieses Prinzip der Drittel- oder Viertel-parität nicht ohne weiteres mit einer tatsächlichen Demokratisierung der Hoch-schule gleichzusetzen ist, denn hierzu müsste das liberaldemokratische Gleich-heitsprinzip „one man – one vote" an den Hochschulen eingeführt werden. Es handelt sich also um eine „quasiständische Repräsentationsform" (Keller 2000, S. 160).

Das Hauptargument gegen die Mitbestimmung lautete „nichtprofessoralen Beschäftigten fehle es durchgängig oder überwiegend an hinreichendem Sach-verstand, wie ihn die in den Wissenschaftseinrichtungen zu fällenden Entschei-dungen erforderten" (Plander 1986, S. 146). Deshalb müssten Professor:innen weiterhin alleine entscheiden oder sich mit einer gesicherten Mehrheit durchset-zen können. Nicht-professorale Beschäftigte könnten allenfalls Anhörungs- und Beratungsrechte, aber keinesfalls Mitbestimmungsrechte in Anspruch nehmen (vgl. Plander 1986, S. 146). Die Gegenbewegung organisierte sich im Bund Frei-heit der Wissenschaft und mehr als 1 500 Professoren unterzeichneten 1968 das „Marburger Manifest – Zur Politisierung und sogenannten Demokratisierung der Hochschulen der Länder der Bundesrepublik Deutschland" (Keller 2000, S. 165, siehe auch den Wortlaut dieses Manifests in der FAZ vom 5. Juli 1968). Obwohl sich die Kultusministerkonferenz auf ein Konzept für ein modernes Hochschulrecht verständigt hatte – so die Analyse von Keller (2000, S. 168 f.) – dauerte es bis zum Dezember 1975 bis das Hochschulrahmengesetz (HRG) ver-abschiedet wurde und am 30. Januar 1976 in Kraft trat. In der Zwischenzeit ver-abschiedeten die Länder Landeshochschulgesetze, die sich in der Ausgestaltung der Mitbestimmungsrechte zum Teil deutlich unterschieden. So wurde in der neugegründeten Universität Bremen 1971/72 (auf Basis des Hochschulgesetzes von 1970) die Drittelparität eingeführt, während in Bayern in 1973 durch eine zahlenmäßig unterschiedliche Vertretung der Gruppen von sechs Professor:in-nen, einem Assistenzprofessor, einem Studierenden, zwei wissenschaftlichen und einem nichtwissenschaftlichen Bediensteten in der Versammlung und im Senat die Ordinarienmacht weitgehend wiederhergestellt wurde (vgl. hierzu und zu weiteren historischen Informationen Keller 2000, S. 166 f.).[15]

In der Auseinandersetzung ging es „von Anfang an auch um die (Macht)frage ‚Wem gehört die Universität?'" (Zechlin 2012, S. 45). Bisher konnten sich die Ordinarien als „Eigentümer" fühlen. Mit der Gesetzes-Initiative aus Niedersachsen trat der Staat als „Eigentümer" auf und berührte somit das Selbstverständnis der meisten Professor:innen. So legten 398 Hochschullehrende gegen das Vorschaltgesetz für ein Niedersächsisches Gesamthochschulgesetz vom 26. Oktober 1971 Verfassungsbeschwerde ein, das schließlich zum berühmten Urteil des Bundesverfassungsgerichts vom 29. Mai 1973 führte. Das Gericht legte fest, dass bei Entscheidungen, die die Lehre betrafen die Professor:innen über einen „maßgebenden Einfluß" (d. h. die Hälfte der Stimmen verfügen) und bei Fragen der Forschung und der Hochschullehrendenberufung ein noch „weitergehender, ausschlaggebender Einfluß" (mehr als die Hälfte der Stimmen) notwendig ist (BVerfG 35, S. 79)[16]. Eßbach (2009, S. 5) nennt die Hintergründe: der niedersächsische Wissenschaftsminister Peter von Oertzen, Professor für Politikwissenschaft, der sich wissenschaftlich selbst mit der Rätebewegung nach dem Ersten Weltkrieg beschäftigte und von Eßbach als „SPD-Mitglied und trotzkistischer Entrist" bezeichnet wird, greift in seinem Vorschaltgesetz die Drittelparität in modifizierter Form auf. Es ging nicht um eine Einführung des „one man one vote Prinzips" sondern um eine „quasi funktional-ständische Repräsentation der Gruppen, [...] Das Gesetz sah vor, in allen Gremien: 50 Prozent Professoren, 25 Prozent Assistenten, 25 Prozent Studenten" als prozentuale Verteilungsregeln der Statusgruppen einzuführen (Eßbach 2009, S. 6). Das Vorschaltgesetz wurde vom Bundesverfassungsgericht als verfassungswidrig verworfen. Zwar erklärte das BVerfG „die Gruppenuniversität als solche" für verfassungskonform, die Legitimität studentischer Mitsprache wurde ausführlich begründet, aber in allen Gremien müssen die Professor:innen unüberstimmbar sein.

> „In den Fakultäten und im Senat musste also immer gerechnet werden: Mehrheit der Mitglieder, d. h. der Professoren, Assistenten, Studenten, und dann extra gerechnet die

---

15 Auf die Entwicklung in der DDR verzichten wir hier aus Platzgründen und nicht wegen der (un)bewussten Marginalisierung ostdeutscher Erfahrungen. Einführende Informationen zur Universitätsentwicklung in der DDR finden sich bei Oberschelp in diesem Band. Zur im Vergleich zu Westdeutschland nur in Ansätzen erfassten und erforschten DDR Hochschulgeschichte vgl. Pasternack 2010.

16 Die Mitglieder des ersten Senats Helmut Simon und Wiltraut Rupp-von-Brünneck haben ein Minderheitenvotum vorgelegt, das auch heute noch lesenswert ist und die relevanten Gegenargumente zur Entscheidung des Senats vorlegt, vgl. BVerfG 35, S. 148 ff., in einer Zusammenfassung Keller 2000, S. 170, Eßbach 2009, S. 7. Reformkreise haben dieses Urteil ebenfalls vehement abgelehnt, denn „die Realisierung der Idee der autonomen Gruppenhochschule in gesellschaftlicher Verantwortung war verfassungsrichterlich untersagt" (Keller 2000, S. 170).

Professorenmehrheit. Im Resultat haben die Professoren, die Gegner der Mitbestimmung waren, vor dem Verfassungsgericht gewonnen" (Eßbach 2009, S. 7).

Diese Regelung bestand im Prinzip bis zum Einzug des neuen Steuerungsmodels (NSM) in den Hochschulen – allerdings mit der Verschiebung, dass sich die Organisationsgestaltung durch staatliche Gesetze und nicht durch autonome Satzung vollzog.[17]

2. Mitbestimmung im neuen Steuerungsmodell: Die gemanagte Hochschule

In der Ordinarienuniversität erfolgte die Steuerung und Mitbestimmungsstruktur der Hochschule weitgehend durch autonome Entscheidungen der Professor:innen. In der Gruppenuniversität findet sich dagegen eine Doppelstruktur. Die Mitglieder der Hochschule werden – wie bereits oben erläutert – in die Gruppen der Professor:innen, der wissenschaftlichen und nicht-wissenschaftlichen Mitarbeiter:innen und der Studierenden eingeteilt. Die einzelnen Gruppen wählen jeweils Gruppenmitglieder für die akademischen Selbstverwaltungsgremien, wobei die Gremienbesetzung eine professorale Mehrheitsposition festlegt. Daneben haben alle Gruppen spezifische Vertretungsorgane, die nur die jeweilige Gruppe betreffen: für die Professor:innen gibt es Rektorenkonferenzen oder Dekankonferenzen, für die Mitarbeiter:innen der Hochschule ist es der PR und für die Studierenden ist dies die verfasste Studierendenschaft (Asten) (vgl. Friedrichsmeier/ Wannöffel 2012, S. 482 ff.). Es ergibt sich dadurch „eine doppelte formale Vertretung der Hochschulangehörigen: einerseits über Statusvertretungen und andererseits über die akademische Selbstverwaltung" (Friedrichsmeier/Wannöffel 2012, S. 483). Mitte der 1990er Jahre änderten sich die strukturellen Rahmenbedingungen an den Hochschulen durch die Übernahme des Neuen Steuerungsmodells (NSM), das ursprünglich zur Verbesserung der Strukturen in der Kommunalverwaltung entwickelt wurde (vgl. Friedrichsmeier/Wannöffel 2012, S. 482 ff.).
Mit der vierten Novellierung des Hochschulrahmengesetzes 1998 wurden den Bundesländern mehr Möglichkeiten für eine Modernisierung der Steuerung der Hochschulen gegeben (vgl. Friedrichsmeier/Wannöffel 2012, S. 484). Das neue Leitbild ist die unternehmerische Universität (vgl. dazu den Beitrag von Münch in diesem Band). Die Leistungserfüllung der Hochschulen sollte von einer inkre-

---

17 Vgl. zum Urteil des BVerfG und zur Bedeutung der Wissenschaftsfreiheit als „Abwehrrecht" – hier wird herausgestellt, dass das Urteil des BVerfG (1973, S. 112 f.) eindeutig klärt, dass die Freiheit der Wissenschaft nach Art. 5 Satz 3 GG jedem zusteht, der wissenschaftlich tätig ist oder tätig werden will, also auch Nichtordinarien und Studierenden – und als „Organisationsrecht" – der Staat müsse funktionsfähige Institutionen für einen freien Wissenschaftsbetrieb zur Verfügung stellen – Zechlin 2012, S. 44 ff.

mentalistischen Zuweisung und Verwendung von Haushaltsmittel hin zu einer stärkeren autonomen Finanzsteuerung der Hochschulen umgebaut werden. Das Instrument dazu ist die leistungsorientierte Mittelvergabe (LOM, vgl. dazu den Beitrag von Nakamura in diesem Band). Daneben wird auf Zielvereinbarungen, Evaluationsverfahren, Rankings und Ratings gesetzt, um eine wettbewerbliche Steuerung innerhalb und zwischen den Hochschulen zu etablieren. Damit geht nach Münch und Pechmann (2009, S. 92) eine Transformation der Wissenschaft vom Kulturgut zum vermarkteten Produkt einher. Erfolgreich in diesem System ist, wer Drittmittel einwirbt, häufig zitiert wird und andere Kennzahlen erfüllt, die auch die Reputation der (eigenen) Hochschule steigern (Staack 2016, S. 214). Dagegen verlieren in der Beobachtung von Staack (2016, S. 214) gemeinsame Überlegungen über zukünftige Entwicklungsmöglichkeiten in Gremien an Bedeutung. So habe die unternehmerische Hochschule und die damit verbundene Verschiebung von Entscheidungskompetenzen in den Bereichen Personal und Finanzen von den Gremien und Kommissionen auf die Präsidien, Rektorate und Dekane auch Auswirkungen auf die Mitbestimmungsmöglichkeiten der Hochschulmitglieder. Zugleich werden Gremien – wie die Konzile – in vielen Hochschulen abgeschafft. Dadurch schwinden die Kontrollmöglichkeiten der Hochschulmitglieder.[18]

Aber auch in den im Zuge des NSM neu eingerichteten Gremium der Hochschulräte – und bei Stiftungsuniversitäten der Stiftungsräte[19] – gibt es keine demokratischen Verfahren der Bestellung der Mitglieder – es findet keine Urwahl statt – und wissenschaftliche und nicht-wissenschaftliche Mitarbeiter:innen und Studierende sind darin überhaupt nicht repräsentiert (vgl. Friedrichsmeier/ Wannöffel 2012, S. 495). Die Senate, als höchste Gremien der Selbstverwaltung, haben nach einer Durchsicht der Landeshochschulgesetze von Friedrichsmeier/ Wannöffel (2012, S. 490 f. und Tabelle 2, S. 499–503 für eine Synopse) neben der einzelnen Erweiterung von Informations- und Auskunftsrechten für die meisten Bundesländer eine Schwächung der akademischen Mitbestimmung erfahren. So wählt der Senat den/die Rektor:in oder Präsident:in nicht mehr selbst, sondern

---

18 „Hierdurch werden die Mitwirkungsmöglichkeiten aller Statusgruppen geschwächt, was in den vergangenen Jahren auch in mehreren Klagen von Professorinnen und Professoren vor dem Bundesverfassungsgericht Ausdruck gefunden hat, in denen diese Einschränkungen ihrer Wissenschaftsfreiheit durch übermäßige Leitungsorgane geltend gemacht hatten. Tatsächlich definierte das Bundesverfassungsgericht in einem dieser Verfahren 2014 Grenzen für die Übertragung von Kompetenzen an die Leitungsorgane: Je mehr wissenschaftsrelevante Entscheidungen diesen zugewiesen würden, desto stärker müsse die Mitwirkung des entsprechenden Vertretungsorgans der Akademischen Selbstverwaltung an der Bestellung und Abberufung des Leitungsorgans sein, so die Verfassungsrichter*innen (BVerfG 1 BvR 3217/07)" (Staack 2016, S. 215).

19 Es wäre sicherlich interessant zu untersuchen, warum die Begriffsbildung auf den Appendix Räte setzt, der in der bisherigen Umsetzung von Hochschul- und Stiftungsräten so gar nichts mit den Ideen der Rätebewegung zu tun hat.

darf nur noch Stellungnahmen zur Haushalts- und zu Entwicklungsplanung abgeben, aber nicht mehr darüber mitentscheiden.

Für die Personalräte lassen sich ebenfalls differenzierte Entwicklungen in Bezug auf die Ausgestaltung von Mitbestimmung nachzeichnen. In manchen Bundesländern wurden die Möglichkeiten der Beteiligungstatbestände stark erweitert – so wurde mit der Novelle 2016 im niedersächsischen Personalvertretungsgesetz nun auch die Beteiligung des PRs bei personellen Maßnahmen für wissenschaftliche Mitarbeiter:innen und zudem die Gründung eines Wirtschaftsausschusses in Anlehnung an das BetrVG ermöglicht (§ 30 NPersVG). Zudem wurde in Niedersachsen versucht mit der Gründung der Landeshochschulpersonalrätekonferenz (LHPRK) – ähnlich wie die Landeshochschulkonferenz (LHK) – eine bessere Bündelung von Informationen zu ermöglichen und gemeinsame Stellungnahmen zu personalvertretungsrechtlichen Fragen zu entwickeln. In anderen Bundesländern wurden die Beteiligungsrechte reduziert, in NRW wird in 2012 der PR bei Abmahnungen von Beschäftigten nicht einmal mehr angehört. Die Gruppe der Professor:innen wird in den meisten Bundesländern pauschal ausgeschlossen (außer Hamburg und Bremen in 2016). In manchen Bundesländern kann die Mitbestimmung des PRs nur auf Antrag der wissenschaftlichen Beschäftigten erfolgen. Zudem wird Mitbestimmung durch Mitwirkung ersetzt, so dass Maßnahmen auch ohne die Zustimmung des PRs durch die Dienststelle erfolgen können (vgl. Staack 2016, S. 215). Ferner verweist Staack (2016, S. 216) auf die besonderen Bedingungen für wissenschaftliche Mitarbeiter:innen, die aus Drittmitteln finanziert werden. So sind diese Mitarbeiter:innen in Sachsen-Anhalt seit 2016 komplett von der Personalvertretung ausgeschlossen. In anderen Bundesländern verfügen Drittmittelbeschäftigte über das aktive und passive Wahlrecht, wobei unklar bleibt, ob der Drittmittelgebende oder die Hochschule für die Finanzierung einer möglichen Freistellung aufkommt. Die Senate und die Personalräte bilden damit die erwähnte Doppelstruktur der Mitbestimmung ab, in der die Angehörigen der Hochschulen einerseits als akademische Mitglieder (Senat) und andererseits als Beschäftigte (PR) bestimmt werden.

Die Mitbestimmung an der Hochschule lässt sich unter Rückgriff auf industriesoziologische Definitionen nur mit Einschränkung als „[…] gleichberechtigtes Mit-Bestimmen" beschreiben (Müller-Jentsch 2003, S. 451). Ihr Anspruch ist jedoch demokratische Beteiligungsstrukturen im Bereich der Wirtschaft und Verwaltung für die Beschäftigten anzustreben (vgl. Friedrichsmeier/Wannöffel 2012, S. 480 f.). Nach Schimank (2000, S. 306 ff.) stellt die moderne Hochschule eine Mischform aus den Organisationstypen der „Interessensorganisation" und der „Arbeitsorganisation" dar. Dieser korporative Akteurstyp *sui generis* ist im Hinblick auf die Entscheidungsbildung von beiden Funktionsweisen geprägt. Einerseits ist die Hochschule als ein freiwilliger bottom-up Zusammenschluss der Mitglieder zu bestimmen, die eigenständig die Steuerung bestimmen. Andererseits ist mit Blick auf den Abschluss eines Arbeitsvertrags eine top-down Hierarchie unter der Dispositionsbefugnis des/der Arbeitgeber:in vorhanden, der/die eine effizienzorientierte Arbeitsteilung zur Erzeugung fremder Leistungen organisieren muss (vgl. Zechlin 2012, S. 43 f.). Die Organisationssoziologie spricht daher auch von einer Zweckbindung der Willensbildung an Hochschulen, welche zwischen den beiden Polen der Interessen externer Eigentümer:innen (Stakeholder der Universität, Ministerium, Unternehmen, Akkreditierungseinrichtungen, Gesellschaft usw.) und den Interessen ihrer Mitglieder (Professor:innen, wissenschaftliche und nichtwissenschaftliche Mitarbeiter:innen, Studierende) verschiedene Ausprägungen annehmen kann. Im Zuge des Wandels von der Ordinarien-, über die Gruppen-, zur gemanagten Hochschule hat eine Verschiebung des Entscheidungszentrums von den akademischen Selbstverwaltungsgremien zu den Leitungsorganen (Präsidium, Hochschulrat, Verwaltung) stattgefunden (vgl. Zechlin 2012, S. 53). Wie zuvor aufgezeigt, wurden die Mitwirkungsmöglichkeiten aller Statusgruppen teilweise geschwächt und eine neue top-down Autonomie der Hochschulleitung etabliert (vgl. Staack 2016, S. 215).

Bisher haben wir uns bei der Darstellung von Partizipationsmöglichkeiten an der Unterscheidung der verfassten Partizipation von Kaase (2003) orientiert. Verfasste Formen der Partizipation sind nach Kaase (2003, S. 496) „solche Handlungen, die in einem institutionell klar definierten Kontext eingebettet sind, so z. B. in das Grundgesetz oder in eine Gemeindeordnung. In diese Kategorie fallen in erster Linie alle Wahlen zu Parlamenten. Unverfasst sind hingegen jene Aktionsformen, die in einem spontanen oder geplanten Mobilisierungsprozess außerhalb eines institutionalisierten Rahmens entstehen". Im Zusammenhang mit dem Thema der Mitbestimmung zielt der Begriff der verfassten Partizipation auf die Möglichkeit Kollektivrechte über ein Vertretungsorgan (Personalrat) – auch über den Rechtsweg – wahrzunehmen. Hier wird unmittelbar von einem strukturellen Interessenkonflikt zwischen den Parteien ausgegangen (vgl. Friedrichsmeier/ Wannöffel 2012, S. 480 f.). Die Einführung dieses sozialen und industriellen Bürgerrechts beruhte seinerseits auf der konflikthaften Durchsetzung demokratischer Beteiligung in Wirtschaft und Verwaltung (vgl. Abschnitt 1. zu den historischen Umständen der Entwicklung der Mitbestimmung). Auf die Rolle unverfasster Partizipation sind wir bereits bei der „partizipatorischen Revolution" der späten 1960er Jahre gestoßen. Zu Formen aktueller unverfasster Aktivitäten der Mitbestimmung (siehe exemplarisch die bundesweite Reformbewegung „Netzwerk für Gute Arbeit in der Wissenschaft" (NGAWiss) in diesem Sammelband bei Ulrich) als Ergänzung zu verfassten Beteiligungsformen gehen wir am Ende dieses Beitrages genauer ein (vgl. Abschnitt 4).

Die Frage ob die Organisation Hochschule angemessen als Interessenorganisation von unten oder als Arbeitsorganisation von oben interpretiert werden kann, spielt auch in den neueren Entwicklungen zur Organisationsumgestaltung von Hochschulen eine Rolle. Zechlin (2012) formuliert die These, dass gerade die Entwicklungslinie von einer lose gekoppelten Ordinarienuniversität zur „demokratischen" Gruppenuniversität hin zur Managementhochschule zwar zu einer stärkeren Hierarchisierung geführt habe. Diese sei aber gekoppelt mit der Möglichkeit einer „die Mitglieder der Universität einbindende(n) partizipative(n) Prozessgestaltung" (Zechlin 2012, S. 56). Ob diese Einschätzung zutrifft und wie die Mitbestimmungsmöglichkeiten derzeit aussehen, wird im nächsten Abschnitt untersucht.

3. Determinanten der verfassten Mitbestimmung – Wer engagiert sich (nicht)?

Eine empirische Analyse der zentralen Institutionen der verfassten Mitbestimmung an Hochschulen – dem PR und dem Senat – muss zunächst Befunde zur Entwicklung der Beschäftigungsstruktur und der Arbeitsbedingungen des wissenschaftlichen Mittelbaus mit Überlegungen aus der Soziologie der industriellen Beziehungen und der demokratieorientierten Organisationswissenschaft verknüpfen. Aus dieser Perspektive können objektive und subjektive Determinanten der verfassten Mitbestimmung bestimmt werden.

3.1 Wachstum auf Kosten der Mitbestimmung

Die Bildungsexpansion hat ein Wachstum der Beschäftigtenzahlen nach sich gezogen. Zwischen 1994 und 2018 betrug die Steigerung der Zahl der wissenschaftlich Beschäftigten an deutschen Hochschulen 88 %. In Zeitreihendaten des Statistischen Bundesamts offenbart sich nach Anstellungsverhältnissen aufgegliedert eine Expansion des wissenschaftlichen Personals (vgl. Abbildung 1). Während die Anzahl der Professuren nur um 30 % anwuchs, erhöhte sich die der wissenschaftlichen und künstlerischen Mitarbeiter:innen um 115 %. Auffällig ist zudem der in absoluten Zahlen geringe, aber prozentual hohe Rückgang an Dozent:innen- und Assistent:innenstellen (−74 %). Parallel vollzog sich ein Stellenanstieg von 141 % bei der Statusgruppe der Lehrbeauftragten und 163 % bei den Wissenschaftlichen Hilfskräften[20], der eine eindeutige Tendenz aufzeigt.[21] In der

---

20 Die Veränderungsraten für die Wissenschaftlichen Hilfskräfte sind aufgrund mangelnder Vergleichbarkeit nur für den um drei Jahre kürzeren Zeitraum von 1997 bis 2018 angegeben. Vormals waren auch studentische Hilfskräfte vom Bundesamt für Statistik mit aufgeführt. Veränderungsraten für die nebenberuflichen Beschäftigungsverhältnisse weisen daher den gleichen Vergleichszeitraum auf.

21 Das statistische Bundesamt zählt zur Gruppe der Dozierenden und Assistierenden folgende hochbesoldete Anstellungsverhältnisse: Hochschuldozierende, Universitätsdozierende, Oberassistierende, Oberingenieur:innen, Hochschulassistierende, Wissenschaftliche und künstlerische Assistierende, Akademische (Ober)Räte.

300

Abbildung 1: Wissenschaftliches Personal 1994–2018 nach Beschäftigungsverhältnis. Eigene Berechnungen nach Statistisches Bundesamt 2003–2018, Fachserie 11, Reihe 4.4.

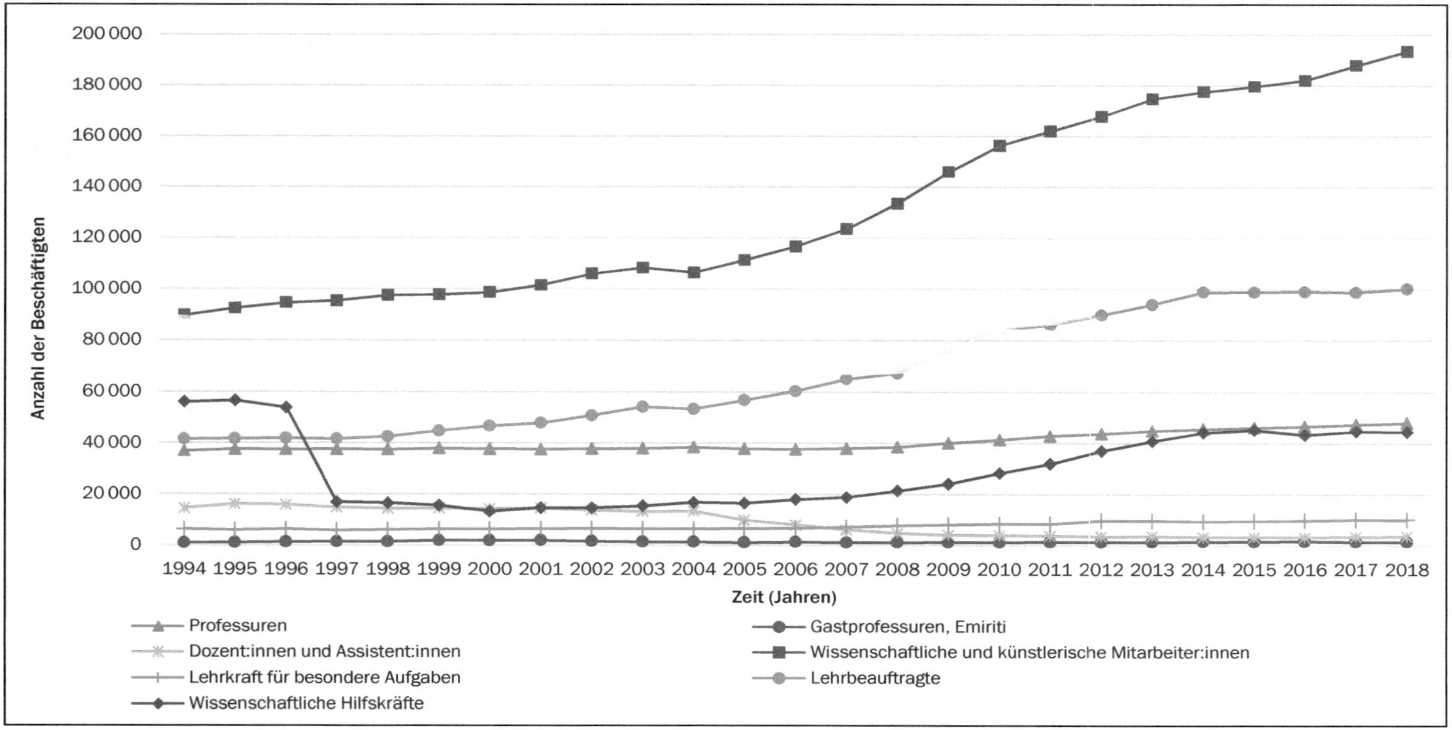

Abbildung 2: Wissenschaftliches Personal 1994–2018 nach Beschäftigungsverhältnis, Veränderungsraten in Prozent. Eigene Berechnungen nach Statistisches Bundesamt 2003–2018, Fachserie 11, Reihe 4.4.

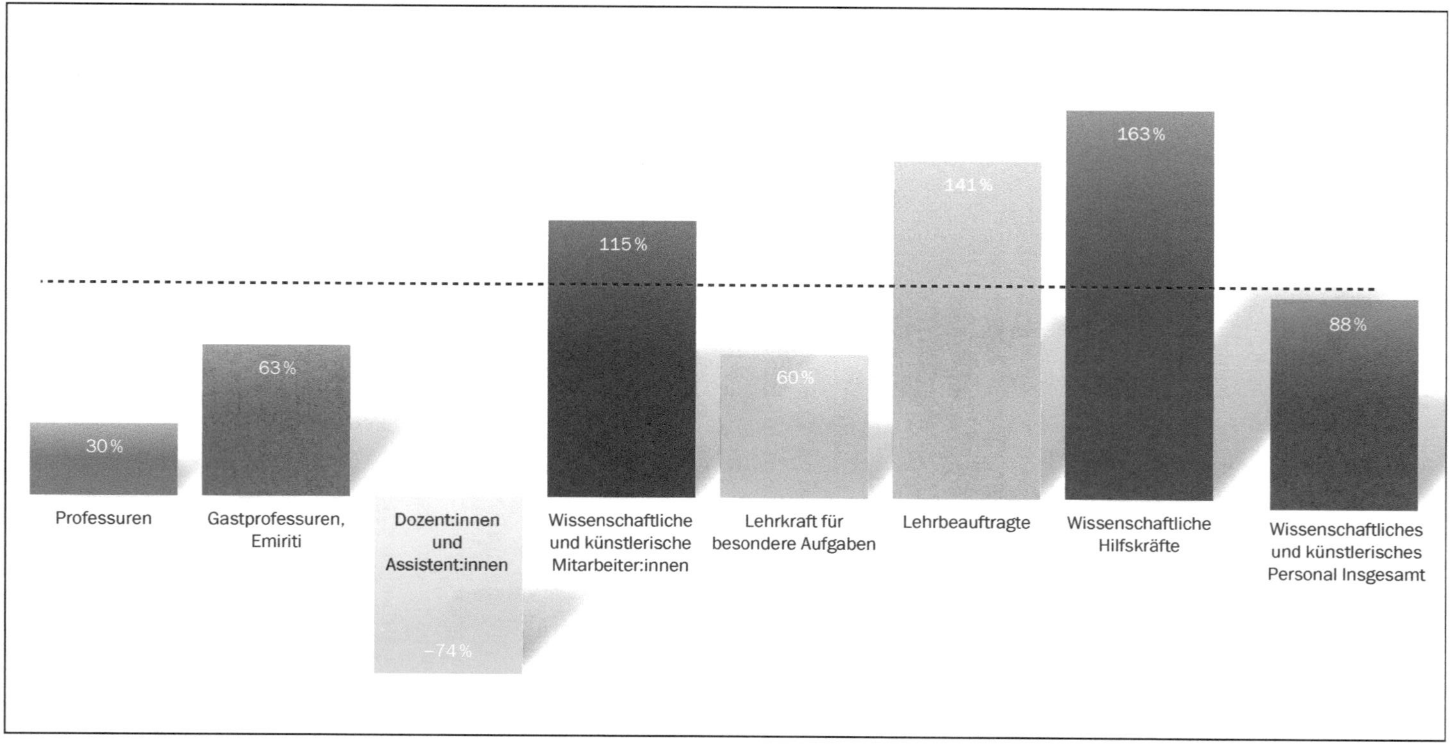

Zeitreihenanalyse wird ein Rückbau von hoch besoldeten Dauerstellen, z. B. als Hochschuldozent:innen (C2, C3 oder W2) sichtbar und gleichzeitig findet ein Anstieg von niedrig entlohnten und zeitlich befristeten Beschäftigungsprofilen, wie denen der Lehrbeauftragten oder den Wissenschaftlichen Hilfskräften statt (vgl. Abbildung 2).[22] Im Zeitraum von 1994 bis 2018 haben sich der Gesamtanteil der Professuren zu allen wissenschaftlichen Beschäftigten um drei Prozent und der Anteil von Dozent:innen und Assistent:innen um fünf Prozent verringert. Indes sind die Anteile der wissenschaftlichen und künstlerischen Mitarbeiter:innen um zwölf Prozent und der Lehrbeauftragten um acht Prozent sowie der Anteil der angestellten Wissenschaftlichen Hilfskräfte um drei Prozent angestiegen.

Die Verschiebungen in der Zusammensetzung der Beschäftigungsstruktur ist in den vergangenen 24 Jahren maßgeblich auf die Schaffung von nebenberuflichen Teilzeitstellen zurückzuführen (vgl. Friedrichsmeier 2010, S. 83). Während die Anzahl des hauptberuflich beschäftigten Personals zwischen 1994 und 2018 um 73 % gestiegen ist, wuchs die Stellenanzahl der nebenberuflich Beschäftigten um 144 % (vgl. Abbildung 3). Professuren machen 2018 nur zwölf Prozent am gesamten künstlerischen und wissenschaftlichen Personal aus. Im Vergleich hierzu liegt der Anteil der wissenschaftlichen und künstlerischen Mitarbeiter:innen bei 48 %. Lehrbeauftragte sind mit 25 % die zweitgrößte Gruppe. Elf Prozent des Personals besteht aus Wissenschaftlichen Hilfskräften. Ein Anteil von drei Prozent sind Lehrkräfte für besondere Aufgaben und ein Prozent Dozent:innen und Assistent:innen.[23] Zu Recht kann der wissenschaftliche Mittelbau damit als Rückgrat in Forschung und Lehre bezeichnet werden.

Dieses „Rückgrat" besitzt allerdings in großen Teilen eingeschränkte oder in Teilen komplett exkludierte demokratische Beteiligungsrechte in der verfassten Mitbestimmung. In Anlehnung an die Ausgestaltung von Machtverhältnissen im Betrieb ist das Management der unternehmerischen Hochschule von Machtasymmetrien zugunsten von Hochschulrat, Präsidium und der Statusgruppe der Professor:innen geprägt.

Der Wandel der Zusammensetzung des wissenschaftlichen Personals hin zu einer proportionalen Steigerung der nebenberuflichen Beschäftigten führt unweigerlich zu einer Erosion der Mitbestimmung an Hochschulen. Professor:in-

---

22 Um Lehrerfahrung zu sammeln, sind Teile der Lehraufträge an deutschen Hochschulen sogar unbezahlt. Werden diese vergütet, liegt der Stundenlohn zwischen 25 und 40 Euro. Die Abrechnung erfolgt jedoch nur für die Unterrichtszeit. Ausgeklammert werden dabei Vorbereitung, Aufgabenkorrekturen, Besprechungen und Beratungen mit Studierenden und Kolleg:innen sowie die Abnahme von Prüfungen. Nach Steuern und Sozialabgaben, bleibt hierbei häufig gerade noch der Mindestlohn übrig (vgl. Netzwerk Prekäres Wissen 2016, S. 2 f.).

23 Alle Veränderungsraten im Text basieren auf eigenen Berechnungen, aufbauend auf Daten aus Zeitreihen des Statistischen Bundesamts 1994–2018, welche in der Fachserie 11, Reihe 4.4, „Bildung und Kultur – Personal an Hochschulen" jährlich erscheinen.

Abbildung 3: Wissenschaftliches Personal 1994–2018, haupt- und nebenberuflich Beschäftigte. Eigene Berechnungen nach Statistisches Bundesamt 2003–2018, Fachserie 11, Reihe 4.4.

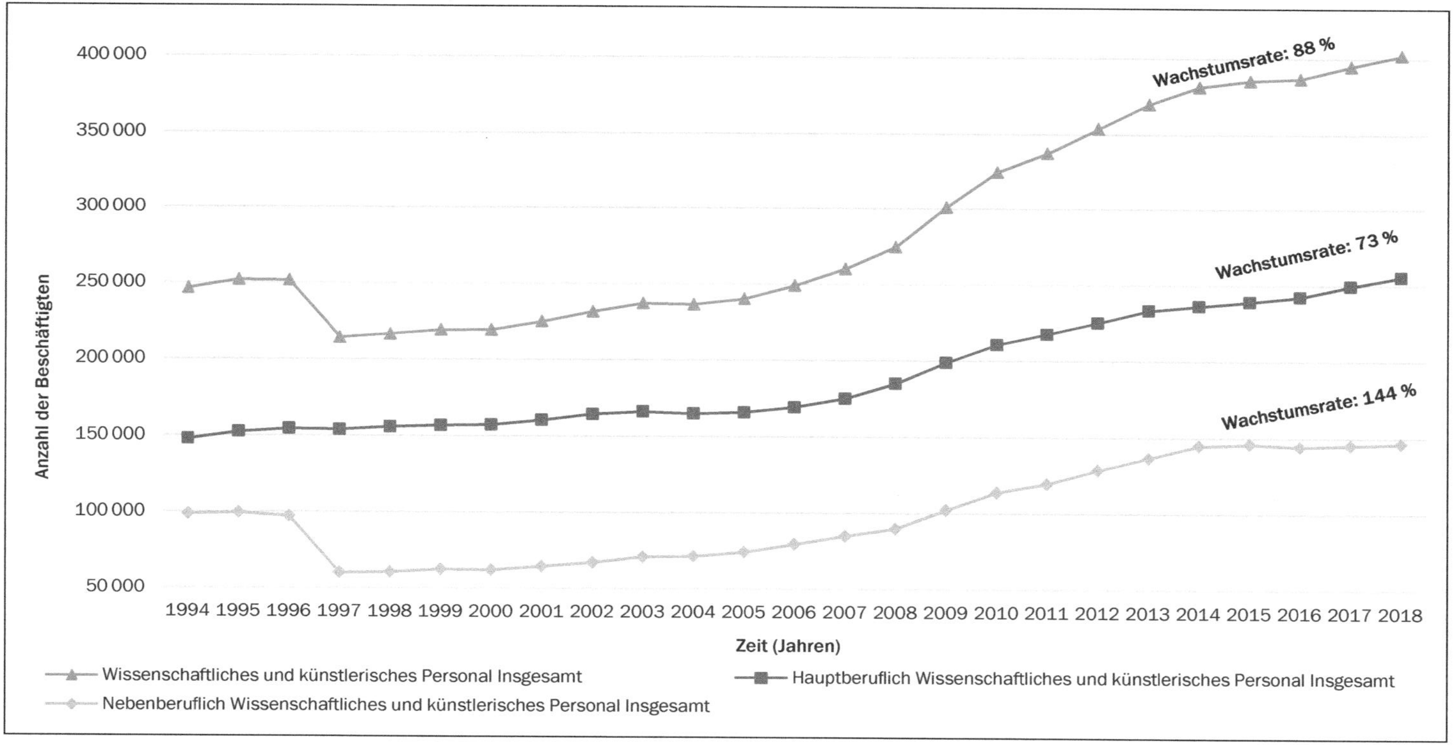

nen mögen sich traditionell aus dem Verständnis der Ordinarienuniversität als „Eigentümer:innen" der Universität fühlen und ihre zunehmende Entmachtung beklagen. Doch wie steht es nach über 70 Jahren des Wandels der Organisationsformen der Universität um die gegenwärtigen Mitwirkungsmöglichkeiten des wissenschaftlichen Mittelbaus? Im Folgenden soll die Doppelstruktur der verfassten Mitbestimmung (von Senat und PR) aus Sicht der Mitwirkungsmöglichkeiten eines stetig wachsenden wissenschaftlichen Mittelbaus untersucht werden.

3.2 Senat

Zunächst besteht unter Bezugnahme auf die Beschäftigungsstruktur ein erstes Repräsentationsdefizit in der Zusammensetzung der Senate an Hochschulen. Beispielhaft soll dies an der Stiftung Universität Hildesheim aufgezeigt werden (vgl. Abbildung 4). Setzt man die Beschäftigungszahlen in Relation zur Besetzung des Senats, offenbart sich ein proportionales Stimmenungleichgewicht. Im Wintersemester 2018/19 waren 8 584 Studierende eingeschrieben. Von den 817 Beschäftigten waren 94 Professor:innen (inklusive Juniorprofessuren), 460 wissenschaftliche und künstlerische Mitarbeiter:innen und 263 Mitarbeiter:innen aus der Technik und Verwaltung (MTV) (vgl. SUH 2018). Ins Verhältnis gesetzt: auf eine Professur kamen 91 Studierende, drei MTVler:innen und fünf wissenschaftliche und künstlerische Mitarbeiter:innen. Der Senat setzt sich wiederum aus 13 Mitgliedern zusammen, wovon jeweils zwei an die Gruppe der Studierenden, der MTVler:innen und der wissenschaftlichen und künstlerischen Mitarbeiter:innen sowie sieben an die professoralen Mitglieder entfallen (vgl. SUH 2007). Die asymmetrischen Stimmengewichtungen entsprechen nicht annähernd dem Prinzip „one man one vote". Der Senat ist demnach ein Gremium, in dem entgegen der zahlenmäßigen Bedeutung und den Proportionsverhältnissen der Beschäftigten die professorale Stimmenmehrheit gewahrt und dem wissenschaftlichen Mittelbau die entsprechende paritätische Mitbestimmung verwehrt bleibt. Abhängigkeitsverhältnisse und daraus resultierende Rollenverteilungen zeigen sich zudem in einer vermeintlich legitimen und sich als paternalistisch äußernden Sprechposition der Professor:innen. Diese repräsentieren in ihrer Sprechrolle (im Senat) häufig ihr ganzes Fach, und damit als Vorgesetzte, Betreuer:innen der Beschäftigten und Leiter:innen der sie vorsitzenden Einrichtung, ebenfalls die Anliegen des dortigen wissenschaftlichen Personals, der Studierenden und der auswärtigen Interessen gleich mit (vgl. Pasternack 2006, S. 158). Eine egalitäre, der Mehrheitsregel und der Stimmengleichheit verpflichtende Entscheidungsfindung ist nicht vorhanden. Die Paritätsdebatten beim Umbau zur Gruppenuniversität spielen in der Gegenwart eine untergeordnete Rolle. Der Diskurs in den Hochschulentwicklungsplänen nach dem Leitfaden des neuen Steuerungsmodells betrachtet Partizipation als funktionale Notwendigkeit einer leistungsorientierten Hoch-

Abbildung 4 – Synopse Senat Stiftung Universität Hildesheim, eigene Darstellung

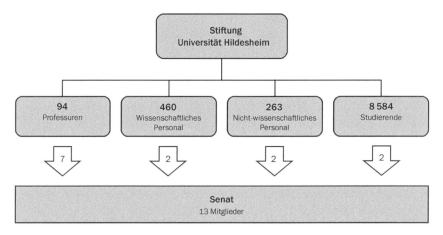

schullandschaft (vgl. Hans Böckler Stiftung 2012, S. 47). Effizienzorientierte Steuerungsgründe zur „Überwindung der Entscheidungsblockaden" und zur Bedienung der externen Interessen der Stakeholder haben eine Hierarchisierung der Institution Hochschule nach sich gezogen (vgl. Schimank 2001, S. 239; Zechlin 2012, S. 53). Eine Einschränkung der Partizipationsrechte der Statusgruppen und damit Entmachtung der akademischen Selbstverwaltung ist das Resultat.

Das zweite Demokratiedefizit entfaltet weitaus größere Sprengkraft, da es die systematische Exklusion bedeutender Teile des *demos* von der verfassten Mitbestimmung thematisiert. 2018 hatten 144 851 der 402 152 Beschäftigten an allen deutschen Hochschulen keine direkte Vertretung im Senat oder im PR. Mit einem Anteil von 25 (Lehrbeauftragte) und elf (Wissenschaftliche Hilfskräfte) Prozent am gesamten wissenschaftlichen Personal stellen beide Statusgruppen über ein Drittel der Beschäftigten, aber sind von der verfassten Mitbestimmung sowohl in der akademischen Selbstverwaltung, als auch in der Personalvertretung ausgeschlossen.[24] Die in den vergangenen 20 Jahren stetig gewachsene Gruppe der Lehrbeauftragten ist bis auf das Bundesland Berlin (§ 43 (1) 6. BerlHG) rechtlich von der Mitwirkung an Hochschulgremien exkludiert. Umso eklatanter erscheint dies in Bezugnahme auf die Arbeitsbedingungen dieser Gruppe, da Lehrbeauftragte weder nach § 2 SGB VI in der Rentenkasse pflichtversichert sind, ihre Beiträge also vollständig selbst entrichten müssen. Zudem erhalten sie keine Entgeltfortzahlung im Krankheitsfall bzw. Erholungsurlaub oder ein Kündigungsschutz. An der Hochschule offenbart sich unter diesem Gesichtspunkt eine Struktur von

---

24 Wissenschaftliche Hilfskräfte haben zumindest indirekt über die studentische Vertretung im Senat und in manchen Bundesländern auch über den Personalrat die Möglichkeit ihre Interessen per aktiver Ansprache der Vertreter:innen zu artikulieren.

Stamm- und Randbelegschaft, ausgestattet mit unterschiedlichen Rechten und Beteiligungsmöglichkeiten, wie es bereits beim Ausschluss der expliziten Organisationsmitgliedschaft in Betrieben bei Leih- und Werkverträgen der Fall ist (vgl. Brinkmann et al. 2014).

3.3 Personalräte

Personalräte stellen im öffentlichen Dienst das Pendant zu Betriebsräten dar. Sie sind die zweite Säule der verfassten Mitbestimmung an Hochschulen und über landesspezifische Personalvertretungsgesetze rechtlich geregelt.[25] Im Folgenden sollen Unwägbarkeiten und Herausforderungen (Befristung, Drittmittelbeschäftigung, Vertragslaufzeit, Arbeitsbedingungen usw.) herausgearbeitet werden, um hemmende Faktoren für eine Kandidatur und Mitwirkung des wissenschaftlichen Mittelbaus an der Personalratsarbeit herauszustellen. Anschließend werden Daten aus einer explorativen Personalratsbefragung herangezogen, um die Zusammenhänge mit Individualdaten zu überprüfen.

2018 war 80 % des wissenschaftlichen Personals unterhalb der Professur befristet angestellt. Die in absoluten Zahlen größte Gruppe, die wissenschaftlichen und künstlerischen Mitarbeiter:innen sind sogar zu 83 % befristet angestellt. Die zweitgrößte Gruppe, die Lehrbeauftragen sind wie bereits erläutert nicht in einem ordentlichen sozialversicherungspflichtigen Anstellungsverhältnis, und daher zu 100 % befristet angestellt. Nur die zahlenmäßig kleinste Gruppe (zusammen vier Prozent aller Beschäftigten) der Dozent:innen und Assistent:innen (Befristungsquote: 64 %) und die Beschäftigten auf LfbA-Stellen (Befristungsquote: 35 %) sind von einer etwas geringeren Befristungspraxis betroffen. Zum gleichen Zeitpunkt waren in der gesamten Bevölkerung nur 12 % der abhängigen Beschäftigungsverhältnisse befristeter Natur. Im Zeitverlauf lässt sich eine Ausweitung der Befristung seit 2003 beobachten, welche für das gesamte wissenschaftliche Personal unterhalb der Professur von 68 auf 80 % angestiegen ist (vgl. Abbildung 5).[26]

Die Zunahme von nebenberuflichen und befristeten Stellenprofilen des wissenschaftlichen Personals korrespondiert mit einer Ausweitung von Drittmittel-

---

25 Teilweise gilt im außeruniversitären Bereich das BetrVG, da diese nach § 118 BetrVG als Tendenzbetriebe klassifiziert werden. Damit kommen aber den Betriebsräten gegenüber der Privatwirtschaft nur eingeschränkte Rechte zu (vgl. Staack 2016, S. 216; § 118 BetrVG).

26 Bis 2015 weisen die zugrundeliegenden Daten nur Befristungsraten auf Vollzeitstellen aus. Erst ab 2016 ist eine Hinzunahme der Teilzeitstellen für Berechnungen möglich. Für den Zeitvergleich muss diese unterschiedliche Datengrundlage auf Aggregatebene berücksichtigt werden. Da auf Teilzeitstellen häufiger befristete Vertragsverhältnisse vorzufinden sind, ist bis 2015 davon auszugehen, dass der in Abbildung 5 angegebene Anteil die Befristungsquote unterschätzt (vgl. Holderberg 2020, S. 30 f.). Gassmann, Groß und Behnke (2020, S. 53) kommen in einer Sonderauswertungen aus den Hochschulpersonalstatistiken für den gleichen Zeitraum daher zu höheren Befristungsquoten (2003: 76 %; 2018: 82 %).

Abbildung 5: Wissenschaftliches Personal 2003–2018 nach Beschäftigungsverhältnis, prozentualer Anteil der Befristung. Eigene Berechnungen mit Daten aus: Statistisches Bundesamt 2003–2018, Fachserie 11, Reihe 4.4.

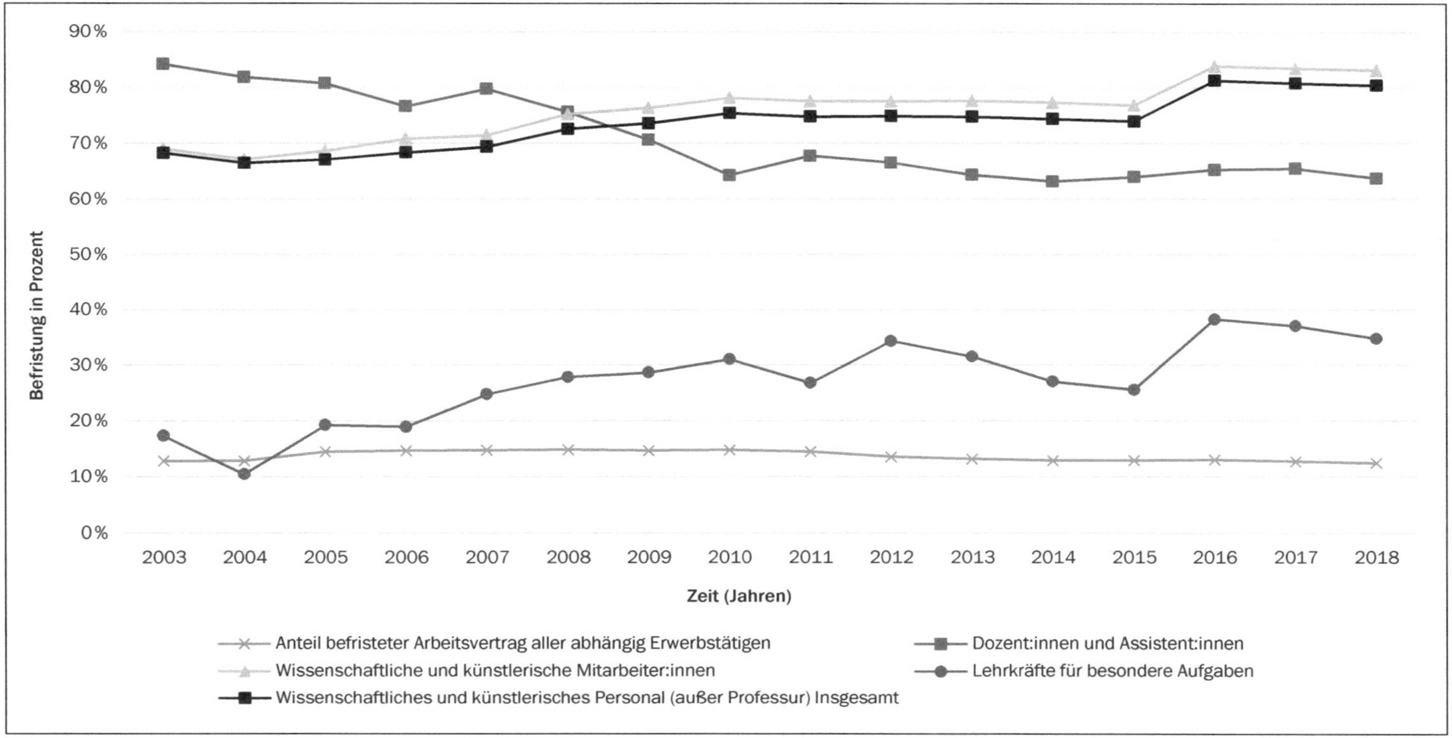
90 %
80 %
70 %
60 %
50 %
40 %
30 %
20 %
10 %
0 %
Befristung in Prozent
2003
2004
2005
2006
2007
2008
2009
2010
2011
2012
2013
2014
2015
2016
2017
2018
Zeit (Jahren)
Anteil befristeter Arbeitsvertrag aller abhängig Erwerbstätigen
Wissenschaftliche und künstlerische Mitarbeiter:innen
Wissenschaftliches und künstlerisches Personal (außer Professur) Insgesamt
Dozent:innen und Assistent:innen
Lehrkräfte für besondere Aufgaben

förderungen als finanzielle Basis der Arbeitsverträge.[27] Nach WissZeitVG § 2, Absatz 1 sind „zur Förderung der eigenen wissenschaftlichen oder künstlerischen Qualifizierung" und nach Absatz 2 „überwiegend aus Mitteln Dritter finanziert(e)" Beschäftigungsverhältnisse zulässig zu befristen. Gemäß WissZeitVG § 2, Absatz 2 soll die Befristung bei projektmittelbasierten Stellen, „dem bewilligten Projektzeitraum entsprechen" und für Qualifikationsstellen ist die Dauer derart zu gestalten, „dass sie der angestrebten Qualifizierung angemessen ist."[28] In der nur eingeschränkt repräsentativen, aber vielfach zitierten Jongmanns Studie wurde festgestellt, dass befristet Beschäftigte an Hochschulen 53 % und an außeruniversitären Forschungseinrichtungen zu 57 % eine Vertragslaufzeit unter einem Jahr aufweisen (vgl. Jongmanns 2011, S. 73 ff.). Die Untersuchungen zu wissenschaftlichen Karrieren auf Basis von WiNbus-Daten[29] von 2013 und 2014 korrigieren bei einer hohen Standardabweichung die Ergebnisse etwas nach oben und sprechen von einem Durchschnittswert von 1,4 Jahren (vgl. Briedis et al. 2014, S. 74).[30] Eine aktuelle Untersuchung der GEW, in der vor und nach der WissZeitVG-Novelle 18 000 Stellenanzeigen ausgewertet wurden, zeigt einen leicht positiven Trend: „Während die Laufzeit vor der Gesetzesnovellierung bei 24 bzw. 25 Monaten lag, stellt sich nach der Novellierung eine Erhöhung auf 27 Monate ein. In den Folgejahren erhöht sich die Laufzeit zunächst auf 28 und dann auf 29 Monate" (Gassmann et al. 2020, S. 136). Auch Ambrasat (vgl. Beitrag in diesem Sammelband) konnte mit repräsentativen Daten aus der DZHW-Wissenschaftsbefragung/Barometer für die Wissenschaft nach der Novellierung einen Anstieg der „Vertragslaufzeiten bei Promovierten bei 34 Monaten und bei nicht promovierten Wissenschaftler:innen bei 29 Monaten" feststellen.

Mit Blick auf die Datenlage zur Befristung, Drittmittelfinanzierung und Vertragslaufzeiten ist die Anstellung an Hochschulen für den wissenschaftlichen Nachwuchs von einer hohen Unsicherheit und prekären Beschäftigungssituation

---

27 Wenngleich im Bundesbericht Wissenschaftlicher Nachwuchs ergänzend angemerkt wird: „[…] dass auch der Befristungsanteil der grundfinanzierten Mitarbeiterinnen und Mitarbeiter im Zeitverlauf gestiegen ist, und dies sogar im stärkeren Maße als bei drittmittelfinanzierten. Die steigende Drittmittelfinanzierung ist daher nur ein Teil der Erklärung dafür, dass die Befristungsanteile im Zeitverlauf ansteigen" (Konsortium Bundesbericht Wissenschaftlicher Nachwuchs 2017, S. 103).

28 Die Leitlinien zur Bemessung der Befristungsdauer sind eine Reaktion des Gesetzgebers und erst mit der Novellierung des WissZeitVG vom 17. 03. 2016 wirksam eingeführt worden. Aktuelle Daten zur Vertragslaufzeit der mehrheitlich befristet Beschäftigten liegen nur spärlich vor und sind meistens vor der Novellierung erhoben worden (Ausnahme: Gassmann et al. 2020 und Ambrasat in diesem Sammelband). Eine Evaluation der Bundesregierung ist erst für 2021 geplant.

29 WiNbus war ein 2008 bis 2016 vom Bundesministerium für Bildung und Forschung (BMBF) gefördertes Online-Access-Panel für den wissenschaftlichen Nachwuchs in Deutschland.

30 Ob sich durch die Änderung des Sonderbefristungsrecht vom März 2016 (WissZeitVG) der Anteil an kurzen Vertragslaufzeiten wirklich verringert, ist eine Evaluationsaufgabe des Konsortiums, welche bis 2021 durchgeführt werden muss.

geprägt. Die Hochschule stellt sich aus subjektiver Sicht der Mehrheit der Beschäftigten als Durchgangsstation dar. Kurze Kettenverträge und die Sorge um Fortführung von Beschäftigungsverhältnissen stehen einer offensiven Rolle und Mitwirkung in der Personalvertretung entgegen (vgl. Friedrichsmeier/Wannöffel 2012, S. 490 f.; Staack 2016, S. 216 f.). Die Vertragslaufzeiten liegen weit unter der Dauer der Amtsperiode des PRs (z. B. in Niedersachsen vier Jahre). Ein langfristiges Engagement im PR gestaltet sich äußerst schwierig. Empirische Studien zur Mitgliederstruktur von Betriebsräten zeigen, dass unter den Betriebsratsmitgliedern in Relation zu ihrem Anteil an den Beschäftigten Frauen[31], jüngere Alterskohorten und befristet Beschäftigte unterrepräsentiert sind (vgl. Baumann/ Brehmer 2016; Keller 2018). In einer repräsentativen Befragung von Betriebsräten waren 2015 in Betrieben mit relativ hohen Befristungsquoten, wie sie der Beschäftigtenstruktur der Hochschule nicht unähnlich sind (zwischen 51 und 100 % Befristungsanteil), nur 13 % der Betriebsratsmitglieder befristet (vgl. Baumann/Brehmer 2016, S. 208). Die Annahme ist plausibel, dass die spezifischen Interessen der befristeten Mitarbeiter:innen auch in den Personalräten der Hochschulen nur unzureichend vertreten sind. Aus diesem Grund ist die Hypothese zu überprüfen, ob es empirisch zutrifft, dass mehrheitlich entfristete und langjährige Mitarbeiter:innen der Hochschulen, auf vornehmlich sicheren Arbeitsplätzen und aus dem Bereich der Technik und Verwaltung rekrutiert, die Personalratsarbeit ausüben.

Im Januar 2020 wurden in einer explorativen Onlineerhebung alle Personalratsmitglieder der niedersächsischen Hochschulen befragt. 19 der 26 Hochschulen in Niedersachsen haben an der Umfrage teilgenommen.[32] Die Rücklaufquote beläuft sich auf der individuellen Ebene auf 54 %.

Mit Blick auf Tabelle 1 offenbart sich in der Mitgliederstruktur der aktiven Personalratsmitglieder soziodemographisch ein sehr hohes Alter (Median 51 Jahre) und eine relativ ausgeglichene Geschlechterverteilung (46 % männlich; 54 % weiblich). Die Beschäftigungsstruktur zeigt ein Übergewicht der Statusgruppe der MTVler:innen (74 %), welcher in Relation zum wissenschaftlichen Personal (22 %) überproportional hoch ausfällt. Die Mehrheit der Personalratsmitglieder ist Gewerkschaftsmitglied (66 %) und arbeitet auf einer Vollzeitstelle (84 % der Befragten verfügten über eine Vollzeitstelle). Ferner besitzen sie mit Blick auf die Vertragslaufzeit ein lang anhaltendes Beschäftigungsverhältnis an der jetzigen Hochschule (der Median der Beschäftigungsdauer an der Hochschule liegt bei 18 Jahren). Die Anzahl der entfristeten Arbeitsverhältnisse liegt unter den Per-

---

31 Zum Zusammenhang von Geschlechtergerechtigkeit und Beschäftigungsbedingungen bzw. prekärer Partizipation in der Wissenschaft siehe ausführlicher Laufenberg et al. (2018).

32 Insbesondere kleinere Hochschulen in privater und kirchlicher Trägerschaft oder mit einer fachspezifischen Ausrichtung konnten nicht für die Befragung gewonnen werden. Die nach der Beschäftigungsanzahl größten Hochschulen und Fachhochschulen in Niedersachsen befinden sich in der Stichprobe. Von 182 Personalratsmitgliedern haben 99 teilgenommen.

Tabelle 1: Sozial- und Beschäftigungsstrukturmerkmale niedersächsischer Personalratsmitglieder 2020

		Prozent	Mittelwert	Median
Geschlecht	Männlich	46%		
	Weiblich	54%		
Alter	in Jahren		49,2	51
Dauer der Beschäftigung	in Jahren (jetzige HS)		19,3	18
Beschäftigungsverhältnis	Befristet	4%		
	Entfristet	96%		
Statusgruppe	Wiss. Personal	22%		
	MTV	74%		
	Beamtenstatus	4%		
Wochenarbeitszeit	Volle Stelle	84%		
	3/4 Stelle	9%		
	2/3 Stelle	1%		
	1/2 Stelle	6%		
Gewerkschaft	Mitglied	66%		
	Nicht-Mitglied	34%		

Anmerkung: Datengrundlage Primärerhebung: Online-Umfrage der Personalratsmitglieder in Niedersachsen im Januar 2020, N = 99

sonalratsmitgliedern bei 96% (2018 lag die durchschnittliche Befristungsquote von allen Beschäftigten, die der PR repräsentiert, an deutschen Hochschulen bei 48%).[33] Bis auf den Geschlechterbias trifft die aufgestellte Hypothese zu, wonach die Personalratsarbeit an der von atypischer Beschäftigung geprägten Hochschule, überwiegend von Mitarbeiter:innen mit langjähriger Zugehörigkeit zur Hochschule übernommen wird. Auf der Basis der empirischen Befunde sind die zunehmende Befristung auf Teilzeitstellen, häufig durch Drittmittel finanziert und die kurzen Vertragslaufzeiten in der Wissenschaft aus der Perspektive des wissenschaftlichen Mittelbaus „unweigerlich mit einer Schwächung der innerhochschulischen Demokratie verknüpft" (Staack 2016, S. 217).

---

33 Bundesweite Vergleichswerte basieren auf Berechnungen mit den Daten der Fachserie 11, Reihe 4.4, „Bildung und Kultur – Personal an Hochschulen" (vgl. Statistisches Bundesamt 2018).

4. Problemfelder und Perspektiven demokratischer Beteiligung

Die Problemlagen der verfassten Mitbestimmung sind eindeutig. Eine nicht ausreichende Einbindung in der akademischen Selbstverwaltung reproduziert einerseits die Abhängigkeitsverhältnisse des wissenschaftlichen Mittelbaus von der Professor:innenschaft. Die Mehrheitsverhältnisse im Senat sind Ausdruck von weiterhin bestehenden feudalen Entscheidungs- und Abhängigkeitsstrukturen (vgl. Ulrich 2016, S. 389 f.). Verstärkt werden diese Ungleichgewichte durch eine Exklusion von einem Drittel der Beschäftigten in der verfassten Personalvertretung. Andererseits sind jedoch auch die Mitbestimmungsrechte der Professor:innen, welche in den Personalvertretungsgesetzen der Bundesländer mehrheitlich ausgeschlossen werden, von einer zunehmenden Beschneidung ihrer prärogativen Stellung an der Hochschule durch die Einrichtung von Hochschulräten im neuen Steuerungsmodell der Managementhochschule betroffen (vgl. Staack 2016, S. 215). Alle Statusgruppen haben aus diesem Blickwinkel zunächst einen Rückbau ihrer Mitbestimmungsmöglichkeiten zugunsten der Hochschulleitungen erfahren. Der Anstieg der nebenberuflich Beschäftigten in den vergangen 25 Jahren verstärkt die Exklusionsproblematik in der verfassten Mitbestimmung für die Gruppe der Wissenschaftlichen Hilfskräfte oder der Lehrbeauftragten. Ulrich (2016, S. 389) nennt diese Entwicklung der Beschäftigungsstruktur an der Hochschule mit Rückbezug auf Marx eine „politisch geschaffene Reservearmee". In der explorativen Untersuchung zur Mitgliederstruktur von Personalräten in Niedersachsen konnte aufgezeigt werden, dass Vertreter:innen selten aus den größten Beschäftigungsgruppen (wissenschaftliches Personal) oder mit typischen Merkmalen der Beschäftigungsverhältnisse (befristet, jung, Teilzeitstellen, geringe Vertragslaufzeit) stammen. Unter dem demokratietheoretischen Gesichtspunkt des Gleichheitsprinzips ist die verfasste Mitbestimmung in einer demokratischen Schieflage.[34]

Aus den empirischen Befunden lassen sich Schlussfolgerungen für die Stärkung von Partizipationsstrukturen ableiten. An erster Stelle ist es überfällig durch Novellierungen der Senatsordnungen und der Personalvertretungsgesetze in den Hochschulen und Ländern, die systematische Exklusion von Lehrbeauftragten abzuschaffen. Wissenschaftliche Hilfskräfte sind nicht in allen Bundesländern über den PR vertreten und stehen bis auf Berlin flächendeckend außerhalb des Tarifvertrags für den öffentlichen Dienst. Eine Gleichstellung des Umfangs der Rechte der Beschäftigten des BPerVG zum BetrVG wäre ein erster Schritt. Zudem bedarf es keiner juristischen Kreativität, um die Mitbestimmungsrechte auf

---

34 Eine bundesweite Untersuchung der Beschäftigtenstruktur der Angehörigen der akademischen Selbstverwaltung und der Personalräte stellt eine Forschungslücke dar, der wir mit der explorativen Befragung der niedersächsischen Personalratsmitglieder nachgespürt haben.

alle Personen zu erweitern, denn es genügt einzig und allein den § 3 Satz 1 des gültigen Seearbeitsgesetzes vom 1. August 2013 auf die Hochschulen anzuwenden. Darin heißt es: „Seeleute im Sinne dieses Gesetzes sind alle Personen, die an Bord des Schiffes tätig sind, unabhängig davon, ob sie vom Reeder oder einer anderen Person beschäftigt werden oder als Selbständige tätig sind, einschließlich der zu ihrer Berufsausbildung Beschäftigten" (SeeArbG § 3 Satz 1). Zur Realisierung der industriellen Bürgerrechte aller an der Universität Beschäftigten fordern wir deshalb sinngemäß die Übernahme des zitierten Paragraphen in die jeweiligen Hochschulgesetze. Beim Deutschen Zentrum für Hochschul- und Wissenschaftsforschung (DZHW) wurde bereits ab 2012 für die Statusgruppe der studentischen und wissenschaftlichen Hilfskräfte eine Vertretung im Betriebsrat eingeführt. Durch die Aufnahme in die verfasste Mitbestimmung wurden in diesem außerhochschulischen Forschungsbetrieb studierendenspezifische Interessen im Dialog mit dem:n Arbeitgeber:innen thematisiert und Abmachungen in Betriebsvereinbarungen getroffen, welche durch eine indirekte Vertretung durch die Vorgesetzten, keine Umsetzung erfahren hätten (Implementierung des gesetzlichen Urlaubsanspruchs, Arbeitsplatzsicherheit usw.). Analog wäre es an Hochschulen notwendig, auch dem Personal mit Lehrauftrag das aktive und passive Wahlrecht für die PR-Wahlen zuzusprechen und die direkte Vertretung dieser zweitgrößten Beschäftigungsgruppe an den deutschen Hochschulen formal einzurichten.

Ferner gilt es im Senat die Exklusion der Lehrbeauftragten zu thematisieren und weiterhin die aufgezeigten Stimmenungleichgewichte als nicht mehr zeitgemäß zu hinterfragen. Der Großteil der Lehre und Forschung wird vom wissenschaftlichen Mittelbau gestemmt (vgl. Ambrasat/Heger 2019, S. 4). Die ansteigende Zahl der projektmittelbasierten und qualifikationsausgerichteten befristeten Beschäftigungsverhältnisse zeugt ebenfalls von einer steigenden Bedeutung des akademischen Personals unterhalb der Professur für die Forschung. Wenn Professor:innen ihre Steuerungshoheit nicht ganz verlieren wollen, dann müssten sie die überkommenen Nichtangriffspakte aufgeben, mit dem Prekariat des wissenschaftlichen Mittelbaus kooperieren um eine Reform von Senatsordnungen anzustreben, und somit der Macht der Hochschulleitung etwas entgegenzusetzen.

Aus der Perspektive des Mittelbaus, wäre es weiterhin vorteilhaft, wenn die Stiftungs- und Hochschulräte mindestens eine:n Vertreter:in aus ihrer Statusgruppe entsenden. Um die offensichtlichen Probleme der Legitimation von Hochschul- und Stiftungsräten zu beheben, schlagen Friedrichsmeier und Wannöffel (2012, S. 496) ein gesetzliches Verfahren vor, „das der Besetzung von Aufsichtsräten nach Unternehmensmitbestimmungsgesetz entspricht". Eine weitere Möglichkeit sehen Friedrichsmeier und Wannöffel (2012, S. 492) darin, dem Personalrat ein Teilnahme- und Rederecht im Senat sowie bei den Sitzungen des erweiterten Hochschulpräsidiums zu ermöglichen. Dies sollte in 2020 auch auf die Hochschul- und Stiftungsräte ausgedehnt werden. Selbstevident ist dabei, dass ein Teilnahme- und Anhörungsrecht demokratietheoretisch ein schwächeres Instrument darstellt, als ein gleichberechtigtes Antrags- und Abstimmungsrecht. Zur Veränderung der objektiven Rahmenbedingungen und um die hemmende Determinante der Befristung für ein aktives Engagement in der akademischen Selbstverwaltung und Personalratsarbeit abzubauen, müsste eine Novellierung des WissZeitVG antizipiert werden (vgl. für Vorschläge z.B. die Anträge der Partei Die Linke im Bundestag, Drucksacke 19/6420 und 19/16499). Das Befristungsrecht[35] müsste eingeschränkt werden für Post-Doc-Stellen sowie entfristete Stellenprofile mit Perspektive unterhalb der Professur müssten ausgebaut werden. Zur Schließung der Repräsentationslücke des wissenschaftlichen Mittelbaus in der verfassten Mitbestimmung in der Prädoc-Phase wäre eine Vertragslaufzeit nach der maximalen im WissZeitVG festgelegten Befristungsgrenze (derzeit sechs Jahre + in Ausnahmen zwei Jahre), also eine sechs Jahresregel als Normalfall für Qualifikationsstellen, gesetzlich zu verankern. Mit dieser gesetzlich zugesicherten Dauer des Beschäftigungsverhältnisses würde die Mitarbeit in der verfassten Mitbestimmung auch für nicht-promovierte Angestellte attraktiver werden. Zeitressourcen und soziale Absicherung stellen elementare Prädiktoren für eine hohe politische Beteiligung dar (vgl. Verba et al. 1995, S. 269). Ferner könnte die Gesetzgebung auch den Einsatz moderner Kommunikationsmittel in den Betrieben bzw. in den Verwaltungen und den Hochschulen ermöglichen, die bisher alle gesetzlich untersagt sind: Onlinewahl von Personalräten und virtuelle Personalversammlungen (vgl. Thüsing 2020; Däubler/Kittner 2020, S. 578 ff.).[36] Seit dem 01.03.2020 sind z.B. in Niedersachsen in der Situation einer epidemischen Lage von nationaler Tragweite Personalratssitzungen per Telefon- oder Videokonferenz erlaubt (NPersVG § 29 Abs. 4).

Eine Stärkung der verfassten Mitbestimmung kann aber nur mit einer zweiten Komponente, dem Ausbau der unverfassten Mitbestimmung zeitgemäß auf die Herausforderungen der neuen Steuerungsinstrumente im *New Public Management* reagieren. Ein modernes „Governance Modell" müsste eine Erweiterung durch flexible und kontinuierliche „Runde Tische" anstreben, dass die vorhandenen Mitwirkungsmöglichkeiten der zentralen Akteure miteinander verknüpft und durch den Netzwerkeffekt das Handeln auf den einzelnen Mitbestimmungs-

---

35 Eßbach (2009, S. 9) bezeichnet das WissZeitVG als „ein Berufsverbot der hinterhältigsten Art". NGAWiss fordert daher konsequenterweise eine Abschaffung des Sonderbefristungsgesetzes (vgl. Ulrich in diesem Band für eine ausführlichere Darstellung der Positionen).

36 In Zeiten der weltweiten Pandemie, die durch die Infektionskrankheit SARS-CoV-2 (Covid-19 bzw. Coronavirus) im Dezember 2019 ausgelöst wurde und die Maßnahmen der sozialen Distanzierung und dem verstärkten Arbeiten im Home Office (siehe ausführlicher zur Heimarbeit den Beitrag Bänziger und Kappeler in diesem Sammelband), werden einige dieser Möglichkeiten nun bereits vorweggenommen. Telefon- oder Videokonferenzen könnten nicht nur für akademische Mitglieder des PRs eine bessere Vereinbarung von Ehrenamt und Beruf ermöglichen.

dimensionen (Akademische Selbstverwaltung, Personalvertretung, verfasste Studierendenschaft, Beauftragte, Hochschulräte, Akkreditierungsrat und Tarifverträge) effizienter gestaltet (vgl. Hans Böckler Stiftung 2012, S. 651 f.). Die formalen Gremien an der Hochschule sollten über ihren organisationsbezogenen Funktionszusammenhang für die Hochschule hinaus ihre Arbeit stärker verbinden und könnten so dem Interesse des wissenschaftlichen Mittelbaus mehr Gewicht verleihen.

Als *best-practice* Beispiel kann die Konferenz der wissenschaftlichen und künstlerischen Mitarbeiter:innen (KWM) an der Stiftung Universität Hildesheim angeführt werden. Monatlich treffen sich in der KWM die Vertreter:innen und Amtsträger:innen der einzelnen Selbstverwaltungsgremien (PR, Senat, Fachbereich, Kommissionen, Ausschüsse, Beauftragte) und interessierte Kolleg:innen aus dem Mittelbau. Durch den regelmäßigen Austausch erfahren die zentralen Glieder der demokratischen Selbstverwaltung wechselseitig über Diskussionen von Entwicklungen zu Arbeitsbedingungen, die ohne das Format der zentralen Konferenz nur in den Organisationseinheiten der Betroffenen verbleiben würden. Es entsteht ein gemeinsam deliberativ erzeugtes Lagebild der drängenden Probleme und Herausforderungen der „Belegschaft". Nachdem 2013 festgestellt wurde, dass zu wenig empirische Fakten über die tatsächlichen Beschäftigungsverhältnisse und Arbeitsbedingungen des wissenschaftlichen Personals vorliegen, wurde vom Mittelbau ausgehend an der Universität eine Evaluation der Arbeitsbedingungen des Mittelbaus beschlossen (welche 2016 und 2019 wiederholt wurde). Das Präsidium stellte hierfür Mittel zur Verfügung und die KWM konnte autonom Untersuchungen der Beschäftigungsbedingungen des wissenschaftlichen Mittelbaus umsetzen. Die Ergebnisse der Mittelbaustudien wurden anschließend schriftlich aufbereitet, veröffentlicht und in hochschulöffentlichen Sitzungen den Mitgliedern der Universität vorgestellt sowie kontrovers diskutiert. Die KWM schließt den Bericht mit zentralen Empfehlungen für die Praxis, welche an die Hochschulleitung, aber auch an die zentralen Akteure in der Landes- und Bundespolitik gerichtet sind (vgl. Seipel et al. 2015; Holderberg et al. 2017; Holderberg 2020).

Als Kondensat der Empfehlungen in den Mittelbaustudien und des kontinuierlichen Austauschverhältnisses von Mittelbauvertretung und Hochschulleitung sind die gemeinsam erarbeiteten „Leitlinien Wissenschaft als Beruf attraktiv machen – Gute und faire Arbeits- und Beschäftigungsbedingungen für den akademischen Mittelbau" entstanden (vgl. SUH 2017). In dem Rahmenpapier wurden zentrale Eigenschaften für gute Arbeitsbedingungen als selbstauferlegtes Leitbild für eine Verbesserung der Arbeitsbedingungen gemeinsam mit der Hochschulleitung vereinbart. Das positive Narrativ und die dargestellten Vereinbarungen sollen nicht darüber hinwegtäuschen, dass auch an der Universität Hildesheim beim wissenschaftlichen Mittelbau die skizzierten Problemzusammenhänge akut und weiterhin hohe Befristungs- und Drittmittelquoten Alltag sind.

Für die Einrichtung von Mitbestimmungskonferenzen, wie sie von Friedrichs-meier und Wannöffel (2012) empfohlen werden, stellen die Aktivitäten jedoch lokal eine Erfolgsgeschichte dar und haben zusammen mit ähnlich gelagerten Vernetzungsinitiativen auf Bundesebene, wie dem NGAWiss, einen Vorbildcha-rakter bei der Ausweitung von unverfassten Mitbestimmungsmöglichkeiten des wissenschaftlichen Mittelbaus.

Literatur

Ambrasat, Jens/Heger, Christoph (2019): Forschung, Lehre und Selbstverwaltung – Tätigkeits-profile in der Wissenschaft. DZHW Brief 4. Hannover: DZHW.

Baumann, Helge/Brehmer, Wolfram (2016): Die Zusammensetzung von Betriebsräten: Ergeb-nisse aus der WSI-Betriebsrätebefragung 2015. In: WSI-Mitteilungen 69, S. 201–210.

Behruzi, Daniel (2015): Wettbewerbspakte und linke Betriebsratsopposition. Fallstudien in der Automobilindustrie. Hamburg: VSA Verlag.

Briedis, Kolja/Jaksztat, Steffen/Preßler, Nora/Schürmann, Ramona/Schwarzer, Anke (2014): Berufswunsch Wissenschaft? Laufbahnentscheidungen für oder gegen eine wissenschaft-liche Karriere. HIS: Forum Hochschule 8. Hannover.

Brinkmann, Ulrich/Nachtwey, Oliver/Thiel, Marc (2014): Postdemokratie im Betrieb? Erosions-prozesse von Demokratie und Mitbestimmung. In: Linden, Markus/Tha, Winfried (Hrsg.): Ungleichheit und politische Repräsentation. Baden-Baden: Nomos Verlag, S. 125–144.

dbb (2015): „Zusammensetzung des Personalratsvorstands. Briefe zur Personalratswahl". www. dbb.de/themen/mitbestimmung (Abfrage: 02.03.2020).

Demirovic, Alex (2008): Mitbestimmung und die Perspektiven der Wirtschaftsdemokratie. WSI Mitteilungen 7, S. 387–393.

Däubler, Wolfgang/Kittner, Michael (2020): Geschichte der Betriebsverfassung. Frankfurt am Main: Bund-Verlag.

Eßbach, Wolfgang (2009): Die Rolle der Professorenschaft beim Scheitern deutscher Hoch-schulreformen. Freiburg i. Br.

Friedrichsmeier, Andres/Wannöffel, Manfred (2010): Mitbestimmung und Partizipation: Das Management von demokratischer Beteiligung und Interessensvertretung an deutschen Hochschulen. Arbeitspapier, No. 203. Düsseldorf: Hand-Böckler-Stiftung.

Friedrichsmeier, Andres/Wannöffel, Manfred (2012): Mitbestimmung und Partizipation – Das Management von demokratischer Beteiligung und Interessensvertretung an deutschen Hochschulen. In: Hans-Böckler-Stiftung (Hrsg.): Expertise für die Hochschule der Zu-kunft. Demokratische und soziale Hochschule. Bad Heilbrunn: Verlag Julius Klinkhardt, S. 479–517.

Gassmann, Freya/Groß, Jascha/Benkel, Cathrin (2020): „Befristete Beschäftigung von wissen-schaftlichen Mitarbeiterinnen und Mitarbeitern an Hochschulen in Deutschland – Eine erste Evaluation der Novelle des Wissenschaftszeitvertragsgesetzes. Gewerkschaft Erzie-hung und Wissenschaft". www.gew.de/evaluationwisszeitvg (Abfrage: 07.04.2020).

Geißler, Rainer (2005): Die Metamorphose der Arbeitertochter zum Migrantensohn. Zum Wandel der Chancenstruktur im Bildungssystem nach Schicht, Geschlecht, Ethnie und deren Verknüpfungen. In: Berger, Peter A./Kahlert, Heike (Hrsg.): Institutionalisierte Un-gleichheiten. Wie das Bildungswesen Chancen blockiert. Weinheim und München: Juventa Verlag, S. 71–100.

Habermas, Jürgen (1969): Protestbewegung und Hochschulreform. Frankfurt am Main: Suhrkamp.

Hans-Böckler-Stiftung (2012): Das Leitbild Demokratische und Soziale Hochschule. In: Hans-Böckler-Stiftung (Hrsg.): Expertise für die Hochschule der Zukunft. Demokratische und soziale Hochschule. Bad Heilbrunn: Verlag Julius Klinkhardt, S. 637–653.

Holderberg, Per (2017): Zur Beschäftigungssituation des akademischen Mittelbaus. Ergebnisse der zweiten Befragung der wissenschaftlichen und künstlerischen Mitarbeiter_innen der Stiftung Universität Hildesheim. Hildesheim: Universitätsverlag Hildesheim.

Holderberg, Per (2020): Zur Beschäftigungssituation des akademischen Mittelbaus – Ergebnisse der dritten Befragung der wissenschaftlichen und künstlerischen Mitarbeiter_innen der Stiftung Universität Hildesheim. Hildesheim: Universitätsverlag Hildesheim.

Jongmanns, Georg (2011): Evaluation des Wissenschaftszeitvertragsgesetzes (WissZeitVG). Forum Hochschule, Hannover.

Kaase, Max (2003): Politische Beteiligung/Politische Partizipation. In: Andersen, Uwe/Woyke, Richard (Hrsg.): Handwörterbuch des politischen Systems der Bundesrepublik Deutschland, 5. Auflage, Opladen: Leske + Budrich, S. 495–500.

Keller, Andreas (2000): Hochschulreform und Hochschulrevolte. Selbstverwaltung und Mitbestimmung in der Ordinarienuniversität, der Gruppenhochschule und der Hochschule des 21. Jahrhunderts. Marburg: BdWi-Verl.

Keller, Berndt/Henneberger, Fred (1999): Privatwirtschaft und Öffentlicher Dienst: Parallelen und Differenzen in den Arbeitspolitiken. In: Müller-Jentsch, Walther (Hrsg.): Konfliktpartnerschaft. Akteure und Institutionen der industriellen Beziehungen. 3. Aufl. München und Mering, S. 233–256.

Keller, Bernd (2018): Unsichere Arbeit – unsichere Mitbestimmung. Die Interessenvertretung atypisch Beschäftigter. Frankfurt am Main: Otto Brenner Arbeitspapier 32.

Kloelm, Ekkehard (1968): „Der Weg in den Widerstand". www.zeit.de/1968/08/der-weg-in-den-widerstand/komplettansicht (Abfrage: 02.03.2020).

Konsortium Bundesbericht Wissenschaftlicher Nachwuchs (2017): „Bundesbericht Wissenschaftlicher Nachwuchs 2017: Statistische Daten und Forschungsbefunde zu Promovierenden und Promovierten in Deutschland". www.buwin.de/dateien/buwin-2017.pdf (Abfrage: 14.01.2020).

Laufenberg, Mike/Erlemann, Martina/Norkus, Maria/Petschick, Grit (2018): Prekäre Gleichstellung. Geschlechtergerechtigkeit, soziale Ungleichheit und unsichere Arbeitsverhältnisse in der Wissenschaft. Wiesbaden: Springer VS.

Müller-Jentsch, Walther, 2003: Mitbestimmungspolitik. In: Schroeder, Wolfgang/Weßels, Bernhard (Hrsg.): Die Gewerkschaften in Politik und Gesellschaft der Bundesrepublik Deutschland. Wiesbaden, S. 451–477.

Münch, Richard/Pechmann, Max (2009): Der Kampf um Sichtbarkeit. Zur Kolonisierung des wissenschaftsinternen Wettbewerbs durch wissenschaftsexterne Evaluationsverfahren. In: Jörg Bogumil/Heinze, Rolf G. (Hrsg.), Neue Steuerung von Hochschulen. Eine Zwischenbilanz. Berlin: edition sigma, S. 67–92.

Netzwerk „Prekäres Wissen" (2016): „Honorare in der Bildungsarbeit und tatsächliche Stundenlöhne". prekaereswissen.files.wordpress.com/2014/03/report-2016-03-07.pdf (Abfrage: 21.03.2020).

Niedenhoff, Horst-Udo (2005): „Mitbestimmung im europäischen Vergleich. IW-Trends – Vierteljahresschrift zur empirischen Wirtschaftsforschung aus dem Institut der deutschen Wirtschaft Köln". www.econstor.eu/bitstream/10419/156889/1/iw-trends-v32-i2-a1.pdf (Abfrage: 20.08.2020).

Nitsch, Wolfgang/Gerhard, Uta/Offe, Claus/Preuß, Ulrich K. unter Mitarbeit von Heinz Groß-
mann/Müller Peter (1965): Hochschule in der Demokratie. Kritische Beiträge zur Erbschaft
und Reform der deutschen Universität. Berlin u. a.: Luchterhand.

Pasternack, Peer (2006): Hochschulflexibilisierung und Mitbestimmung. In: Kremberg, Bettina
(Hrsg.): Mitbestimmung und Hochschule. Aachen, S. 155–172.

Pasternack, Peer (2010): Wissenschaft und Politik in der DDR. Rekonstruktion und Literatur-
bericht. HoF-Arbeitsberichte. Wittenberg.

Plander, Harro (1986): Arbeitsplatz Hochschule. Wissenschaftspolitik, Beschäftigung und Personalstruktur im Hochschulbereich. Freiburg i. Br.

Schimank, Uwe (2000): Handeln und Strukturen. Einführung in die akteurstheoretische Soziologie. 2. Auflage. Weinheim und München.

Schimank, Uwe (2001): Festgefahrene Gemischtwarenläden – Die deutschen Hochschulen als
erfolgreich scheiternde Organisationen. In: Stölting, Erhard/Schimank, Uwe (Hrsg.): Die
Krise der Universitäten. Wiesbaden: Springer Verlag, S. 224–242.

Seipel, Christian/Benit, Nils/Richter, Torsten (2015): Zur Beschäftigungssituation des akademischen Mittelbaus: Ergebnisse der ersten Befragung der wissenschaftlichen und künstlerischen Mitarbeiter_innen der Stiftung Universität Hildesheim. Hildesheim: Universitätsverlag Hildesheim.

Staack, Sonja (2016): Aushöhlung der Mitbestimmung? Die Interessenvertretung an Hochschu-
len kämpft mit neuen Strukturen der Steuerung und Finanzierung sowie mit überholten
Rollenbildern in der Wissenschaft. In: sub/urban.zeitschrift für kritische stadtforschung 4
H. 2/3, S. 213–220.

SUH (2007): „Geschäftsordnung des Senats der Universität Hildesheim und seiner Kommissionen und Ausschüsse". www.uni-hildesheim.de/media/presse/Senat/Geschaeftsordnung_
des_Senats.pdf (Abfrage: 13. 01. 2020).

SUH (2017): „Leitlinien „Wissenschaft als Beruf attraktiv machen". Gute und faire Arbeits- und
Beschäftigungsbedingungen für den akademischen Mittelbau". hildok.bsz-bw.de/front-
door/index/index/docId/627 (Abfrage: 17. 01. 2020).

SUH (2018): „Daten & Fakten". www.uni-hildesheim.de/media/controlling/Internet/Daten_
und_Fakten/Daten_Fakten_2018.pdf (Abfrage: 13. 01. 2019).

Statistischen Bundesamts (1994–2018): Bildung und Kultur – Personal an Hochschulen. Fachserie 11, Reihe 4.4. Wiesbaden.

Thüsing, Gregor (2020): Mitbestimmung: Mut zur Reform. FAZ 24. 01. 2020, S. 16.

Ulrich, Peter (2016): Prekäre Wissensarbeit im akademischen Kapitalismus. Strukturen, Subjektivitäten und Organisierungsansätze in Mittelbau und Fachgesellschaften. In: Soziologie
45, H. 4, S. 388–411.

Ulrich, Volker (2018): Die Revolution von 1918/19. 2. Auflage. München: Verlag C. H. Beck.

Verba Sidney/Schlozman, Kay Lehman/Brady, Henry E. (1995): Voice and Equality. Civic
Voluntarism in American Politics. Cambridge: Harvard University Press.

Wikipedia (2020): „Unter den Talaren – Muff von 1 000 Jahren" de.wikipedia.org/wiki/Unter_
den_Talaren_%E2%80%93_Muff_von_1000_Jahren (Abfrage: 02. 09. 2020).

Zechlin, Lothar (2012): Zwischen Interessensorganisation und Arbeitsorganisation? Wissenschaftsfreiheit, Hierarchie und Partizipation in der ‚unternehmerischen Hochschule'. In:
Wilkesmann, U./Schmid, C. J. (Hrsg.): Hochschule als Organisation. Wiesbaden: VS Verlag
für Sozialwissenschaften, S. 41–59.

Zechlin, Lothar (2017): „Wissenschaftsfreiheit nur für Professoren – ein deutscher Sonderweg?"
www.tagesspiegel.de/wissen/gastbeitrag-wissenschaftsfreiheit-nur-fuer-professoren-ein-
deutscher-sonderweg/19454254.html (Abfrage: 28. 02. 2020).

Gesundheitsrisiko befristeter Vertrag

Herausforderung an den Arbeitsschutz

Rüdiger Helm & Peter Müßig

Der Vertrag auf Zeit kann zu sich verstetigenden Prekaritätskreisläufen führen (vgl. Hirseland/Lobato, S. 32). Übergänge in Normarbeitsverhältnisse gelingen nur begrenzt (vgl. Gensicke et al. 2010). Die Wahrscheinlichkeit des Verbleibs in einer prekären Beschäftigungsform und das Risiko arbeitslos zu werden ist für befristet Beschäftigte dagegen ungleich höher (vgl. Brehmer/Seifert 2009), als für Menschen mit einer Normbeschäftigung (vgl. Helm 2012, S. 259). Die Befristung weist innerhalb der Gruppe der verschiedenen von der Normbeschäftigung abweichenden Vertragsformen ein empirisch messbares Stabilitätsrisiko aus (vgl. Brehmer/Seifert 2008, S. 516).

Der Volksmund weiß: „Das schlägt mir auf den Magen." Befristet Beschäftigte müssen mit Unsicherheiten leben, die eine Gefährdung der Gesundheit darstellen und krank machen können. Durch die beständig bestehende Gefahr, den Arbeitsvertrag nicht verlängert zu bekommen, sind sie stets davon bedroht, mit der Arbeit auch die (Selbst-)Versorgungsgrundlage, soziale Kontakte und die Strukturierung des Alltags zu verlieren (vgl. Jahoda et al. 1933/1993, Hirseland et al. 2010). Befristet Beschäftigte sind erpressbar. Sie können sich nur eingeschränkt oder gar nicht für ihre Interessen einsetzen, weil sie stets damit rechnen müssen, den Arbeitsplatz zu verlieren, sollten sie dem:r Arbeitgeber:in z. B. durch gewerkschaftliches Engagement unangenehm auffallen. Befristet Beschäftigte können nur mit hohem persönlichen Risiko für ihre Interessen eintreten; sei es individuell, wenn es darum geht, auf die Einhaltung arbeitsrechtlicher oder tariflicher Bestimmungen zu bestehen; sei es, wenn es darum geht, sich in Personal- oder Betriebsräten zu engagieren; sei es bei der Beteiligung an gewerkschaftlichen Aktivitäten. Demgegenüber sind Zweifel angebracht bei den intendierten positiven Wirkungen. Auch 35 Jahre nach dem ersten Beschäftigungsförderungsgesetz erweist sich der befristete Arbeitsvertrag nicht als Brücke, sondern tendenziell als Hindernis in die Normalbeschäftigung.

Dies kann auch im hohen Maße für die Beschäftigten im Wissenschaftssektor gelten. Zweifel sind darüber hinaus beim postulierten Nutzen angebracht, den ein Vertrag mit Verfallsdatum für die Wissenschaftsfreiheit haben soll. Die bisherigen durch das Bundesministerium für Bildung und Wissenschaft (BMBF) in Auftrag gegebenen Evaluationen des Wissenschaftszeitvertragsgesetz (WissZeitVG) haben hierzu weder Ergebnisse geliefert (vgl. Jongmanns 2011) noch wurden entsprechende Analysen von den Auftraggebern der Evaluationen beauftragt (vgl. BMBF 2020).

Es gibt gute Argumente dafür, dass extrem hohe Befristungsquoten der Wissenschaftsfreiheit mehr schaden als nutzen. Mitzudenken ist aber immer auch das Arbeitsschutzrecht. Wissenschaftsfreiheit ist kein Freibrief, das arbeitsschutzrechtlich Gebotene zu vernachlässigen. Die zulässige Befristung und das arbeitsschutzrechtlich Gebotene gilt es zueinander abzuwägen. Die theoretischen und praktischen Erkenntnisse aus dem Spannungsverhältnis des (europäischen) Arbeitsschutzrechts und der innerstaatlichen Ausgestaltung des Befristungsrechts sollen Anregung sein, sich in der Wissenschaft vertieft mit dem Zusammenhang zwischen Befristungswesen und dem Arbeits- und Gesundheitsschutz zu befassen. Welche rechtlichen Klärungen sind notwendig und welche Möglichkeiten bestehen im Rahmen der Mitbestimmung, Schutzlücken mit den Mitteln des Arbeitsschutzes abzubauen?

1. Spannungsverhältnis Befristung und Arbeitsschutz

Der dritte Erwägungsgrund der Rahmenrichtlinie Arbeitsschutz (RL 89/391/ EWG) betont die Erkenntnis des Unionsgesetzgebers,[1] dass Beschäftigte „an ihrem Arbeitsplatz und während ihres gesamten Arbeitslebens gefährlichen Umgebungsfaktoren ausgesetzt sein können." Umgebungsfaktoren können psychischer und physischer Art sein oder auf deren Wechselwirkung zueinander beruhen bzw. durch diese verstärkt werden.

Das Arbeitsschutzrecht ist nicht auf physische oder psychische Beeinträchtigungen beschränkt, sondern folgt einem ganzheitlichen Konzept des betrieblichen Gesundheitsansatzes (HK-ArbSchR/*Kohte/Maul-Satori* ArbSchG § 1 Rn. 9). Es ist gerade nicht ausreichend, nur Belastungsfaktoren isoliert zu prüfen.

Erst durch eine Gesamtbetrachtung einschließlich der Wechselwirkung aller Faktoren zueinander kann sich eine besondere Fehlbelastung ergeben. So macht es einen Unterschied, wenn befristet Beschäftigte frühzeitig unterrichtet werden, ob sie einen Anschlussvertrag erhalten oder wie ihre Leistung bewertet wird.

Es macht einen Unterschied, ob befristet Beschäftigte eine sicherheitsrelevante Aufgabe haben, wie ein Ramp-Agent an einem Flughafen oder nicht. Denn der Ramp-Agent gibt den Start eines Flugzeugs frei. Darf ein Flugzeug nicht starten, ist das mit erheblichen Kosten verbunden. Die Tätigkeit ist von Verantwortung und oft von Druck geprägt. Ist es da noch sicherheits- und gesundheitsförderlich,

---

1 Das Befristungsrecht beruht weitgehend auf einer europäischen Richtlinie. Unionsrichtlinien enthalten in ihrem Eingangsteil die maßgeblichen Erwägungsgründe, die den Unionsgesetzgeber veranlasst haben, die Richtlinie zu erlassen.

wenn ein Ramp-Agent sich dann fragt, ob es den erhofften Anschlussvertrag gefährdet, wenn dem:r Arbeitgeber:in eine schlechte Nachricht zu überbringen ist?

„Ich habe zu viel um die Ohren, das liegt mir bös im Magen, das geht mir an die Nieren, davon bekomme ich weiche Knie, ich hab mein Kreuz zu tragen," der Volksmund kennt den Zusammenhang zwischen psychischen Belastungen und der Gesundheit.

Vertragsformbedingte Beschäftigungsunsicherheit kann die Gesundheit belasten. Der präventive Arbeitsschutzansatz des Arbeitsschutzgesetzes (ArbSchG) soll Gesundheitsrisiken vermeiden. Untersuchungen, wie die Whitehall II-Studie (Ferrie et al. 2004) und die finnische Zehn-Städte-Studie (Kivimäki et al. 2003). haben gezeigt, dass befristete Arbeitsverträge als Fehlbelastung erlebt werden können, da sie mit einer höheren Arbeitsplatzunsicherheit verbunden sind als unbefristete Verträge. Untersuchungen, wie die REGAM-Studie (Pfarr et al. 2003) haben für die befristete Beschäftigung im Verhältnis zur Normbeschäftigung ein mehr als doppelt so hohes Risiko eines schlechten Gesundheitszustandes festgestellt. Langzeitstudien stellen bei unsicherer Beschäftigung ein erhöhtes Mortalitätsrisiko fest.

Die befristungsbedingte Beschäftigungsunsicherheit ist Quelle einer (Fehl-) Belastung.

„Eine potentielle Gesundheitsbeeinträchtigung ergibt sich aus den fehlenden Möglichkeiten, das private und familiäre Leben vorausschauend zu planen, aus dem Mangel an organisationaler Einbindung in das Unternehmen, in dem man gerade arbeitet, aus der häufig sehr geringen Entlohnung, die die Möglichkeiten gesunder Lebensführung beeinträchtigt (schlechtere Ernährung, Einschränkung von Freizeitaktivitäten, die Geld kosten, wie z. B. bestimmten Sportarten)" (Rau 2015, S. 31).

Dem befristeten Vertrag fehlen die Sicherheitsreserven der Normbeschäftigung. Befristet Beschäftigte gefährden regelmäßig ihren Anschlussvertrag, wenn Sie ausstehenden Lohn geltend machen oder für den Betriebsrat kandidieren. Der arbeitsvertragliche und betriebsverfassungsrechtliche Kündigungsschutz gilt für sie nicht. Der Schutz des Schwerbehindertenrechts oder der werdender Eltern gilt für sie nicht. Fehlende Vertragsreserven macht die Beschäftigungsform prekär. Denn der befristete Arbeitsvertrag endet mit seinem Verfallsdatum. Kündigungsschutz, Mandats- und Elternschutz erschwert die Beendigung unbefristeter Verträge durch Kündigung. Dort wo es keine Kündigung braucht, läuft ein so gestalteter Schutz leer. Es fehlt ein Anspruch auf einen Anschlussvertrag, der helfen könnte.

Das ArbSchG verlangt als öffentlich-rechtlich überwachte private Handlungspflicht, Gesundheitsgefährdungen durch einen präventiven handlungsorientierten Ansatz zu vermeiden. Das Gefährdungsvermeidungsgebot einerseits und die rechtliche Zulässigkeit befristeter Verträge andererseits stehen in einem Spannungsverhältnis zueinander, dem sich die betrieblichen Arbeitsschutzakteur:innen stellen müssen.

2. Der psychologische Arbeitsvertrag

Ein Modell, mit dem die Fehlbelastung durch befristete Verträge wissenschaftlich erklärt wird, ist der psychologische Vertrag. Unter einem psychologischen Vertrag wird die Wahrnehmung gegenseitiger Erwartungen und Verpflichtungen in der Arbeitgeber:in-Arbeitnehmer:in-Beziehung verstanden. Kripal und Mefebue (2007, S. 5) beschreiben diese als „mehr oder weniger implizite Erwartungen und Angebote" die über den (schriftlichen) Arbeitsvertrag hinausgehen. Grundlage sind zum Beispiel mündliche Absprachen und Versprechen. Wichtiger sind aber wechselseitige Erwartungen hinsichtlich der Leistungsbereitschaft und der beruflichen Entwicklungsmöglichkeiten, die sich aus der Geschichte eines Unternehmens, aber auch der ganz allgemeinen Arbeitsbedingungen herausgebildet haben. Die Tragfähigkeit und das enthaltene empirisch messbare Enttäuschungspotenzial ergeben sich aus der Summe an Erwartungen an den Arbeitsvertrag, die sich aus Erfahrungen und Zusagen speisen und die die Arbeitgeber:in-Arbeitnehmer:in-Beziehung prägen. Die Erwartung an den unbefristeten Vertrag ist eine andere als an den befristeten Arbeitsvertrag. Weil aber befristet Beschäftigte weniger Erwartungen an den schriftlichen Arbeitsvertrag haben gewinnt der psychologische Vertrag und das mit diesem verbundene Enttäuschungspotenzial an Bedeutung.

Die Gruppe der befristet Beschäftigten ist nicht homogen. Zu dieser gehören Studierende, die ihr Studium finanzieren, Doktoranden, die ihre Promotion fertigstellen und Köch:innen, die Erfahrung bei einem besonders erfahrenen Köch:in machen möchten. Auch reisende Handwerker:innen wird die Vertragsform nicht besonders belasten. Denn ihrer Interessenlage steht die Befristung nicht entgegen. Betrachtet man die unfreiwillig befristet Beschäftigten als eigene Gruppe, zeigt sich ein anderes Bild. Die Fehlbeanspruchung durch befristete Verträge ist für diese Gruppe ein Gesundheitsrisiko. Das Enttäuschungspotenzial dieser Gruppe ist deutlich höher. Studien, die zwischen den freiwillig und unfreiwillig Befristeten unterscheiden (Rigotti 2008, S. 36; Helm 2012, S. 133), zeigen das mit der Befristung verbundene Enttäuschungspotenzial, den erlebten Bruch des psychologischen Vertrages und die damit verbundenen Gesundheitsrisiken. Die Gefährdungsbeurteilung, die gesetzliche Analyse aus arbeitsschutzrechtlicher Perspektive, wird im Wissenschaftsbereich (wie in jedem anderen Bereich auch) herausarbeiten müssen, ob die Gruppe der befristet Beschäftigten homogen oder ob und wie innerhalb dieser Gruppe zu differenzieren ist.

Aufgabe des betrieblichen Arbeitsschutzes ist es, Maßnahmen zur Abmilderung oder Beseitigung potenzieller Gesundheitsrisiken zu ergreifen, § 3 Abs. 1

ArbSchG. Im Rahmen der Gefährdungsbeurteilung sind alle potenziellen Gesundheitsrisiken zu betrachten.

3. Umfang der Gefährdungsbeurteilung

Der in dem Praxisbeispiel unter Ziff. 5 in Bezug genommene Betriebsrat einer wissenschaftlichen Einrichtung aus Hannover hat beantragt, eine Einigungsstelle zur Aufstellung von Arbeitsschutzmaßnahmen zur Minimierung von psychischen Belastungen durch befristete Arbeitsverhältnisse arbeitsgerichtlich einsetzen zu lassen. Einigungsstellen sind dann einzurichten, wenn zwischen Betriebsrat und Arbeitgeber:in ein Dissens über eine mitbestimmungspflichtige Frage besteht. Das Landesarbeitsgericht Niedersachsen (LAG Niedersachsen) hat am 20.5.2020 (Az. 3 TaBV 8/20) die Einrichtung der Einigungsstelle abgelehnt. Warum der Entscheidung nicht gefolgt werden kann und die Mitbestimmung tatsächlich besteht, wird nachfolgend erörtert.

Das Bundesarbeitsgericht hat in einer aktuellen Entscheidung hervorgehoben, dass durch die Gefährdungsbeurteilung

„alle denkbaren Gefährdungen, die bei Tätigkeiten oder am Arbeitsplatz auftreten können, zu ermitteln [sind]. Eine Einigungsstelle, die Verfahrensregelungen zur Beurteilung der Arbeitsbedingungen aufstellen soll, kann und muss bei Aufstellung der mitbestimmungspflichtigen Verfahrensregelungen die für die Beschäftigten mit ihrer Arbeit verbundenen denkbaren Gefährdungen weder abschließend noch beispielhaft im Spruch benennen. Dies liefe dem Schutzzweck des § 5 ArbSchG zuwider. Der Regelung liegt – wie die nur beispielhafte Aufzählung möglicher Gefährdungen in § 5 Abs. 3 ArbSchG zeigt – ein weites Verständnis arbeitsbedingter Gefährdungen zugrunde [...]. Der Arbeitgeber hat daher alle denkbaren Gefährdungen, die bei Tätigkeiten oder am Arbeitsplatz auftreten können, zu ermitteln" (BAG 13.8.2019, 1 ABR 6/18, Rn. 52).

Mitbestimmt, d.h. unter Achtung der Mitbestimmungsrechte der Beschäftigtenvertretung, hat der:die Arbeitgeber:in alle denkbaren Gefährdungen im Rahmen der Gefährdungsbeurteilung zu ermitteln. Nicht relevant ist, ob der:die Arbeitgeber:in diese Risiken zu verantworten hat. So ist die Sonneneinstrahlung ggf. genauso zu berücksichtigen, wie witterungsbedingte Risiken und erst recht arbeitgeberseits gesetzte vertragliche Bedingungen unter denen die Arbeit zu erbringen ist. Die Entscheidung des LAG Niedersachsen (LAG Niedersachsen 20.5. 2020, 3 TaBV 8/20) verkennt den Ansatz des BAG. Das LAG nimmt an, dass Maßnahmen des Arbeitsschutzes dann nicht verlangt werden können, wenn sie „in den Kernbereich erlaubter künftiger Vertragsanbahnung und -gestaltung eindringen." Die Wortwahl „Eindringen" ist ungewöhnlich. Tatsächlich ist das Gegenteil der Fall. Nur dort wo der:die Arbeitgeber:in „erlaubt gestalten kann", ist

Mitbestimmung möglich. Muss der:die Arbeitgeber:in einen gesetzlichen Befehl ohne Spielraum erfüllen, besteht kein Raum für die Mitbestimmung. Umgekehrt besteht Mitbestimmung im Arbeitsschutzrecht dort, wo der:die Arbeitgeber:in einen Gestaltungsrahmen hat.

Immer dann, wenn Gesundheitsrisiken im Rahmen einer Gefährdungsbeurteilung festgestellt werden, sind diese durch Maßnahmen zu adressieren. Das BAG betont in der vorzitierten Entscheidung, dass eine Herausnahme einzelner Risikofaktoren auch der Einigungsstelle nicht gestattet ist, sondern „alle denkbaren Gefährdungen" zu betrachten sind. Dazu gehören auch Mehrfachbelastungen von denen eine der befristete Arbeitsvertrag sein kann.

Die vorzitierte Ansicht des LAG Niedersachsen ist auch aus zwei weiteren Gründen betriebsverfassungsfern. Zum einen führt die Mitbestimmung des Betriebsrats nicht dazu, dass alles mit einem Spruch der Einigungsstelle durchgesetzt werden kann. Die Einigungsstelle ist an Recht und Gesetz gebunden und die Mitbestimmung besteht im Rahmen der rechtlichen Bestimmungen und geht über diese nicht hinaus. Nicht alles ist spruchfähig.[2]

Das LAG Niedersachsen begründet sein Argument, der Betriebsrat wolle „in den Kernbereich erlaubter künftiger Vertragsanbahnung und -gestaltung eindringen" wie folgt: „Die Mitbestimmung bei der Einstellung, ob man unter ihr auch den Vertragsabschluss oder mit dem BAG nur die tatsächliche Eingliederung versteht, ist nicht im Verfahren des § 87 BetrVG, sondern der §§ 99 ff. BetrVG geregelt" (LAG Niedersachsen 20. 5. 2020, 3 TaBV 8/20, aus den Gründen). Das Gericht scheint hier anzunehmen, dass arbeitsschutzrechtliche Maßnahmen zur Reduzierung gesundheitlicher Fehlbelastungen dann nicht ergriffen werden dürfen, wenn sie auf ein Verbot oder eine Einschränkung der Gestaltungsoptionen bei befristeten Verträgen hinaus liefen. Die Mitbestimmungsrechte der Betriebsräte im Arbeits- und Gesundheitsschutz nach § 87 BetrVG bestehen unabhängig von und neben den Beteiligungsrechten bei personellen Angelegenheiten in den §§ 99 ff. BetrVG. Hier gibt es keine Hierarchie, sondern ein Nebeneinander.

Die Unzuständigkeit einer Einigungsstelle für Maßnahmen des Arbeitsschutzes kommt nur in Betracht, wenn keine rechtlich zulässigen und tatsächlich möglichen Arbeitsschutzmaßnahmen vorstellbar sind. Der juristische Maßstab zur Einrichtung der Einigungsstelle ist das Offenkundigkeitsprinzip. Dem LAG Niedersachsen ist aus zwei (und mehr) Gründen zu widersprechen. Zum einen genießt das Recht auf Gesundheit und körperliche Unversehrtheit besonderen verfassungsrechtlichen Schutz.

Die Vertragsfreiheit steht nicht über den Grundrechten. Die Vertragsfreiheit ist nach ständiger Rechtsprechung des BVerfG Ausfluss der allgemeinen Hand-

---

2 Spruchfähig bedeutet im Bereich der Mitbestimmung, dass bei einer Nichteinigung eine Einigungsstelle einen Spruch fällen muss. Einigungsstellensprüche können nur innerhalb des für den jeweiligen Mitbestimmungssachverhalt gegebenen rechtlichen Rahmen erfolgen.

lungsfreiheit aus Art. 2 Abs. 1 Grundgesetz. Danach hat „jeder das Recht auf die freie Entfaltung seiner Persönlichkeit, soweit er nicht die Rechte anderer verletzt und nicht gegen die verfassungsmäßige Ordnung oder das Sittengesetz verstößt." Bereits der nächste Satz des Grundgesetzes, Art. 2 Abs. 2 Satz 1 nennt einen Eckpfeiler der verfassungsrechtlichen Ordnung: „Jeder hat das Recht auf Leben und körperliche Unversehrtheit." Das Recht auf Leben und körperliche Unversehrtheit gehört zur verfassungsrechtlichen Ordnung. Die Vertragsfreiheit kann nur im Rahmen dieser Ordnung ausgeübt werden und durchbricht diese nicht, wie das LAG Niedersachsen zu meinen scheint.

Mit der Verbetrieblichung des Arbeitsschutzes hat der (europäische) Normgeber es zur Aufgabe der Betriebsparteien gemacht, das Recht auf Leben und körperliche Unversehrtheit betrieblich sicherzustellen. Wenn eine Einigungsstelle zum Ergebnis kommt, dass es nur möglich ist, dies durch einen betrieblichen Rahmen für befristete Verträge sicherzustellen, dann konkretisiert sie den Rahmen, innerhalb dessen die Vertragsfreiheit ausgeübt werden kann. Das ist eine Folge der Verbetrieblichung des Arbeitsschutzes. Denn mit dieser soll der Schutz der Gesundheit und körperlichen Unversehrtheit auf betrieblicher Ebene konkretisiert werden.

Auf betrieblicher Ebene geht es dabei immer um die Konkretisierung von Rahmenvorschriften und hier besonders um § 3 Abs. 1 ArbSchG. Dort geht es um die Festlegung der „erforderlichen Maßnahmen des Arbeitsschutzes unter Berücksichtigung der Umstände (...), die Sicherheit und Gesundheit der Beschäftigten bei der Arbeit beeinflussen." Eine Einschränkung, dass dies nicht gelten soll, wenn es dem:der Arbeitgeber:in einen Rahmen für die Ausgestaltung befristeter Verträge setzt, lässt sich bereits dem Wortlaut, aber auch der oben skizzierten Systematik des Art. 2 Grundgesetz nicht entnehmen. Viele Normen im Arbeitsrecht sollen verhindern, dass Arbeitgeber:innen ihre strukturelle Überlegenheit bei dem Vertragsschluss und dessen Durchführung nicht fehlgebrauchen. Ein Rahmen für die Vertragsfreiheit, hier durch den Arbeitsschutz, ist nicht die Ausnahme, sondern die Regel im Arbeitsrecht.

Ein Ramp Agent an einem Flughafen entscheidet darüber, ob ein Flugzeug starten darf oder nicht. Eine Startverweigerung kann sich bspw. daraus ergeben, dass die ordnungsgemäße Lagerung des Gepäcks nicht dokumentiert ist. Die Verkehrssicherheit am Flughafen schützt die Passagiere und Beschäftigten. Ein Ramp Agent, der die Flugsicherheit gewährleistet, soll bei einer Entscheidung, ob er einem Flugzeug die Starterlaubnis verweigert, nicht darüber nachgrübeln müssen, ob er durch seine Entscheidung seinen Anschlussvertrag gefährdet. Personen mit zentraler Verantwortung, die dem:der Arbeitgeber:in ggf. schlechte, weil kostenintensive Mitteilungen mach müssen, sollten nicht durch die Sorge vor den Folgen ihrer Entscheidung fehlbelastet werden. Ein anderes Beispiel sind multikausale Belastungen, die ohnehin hoch und durch die Sorge um den Anschlussvertrag zu hoch werden können.

Unabhängig davon, dass es im Einzelfall vorstellbar und naheliegend sein kann, zur Vermeidung von Fehlbelastungen dem extensiven Ausschöpfen des Befristungsrechts einen Rahmen zu setzen, verkennt das LAG Niedersachsen einen weiteren grundlegenden Aspekt. Viele Maßnahmen zur Reduzierung von Fehlbelastungen tangieren die Möglichkeit, befristete Verträge zu schließen, überhaupt nicht. Eine typische und weit verbreitete Fehlbelastung kommt daher, dass befristet Beschäftigte oft erst spät, manchmal erst am letzten Tag der Vertragslaufzeit erfahren, ob sie einen Anschlussvertrag erhalten (vgl. Abschnitt 5 sowie z. B. auch Holderberg 2020). Fehlbelastungsreduzierend wirkt ein transparentes Kommunikationskonzept. Dieses kann bspw. vorsehen, dass befristet Beschäftigte spätestens drei Monate vor Vertragsende erfahren, ob sie einen Anschlussvertrag erhalten. Es kann in Fällen, in denen kein oder nur ein befristeter Anschlussvertrag erfolgen soll, den Beschäftigten mit der Mitteilung zur Vertragsfortsetzung eine Begründung zugeleitet wird.

Wenn das LAG Niedersachsen darüber hinaus aus § 99 BetrVG schließt, dass mitbestimmte Maßnahmen nach § 87 Abs. 1 Nr. 7 BetrVG ausgeschlossen wären, verkennt es, dass beide Normen nebeneinander anzuwenden sind. Das Bundesarbeitsgericht hat zuletzt am 28. 7. 2020 betont, dass die Mitbestimmung in kollektiven Angelegenheiten – und hierzu gehört der Arbeits- und Gesundheitsschutz – neben gebundenen Mitbestimmung zu personellen Einzelmaßnahmen steht (BAG 28. 7. 2020, 1 ABR 45/18).

Ohnehin berühren Ankündigungsfristen vor Auslaufen eines Vertrages in Hinblick auf eine mögliche Anschlussbeschäftigung den Vertragsschluss nicht. Das LAG Niedersachsen verkennt, dass § 99 BetrVG neben § 87 BetrVG steht, was bspw. für den Bereich der Entlohnungsgrundsätze völlig unstreitig ist. Der:die Arbeitgeber:in kann nicht durch eine Eingruppierung nach § 99 BetrVG eine neue Entgeltordnung einführen, da muss er:sie § 87 Abs. 1 Nr. 6 BetrVG beachten. Nicht anders verhält es sich hier. Die befristete Beschäftigung darf, wie jede Beschäftigung, nicht entgegen den arbeitsschutzrechtlichen Bestimmungen ausgestaltet werden. Weil aber die befristete Beschäftigung erlaubt und der Arbeitsschutz verpflichtend ist, geht die Befürchtung des LAG Niedersachsen zu weit. Wenn es annimmt, eine Einigungsstelle würde Regelungen aufstellen, die der Rechtsstellung des:der Arbeitgeber:in aus § 99 BetrVG entgegenstehen, verkennt es, dass eine Einigungsstelle zweistufig entscheidet. Sie prüft im Rahmen ihrer sog. Kompetenz-Kompetenz den rechtlichen Rahmen. Sodann entscheidet sie, wie innerhalb dieses Rahmens gestaltet werden kann. Eine Entscheidung, die diesen Rahmen überschreitet, wäre darüber hinaus rechtlich angreifbar.

Das Kernbereichs-Argument des LAG Niedersachsen verkennt weiter, dass Mitbestimmung ausschließlich dort stattfinden kann, wo der:die Arbeitgeber:in eine Gestaltungsmöglichkeit, also ein Direktionsrecht hat. Nur dort, wo der:die Arbeitgeber:in Arbeitszeit anordnen kann, kann der Betriebsrat mitbestimmen. Wenn im Handel eine Sonntagsöffnung und damit der Einsatz von Verkaufskräften an Sonntagen unzulässig ist, lässt sich diese auch nicht durch die Mitbestimmung durchsetzen. Wenn aber ein:e Arbeitgeber:in die Festlegung von Ankündigungsfristen für Anschlussverträge frei gestalten kann und hierdurch unsicherheitsbedingten Fehlbelastungen entgegenwirken könnte, wäre dies eine Maßnahme im Sinne des § 3 Abs. 1 ArbSchG.

Bestandteil des Kernbereichs-Arguments wäre auch, dass die zeitliche Dauer und Abfolge befristeter Verträge keine Arbeitsschutzmaßnahme sein könnten. Nach der Betriebsverfassung ist die Aufstellung von Richtlinien zu Einstellungen und Kündigungen nach § 95 BetrVG mitbestimmungspflichtig. Ein Anschlussvertrag an einen befristeten Vertrag ist betriebsverfassungsrechtlich betrachtet eine Einstellung. Können daher bereits nach § 95 BetrVG transparente Regeln für einen Erst- und einen Folgevertrag aufgestellt werden, dann ist nicht ersichtlich, warum eine solche Regelung, soweit arbeitswissenschaftlich geeignet, nicht auch als Arbeitsschutzmaßnahme aufgestellt werden soll. Es ist der Betriebsverfassung nicht fern, hier den Betriebsrat bei Grundsätzen zur Einstellung einzubinden. Daher geht das LAG Niedersachsen fehl, wenn es annimmt, dass die Vertragsanbahnung ein der Mitbestimmung nicht zugänglicher Kernbereich sei.

Das LAG Niedersachsen differenziert rechtsfehlerhaft nicht zwischen dem Bestehen der Mitbestimmung und dessen möglichen Umfang. Der Umfang der Mitbestimmung muss hier berücksichtigen, dass befristete Verträge eine zulässige Form der Vertragsgestaltung sind. Das Befristungsrecht und das Arbeitsschutzrecht beruhen jeweils auf einer europäischen Richtlinie (Rahmenrichtlinie über befristete Verträge RL 1999/70/EG; Rahmenrichtlinie Arbeitsschutz 1999/70/EG). Die Notwendigkeit mehreren Normen gerecht zu werden, ist im Recht nicht die Ausnahme, sondern der Regelfall. So hat der Betriebsrat am Flughafen München arbeitsschutzrechtliche Mindeststandards als Standard für öffentliche Ausschreibungen durchgesetzt (vgl. Helm/Krüger 2017). Denn eine Vergabe die nur Kosten betrachtet, aber dabei zulässt, dass andere europäische Normen missachtet werden, würde sich nicht auf das europäische Recht, sondern nur eine einzelne Richtlinie des europäischen Rechts, bzw. auf ein innerstaatliches Umsetzungsgesetz stützen. Nicht anders ist es bei der Vertragsgestaltung. Ein Vertrag muss allen Bestimmungen gerecht werden. Beispielsweise der Betriebsverfassung, dem Arbeitsschutzrecht und dem Befristungsrecht.

4. Was können betriebliche Interessenvertretungen tun?

Betriebs- und viele Personalräte können Regelungen vorschlagen und darauf hinwirken, dass bei der Ermittlung der Gefährdungen im Rahmen der Gefährdungsbeurteilung die unfreiwillig Befristeten besonders betrachtet und deren (Fehl-) Beanspruchungen nicht übersehen werden.

Alle Betriebs- und viele Personalräte (zur Rechtslage unten) können einen

Regelungsvorschlag für die Gefährdungsbeurteilung unterbreiten und ihn mit dem:der Arbeitgeber:in verhandeln. Nach Durchführung der Gefährdungsbeurteilung können Interessenvertretungen deren fehlende Vollständigkeit ggf. rügen. Ist die Gefährdungsbeurteilung ausreichend, können sie Maßnahmen zur Reduzierung der Fehlbelastung vorschlagen und bei Nichteinigung die Einigungsstelle anrufen.

Betriebsräte können in einem arbeitsgerichtlichen Verfahren feststellen lassen, dass die Gefährdungsbeurteilung sich auch auf mögliche vertragsform bedingte Risiken erstrecken muss. Einige kirchliche Mitarbeiter:innenvertretungen haben der Betriebsverfassung entsprechende Mitbestimmungsrechte im Arbeitsschutz und können in vergleichbarer Weise vorgehen (Kirchengerichtshof der EKD 9. 7. 2007, KGH.EKD II-0124/N24-07).

Für Personalräte ist nach den jeweils anzuwendenden Normen zu differenzieren. Der Anknüpfungspunkt für die Mitbestimmung im Bundespersonalvertretungsgesetz (BPersVG) unterscheidet sich von dem der Betriebsverfassung. Nach dem BPersVG wird ein Personalrat erst bei der Maßnahmenableitung ggf. geltend machen müssen, dass die Gefährdungsbeurteilung unzureichend war (BVerwG 14. 10. 2002, 6 P 7/01., Rn. 24). Einige Länder-PersVGen enthalten Mitbestimmungsrechte der Personalräte, die denen der Betriebsräte vergleichbar sind. Zum Beispiel haben niedersächsische Personalräte volle mit dem Betriebsrat vergleichbare Mitbestimmungsrechte bei der Entscheidung und Durchführung von allen Maßnahmen des Arbeits- und Gesundheitsschutzes, auch wenn die Maßnahmen nur mittelbar dem Gesundheitsschutz dienen. Die Personalvertretungsgesetze der Länder Rheinland-Pfalz (§ 80 Abs. 2 Nr. 7), Niedersachsen (§ 66 Abs. 1 Nr. 11), Nordrhein-Westphalen (§ 72 Abs. 4 Nr. 7) und Baden-Württemberg (§ 70 Abs. 1 Nr. 7) enthalten gegenüber dem BPersVG deutlich erweitere Mitbestimmungsrechte. Insbesondere in diesen Ländern können Personalräte ihre Beteiligung auch an der Planung des Vorgehens und der Methoden der Gefährdungsbeurteilung einfordern.

5. Begrenzung und Gestaltung von Befristung durch Betriebsvereinbarung?

Ein Praxisbericht

Der Betriebsrat einer sozialwissenschaftlichen Forschungseinrichtung in Hannover mit rund 200 Beschäftigten engagiert sich seit Jahren gegen die ausufernde Praxis, Arbeitsverträge zu befristen. Ende 2015 wurde ihm durch einen Artikel in der Zeitschrift Arbeitsrecht im Betrieb (vgl. Huber/Helm 2015) bewusst, dass Befristung auch ein Gesundheits- und Arbeitsschutzthema ist. Das liegt eigentlich auf der Hand – schließlich sind die Auswirkungen der permanenten Unsicherheit, die mit befristeter Beschäftigung einhergeht, dem Betriebsrat gut bekannt. Dennoch hatte er bis dahin die Handlungsmöglichkeiten übersehen, die sich aus der Tatsache ableitet, dass befristete Beschäftigung die Gesundheit gefährden kann. Die betriebsrätlichen Rechte sind im Arbeits- und Gesundheitsschutz vergleichsweise stark und erlauben ihm, von sich aus initiativ zu werden und Maßnahmen zur Vermeidung oder Begrenzung von Gesundheitsrisiken zu fordern.

Der Weg dahin war allerdings mühselig und steinig und ist noch lange nicht abgeschlossen. Der Betriebsrat war bis dahin im Arbeits- und Gesundheitsschutz nur mäßig aktiv. Er bildete sich fort, und lernte, dass jede:r Arbeitgeber:in in Deutschland seit 1996 verpflichtet ist, regelmäßig Gefährdungsbeurteilungen auch zu psychischen Belastungen durchzuführen. Er lernte, dass der:die Arbeitgeber:in darüber hinaus verpflichtet ist, Maßnahmen zu ergreifen, mit denen der Ursache gesundheitlicher Gefahren entgegen gewirkt wird und soweit diese sich nicht beseitigen lässt die potenziellen Fehlbelastungen möglichst gering zu halten sind.

Er lernte weiter, dass das den betrieblichen Arbeitsschutz prägende Arbeitsschutz- und Betriebsverfassungsrecht umfassende Mitbestimmungsrechte vorsieht. Das beginnt bei der Festlegung von geeigneten Verfahren zur Analyse von Gefährdungen einschließlich Maßstäben zur Beurteilung (Gefährdungsbeurteilung) und deren Dokumentation. Die Mitbestimmung erfasst die Festlegung der zu treffenden Maßnahmen zur Vermeidung festgestellter Gefährdungen (Maßnahmenableitung). Sie erstreckt sich auf die Festlegung von Methoden zur Wirksamkeitsüberprüfung (Wirksamkeitskontrolle) und den sog. permanenten Verbesserungsprozess (Gefährdungsbeurteilung fortschreiben). Der Betriebsrat erkannte, dass er sein Initiativrecht nutzen kann, um seine:n Arbeitgeber:in dazu zu bewegen, seinen Verpflichtungen zur Durchführung einer Gefährdungsbeurteilung, die sich auf psychische Belastungen erstreckt, auch tatsächlich nachzukommen.

Er forderte daher seine:n Arbeitgeber:in auf, mit ihm in Verhandlungen über die Durchführung einer entsprechenden Gefährdungsbeurteilung einzutreten. Die Angelegenheit zog sich hin. Der Betriebsrat organisierte daraufhin eine Schulung durch die zentrale Unterstützungsstelle des Gewerbeaufsichtsamts, zu der er auch Vertreter:innen der Geschäftsführung einlud. Das brachte Bewegung in die Sache. Es folgte eine längere Phase der Auseinandersetzung über die geeignete Methode zur Erhebung der Gefährdungen. Der Betriebsrat favorisierte ein quantitatives Fragebogen-Verfahren, dass mit fachlicher Unterstützung externer Expert:innen durchgeführt hätte werden sollen. Er erhoffte sich davon eine möglichst vollständige Erfassung möglicher Gefährdungen. Der:die Arbeitgeber:in hingegen schlug vor, ein Angebot der Verwaltungsberufsgenossenschaft (VBG) zu nutzen. Diese bietet ihren Mitgliedern an, die Gefährdungsbeurteilung psychischer Belastungen kostenlos mit der sogenannten „Kurzanalyse im Team" (KIT), einem moderierten Workshopverfahren, im Betrieb durchzuführen.

Nach längeren Verhandlungen einigten sich die Betriebsparteien auf das VBG-

Workshop Verfahren. In der Rückschau kommt der Betriebsrat zu der Einschätzung, dass dies eine gute Entscheidung war. Die Workshops wurden nach seiner Einschätzung insgesamt gut, kompetent und produktiv durchgeführt. Es ergab sich eine solche Fülle von Themenfeldern mit Problemen, deren Bearbeitung die Betriebsparteien an ihre Kapazitätsgrenzen brachte. Maßgeblich zur erfolgreichen Durchführung der Gefährdungsanalyse im Rahmen der KIT-Workshops hatte eine Betriebsvereinbarung beigetragen, die hart erkämpft wurde und mit der bereits vor Beginn des Verfahrens die wesentlichen und kritischen Schritte der Gefährdungsbeurteilung festgelegt worden waren.

In dieser Betriebsvereinbarung wurden im Detail alle Schritte der Gefährdungsbeurteilung festgelegt und jeweils Verantwortliche und Termine benannt: Planung und Einführung des Vorgehens, Aufgabenbereiche und Tätigkeiten festlegen, Gefährdungen ermitteln, Maßnahmen festlegen, Maßnahmen durchführen, Umsetzungskontrolle, Wirksamkeit prüfen, Gefährdungsbeurteilung fortschreiben. Es wurde festgelegt, dass der Analyseteil in sechs halbtägigen Workshops stattfinden soll, zu denen jeweils rund zehn Beschäftigte einzuladen sind. Hierzu wurden die Tätigkeiten der Beschäftigten in sechs Gruppen eingeteilt: Wissenschaftsunterstützendes Personal, Verwaltung, Führungsebene, studentische Mitarbeitende, wissenschaftliche Beschäftigte ohne Personalführungsaufgaben, wissenschaftliche Beschäftigte mit Personalführungsaufgaben. Es wurde in der Betriebsvereinbarung auch festgelegt, dass die Auswahl der Workshop-Teilnehmenden zwischen Geschäftsführung und Betriebsrat einvernehmlich zu machen ist.

Bereits im Vorfeld gab es Auseinandersetzungen mit der Geschäftsführung und auch mit einer Vertreterin der VBG, ob das Thema Befristung Gegenstand der Gefährdungsbeurteilung sein könne. Schließlich einigten sich die Betriebsparteien in letzter Minute auf den folgenden Passus in der genannten Betriebsvereinbarung und verhinderten damit ein aufwändiges Einigungsstellenverfahren:

> „Es besteht Einvernehmen darüber, dass von den Mitarbeiterinnen und Mitarbeitern auf den Workshops psychische Belastungen zu allen von ihnen für relevant erachteten Themen eingebracht werden können. Es ist keine Mindestanzahl von Personen erforderlich, die ein Problem/eine psychische Belastung benennen, damit es in die Dokumentation des Workshops aufgenommen wird. Es besteht weiter Einvernehmen darüber, dass alle Probleme/psychischen Belastungen und Aspekte, die in den Workshops genannt werden, zu dokumentieren und der Geschäftsführung und den Betriebsräten zu berichten sind." (Müßig et al. 2018a)

Ein wichtiger Baustein der Betriebsvereinbarung war die Regelung eines Verfahrens zur Festlegung von Maßnahmen. Die auf den Workshops gesammelten Probleme und Gefährdungen sollten von einer Arbeitsgruppe, in der Geschäftsführung und Betriebsrat vertreten sind, zunächst thematisch geordnet und nach ihrer Bedeutung und Dringlichkeit in drei Stufen kategorisiert werden (gering, mittel, hoch). In einem zweiten Schritt sollten die vorgeschlagenen Maßnahmen nach dem Aufwand für ihre Umsetzung bewertet werden (gering, mittel, hoch). Hieraus ergab sich die Priorisierung: Maßnahmen mit hoher Bedeutung und Dringlichkeit und zugleich geringem Aufwand für ihre Umsetzung erhielten die höchste, Maßnahmen mit geringer Bedeutung und Dringlichkeit und zugleich hohem Aufwand für ihre Umsetzung die geringste Priorität. Maßnahmen, über deren Priorisierung keine Einigkeit erzielt werden kann, waren der mittleren Priorität zuzuordnen.

Diese klaren Festlegungen in der Betriebsvereinbarung haben nach Einschätzung des Betriebsrats maßgeblich dazu beigetragen, dass das Verfahren bis hin zur Definition von einer Reihe von dringlichen Maßnahmen gut und einvernehmlich umgesetzt werden konnte. Die Workshops fanden im Mai 2018 statt und bereits auf der Betriebsversammlung im September 2018 wurden der Belegschaft die elf Themenbereiche vorgestellt, zu denen die gefundenen 113 Gefährdungen verdichtet worden waren. Zu einer ganzen Reihe von akuten Gefährdungen wurden zudem Maßnahmen bekannt gegeben, auf die sich die Betriebsparteien verständigt hatten. Teilweise waren diese Maßnahmen bereits in der Umsetzung.

Die Gefährdungen wurden zu folgenden Themenbereichen zusammengefasst:

1. Unklare Arbeits- und Organisationsstruktur (Unterstellungsverhältnisse, Kompetenzen, Befugnisse, Zuständigkeiten, Vertretungsregelungen)
2. Unzureichendes Wissensmanagement
3. Unklare Arbeits- und Organisationsstruktur: Projektassistenzen
4. Unzureichende Raumsituation
5. IT-Probleme
6. Probleme durch befristete Beschäftigungsverhältnisse
7. Probleme mit der Wissenschaftlichkeit
8. Unzureichende Personalentwicklungsmaßnahmen
9. Unzureichende Projekt- und Arbeitsorganisation
10. Unzureichendes Change Management
11. Probleme mit sozialen Beziehungen

Nach Einschätzung des Betriebsrats war dies eine sehr erfolgreiche Phase der Aktivitäten. Die Geschäftsführung hatte sich sehr ernsthaft mit den gefundenen Gefährdungen auseinandergesetzt und war in vielen Bereichen bereit, Lösungen auf den Weg zu bringen.

In anderen Bereichen stockten hingegen die Fortschritte und dies betraf insbesondere alle Forderungen im Zusammenhang mit befristeter Beschäftigung. Im September 2018 legte der Betriebsrat ein Eckpunktepapier Befristung vor, in dem er zentrale Bausteine seiner Vorschläge zur Reduzierung der (Fehl-)Belastungen durch befristete Beschäftigung vorstellte. In dieses Eckpunktepapier waren Anregungen und Hinweise von zahlreichen Expert:innen eingegangen, u. a. von Personal- und Betriebsräten verschiedener Forschungseinrichtungen und Hochschulen, Gewerkschaftssekretär:innen, Landesvorsitzenden und Mitgliedern von Tarifkommissionen der Gewerkschaften ver.di und GEW und des DGB sowie von Vertreter:innen des Netzwerks gute Arbeit in der Wissenschaft (NGAWiss.).

Das Eckpunktepapier (Müßig et al. 2018b) enthielt drei Forderungspakete:

Paket 1: Personalstrukturkonzept – Betriebswirtschaftlich wünschenswerte Personalstruktur ermitteln. Der Betriebsrat schlug vor, mit einer Personalstrukturanalyse die wünschenswerte, optimale Personalstruktur aus institutioneller Perspektive zu ermitteln. Mit der Personalstrukturanalyse sollte die Frage beantwortet werden: Was ist die optimale Personalstruktur zur bestmöglichen („exzellenten") Erfüllung unserer Aufgaben? Neben vielen anderen Fragen (z. B. zu benötigten Qualifikationen) sollte mit der Analyse auch geklärt werden, mit wie viel befristetem bzw. unbefristetem Personal die institutionellen Aufgaben jedes einzelnen Arbeitsbereichs bestmöglich erfüllt werden können.

Paket 2: Interessenausgleich zwischen institutionellen Zielen und Beschäftigteninteressen. Mit diesem Paket sollten auf der Basis der mit dem Personalstrukturkonzept ermittelten optimalen Befristungsanteilen zusätzliche unbefristete Stellen geschaffen werden, um mit Blick auf die gesundheitlichen Gefahren durch Befristung neben dem Grundrecht auf Freiheit der Wissenschaft (institutionelle Perspektive) auch dem Grundrecht auf körperliche Unversehrtheit Geltung zu verschaffen.

Paket 3: Befristung human gestalten/Nachteile ausgleichen. In diesem Paket wurden insgesamt zwanzig Vorschläge gemacht, wie die weiterhin bestehenden befristeten Beschäftigungsverhältnisse humaner gestaltet, bzw. Nachteile ausgeglichen werden können, die befristet Beschäftigte durch diese Vertragsform zu erleiden haben. Ziel der wichtigsten Vorschläge war es, die Unsicherheit zu reduzieren, die sich durch befristete Beschäftigung ergibt. Im Zentrum stand hier die Idee, die Leitung zu verpflichten, sehr frühzeitig vor Auslaufen von befristeten Verträgen verbindliche Entscheidungen über die Weiterbeschäftigung zu treffen. Sollte die Leitung einer Weiterbeschäftigung beabsichtigen, sollte spätestens vier Monate vor Auslaufen des Arbeitsvertrages ein Anschlussvertrag ausgestellt werden. Da in der Forschungseinrichtung, wie in den meisten Wissenschaftsbetrieben, die Entscheidung der Projektträger:innen über die Bewilligung eines Projektes regelmäßig sehr spät erfolgt, in der Regel erst wenige Wochen oder Tage vor dem geplanten Projektbeginn, ist die Projektfinanzierung und damit die Finanzierung des geplanten Arbeitsvertrages vier Monate vor Auslaufen des Arbeitsvertrages in der Regel noch nicht gesichert. In solchen Fällen sollte vier

Monate vor Auslaufen des Arbeitsvertrages aus Mitteln eines Überbrückungsfonds ein Überbrückungs-Arbeitsvertrag ausgestellt werden, z. B. zum Erstellung einer wissenschaftlichen Publikation mit einer mindestens sechsmonatigen Laufzeit, beginnend vom Ende des laufenden Arbeitsvertrages. Die Beschäftigten hätten zu diesem Zeitpunkt dann eine Beschäftigungssicherheit von zehn Monaten. Diese Überbrückungs-Arbeitsverträge sollten eine Klausel enthalten, dass sie im Falle einer Projektbewilligung durch einen länger laufenden Arbeitsvertrag ersetzt werden können. Überbrückungsverträge würden tatsächlich nur sehr selten wirksam werden, da sie in mehr als 90 % der Fälle noch vor ihrem Beginn durch einen projektfinanzierten längerlaufenden Arbeitsvertrag ersetzt werden würden (denn die Projektbewilligungen kommen zwar regelmäßig spät, aber sie kommen in mehr als 90 % der Fälle, wenn auch häufig nur wenige Tage vor dem geplanten Projektbeginn).

Im Forderungspaket wurden neben dieser zentralen Forderung weitere Vorschläge gemacht, z. B. wurde die Einrichtung einer internen und einer überregionalen Stellenbörse vorgeschlagen und es wurde angeregt, befristet Beschäftigten ein Karriere-Coaching und ggf. eine professionelle Outplacement-Beratung anzubieten. Weiter wurde die Übernahme von Mietbürgschaften und die Gewährung von Arbeitgeber:innendarlehen gefordert, da befristet Beschäftigte regelmäßig Schwierigkeiten haben, Mietverträge abzuschließen oder Kredite zu erhalten. Es wurden auch Regelungen gefordert, die verhindern, dass es für Schwangere sowie Beschäftigte im Mutterschutz und im Erziehungsurlaub unklar bleibt, ob sie einen Anschlussvertrag erhalten, wenn die Mutterschaftsfristen abgelaufen sind bzw. die Erziehungsurlaubszeit beendet ist. Im Zusammenhang mit der Vereinbarkeit von Familie und Beruf wurde auch gefordert, dass die automatische Vertragsverlängerung des § 2 Abs. 5 WissZeitVG auch bei Drittmittelbefristungen angewendet wird.

Erst im Februar 2019 kam eine erste Verhandlungsrunde zu Stande. Ihr folgten zwei weitere Verhandlungsrunden im März und April 2019. Auf der Betriebsversammlung der Forschungseinrichtung im April 2019 berichtete der Betriebsrat über die Verhandlungsfortschritte und musste feststellen, dass es in keinem einzigen Punkt zu Annäherungen oder erkennbaren Fortschritten gekommen ist. Es folgten drei weitere, ebenso erfolglose Verhandlungsrunden. In der 6. Verhandlungsrunde Ende Oktober 2019 hatte der Betriebsrat alle seine Vorschläge zurückgezogen, die die Befristungsmöglichkeiten einschränken und es wurde nur noch über einen zwischenzeitlich vom Betriebsrat vorgelegten Entwurf einer Betriebsvereinbarung „Befristung – Verbesserung der Planbarkeit der Beschäftigung" verhandelt. Es ging hier also nicht mehr um die Begrenzung von Befristung sondern nur noch um die bessere Gestaltung der Rahmenbedingungen befristeter Beschäftigung. Der Betriebsvereinbarungsentwurf (Müßig et al. 2019) enthielt Regelungen zu folgenden Gegenständen: 6-5-4 Regelung³, Überbrückungsverträge, mehr Familienfreundlichkeit, erweiterte Information zur Befristungssituation in der Forschungseinrichtung. Doch auch diese Verhandlungen scheiterten. Die Geschäftsführung der Forschungseinrichtung war zu keinerlei Zugeständnissen bereit. Ende November 2019 rief der Betriebsrat daher die Einigungsstelle an.

Nunmehr bestritt die Geschäftsführung der Forschungseinrichtung, dass der Betriebsrat in Fragen des Arbeits- und Gesundheitsschutzes Mitbestimmungsrechte habe, wenn es um die – in der Gefährdungsbeurteilung festgestellten, später gerichtlich bestätigten und nie bestrittenen – Gesundheitsgefahren durch Befristung gehe. Der Betriebsrat beantragte daher beim Arbeitsgericht Hannover die Errichtung der Einigungsstelle in einem Einigungsstellenbesetzungsverfahren. Zur Überraschung des Betriebsrats wies das Arbeitsgericht den Antrag des Betriebsrats Ende Januar 2020 zurück. In einem Newsletter an die Belegschaft Anfang Februar 2020 schrieb der Betriebsrat:

„Die Geschäftsführung hat argumentiert, dass sich die festgestellten psychischen Belastungen der Beschäftigten [in der Forschungseinrichtung] nicht durch die Arbeit *an sich* ergeben, sie würden nicht bei der Arbeit selbst entstehen, sondern sie würden vielmehr nur durch die Art der Vertragsgestaltung also durch *das befürchtete Ende* des Arbeitsverhältnisses ausgelöst und wären daher mitbestimmungsfrei. Dieser Argumentation ist das Gericht im Wesentlichen gefolgt. Zugleich hat der Richter in seinem Beschluss aber auch festgestellt, dass die Befristungspraxis [an der Forschungseinrichtung] erhebliche gesundheitliche Gefährdungen mit sich bringt. Die Gefährdungsbeurteilung [der Forschungseinrichtung] habe ergeben, ‚dass sich für die in befristeten Arbeitsverhältnissen stehenden Arbeitnehmer eine psychische Belastung daraus ergibt, dass sie in steter Ungewissheit über den Fortgang ihres Arbeitsverhältnisses mit der Arbeitgeberin stehen und oft erst kurz vor Ende der vereinbarten Befristungsdauer erfahren, ob das Arbeitsverhältnis fortgesetzt werde oder nicht.' Darüber hinaus wurde durch das Gericht festgehalten, dass dies wesentlich auf die Drittmittelvergabepraxis des BMBF zurückzuführen sei. ‚Dort [im BMBF] erfolge die Bewilligung bzw. Mittelfreigabe im Rückblick auf die letzten Jahre erst maximal ca. 40 Tage vor dem Ende des auslaufenden Projekts, mitunter auch erst am letzten Tage.' Als weitere Ursache für die gesundheitsgefährdende Befristungspraxis sieht das Gericht Vorgaben aus dem Gesellschafterkreis, ‚wonach mehr als die Hälfte der Arbeitsverhältnisse zu befristen sei' (Zitate in Anführungsstrichen aus der Urteilsbegründung zum Beschluss des Arbeitsgerichts)." (Müßig et al. 2020)

---

3 Detaillierung der oben skizzierten Forderung, Anschlussverträge vier Monate vor Auslaufen des laufenden Arbeitsvertrages auszustellen, sofern die Leitung eine Weiterbeschäftigung beabsichtigt.

Der Betriebsrat wollte aber nicht aufgeben und reichte gegen den Beschluss des Arbeitsgerichts Beschwerde beim LAG Niedersachsen ein. Doch auch das LAG machte sich die Argumentation der Geschäftsführung zu Eigen und wies die Beschwerde des Betriebsrats gegen den Beschluss des Arbeitsgerichts Hannover im Mai 2020 zurück. Die Einigungsstelle sei unzuständig, weil, „bei allem Verständnis für die Belastungen der Arbeitnehmer durch immer wieder fortgesetzte Befristungen, wie sie ausgerechnet häufig im Verantwortungsbereich öffentlicher Arbeitgeber auftreten", kein erzwingbares Mitbestimmungsrecht bestehe. Der Betriebsrat wolle vielmehr „auf dem Wege des vorliegenden Verfahrens in den Kernbereich erlaubter künftiger Vertragsanbahnung und -gestaltung eindringen" (LAG Niedersachsen 20. 5. 2020, 3 TaBV 8/20, aus den Gründen). Hierfür gäbe es keine Rechtsgrundlage.

Auf der Corona-bedingt als Videokonferenz durchgeführten Betriebsversammlung im Juli 2020 musste der Betriebsrat eingestehen: „Wir haben verloren". Gleichzeitig kündigte er an, nicht aufgeben und weiterkämpfen zu wollen. Er befinde sich zurzeit in einer Reflexions- und Strategiefindungs-Phase, in der er prüfen werde, welche weiteren Schritte gegangen werden können.

6. Rechtliche Handlungsmöglichkeiten

Wie kann ein Betriebsrat bzw. die Belegschaft reagieren, wenn sie mit einer solchen Entscheidung, wie die eingangs zitierte des LAG Niedersachsen konfrontiert ist? Dort ging es um die Einrichtung der Einigungsstelle. Die Einigungsstelle ist eine nach der Betriebsverfassung einzurichtende Schlichtungsstelle, die auch den:r Arbeitgeber:in bindende Entscheidungen treffen kann, Eine Möglichkeit ist, z. B. im Rahmen des permanenten Verbesserungsprozesses Anforderungen für Regelungen zur Gefährdungsbeurteilung zu erarbeiten und dann erforderlichenfalls die Einigungsstelle aufgrund eines neu erarbeiteten, besonders die Wechselwirkungen aufgreifenden Konzepts anzurufen und ggf. gerichtlich erneut zu beantragen.

Eine weitere Möglichkeit ist, andere sich vom bisherigen oben dargestellten Vorschlag hinreichend unterscheidende Maßnahmen zur Reduzierung der Fehlbelastung vorzuschlagen und erneut die Einigungsstelle anzurufen und erforderlichenfalls erneut um die Einigungsstelle zu streiten.

Eine dritte bzw. parallele Möglichkeit ist es, Feststellungen des LAG Niedersachsen und der Vorinstanz im Rahmen eines Beschlussverfahrens arbeitsgerichtlich überprüfen zu lassen. Feststellungsverfahren sind immer dann möglich, wenn hierüber Meinungsverschiedenheiten zwischen den Betriebsparteien bestehen. Zu berücksichtigen ist aber der (kritikwürdige) Ansatz des BAG aus der jüngsten Rechtsprechung, der für die Ermittlung der erforderlichen Maßnahmen immer eine vorgelagerte Gefährdungsbeurteilung verlangt (BAG 19. 11.

2019, 1 ABR 22/18, Rn. 28). Denn mit dem Schutzzweck des § 5 ArbSchG ist es unvereinbar, ein mögliches Gesundheitsrisiko bei der Arbeit aus der Gefährdungsbeurteilung auszuklammern (BAG 13.8.2019, 1 ABR 6/18, Rn. 52). Arbeitsschutz ist ein arbeitstägliches Thema. Während aber bei Fragen der Verteilung der Arbeitszeit Verantwortliche reflexartig an den Betriebsrat denken, sind wir im Bereich des Arbeitsschutzes hiervon noch weit entfernt. Arbeitsschutz war vor Inkrafttreten der entsprechenden Unionsrichtlinie ein durch den Verordnungsgeber gestaltetes und überwachtes hoheitliches Aufgabengebiet. Nur langsam wird deutlich, dass mit der Verbetrieblichung des Arbeitsschutzes durch das ArbSchG dies nunmehr eine stark mitbestimmungsgeprägte tagtägliche Querschnittaufgabe der betrieblichen Akteur:innen ist. Insoweit verkennt das LAG Niedersachsen mit seiner Entscheidung die Aufgabe, die seit der Verbetrieblichung des Arbeitsschutzes auf betrieblicher Ebene zu leisten ist. Hilfreich ist das nicht.

Die Tatsache, dass befristete Arbeitsverträge krank machen können[4] und der Umfang des mit ihnen verbundenen Gesundheitsrisikos auch von Rahmenbedingungen abhängig ist (vgl. Paridon 2016, S. 28), die fehlbelastungsreduzierend oder -steigernd gestaltet werden können, wurde erst in jüngster Zeit und noch von nur wenigen Betriebs- und Personalräten aufgegriffen. Die Begrenzung und insbesondere auch eine bessere Gestaltung der Rahmenbedingungen befristeter Beschäftigung ist eine personal- und betriebsrätliche Basisaufgabe im Rahmen des Arbeits- und Gesundheitsschutzes. In diesem Feld gibt es eine Reihe weiterer Handlungsmöglichkeiten, die letztlich auch vor den Arbeitsgerichten durchgesetzt werden könnten.

Im wissenschaftlichen Bereich können Befristungen nach dem WissZeitVG als Qualifizierungs- oder Drittmittelbefristung erfolgen. Wegen des weiten Qualifizierungsbegriffs des WissZeitVG kann man davon ausgehen, dass die meisten Drittmittelbefristungen auch als Qualifizierungsbefristung durchgehen würden, wenn bei den vorgesehenen Beschäftigten die persönlichen Voraussetzungen vorliegen (d. h. die zulässige Befristungshöchstdauer noch nicht überschritten ist). Eine Qualifizierungsbefristung bringt eine geringere Unsicherheit für Beschäftigte mit sich. Denn bei einer Qualifizierungsbefristung verlängert sich der Arbeitsvertrag z. B. im Falle der Wahrnehmung von Elternzeit oder einer (Teil-)Freistellung für Personal- oder Betriebsratstätigkeit oder auch im Falle einer längeren Krankheit automatisch und zwingend um diese Zeiten, sofern der Beschäftigte dies wünscht (§ 2 Abs. 5 WissZeitVG). Bei einer Drittmittelbefristung ist dies nicht der Fall. Eine Qualifizierungsbefristung nach WissZeitVG trägt

---

4 Vgl. hierzu insbesondere die Aufarbeitungen des Wissens- und Forschungsstandes der Bundesanstalt für Arbeitsschutz und Arbeitsmedizin (baua) zur psychischen Gesundheit in der Arbeitswelt in den Themenfeldern Arbeitsplatzunsicherheit (Job Insecurity) (vgl. Körber/Gerstenberg 2016) und atypische Beschäftigungsformen (vgl. Hünefeld 2016).

daher (im Vergleich zur Drittmittelbefristung oder zu einer Befristung nach Teilzeit- und Befristungsgesetz) durch Reduktion von Unsicherheiten zum Abbau von Fehlbelastungen bei. Ein betriebliches Arbeitsschutzkonzept wird diese unterschiedlichen Belastungen aufgreifen müssen.

In der Praxis führen die mit dem WissZeitVG den:der Arbeitgeber:in im Wissenschaftsbereich eingeräumten Befristungsmöglichkeiten dazu, dass zwischen 80% und 90% der wissenschaftlichen Mitarbeiterinnen und Mitarbeiter befristete Arbeitsverträge haben (vgl. Ambrasat in diesem Band). Es gibt gute Argumente dafür, dass diese hohe Befristungsquote auch aus institutioneller und wissenschaftlicher Perspektive kontraproduktiv ist und die Wissenschaftsfreiheit beschädigt und nicht sichert. Unabhängig davon kann die Wissenschaftsfreiheit den verfassungsrechtlich gebotenen Arbeitsschutz nicht verdrängen.

Im Rahmen der praktischen Konkordanz, also der Abwägung zweier Grundrechte zueinander wird ein betriebliches Arbeitsschutzkonzept diese in ein Verhältnis bringen müssen. Beide Grundrechte bestehen nebeneinander und nicht übereinander und müssen jeweils Geltung erlangen. Mit der Verbetrieblichung des Arbeitsschutzes ist es Aufgabe der betrieblichen Akteur:innen, dem Arbeitsschutz auch im Wissenschaftsbetrieb Geltung zu verschaffen. Befristete Beschäftigte sind Grundrechtsträger:innen und keine Beschäftigten zweiter Klasse.

7. Exkurs gewerkschaftliche/tarifliche Handlungsmöglichkeiten

Der arbeitsschutzrechtliche Handlungsrahmen kann von Beschäftigtenvertretungen durch einen Einsatz für ein befristungssensibles betriebliches Arbeitsschutzkonzept genutzt werden. Daneben bestehen gewerkschaftliche Handlungsoptionen mit denen die betrieblichen Akteur:innen unterstützt werden sollten.

Die Bekämpfung der Folgen befristeter Beschäftigung sollte Eingang in die gewerkschaftliche Tarifpolitik finden. Es ist eine breite innergewerkschaftliche Diskussion des Themas erforderlich, in der die gesundheitlichen Auswirkungen befristeter Beschäftigung thematisiert werden. Eine tarifliche Begrenzung von Befristung ist möglich – auch im Wissenschaftsbereich!

Denn befristete Beschäftigung kann auch indirekt bekämpft werden, indem Befristung teuer gemacht wird. Ziel wäre es, Arbeitgeber:innen zu einer Abwägung zu veranlassen, ob auf einem bestimmten Arbeitsplatz tatsächlich eine befristete Beschäftigung zwingend erforderlich ist, und sie daher bereit sind, entsprechend erhöhte Kosten in Kauf zu nehmen, oder ob auf die Befristung möglicherweise verzichtet werden kann und dann erhöhte Kosten nicht anfallen (New Public Management mal umgekehrt!). Tariflich könnte die Verteuerung befristeter Beschäftigung über die Forderung eines Prekaritätsausgleichs in Höhe von z.B. 10% umgesetzt werden.

Auch im Geltungsbereich des WissZeitVG mit seiner verfassungsrechtlich äußerst fragwürdigen Tarifsperre, die auch die unionsrechtlichen Bestimmungen zum Arbeitsschutz übergeht, (Arbeitgeber:innen und Gewerkschaften sollen laut § 1 Abs. 1 Satz 3 des WissZeitVG keine von den Vorschriften des Gesetzes abweichende tarifvertraglichen Regelungen treffen dürfen) gibt es Möglichkeiten der WissZeitVG-konformen tariflichen Begrenzung von Befristungen, z. B. durch eine Quotenregelung: „nicht mehr als x % befristeter Beschäftigung im Betrieb/ in bestimmten Bereichen eines Betriebs". Eine solche Regelung würde die Vorschriften des WissZeitVG unangetastet lassen und dennoch das Ausmaß befristeter Beschäftigung wirksam begrenzen. Solche Vorschläge könnten auch in den aktuellen Zielvereinbarungsverhandlungen (2020) zwischen Bund und Ländern zur Ausgestaltung der Hochschulpaktmittel bei der Absicht die Befristungsquoten des wissenschaftlichen Mittelbaus zu verringern, Berücksichtigung finden.

Literatur

Bundesministerium für Bildung und Forschung (BMBF): „Ausschreibung: Evaluation der Auswirkungen des novellierten Wissenschaftszeitvertragsgesetzes, 2019, ergänzt 2020". www. evergabe-online.de/tenderdetails.html?id=251926 (Abfrage: 15. 10. 2020).

Brehmer, Wolfram/Seifer, Hartmutt (2008): Sind atypische Beschäftigungsverhältnisse prekär? Eine empirische Analyse sozialer Risiken. In: Zeitschrift für ArbeitsmarktForschung 41, H. 4, S. 501–531.

Brehmer, Wolfram/Seifert, Hartmut (2009): Atypisch Beschäftigte – In der Krise schlecht geschützt. In: Böckler impuls 3, S. 6.

Ferrie, Jane E./Bell, Ruth/Britton, Annie/Brunner, Eric/Chandola, Tarani/Harris, Miriam/ Marmot, Michael/Mein, Gill/Stafford, Mai (2004): WORK STRESS AND HEALTH: the Whitehall II study. London: Public and Commercial Services Union.

Friedrichs, Michael/Schröder, Antje Kathrin (2006): Gesundheitliche Auswirkungen neuer Beschäftigungsformen – Kommentierte Zusammenstellung der einschlägigen Literatur. IGA-Report 10. Essen.

Gensicke, Miriam/Herzog-Stein, Alexander/Seifert, Hartmut/Tschersich, Nikolai (2010): Einmal atypisch – immer atypisch beschäftigt? In: WSI-Mitteilungen 4/2010, S. 179–187.

Gerbing, Kim-Kristing/Mess, Filip (2019): Flexible Beschäftigungsformen und aufsuchende Gesundheitsförderung im Betrieb. Iga.Report 39. Dresden, S. 17–19.

Helm, Rüdiger (2012): Arbeitsschutz als absolute Grenze für Befristungen. Baden-Baden: Nomos.

Helm, Rüdiger/Krüger, Ralf (2017): Dumping verhindert! In: Arbeitsrecht im Betrieb 6/2017, S. 40–42.

Hirseland, Andreas/Lobato, Phillipp Ramos (2010): Armutsdynamik und Arbeitsmarkt – Entstehung, Verfestigung und Überwindung von Hilfebedürftigkeit bei Erwerbsfähigen. IAB-Forschungsbericht 3/2010.

Holderberg, Per (2020): Zur Beschäftigungssituation des akademischen Mittelbaus – Ergebnisse der dritten Befragung der wissenschaftlichen und künstlerischen Mitarbeiter_innen der Stiftung Universität Hildesheim. Universitätsverlag Hildesheim.

Huber, Michael/Helm, Rüdiger (2015): Stressfaktor Befristung. In: Arbeitsrecht im Betrieb, H. 7/8, S. 54–56.

Hünefeld, Lena (2016): „Psychische Gesundheit in der Arbeitswelt – Atypische Beschäftigung". www.baua.de/DE/Angebote/Publikationen/Berichte/F2353-2f.html (Abfrage: 15.10.2020).

Jahoda, Marie/Zeisel, Hans/Lazarsfeld, Paul F. (1993/1993): Die Arbeitslosen von Marienthal, Ein soziographischer Versuch über die Wirkungen langdauernder Arbeitslosigkeit. Frankfurt a. M.: Suhrkamp.

Jongmanns, Georg (2011): „Evaluation des Wissenschaftszeitvertragsgesetz (WissZeitVG)". hishe.de/publikationen/detail/evaluation-des-wissenschaftszeitvertragsgesetzes-wisszeitvg (Abfrage: 15.10.2020).

Kivimäki, Mika/Vahtera, Jussi/Virtanen, Marianna/Elovainio, Marko/Pentti, Jaana/Ferrie, Jane E. (2003): Temporary Employment and Risk of Overall and Cause-specific Mortality. In: American Journal of Epidemiology 158, H. 7, S. 663–668.

Kripal, Simone/Mefebue, Astrid Biele (2012): „Ich habe einen sicheren Arbeitsplatz, aber keinen Job. Veränderung psychologischer Arbeitsverträge unter Bedingung von Arbeitsmarktflexibilisierung und organisationaler Transformation". core.ac.uk/display/42106791 (Abfrage: 15.10.2020).

Köper, Birgit/Gerstenberg, Susanne (2016): „Psychische Gesundheit in der Arbeitswelt – Arbeitsplatzunsicherheit (Job Insecurity"). www.baua.de/DE/Angebote/Publikationen/Berichte/F2353-2f.html (Abfrage: 15.10.2020).

Müßig, Peter et al. (2018a): Betriebsvereinbarung zur Durchführung der Gefährdungsbeurteilung psychischer Belastungen, 2/2018 (kann in anonymisierter Form beim Autor angefordert werden).

Müßig, Peter et al. (2018b): Eckpunktepapier Befristung – Maßnahmenvorschläge der Betriebsräte im Rahmen der Gefährdungsbeurteilung psychischer Belastung zum Themenbereich 6: Probleme mit befristeten Beschäftigungsverhältnissen, 9/2018 (kann beim Autor angefordert werden)

Müßig, Peter et al. (2019): Entwurf einer Betriebsvereinbarung Befristung – Verbesserung der Planbarkeit der Beschäftigung 10/2019 (kann beim Autor angefordert werden)

Müßig, Peter et al. (2020): Newsletter Einigungsstelle Gesundheitsschutz und Befristung – Wie geht es weiter? 2/2020 (kann beim Autor angefordert werden)

Paridon, Hiltraut (2016): Psychische Belastung in der Arbeitswelt – Eine Literaturanalyse zu Zusammenhängen zwischen Gesundheit und Leistung. Iga.Report 32.

Pfarr, Heide/Bothfeld, Silke/Peuker, Andreas/Ullmann, Karen/Kimmich, Martin (2003): Beendigung von Arbeitsverhältnissen. Wahrnehmung und Wirklichkeit, Beitrag im Rahmen des Projektes „Regulierung des Arbeitsmarktes" (REGAM) im WSI der Hans Böckler Stiftung auf dem HBS-Forum für Arbeits- und Sozialrecht in Berlin am 13./14.03.2003, Berlin.

Rau, Renate (2015): Risikobereiche für psychische Belastungen. Iga.Report 31.

Rigotti, Thomas (2007): Bis dass der Vertrag euch scheidet? Ergebnisse und Erklärungen zum Unterschied zwischen befristeten und unbefristeten Beschäftigten. In: Psychosozial Nr. 109, H. 3, S. 29–38.

Die Politisierung der Wissenschaft

Plädoyer für eine erneuerte Idee der Universität[1]

David Salomon

1. Wozu gibt es Universitäten?

Die Frage nach Sinn und Nutzen von Universitäten scheint leicht zu beantworten. Seit den ersten Akademien in der griechischen Antike kommt den „höheren Bildungsanstalten" die Funktion zu, das Wissen der Zeit zu sammeln, zu erweitern und zu verbreiten. Zugleich ging es immer auch darum, jene Intelligenzschicht zu reproduzieren, die bereit und fähig war, die jeweils herrschenden Verhältnisse zu legitimieren und abzusichern. Insbesondere die Universitäten des Mittelalters und der frühen Neuzeit, mit denen die Geschichte des Universitätswesens beginnt, hatten ein klar umrissenes Bündel von Aufgaben zu erfüllen: Sie sollten – auf der Basis eines philosophischen Grundstudiums – Rechtsgelehrte, Mediziner und nicht zuletzt Theologen hervorbringen und hierdurch eine intellektuelle „Infrastruktur" garantieren, die für den Erhalt des Feudalsystems als notwendig galt. Im weiteren Fortgang moderner Vergesellschaftung wurde die Rolle der Universität vielschichtiger und komplexer. Nicht nur traten spätestens seit dem 17. und 18. Jahrhundert die Naturwissenschaften in eine Periode dynamischer Innovation ein, die im Horizont einer zunehmenden Ausdifferenzierung von Forschungsfragen und -methoden die institutionelle Integrationsfähigkeit der althergebrachten philosophischen Fakultät zunehmend fragwürdig werden ließ. Vielmehr begann sich im Ganzen die Funktion der Universität für die Reproduktion der Gesellschaft im gleichen Maße zu verändern, in dem die Gesellschaft selbst eine andere, bürgerliche, wurde.

Mit der zunehmenden Industrialisierung und der in ihrem Kontext erfolgten Spezialisierung und Professionalisierung der Berufswelt hat die akademische Lehre zahlreiche und vielfältige Ausbildungsbildungsaufgaben übernommen, die weit über die klassische Trias von Medizin, Juristerei und Theologie hinausreichen. Nicht nur entstand neben dem Universitätsbetrieb im engeren Sinne ein

---

1   Der vorliegende Text geht ursprünglich auf einen Vortrag zurück, den ich vor mehr als zehn Jahren in Berlin gehalten habe. Ein Abdruck der damaligen Fassung erschien am 02. 10. 2009 in der Tageszeitung *junge Welt*. Im Jahr 2015 griff ich auf das Manuskript im Kontext eines Referats im Rahmen der Vortragsreihe „What's University for?" an der University of Brighton zurück und überarbeitete es stark. Bei der vorliegenden Fassung handelt es sich um die abermals überarbeitete Rückübersetzung dieses Vortrags aus dem Englischen ins Deutsche.

vielfältiges System von Fachhochschulen, vielmehr wurden technische und ingenieurwissenschaftliche Aspekte durch die Gründung Technischer Universitäten auch Bestandteil des universitären Ausbildungsspektrums. Das zunehmende Verschwimmen der Grenzen zwischen Fachhochschulen (heute oftmals *Universities of applied sciences*) und „klassischen" Universitäten ist durchaus folgerichtig und entspricht den berufsbezogenen Aufgaben des tertiären Sektors im Bildungswesen überhaupt.[2]

Die Geschichte der modernen Universität ist eng mit der Geschichte der kapitalistischen Produktionsweise verbunden. Die Sammlung, Erweiterung und Verbreitung von Wissen geschieht nicht (nur) nach den Maßgaben eigener, originär „wissenschaftlicher" Kriterien, sondern (zumindest auch, wenn nicht gar dominant) nach Effizienzkriterien, die eine durch Bildungs- und Wissenschaftspolitik vermittelte Bildungs- und Wissenschaftsökonomie den Universitäten gewissermaßen „von außen" aufoktroyiert – womit freilich nicht gesagt sein soll, dass die Lobby hierfür im Inneren der universitären Apparate schwach wäre.

Die sich seit den sechziger Jahren des 20. Jahrhunderts vollziehenden Umwälzungen der Universitätslandschaft waren tiefgreifend. Es spricht viel für die These, dass sich gerade in ihnen Transformationsprozesse der kapitalistischen Produktionsweise selbst spiegeln. Zu den möglicherweise augenfälligsten Veränderungen gehört die Entstehung von Massenuniversitäten. Bis nach dem zweiten Weltkrieg waren Hochschulen ein weitgehend elitärer Bezirk, den – bei aller ökonomischen Bedeutung auch damaliger Studiengänge – nur kleine, häufig gesellschaftlich bessergestellte Teile der Gesellschaft besuchten. Die Öffnung der Universitäten verfolgte keineswegs ausschließlich oder auch nur in erster Linie emanzipatorische Ziele, sondern wurde durch den Durst der zunehmend komplexer werdenden industriellen Produktion nach hochqualifizierten Beschäftigten erzwungen. Zur Massenuniversität wurden Hochschulen gerade dadurch, dass sie – wie oben bereits skizziert – immer weiter ausgreifende Qualifikationsaufgaben übernahmen und – wie es Helmut Fend (2006, S. 44) bezogen auf die Schule betont – zunehmend ebenfalls eine Allokationsfunktion für die Ware Arbeitskraft ausübten. Nicht nur in Deutschland kritisierten die rebellierenden Studierenden der sechziger Jahre die damaligen Hochschulreformen als „technokratisch". Die Massenuniversität entsprach – wie die gleichfalls in dieser Periode

---

2 Eine gewisse Heiterkeit mag evozieren, dass es just in dieser Zeit bei Professorinnen und Professoren an Universitäten Mode wurde, zu Distinktionszwecken von ihren an Fachhochschulen beschäftigten Kolleginnen und Kollegen, sich den „Universitätsprofessor" bzw. die „Universitätsprofessoressa" auf die Visitenkarte zu drucken. Auf solch eine Idee konnten die Herr:innen Professores freilich erst verfallen, als sie nicht mehr über die Mittel verfügten, Villen in Innenstädten zu erwerben oder gar zu bauen: „Oh, Glanz vergang'ner Zeiten / Wie bist du doch so weit / Und ach, wie ist bescheiden / Doch unsre eigene Zeit" (Anonymus).

expandierenden Massenschulen[3] – in gewisser Weise dem fordistischen Produktionsparadigma. Heute scheinen die Universitäten in ein neues – wie Regulationstheoretiker:innen sagen würden, „postfordistisches" – Stadium getreten.[4] Die in diesem Kontext stark betonte (mitunter freilich eher bloß gewollte als wirklich gelingende) Berufs- und Praxisorientierung für immer weiter ausdifferenzierte Ausbildungsgänge hat dazu beigetragen, dass das (modularisierte) Studium zunehmend „fokussierter" scheint, was zugleich bedeutet, dass es disziplinär zunehmend reduziert auftritt. „Interdisziplinärität" bezeichnet in diesem Kontext – vielleicht etwas überspitzt – eine serielle Aneinanderreihung von Schnupperkursen. Hinzu kommt, dass die starke Berufsorientierung die Universitäten zunehmend *direkt* für Ansprüche „der Wirtschaft" geöffnet hat.[5] Dies freilich betrifft nicht nur die Organisation der Lehre, sondern auch die Forschung, in der (häufig) öffentlich finanzierte Grundlagenforschung zunehmend mit privatwirtschaftlich und z. T. auch öffentlich finanzierter exklusiver Forschung verzahnt ist, eine Tendenz die nicht zuletzt auch durch Kooperationen mit Unternehmen forciert wird. Der Soziologe Richard Münch (2009, S. 33) betont den Zusammenhang dieses neuen Ökonomisierungsschubs von Bildung und Forschung mit dem Paradigma einer „Wissensgesellschaft" bzw. einer „wissensbasierten Ökonomie". In dieses „Weltbild" sei „die neue Leitidee der Bildung als Humankapital [...] eingebettet" (Münch 2009, S. 33). Wissen, so Münch, werde in diesem Kontext

„dominant als eine ökonomische Ressource verstanden [...]. Dementsprechend wird es wie ein Individualgut auf dem Markt gehandelt, es wird in Wissen und Wissensvermehrung investiert und es werden mit Wissen Renditen erzielt. In dieser Perspektive ist es naheliegend, dass die Investition in Wissen eine Sache von Unternehmen ist, die sich auf dem Markt des Wissens in der Konkurrenz mit anderen Unternehmen behaupten wollen." (Münch 2009, S. 23)[6]

Auch wenn die Zugriffsmöglichkeiten und Zugriffsinteressen wirtschaftlicher Akteur:innen unterschiedlich stark ausgeprägt sind und sich durchaus noch unterschiedliche Fachkulturen an Universitäten auffinden lassen, so hat die Periode

---

3 Heinz-Joachim Heydorn (1969) nahm seinerzeit den scheininklusiven Charakter der Schulreformen aufs Korn, indem er von „Ungleichheit für alle" sprach.

4 In diesem Aufsatz wird nicht untersucht, inwieweit die Bolognareformen ihren eigenen Ansprüchen gerecht werden, auch wenn dies eine durchaus relevante Fragestellung ist.

5 Der Zugriff des Kapitals auf die Universität erfolgt – wie der Soziologe Michael Burawoy (2015a, S. 93 f.) treffend schreibt – entweder in Form direkter Kommodifizierung (durch Patentierungen usw.) oder durch eine wettbewerbsorientierte Regulation (Exzellenzinitiativen, Output-Kontrollen, Evaluation usw.).

6 Ähnlich argumentiert auch Burawoy (2015b, S. 33): „Privatisierung und Ökonomisierung der Universität haben diese Institution dazu gezwungen, zu einem Profitcenter zu werden, so dass Wissen aus einem öffentlichen zu einem privaten Gut und zu einer Ware gemacht wurde, die auf dem Markt verkauft wird."

„neoliberaler" Hochschulreform die Lern- und Arbeitskultur an Hochschulen erheblich verändert. Eine „Modularisierung" der Studiengänge, die nicht *mehr* Freiheit und Kombinationsmöglichkeit bedeutet, sondern im Gegenteil verstärkte Reglementierung und wachsenden Prüfungsdruck, hat – zur gleichen Zeit, in der Arbeits- und Industriesoziologen die Prekarisierung der Arbeitswelt als Unsicherheit erzeugendes Angstregime beschrieben (vgl. Sennett 2006; Castel/Dörre 2008; Ehrenberg 2008; Dörre/Hänel/Matuschek 2013) – Zukunftsängste und Prekarität auch im Leben von Studierenden verankert. Hinzu kommen Numeri Clausi (nicht nur zwischen Schule und Studium, sondern auch zwischen Bachelor und Master), knapp bemessene Abgabetermine für Hausarbeiten, Zwangsexmatrikulation bei dreifachem Nichtbestehen einer Prüfungsleistung[7] und – dies ist freilich eine immer wieder umkämpfte Praxis – rigide Anwesenheitskontrollen. Dieser Organisation des Studiums und der Lehre entspricht eine Arbeitsrealität, die zunehmend von Drittmittelanträgen, zentraler Evaluation und hektischer Betriebsamkeit bestimmt wird.

> „Wenn ich mir ansehe, wer im Fernsehen oder in den Zeitungen die Helden sind, so sehe ich nur Fassaden ohne etwas dahinter. Das Gleiche lässt sich an den Universitäten beobachten, die zurzeit durch die Perspektive der Unternehmensberatung kaputtgemacht werden. Wir bekommen ständig Fragebögen: Wie viele Gastprofessuren haben Sie wahrgenommen? Wie viele Drittmittel haben Sie eingeworben? Eine Diktatur der Geschäftigkeit. All diese Dinge haben mit der authentischen Motivation eines Wissenschaftlers gar nichts zu tun." (Bieri 2005, S. 26)

So beschrieb der Philosoph Peter Bieri (als Schriftsteller bekannt unter dem Pseudonym Pascal Mercier) schon vor Jahren einen Wissenschaftsbetrieb, der weder Lehrenden und Forschenden noch Studierenden Raum für Muße lässt. Der sogenannte Mittelbau befindet sich in diesem Gefüge in einer besonders prekären Lage. Er setzt sich beinahe nur noch aus wirklichen (Doktoranden, Habilitanden) oder zum Zwecke der Begründung von befristeten Verträgen sehr kreativ konstruierten Qualifikationsstellen (Weiterqualifizierung durch Lehrtätigkeit bei Hochdeputatsstellen u. ä.), bzw. aus ohnedies befristeten Projektstellen zusammen. Dauerstellen unterhalb der professoralen Ebene (die jedoch zunehmend auch durch Befristungen durchlöchert wird) sind rar (vgl. zur deutschen Sonderrolle Zimmermann in diesem Sammelband).

Über eine „Universitätsidee"[8] zu reden erscheint angesichts dieser Wirklichkeit einigermaßen antiquiert. Entscheidend ist: Hochschulen sind – wie sämtliche

---

7   Wobei zu betonen ist, dass all das, was früher ein Leistungsschein war, heute eine examensrelevante Prüfungsleistung ist.

8   „Die Idee der Universität" hieß ein bereits in der Weimarer Republik erschienener Band von Karl Jaspers (1923).

öffentlichen Bildungsinstitutionen – „ideologische Staatsapparate" (Althusser 2010/2012), deren Konzeption und Entwicklung nicht isoliert von den sozialen Kräfteverhältnissen verstanden werden kann, deren „Verdichtungen" sie sind (Poulantzas 2002, S. 154). Als solche sind sie selbst (explizit oder implizit) Kampfplätze sozialer Auseinandersetzung. Selbstverständlich wäre es – zumindest bei einer normativen Orientierung an gesellschaftlicher und individueller Emanzipation – töricht, die modularisierte Massenuniversität dadurch überwinden zu wollen, dass die Hochschule in jenen von der Gesellschaft und den sie prägenden und tragenden Berufsfeldern abgeschotteten Elfenbeinturm „zurückverwandelt" werden, der sie auch früher nicht war.[9] Zum Problem wird die Orientierung auf Berufsausbildung jedoch dann, wenn Lernprozesse auf Kosten kritischer Reflexionsformen nur noch der Platzierung von Arbeitskraft auf Arbeitsmärkten dienen sollen und so einer Verwertungslogik unterworfen werden, die ihren letzten Zweck im Profit hat.

Dennoch: Schon die klassische Universität, deren „Idee" in Deutschland insbesondere mit dem Namen Wilhelm von Humboldt verbunden ist, war immer wieder Schauplatz von Konflikten (nicht zuletzt auch deshalb, weil Studenten im 19. Jahrhundert als potenziell aufrührerische soziale Gruppe galten). In der Universität verdichteten sich klassischerweise jene grundlegenden Widersprüche, in die sich die bürgerliche Gesellschaft bald nach ihrem Durchbruch in der französischen Revolution beim Versuch die Legitimität ihrer sozialen (Herrschafts-) Verhältnisse zu belegen, verstrickte. Das Pathos, mit dem die bürgerliche Aufklärung einst angetreten war, hatte wesentlich zur Befreiung der „Wissenschaft" aus den Fesseln religiöser Bevormundung beigetragen. „Die großen Männer, die in Frankreich die Köpfe für die kommende Revolution klärten, traten selbst äußerst revolutionär auf", schreibt Friedrich Engels in seiner Schrift „Die Entwicklung des Sozialismus von der Utopie zur Wissenschaft" (Engels 1956 ff., S. 189).

> „Sie erkannten keine äußere Autorität an, welcher Art sie auch sei. Religion, Naturanschauung, Gesellschaft, Staatsordnung, alles wurde der schonungslosesten Kritik unterworfen; alles sollte sein Dasein vor dem Richterstuhl der Vernunft rechtfertigen oder aufs Dasein verzichten." (Engels 1956 ff., S. 189)

---

9 Insofern zeichnet Buroway (2015a, S. 93) ein verzerrtes Bild, wenn er schreibt: „Abgesehen von wenigen Überbleibseln ist der Elfenbeinturm Vergangenheit. Wir können die Splendid Isolation nicht mehr aufrechterhalten. Zwar mag uns die verschwundene Zeit als ‚Goldenes Zeitalter der Universität' erscheinen, in Wirklichkeit aber war es ein Narrenparadies, das einfach nicht von Dauer sein konnte". Genau genommen war die Universität nie so isoliert von der Gesellschaft, dass sie *keine* soziale Funktion erfüllt hätte. Allerdings enthielt sie Freiräume, die nicht leichtfertig als Narrenparadies denunziert werden sollten und deren Rettung und Wiederherstellung – um sonst wenig beachteter Wissensgebiete wegen – durchaus sinnvoll wäre. Gleichwohl ist Buroway (2015a, S. 93) im Ganzen durchaus zuzustimmen, wenn er fortfährt: „Heute hat die Hochschule gar keine andere Wahl als sich in der Gesellschaft zu engagieren, die Frage ist nur wie und zu wessen Bedingungen?"

Wie Engels ebenfalls betont, versagte dieser Anspruch vor der Herrschaft des Kapitals.[10] Die sich aufgrund der Verwertungsstruktur ergebende Spaltung der Gesellschaft in Bourgeoisie und Proletariat trat an die Stelle alter Vorurteile und Standesprivilegien – auch im Bereich der Wissenschaft. Gleichzeitig wird die bürgerliche Gesellschaft jedoch dort, wo sie ihr aufklärerisches Erbe nicht wie im Faschismus offen negiert, ihren Universalismus nicht los. Der Maßstab mit der sie in der Revolutionsepoche seit dem späten 18. Jahrhundert ihr Legitimitätsprinzip gegen die überkommenen Regime feudaler und absolutistischer Rückständigkeit vertreten und behauptet hatte, war länger als der Bourgeoisie (und den ihr verbundenen Intellektuellenschichten) lieb gewesen sein mag. Zunehmend wirkte der Sprung, den das Bürgertum aus der alten Welt heraus vollführt hatte, kurz – am Möglichen gemessen. Insbesondere Jean-Paul Sartre macht in diesem Widerspruch zwischen dem (ursprünglichen) Selbstbild und der Realität bürgerlicher Herrschaft den Stachel für die Entstehung oppositioneller Intellektualität aus: Zu Intellektuellen werden Kopfarbeiter dann, wenn sie den Widerspruch zwischen ihrer funktional auf partikulare Interessen gerichteten Praxis und dem Universalismus von Menschenrechten erkennen und nach Wegen suchen, ihn zugunsten des Universalismus zu überwinden. „Der Intellektuelle ist also ein Techniker des Allgemeinen, der in seinem eigenen Bereich sich bewusst wird, dass die Allgemeinheit nicht einfach schon geschaffen ist, sondern stets *zu schaffen* ist" (Sartre 1995, S. 111). Dieser Widerspruch zwischen Partikularem und Allgemeinem ist aufgrund der direkteren Ökonomisierung beinahe aller Lebensbereiche heute weniger offensichtlich als noch in den sechziger Jahren. Gänzlich Verschwunden ist er jedoch nicht. Wer den Kampf in den Bildungsinstitutionen und um sie führen will, muss daher mehr tun, als lediglich Kritik an sozial selektiven Zugangschancen zur Universität (auch wenn solche Kritik wichtig ist) zu üben und den kritischen Blick auf das Wissenschaftssystem und die Bildungsinhalte selbst richten. Die These ist: Gerade weil infrage steht, ob die Universität heute überhaupt noch einer „Idee" folgt – und sei es nur in Form der Phrase bei Festakten – bedarf der Kampf um eine andere Universität, deren Realisierung möglicherweise den Kampf um eine andere Gesellschaft voraussetzt, einer neuen, auf *Kritik* und *Kontroverse* gegründeten Universitätsidee, die ich als „Politisierung der Wissenschaft"[11] bezeichnen möchte.

---

10 „Wir wissen jetzt, daß dies Reich der Vernunft weiter nichts war als das idealisierte Reich der Bourgeoisie; daß die ewige Gerechtigkeit ihre Verwirklichung fand in der Bourgeoisjustiz; daß die Gleichheit hinauslief auf die bürgerliche Gleichheit vor dem Gesetz; daß als eines der wesentlichsten Menschenrechte proklamiert wurde – das bürgerliche Eigentum; und daß der Vernunftstaat, der Rousseausche Gesellschaftsvertrag ins Leben trat und nur ins Leben treten konnte als bürgerliche, demokratische Republik." (Engels 1956 ff., S. 190)
11 ‚Politisierung der Wissenschaft' bezeichnet hier freilich nicht eine Indienstnahme der Wissenschaft durch „Politik". Dies, so hoffe ich, wird in den folgenden Abschnitten deutlich.

2.   Aufklärung und klassische Universitätsidee

Anders als in Frankreich „klärte", um an die Formulierung Engels' anzuknüpfen, die Aufklärung in Deutschland, deren bildungspolitischer Ausdruck insbesondere die Universitätsidee Wilhelm von Humboldts ist, nicht die Köpfe für eine Revolution. Im Kern wurde hier früh eine scharfe Trennung von Theorie und Praxis, Universität und politischer Aktion etabliert. Positionen wie die des deutschen Jakobiners Johann Benjamin Erhard, der im Jahr 1795 „das Recht des Volkes zu einer Revolution" proklamierte (Erhard 1996) blieben im deutschsprachigen Raum selten. Der „Richterstuhl der Vernunft" freilich wurde durchaus errichtet, auch wenn er sich keiner Guillotine bediente.

Berühmt wurden insbesondere zwei Aufsätze, die im September und Dezember des Jahres 1784 in der „Berlinischen Monatsschrift" erschienen waren: Moses Mendelssohns „Über die Frage: was heißt aufklären?" und Immanuel Kants „Beantwortung der Frage: Was ist Aufklärung". „Die Worte *Aufklärung, Kultur, Bildung* sind in unsrer Sprache noch neue Ankömmlinge", schreibt Mendelssohn (1996, S. 3). Er führt aus:

„Je mehr der gesellige Zustand eines Volks durch Kunst und Fleiß mit der Bestimmung des Menschen in Harmonie gebracht worden, desto mehr *Bildung* hat dieses Volk./ Bildung zerfällt in *Kultur* und *Aufklärung. Jene* scheint mehr auf das Praktische zu gehen [...]. *Aufklärung* hingegen scheinet sich mehr auf das *Theoretische* zu beziehen. Auf vernünftige Erkenntnis (objekt.) und Fertigkeit (subj.) zum vernünftigen Nachdenken über Dinge des menschlichen Lebens nach Maßgebung ihrer Wichtigkeit und ihres Einflusses in die Bestimmung des Menschen." (Mendelssohn 1996, S. 4)[12]

Wenn Mendelssohn fortfährt „Aufklärung" verhalte „sich zu Kultur wie überhaupt Theorie zur Praxis" (Mendelssohn 1996, S. 4), so leitet er bereits über zu einer weiteren zentralen Unterscheidung zwischen der „Bestimmung des Menschen als *Mensch*" und der „Bestimmung des Menschen als *Bürger*" (Mendelssohn 1996, S. 5).

„Die *Aufklärung,* die den Menschen als Mensch interessiert, ist *allgemein* ohne Unterschied der Stände; die Aufklärung des Menschen als Bürger betrachtet, modifiziert sich nach *Stand* und *Beruf.* [...] Menschenaufklärung kann mit Bürgeraufklärung in Streit kommen." (Mendelssohn 1996, S. 6)

Weitaus radikaler mutet zunächst Kants Versuch an, „Aufklärung" zu bestimmen: Den „Ausgang des Menschen aus selbstverschuldeter Unmündigkeit" (Kant

---

12   Zum Komplex und Problemfeld der Begriffe „Bildung und Kultur" siehe insbesondere
      Bollenbeck (1996).

1996, S. 9) kann nur gehen, wer dem Imperativ „Sapere aude! Habe Mut, dich deines *eigenen* Verstandes zu bedienen" (Kant 1996, S. 9) folgt. Kant entwickelt die Frage von einer freien Subjektivität her, die sich nicht durch heteronome Anleitungen am Gängelband führen lässt. Doch auch er stößt auf das Problem des Verhältnisses von Theorie und Praxis und löst es einseitig zugunsten befreiter Theorie auf. Die Unterscheidung von „öffentlichem Vernunftgebrauch" im freien Reich einer universalen Gelehrtenrepublik und „privatem Vernunftgebrauch" auf „bürgerliche[m] Posten" oder im „Amt" ist – ohne das Kant als er seinen Text schrieb Mendelssohns Unterscheidungen bereits kennen konnte – ganz analog zu dessen Begriffen von „Menschenaufklärung" und „Bürgeraufklärung" konstruiert:

„[D]er *öffentliche* Gebrauch [… der] Vernunft muß jederzeit frei sein, und der allein kann Aufklärung unter Menschen zustande bringen; der *Privatgebrauch* derselben aber darf öfters sehr enge eingeschränkt sein, ohne doch darum den Fortschritt der Aufklärung sonderlich zu hindern." (Kant 1996, S. 11)

Die Ambivalenz dieser Kant'schen Unterscheidung, deren Wichtigkeit wohl kaum bezweifelt werden dürfte, wo es etwa um das Recht des Richters geht, Gesetze, die er exekutiert, zwar in Essays und Traktaten infragezustellen,[13] ohne dass ihm hierdurch erlaubt würde, in seinen Urteilen das Recht zu beugen, wird dort greifbar, wo es um *politischen* Gehorsam geht: *„[R]äsoniert* soviel ihr wollt und worüber ihr wollt; *aber gehorcht!"* zitiert Kant seinen König Friedrich (Kant 1996, S. 11) und nennt dessen Jahrhundert das „Zeitalter der Aufklärung" (Kant 1996, S. 15).

Es würde fraglos zu weit gehen die frühen Aufklärer allein für die Trennung von Theorie und Praxis, die den Diskurs über Wissenschaften und Universitäten alsbald bestimmte, verantwortlich zu machen. Im Selbstbewusstsein der Aufklärung sollten durchaus in einem längeren evolutionären Prozess politische Wirkungen entfaltet werden.[14] Dennoch war mit diesen Unterscheidungen der

---

13 Die Realität der Gegenwart steht freilich oftmals weit hinter diesem Kant'schen Anspruch zurück. „Corporate Identity"-Zurichtungen, „Vorbild"-Ideologien und ähnlicher Unfug, der aus der Position eines Menschen angepasste Verhaltensvorschriften auch über den engen Bereich beruflicher Tätigkeit hinaus ableitet, verfolgen allenthalben den Zweck kritische Betätigung zu unterbinden. Ganz besonders freilich gilt dies, wenn etwa Unternehmen ihren Beschäftigten verbieten, die Unternehmens-„Politik" öffentlich zu kritisieren.
14 Georg Bollenbeck verdeutlicht dieses Problem, das wie für die Wissenschaft für die Kunst gilt, an der politisch-ästhetischen Position Friedrich Schillers: „Die universelle Geltung der Bildungsidee führt so zu einer Abstinenz gegenüber dem Politischen und einer Distanz gegenüber dem Ökonomischen. Sie fordert zwar die ‚vielfältigsten Berührungen mit der Welt' und schränkt sie doch zugleich ein. Bei Schiller erscheint die Kunst als Bote der Wahrheit und Vorbote besserer Verhältnisse. Sie ist damit noch keineswegs zum Reservat für das individuelle Glück eingegrenzt, soll doch die autonome Kunst in die politische Wirk-

Grundstein für eine Entwicklung gelegt, über die Heinrich Heine sechzig Jahre später in seinem „Wintermärchen" spotten sollte: „Franzosen und Russen gehört das Land, / Das Meer gehört den Briten, / Wir aber besitzen im Luftreich des Traums / Die Herrschaft unbestritten" (Heine 1997, S. 592). Für die Idee der Universität, die Humboldt proklamierte und die 1810 der Gründung der heutigen Humboldtuniversität zu Berlin Pate stand, wurde der aufklärerische Gedanke eines freien Geisteslebens über der Gesellschaft und den politischen Verhältnissen zu einem bestimmenden Moment. Prägnant benennt insbesondere Jürgen Habermas in einem Text, der die Aporien der klassischen Universitätsidee herausarbeitet, diese Zusammenhänge, wenn er schreibt:

„Was seit Humboldt die ‚Idee der Universität' heißt, ist das Projekt der Verkörperung einer idealen Lebensform. Diese Idee soll sich vor anderen Gründungsideen noch dadurch auszeichnen, daß sie nicht nur auf eine der vielen partikularen Lebensformen der frühbürgerlichen, berufsständisch stratifizierten Gesellschaft verweist, sondern – dank ihrer Verschwisterung mit Wissenschaft und Wahrheit – auf ein Allgemeines, dem Pluralismus gesellschaftlicher Lebensformen Vorgängiges. Die Idee der Universität verweist auf die Bildungsgesetze, nach denen sich *alle* Gestalten des objektives Geistes formieren." (Habermas 2003, S. 79)

Die Wissenschaft, die gerade erst den Fesseln religiöser „Vormundschaft" entkommen war, sollte – im Schutz des Staates stehend – unabhängig sowohl von Befehlen staatlicher Obrigkeit sein, als auch von den „Einflüsse[n] der bürgerlichen Gesellschaft, die an den nützlichen Resultaten der wissenschaftlichen Arbeit interessiert ist" (Habermas 2003, S. 86 f.). Gleichzeitig postulierten sie das Interesse des Staates an dieser Selbstbestimmung und Freiheit der Wissenschaft:

„Wenn nur die wissenschaftliche Arbeit der inneren Dynamik der Forschungsprozesse überlassen würde, und wenn so das Prinzip erhalten bliebe, ‚die Wissenschaft als etwas noch nicht ganz Gefundenes und nie ganz Aufzufindendes zu betrachten', dann müßte sich […] die moralische Kultur, überhaupt das geistige Leben der Nation in den höheren wissenschaftlichen Anstalten wie in einem Fokus zusammenfassen." (Habermas 2003, S. 87)

Wie Habermas scharf herausarbeitet, steht diese Argumentation ganz in der Tradition einer Aufklärung, die den aufgeklärten Menschen und den aufgeklärten Staat zusammen denken will:

---

lichkeit hineinwirken. Insofern bleibt sie dem Ziel ‚bürgerlicher Freiheit' verpflichtet. Sein philosophischer Idealismus gibt aber das Feld frei für den Materialismus der bürgerlichen Praxis und die Reformpolitik der defensiven Modernisierung." (Bollenbeck 1996, S. 142)

„Überschwenglich war schließlich die Idee der Einheit von Wissenschaft und Aufklärung, soweit sie die Autonomie der Wissenschaften mit der Erwartung befrachtete, daß die Universität innerhalb ihrer Mauern wie in einem Mikrokosmos eine Gesellschaft von Freien und Gleichen antizipieren könne." (Habermas 2003, S. 91)

Diesem Bild entsprach die Zentralstellung der Philosophie, die „die allgemeinen Kompetenzen der Gattung in sich zusammenzufassen" (Habermas 2003, S. 91) schien. So konnten

„die höheren wissenschaftlichen Lehranstalten nicht nur als Spitze des gesamten Bildungssystems gelten, sondern als ‚Gipfel der moralischen Kultur der Nation'. Freilich blieb von Anfang an unklar, wie der aufklärerisch-emanzipatorische Auftrag mit der politischen Enthaltsamkeit zusammengehen sollte, die doch die Universität als Preis für die staatliche Organisation ihrer Freiheit entrichten mußte." (Habermas 2003, S. 91)

Diese alte Universitätsidee und mit ihr verbunden die Organisation der Hochschule als ideologischer Staatsapparat manifestierte und verdichtete den Widerstreit zwischen Bürgerpflicht und freier Aufklärung, zwischen Ausbildungsfunktion (für Staatsbeamte) und Selbstentfaltung (im Ideal für die Gattung, real jedoch für die Angehörigen der herrschenden Klasse). Diese Paradoxien konnte sie nicht auflösen. Letztlich ist sie an ihnen gescheitert.

3. Die Politisierung der Wissenschaft

Die Entkoppelung der Universität von den politischen Verhältnissen des Staates, der ihre Freiheit garantierte, und einer Gesellschaft, deren Ausbildungsanforderungen sie sich entzog, *musste* – wie oben bereits angedeutet – mit der Industrialisierung und einer zunehmend offensichtlichen ökonomischen Klassenherrschaft fragwürdig werden. Die überall einsetzenden Hochschulreformen reagierten nur auf das, was spätestens seit dem späten 19. Jahrhundert als Krise offensichtlich wurde. Die alte Idee des Humanismus war zu einer leeren Phrase erstarrt, die weder dem Imperialismus noch – in Deutschland und Italien – später dem Faschismus etwas entgegenzusetzen wusste. So zahnlos und affirmativ der Humanismus geworden war, so dysfunktional erwies sich seine Universitätsidee für die Entwicklung der Produktivkräfte. Wie sollten ausdifferenzierte Naturwissenschaften und neu entstandene Ingenieurswissenschaften in den klassischen Kanon integriert werden? Oben wurde bereits darauf verwiesen, wie sich diese Frage bereits im 19. Jahrhundert als Frage nach der Integration von technischen „Realien" ins tradierte höhere Bildungswesen stellte. Die Geschichte der Universitäten (und Fachhochschulen) lässt sich seither durchaus als eine Geschichte der zunehmenden Öffnung erzählen. Gerade den Hochschulreformen nach 1945 kommt hier sicher eine zentrale Rolle zu. Überspitzt lässt sich sagen: Konträr zur klassischen Universität öffneten sich die höheren Lehranstalten zur Gesellschaft, indem sie den Gegensatz von Theorie und Praxis nun zugunsten der Praxis aufzulösen versuchten. Auch die neoliberalen Hochschulreformen – von den Eingriffen Margaret Thatchers, die Michael Burawoy als eine auf Ökonomisierung gerichtete „Regulation" des Wissens klassifiziert bis hin zum Bologna-Prozess, der dieses Prinzip in Europa verallgemeinerte (Burawoy 2015a, S. 97) – stehen ganz im Zeichen einer *Praxisorientierung*, die nicht *politische* Betätigung, sondern *ökonomische* Verwertbarkeit meint. In dieser neuen „Universitätsidee" ist der Einheitssinn, der die verschiedenen Disziplinen als kohärente Perspektiven auf einen Weltzusammenhang begreift, nicht mehr die unbestrittene Aufgabe einer akademischen und autonomen Philosophie, sondern an die Heteronomie des Verwertungsparadigmas delegiert, dessen versteckte Theologie nicht minder unfrei ist, als es die offen theologische Letztbegründung war, die die voraufklärerische Universität bestimmte und erfüllte.

In dieser Delegation, nicht in einer quasi naturwüchsigen Ausdifferenzierung „funktionaler Wissenssysteme", liegt der Grund für jene „Krisis der Wissenschaft", die Edmund Husserl dereinst im „Verlust ihrer Lebensbedeutsamkeit" ausgemacht hat (Husserl 1992, S. 3). Die Entkopplung der Wissenschaften von der Lebenswelt wird dort als politisches Problem durchschaubar, wo die Frage nach Einheit nur noch gestellt und beantwortet werden kann, wenn sie als *soziale* Frage nach gesellschaftlichen Herrschaftsverhältnissen gestellt wird. Gerade im Zeitalter zunehmender Kommodifizierung aller Wissensbereiche muss jeder Versuch rein theoretischer, apolitischer Einheitsstiftung scheitern (vgl. Lukács 1968 ff., S. 279 f.). Hier genau liegt auch eine Grenze der diesbezüglichen Überlegungen von Jürgen Habermas (2003). So richtig seine Feststellung ist, „daß es die kommunikativen Formen der wissenschaftlichen Argumentation sind, wodurch die universitären Lernprozesse letztlich zusammengehalten werden" (Habermas 2003, S. 103), so entscheidend ist zugleich, zu analysieren, woran das Gespräch zwischen den Disziplinen und zunehmend zwischen den Unterdisziplinen – allem Gerede über Interdisziplinarität zum Trotz – letztlich *scheitert*. Wo der gesellschaftliche Gesamtzusammenhang durch ein ökonomisches Effizienzkriterium der Profitmaximierung den gesellschaftlichen Praxis- und Reflexionszusammenhängen entzogen wird, kann sich wissenschaftliche Autonomie nicht im Einklang mit dem Bestehenden beweisen. Gleichzeitig ist es der bürgerlichen Wissenschaft nicht möglich, den Universalismus des Arguments im Anspruch der Wahrheitsfindung, der ihre Gründungsidee ist, gänzlich von sich zu streifen. Nur zwei Wege sind denkbar mit diesem Widerspruch umzugehen. Der erste Weg führt in die von Vertretern der Kritischen Theorie wie Max Horkheimer vielfach beschriebene Falle einer bloß „instrumentellen Vernunft" (Horkheimer 2007), die letztlich jeden normativen Wahrheitsanspruch aufgibt und ihre Erfüllung darin findet, die Bedürfnisse ihrer Kund:innen zu deren Zufriedenheit zu befriedigen. Der zweite Weg überführt hingegen den wissenschaftlichen Wahrheitsanspruch in ein *kritisches* Verfahren, das nicht nur – erkenntniskritisch – nach der methodischen Sauberkeit wissenschaftlicher Forschung fragt, sondern zugleich – sozialkritisch – die gesellschaftlichen Voraussetzungen und Folgen wissenschaftlicher Praxen reflektiert. Da die gesellschaftlichen Widersprüche um die es hier geht zugleich, *politische* Widersprüche sind, lässt sich die kritische Idee einer anderen Universität als eine *Politisierung der Wissenschaft* beschreiben.

Kritisch ist dieses Programm dabei in zwei Dimensionen, die sich – in Ermangelung einer besseren Terminologie – behelfsmäßig als das Zusammenspiel von negativer und positiver Kritik beschreiben lassen.[15] Während *negative* Kritik sich in jeder Disziplin und jedem Wissensfeld darin erweist alle Sätze und Behauptungen schonungslos auf die gesellschaftlichen Verhältnisse, in denen sie wirken, hin zu befragen und alles in Zweifel zu ziehen, besteht *positive* Kritik als bestimmte Negation bestehender Herrschaftsverhältnisse, darin, die Wissenschaften in den Dienst am Menschen zu stellen. Beide Dimensionen legt Bertolt Brecht im Schlussmonolog der dritten Fassung des Dramas „Leben des Galilei" seinem Protagonisten in den Mund:

> „Der Verfolg der Wissenschaft scheint mir diesbezüglich besondere Tapferkeit zu erheischen. Sie handelt mit Wissen, gewonnen durch Zweifel. Wissen verschaffend über alles für alle, trachtet sie, Zweifler zu machen aus allen. […] Ich hatte als Wissenschaftler eine einzigartige Möglichkeit. In meiner Zeit erreichte die Astronomie die Marktplätze. Unter diesen ganz besonderen Umständen hätte die Standhaftigkeit eines Mannes große Erschütterungen hervorrufen können. Hätte ich widerstanden, hätten die Naturwissenschaftler etwas wie den hippokratischen Eid der Ärzte entwickeln können, das Gelöbnis, ihr Wissen einzig zum Wohle der Menschheit anzuwenden!" (Brecht 1988 ff., S. 284)

Ein solches Verständnis von Wissenschaft schlägt den Bogen zurück in die unvollendet gebliebene Aufklärung. Bereits Moses Mendelssohn wusste:

> „Ich setze allezeit die Bestimmung des Menschen als Maß und Ziel aller unserer Bestrebungen und Bemühungen, als einen Punkt, worauf wir unser Auge richten müssen, wenn wir uns nicht verlieren wollen." (Mendelssohn 1996, S. 4)

Wenn der Brecht'sche Galilei dennoch über die bürgerliche Aufklärung hinausgeht so deshalb, weil er erkennt, dass die Durchsetzung einer neuen Wissenschaft

---

15 Das Verhältnis dieser Begrifflichkeit zur Diskussion um den Kritikbegriff, wie er etwa entfaltet wird bei Jaeggi und Wesche (2009), lohnte es zu prüfen. Hier freilich kann dies nicht geleistet werden.

an die *Marktplätze* gebunden bleibt. In sehr prägnantem Sinn hat die gemeinte Wissenschaft eine Öffentliche zu sein.[16] So verführerisch es nun auch wäre, ein *gemeinsames* normatives Interesse „der Wissenschaft" (also aller Wissenschaften) darin auszumachen, dem Marxschen „*kategorischen Imperativ*" zu folgen, „*alle Verhältnisse umzuwerfen,* in denen der Mensch ein erniedrigtes, ein geknechtetes, ein verlassenes, ein verächtliches Wesen ist" (Marx 1956 ff., S. 385), so wäre ein solches Postulat von Gemeinsamkeit doch zu einfach und darum falsch. Ein Wissenschaftsbegriff, der die Bereitschaft verlangt, mit aller gebotenen Vielfalt der Perspektiven, Fragestellungen und Forschungsmethoden eine Universitätsidee zu begründen, die die Einheit von Theorie und Praxis im Kontakt mit sozialen Bewegungen und im kommunikativen Prozess selbstbestimmter Forschungspraxis etabliert, die zugleich die öffentliche Debatte nicht scheut, wird sich notwendig Angriffen ausgesetzt sehen – nicht nur ‚von außen‘, sondern auch innerhalb der Disziplin, in der er vertreten wird. Die Forderung nach einer *Politisierung der Wissenschaft* begründet somit – trotz der unzweifelhaften Normativität ohne die ein Begriff der Kritik nicht auskommt – eine kritische Universitätsidee, die nicht auf *Einigung* zielt, sondern im Gegenteil den Konflikt um die gesellschaftlichen Aufgaben der Wissenschaft öffentlich führt. Nicht zuletzt bedeutet eine solche Forderung die Einzelwissenschaften selbst als Konfliktplatz zu betrachten. Nur „zerstrittene" Wissenschaften sind (untereinander und in der Gesellschaft) kommunikationsfähig.

Walter Benjamin beendet seinen Aufsatz über das „Kunstwerk im Zeitalter seiner technischen Reproduzierbarkeit" bekanntlich mit der Gegenüberstellung von „Ästhetisierung der Politik", die er dem Faschismus zuschreibt, und einer „Politisierung der Kunst", die er vom Kommunismus erhofft (Benjamin 1991, S. 469). *Politisierung* wird bei Benjamin als ein Begriff der Selbstermächtigung verstanden, als Rückgewinnung eines Gestaltungsanspruchs im Kampf gegen die Unterwerfung unter ein vorgegebenes Schicksal. Wenn auch der Neoliberalismus kein Faschismus ist, so fordert doch auch er Unterwerfung. Die vermeintlichen Sachzwänge des Marktes, die Rede von der Alternativlosigkeit – all dies zeugt von einer Ideologie, die die Freiheit der Wissenschaft bedroht, indem sie ihr das

---

16 Ähnlich argumentiert auch Burawoy, wenn er zum einen fordert die Universität solle „als *kritische Öffentlichkeit* verstanden werden, in der es unter Wissenschaftlerinnen und Wissenschaftlern tatsächlich Diskussionen über das Wesen der Universität und ihren Platz in der Gesellschaft gibt" und zum anderen die Universität als einen Ort etablieren will, der „im Zentrum" steht, wenn es um die die Organisation öffentlicher Diskussionen über die Ausrichtung der Gesellschaft geht" (Burawoy 2015a, S. 108). Das hier vorgeschlagene Prinzip doppelter Kritik und einer Politisierung der Wissenschaft freilich, bindet – anders als Burawoy (2015a, S. 108) – diese Debatten um die Gestaltung der Gesellschaft jedoch nicht a priori an ein Ideal der „deliberativen Demokratie". Zur Kritik deliberativer Demokratie aus einer konflikttheoretischen Richtung siehe auch Mouffe (2007).

Recht nimmt die eigenen Forschungszwecke zu verhandeln, und um die Legitimität ihrer Erkenntnisinteressen zu streiten:

„Die Universität wird in Regulierungs- und Marktsysteme hineingezogen, die die Grundlage ihrer eigenen sehr prekären Autonomie zerstören, nämlich ihre Fähigkeit profundes Wissen hervorzubringen und zu verbreiten." (Burawoy 2015a, S. 108)

Der *Politisierung* der Wissenschaft entspricht dagegen ganz im Benjamin'schen Sinn eine Rückgewinnung von Gestaltungsansprüchen.

Sollte richtig sein, dass wir uns auf einem Weg in die „Wissensgesellschaft" befinden, könnte eine so verstandene „Universitätsidee" einen wesentlichen Beitrag zur Demokratisierung des Wissens und somit zugleich zur Veränderung der gesellschaftlichen Kräfteverhältnisse leisten. Es ist durchaus nützlich daran zu erinnern, dass es diese Verhältnisse sind, in denen sich Ideen zu Institutionen materialisieren.

Literatur

Althusser, Louis (2010/2012): Ideologie und Ideologische Staatsapparate. In: Gesammelte Schriften. Hamburg: Westfälisches Dampfboot, VSA; Suhrkamp. S. 37–102.

Benjamin, Walter (1991): Das Kunstwerk im Zeitalter seiner technischen Reproduzierbarkeit. Erste Fassung. In: Gesammelte Schriften. Frankfurt am Main: Suhrkamp. S. 431–469.

Bieri, Peter (2005): Der Gebildete ist der Furchtlose. Interview. In: Theater der Zeit, H. 6, S. 25–27.

Bollenbeck, Georg (1996): Bildung und Kultur. Glanz und Elend eines deutschen Deutungsmusters. 1. Aufl. Frankfurt am Main: Suhrkamp.

Brecht, Bertolt (1988 ff.): Leben des Galilei. Dritte Fassung 1955/1956. In: Brecht, B./Hecht, W. (Hrsg.) Werke. Große kommentierte Berliner und Frankfurter Ausgabe. Berlin und Weimar: Suhrkamp und Aufbau, S. 187–289.

Burawoy, Michael (2015a): Zur Neudefinition der öffentlichen Universität: Globale und nationale Kontexte. In: Aulenbacher, Brigitte/Dörre, Klaus (Hrsg.): Public Sociology. Öffentliche Soziologie gegen Marktfundamentalismus und globale Ungleichheit. 1. Aufl. Weinheim, Bergstr: Beltz. S. 93–109.

Burawoy, Michael (2015b): Soziologie – Going Public, Going Global. In: Aulenbacher, Brigitte/Dörre, Klaus (Hrsg.): Public Sociology. Öffentliche Soziologie gegen Marktfundamentalismus und globale Ungleichheit. 1. Aufl. Weinheim, Bergstr: Beltz. S. 23–50.

Castel, Robert/Dörre, Klaus (Hrsg.) (2008): Prekarität, Abstieg, Ausgrenzung. Die soziale Frage am Beginn des 21. Jahrhunderts. 1. Aufl. Frankfurt am Main: Campus.

Dörre, Klaus/Hänel, Anja/Matuschek, Ingo (2013): Das Gesellschaftsbild der LohnarbeiterInnen. Soziologische Untersuchungen in ost- und westdeutschen Industriebetrieben. Hamburg: VSA-Verl.

Ehrenberg, Alain (2008): Das erschöpfte Selbst. Depression und Gesellschaft in der Gegenwart. 1. Aufl. Frankfurt am Main: Suhrkamp.

Engels, Friedrich (1956 ff.): Die Entwicklung des Sozialismus von der Utopie zur Wissenschaft. In: Werke. Berlin: Dietz, S. 189–228.

Erhard, Johann Benjamin (1996): Über das Recht des Volkes auf eine Revolution. In: Bahr, Ehrhard (Hrsg.): Was ist Aufklärung? Thesen und Definitionen. Bibliographisch ergänzte Ausgabe. Stuttgart: Reclam, S. 44–52.

Fend, Helmut (2006): Neue Theorie der Schule. Einführung in das Verstehen von Bildungssytemen. 1. Aufl. Wiesbaden: VS, Verl. für Sozialwiss.

Habermas, Jürgen (2003): Die Idee der Universität – Lernprozesse. In: Zeitdiagnosen. Zwölf Essays 1980–2001. Frankfurt am Main: Suhrkamp, S. 78–104.

Heine, Heinrich (1997): Deutschland. Ein Wintermärchen. In: Briegleb, Klaus (Hrsg.): Sämtliche Schriften. München: dtv, S. 571–646.

Heydorn, Heinz-Joachim (1969): Ungleichheit für alle. In: Das Argument 11, H. 54, S. 361–388.

Horkheimer, Max (2007): Zur Kritik der instrumentellen Vernunft. Frankfurt am Main: Fischer Taschenbuch-Verl.

Husserl, Edmund (1992): Die Krisis der Europäischen Wissenschaften und die transzendentale Phänomenologie. In: Ströker, Elisabeth (Hrsg.): Gesammelte Schriften. Hamburg: Meiner.

Jaeggi, Rahel/Wesche, Tilo (2009): Was ist Kritik? Frankfurt am Main: Suhrkamp.

Jaspers, Karl (1923): Die Idee der Universität. Berlin: Springer.

Kant, Immanuel (1996): Beantwortung der Frage: Was ist Aufklärung? In: Bahr, Ehrhard (Hrsg.): Was ist Aufklärung? Thesen und Definitionen. Bibliographisch ergänzte Ausgabe. Stuttgart: Reclam. S. 8–17.

Lukács, Georg (1968 ff.): Geschichte und Klassenbewußtsein. In: Werke. Neuwied: Luchterhand. S. 218–228.

Marx, Karl (1956 ff.): Zur Kritik der Hegelschen Rechtsphilosophie. Einleitung. In: Werke. Berlin: Dietz. S. 378–391.

Mendelssohn, Moses (1996): Über die Frage: was heißt aufklären? In: Bahr, Ehrhard (Hrsg.): Was ist Aufklärung? Thesen und Definitionen. Bibliographisch ergänzte Ausgabe. Stuttgart: Reclam. S. 3–8.

Mouffe, Chantal (2007): Über das Politische. Wider die kosmopolitische Illusion. Frankfurt am Main: Suhrkamp.

Münch, Richard (2009): Globale Eliten, lokale Autoritäten. Bildung und Wissenschaft unter dem Regime von PISA, McKinsey & Co. Orig.-Ausg., 1. Aufl. Frankfurt am Main: Suhrkamp.

Poulantzas, Nicos (2002): Staatstheorie. Politischer Überbau, Ideologie, Autoritärer Etatismus. Hamburg: VSA.

Sartre, Jean-Paul (1995): Plädoyer für die Intellektuellen. In: Wroblewsky, Vincent von (Hrsg.): Plädoyer für die Intellektuellen. Interviews Artikel Reden 1950–1973. Reinbek bei Hamburg: Rowohlt, S. 90–148.

Sennett, Richard (2006): Der flexible Mensch. Berlin: Berliner Taschenbuch Verlag.

Verzeichnis der Autorinnen und Autoren

Jens Ambrasat ist wissenschaftlicher Mitarbeiter am DZHW und am interdisziplinären Robert K. Merton Zentrum für Wissenschaftsforschung an der HU Berlin. Nach einem Magisterstudium in Philosophie, Soziologie und Volkswirtschaftslehre promovierte er mit einer kultursoziologischen Arbeit zu Sprache und Affekt. Seine aktuellen Schwerpunkte sind Forschungsdesigns, Methoden- und Datentriangulation, Dynamiken im Wissenschaftssystem sowie Fachkulturen. Am DZHW leitet er die Trendstudie „Wissenschaftsbefragung".

Peter-Paul Bänziger, Dr. habil., ist Privatdozent für Neuere Allgemeine Geschichte an der Universität Basel und Senior Researcher im HERA-JRP „Governing the Narcotic City. Imaginaries, Practices and Discourses of Public Drug Cultures in European Cities from 1970 until Today" (GONACI) an der Open Universiteit (NL). Seine Forschungsschwerpunkte liegen in der Körper- und Geschlechtergeschichte, in der Geschichte des Gesundheitswesens und in der Arbeits- und Konsumgeschichte.

Rüdiger Helm, Jahrgang 1964, studierte bis 1994 gefördert von der Hans-Böckler-Stiftung in München Jura, promovierte 2012 in Hamburg und schloss 2017 seinen LL. M. an der UCT (University of Cape Town) in Kapstadt ab. Er ist Rechtsanwalt in München, Research Affiliate von SALDRU an der UCT und Research Affiliate vom Labour Law 4.0 niche-Projekt der Law Faculty der UWC (University of the Western Cape). Als Rechtsanwalt vertritt er ausschließlich Beschäftigte, Betriebsräte und ihre Gewerkschaften. Er lebt in München und Kapstadt. Dipl.-Päd.

Nicola Hericks war u. a. als Koordinatorin für Modulevaluation an der Universität Vechta sowie als wissenschaftliche Mitarbeiterin im Projekt „Kriteriumsorientiertes adaptives Testen in der Hochschule (KAT-HS)" an der Goethe Universität Frankfurt am Main tätig. Ihre Schwerpunkte sind die Schul- und Unterrichtsforschung sowie die Hochschulforschung.

Per Holderberg, Jg. 1987, M. A. Politikwissenschaften, ist wissenschaftlicher Mitarbeiter in der Abteilung Soziologie am Institut für Sozialwissenschaften der Stiftung Universität Hildesheim. Koordinator für quantitative Methoden der Sozialforschung im Methodenbüro. Seine Forschungsschwerpunkte sind Generations- und Hochschulforschung, Politische Soziologie (Wahlrechtsreformen, Politische Beteiligung) und Demokratietheorie. Seine in der Begutachtung befindliche Promotion behandelt die Auswirkungen der potenziellen Einführung einer gesetzlichen Wahlpflicht in Deutschland auf das politische Verhalten sowie sozial- und generationsspezifische Ungleichheiten der politischen Partizipation im Längsschnitt.

Dr. **Florian Kappeler** ist wissenschaftlicher Mitarbeiter (Eigene Stelle, DFG) am Seminar für deutsche Philologie der Universität Göttingen und arbeitet derzeit an einer Geschichte der deutschsprachigen Rezeption der Haitianischen Revolution. Er forscht zu Herrschaftsverhältnissen und deren Kritik innerhalb literarischer und anderer narrativer Formate. Zudem ist er im Netzwerk für Gute Arbeit in der Wissenschaft (NGAWiss.) aktiv.

Dr. **Maria Keil** ist wissenschaftliche Mitarbeiterin am Institut für Soziologie der Freien Universität Berlin im Arbeitsbereich Makrosoziologie. Ihre Arbeits- und Forschungsschwerpunkte sind Allgemeine Soziologische Theorie, Soziale Ungleichheit und Wissenschafts- und Bildungssoziologie.

Andreas Keller, Dr. phil., Diplom-Politologe, ist seit 2007 Vorstandsmitglied für Hochschule und Forschung der Gewerkschaft Erziehung und Wissenschaft (GEW), seit 2017 außerdem stellvertretender Vorsitzender der GEW. Daneben ist er u. a. Mitglied des Akkreditierungsrats (seit 2018), Mitglied der europäischen Bologna Follow-up Group (seit 2017), Vizepräsident des European Trade Union Committee for Education (ETUCE) und Mitglied mehrerer Hochschulräte bzw. Kuratorien. Davor war er in Forschung und Lehre (1993 bis 1999 an der Philipps-Universität Marburg), in der Politikberatung (2000 bis 2002 Deutscher Bundestag) und im Wissenschaftsmanagement (2003 bis 2006 Charité – Universitätsmedizin Berlin) tätig. Seine aktuellen Arbeitsschwerpunkte sind Beschäftigungsbedingungen und Karrierewege in Hochschule und Forschung, Wissenschafts- und Studienfinanzierung, Studienreform und Bologna-Prozess.

Richard Münch, Jahrgang 1945, ist Seniorprofessor für Gesellschaftstheorie und komparative Makrosoziologie an der Zeppelin Universität Friedrichshafen, Emeritus of Excellence an der Otto-Friedrich-Universität Bamberg und Mitglied der Berlin-Brandenburgischen Akademie der Wissenschaften. Er war mehrfach Gastprofessor an der University of California, Los Angeles, und Mitherausgeber mehrerer Fachzeitschriften. Sein Forschungsschwerpunkt liegt in der Untersuchung des gesellschaftlichen Wandels im Spannungsfeld von Globalisierung, europäischer Integration und nationalen Traditionen, in der jüngeren Vergangenheit mit Fokus auf Bildung, Schule und Unterricht im Wettbewerbsstaat, akademischem Kapitalismus und akademischen Karrieren.

Peter Müßig ist Sozialwissenschaftler und arbeitet am Deutschen Zentrum für Hochschul- und Wissenschaftsforschung (DZHW). Themenschwerpunkte waren in der Vergangenheit unter anderem: Bildungsungleichheit, Internationalisierung des Studiums, Onlineforschung, Informationssysteme. Seit 2012 ist er Betriebsratsvorsitzender des DZHW (seit dessen Gründung, zuvor der HIS GmbH) und beschäftigt sich u. a. mit den gesundheitlichen Folgen befristeter Beschäftigung. Peter Müßig ist Mitglied der Gewerkschaften ver.di und GEW, des Netzwerks für Gute Arbeit in der Wissenschaft (NGAWiss) und der Free Software Foundation Europe (FSFE).

Dr. **Yoshiro Nakamura** ist geschäftsführender Leiter des Zentrums für Lehrerbildung der Universität Osnabrück, davor war er Referent für Hochschulentwicklungsplanung an dieser Universität. Er ist hochschulpolitisch über die GEW aktiv. Arbeitsschwerpunkte: Lehrerbildung, Studienreform.

Dr. **Axel Oberschelp** hat Geschichtswissenschaft und Philosophie an der Universität Bielefeld und an der Martin-Luther-Universität Halle-Wittenberg studiert. Seit Februar 2008 arbeitet er beim DZHW bzw. bei der Vorgängereinrichtung HIS-Hochschul-Informations-System GmbH als wissenschaftlicher Mitarbeiter in Forschungsprojekten sowie in verschiedenen Projekten mit Ministerien und Hochschulen. Seine Forschungsinteressen liegen im Bereich der Indikatorik und bei Fragen der Leistungsmessung und des Leistungsvergleichs für Hochschulen. Außerdem beschäftigt er sich intensiv mit dem Themenfeld Hochschulgovernance.

Tilman Reitz, habilitierter Philosoph und Soziologe, lehrt als Professor für Wissenssoziologie und Gesellschaftstheorie an der Universität Jena. Seine Arbeitsschwerpunkte sind Gesellschaftstheorie und politische Theorie, Ideologiekritik, die Soziologie der Geistes- und Sozialwissenschaften, die Ökonomie von Wissen und Information, philosophische und soziologische Ästhetik. Hochschulpolitisch engagiert er sich im Netzwerk für Gute Arbeit in der Wissenschaft.

Dr. **David Salomon** ist Forschungsstipendiat im von der Gerda-Henkel-Stiftung geförderten Projekt „Der Blick nach unten – Soziale Konflikte in der Ideengeschichte der Demokratie" an der TU Darmstadt. Seine Arbeitsschwerpunkte sind Politische Theorie, Demokratietheorie, Politische Bildung und Politische Ästhetik.

Christian Seipel, Dr., Diplom-Sozialwissenschaftler, ist Akademischer Rat in der Abteilung Soziologie am Institut für Sozialwissenschaften der Stiftung Universität Hildesheim. Seine Arbeits- und Forschungsschwerpunkte sind Politische Soziologie (insbesondere Autoritarismus- und Rechtsextremismusforschung), Methoden der qualitativen und quantitativen Sozialforschung, Organisationssoziologie und Sozialstrukturanalyse. Er verfügt über langjährige Erfahrungen in der Personalratsarbeit an der Universität Hildesheim.

Peter Ullrich, Dr. phil. Dr. rer. med., Soziologe und Kulturwissenschaftler, ist Senior Researcher am Zentrum Technik und Gesellschaft und Fellow am Zentrum für Antisemitismusforschung der Technischen Universität Berlin, Fellow im Institut für Protest- und Bewegungsforschung sowie Referent im Studienwerk der Rosa-Luxemburg-Stiftung. Arbeitsschwerpunkte: Protest & Polizei/Überwachung, Antisemitismusforschung. Er ist einer der Mitgründer des Netzwerks für Gute Arbeit in der Wissenschaft.

Karin Zimmermann, Dr. phil., hat 1998 an der FU Berlin im Fach Politikwissenschaft promoviert und seither als Postdoc zahlreiche Forschungsprojekte an Einrichtungen der Wissenschafts- und Hochschulforschung initiiert und geleitet. Seit 2020 forscht sie am WZB Berlin zu transdisziplinären Forschungsansätzen. Diversitäts- und Geschlechterforschung, Hochschul-, Wissenschafts- und Forschungspolitik im nationalen, europäischen und internationalen Kontext sind weitere Arbeitsschwerpunkte.